国家社会科学基金重点项目研究成果

中国农业支持政策研究

张领先　张　标　著

中国农业大学出版社
·北京·

内容简介

本书基于农业生产效率与农业支持政策效率提升的视角，从宏观（国家）尺度、中观（省级、作物品种类别）尺度以及微观（不同农业经营主体、作物品种）尺度开展农业支持比较研究；从时空维度研究农业支持政策的时间演变规律及其空间变化差异。重点从农业生产效率的功能定位，评估当前我国农业支持政策绩效，创新性地探索了面向经济效率、社会效率和生态效率提升的农业支持政策作用机理和传导机制；兼顾政策效率的约束，探讨农业支持政策的优化路径。在当前农业供给侧结构性改革背景下和“两山理论”指导下，该研究成果有望为我国农业支持政策体系的改革与完善提供新的工作思路、理论依据与方法支撑。

图书在版编目(CIP)数据

中国农业支持政策研究 / 张领先，张标著．--北京：中国农业大学出版社，2021.8

ISBN 978-7-5655-2615-2

Ⅰ.①中…　Ⅱ.①张…　②张…　Ⅲ.①农业政策－研究－中国　Ⅳ.①F320

中国版本图书馆 CIP 数据核字(2021)第 176531 号

书　　名　中国农业支持政策研究

作　　者　张领先　张　标　著

策划编辑　赵　艳　　　**责任编辑**　赵　艳

封面设计　郑　川

出版发行　中国农业大学出版社

社　　址　北京市海淀区圆明园西路 2 号　　　**邮政编码**　100193

电　　话　发行部 010-62733489，1190　　　读者服务部 010-62732336

编辑部 010-62732617，2618　　　出　版　部 010-62733440

网　　址　http://www.caupress.cn　　　**E-mail**　cbsszs@cau.edu.cn

经　　销　新华书店

印　　刷　北京虎彩文化传播有限公司

版　　次　2021 年 8 月第 1 版　　2021 年 8 月第 1 次印刷

规　　格　185 mm×260 mm　　16 开本　　25.5 印张　　635 千字

定　　价　128.00 元

前　言

由于前期受到农业增产乏力、农民增收缓慢、农村经济发展滞后等“三农”问题困扰，政策制定与实施过程中，我国农业支持更多地考虑以增加农民收入为主的社会保障功能，实际分配中比较注重公平而缺乏效率。当前随着农业生产成本不断上升、农业比较效益持续下降、资源环境压力日益趋紧，依靠拼资源、拼投入的粗放农业发展道路已难以为继，农产品质量安全水平难以满足人民生活水平提高的需要，农产品竞争力难以满足国际竞争的要求，这就倒逼着必须大力推进农业供给侧结构性改革。基于农业生产效率与农业支持政策效率提升的视角，开展农业支持政策传导机制与路径优化研究，具有重要的意义。

本书基于农业生产效率与农业支持政策效率提升的视角，从宏观（国家）尺度、中观（省级、作物品种类别）尺度以及微观（不同农业经营主体、作物品种）尺度开展农业支持比较研究；从时空维度研究农业支持政策的时间演变规律及其空间变化差异。重点从农业生产效率的功能定位，评估当前我国农业支持政策绩效，创新性地探索了面向经济效率、社会效率和生态效率提升的农业支持政策作用机理和传导机制；兼顾政策效率的约束，探讨农业支持政策的优化路径。

本书是国家社会科学基金重点项目“基于效率提升的农业支持政策传导机制与路径优化研究（14AJY019）”的研究成果，全书共9章。

第1章为绪论，分析国内外农业支持政策相关研究现状，阐述全书研究内容、研究方法与研究技术路线，以及研究特色与创新，统领全书。

第2章为我国农业支持政策的现状分析，剖析了我国农业支持政策的水平与结构，详细分析不同农业经营主体对新型农业技术的认知和需求及其推广政策支持效果。基于WTO框架，我国“绿箱”利用空间还很大，既可以加大对已使用的“绿箱”政策措施的支持力度，还可以启用生产者退休计划、资源停用计划和投资援助计划3项结构调整援助措施来推进农业供给侧改革、优化农产品结构，同时也有利于缓解近年来微量允许的“天花板”压力；“黄箱”支持方面，非特定产品还存在较大支出空间。

第3章为基于宏观尺度的农业支持政策国际比较与绩效评价，基于OECD政策分类，利用DEA分析和空间计量模型，选择18个国家及欧盟组织，从时空维度对国际农业支持政策进行绩效评价与比较。大多数国家（地区）农业支持总量均在2%以下，并处于缓慢下降状态，其中生产者支持不断增加，一般服务支持则处于相对稳定的下降趋势。各国（地区）农业支持总量、一般服务支持空间上表现为相似性，而生产者支持不具有相似性。整体上规模效率较低是造成各国（地区）绩效值较低的主要原因。投入冗余部分主要集中于生产者支持方面，但冗余度逐年减少。

第4章为基于中观尺度的农业支持政策绩效评价，基于OECD政策分类，选取6个粮食主产区和6个粮食非主产区共12个决策单元，选用我国具有代表性的17种农产品，揭示我国农业支持政策实施区域和农产品政策绩效差异性规律。非粮食主产区的绩效明显低于粮食主产区的绩效。造成粮食主产区农业支持政策绩效未达到DEA有效的主要原因是规模效率低，非粮食主产区是由于纯技术效率低。我国粮食作物的绩效值高于经济作物和畜产品，但各农产品的农业支持政策绩效值普遍不高，说明我国在流通环节的支持效果不理想；而农产品的支持绩效值低主要是由于各农产品的纯技术效率不高。

第5章为基于微观尺度的农业支持政策绩效评价，从不同农业经营主体和作物品种两个维度评估我国农业支持政策绩效水平及其实施效果。针对农户实施的农业支持政策普惠度相对较高，但农户对农业支持政策实施的满意度不高；针对新型农业经营主体实施的农业支持政策普惠性较差，而新型农业经营主体对于目前实施的农业支持政策满意度相对较高。除水稻外，粮食作物的纯技术效率均高于规模效率，规模效率偏低是造成支持政策总体绩效水平偏低的主要原因。

第6章为基于生产效率的农业支持政策作用机理研究，利用灰色关联分析方法、Tobit模型和DEA模型，揭示我国农业支持政策与相关变量关联性及其内在作用机理。从整体效应来看，农业支持政策与粮食产量、村居民纯收入、农业总产值的关联度均达到了0.8以上，农业支持政策在增产、增收以及促进农业发展方面发挥了重要作用。耕地面积、物质投入成本、人工成本、受教育程度、农业生产年限、农业技术培训以及遭受灾害情况是影响农业支持政策绩效的主要因素。

第7章为基于生产效率提升的农业支持政策传导机制研究，通过构建系统动力学模型和Logistics采纳模型，探索了面向经济效率、社会效率和生态效率提升的我国农业支持政策传导机制。从经济效率提升的角度，重点定量分析农户与新型农业经营主体购买农业机械的意愿和行为的关键影响因素，探索农机购置补贴政策传导机制。从社会效率提升的角度，重点定量分析农户与新型农业经营主体对农业信息技术的采纳意愿和行为的关键影响因素，探索农业信息技术及产品购置补贴政策传导机制。从生态效率提升的角度，重点定量分析农户对病虫害综合防控技术、测土配方施肥技术、秸秆还田技术和节水灌溉技术的采纳行为的关键影响因素，探索环境友好型技术及产品购置补贴政策传导机制。

第8章为基于政策效率提升的农业支持政策路径优化，利用最优尺度回归分析方法，从小规模农户和新型农业经营主体视角探寻基于政策效率提升的我国农业支持政策优化路径。

第9章为基于政策效率提升的农业支持政策建议。农业支持政策功能定位应重点倾向于提升农业生产效率，在保障农民增产增收的同时，应兼顾社会效应和生态效应。实行精准差异化补贴，提高补贴资金利用效率和政策效果，积极培育新型农业经营主体。在保障农户的农业支持政策普惠性的同时，要精细化农业支持方式。提升农业专业组织的农业支持政策普惠性，发挥农业专业组织在现代农业发展中的引领示范作用。调整与优化作物品种农业支持政策，重点发展优质稻米与小麦，增加优质大豆及薯类生产，降低非优势区域籽粒玉米的种植。

本书可为从事农业政策与农业经济研究的理论界同仁和从事该领域研究的研究生提供研究参考，可为地方政府寻找适合区域特色现代农业发展、推进实施乡村振兴战略提供思路，也可为农业相关的职能部门开展工作提供借鉴，广大农民朋友及新型农业经营主体在寻找农业政策支持时也可参考本书。

笔者衷心地感谢全国哲学社会科学工作办公室、中国农业大学科学技术发展研究院人文社科处钟占蓉处长和张颖科长在农业支持政策研究过程中给予的大力支持！

在笔者主持的国家社会科学基金重点项目“基于效率提升的农业支持政策传导机制与路径优化研究(14AJY019)”的研究过程中，傅泽田、李道亮、穆维松、张小栓、刘雪、田东、冯建英、李鑫星等专家对本书的观点和选题分析、方法与模型给予了大力帮助；本课题组研究生王洁琼、唐晓林、史博在本书的编写过程中做了大量富有成效的研究工作，这里一并表示感谢！

由于笔者水平有限，书中错误或不妥之处在所难免，诚恳希望同行和读者批评指正，以便以后改正和完善。

张领先　张　标

2021年8月于中国农业大学

目　录

第1章 绪 论

1.1 研究背景和研究意义

农业是国民经济的基础，是其他产业发展的前提。农业发展的首要任务是确保国家粮食安全，把中国人的饭碗牢牢端在自己手中，解决好十几亿人吃饭问题始终是治国安邦的头等大事。随着社会快速发展和人口爆炸式增长，人们对粮食的需求越来越大，但是可耕土地锐减、水资源匮乏、环境污染、自然资源不足等条件限制了粮食生产的发展；随着农业生产成本不断上升、农业比较效益持续下降、资源环境压力日益趋紧，依靠拼资源、拼投入的粗放农业发展道路已难以为继。在中国工业化、信息化、城镇化和农业现代化同步发展的关键阶段，中国农业承载的任务更加繁重，农业发展面临的风险、挑战更加突出，必须依靠加大对农业的投入和补贴，提高农业科技创新和应用水平，全面提高土地产出率、资源利用率、劳动生产率和国际竞争力(农业部农业贸易促进中心，2013)。这就要求必须不断提高农业生产率才能走可持续发展之路，更好地解决人口增长与资源不足的矛盾。强化农业支持政策力度、提升农业生产效率是缓解资源短缺的有效措施。

传统时期我国农业政策主要为“农业受损、工业受益”“农民利益受损、城市消费者受益”的非均衡的负补贴政策(彭慧蓉和钟涨宝，2010)，国家对农业的支持和补贴很少，对农业提供的支持主要是价格支持和投入品补贴。自20世纪90年代末期至21世纪初，我国大幅度提高粮食收购价格，使粮食订购综合价提高40%以上，并实行“按保护价敞开收购、顺价销售、收购资金封闭运行”三项政策(侯明利，2009)。2000年以来，我国开始实施减免农业税以及对农民种粮进行直接补贴等政策(姜少敏，2007)。2001年，国务院首次在《关于进一步深化粮食流通体制改革的意见》中提出“进行将补贴直接补给农民的试点”(国发〔2001〕28号)，并在党的十六大工作报告中提出了关于加大对粮食主产区的扶持和中央“关于国家对农业、农村的投入向粮食主产区倾斜，探索一些对农民补贴的办法”的建议。2004年，以中央一号文件为标志的一系列强农惠农政策提速执行，国家加大农业支持力度，特别是变“流通暗补”为“生产明补”的新农业补贴制度，给农民带来了真正的实惠，调动了生产积极性(范宝学，2011)。2005年出台的中央一号文件更是提出“继续对种粮农民实行直接补贴，有条件的地方可进一步加大补贴力度”(中发〔2005〕1号)。至此，我国粮食补贴政策雏形形成，正逐渐减少“暗补”比例，加大“明补”力度，并且适应国际形势，与世界贸易组织(WTO)规则接轨，逐步提高补贴效率(柯炳生，2001)。目前已经逐步形成以粮食直接补贴和农资综合直接补贴为主要内容的综合性收入补贴(普惠制)、以良种补贴和农机具购置补贴为主的专项生产性补贴(特惠制)和粮食最低收购价、农业税减免相结合的直接补贴政策体系(彭慧蓉和钟涨宝，2010)。2014年，中央一号文件

《关于全面深化农村改革加快推进农业现代化的若干意见》中重点阐述了“强化农业支持保护制度”，要求“完善农业补贴政策，积极开展改进农业补贴办法的试点试验，新增补贴向粮食等重要农产品、新型农业经营主体、主产区倾斜，提高补贴精准性、指向性，加大补贴力度，完善补贴办法，强化农业防灾减灾稳产增产关键技术补助等”。2014 年 5 月，习近平总书记指出：“中国经济呈现出新常态。”新常态的几个特点主要表现为：速度——“从高速增长转为中高速增长”，结构——“经济结构不断优化升级”，动力——“从要素驱动、投资驱动转向创新驱动”。

中国农业新常态环境要求必须重新考量农业政策的有效性问题，提出更有时效的政策建议。为顺应新常态问题，2015 年中央一号文件《关于加大改革创新力度加快农业现代化建设的若干意见》中强调国内农业生产成本快速攀升，大宗农产品价格普遍高于国际市场，如何在“双重挤压”下创新农业支持保护政策、提高农业竞争力，是必须面对的一个重大考验，这要求在经济增速放缓背景下继续强化农业基础地位、促进农民持续增收。2017 年中央一号文件《中共中央　国务院关于深入推进农业供给侧结构性改革加快培育农业农村发展新动能的若干意见》中强调“推进农业供给侧结构性改革，要在确保国家粮食安全的基础上，紧紧围绕市场需求变化，以增加农民收入、保障有效供给为主要目标，以提高农业供给质量为主攻方向，以体制改革和机制创新为根本途径，优化农业产业体系、生产体系、经营体系，提高土地产出率、资源利用率、劳动生产率，促进农业农村发展由过度依赖资源消耗、主要满足量的需求，向追求绿色生态可持续、更加注重满足质的需求转变”。

当前随着农业生产成本不断上升、农业比较效益持续下降、资源环境压力日益趋紧，依靠拼资源、拼投入的粗放农业发展道路已难以为继，农产品质量安全水平难以满足人民生活水平提高的需要，农产品竞争力难以满足国际竞争的要求，这就倒逼着必须大力推进农业的供给侧结构性改革。要改变过去以追求产量为主的发展模式，转换成以提高质量、以更高效益为目标的发展方式。

目前，我国农业支持政策种类繁多，覆盖了农业生产、社会保障、救灾救助、基础设施、特定群体等方方面面，但也存在着农业支持总量相对较低，支持结构和方式不合理，监管职责不明确等问题，导致农业支持政策效率较低，严重影响了农业支持的激励效果，弱化了农业增产、农民增收的功能。政策制定与实施过程中，由于前期受到农业增产乏力、农民增收缓慢、农村经济发展滞后等“三农”问题困扰，我国农业支持更多地考虑以增加农民收入为主的社会保障功能，实际分配中比较注重公平而缺乏效率。同时，农业生产方式由传统农业向现代农业转变，尤其以现代信息技术应用为特征的农业信息化快速发展；随着土地流转政策贯彻实施，标志着小规模的农业经营向集约化、规模化和专业化转变，专业合作社、家庭农场等新型农业经营主体应运而生。在当前新形势下，我国农业支持政策已经难以适应农业发展的新挑战新要求。基于农业生产效率与农业支持政策效率提升的视角，开展农业支持政策传导机制与路径优化研究，改革和完善我国农业支持政策体系，具有重要的意义。

本研究的价值和意义在于：一是系统评估我国农业支持政策效率，有利于剖析我国农业支持政策目前存在的缺位、错位和越位等问题；二是厘清农业支持政策的作用机理与传导机制，有利于拓展和深化农业支持政策理论研究；三是调整与优化农业支持政策，有利于培育以信息技术为代表的新型生产要素和新型农业经营主体，提高农业生产效率，增加农产品市场竞争力；四是改革和完善我国农业支持政策体系，有利于提高农业支持精准性、指向性、可操作性，发挥财政补贴资金更大的效益。

1.2 农业支持政策概念界定

针对目前国内有关农业支持政策相关概念理解比较混乱的问题，本研究首先对农业政策、农业支持、农业支持政策、农业支持水平、农业支持绩效以及农业支持政策的功能定位等概念进行界定，为基于效率提升的我国农业支持政策传导机制与路径优化研究奠定基础。

1.2.1 农业政策

农业是以土地资源为生产对象的部门，它是通过培育动植物产品从而生产食品及工业原料的产业，是国民经济中的重要产业部门，属于第一产业。农业也有广义和狭义之分，狭义农业仅指种植业，而广义农业除了种植业以外还包括了林业、畜牧业、渔业和副业。

农业政策，顾名思义就是指针对广义农业而出台的相关政策，是指在一定的时期内，国家政权机关、政党组织和其他社会政治集团为了实现农业的发展目标，而对农业发展过程中的重要方面和环节所采取的一系列行动准则和措施的总称(朱志猛，2013)。农业政策也分狭义和广义两个范畴。从狭义的角度，农业政策是指那些专门为农业部门而制定的政策，如粮食直接补贴政策、农产品收购政策和粮食储备政策等。从广义的角度来看，农业政策包括了所有针对农业以及其他部门但对农业产生影响的政策，如中央政府利用财政和货币政策等行政手段来调控经济周期，以达到宏观经济平稳运行目的的间接干预政策(张莉琴，2001)。本研究目的是在于说明我国农业支持的总体水平，因此，适用于广义农业政策的概念，也就是说一切对农业和对农业产生影响的政策都考虑在内。

1.2.2 农业支持

在我国加入世界贸易组织(WTO)之后，专家根据 WTO 协议的有关内容对农业支持和农业保护进行了区分。农业保护行为是指政府采用强制性法律行政手段，使农业生产者在得到其农产品价值时获得高于市场的均衡价格。而农业支持在 WTO 中被定义为政府为了达到改善农业的基本生产环境和条件，对于农业的科技教育卫生基础设施建设等方面的投入。农业支持包括两个方面：一是对农业生产环境和基础设施方面的提高提供支持；二是对农业生产要素质量提高方面提供政府支持，包括良种补贴、农业科技教育卫生等方面的投入。从以上阐述可以看出，对于农业支持和农业保护的区分原则是把对农业市场扭曲程度稍高的政策划分为农业保护，而较低的划分为农业支持，但两者在最终目的上并没有本质区别，都是为了使农业得以更快更好更加稳定的发展。农业支持和农业保护在政策的实施过程中有时是并存的，不能够严格地将两者剥离开来，有一些农业政策属于农业支持，同时也可以定义为农业保护。如农业生产资料价格的变动，也可以作为农业保护方式。而且，不管是农业支持还是农业保护，都是为了更好地发展农业，从实施效果上也很难区分。因此，本研究将农业支持定义为：一国为了保障其国民经济稳定协调发展、社会和谐安定以及生态环境平衡友好而对农业实施的一系列支持措施的总和。

1.2.3 农业支持政策

农业支持政策是我国重要的农业政策之一，与之对应的是农业保护政策。我国在加入世界贸易组织(WTO)以前,国内学者经常把农业支持(agricultural support)和农业保护(agricultural protection)混为一谈,认为两者都是对农业的扶持。自从2001年我国加入WTO以后,有学者根据《农业协议》(Agreement on Agriculture)中的有关内容对农业支持和农业保护进行了界定,认为农业支持是政府为了改善农业生产的基本条件和环境,而对农业基础设施、水利、教育、科技、环保等方面的财政投资,实质是在走农业可持续发展的道路。从构成上来看,农业支持由两部分组成,一是对提高农业基础条件方面的支持;二是对改善和提高农业生产要素质量方面的支持,包括农业科技教育、农业培训费、良种补贴等方面的投入。《农业协议》对不同的国内支持措施提出了不同的要求。①无约束的国内支持政策,即"绿箱"政策,是指那些对生产和贸易不造成扭曲影响或者影响非常微弱的政策。②约束性的国内支持政策,即"黄箱"政策,是指那些对生产和贸易产生扭曲作用的政策。③具有贸易扭曲作用但无须做出削减承诺的国内支持措施,主要是"蓝箱"政策和微量允许支持。"蓝箱"是一种有条件的"黄箱"支持,即此类支付是以农业生产者限制生产为前提条件的,旨在减少贸易扭曲,因此"蓝箱"被称为"黄箱"和"绿箱"之间的一种过渡政策,"蓝箱"政策措施要免于削减义务,必须满足一定条件。微量允许支持本质上是"黄箱"的一部分,根据《农业协议》,如果发达成员的"黄箱"支持不超过其农业生产总值的5%,发展中成员不超过10%,则免于削减承诺,这部分免于削减承诺的"黄箱"支持就是微量允许支持。④特殊和差别待遇。为了支持发展中国家农业的发展,在国内支持承诺中,《农业协议》对发展中国家作了特殊的规定。农业支持符合农产品自由贸易的要求,所以可以说农业支持是对WTO《农业协议》中"绿箱"政策的高度概括(张哲,2002)。

农业保护政策是指政府利用法律或行政的强制手段来使农民在实现其农产品价值时获得比市场均衡价格更高收入的一种政府行为,实质是通过增加农民收入来刺激农产品产量的提高。农业保护政策也由两部分组成:一是边境政策,包括关税和非关税壁垒,是为了提高本国农产品在国际市场上的竞争力;二是生产补贴,包括"黄箱"政策下的各种补贴(曹芳,2005)。从上述可知,农业保护政策与农业支持政策的最大区别在于是否会对农产品贸易产生扭曲作用。

本研究在从宏观、中观角度研究农业支持绩效时采用的是经济合作与发展组织(OECD)农业政策评价方法,这一评价方法的特点是用一种反映所有政策措施所造成的收入转移效果的方法,来评估各种错综复杂的农业政策对生产要素的支持效果(宗义湘,2006)。从宏观、中观角度测定农业支持绩效时,农业支持和农业保护两个概念所涉及的政策都被纳入了衡量范畴,也就是说,在采用OECD的方法来评估农业支持绩效的前提下去区分农业支持和农业保护政策这两个概念在本研究中是没有实际意义的。所以,本研究的"农业支持"政策涵盖了上面提到的农业支持和农业保护的相关政策。

1.2.4 农业支持水平

农业支持水平是一个国家(地区)的农业政策对农业作用结果的衡量。它可以是所有农业支持政策综合作用的反映,也可以是单向政策作用结果的衡量(宗义湘,2006)。本研究评估的农业支持水平是所有农业支持政策的综合作用结果。

1.2.5 农业支持绩效

绩效一词的英文表达为performance,为"成就、功绩"之意。从管理的角度来看,绩效是指某一主体为实现其目标而展现在不同层面上的有效输出。本研究的农业支持绩效是指农业支持活动所取得的实际效果，是政府为满足社会公共需要而对各种资源的投入与其所取得的实际效果之间的比较（陈璐，2013），它反映了政府为满足社会公共需要而进行资源配置活动与所取得的实际效果之间的比较关系，重点是政府配置资源的合理性和资源使用的有效性。

公共财政支出的基本目标是财政资金的经济性、效率性和效益性。经济性是指在收入规模总量一定的条件下，财政支出的合理性，克服财政分配不均和严重浪费现象；效率性是指财政支出活动的产出同消耗的人力、物力、财力等要素之间的比率；效益性是指财政支出结果在多大程度上达到社会、经济、政治等方面的预期目标。经济效益是指农业支持的支出所取得的符合社会需要的经济成果；生态效益是指对农业的投入给由生物和非生物因素组成的生态系统带来某种影响，从而对人的生活环境和生产环境也产生某种影响；社会效益是指农业支持投入对实现国家各项社会发展目标所做的贡献与影响（孙少茹，2007）。广义的农业支持效益包括经济效益、社会效益和生态效益 3 个方面，但由于农业支持具有明显的外部性，故其所产生的社会效益和生态效益还很难运用定量的指标来衡量。

1.2.6 农业支持政策的功能定位

农业支持政策功能定位的合理性直接影响农业支持制度设计的科学性，进而影响政策效应的有效发挥。理论界对农业支持政策的功能定位仍然存有分歧，争论的焦点是保障国家粮食安全与促进农民增收是两者兼顾抑或是只顾其一（高玉强，2011）。代表性观点主要有两种：一是“合”论，即认为农业支持应兼顾粮食安全与农民增收（财政部财政科学研究所课题组，2004；高峰，2004）；二是“分”论，即认为粮食安全与农民增收目标的实现存在不一致性，只能将两者分离（赵德余，2004），其中又分为侧重粮食安全（侯石安，2008；王东京，2009）与偏向农民增收（经济合作与发展组织，2005）两种代表性观点。解读 2004—2015 年连续 12 年发布的中央一号文件不难发现，我国农业支持政策的功能定位为通过保障粮食安全与促进农民增收的双重路径来实现支持和保护农业的战略构想（高玉强，2011）。2016 年中央一号文件首次提出“农业供给侧结构性改革”。2017 年中一号文件强调“推进农业供给侧结构性改革，要在确保国家粮食安全的基础上，紧紧围绕市场需求变化，以增加农民收入、保障有效供给为主要目标，以提高农业供给质量为主攻方向，以体制改革和机制创新为根本途径，优化农业产业体系、生产体系、经营体系，提高土地产出率、资源利用率、劳动生产率，促进农业农村发展由过度依赖资源消耗、主要满足量的需求，向追求绿色生态可持续、更加注重满足质的需求转变”。

随着以农村居民最低生活保障制度、新型合作医疗制度、农村居民医疗救助制度、五保供养制度、自然灾害生活救助制度等为主要内容的农村居民社会保障体系逐步形成与完善，我国农业支持政策的以农民增收为主的社会保障功能逐渐淡化，而其提高农业生产效率、增强农业（农产品）竞争力的目标更加明晰。

基于农业政策环境的变化，我国农业支持政策的功能目标要由以农民增收为主的社会保障转向提高农业生产效率、增强农业（农产品）竞争力。农业支持政策功能定位重点在于农业生产效率的提升，兼顾农业政策效率的约束，遵循农业生产效率决定农业支持政策方向，而农业支持政策效率决定支持程度的原则。农业生产效率包括土地产出率、劳动生产率和资源利用率，分别体现在经济、生态与社会 3 个方面。

1.3 国内外农业支持政策研究现状

1.3.1 农业支持政策的水平与结构研究

早期广泛应用的衡量农业国内支持水平的指标主要为名义保护率(nominal rate of protection, NRP)(Balassa,1965)、有效保护率(effective protection rate,ERP)(Corden,1966),用于测算关税对农业保护的程度。后期常用来测度农业支持水平的指标主要为生产者补贴等值方法(producer subsidy equivalent,PSE)、综合支持量(aggregate measure of support,AMS)。在农业支持政策水平测算方面,采取 PSE 测算我国 1986 年农业(田维明,1991)、1990 年主要农产品(朱希刚,1992)和 1990 年以后部分农产品(张莉琴等,2003)及 1993—2010 年(程国强,2011)的农业支持水平;采用 AMS 测算 1993—1995 年(张仲芳,1997)和 1993—1998 年(孙东升和吕春生,2001)我国农业国内支持水平。2012 年王灿采用一般均衡模型对我国农业支持水平进行了系统的分析,2013 年我国农业国内支持课题组采用了 WTO 方法对我国农业支持政策进行分类,并对其支持水平进行研究,结果表明我国农业支持量在 WTO 允许的范围内,“绿箱”国内支持总量增长较快,但支持总量偏低。

1.3.2 农业支持政策实施效果及其绩效研究

1. 宏观视角

各国均注重实施农业支持政策,尤其是发达国家通过实施农业高补贴政策来保障农场主收益和农业市场竞争力(张淑杰和孙天华,2012),并在农业支持政策实施效果的模拟分析方面也进行了大量的研究(Honma 和 Hayami,1986),OECD 运用政策估计模型(PEM)对各种补贴政策的经济效应进行分析。Severini 和 Tantari(2015)采用基尼系数分解方法,重点分析了意大利农业支持政策中的直接补贴工具对农场家庭收入分配的影响,指出调整型、分类型补贴以及补偿性津贴可以使收入分配更加公平。Brooks(2014)从政策的连贯性以及在粮食价格相对较高的背景下对 OECD 成员国的农业支持政策的影响进行分析,指出政策的连贯性对于粮食安全具有重要的意义。Dupraz 和 Latruffe(2015)分析了法国农业支持政策对当地农场使用的劳动力类型的影响。

在农业支持政策的比较与借鉴方面,分析比较美国、英国、欧盟、日本、韩国等国家和地区的农业支持政策演变过程,研究中国如何按照 WTO 所允许的规则,构建相应的政策体系(张忠根,2002;秦富和张莉琴,2003;翟雪玲和何秀荣,2004;程铁虎,2014)。叶亲忠等(2000)在分析 WTO 农业国内支持规则执行情况的基础上,分析我国农业国内支持政策,并提出了相关政策调整建议;唐忠等(2003)对 WTO 农业国内支持政策执行情况及其改革方向进行了有益的探索等。对比欧盟与中国的农业支持体系,可以看出我国存在偏重支持农业经济功能,疏于破解农民流失、贸易失衡、资源环境退化间的不良循环,功能和内容较单一等问题。因此,我国应强化可持续发展的价值导向,优化支持效应发挥的关系载体,以及重整支持对象的结构布局(肖峰和曾文革,2014)。邱天祥(2012)、马梦晨(2014)分析了美国、欧盟、日本的农业补贴政策发展历程以及主要的补贴政策工具。吕晓英和李先德(2014)认为相对发达国家来说，我国农业补贴水平较低，建议政府加强对农业的支持水平。

2. 中观视角

钱克明(2003)主要从省级层面对农业支持政策效果进行了计量经济或统计分析。我国农业支持政策效率普遍偏低，实际分配中比较注重公平而缺乏效率(张淑杰和孙天华，2012；曹帅，2012；方振强，2013；宋效萱，2013；吉洁，2014)。叶慧和王雅鹏(2006)采用数据包络分析法(DEA)测算了我国2004年26个省(区、市)粮食直补政策效率，结果表明我国粮食直补政策效率普遍不高，且各省(区、市)补贴制度效率存在较大差距。张红玉和李雪(2009)运用DEA超效率模型测算了我国26个省份2004—2005年粮食直补规模，结果表明粮食直补规模不足是导致补贴效率低下的主要原因。高玉强(2010)运用DEA方法和Malmquist生产率指数，使用省级面板数据，测算了2004—2008年13个粮食主产区的粮食直补效率，结果表明技术无效率是主产区粮食直补效率不高的主要原因，粮食直补的Malmquist生产率以年均3.6%速度增长，主要是因为技术进步及规模效率的提高而不是纯技术效率的改进。何树全(2012)采用了局部均衡模拟模型对中国市场价格支持、粮食直接补贴、粮食生产投入补贴政策所产生的社会效益进行分析。针对我国棉花生产补贴实际分配中比较注重公平而缺乏效率，韩国文等(2013)提出了我国棉花生产补贴省际分配方法。

3. 微观视角

微观视角主要是以农户的问卷调查数据为依据，分析农户对现行农业支持政策的评价。肖海峰等(2005)以河南、辽宁两省农户问卷调查数据为基础，全面分析了农民对粮食直接补贴政策的评价和期望，分析发现农户对粮食直接补贴政策的评价较高。吴文韬等(2009)分析了我国华北地区粮食主产区农户对国家粮食政策的评价，结果表明农户对国家“两减免，三补贴”政策的落实情况比较满意，农户对国家粮食政策期望按照重要性排序是：提高最低收购价＞加大粮食直补力度＞加强农田基础设施建设＞加大科技投入与推广。杨小静等(2010)以河北省376户农户的调查数据为依据，通过Logit模型对农业补贴政策实施效果的影响因素进行了实证分析，结果表明农业补贴政策的实施效果受到农户所处地理位置、农户收入水平和农作物种植面积的影响。张红梅和赵凯(2012)以四川省乐至县224户农户的问卷调查数据为依据，分析了农户对现行粮食直补政策的评价，结果表明农户对粮食直补政策的整体满意程度较高，在补贴标准、资金支付方式和政府实施该政策过程中的行为等方面也基本满意。李莎和王炜(2012)以黑龙江省农户调查问卷为基础，全面分析粮食直补政策与农户种植意愿的关系，分析发现农户对粮食直补政策比较满意，粮食直补政策可以推动农户的种粮积极性，对农户的种植决策有一定的影响作用。张淑杰和孙天华(2012)运用DEA＋Tobit模型测算河南省360户农户的农业补贴政策效率，分析表明农业补贴政策存在较高比例的DEA无效。王诚(2014)基于湖北省恩施土家族苗族自治州7个村426户农户的调查数据，利用政策评价模型对农户参与农业支持政策的情况、农户对农业支持政策效果评价情况进行分析，得出农资综合补贴政策的评价值是最大的结论。

1.3.3 农业支持政策作用机理研究

有学者对中国粮食生产等农业支持政策的效果进行了实证分析，认为粮食直接补贴政策的实施提高了农民收入和粮食产量(钱克明，2003；曹芳，2005)，优化了种植品种结构(陈波和王雅鹏,2006),提高了农民粮食生产积极性和满意度,但系统研究农业支持政策作用机理的很少。刘克春(2010)以江西农户调研数据为依据分析粮食生产补贴政策对农户粮食种植决策行为的作用机理,得出政府实行的粮食直接补贴、最低收购价政策是通过调节以粮食生产为主要收入来源的农户的粮食种植决策行为来提高其粮食生产积极性,从而在一定程度上促进了粮食种植面积扩大的结论。韩剑锋(2010)选取 1997—2008 年的数据,分别建立农民收入与农业机械拥有量、农机购置补贴资金的关系模型,得出农机购置补贴政策对农民增收有一定的带动作用。江喜林(2013)从农户家庭行为的视角运用数理经济学对粮食补贴制度作用机理进行纯理论分析。龙方和彭澧丽(2014)分析了耕地保护政策、农田水利设施建设政策、财政支持政策、农业税费改革政策、政策性农业保险政策以及农业生产科技政策等 6 类粮食生产政策对粮食生产的作用机理。钱加荣和赵芝俊(2015)分析了现行模式下农业补贴政策对农户种植行为的影响机制,研究表明农业补贴政策主要通过收入效应影响农民的种植行为,且农业补贴对粮食播种面积的扩大和单产的提高有积极影响。

1.3.4 农业支持政策传导机制研究

国外相关研究方法方面,侧重通过设计测定农业支持水平的衡量指标体系,并在一般均衡和局部均衡理论基础上构建数理经济模型,模拟农业支持政策传导机制,测定农业支持政策实施效果,衡量农业支持政策造成的市场扭曲程度及社会福利损失(Nadja 和 Robert,2013;Davide 等,2013;Martin 和 Patrick,2012;Monica 和 Vongai,2014)。Koen P. Overmars 等搭建了测量欧盟共同农业政策影响评估模型,分析了共同农业政策对农业产量、农民收入、农产品价格以及生态多样性的影响,采用典型场景方法对其传导机制进行描述。高玉强(2010)梳理农机购置补贴及财政支农支出的传导机制并运用省际面板数据模型,分别对我国粮食主产区、非粮食主产区购置补贴以及财政产区的农机购置补贴与财政支农支出传导机制有效性进行了实证研究,得出粮食主产区和非主产区的土地生产率对单位面积土地上农机购置补贴的弹性系数分别为 0.004 5 和 0.018 9,粮食主产区和非主产区土地生产率对单位面积土地上财政支农支出的弹性系数依次为 0.33 和 0.25。张跃强(2016)从时空两个维度分析了农业支持政策的传导机制运行路径,得到空间维度的农业支持政策传导机制运行路径主要是基于行政权力的强制力来实现的,而时间维度的农业支持政策传导机制运行路径主要是侧重农业支持政策的“自主”运行。

1.3.5 国内外研究现状述评

综上所述,国内外学者在农业支持政策方面取得了大量的研究成果。然而,当前农业政策环境发生了巨大变化,主要表现在以下方面。

(1)农业生产方式由传统农业向现代农业转变,尤其以现代信息技术应用为特征的农业信息化快速发展。

(2)土地流转政策贯彻实施标志着小规模的农业经营向集约化、规模化和专业化转变,专业合作社、家庭农场等新型农业经营主体应运而生。

(3)随着农村居民社会保障体系的形成与完善,我国农业支持政策中以农民增收为核心的社会保障功能逐渐退化,而提高农业生产效率、增加农业市场竞争力的功能定位更加明晰。

(4)根据“多予、少取”的中央惠农政策精神,农业战略目标要从粮食安全拓展到食品安全,满足消费者对食品多样化、健康性的升级需求。

上述巨大变化可能是目前我国农业支持政策效率普遍偏低的原因。如何在系统研究当前农业政策环境及政策需求的基础上,改革和完善我国农业支持政策体系,相关研究文献甚少。

1.4 研究目标与研究内容

1.4.1 研究目标

中国农业支持政策研究就是基于农业生产效率与农业支持政策效率提升的视角,研究农业供给侧结构性改革背景下我国农业支持政策体系的改革与完善问题。本研究从宏观(国家)尺度、中观(省级、作物品种类别)尺度以及微观(不同农业经营主体、作物品种)尺度开展农业支持比较研究,引入 ArcGIS 空间计量分析模型,从时空维度研究农业支持政策的时间演变规律及其空间变化差异。本研究重点从农业生产效率的功能定位,评估当前我国农业支持政策绩效,揭示农业支持政策的作用机理和传导机制;兼顾政策效率的约束,探讨农业支持政策的优化路径。

1.4.2 研究内容

1.我国农业支持政策现状分析

基于 WTO 框架和 OECD 政策分类,运用统计分析方法分析我国农业支持政策水平与结构;同时,比较不同农业经营主体对新型农业技术的认知和需求,深入分析我国新型农业技术推广政策支持效果。①基于 WTO 框架对我国农业支持政策现状进行分析,并分别从农业支持总量、“绿箱”“黄箱”的使用情况进行具体分析,指出各阶段我国农业支持政策发展水平以及目前我国农业支持政策的发展空间。②基于 OECD 政策分类对我国农业支持政策进行分类分析,并从时空的角度对我国各项农业支持政策进行具体分析,指出不同地区我国农业支持政策存在的差异。③从农业技术推广角度对我国农业支持政策现状进行分析,系统分析目前农业支持政策的实施情况下,我国节水灌溉、农业信息化、农业机械化、病虫害防控、测土配方施肥以及秸秆还田等绿色技术采纳推广现状及其政策需求。

2.基于宏观尺度的农业支持政策国际比较与绩效评价

基于 OECD 政策分类,利用 DEA 分析和空间计量模型,选择 18 个国家及欧盟组织,从宏观尺度上对国际农业支持政策进行绩效评价与比较,准确把握我国农业支持政策实施效果,明确我国农业支持政策绩效提升方向。①按照 OECD 政策分类的方法对各国(组织)的农业生产总值、生产者支持估计值、消费者支持估计值、一般服务支持估计值以及支持估计值总量进行时间特征分析,并抽取其中具有代表性的美国、欧盟、日本、韩国与我国的农业支持水平与结构进行具体分析。②在时间分析的基础上进一步对各个国家(组织)的农业生产总值、生产者支持估计值、消费者支持估计值、一般服务支持估计值以及支持估计值总量进行空间特征分析。③从农业支持政策作用系统的角度采用 DEA 方法对以上研究对象进行绩效分析,并进一步分析其绩效空间差异情况。

3.基于中观尺度的我国农业支持政策绩效及其时空规律

基于OECD政策分类,选取6个粮食主产区和6个粮食非主产区共12个决策单元,选用我国具有代表性的17种农产品,在中观尺度上,基于省(区、市)和农产品视角评价我国农业支持政策绩效,找出我国农业支持政策实施区域和农产品政策绩效差异性,把握未来政策重点支持区域与品种。①根据OECD以及国内外学者的研究构建DEA模型的投入产出指标体系,并选取具有代表性的17种农产品。②利用农产品在流通环节的补贴率对各类农产品的农业支持水平进行测算。③采用DEA方法分别对所选取的12个省(区、市)以及17种农产品的农业支持政策绩效进行评估。

4.基于微观尺度的我国农业支持政策绩效评价

从农户和新型生产经营主体的角度,在微观尺度上评估我国农业支持政策实施效果及其绩效水平,分析农业支持政策对不同生产经营者政策作用及影响的差异性,进一步探索农业支持政策实施效果及其优化路径。①从农业生产者角度进行调研,具体介绍调研方法内容以及被调研目标的基本信息分析。②结合调研数据,详细分析农户与新型农业经营主体的农业生产成本收益、农业支持政策实施情况以及农业支持政策的实施效果。③选取以水稻、小麦、玉米、马铃薯以及大豆作为主要生产的农户,从生产效率角度对其农业支持政策绩效进行评价,并对该5种作物的绩效进行对比分析,结合各农作物的实际情况,提出优化政策建议。

5.基于生产效率提升的农业支持政策作用机理研究

利用灰色关联分析方法、Tobit模型和DEA模型,揭示我国农业支持政策与相关变量关联性及其内在作用机理。①将我国农业支持政策按照其支持的对象从投入、产出以及一般服务3个方面进行分类,并对各类农业支持政策采用灰色关联分析方法分析其对于我国粮食增产、农民增收以及农业发展的作用效果,找出我国农业支持政策的传导机制。②采用Tobit模型从生产效率的角度对5种农作物的农业支持政策绩效产生影响的生产要素与非生产要素进行具体分析,找出影响不同农作物的农业支持政策的主要影响因素,为进一步提升其效率提供一定的优化依据。③从经济、社会、生态效率角度对我国农业支持政策作用机理进行定量分析,选取具有代表性的指标,对不同类型的农业支持政策措施作用机理进行具体分析。④构建我国农业支持政策作用综合效率评价指标体系,并采用2005—2012年的各项指标数据对我国农业支持政策作用综合效率进行实证分析。

6.基于生产效率提升的农业支持政策传导机制研究

通过构建系统动力学模型和Logistics采纳模型,探索了面向经济效率、社会效率和生态效率提升的我国农业支持政策传导机制。①采用系统动力学方法从经济、社会以及生态3个方面构建我国农业支持政策传导机制,并以其经济子系统为例,模拟不同农业支持政策水平与结构下决策单元的农业生产率的变动情况。②从生产效率角度对我国农业支持政策的传导机制进行分析,重点分析影响农户以及新型农业经营主体购买农业机械的关键因素。③界定效率提升型技术的概念与内涵,分析农户与新型农业经营主体对于信息技术采纳行为的影响因素,从社会效率角度对我国农业支持政策传导机制进行分析。④从病虫害综合防控、测土配方施肥、秸秆还田以及节水灌溉技术的采纳行为的农业支持政策传导机制的角度对农业支持政策生态效率的传导机制进行分析。

7. 基于政策效率提升的农业支持政策路径优化

从农业支持政策功能定位、粮食主产区和非粮食主产区、优质农产品品种、新型农业经营主体培育和新型农业技术推广的视角，系统地提出了我国农业支持政策体系的政策建议与实施措施。①遵循基于生产效率提升的农业支持政策传导机制，兼顾农业支持政策效率提升的原则，利用最优尺度回归分析方法剖析农业支持政策满意度的关键影响因素，进一步通过路径分析法，探寻基于农户和新型农业经营主体视角的我国农业支持政策最佳路径。②结合本课题所研究结论与农业发展现状，从宏观尺度、中观尺度、微观尺度和技术推广视角提出面向政策效率提升的我国农业政策支持建议与实施措施。

1.5 研究思路与研究方法

1.5.1 研究思路与技术路线

本研究主要是基于农业生产效率与农业支持政策效率提升的视角，采用规范分析和实证分析相结合的研究方法，多尺度、多角度研究我国农业支持政策现状、绩效、作用机理、传导机制及其优化路径。具体研究技术路线如图 1-1 所示。

规范分析主要是综合运用农业经济学、农业政策学、产业经济学、制度经济学等相关理论与方法，对我国农业进行结构—行为—绩效(SCP)范式分析，界定农业支持政策的内涵和特征，构建农业支持政策绩效评估指标体系，从经济效率、社会效率、生态效率的角度揭示我国农业支持政策的作用机理与传导机制。

实证分析主要是综合运用统计学、计量经济学和运筹学等相关模型和方法，参考国外先进经验，通过大量的统计资料和系统实地调研数据，从宏观(国家)尺度、中观(省级)尺度以及微观(不同经营主体)尺度分析评估我国农业支持政策实施现状与绩效水平；利用灰色关联分析方法、Tobit 模型和 DEA 模型，揭示我国农业支持政策与相关变量关联性及其内在作用机理；通过构建系统动力学模型和 Logistics 采纳模型探索面向经济效率、社会效率和生态效率提升的我国农业支持政策传导机制；利用最优尺度回归分析方法，从小规模农户和新型农业经营主体视角探寻基于政策效率提升的我国农业支持政策优化路径。

1.5.2 定量研究方法

1.5.2.1 ArcGIS 空间统计分析方法

ArcGIS 10 中的空间统计工具箱包含用于分析空间分布、模式、过程和关系的统计工具。尽管空间统计和非空间统计(传统统计方法)在概念和目标方面可能存在某些相似性，但空间统计具有独特性，因为它们是专门为处理地理数据而开发的。与传统的非空间统计分析方法不同，空间统计方法是将空间(邻域、区域、连通性和/或其他空间关系)直接融入数学中。可以使用“空间统计”工具箱中的工具对空间分布的显著特征进行汇总(如确定平均中心或总体方向趋势)，识别具有统计显著性的空间聚类(如热点/冷点)或空间异常值，评估聚类或离散的总体模式以及建立空间关系模型。

空间自相关工具同时根据要素位置和要素值来度量空间自相关。在给定一组要素及相

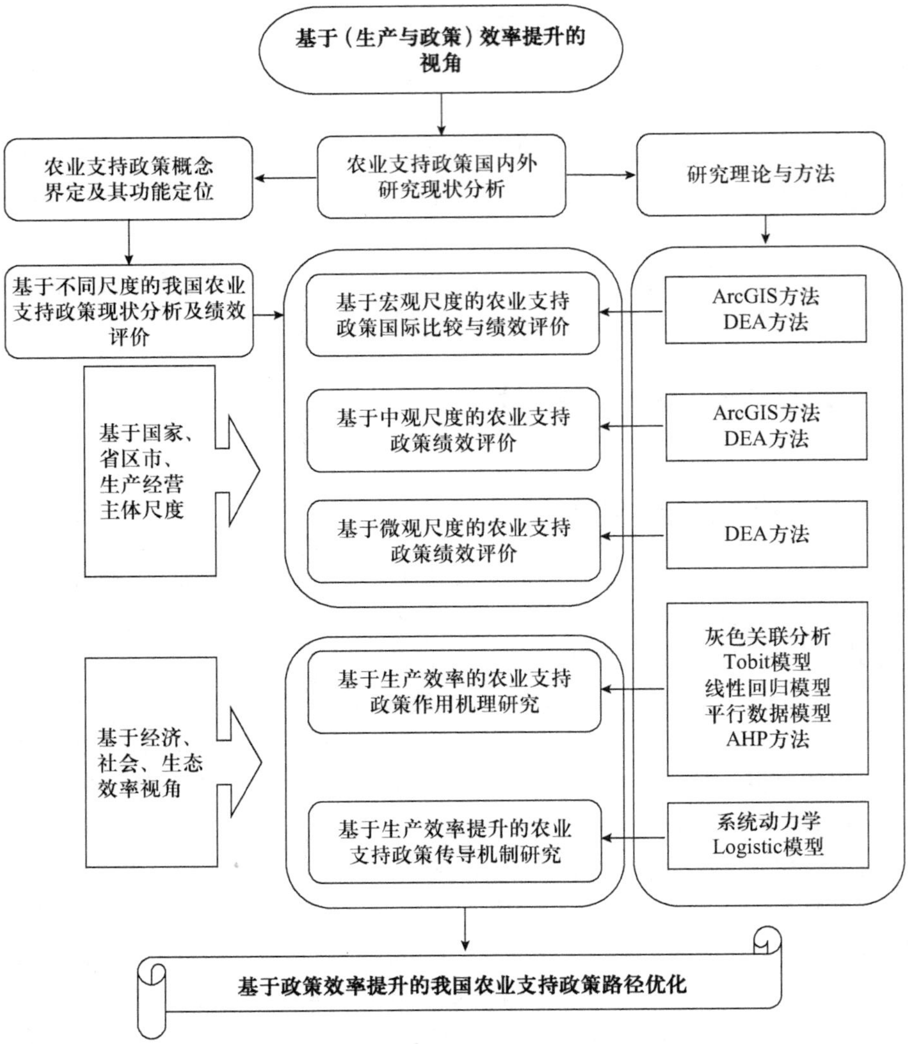

图 1-1　研究技术路线

关属性的情况下，该工具评估所表达的模式是聚类模式、离散模式还是随机模式。该工具通过计算 Moran's I 指数值、Z 得分和 P 值来对该指数的显著性进行评估。

空间自相关分析被广泛用于经济现象的区域差异研究当中。测量基于要素位置和属性值的空间自相关，即研究空间中，某个空间单元与其周围的单元之间，就某种特征，通过统计方法，进行空间相关性程度的计算，以分析这些空间单元在空间上分布现象的特性。也就是说，空间自相关研究的是不同观察对象的同一属性在空间上的相互关系。空间自相关分析中的 Moran's I 指数可以反映数据在空间上的集中或分散程度。Moran's I 统计量是基于邻近面积单元上变量值的比较。如果研究区域中邻近面积单元具有相似的值，统计量的数值为正，表示其存在正的空间相关性，表明相邻地区的类似特征值出现集群趋势；若邻近面积单元的值不相似，则表示可能存在负的空间相关性。

1. 全局空间自相关

全局空间自相关(Global Moran's I)是对属性值在整个区域的空间特征的描述。全局空间自相关可以用来衡量区域间整体上的空间关联与差异。其计算式如下：

$$I=\frac{n\sum_{i=1}^{n}\sum_{j=1}^{n}W_{ij}S_{ij}}{\delta^{2}\sum_{i=1}^{n}\sum_{j=1}^{n}W_{ij}} \qquad \text{公式(1-1)}$$

其中，$S_{ij}=(x_i-\overline{x})(x_j-\overline{x})$，为协方差，即相邻区域单元的值与整体均值之差的叉积，表示空间对象之间属性的相似性；x_i 表示空间对象（点或面）的属性取值；x_j 表示另一空间对象（点或面）的属性取值。δ^2 为总体方差，其计算式如下：

$$\delta^{2}=\frac{\sum_{i=1}^{n}(x_i-\overline{x})^{2}}{n} \qquad \text{公式(1-2)}$$

I 的取值范围为 $-1\sim1$，$I<0$ 时，代表负相关；$I>0$ 时，代表正相关；$I=0$ 时，表示无相关。$I=-1$（或 1）时，表示有很强的负（或正）相关性。

相应的检验公式为：

$$Z(I)=\frac{I-E(I)}{S_{E(I)}} \qquad \text{公式(1-3)}$$

其中，$E(I)=-\frac{1}{n-1}$为期望值，即不存在空间自相关性的系数值。

$$S_{E(I)}=\mathrm{SQRT}\left[\frac{N^{2}\sum_{ij}w_{ij}^{2}+3\left(\sum_{ij}w_{ij}\right)^{2}-N\sum_{i}\left(\sum_{j}w_{ij}\right)^{2}}{(N^{2}-1)\left(\sum_{ij}w_{ij}\right)^{2}}\right] \qquad \text{公式(1-4)}$$

检验公式(1-3)中的 Z 即为检验统计量，当 $Z>0$ 时，代表空间对象呈聚集模式；$Z=0$ 时，呈现独立随机模式；$Z<0$ 时，呈现空间分散模式。

空间自相关 (Global Moran's I)工具将返回 5 个值：Moran's I 指数、预期指数、方差、Z 得分和 P 值。Z 得分和 P 值是统计显著性的度量，Z 得分与 P 值的对应关系如表 1-1 所示。

表 1-1 Z 得分和 P 值对应关系表

Z 得分（标准差）	P 值（概率）	置信度
<-1.65 或 $>+1.65$	<0.10	90%
<-1.96 或 $>+1.96$	<0.05	95%
<-2.58 或 $>+2.58$	<0.01	99%

2. 局部空间自相关

局部空间自相关区别于全局空间自相关，其主要度量及分析某区域和其周边的空间差异程度及其显著性，以便发现数据间的空间异质性。本研究的局部空间相关性主要通过局部莫兰指数(Anselin Local Moran's I)和 Gi 指数来测定。

(1)局部莫兰指数——聚类和异常值分析　使用 Anselin Local Moran's I 统计量来识别

具有统计显著性的热点、冷点和空间异常值。根据权重数据点集，对大量相似点和异质点进行聚类，即计算 Anselin Local Moran's I 指数，以衡量局部的空间关联和空间作用。计算公式如下。

对于第 i 个区域单元，Moran's I LISA 定义为：

$$I_i = \frac{(x_i - \bar{x})}{S^2} \sum_{j, j=1}^{n} w_{ij}(x_j - \bar{x}) \qquad \text{公式(1-5)}$$

$$S^2 = \frac{1}{n} \sum_{i=1}^{n} (x_i - \bar{x})^2, \bar{x} = - \sum_{i=1}^{n} x_i \qquad \text{公式(1-6)}$$

且 $i \neq j$，在完全随机的假定下，I_i 的理论平均值为 $E(I_i) = -W_i/(n-1)$，各区域单元的 Z 得分按下面的方法计算：

$$Z[I_i] = \frac{I_i - E[I_i]}{\sqrt{\mathrm{Var}[I_i]}} \qquad \text{公式(1-7)}$$

$$\mathrm{Var}[I_i] = \left(\sum_j w_{ij}\right)^2 \frac{\left[n - \frac{\sum_i Z_i^4}{\left(\sum_i Z_i^2\right)^2}\right]}{n-1} + \sum_{k \neq i} \sum_{h \neq i} w_{ik} w_{ih} \frac{\left[2\frac{\sum_i Z_i^4}{\left(\sum_i Z_i^2\right)^2} - n\right]}{(n-1)(n-2)} - \frac{\left(\sum_j w_{ij}\right)^2}{(n-1)^2}$$

公式(1-8)

该工具可使用输入要素类中每个要素的以下属性创建一个新的输出要素类：Local Moran's I 指数、Z 得分、P 值和聚类/异常值类型(COType)。如果 I 值为正值，则要素值与其相邻的要素值相近；如果 I 值为负值，则要素值与相邻要素值有很大的不同。如果要素的 Z 得分是一个较高的正值，则表示周围的要素拥有相似值(高值或低值)。输出要素类中的 COType 字段会将具有统计显著性(0.05 的显著水平)的高值聚类表示为 HH，将具有统计显著性(0.05 的显著水平)的低值聚类表示为 LL。简而言之，HH 表示区域自身和周边地区的值均较高，二者的空间差异程度较小；LH 表示区域自身值较低，周边地区较高，二者的空间差异程度较大；LL 表示区域自身和周边地区的值均较低，二者的空间差异程度较小；HL 表示区域自身值较高，周边地区较低，二者的空间差异程度较大。

(2)Gi 指数——热点分析(Getis-Ord Gi*) 此工具用于识别具有统计显著性的高值(热点)和低值(冷点)的空间聚类。与 Moran's I 相比，Gi 指数的优势在于能够探测整个研究区域内是否存在热点和冷点。在空间聚集分析中，较高的值的局部聚集称为热点，而较低的值彼此靠近所形成的局部聚集则称为冷点。计算公式如下：

$$G(d) = \frac{\sum \sum w_{ij}(d) x_i x_j}{\sum \sum x_i x_j} \quad (\text{其中 } i \neq j) \qquad \text{公式(1-9)}$$

其中，x_i，x_j 是单元 i 与 j 的属性；$w_{ij}(d)$是通过距离函数或者说距离标准为 d 的邻接函数来确定的权重，如果区域单元 i 与 j 之间的距离小于 d，权重 $w_{ij}(d)$就等于 1，否则就等于 0。一般来说，相邻值越大，决定 $G(d)$统计量大小的分子就相对越大；相邻值越小，分子就越小，就得到

相对较小的 $G(d)$ 值，表明低值与低于平均水平空间关联。因此，$G(d)$ 统计量能够探测高值（热点）和低值（冷点）的聚集。

1.5.2.2 数据包络分析方法(DEA)

1. DEA 方法

数据包络分析（data envelopment analysis，DEA），由 Charnes、Coopor 和 Rhodes 于 1978 年提出。该方法的原理主要是通过保持决策单元（decision making units，DMU）的输入或者输入不变，借助于数学规划和统计数据确定相对有效的生产前沿面，将各个决策单元投影到 DEA 的生产前沿面上，并通过比较决策单元偏离 DEA 前沿面的程度来评价它们的相对有效性。

数据包络分析方法的特点是利用决策单元的输入、输出数据组成的生产可能集得有效前沿面，得到每个 DMU 的投入产出相对效率；同时，DEA 数据包络分析还是一种最常用的非参数效率评价方法，避开了参数估计和权重确定的问题，保障了结果不受各个指标量纲不同的影响。DEA 方法最基本的模型是 CCR 模型（基于规模报酬不变假设）和 BCC 模型（基于规模报酬可变假设）。由 CCR 模型计算得出综合技术效率，由 BCC 模型得出纯技术效率。利用纯技术效率可以将规模效率从 CCR 模型所求的综合技术效率中分离出来，从而更能清楚地区分纯技术效率或规模效率所造成的影响。故本研究结合 CCR 模型和 BCC 模型，研究我国农业支持政策绩效情况，并且给出投入产出调整值，使其达到 DEA 有效。

DEA 模型：假定有 n 个决策单元（DMU）、m 种投入和 k 种产出，第 i 个 DMU 的投入量和产出量 $\boldsymbol{X}_i$、$\boldsymbol{Y}_i$ 分别表示 m 维和 k 维的投入产出向量，如果规模报酬不变，加入松弛变量和非阿基米德无穷小 ε，可得到两阶段 DEA 模型：

$$\min\theta$$

$$S.t.\begin{cases}\sum_{i=1}^{n}\lambda_i\boldsymbol{X}_i\leqslant\boldsymbol{X}_0\theta\\ \sum_{i=1}^{n}\lambda_i\boldsymbol{Y}_i\geqslant\boldsymbol{Y}_0\\ \lambda_i\geqslant 0(i=1,2,\cdots,n)\end{cases}\qquad\text{公式(1-10)}$$

$$\min\left[\theta-\varepsilon(\boldsymbol{e}_1^{\mathrm{T}}S^-+\boldsymbol{e}_2^{\mathrm{T}}S^+)\right]$$

$$S.t.\begin{cases}\sum_{i=1}^{n}\lambda_i\boldsymbol{X}_i+S^-=\theta\boldsymbol{X}_0\\ \sum_{i=1}^{n}\lambda_i\boldsymbol{Y}_i-S^+=\boldsymbol{Y}_0\\ \lambda_i\geqslant 0(i=1,2,\cdots,n);S^-\geqslant 0;S^+\geqslant 0\end{cases}\qquad\text{公式(1-11)}$$

公式(1-10)、公式(1-11)中，$\boldsymbol{e}_1$、$\boldsymbol{e}_2\in\mathrm{R}^k$，分别为 m 维和 k 维单位向量；$\boldsymbol{X}_0$、$\boldsymbol{Y}_0$ 表示被评价的 DMU_0 的投入和产出向量。S^- 和 S^+ 分别表示对 DMU_0 进行结构调整的松弛变量。

设该模型的解为 λ_i^*，S^{-*}，S^{+*}，θ^*：

(1)当 $\theta^*=1$，$S^{-*}=S^{+*}=0$ 时，说明该生产点在生产前沿面上，把这样的 DMU_0 称为 DEA 有效，即在这 n 个决策单元组成的经济系统中，在原投入 $\boldsymbol{X}_0$ 的基础上获得的产出 $\boldsymbol{Y}_0$ 已经达到最优。

(2)当 $\theta^*=1$，$S^{-*}\neq 0$ 或 $S^{+*}\neq 0$ 时，说明生产规模适当，但存在结构问题，这样的 DMU_0 为弱 DEA 有效，即在这 n 个决策单元组成的经济系统中，对于投入 $\boldsymbol{X}_0$ 可减少 S^{-*} 而保持原产出 $\boldsymbol{Y}_0$ 不变，或在投入 $\boldsymbol{X}_0$ 不变的情况下可将产出 $\boldsymbol{Y}_0$ 增加 S^{+*}。

(3)当 $\theta^*<1$，说明技术处在非有效状态；如果同时 $S^{-*}\neq 0$ 或 $S^{+*}\neq 0$，则该经济系统还存在结构问题。

2.基于 DEA 的政策绩效评价方法流程

目前，国内外运用 DEA 方法进行绩效评价的研究很多，虽然这些研究所涉及的领域不同，评价目标和结果也各不相同，但是它们所遵循的流程基本相同，所以 DEA 方法用于政策绩效评价流程同样如图 1-2 所示，共分为 6 步。

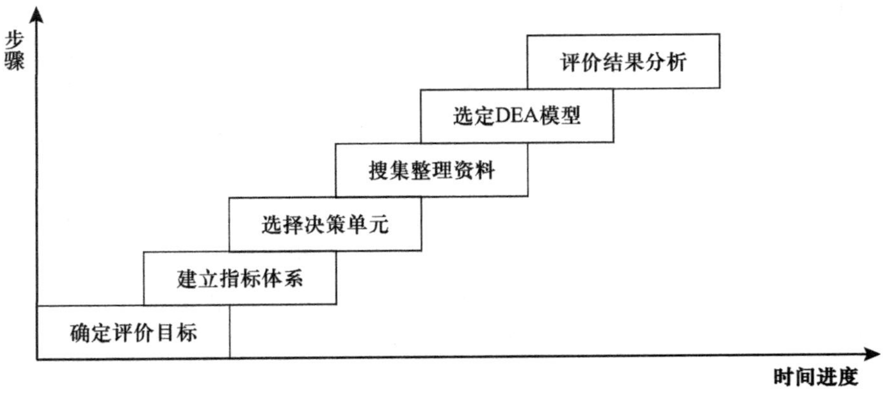

图 1-2　DEA 绩效评价方法流程

(1)确定评价目标　在进行绩效评价时，首先要明确评价目标，因为不同的评价目标影响着后续指标体系的建立、决策单元的选择等一系列步骤。

(2)建立指标体系　在明确了评价目标后，接下来的问题就是从哪些方面来对绩效进行评价，即研究对象的绩效主要受哪些输入因素影响，又由哪些输出来体现。

(3)选择决策单元　DEA 方法比较的是各决策单元的相对效率，因此各决策单元必须要有比较上的意义。首先，选取的各决策单元要满足同质性，即它们拥有相同的目标和任务、拥有相同的输入输出指标以及大致相同的外部环境；其次，在考量决策单元的个数时，理论上决策单元越多越易确定投入和产出间的关系。

(4)搜集整理数据　在构建指标体系和选定决策单元之后，就应该搜集各决策单元相应指标的数据。农业支持政策绩效评价涉及的数据主要是各个输入、输出指标的统计值，主要用到各决策单元某个年份的截面数据。

(5)选定 DEA 模型　在将数据搜集整理好后，需要选合适的 DEA 模型。由于传统的 CCR 模型(基于规模报酬不变假设)得出的是综合技术效率，不能反映非 DEA 有效到底是由非技术有效引起的，还是由非规模有效引起的，而 BCC 模型(基于规模报酬可变假设)可以得到纯技术效率，所以利用 BCC 模型的纯技术效率可以将规模效率从 CCR 模型所求的综合技术效率中分离出来，从而更能清楚地区分纯技术效率或规模效率所造成的影响。故本研究结合 CCR 模型和 BCC 模型，研究我国农业支持政策绩效情况，并且给出投入产出调整值，使其达到 DEA 有效。

(6)评价结果分析　本研究通过 DEA 软件可以得到各决策单元的综合技术效率、纯技术效率、规模效率以及规模报酬情况,并能针对非 DEA 有效的决策单元指出输入冗余或者输出不足,并给出相应的改进建议。

1.5.2.3 农业技术采纳 Logistic 模型

1. Logistic 理论模型

Logistic 回归模型是一种典型的对数线性模型,它通过回归拟合解释变量与事件发生概率之间的非线性关系,被广泛应用于分析不同解释变量取值组合呈现状态的概率,以及在一定条件下事件发生与否的概率,因此又称二分 Logistic 回归(Hosmer 和 Lemeshow,1989;Cucchiara.,1992;杨小平,2009)。当变量的关系是非线性时,为了便于分析问题,可通过转换因变量或自变量而使函数形式呈现线性关系。虽然这时因变量与自变量的实质关系仍是非线性的,但是变量间的参数可以是线性的(斯科特·梅纳德,2016)。

假设有一个理论上存在的连续反应变量 y_i^* 代表农户采纳技术的可能性,其值域为 $(-\infty,+\infty)$。当 y_i^* 的值跨过一个临界点 c 时,在实际观察中农户就会采纳农业技术,用 $y_i=1$ 表示;在临界点 c 之前,农户就不会采纳农业技术,用 $y_i=0$ 表示(王济川,2001)。于是就有:

$$\begin{cases} y_i=1, & \text{当 } y_i^* > c \text{ 时} \\ y_i=0, & \text{当 } y_i^* \leqslant c \text{ 时} \end{cases} \qquad \text{公式(1-12)}$$

如果假设反应变量 y_i^* 和自变量 x_i 之间存在一种线性关系,即:

$$y_i^* = \alpha + \beta x_i + \varepsilon_i \qquad \text{公式(1-13)}$$

进一步转换公式,可得:

$$\begin{aligned} P(y_i=1|x_i) &= P[(\alpha+\beta x_i+\varepsilon_i)>0] \\ &= P[\varepsilon_i>(-\alpha-\beta x_i)] \\ &= P[\varepsilon_i<(\alpha+\beta x_i)] \\ &= F(\alpha+\beta x_i) \end{aligned} \qquad \text{公式(1-14)}$$

其中,F 为 ε_i 的累积分布函数。如果假设 ε_i 为 Logistic 分布,就得到 Logistic 回归模型,它具有 S 型分布。

$$\begin{aligned} P(y_i=1 \mid x_i) &= \frac{1}{1+e^{-\varepsilon_i}} \\ &= \frac{1}{1+e^{-(\alpha+\beta x_i)}} \end{aligned} \qquad \text{公式(1-15)}$$

其中,ε_i 被定义为一系列影响生产者采纳农业技术概率的因素的线性函数,即:

$$\varepsilon_i = \alpha + \beta x_i \qquad \text{公式(1-16)}$$

将第 i 个生产者采纳农业技术的条件概率记为 p_i 时,可将公式(1-15)变换为公式(1-17)。

$$p_i = \frac{1}{1+e^{-(\alpha+\beta x_i)}} = \frac{e^{\alpha+\beta x_i}}{1+e^{\alpha+\beta x_i}} \qquad \text{公式(1-17)}$$

其中，p_i 是由解释变量 x_i 构成的非线性函数，可经过 2 次变换将非线性函数转换为线性函数。当用 p_i 表示生产者采纳行为事件发生的概率，则生产者未发生采纳行为的概率为 $1-p_i$，即：

$$1-p_i = 1-\frac{e^{\alpha+\beta x_i}}{1+e^{\alpha+\beta x_i}} = \frac{1}{1+e^{\alpha+\beta x_i}} \qquad \text{公式(1-18)}$$

那么，将预测农户采纳农业技术概率 p_i 的概率转换成 p_i 的发生比，即 p_i 和 $1-p_i$ 之比，发生比记为 odds。

$$\frac{p_i}{1-p_i} = e^{\alpha+\beta x_i} \qquad \text{公式(1-19)}$$

由公式(1-19)可以看出，发生比 odds 没有固定的最大值，但是有最小值 0。将 odds 取自然对数就得到一个线性函数。

$$\ln\left(\frac{p_i}{1-p_i}\right) = \alpha + \beta x_i \qquad \text{公式(1-20)}$$

将发生比取自然对数转换，成为 logit 形式，也称为 y 的 logit，即 logit(y)。logit(y)是依赖于 x_i 的线性函数，从而可将二分值类型的非线性问题转换为线性问题进行求解。

若 $x=(x_1, x_2, \cdots, x_n)$ 表示影响生产者对农业技术采纳的 n 个因素的集合，则 p_i 可扩展为：

$$p_i = \frac{e^{\alpha+\beta_1 x_1+\cdots+\beta_n x_n}}{1+e^{\alpha+\beta_1 x_1+\cdots+\beta_n x_n}} = \frac{e^{\alpha+\sum_{n=1}^{n}\beta_n x_{ni}}}{1+e^{\alpha+\sum_{n=1}^{n}\beta_n x_{ni}}} \qquad \text{公式(1-21)}$$

同理，相应的 Logistic 回归模型也可扩展为：

$$\ln\left(\frac{p_i}{1-p_i}\right) = \alpha + \sum_{n=1}^{n}\beta_n x_{ni} \qquad \text{公式(1-22)}$$

由公式(1-21)和公式(1-22)可知，当已知各个案例的观测自变量 x_i 的样本和农户是否为此案的观测值时，就能够分析和描述在特定条件下生产者采纳农业技术的发生比及概率(王济川，2001)。

2. Logistic 模型估计方法

最小二乘法(OLS)是普通线性回归中常用的估计方法，但是当应变量是分类变量时，由于本身非线性的关系，该方法就不能进行有效估计，需要使用最大似然估计(MLE)。

根据最大似然估计理论，n 个观测值的似然函数为：

$$L(\theta)=\prod_{i=1}^{n} p_i^{y_i}(1-p_i)^{(1-y_i)} \qquad \text{公式(1-23)}$$

其中，p_i 为第 i 个生产者采纳农业技术的概率，y_i 为第 i 个生产者是否采纳农业技术的实际观察值。一般来说，可通过求解似然函数的自然对数变换最大的方法来求得似然函数最大值。Logistic 回归模型的对数似然值为：

$$\begin{aligned}\ln[L(\theta)]&=\ln\left[\prod_{i=1}^{n} p_i^{y_i}(1-p_i)^{(1-y_i)}\right]\\&=\sum_{i=1}^{n}[y_i\ln(p_i)+(1-y_i)\ln(1-p_i)]\\&=\sum_{i=1}^{n}\left[y_i\ln\left(\frac{p_i}{1-p_i}\right)+\ln(1-p_i)\right]\\&=\sum_{i=1}^{n}\left[y_i(\alpha+\beta x_i)+\ln\left(1-\frac{e^{\alpha+\beta x_i}}{1+e^{\alpha+\beta x_i}}\right)\right]\\&=\sum_{i=1}^{n}[y_i(\alpha+\beta x_i)-\ln(1+\alpha+\beta x_i)]\end{aligned} \qquad \text{公式(1-24)}$$

公式(1-24)为对数似然函数，为了估计能使对数似然函数的值最大，分别对公式(1-24)中的 α 和 β 求偏数，然后令其为 0，建立似然联立方程。

$$\begin{cases}\dfrac{\partial\ln[L(\theta)]}{\partial\alpha}=\displaystyle\sum_{i=1}^{n}\left[y_i-\frac{e^{\alpha+\beta x_i}}{1+e^{\alpha+\beta x_i}}\right]\\[2ex]\dfrac{\partial\ln[L(\theta)]}{\partial\beta}=\displaystyle\sum_{i=1}^{n}\left[y_i-\frac{e^{\alpha+\beta x_i}}{1+e^{\alpha+\beta x_i}}\right]x_i\end{cases} \qquad \text{公式(1-25)}$$

如果有 k 个影响因素，则就有 $k+1$ 个联立方程来估计 α 和 $\beta_1,\beta_2,\cdots,\beta_k$ 的值。

3. Logistic 模型评价方法

当对所设定的 Logistic 模型估计完成后，需要对模型进行评价，判断所设定的模型是否能够根据解释变量很好地预测概率。如果所预测的值与实际观测值高度一致，那么认为这个模型比较好，否则，需要重新设定模型。有以下几种指标从不同维度对 Logistic 模型进行评价。

(1)回归方程整体显著性检验　对数似然比检验是检验 Logistic 回归方程整体显著性最常用的方法(王济川，2001；朱建平和殷瑞飞，2007；冯建英，2013)。在似然函数的基础上，零假设回归方程的似然函数值为 L_0，备选假设回归方程的似然函数值为 L_1，为了实现显著性检验，构造如下的似然比卡方统计量。

$$\begin{aligned}-\ln\left(\frac{L_0}{L_1}\right)^2&=-2\ln\left(\frac{L_0}{L_1}\right)=-2\ln(L_0)-[-2\ln(L_1)]\\&=-2[\ln(L_0)-2\ln(L_1)]\end{aligned} \qquad \text{公式(1-26)}$$

模型估计的结果会给出似然比卡方统计量－2LL 值及其对应的 p 值，如果 p 值小于给定的显著性水平 α，则拒绝原假设，得出方程整体显著的结论；反之，方程整体不显著。

(2)模型拟合优度评价　Cox&Snell R^2 和 Nagelkerke R^2 统计量是 Logistic 模型拟合优度评价的常用统计量。Cox 和 Snell(1989)提出一般线性模型的确定系数的形式为：

$$\text{Cox\&Snell } R^2 = 1 - \left(\frac{L_0}{L_1}\right)^{2/n} \qquad \text{公式(1-27)}$$

公式(1-27)中，零假设回归方程的似然函数值为 L_0；备选假设回归方程的似然函数值为 L_1；n 为样本规模。

Cox&Snell R^2 存在一定缺陷，其最大值小于 1，于是 Nagelkerke(1991)在 Cox&Snell R^2 的基础上，提出了一种调整的类确定系数 Nagelkerke R^2，其值可以得到最大值 1。

$$\text{Nagelkerke } R^2 = \frac{\text{Cox\&Snell } R^2}{1-(L_0)^{2/n}} \qquad \text{公式(1-28)}$$

这 2 个统计量的值越接近于 1，表明模型拟合优度越高；否则说明模型拟合优度越低。

(3)错判矩阵　错判矩阵也称分类表，是将观测案例分为事件发生或不发生的频数表，其也可检验 Logistic 回归模型的预测准确性，是一种常用的评价各种分类判别模型优劣的方法。从表 1-2 可以看出，整体正确率越大，说明模型预测能力越强，模型越好。

表 1-2　错判矩阵

观测值		预测值		
		是否采纳农业技术		正确率
		否	是	
是否采纳农业技术	否	N_{11}	N_{12}	$\frac{N_{11}}{N_{11}+N_{12}}$
	是	N_{21}	N_{22}	$\frac{N_{22}}{N_{21}+N_{22}}$
整体正确率		$\frac{N_{11}+N_{22}}{N_{11}+N_{12}+N_{21}+N_{22}}$		

4.回归结果解释方法

在对 Logistic 模型回归结果解释之前，需要判断哪些自变量对因变量产生显著影响，也就是识别出哪些政策能够显著政策生产者对农业技术的采纳行为，即自变量的显著性检验。一般来说，在 Logistic 模型中，用 Wald 统计量检验回归系数的显著性，即回归系数与回归系数标准误之比的平方，而且服从卡方分布(王济川和郭志刚，2001；弗雷德 · C. 潘佩尔，2015)。其公式为：

$$W = \left(\frac{\hat{\beta}_k}{SE_{\hat{\beta}_k}}\right)^2 \qquad \text{公式(1-29)}$$

通过比较模型估计给出的Wald统计量对应的p值和给定的显著性水平来判定第j个回归系数是否显著。当p值小于给定的显著性水平时,表明第j个回归系数显著不为0。Wald值越大或者其p(Sig.)值(Wald检验系数为零的显著性相伴概率)越小,则因素的显著性越高,在模型中越重要(朱建平和殷瑞飞,2007;冯建英,2013)。

对于通过显著性检验的影响因素,可以通过发生比、发生比率和概率3个维度进行实际意义的解释。

(1)发生比(odds) 由发生比(odds)的定义可知,发生比是采纳农业技术的生产者数量与未采纳农业技术的生产者数量之间的比,而发生比的对数实质上就是对应Logistic回归模型的系数β,因此可以通过回归模型的系数来解释Logistic回归结果。Logistic回归系数简单表示影响因素每变化一个单位,预测生产者采纳农业技术行为发生比的对数的改变。影响因素是虚拟变量的表示一个单位的改变明确比较了标示组与参照组,即待解释组与参照组的对比分析。与普通回归一样,单个系数仅仅代表了该自变量与应变量之间的关系。虽然发生比的对数很容易理解,也方便解释含义,但是其并不能揭示实际含义,对实际生产指导没有太大意义,因此很少使用此方法直接解释Logistic回归结果(弗雷德·C.潘佩尔,2015)。

(2)发生比率(odds ratio) 发生比率又称交叉积比率或相对风险,在Logistic回归中,发生比率是理解影响因素对生产者采纳农业技术概率的最好方法。当发生比率值大于1时,表明生产者对农业技术采纳的可能性会提高,或说明该影响因素对生产者采纳农业技术具有正向促进作用;当发生比率值小于1时,表明生产者对农业技术采纳的可能性会降低,或说明该影响因素对生产者采纳农业技术具有正向阻碍作用;当发生比率值刚好等于1时,表明生产者对农业技术采纳的可能性不变,或说明该影响因素对生产者采纳农业技术没有作用。

影响因素按照数据类型可分为连续自变量、二分类自变量和分类自变量3种,相应地,Logistic回归结果也可按照这3种数据类型从发生比率进行解释。

①连续自变量的发生比率:当自变量为连续自变量时(如年龄、收入等),给定的e^{β_k}发生比率表示发生比变化的倍数,自变量x_k每增加一个单位时,所估计的发生比的百分点变化为$(e^{\beta_k}-1)\times 100\%$。然而对于一些连续自变量,有时分析一个单位的变化所带来的作用意义不大,这就需要将连续自变量按一定跨度转换为离散变量来分析,所解释的结果才会更有意义。例如,当分析收入对某事件的作用时,以收入每增加100元所带来的变化比每增加1元所带来的变化会更有实际意义。当以这种方式进行理解结果时,需要将对数发生比进行一些调整(王济川和郭志刚,2001)。当自变量从x_a变到x_b时,其对数发生比的变化为:

$$\Delta(\text{odds})=(x_b-x_a)\beta_k \qquad \text{公式(1-30)}$$

因此,调整发生比率(adjusted odds ratio,简称为AOR)为:

$$\text{AOR}=e^{[\Delta\ln(\text{odds})]}=e^{(x_b-x_a)\beta_k} \qquad \text{公式(1-31)}$$

其中,β_k表示在其他变量都不变的情况下,x_k每变化一个单位导致对数发生比的变化。

②二分类自变量的发生比:二分类自变量又称标志自变量或虚拟自变量,只有两种类型(如性别等),一般在进行计量分析时都会编码为1和0来表示。数值1和0仅仅是代表不同类型,没有大小之分,也可以互换。定义$x_0=0$,$x_1=1$,那么x_0和x_1的发生比率对数为:

$$\ln\left(\frac{p_i}{1-p_i}\right)_{x_0}=\alpha+\beta\times 0+\varepsilon \qquad \text{公式(1-32)}$$

$$\ln\left(\frac{p_i}{1-p_i}\right)_{x_1}=\alpha+\beta\times 1+\varepsilon \qquad \text{公式(1-33)}$$

当以 x_0(定义 $x_0=0$)为参照时,那么 x_1(定义 $x_1=1$)的发生比率对数为:

$$\begin{aligned}\ln(\text{odds})_{(x_1\,vs\,x_0)}&=\ln\left(\frac{p_i}{1-p_i}\right)_{x_1}-\ln\left(\frac{p_i}{1-p_i}\right)_{x_0}\\&=\alpha+\beta\times 1+\varepsilon-(\alpha+\beta\times 0+\varepsilon)\\&=\beta\end{aligned} \qquad \text{公式(1-34)}$$

由公式(1-33)可知,在其他变量不变的条件下,x_1 和 x_0 之间对数发生比的差实质上就是发生比的对数,即

$$\text{AOR}=\mathrm{e}^{[\ln(\text{odds})_{(x_1\,vs\,x_0)}]}=\mathrm{e}^{\beta} \qquad \text{公式(1-35)}$$

③多分类自变量的发生比率:当自变量的分类多于两类时,就需要将自变量转换为一组虚拟变量进行分析解释。假设自变量 x_k 有 n 个分类,则需要建立 $n-1$ 个虚拟变量,省略的那个分类则作为参照类。这样就将 n 分类的自变量转换为 $n-1$ 个虚拟变量,余下分析方法与二分类自变量的分析方法一致。

(3)概率　除了从发生比和发生比率两个角度分析 Logistic 回归结果外,将发生比的对数或者发生比对生产者采纳农业技术的影响转换为概率的影响也是一种解释方法。根据数据类型不同,可采用不同思路来理解连续自变量和虚拟自变量的影响作用。

①连续自变量的概率:影响因素对生产者采纳农业技术概率的偏作用可以通过对 Logistic 函数求偏导数来分析,其公式如下(王济川和郭志刚,2001):

$$\begin{aligned}\frac{\partial P(y=1\mid x)}{\partial x_k}&=\frac{\partial\left[\dfrac{\mathrm{e}^{\alpha+\sum\beta_k x_k}}{1+\mathrm{e}^{\alpha+\sum\beta_k x_k}}\right]}{\partial x_k}\\&=\frac{\beta_k\mathrm{e}^{\alpha+\sum\beta_k x_k}}{\left(1+\mathrm{e}^{\alpha+\sum\beta_k x_k}\right)^2}\\&=\beta_k\frac{\mathrm{e}^{\alpha+\sum\beta_k x_k}}{1+\mathrm{e}^{\alpha+\sum\beta_k x_k}}\frac{1}{1+\mathrm{e}^{\alpha+\sum\beta_k x_k}}\\&=\beta_k p(1-p)\end{aligned} \qquad \text{公式(1-36)}$$

由公式(1-36)可知,影响因素 x_k 对生产者采纳农业技术概率的偏作用就等于影响因素回归系数与 $p(1-p)$ 的乘积,是随着 p 的变化而随时改变的,因此,Logistic 的偏导也被称为边缘效应或瞬时效应。也就是说,偏导并不是表示影响因素 x_k 每改变一个单位生产者采纳农业技术概率发生的改变,而是在切线上的变化(弗雷德·C. 潘佩尔,2015)。

②虚拟自变量:由于虚拟自变量是离散型变量,所以不能通过偏导来理解概率的含义。但是由于虚拟变量系数的偏导数近似于虚拟变量组之间概率的差,所以计算出组之间的概率

差就可以得出影响因素对生产者采纳农业技术概率的作用，一般选择因变量的平均值作为参照组概率(Petersen,1985)。当计算 x_k 概率时，假设 P_0 为参照组概率，则计算过程如下：

$$\begin{cases} \text{找出参照组的对数}: L_0 = \ln\left(\dfrac{P_0}{1-P_0}\right) \\ \text{计算虚拟变量组的对数}: L_k = L_0 + \beta_k \\ \text{计算虚拟变量组的概率}: P_k = \dfrac{1}{1+e^{-L_k}} \\ \text{计算两个变量组概率差}: P = P_k - P_0 \end{cases} \qquad \text{公式(1-37)}$$

同样，虚拟自变量的概率也会随着 p 的变化而随时改变，有时连续自变量也会通过此种方法来求概率，以避免连续自变量直接求偏导而带来的误解。

从发生比、发生比率和概率 3 种解释方法比较来看，各有优缺点，实践中可根据研究对象不同和容易解释角度选择合适方法来解释 Logistic 回归结果。当然，有些研究只需要找出显著影响因素及其作用方向即可(韩青和谭向勇,2004;黄武,2010;朱萌等,2015;蔡晶晶和柯毅,2015)，也有一些研究会使用边缘效应进行更深入的研究(弗雷德·C. 潘佩尔,2015)。

1.6 研究特色与创新

(1)研究视角创新 基于农业生产效率的功能定位，从经济效率、社会效率和生态效率及其提升角度揭示我国农业支持政策的作用机理与传导机制，探讨农业支持水平和结构调整与优化路径，为当前农业供给侧结构性改革背景下调整和完善农业支持政策体系提供有力的理论指导。

(2)研究内容创新 从变化的农业政策环境和农业支持政策绩效现状出发，面向农业供给侧结构性改革的战略需求，剖析我国农业支持政策目前存在的缺位、错位和越位等问题；兼顾生产效率(经济效率、社会效率、生态效率)和政策效率提升的原则，从农业支持政策功能定位、粮食主产区和非粮食主产区、优质农产品品种、新型农业经营主体培育和新型农业技术推广的视角系统地提出我国农业支持政策体系的政策建议与实施措施，积极培育新型生产要素与新型农业经营主体，研究内容具有很强的时效性和政策性。

(3)研究方法创新 项目研究综合采用规范分析与实证分析，结合定性分析与定量分析、对比分析及系统分析的方法。

①多模型模拟与仿真：具体运用空间统计分析法、数据包络分析法，分析评估我国农业支持政策实施现状与绩效水平；利用灰色关联分析方法、Tobit 模型和 DEA 模型，揭示我国农业支持政策与相关变量关联性及其内在作用机理；通过构建系统动力学模型和 Logistics 采纳模型探索面向经济效率、社会效率和生态效率提升的我国农业支持政策传导机制；利用最优尺度回归分析方法，从小规模农户和新型农业经营主体视角探寻基于政策效率提升的我国农业支持政策优化路径。

②不同尺度变换：从宏观(国家)尺度、中观(省级、作物品种类别)尺度以及微观(不同农业经营主体、作物品种)尺度开展农业支持比较研究。宏观(国家)尺度，易于与国际间比较及其借鉴作用；中观(省级、作物品种类别)尺度，利于比较粮食主产区和非粮食主产区、优质农

产品品种间的政策效果差异及其关键影响因素；微观（不同农业经营主体、作物品种）尺度，研究对象更具体，研究政策结果更具有针对性和可操作性，有利于新型农业经营主体培育以及新型农业技术的推广。

③时空维度分析：引入 ArcGIS 空间计量分析模型，从时空维度易于研究农业支持政策的时间演变规律及其空间变化差异。

第 2 章　我国农业支持政策的现状分析

本章基于 WTO 框架和 OECD 政策分类，运用统计分析方法剖析我国农业支持政策水平与结构；同时，从新型农业经营主体与新型农业技术推广的微观视角，分析不同农业经营主体对新型农业技术的认知和需求及其推广政策支持效果，探索新型农业经营主体培育与新型农业技术推广的政策实施效果。

2.1　基于 WTO 框架的我国农业支持政策现状

《乌拉圭回合农业协定》(Uruguay Round Agreement on Agriculture，URAA)的三大支柱分别是市场准入、农业国内支持和出口补贴，其中的农业国内支持和出口补贴均是对农业或农产品进行支持。由于我国在加入世界贸易组织时承诺取消一切出口补贴，即不再对任何农产品进行出口补贴，特别是对小麦、玉米、大米、棉花等产品进行的出口补贴，因此我国的农业支持政策主要是指我国农业国内支持政策。

农业国内支持政策主要涉及：①允许自由使用的“绿箱”政策；②有限制使用的“蓝箱”政策；③限制使用的“黄箱”政策；④给予发展中国家的“特殊和差别”待遇，即“发展箱”政策。“蓝箱”政策属于“黄箱”政策的特例，是乌拉圭回合农业谈判中美国与欧盟相互妥协的产物，指在限产计划下给予的直接支持，这些支持不需要计入 AMS，也不在削减承诺内，但需满足：①按固定面积或产量提供的补贴；②根据基期生产水平 85%及以下所提供的补贴；③按牲口的固定头数所提供的补贴。由于我国目前不存在与限产计划相关而免于削减的“蓝箱”支付，所以我国对于“蓝箱”措施的利用尚属空白。WTO 给予发展中国家的特殊和差别待遇也属于免于削减承诺的范围，包括可普遍获得的投资补贴、中低收入或资源贫乏地区生产者可普遍获得的农业投入补贴以及为鼓励生产者停止生产非法麻醉作物而提供的补贴共 3 项(傅泽田，2008)，但是在加入世界贸易组织谈判时我国政府做出了让步，放弃享受给予发展中国家的特殊和差别待遇，所以我国对于农业国内支持只涉及“绿箱”政策和微量允许标准内的“黄箱”政策两类。这两类政策支付就构成我国的农业国内支持总量，其中我国“绿箱”政策支持空间没有上限，而“黄箱”政策有在 8.5%微量允许水平内的支持空间。

2.1.1　我国农业国内支持总量概况

按照 URAA 规则，我国农业国内支持主要使用“绿箱”政策措施，对个别产品和部分农业投入品使用了“黄箱”政策支持措施，但数量不大。2006 年以前我国还存在农业税，所以在此之前我国“黄箱”政策总体上呈负值，在全面取消“四税”(农业税)后，我国的“黄箱”政策逐渐转为正值。目前，我国没有使用“蓝箱”政策和“发展箱”政策。

从表 2-1 和图 2-1 可以看出，我国国内支持总量主要由“绿箱”政策支付组成，1999—2010

年我国“绿箱”政策支付平均为3 485.16亿元，支付最高的2008年为5 930.15亿元。我国“绿箱”支出水平不高，但从总量上看，我国“绿箱”支出逐年增加，呈现不断递增的趋势，年均增长15.84%。

表2-1 1999—2010年我国农业国内支持结构 百万元

年份	“绿箱”政策	“蓝箱”政策	“黄箱”政策	“发展箱”政策
1999	184 335	0	−95 801	0
2000	207 899	0	−92 911	0
2001	242 332	0	−75 328	0
2002	252 115.96	0	−38 536.99	0
2003	257 962.03	0	−26 025.96	0
2004	308 494.17	0	6 169.63	0
2005	309 566.06	0	−7 291.14	0
2006	356 524.48	0	−2 809.41	0
2007	457 856.8	0	35 006.34	0
2008	593 014.94	0	89 104.95	0
2009	477 462	0	108 594	0
2010	534 632	0	123 015	0

资料来源：WTO官方网站数据计算整理。

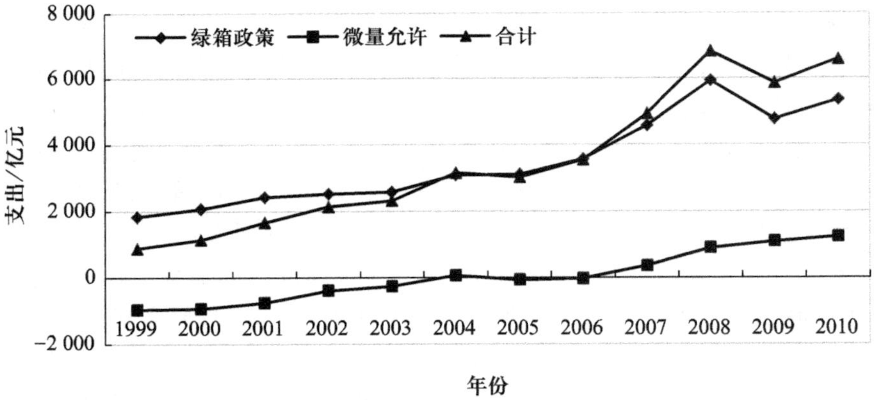

图2-1 1999—2010年我国国内支持结构变化情况

2.1.2 “绿箱”政策使用情况

“绿箱”政策是指政府在执行某项农业计划时，其费用通过公共基金（包括政府财政）资助，并非转移消费者身上，对贸易和生产没有或仅有微量的扭曲作用和影响，对生产影响很小，且不具有给生产者提供价格支持作用的政策支付（沈明其，2006）。“绿箱”政策支付不计入综合支持总量，没有减让的义务，也没有使用水平的限制。

WTO规则所允许的“绿箱”政策措施共有11项，分别是：一般服务、粮食公共安全储备、国内粮食援助、脱钩的收入补贴、收入保险和收入安全网计划、自然灾害救济支付、生产者退休计划、资源休耕计划、投资援助提供的结构调整援助、环境计划下的支付、区域援助计划下的支付，其中后8项都是属于对生产者的直接支付。根据附表10可知，我国目前只使用了一般服务、粮食公共安全储备、国内粮食援助、脱钩的收入补贴、自然灾害救济支付、环境计划下的支付、区域援助计划下的支付等7项。由此可以看出，我国“绿箱”政策主要瞄准社会发展目标，“绿箱”政策的重点是基础设施建设、粮食储备补贴、咨询、扶贫、环保等方面，这些都是社会发展方面的支持政策。而我国“绿箱”政策措施当中还有收入保险与收入安全网计划、生产者退休计划、资源休耕计划、投资援助提供的结构调整援助这4项没有使用，这些政策措施都是关于对农户进行直接支付的措施。按照政策目标，可将这4项分为两种类型：一是保证农民收入水平的直接支付措施，包括收入保险和收入安全网计划这项措施，由于财力有限，同时也不具备一定的操作条件(如符合支付条件的农户资格认定)，所以我国还没有能力实施该类政策；二是为实现特定的结构调整目标而对农民造成的损失进行补贴的措施，包括通过对生产者退休计划提供的结构调整援助、通过资源休耕计划提供的结构调整援助和通过投资援助提供的结构调整援助等3项政策措施。其中，前两项措施是发达国家为减少农产品长期剩余问题而实施的，而在我国保证粮食安全仍然是农业生产的一个重要目标，因此，中短期内我国对这两项措施不予考虑；三是在农业结构调整中配套实施投资性结构援助政策，以降低农业结构调整中农民的成本。我国目前就需要尽快和顺利实现结构调整，以提高我国农产品的国际竞争力。事实上，许多国家都把结构调整援助作为农业“绿箱”政策的重要组成部分，甚至是最主要的政策措施。

1999—2010年我国“绿箱”支持措施使用情况如图2-2所示。

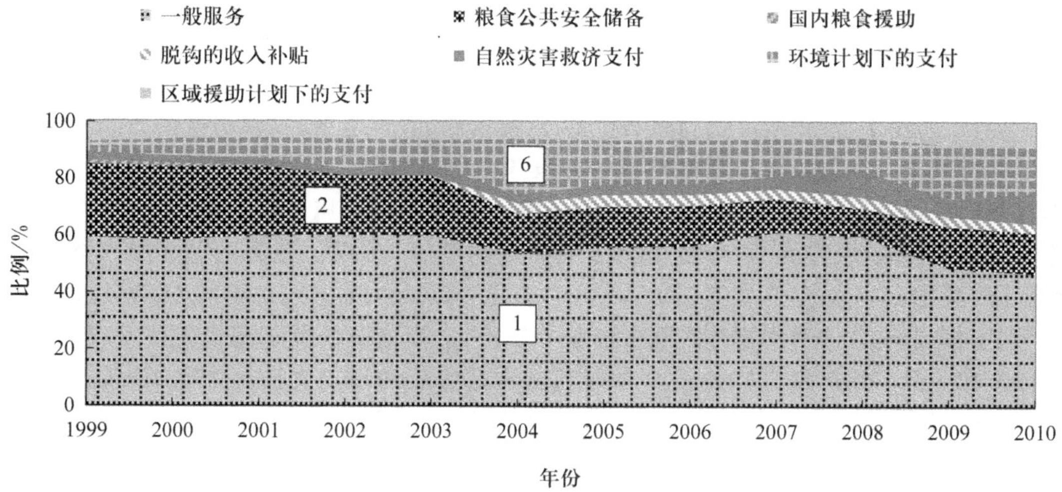

图2-2 1999—2010年我国“绿箱”支持措施使用情况

从图2-2中可以看出，在“绿箱”政策支出中，占第一位的是一般服务，其次是粮食公共安全储备，再次是环境计划下的支付，剩下的依次是区域援助计划下的支付、自然灾害救济、脱钩的收入补贴、国内粮食援助。一般服务占“绿箱”政策支出的一半以上，1999—2010年一般服务占“绿箱”政策支出比重呈现些许波动下降的趋势，但这12年来一般服务的平均支出为

1 948.2 亿元，占“绿箱”政策支出的 55.9%。1999—2010 年，粮食公共安全储备支出方面，虽其支出的绝对值在增加，从 1999 年的 475.96 亿元增加到 2010 年的 770.45 亿元，增长 61.87%，但远小于“绿箱”政策 190.03%的增长幅度，所以粮食公共安全储备支出占“绿箱”政策支出的比重呈明显的下降趋势，中国向 WTO 提交的通报材料中，将粮油（玉米、油菜籽）临时收储政策、食糖临时收储政策、猪肉临时收储政策归为此项措施。环境计划下的支付的绝对值在增加，从 1999 年的 70.97 亿元增加到 2010 年的 904.15 亿元，增加了 11 倍多，其占“绿箱”政策支出的比重明显在增加，逐步取代粮食公共储备支出第二的位置，说明近年来我国已意识到生态环境问题的严重性，国家越发重视农业环境和生态农业的建设，为促进农业的可持续发展，这几年政府也确实围绕这一方面做了许多工作，比如陆续出台退耕还林、退牧还草等一系列以保护和改善环境为目的政策，以保障农业的可持续发展。区域援助计划下的支付方面的支出较稳定，平均为 223.58 亿元，占“绿箱”政策支出的比重平均为 6.35%。自然灾害救济方面的支出虽不高，但其支出绝对量和比重都增加明显，绝对量和比重分别从 1999 年的 50.23 亿元、2.72%增加到 2010 年的 583.84 亿元、10.92%，占到“绿箱”政策支出的 1/10，说明近年来我国自然灾害频发，根据中国向 WTO 提交的通报材料中可知，2007 年开始实施的增加农业抗风险能力为目的的农业保险保费补贴政策属于自然灾害救济措施。2004 年我国才开始使用脱钩的收入补贴政策，对于这项措施的支出比重一直保持在 3.73%左右，根据中国向 WTO 提交的通报材料中可知，我国的这项措施也仅包含了 2004 开始实施的种粮直补政策。国内粮食援助支出比重相对较低，且其绝对值还在大幅度降低，1999 年我国对国内粮食援助支出为 26.4 亿元，到 2010 年我国在这方面的支出就只有 0.14 亿元，说明我国基本上不存在大面积吃不上饭的区域，已基本解决温饱问题。

我国在一般服务方面的支出涵盖了农业科研与农技推广、农村基础设施建设、农产品检验检疫和病虫害防治等方面。①在一般服务支出中，基础设施服务支出所占比重最大，但明显看出其比重在减少。基础设施服务支出在 1999 年占“绿箱”政策支出的 67.42%，在 2010 年就下降到了 45.33%，12 年来平均为 51.88%。我国对农业基础设施的支出主要是用于农业综合开发项目、防洪工程、排水装置和灌溉设备、农村道路、农村电网、农田小规模的灌溉设备以及水土保持的支出。②其次是其他政府一般服务支出，包括农业部、林业部、气象局、国土资源部等部门的设施行政支出和工资支出。这部分支出并不全部属于农业国内支持，将此类支出全部纳入“绿箱”，会导致对“绿箱”政策支持水平的高估。我国在这方面的支出比重是先增加后下降，总的还是呈上升状态，从 1999 年的 13.06%增加到 2010 年的 18.94%，最高为 2007 年的 47.21%。③再次是推广与咨询服务支出，这项措施主要是用于新技术、新品种的推广以及相关的咨询服务。1999—2010 年我国在这方面的平均支出为 252.75 亿元，占“绿箱”政策支出的 13.39%，我国实施的畜牧业良种补贴政策就归为这项措施内。④农业科研、病虫害防治、检验检测服务和培训服务支出比重相对较低，但占“绿箱”支出的比重都在增加。我国从 2003 年开始就有在营销与促销服务方面的支出，但在这方面的支出比重一直不高（图 2-3）。

2.1.3 “黄箱”政策使用情况

“黄箱”政策是指一国（或地区）政府对大米、小麦、大豆、棉花等主要农产品提供价格、出口或者其他形式的补贴措施，这些措施的实施会对农业产出结构、农产品价格和贸易产生直

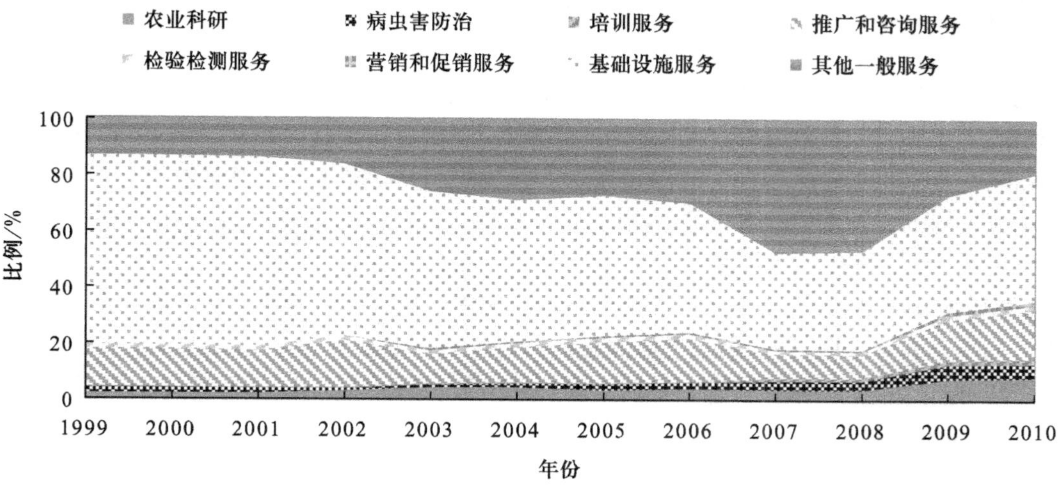

图 2-3 1999—2010 年我国一般服务使用情况

接明显扭曲的作用。“黄箱”政策支出需要计算综合支持量(AMS),分为特定产品支持量和非特定产品支持量。根据中国向 WTO 所通报的数据显示,我国的特定产品支持量包括市场价格支持和其他预算支付,非特定产品的支持量包括利息补贴以及生产资料的投入补贴,其中利息补贴主要是给予削减贫困贷款的利息补贴、在食物和衣着计划中以及减轻灾害计划中给予肥料的利息补贴、农业化学品储备的利息补贴、国家储备粮油利息费用补贴等。

“黄箱”政策必须在一定的限制范围内使用,这就是微量允许。发达国家的微量允许规定,特定产品的综合支出量如果没有超过该产品相关年的生产总值的 5%,非特定产品则是没有超过农业总产值的 5%,这些国内支持可以不需削减;发展中国家是 10%,而最不发达国家不需要削减。而我国在乌拉圭回合谈判中承诺把《农业协定》第 6.2 条的投资补贴和投入品补贴计算到第 6.4 条的“微量允许”中,确定我国特定产品和非特定产品都只享有农产品产值 8.5%的免于削减空间。特定产品是指政府定价收购的农产品,我国目前的特定产品包括小麦、大米、玉米、棉花、大豆、油菜籽、猪肉、马铃薯、青稞、花生 10 种农产品;非特定产品是政府对农产品及农业生产资料的其他补贴和农业投资补贴,是针对所有农业生产者而不是特定农产品的支持政策。

虽然我国对“黄箱”政策中的农业价格补贴承诺削减,但我国的农业价格补贴还没有达到要削减的程度,我国也并没有完全利用 8.5%的空间,因而“黄箱”支持手段有限。根据 2015 年 5 月中国向 WTO 的最新通报,中国特定产品与非特定产品的支持均未超过 WTO 规定的上限,占农业总产值的比重仍较低。例如 2010 年,非特定产品“黄箱”支出仅达到农业产值的 1.55%,距承诺上限尚有较大空间,且基本不造成市场扭曲;特定产品总的“黄箱”支持也才占到农业产值的 1.96%,远小于我国承诺的 8.5%微量允许水平。表 2-2 显示了我国向 WTO 通报的 1999—2013 年“黄箱”政策使用情况,从中可以看出在 2006 年以前我国的“黄箱”还基本为负值,说明在这以前我国对农产品呈负保护,主要由于长期以来我国一直实行优先发展工业的发展战略,对农业征收农业税,剥夺了属于农民的利益。虽然在 2006 年以前“黄箱”政策支出呈负值,但随着粮食收购价的提高以及一系列惠农政策的出台实施,对特定农产品的负保护程度在减小。因而对“黄箱”政策负的程度逐渐减小。特别是在全面取消农业税后，“黄箱”政策支出转为正值并逐渐增大，但从我国向 WTO 通报的数据来看，截至 2010 年，我国不论是对特定产品还是对非特定产品的支持均未超过我国向 WTO 承诺的 8.5%的上限。在“黄箱”支出中，增长最快的是对非特定产品的支出，特别是在投入补贴这部分，其支出占到了“黄箱”政策支出的绝大部分。我国现在重点实施的“四补贴”里就有良种补贴（种植业）、农机具购置补贴和农资综合直补三项属于生产资料投入补贴。种植业良种补贴主要是改善粮食作物的品质，提高粮食产量；农机具购置补贴主要是提高农业生产机械化水平，提高生产效率，解放农业劳动力；农资综合直补主要是对农户使用化肥、农药、农膜等的差价补贴，降低农业生产成本。在 1999 年时我国对于农业生产资料投入补贴还仅有 2.05 亿元，是利息补贴的一半不到，而在 2010 年我国在投入补贴方面的支出就达到了 957.4 亿元，约是 1999 年的 466 倍，也远大于在利息补贴方面的支出。

表 2-2　1999—2013 年我国“黄箱”政策措施使用情况

年份	农业总产值/百万元	综合支持总量(TAMS)		特定产品		非特定产品			
		百万元	%	百万元	%	百万元	投入补贴/百万元	利息补贴/百万元	%
1999	2 199 010	−95 801	−4.36	−96 501	−4.39	700	205	495	0.03
2000	2 220 320	−92 911	−4.18	−93 656	−4.22	745	151	594	0.03
2001	2 336 460	−75 328	−3.22	−76 076	−3.26	748	148	600	0.03
2002	2 513 970	−38 536.99	−1.53	−38 771.73	−1.54	234.74	167.59	67.15	0.01
2003	2 646 390	−26 025.96	−0.98	−27 308.57	−1.03	1 282.61	1 249.38	33.23	0.05
2004	3 254 030	6 169.63	0.19	4 194.91	0.13	1 974.72	1 575.86	398.86	0.06
2005	3 543 479	−7 291.14	−0.21	−9 491.45	−0.27	2 200.31	2 156.63	43.68	0.06
2006	3 684 030	−2 809.41	−0.08	−17 760.77	−0.48	14 951.36	14 839.18	112.18	0.41
2007	4 443 544	35 006.34	0.79	4 252.12	0.1	30 754.22	30 627.04	127.18	0.69
2008	5 279 877	89 104.95	1.69	10 241.41	0.19	78 863.54	78 749.96	113.58	1.49
2009	5 473 460	108 594	1.98	19 471	0.36	89 123	87 086	2037	1.63
2010	6 289 740	123 015	1.96	25 351	0.4	97 664	95 740	1 924	1.55
2011	7 373 597	l.d	l.d	l.d	l.d	104 540	l.d	l.d	1.42
2012	8 074 704	l.d	l.d	l.d	l.d	131 310	l.d	l.d	1.63
2013	8 736 069	l.d	l.d	l.d	l.d	130 140	l.d	l.d	1.49

资料来源：1999—2010 年数据来自 WTO 官方网站数据计算整理，2011—2013 年数据出自朱满德的“中国农业的黄箱政策支持水平评估：源于 WTO 规则一致性”。表中 l.d 表示缺乏此项数据。

表 2-3 是各特定产品 1999—2013 年的综合支持量情况，我国特定产品的综合支持量主要包括市场价格支持和其他预算支付。从表 2-3 可以看出，我国的特定产品种类在逐年增加，支持的特定产品类型越来越丰富：1999—2001 年我国仅对小麦、玉米、大米和棉花 4 种产品进行支持，2002 年增加了对大豆的支持，2005 年增加了对油菜籽的支持，2007 年增加了对猪肉的支持，2009 年增加了对马铃薯的支持，2010 年又增加了对青稞和花生的支持。

表 2-3 1999—2013 年我国“黄箱”政策重点支持的产品情况 百万元

年份	小麦	大米	玉米	棉花	大豆	油菜籽	猪肉	马铃薯	青稞	花生
1999	−16 783	−67 966	−14 606	2 854						
2000	−19 698	−67 664	−9 797	3 503						
2001	−22 156	−46 971	−8 739	1 790						
2002	−15 957.3	−17 331.42	−6 758.61	1 205.6	70					
2003	−12 125.08	−12 084.93	−4 412.56	1 034	280					
2004	201	2 741	167	973.91	112					
2005	1 057.85	−11 945.93	178.97	1 100.39	110.3	6.97				
2006	−10 637.29	−8 487.58	366.26	880.35	111	6.49				
2007	−7 229.54	3 460.31	372.83	4 099.45	110.9	1 005.25	2 432.92			
2008	−6 523.13	5 267.3	2 199.69	2 766.73	411.9	885.84	5 233.08			
2009	4 450	1 440	5 989	5 007	984	740	630	231		
2010	5 792	7 557	5 994	2 977	984	1 023	213	365	38	408
2011	3 761	7 923	4 892	l.d	2 318	l.d	l.d	l.d	l.d	l.d
2012	11 649	7 861	5 037	l.d	4 442	l.d	l.d	l.d	l.d	l.d
2013	8 246	15 536	7 307	l.d	2 211	l.d	l.d	l.d	l.d	l.d

数据来源:1999—2010 年数据来自 WTO 官方网站数据计算整理,2011—2013 年数据出自朱满德的“中国农业的黄箱政策支持水平评估:源于 WTO 规则一致性”。表中 l.d 表示缺乏此项数据。

我国对特定产品市场价格支持措施主要是最低收购价(新中国成立后实行的是农产品统购统销政策,改革开放后对这种制度进行改革;1985 年取消了农产品统购统销体制,实行“国家合同定购”;1990 年我国政府将“合同定购”改成“国家收购”,并从 1993 年开始每年对农产品建立粮食收购保护价格制度,“合同定购价”和“国家收购价”并存。国家保护收购价由农民的生产成本加一定利润构成,目的是增加农民的收入,保证粮食安全,在 2004 年时由粮食保护价转变为最低收购价),该制度的运行机制为:政府有关部门每年发布有关执行预案,对相关农产品的最低收购价进行规定,当市场价格低于最低收购价时启动最低收购价制度,盈亏由中央财政负担。因为最低收购价格在粮食播种季节前公布,故而用于指导农民的生产行为。该政策对农产品市场价格进行了干预,属于典型的“黄箱”特定产品支持政策。特定农产品市场价格支持的计算是按外部固定参考价格(如世界市场价格)与政府管理价格的差额乘以政府实际收购的产品数量得出的。

表 2-4 是 1999—2003 年我国小麦、大米、玉米的市场价格支持情况。从表 2-4 可以看到,自 1999 年以来我国只有对小麦和大米一直实施着市场价格支持政策,对玉米的市场价格支持也只实施到 2004 年,对其他特定产品没有实施市场价格支持政策。尽管我国对小麦、大米、玉米实施了市场价格支持,但是由于我国实行的粮食最低收购价大都低于国际参考价,所以计算出来的小麦、大米、玉米的市场价格支持多为负数,是一种负保护,这也是造成这 3 种产品的综合支持量为负的主要原因。

表 2-4　1999—2013 年我国小麦、大米、玉米的市场价格支持情况　　百万元

年份	小麦	大米	玉米
1999	−16 783	−67 966	−14 606
2000	−19 698	−67 664	−9 797
2001	−22 156	−46 971	−8 739
2002	−15 961.3	−17 337.42	−6 759.61
2003	−12 235.08	−12 093.93	−4 420.56
2004	0	0	0
2005	0	−14 781.27	—
2006	−11 718.14	−11 414.91	—
2007	−8 330.4	−560.96	—
2008	−8 681.92	−2 111.71	—
2009	80	−6 877	—
2010	1 433	0	—
2011	40	0	−139
2012	7 928	115	−217
2013	4 544	7 654	1 859

数据来源：1999—2010 年数据来自 WTO 官方网站数据计算整理，2011—2013 年数据出自朱满德的“中国农业的黄箱政策支持水平评估：源于 WTO 规则一致性”。表中 l. d 表示缺乏此项数据。

表 2-5 是 1999—2013 年我国特定产品的其他预算支付情况。这部分是各特定产品综合支持量的主要部分，包括为降低粳稻和棉花运输成本的运费补贴、2007 年开始实施的能繁母猪饲养补贴、国家储备棉花利息费用补贴。从表 2-5 可以看出，我国对于棉花的其他预算支付一直处于较高水平，从 2010 年其他预算支付的数据可以看出我国还是倾向重点支持粮食作物，对大米的支持最多。

表 2-5　1999—2013 年我国特定产品的其他预算支付情况　　百万元

年份	小麦	大米	玉米	棉花	大豆	油菜籽	猪肉	马铃薯	青稞	花生
1999				2 854						
2000				3 503						
2001				1 790						
2002	4	6	1	1 205.6	70					
2003	110	9	8	1 034	280					
2004	201	2 741	167	973.91	112					
2005	1 057.85	2 835.34	178.97	1 100.39	110.3	6.97				
2006	1 080.85	2 927.33	366.26	880.35	111	6.49				
2007	1 100.86	4 021.27	372.83	4 099.45	110.9	1 005.25	2 432.92			
2008	2 158.79	7 379.01	2 199.69	2 766.73	411.9	885.84	5 233.08			
2009	4 371	8 317	5 989	5 007	984	740	630	231		
2010	4 359	7 557	5 994	2 977	984	1 023	213	365	38	408

续表 2-5

年份	小麦	大米	玉米	棉花	大豆	油菜籽	猪肉	马铃薯	青稞	花生
2011	3 721	7 923	5 031	l. d	647	l. d	l. d	l. d	l. d	l. d
2012	3 721	7 746	5 254	l. d	544	l. d	l. d	l. d	l. d	l. d
2013	3 702	7 883	5 448	l. d	499	l. d	l. d	l. d	l. d	l. d

数据来源：1999—2010 年数据来自 WTO 官方网站数据计算整理，2011—2013 年数据来源于朱满德的“中国农业的黄箱政策支持水平评估：源于 WTO 规则一致性”。表中 l. d 表示缺乏此项数据。

表 2-6 是我国 1999—2013 年“黄箱”政策重点支持产品占各自产值的比重。从表 2-6 中可以看出，各特定产品都未达到减让水平，且都远小于 8.5%的微量允许，其中由于小麦、大米、玉米部分年份综合支持量为负，对应年份占其产值为负，这些年份更无须减让。在这些特定产品中，总的来看我国棉花的支持占其产值比例最高。

表 2-6 1999—2013 年我国“黄箱”政策重点支持产品占其产值的比重

年份	小麦	大米	玉米	棉花	大豆	油菜籽	猪肉	马铃薯	青稞	花生
1999	l. d	l. d	l. d	l. d						
2000	l. d	l. d	l. d	l. d						
2001	l. d	l. d	l. d	l. d						
2002	−15.16	−82.82	−4.92	2.30	0.16					
2003	−11.48	−6.22	−3.04	1.31	0.56					
2004	0.14	0.92	0.09	1.11	0.18					
2005	0.65	−4.01	0.09	1.25	0.17	0.01				
2006	−6.59	−3.06	0.18	0.87	0.21	0.01				
2007	−3.96	1.05	0.16	3.29	0.22	0.82	0.30			
2008	−3.27	1.45	0.84	2.51	0.66	0.57	0.48			
2009	2.00	0.37	2.32	4.63	1.72	1.45	0.07	0.39		
2010	2.46	1.69	1.98	1.86	1.60	1.42	0.02	0.51	0.43	0.46
2011	1.54	1.46	1.20	l. d	3.92	l. d	l. d	l. d	l. d	l. d
2012	4.44	1.39	1.10	l. d	7.2	l. d	l. d	l. d	l. d	l. d
2013	2.87	2.79	1.54	l. d	3.95	l. d	l. d	l. d	l. d	l. d

数据来源：1999—2010 年数据来自 WTO 官方网站数据计算整理，2011—2013 年数据来源于朱满德的“中国农业的黄箱政策支持水平评估：源于 WTO 规则一致性”。表中 l. d 表示缺乏此项数据。

2.2 基于 OECD 政策分类的我国农业支持政策现状

2.2.1 基于 OECD 政策指标体系的农业支持政策分类

1. OECD 政策指标体系概况

目前，国际社会关于农业政策比较权威的分类方法主要有两种：世界贸易组织（WTO）关于国内农业支持政策的分类方法和经济合作与发展组织（OECD）创建的农业政策分类方法。OECD 主要是从“受支持的对象”的角度对一国农业支持政策进行分类，对一国的国内农业支持的分类更为全面;而 WTO 主要是从一国的农业支持政策是否对农产品国际贸易造成扭曲的角度进行分类(马晓春,2010)。OECD 的分类主要是用来进行政策分析和评价,包含了所有的对于农业支持的政策,这一分类方法能够更为全面地反映一国政府采取的支持政策对农业所产生的支持效果。相对来说,WTO 所提到的农业支持政策仅包括了国内各种补贴等国内支持政策,而不包括关税和出口补贴等对生产和贸易明显具有扭曲作用的边境支持政策,因而 WTO 的这一分类是用来衡量其成员国政府对农业的支持水平,主要用作国际贸易谈判。总的来说,OECD 分类更为全面地反映了农业支持水平及其结构状况,更有利于开展农业政策评估(侯军岐和李平,2006)。所以,本研究在分析我国农业支持政策绩效时采用的是基于 OECD 指标体系政策分类方法,以期更准确全面地反映我国农业支持情况。

OECD 从 20 世纪 80 年代中期就开始研究其成员国的农业政策变化,尤其是农业支持政策的变化,为此他们开发出了相应的政策分析工具,并根据新加入成员国的特殊情况不断地对其加以修改和完善。从 1987 年 OECD 创建农业支持政策评价体系以来,OECD 的农业支持政策评价体系共经历了两次调整,4 个版本。在最新第 4 版中,将农业支持估计值总量(total support estimate,TSE)划分为 3 部分,即生产者支持估计值(producer support estimate,PSE)、消费者支持估计值(consumer support estimate,CSE)和一般服务支持估计值(general services support estimate,GSSE)。

(1)生产者支持估计值(PSE)　生产者支持估计值(PSE)是指按照农户销售价格测算出来的、由农业补贴政策措施产生的、每年由消费者和纳税人转移到农业生产者的货币价值总值,包括市场价格支持(MPS)和给予生产者的各种类型的转移支付。%PSE 表示的是 PSE 在农业总收入(或全部农产品产值)的百分比,衡量的是农业支持的水平,与国家的部门结构无关。

市场价格支持(MPS):由于执行了对某一种农产品的价格政策,导致该农产品的国内价格与考虑了关税等因素的边境价格产生差别,这种价格上的差别又导致出现了国内的消费者和纳税人向国内的生产者的转移支付,这种政策就称为农业市场价格支持政策。若这个指标的数值为正,则表明该地区实施的是市场价格的支持政策;若该值为负,则表明该地区向农产品生产者征收了农业税。给予生产者的转移支付主要有以下几种类型。

①基于产出的支付:是纳税人不以当前某种农产品产量为基础而向农业生产者进行的一种转移支付。

②基于投入使用的支付:是纳税人基于农业生产者的农业投入而对农业生产者进行的转移支付。其又可分为 3 类:减少可变投入的支付、减少固定资本投入和农务服务(即减少农业生产者生产费用的转移支付)。

③以目前耕作面积、牲畜数量、农民收入、收益或当前生产状况为基础的支付:是对于某种或某类农产品,以其目前的种植面积、饲养牲畜数量、收入或收益为基础,由纳税人向农业生产者转移的价值量。它又被细分为 2 类,分别是:基于当前生产状况的支付和基于当前收入收益情况的支付。

④不根据目前耕地面积、牲畜数量或收益情况,但根据目前生产情况的转移支付:是农业生产者不以其耕地面积或牲畜数量,也不根据其收益情况,但以其生产状况为基础得到的来自纳税人的那部分转移支付。

⑤不根据目前耕地面积、牲畜数量或农民收益情况,也不根据目前的生产状况的转移支

付:是指农业生产者不以其耕地面积、饲养的牲畜数量、其收益情况或目前生产状况为基础而从纳税人那里得来的那部分转移支付。它又被细分为2类:可变比率和固定比率。可变比率是指那些随着一定标准的改变也随之改变的转移支付。固定比率是指对农业生产者不按照任何标准的改变而支付的固定比率的转移支付。

⑥不以商品为标准的转移支付:是指农业生产者从纳税人那里得到的不以任何农产品为标准的转移支付。它也被细分成了2类:对那些彻底退出农业生产的农业资源的支付;不以农产品为标准,而是以全部农民为对象的支付。

⑦其他支付:由消费者和纳税人转移给农业生产者但不能归类到上述1～6类的政策。

(2)消费者支持估计值(CSE) 消费者支持估计值(CSE)同生产者支持估计值的方向相反,是指每年由于农业政策而使得农业生产者流向消费者的那部分支付,包括针对进口消费的那部分支付、消费者对农业生产者的转移支付、对预算的或进口商的转移支付或者对两者的转移支付,并扣除了纳税人对消费者的转移支付(如食品补贴)、生产者(国内生产作物的消费者)对作物和动物饲料的市场价格支持的贡献。当这一指标数值为正数时,说明国家是支持农业消费者,抑制农业生产者,国家是用生产者交的农业税来补贴农业消费者;若这一数值为负,说明消费者向农业生产者提供转移支付,政府向消费者征税。此外,%CSE表示的是CSE占以按国内价格计算的消费总支出和从纳税人向消费者的转移支付之差的百分比,说明的是消费者的贡献比重(王忠和叶良均,2011)。

(3)一般服务支持估计值(GSSE) 一般服务支持估计值(GSSE)是衡量一国政府对农业部门实施的一般性(或公共性)服务政策而引起的价值转移,其与生产者支持估计值(PSE)和消费者支持估计值(CSE)的区别是,GSSE不针对具体生产者或消费者。一般服务支持最终会对农产品的生产和销售造成一定的影响,但并不会对农民的收入或费用产生直接的影响。GSSE包括研究与开发、农业学校、检验服务、基础设施、营销与促销、公共储备及其他的一般服务。%GSSE表示的是GSSE占农业支持总值的比重。%GSSE值越小,说明农业支持政策对农产品生产者的生产行为影响越大,农产品贸易扭曲程度越高。

(4)支持估计值总量(TSE) 支持估计值总量(TSE)是指农业生产者每年从纳税人那里得到的全部的转移支付,用来衡量所包含的政策(不论其目的、性质)是否对农民生产、收入或消费造成影响。农业支持估计值总量包括农业生产者支持估计值、农业一般服务支持估计值和农业消费者估计值中转移支付的那部分。%TSE表示的是TSE占国内生产总值(GDP)的比重,%TSE值越低,说明国民收入用于支持农业的比例越低,反之则高(王忠和叶良均,2011)。另外,%TSE这一指标是农业支持估计值总量与国家收入的比值,用来衡量国家对农业投入了多少用来支持国民收入GDP。

2.我国农业支持政策的分类

狭义上的农业支持政策,从内涵上看,凡是充分尊重和运用市场机制,不会带来市场机制的扭曲,既有利于本国农业发展,又有利于遏制农产品国际贸易保护主义倾向的农业政策都可以概括为农业支持政策。广义上的农业支持政策,除了包括狭义上的农业支持政策以外,还应当包括符合WTO《农业协议》中关于微量许可和免于减让承诺规定的一部分农业保护政策,以及与狭义上的农业支持政策的制定和执行密切相关的其他政策措施。根据2007年OECD政策分类判定标准,参考国内学者所做的研究,对现阶段我国农业支持政策按照

OECD 口径进行了如表 2-7 所示的分类。

表 2-7　我国农业支持政策按照 OECD 口径分类

政策类别	OECD 分类	中国农业支持政策分类
生产者支持估计值(PSE)	市场价格支持(MPS)	最低收购价政策、临时收储措施
	基于产出的支付	农业税(已取消)、三提五统(已取消)
	基于投入使用的支付(PI)	农机具购置补贴、农业保险保费补贴、农业生态环境与水土保持项目建设、干旱地区节水灌溉技术推广补贴、大型商品粮基地建设、棉花和糖料生产基地建设、标准化养殖场(小区)建设、小型农田水利建设工程
	与产量挂钩的,基于现期耕种面积/牲畜数量/所得收益/收入总额的支付(PC)	粮食直补、农资综合补贴、良种补贴、自然灾害救济
	与产量挂钩的,基于非现期耕种面积/牲畜数量/所得收益/收入总额的支付(PHR)	无
	与产量不挂钩的,基于非现期耕种面积/牲畜数量/所得收益/收入总额的支付(PHNR)	农村扶贫项目
	基于非商品标准的支付(PN)	退耕还林、退牧还草
	混合支付(PM)	无
一般服务支持估计值(GSSE)	研究与开发	农业综合开发项目、农业科技入户项目
	农业学校	劳动力转移培训阳光工程、新型农民科技培训工程、以工代赈计划、农民专业合作社支持专项
	检验服务	种子工程、测土配方施肥补贴
	基础设施	农业基础设施建设、农技推广体系建设、动植物疫情防控体系建设、现代农业示范项目
	营销与促销	鲜活农产品绿色运输通道、农民专业合作社产品税费减免
	公共储备	粮食安全储备支出
	其他的一般服务	产粮大县奖励、产油大县奖励、生猪调出大县奖励
消费者支持估计值(CSE)		消费者价格补贴

最低收购价政策、临时收储措施、农业税(现已取消)、三提五统(现已取消)、农机具购置补贴、农业保险保费补贴、农业生态环境与水土保持项目建设、干旱地区节水灌溉技术推广补贴、大型商品粮基地建设、棉花和糖料生产基地建设、标准化养殖场(小区)建设、小型农田水利建设工程、粮食直补、农资综合补贴、良种补贴、自然灾害救济、农村扶贫项目、退耕还林、退牧还草,这些政策属于农业生产者支持估计值(PSE);消费者价格补贴属于消费者支持估计

值(CSE);农业综合开发项目、农业科技入户项目、劳动力转移培训阳光工程、新型农民科技培训工程、以工代赈计划、农民专业合作社支持专项、种子工程、测土配方施肥补贴、农业基础设施建设、农技推广体系建设、动植物疫情防控体系建设、现代农业示范项目、鲜活农产品绿色运输通道、农民专业合作社产品税费减免、粮食安全储备支出、产粮大县奖励、产油大县奖励、生猪调出大县奖励,这些政策属于农业一般服务支持估计值(GSSE)。

2.2.2　我国农业支持总量分析

农业支持估计值总量(TSE)用来衡量政策(不论其目的性质)是否对农民生产、收入或消费造成影响,而%TSE这一指标用来衡量国家对农业投入了多少用来支持国民收入GDP。2002—2012年我国的TSE值与%TSE统计结果如图2-4所示。

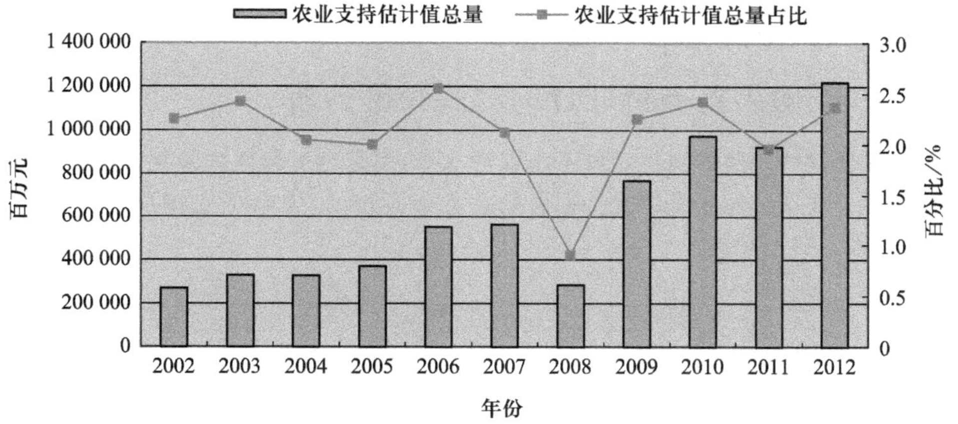

图2-4　2002—2012年我国TSE值与%TSE变化

从图2-4中可以看出,我国的TSE值在时间变化上分为以下3个阶段。

第一阶段是2006年以前。此阶段我国的农业支持估计值总量上表现为稳中有增,2003—2005年增长总量为408.19亿元,增长率为12.04%,主要原因在于这一阶段农业从为国民经济"纳税"开始变为接受支持和保护。以前,国家通过低价和税收等形式从农业拿走了大量的"原始资本积累",而给予农业的投入极少,到了20世纪初期,这一状况有所改变;1998年中央农村工作会议中,在总结农村改革20年基本经验的基础上,将增加农民收入、实现农业可持续发展作为新时期农业发展的基本方针。这一决议标志着中国农业政策发生根本性转变,而国家政策保护重点由非均衡发展时期的保护工业和城市居民,过渡到保护农业和农村农民。但在这一阶段我国财政对农业的支持以价格补贴为主,大部分用于降低农用生产资料的价格、支农服务的收费标准以及农产品购销环节的补贴。虽然价格补贴的运用反映了国家对农业保护程度的加强,但是价格补贴不是直接补贴给农民,而是补贴给国有农产品流通部门,这就使得补贴收益大部分落入国有商业部门,而农民收益有限。据测算,国家每补贴1元,农民只能得到0.14元(胡芳,2007),所以此阶段我国农业支持政策有不少改善空间。

第二阶段为2006—2008年。2006年是我国农业支持政策的一个重要拐点,2006年后我国的农业支持总量也呈现了跨越式的发展。2006年TSE值达到了5 521.79亿元,比2005年增长了49.3%。同期,全面取消农业税(农业税、牧业税、农业特产税和屠宰税)是引起TSE

值大幅度增长的主要原因。其中2008年为第二个拐点，TSE值达到了10年内最低水平，受全球金融危机和国际市场农产品价格下跌的冲击，到2008年下半年，我国农产品出口明显受挫。2008年我国农业实际出口数量降幅超过20%，其中11月、12月降幅超过30%。2008年农产品一般贸易出口310.6亿美元，增长11%，占农产品出口总值的77.3%；而加工贸易出口77亿美元，仅增长1.9%，较2007年回落11.6个百分点。

第三阶段为2009年至今，为TSE值的高速增长阶段。2008年年末，为应对和化解国际金融危机，中央采取了"扩内需，保增长，重民生"的基本对策，一号文件中明确指出"扩大国内需求，最大潜力在农村；实现经济平稳较快发展，基础支撑在农业"，同期，我国农业补贴政策力度进一步加大，结构更为合理多元。

去除2008年金融危机的影响，我国%TSE指标多年来一直保持稳定，在2%～2.5%浮动，表明我国对农业投入对GDP的影响不大，并且总量上(TSE)的增长并没有带来农业在国民经济中比重的增加，农业的弱势地位仍然存在。

2.2.3 一般服务支持估计值时间特征分析

一般服务支持估计值的支持对象不是农户本身，而是对于集体农业提供的一般性服务的支付。我国对农业一般性服务的支持在总量上逐年提升，2012年的支持在总量约是2002年的2倍(图2-5)。

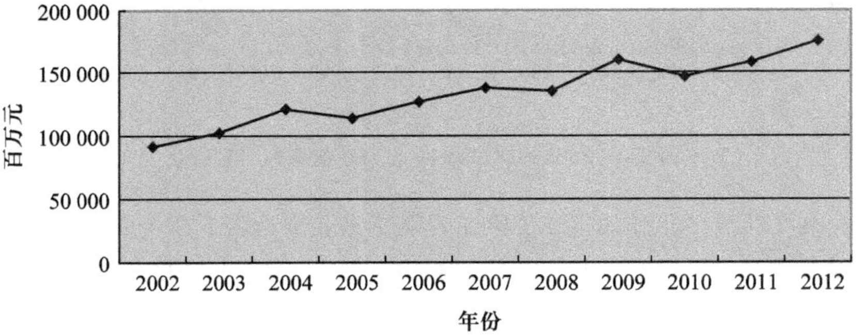

图2-5 2002—2012年我国一般服务支持估计值变化情况

选取重庆、内蒙古、海南、云南、湖北、吉林、福建、河南、西藏、新疆、辽宁、江西12个省(区、市)，比较2004年与2012年一般服务支持估计值的变化(图2-6)。从时间上看，我国各省(区、市)在2004年对服务的投入处于很低的水平，其中吉林省最高，而重庆、海南、河南、福建、西藏等省(区、市)的投入量很低。到2012年，各省(区、市)投入量有了显著提高，其中吉林变化最小，而河南变化最大。

2.2.4 生产者支持估计值时间特征分析

生产者支持估计值是农业政策形成的每年由消费者和纳税人向农产品生产者转移的价值总量。除了2008年，我国生产者支持估计值每年都以一定的速度增长，2012年生产者支持估计值几乎是2002年的5倍(图2-7)。

选取重庆、内蒙古、海南、云南、湖北、吉林、福建、河南、西藏、新疆、辽宁、江西12个省(区、市)，比较2004年与2012年生产者支持估计值的变化(图2-8)。2004年我国各个省(区、

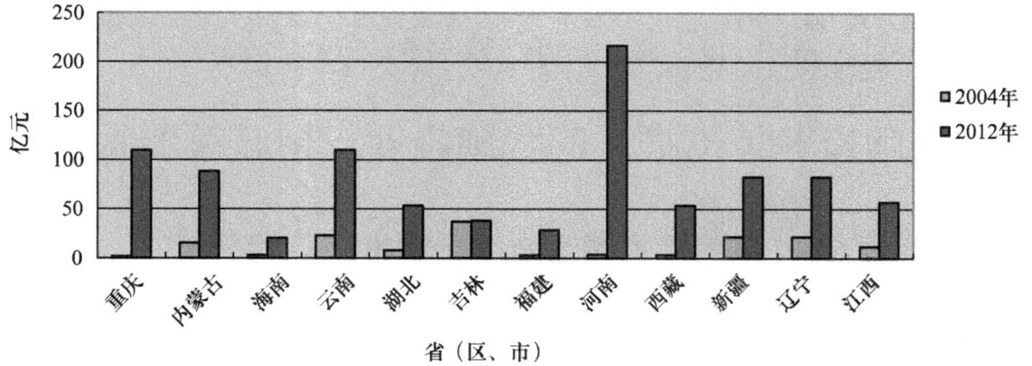

图 2-6　2004 年与 2012 年 12 个省(区、市)一般服务支持估计值变化情况

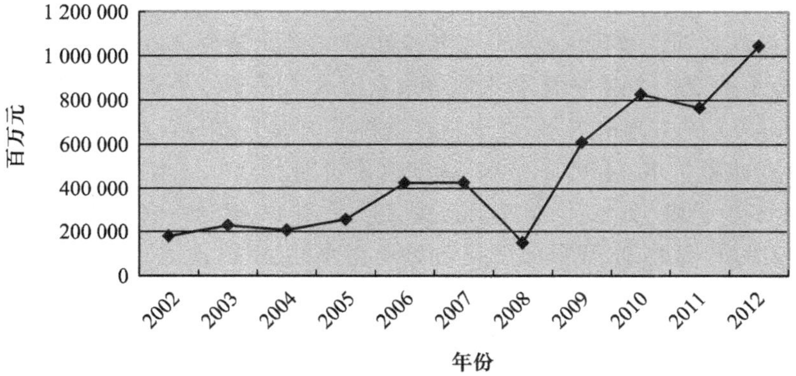

图 2-7　2002—2012 年我国生产者支持估计值变化情况

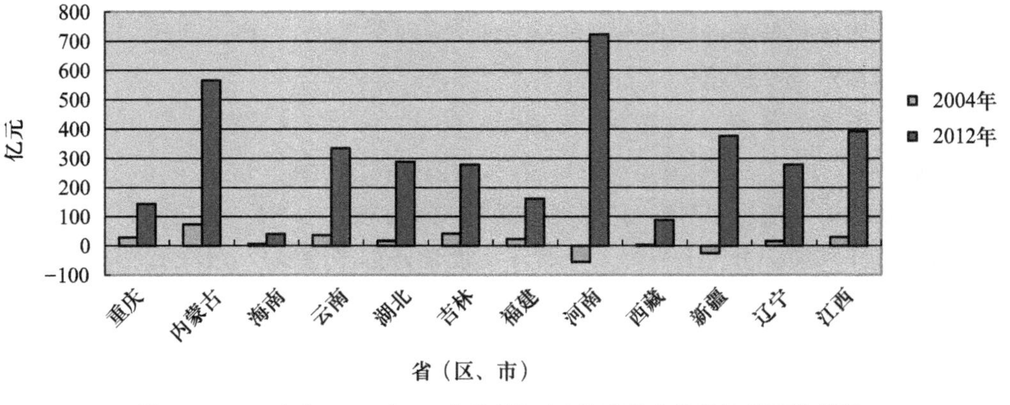

图 2-8　2004 年与 2012 年 12 个省(区、市)生产者支持估计值变化情况

市)对农业生产者支持较少,均在 100 亿元以下,河南与新疆两个省(区)甚至出现了负值。其中作为我国第一人口大省与农业大省的河南所得到支持最少,为－56 亿元,而畜牧业、养殖业较为发达的内蒙古生产者支持最多,也仅为 73.58 亿元;传统农业省(区、市)与非农省(区、市)支持力度同样不高。而到了 2012 年,各个省(区、市)的生产者支持都有了大幅度上涨。其中河南生产者支持在总量上已由倒数第一上升到了第一位,传统的农业省(区、市)支持总

量上已跃居前几位，而如海南、重庆、西藏等非农产业较发达的地区支持的总量增长速率比不上同期农业大省，这说明我国的支持政策日趋合理，资源配置更加优化。

2.3 面向农业技术推广的我国农业支持政策现状

2.3.1 政策支持下节水灌溉技术采纳推广现状分析

2.3.1.1 数据来源与样本分析

1.调查区域

本章研究数据来源于在北京京郊的实地调查，该区域位于华北平原，是严重缺水城市之一。北京区域面积是 16 411 平方千米，只有 38%的平原，却拥有 2 115 万人口。北京的气候为典型的北温带半湿润大陆性季风气候，2014 年全市平均降水量为 439 毫米，且降水季节分配很不均匀，全年降水的 80%集中在夏季 6—8 月；全市人均拥有水资源为 118.6 立方米，这远低于全国人均 2 059.7 立方米的水平，更是只有世界平均水平的 1/77(MWR，2013；BMBS，2014)；全市地表水资源量为 6.45 亿立方米，地下水资源量为 13.80 立方米，水资源总量为 20.25 亿立方米，比多年平均 37.39 亿立方米约少 46%。2013 年全市农业用水比 2012 年下降 2.2%(NBSC，2014)。因此，水资源的匮乏与非农用水的挤压，使北京蔬菜安全生产受到严重威胁。

北京蔬菜产业历史悠久，在北京农村经济中占有重要的地位，长期以来在保障城市蔬菜供应和帮助农民致富方面发挥着重要作用。但是蔬菜生产过程对灌溉用水要求较高，需要合理的灌溉方式及足量灌溉用水。节水灌溉技术能够很好地解决蔬菜生产中应对水资源匮乏而对灌溉用水的高要求，也适合在蔬菜生产中推广使用。同时，北京地区蔬菜生产以小规模农户经营为主，因此数据调查地点选择北京农业（特别是蔬菜）生产主产区，分别是大兴、昌平、密云、怀柔、通州、房山和顺义。

2.农户数据与样本分析

考虑到农户生产经营受周围环境影响较大，故调研样本在每个区域采用完全随机的方式抽取。首先，随机均匀地选择村庄，且地理位置相对较为分散。然后，从已选村庄中随机选取农户进行调研，并且同一个村庄或邻近的村庄不能调研过多的农户，避免数据雷同而不具有代表性，对结果分析产生不利影响。在 2015 年总共回收用户调研问卷 516 份，来自 121 个村的 490 个有效样本，总共问卷有效回收率为 87.5%，数据来源分布广泛且较为均匀，具有很好的代表性（表 2-8）。

表 2-8 农户样本区域分布特征

区域	频数	比例/%	累计百分比/%
大兴	127	25.92	25.92
房山	91	18.57	44.49
通州	60	12.24	56.73
顺义	40	8.16	64.89

续表 2-8

区域	频数	比例/%	累计百分比/%
昌平	73	14.90	79.79
怀柔	71	14.49	94.28
密云	28	5.72	100

为了更好地研究农户采纳节水技术行为及其影响因素，调研内容主要分为三大部分。第一部分是农户家庭及耕地种植信息，主要包括户主的年龄、性别、受教育程度、家庭存款、家庭人口、种植年限、耕地面积、土壤类型等。第二部分是调研的重点内容，就是农户对节水灌溉技术采纳行为。由于某些节水灌溉技术存在问题，这很大程度影响农户对技术的采用。调研内容包括农户对四大类节水技术（工程节水技术、农技节水技术、生物节水技术和管理节水技术）及具体技术组合的采纳情况，当然还有很重要的一部分，即蔬菜种植面积（亩，1 亩＝667 m^2）、节水灌溉面积（亩）、节水灌溉比例（%）和每亩节水灌溉设施成本（元）。第三部分主要收集一些不同因素对农户采纳节水灌溉技术行为影响的数据，主要包括农户获取信息的渠道、灌溉用水及灌溉方式、自然环境因素、社会环境因素和政策因素。当然，前面已经收集的数据也包括重要影响因素，如农户及家庭特征、技术存在问题、节水设施成本等。此外我们也会调研一些相关的内容，这些数据有助于我们对节水灌溉技术采纳情况的分析，如询问当地雇工价及土地租赁费。还有一些关于农业支持政策方面的问题，如农户得到多少政府补贴，农户希望得到多少补贴，最希望政府提供哪些政策支持以及以什么样的方式进行支持等。

(1)户主特征分析　农户的特征会影响其对节水灌溉技术的采纳行为（Abdulai 等，2011）。根据表 2-9 调查数据显示，有 70.6%的户主是男性，而女性作为农户家庭的户主相对较少。男性比女性更愿意冒险采纳尝试农业新技术，这有利于节水灌溉技术的推广。农户的年龄越大，采纳新技术的可能性就越低（Abdulai 和 Huffman 2005；Wang 等，2015）。根据调查统计分析，发现农户的年龄偏大，有 81.3%的农户年龄大于 45 岁，更有 6.24%的农户年龄大于或等于 60 岁。受教育程度对农户采纳节水灌溉技术具有重要影响，一般受教育水平越高，越愿意采纳新技术（Saha 和 Schwart，1994；Fernandez-Cornejo 等，2005；Vicente 和 Leyva，2005；Alam，2015；Cremades 等，2015）。但是调查发现农户受教育水平整体偏低，有 82.4%的农户受教育水平是初中及以下，受教育水平有限可能会导致农户对技术认知不全面，从而严重阻碍农户对新技术的接受与采纳行为（Abdulai 和 Huffman，2005；Abdulai 等，2011）。

表 2-9　户主特征统计描述

变量		频率	农户比例/%
性别	男性	346	70.6
	女性	144	29.4
年龄	≤30	4	0.89
	31～44	87	17.82
	45～59	368	75.06
	≥60	31	6.24

续表 2-9

变量		频率	农户比例/%
教育水平	小学及以下	76	15.45
	初中	328	66.95
	高中	74	15.02
	大学及以上	13	2.58

(2)自然资源环境分析　先前研究发现农户对节水灌溉技术的采纳与自然地理环境有着重要负向关系(Schuck 等,2005;Cremades 等,2015),这就表明当自然环境不利于农业生产时,农户就更倾向于采纳节水灌溉技术,如复杂地形地貌、贫瘠土地和干旱缺水等。根据表 2-10 可知,北京蔬菜生产以平原种植为主,占到 92.86%。一般来说,平原种植农作物最好,比较方便灌溉,但是生产者对节水灌溉技术就不如盆地、山区、丘陵等地区生产者重视。北京土壤类型主要以壤土和砂壤土为主,分别占到 34.08%和 41.22%,这说明北京比较适合从事农作物种植,因为壤土或砂壤土对于农作物保水和根系生长都是有利的。砂土不利保水,容易造成生产灌溉用水流失浪费,增加生产者灌溉频率和用水量;相反,黏土或壤黏土保水性较好,但是灌溉或下雨之后容易造成土壤板结,不利于通透空气及根系生长。当某种农业生产资源匮乏短缺的时候,生产者更倾向采纳节约这种资源的技术(Ruttan 和 Hayami,1984)。相对于地形地貌和土壤类型而言,北京干旱等级情况较为严重,有 62.45%的农户种植蔬菜区域属于干旱区域,其中包括 33.88%的轻旱、27.14%的重旱和 1.43%的重旱。当地的干旱等级情况对该地区生产者是否使用节水灌溉技术具有重要影响,因为干旱地区都是水资源匮乏的地方。因此,水资源的稀缺程度对农户采纳节水灌溉技术影响显著,越缺水地区的农户越愿意采纳节水灌溉技术(李俊利,2011),故农户采纳节水灌溉技术的可能就很大(Caswell 和 Zilberman,1986;Shrestha 和 Gopalakrishnan,1993;Cai 和 Rosegrant,2004;Schuck 等,2005)。

表 2-10　北京蔬菜生产自然环境影响因素

变量	变量解释	频数	比例/%
地形地貌	山区	17	3.47
	丘陵	7	1.43
	盆地	11	2.24
	平原	456	92.86
土壤类型	壤土	167	34.08
	砂土	47	9.59
	黏土	43	8.78
	砂壤土	202	41.22
	壤黏土	31	6.33
干旱等级	非干旱	184	37.55
	轻旱	166	33.88
	中旱	133	27.14
	重旱	7	1.43

(3)经济社会环境分析　由于个体农户在从事蔬菜生产过程中会遇到病虫害、自然灾害、资金短缺、市场行情波动等诸多问题,他们需要及时与外界沟通交流,获取更多信息,以便做出科学合理的决策,使自身利益最大化或损失最小化,所以,社会环境对农户进行生产决策行为具有重大影响。对于小规模经营的农户来说,采纳节水灌溉技术的前期投入成本一般较大,而政府资金补贴可以有效降低农户对技术的采用成本,这有利于节水灌溉技术的推广应用。但是由表 2-11 可知,只有 25.31%的农户得到了政府资金补贴,可见政策支持比例不高。在周围环境影响方面,有 56.73%的农户反映他们周围有邻居采用节水灌溉技术,这直接或间接地影响了农户对节水技术的认同与采纳,有着很好的技术采用环境。

在节水灌溉技术推广过程中,民间农业用水协会或组织是农户获取相关技术信息很重要的渠道。这些组织一般都是由当地灌溉农业用水人员建立管理的自愿、非政府主导、非营利性的民间组织,对于当地的节水灌溉技术的推广采纳有着重要的促进作用(Wan 等,2014),能够显著提高当地的农业灌溉效率和减少水资源浪费(Salas 和 Wilson,2004)。有研究发现,这些民间用水组织的自身特征与管理方式对于当地农业用水有着非常重要的影响(Zhang 等,2013)。当然,这些民间组织水平参差不齐,导致当地农业用水效率与灌溉技术的推广也有所差异。表 2-11 显示,只有 15.51%的农户所在区域存在这类民间用水协会或组织,覆盖面积非常有限,从而大大制约了节水灌溉技术在农户中的推广应用。因此,政府应该鼓励或引导建立更多的这类组织,同时对现有组织进行扶持和规范管理。当然,这类组织也应该加强自身管理、规范建设制度、提高专业水平和社会公信力,使农户更好地了解、认识、认同、参与,从而更好地引导农户使用节水灌溉技术。

表 2-11　经济社会环境影响因素

变量	变量解释	频数	比例/%
政府资金补贴	是	124	25.31
	否	366	74.69
农业用水协会或组织	是	76	15.51
	否	414	84.49
周围邻居采用	是	278	56.73
	否	212	43.27

3.新型农业经营主体样本数据特征分析

新型农业经营主体包括合作社、农业企业和生产基地等新型农业经营主体,其中合作社以生产服务为主,农业企业以加工销售为主,而生产基地往往是新型农业经营主体和农业企业的一部分。因此,为了更好地研究农业生产技术采纳推广情况,本研究重点分析新型农业经营主体对农业新型生产技术的采纳推广情况。相比于传统小规模经营的农户而言,新型农业经营主体的管理人员具有更好的文化水平和综合素质,这有利于对新型农业经营主体的调研。由于农业新型农业经营主体相对较少,本研究会尽量采集较多样本,以满足数据分析要求。

2016 年 6—10 月,本研究完成对北京 6 个区的新型农业经营主体调研,共收集问卷 139 份,剔除数据异常、缺失、不真实等无效问卷 14 份,最终得到有效问卷 125 份,有效问卷回收率为 89.93%。样本分布如表 2-12 所示,可以看出数据来源分布广泛且较为均匀,具有很好的代表性。

表 2-12 新型农业经营主体样本区域分布

区域	频数	比例/%	累计百分比/%
大兴	37	29.6	29.6
房山	39	31.2	60.8
怀柔	15	12.0	72.8
密云	7	5.6	78.4
顺义	11	8.8	87.2
通州	16	12.8	100.0

为了更好地研究新型农业经营主体对节水技术的认知、采纳行为及其影响因素，调研内容主要分为三大部分：第一部分是新型农业经营主体基本信息，主要包括成立时间、注册资金、新型农业经营主体的发展情况、产品流向、主营业务、依托组织或者单位等内容；第二部分是新型农业经营主体生产经营信息，主要包括新型农业经营主体组织管理、运营机制、带动农户情况、蔬菜流通情况和蔬菜品牌运作等方面内容；第三部分是关于新型农业经营主体对农业技术的认知和采纳情况，也是本次调研的重点内容，主要包括一般生产技术、蔬菜信息技术和蔬菜节水技术等技术的采纳推广情况。此外，我们也会调研一些政策支持相关的内容，这些数据有助于我们对节水灌溉技术采纳情况的分析。从图 2-9 可以看出，只有 14.4%的新型农业经营主体是在 2006 年以前成立的；有 76.0%的新型农业经营主体是在 2007—2012 年注册成立，其中在 2007 年和 2008 年成立的新型农业经营主体最多，分别占到总样本的 20.0%和 24.8%；2013 年之后，新型农业经营主体成立趋势下降，只有 9.6%的新型农业经营主体成立。这说明新型农业经营主体成立可能是受到政策和宏观社会经济环境影响，出现相对集中成立现象。

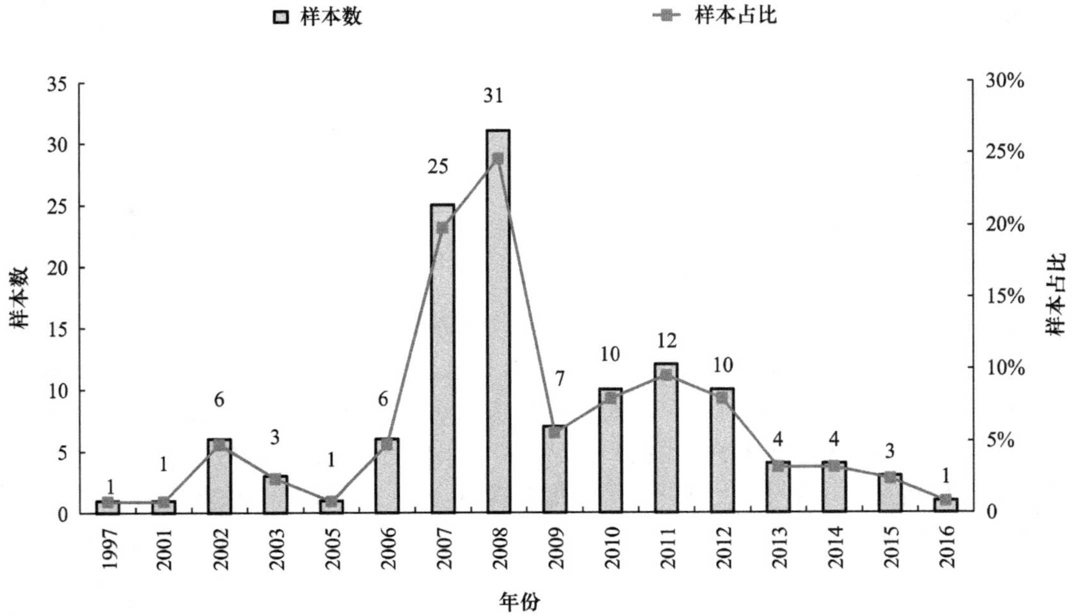

图 2-9 新型农业经营主体成立时间分布

从表 2-13 可以看出，新型农业经营主体注册资金差距较大，从最低的 0.39 万元到千万元规模不等，注册资金小于或等于 10 万元的新型农业经营主体占到 28.6%，大于 500 万元的新型农业经营主体占到10.9%。从新型农业经营主体发展规模级别来看，大部分新型农业经营主体是乡镇级，占到近一半，其次有30.4%的新型农业经营主体属于区县级，省部(市)级的新型农业经营主体只有11.2%，还有8.8%的新型农业经营主体属于国家级。一般省部(市)级和国家级的新型农业经营主体是发展比较优秀且有特色的新型农业经营主体，在当地具有很大影响。从调查结果来看，只有23.1%的新型农业经营主体成立时是有依托单位的，其余76.9%的新型农业经营主体是根据发展需要而成立的，并没有得到依托单位的支持。但是有53.4%的新型农业经营主体受到相关部门监管，只有46.6%的新型农业经营主体没有被监管。部门监管能够规范新型农业经营主体运营，切实保障农户利益，促进相关产业较好发展。

表2-13 新型农业经营主体基本特征

特征	特征属性	频率	比例/%	累计占比/%
注册资金/万元	≤10	34	28.6	28.6
	11～100	36	30.2	58.8
	101～500	36	30.3	89.1
	>500	13	10.9	100.0
规模级别	国家级	11	8.8	8.8
	省部(市)级	14	11.2	20.0
	区县级	38	30.4	50.4
	乡镇级	62	49.6	100.0
是否有依托单位	没有	96	76.9	76.9
	有	29	23.1	100.0
受监管部门管理	否	58	46.6	46.6
	是	67	53.4	100.0

2.3.1.2 农户对节水灌溉技术的认知与采纳行为

1.农户节水灌溉现状分析

由于受经济、社会、家庭等差异性因素的影响，农户在从事蔬菜生产种植过程中具有很大差异性行为。由表2-14可知，在调查样本中，蔬菜种植面积最大的为50亩，而最小的只有0.15亩，平均种植面积为5.73亩，标准差显示蔬菜种植面积具有一定的差异性。节水灌溉面积最大的为30亩，均值为1.78亩，标准差为3.57。由于有一部分农户没有采用节水灌溉技术，所以该项最小值为零。蔬菜种植面积比较大的农户，往往都是专业蔬菜种植大户和示范户，他们相对较为年轻且具有一定的文化水平，具有一定的种植经验和专业知识，多通过土地流转和雇用一些长短工进行规模化种植；而生产规模非常小的农户，主要是兼业种植，且年龄偏大，文化水平较低。种植规模越大，农户越倾向于采用节水灌溉技术等先进的农业技术。这是因为生产规模较大的农户，其专业化生产程度较高，通过使用节水灌溉技术，可以节省大量劳动用工和水费，同时提高蔬菜产量与品质；而生产规模较小的农户在节水灌溉和提高水分利用率方面不是很关心，同时节水灌溉投入的资金相对于其蔬菜生产收入来说，收益不是很好，故他们往往不会采用。

表 2-14　农户蔬菜节水灌溉基础描述性统计($n=152$)

变量	最小值	最大值	均值	标准差
蔬菜种植面积/亩	0.15	50	5.73	6.98
节水灌溉面积/亩	0	30	1.78	3.57
节水灌溉比例	0	1	0.34	0.43
每亩节水灌溉设施成本/元	400	9 000	2 245.68	2 387.82

由表 2-14 可知,节水灌溉比例最大为 1,即百分之百采用;最小为 0,即没采用;均值为 0.34,即采用比例相对较低;标准差为 0.43,说明在节水灌溉比例方面农户之间差异较大,这与农户种植面积具有差异性分析相一致。节水灌溉比例反映的是已采用技术的农户对技术的信任度及技术效益的外在表现。如果已采用节水灌溉技术的农户采用比例都很高,说明节水技术效益比较好,得到农户的认可与应用;反之则说明技术效果不好。这是因为农户在采用节水灌溉技术时会考虑一定的风险性,这类风险主要来自经济风险和技术风险。由于节水灌溉技术前期投入与后期效益关系不确定,所以对农户来说存在一定的经济风险;而技术风险则是由于节水灌溉技术不够成熟,容易导致技术或使用问题。农户对技术采纳一般通过"了解—说服—决定—实施—确认"几个阶段。农户得知技术信息,先对其有初步的了解,后通过不同的信息渠道对技术进行深入认识,再经过权衡和判断决定是否采纳试用。如果试用达到预期效果,则说明技术采用风险较低,农户就决定进一步扩大技术使用面积,即节水灌溉比例提高。如果试用未达到预期效果或试用失败,则说明属于技术采用风险较高,农户往往表现为减少技术采用比例,即节水灌溉比例降低甚至不采用。

2.农户对节水灌溉技术认知分析

农户对节水灌溉技术认知分析重点探讨节水灌溉技术存在问题、农户获取信息渠道、投入成本、灌溉用水与灌溉方式等。

(1)节水灌溉技术存在问题　从节水大环境来说,应广泛推广使用节水灌溉技术,但是通过访谈发现,目前已使用的节水灌溉设施设备存在很多问题。根据农户反映,问题主要集中在滴灌的滴管老化较快、阀门易坏易堵、设施设备使用寿命较短、使用效果不理想、实际操作较为烦琐等方面,这些技术缺陷直接导致节水灌溉效率低下,将会很大程度影响节水灌溉技术的推广普及。

(2)农户获取信息渠道　农业节水技术信息的普及是节水技术推广的基础,农户对于节水灌溉技术的采纳与信息获取程度具有重要关系,只有在充分了解技术信息的前提下才有可能采用农业节水技术(Negatu 和 Parikh,1999;王金霞,2013)。特别是当所采纳的技术具有不同类型的时候,信息对于技术的采纳显得尤为重要(Abdulai 等,2011)。当然,及时、准确和完整的信息是农户选择技术的基础,但是对于信息的获取,不同的农户会选择不同的信息渠道,这一过程会受到多种因素的影响(Dridi 和 Khanna,2004)。根据图 2-10 的调查结果显示,有 65.31%的农户主要信息来源是乡村农业技术人员,说明农户信息来源较为单一。这就导致当地农业技术人员的职业素养与敬业精神对节水技术推广应用影响巨大。因此,政府应重点加强对基层农业技术推广人员的专业素质培训,同时将技术推广渠道多样化,使更多农户获得更为全面准确的信息,这对于农户采纳新技术具有重要促进作用。

(3)投入成本　由于农户采用节水灌溉技术组合的不同,同时农户对现代灌溉设备的投

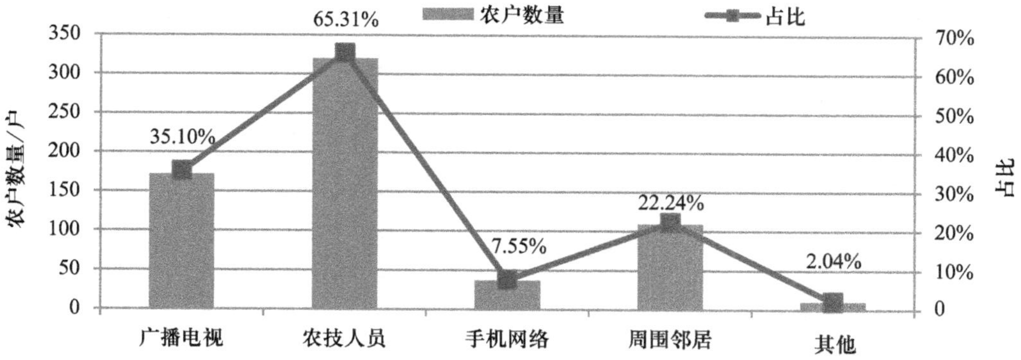

图 2-10　农户了解节水灌溉技术的信息渠道

资依赖于多种因素，包括耕作成本、产量等，导致农户在技术使用前期投入的成本投入有所差异(Srivastava 等，2003)。由表 2-14 可知，每亩节水灌溉设施成本从 400 元到 9 000 元不等，平均下来为每亩 2 245.68 元，这对于经营规模较小或生产能力较差的农户来说，成本较高，会阻碍节水灌溉技术的推广应用。因为农户生产以相对分散的小规模生产为主，而总体生产能力及利润高，如果节水灌溉设施设备价格相对较高，则即使农户知道节水灌溉的必要性和有效性，他们依然不愿意采用，因为技术的投入超出了他们所能接受的范围。相对于传统灌溉技术而言，节水灌溉技术的投入成本相对较高(Zou 等，2013)，因此，投入成本和使用效果是影响农户采纳节水灌溉技术的重要因素。为了进一步了解节水灌溉技术的成本情况，应调研农户对节水灌溉技术投入大小的认知情况。通过图 2-11 可知，不同农户对节水灌溉相关设施设备投入大小认知不一，但是有超过一半的农户认为在使用节水灌溉技术前期投入较大，占到总样本的 53.2%；认为一般的占到 31.6%。综合来看，节水灌溉技术的投入对于技术采用者农户来说，总体认为投入较大，这对于相关技术的推广应用来说，是个关键的阻碍因素。

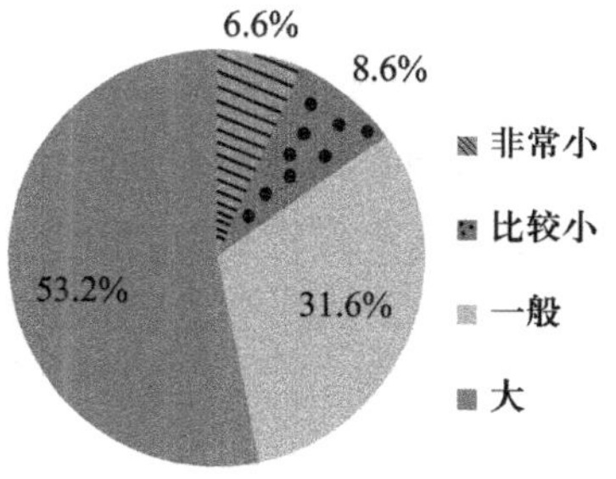

图 2-11　农户对节水灌溉技术投入大小认知

(4)灌溉用水与灌溉方式　农业灌溉用水主要来源于地下水和地表水(Yoo 等，2013)，灌溉用水的来源对农户采纳节水灌溉技术有着显著的影响(Green 等，1996)。研究发现，使用地下水灌溉的农户更愿意采纳现代节水灌溉技术(Caswell 和 Zilberman，1985；Yang 等，2003；Alam，2015；Cremade 等，2015)。根据调研数据，有 86.01%的农户灌溉用水来源于地下水，这有利于节水灌溉技术的推广。大部分农户完全使用地下水，这是由蔬菜生产需水特性决定的。相对于其他农作物来说，一般蔬菜生长周期较短，需水量较大且需水间隔时间短，这就要保证蔬菜灌溉具有稳定性和持续性。也有 11.51%的农户灌溉用水全部来源于地表水和 2.48%的农户灌溉同时用地表水和地下水。通过进一步调查发现，在靠近沟渠及河流较近的地方，蔬菜生产用水来自地表水的比例较大。当然，灌溉地距离水源的距离对节水灌溉技术的采纳也有重要影响。随着距离的增加，采纳节水灌溉技术的可能性就越大(Abdulai 和 Huffman，2005)。

传统地表灌溉在全世界是一个主要农业灌溉方式(Rui 等，2011)，但是，传统地表灌溉在浪费大量水资源的同时，也会造成灌溉效率的下降和水土环境的破坏。由图2-12可知，在农户使用传统灌溉方式中，56.73%的农户采用畦灌，其次是沟灌和漫灌，分别占到46.73%和36.73%，不采用这几种传统灌溉方式的用户只占到总样本量的2.45%，这足以说明目前传统灌溉在我国农业生产中还占有很大比例。因此，为了应对水资源匮乏和全球气候变化，应减少传统灌溉，大力推广节水灌溉而实现水资源的可持续发展。

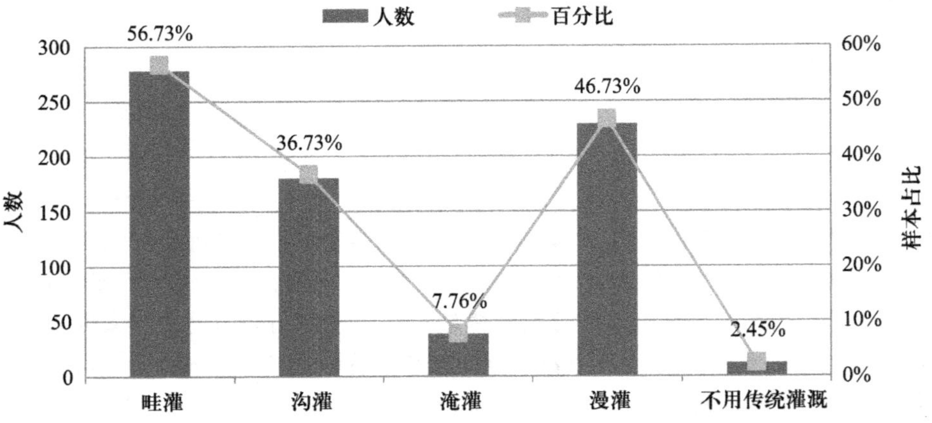

图 2-12　采用传统灌溉方式分类

3.农户对节水灌溉技术采纳行为

根据调查数据得知，农户对节水灌溉技术的采纳率为53.1%，总体采纳率不高。在已采纳技术的农户群体中，由于受经济社会环境、技术特征、家庭特征等不同因素的影响，技术采纳种类也是千差万别。在农户已采纳节水灌溉技术类型中，工程节水技术所占比例最大，占到42.0%；其次是农技节水技术，占到27.8%；生物节水技术和管理节水技术分别占到16.5%和19.6%(表2-15)。

表 2-15　农户采纳节水灌溉技术行为

项目	样本数	占总样本比例/%	项目	样本数	占总样本比例/%
总样本	490	100	采纳农技节水技术	136	27.8
采纳节水灌溉技术	260	53.1	采纳生物节水技术	81	16.5
采纳工程节水技术	206	42.0	采纳管理节水技术	96	19.6

为了进一步探明农户采纳具体节水灌溉技术情况，对已采纳节水灌溉技术的260户农户按照技术分类进行统计分析(表2-16)。在所调查的23项节水灌溉技术中，采用滴灌技术进行节水所占比例最大，达到41.9%。采用最少的是渗灌技术、混凝土防渗技术、使用化学试剂节水和铺设防渗膜4项节水技术。在工程节水技术中，有109户农户采用滴灌技术，在12项工程节水技术中是最多的，其次是膜上灌水技术，占到28.1%。在农技节水技术中，田间覆盖技术和田间耕作技术是农户采用率较高的节水技术，分别占到已采纳节水灌溉技术样本的39.6%和36.9%，这也是农户采用农技节水灌溉的主要措施，坐水种技术和水肥耦合技术采用率相对较少。在3项生物节水技术中，抗旱品种节水技术采纳率最高，达到26.5%，而采用

使用化学试剂节水和非充分灌溉进行节水的农户较少。管理节水技术采纳率总体不高，除了有28.5%的农户采用确定合理的灌溉制度节水灌溉外，而采用土壤水分监测技术、作物需水量的测定技术和测量灌溉水3种管理节水措施的农户很少。通过对农户采纳具体节水灌溉技术统计分析，发现农户采纳较高的是滴灌技术、微喷灌技术、田间覆盖技术、田间耕作技术和使用抗旱品种5项节水灌溉技术，同时渗灌技术、混凝土防渗技术、使用化学试剂节水、铺设防渗膜和测量灌溉水5项节水灌溉技术是农户采纳率较低的技术。

表2-16 农户采纳具体节水灌溉技术分布

分类	节水灌溉技术	样本数	占采纳者的比例/%
工程节水技术	渗灌技术	19	7.3
	地下滴灌技术	41	15.8
	波涌灌溉技术	17	6.5
	膜上灌水技术	73	28.1
	喷灌技术	29	11.2
	滴灌技术	109	41.9
	微喷灌技术	46	17.7
	混凝土防渗技术	7	2.7
	渠道衬砌浆砌石	22	8.5
	铺设防渗膜	10	3.8
	高压输水管道	41	15.8
	低压输水管道	52	20.0
农技节水技术	田间覆盖技术	103	39.6
	田间耕作技术	96	36.9
	坐水种技术	23	8.8
	水肥耦合技术	44	16.9
生物节水技术	使用化学试剂节水	3	1.2
	使用抗旱品种节水	69	26.5
	非充分灌溉节水	24	9.2
管理节水技术	土壤水分监测技术	14	5.4
	作物需水量的测定技术	28	10.8
	确定合理的灌溉制度	74	28.5
	测量灌溉水	25	9.6

结合调研访谈，进一步分析可以发现农民愿意采用的5项节水灌溉技术均具有技术成熟度高、操作简便、成本较低和效益明显等特征，农民不愿意采用的5项节水灌溉技术存在投入成本高、操作复杂、效益不明显等问题缺陷。这一分析结果表明，要使节水灌溉技术推广应用效果明显，降低投入成本和提高操作易用性也是重要的切入点。

节水灌溉是一项多环节、多因素参与并具有复杂性和长期性的农业综合系统工程。在实际生产中，往往不是使用某项单一的具体节水灌溉技术就可以达到节水效果，而是采用多项节水技术组合进行节水，节水效果是多项节水技术共同作用的结果。但是表 2-16 所列举的 23 项具体节水灌溉技术均具有各自的特点及适用性，并不是把尽量多的节水灌溉技术堆积在一起就达到了很好的节水效果。结合各项技术的侧重点与使用范围的同时，还应考虑作物特性、自然社会环境、种植制度等因素。只有正确有效地组合使用节水灌溉技术，才能达到预期目的，取得良好节水效果。

由农户采纳节水灌溉技术组合分布图(图 2-13)可以看出，有 20.38%的农户只采用了某一项节水灌溉技术，采用 2 项技术组合的农户占到 20.77%，采用 3 项和 4 项技术组合的农户分别占到 13.84%和 16.92%，采用 5 项及 5 项以上的农户不多，总共占到 28.09%，其中调查中采用技术组合数最多的高达 13 项具体节水灌溉技术。通过对技术采纳组合率和技术项数作一元线性回归，回归系数为−1.818，R^2 为 0.836，且在 5%水平显著，说明回归拟合效果较好，由系数可知技术采纳组合率随技术项数的增加而减少。通过实地调研，可以很好地解释农户采纳节水灌溉技术组合分布规律，在政府支持、合作社或用水协会引导、示范户带动、媒体宣传等大环境下，农户尝试或扩大节水灌溉技术的使用。当农户使用单一或少量几项节水灌溉技术组合时，节水灌溉效益比较明显，随着所使用的节水灌溉技术项数增加，节水灌溉效益增加量逐渐降低，但是前期投入成本逐渐增加，农户就会放弃增加其他节水灌溉技术，只留下节水效益较好的几项节水灌溉技术，这就出现多数农户使用节水灌溉技术组合一般是在 1～4 项。但是也有少量种植大户和示范户，在自身经济实力允许和政府支持的条件下，使用了高达 10 多项技术组合。

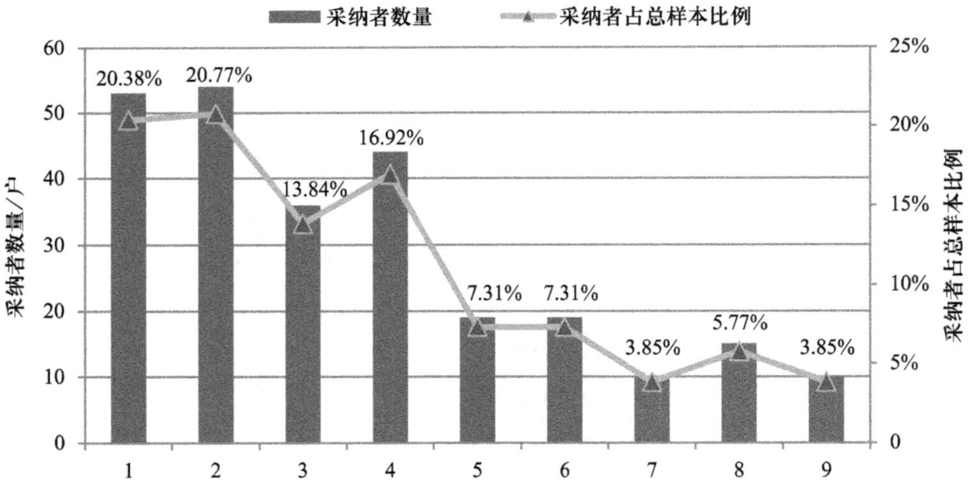

图 2-13　农户采纳节水灌溉技术组合分布

2.3.1.3　新型农业经营主体对节水灌溉技术的认知与采纳行为分析

1. 新型农业经营主体对节水灌溉技术的认知

新型农业经营主体对节水灌溉技术采纳应用的前提是首先要对技术有一定的了解，因此不同信息获取渠道对新型农业经营主体认知技术具有重要影响。从图 2-14 可以看出，新型农业经营主体获取相关信息的最主要渠道还是通过农业技术推广人员，占到 48.5%；电视广播、周围人群和网络信息获取渠道均略高于 10%。这说明新型农业经营主体获取信息对农业技术人员依赖性较大。从图 2-15 可知，认知节水灌溉技术投入较小的新型农业经营主体只有 11.3%，而 41.5%的新型农业经营主体认为设施设备投入较大，其余新型农业经营主体认为投入一般。这说明目前设施设备投入较高，对于资金能力不强的新型农业经营主体来说，就会在很大程度上阻碍其采纳应用节水灌溉技术。

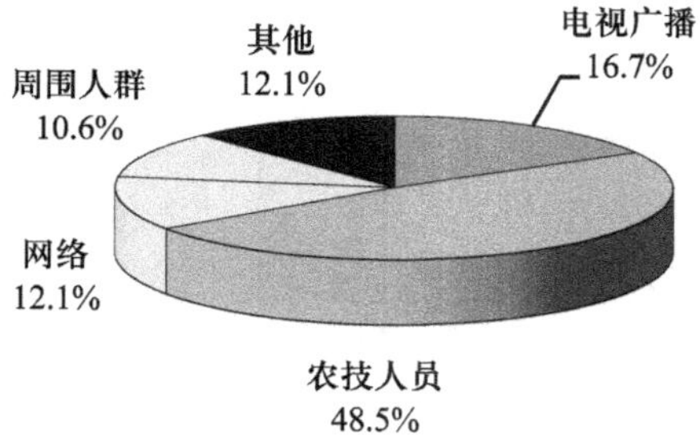

图 2-14 新型农业经营主体获取技术信息主要渠道

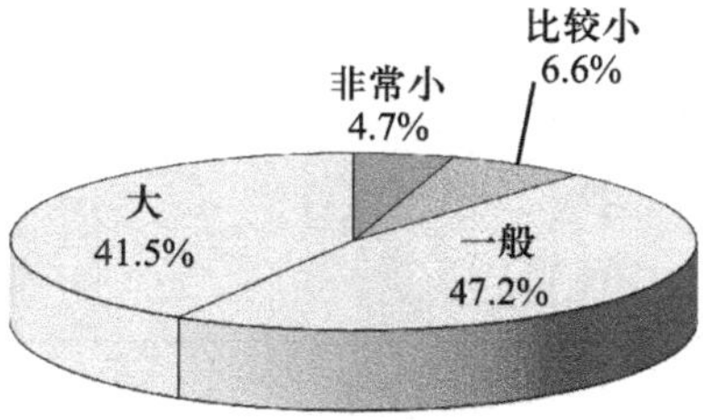

图 2-15 新型农业经营主体对节水灌溉技术投入成本认知

新型农业经营主体采纳节水灌溉技术受到驱动因素影响，而不采纳节水灌溉技术是受到阻碍因素的影响。从图 2-16 统计结果可知，有 80.0%的新型农业经营主体认为周围的示范带动能够促进其对节水灌溉技术的采纳应用；还有 65.6%的新型农业经营主体认为如果采用节水灌溉技术后能取得较明显的经济效益，也会在很大程度上促进其对技术的采纳应用；而政府推广对新型农业经营主体采纳的影响不是很大。这说明技术示范和效益驱动是新型农业经营主体采纳应用技术的主要因素。

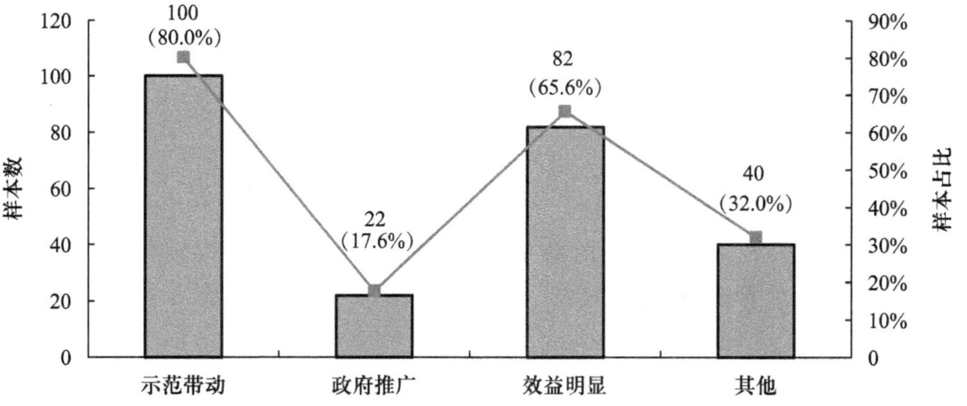

图 2-16 驱动农户采纳节水灌溉技术的因素

阻碍农户采纳节水灌溉技术的因素如图 2-17 所示。从图 2-17 可以看出，有 48.8%的新型农业经营主体认为设施设备太贵是阻碍其采纳应用节水灌溉技术的主要因素，有 24.8%的新型农业经营主体认为技术效益太低是阻碍其采纳技术的主要因素。此外，对技术不了解和设施设备质量不好在一定程度上也会阻碍新型农业经营主体对技术的采纳应用，这说明技术的成本过高，提高了新型农业经营主体采纳应用节水灌溉技术的壁垒，这会让一部分潜在应用者不愿采纳应用。因此,我们可以认为,降低技术成本能够显著提高新型农业经营主体对节水灌溉技术的推广应用,同时提高设施设备质量水平和提升应用效果在一定程度上也会明显促进节水灌溉技术的推广扩散。

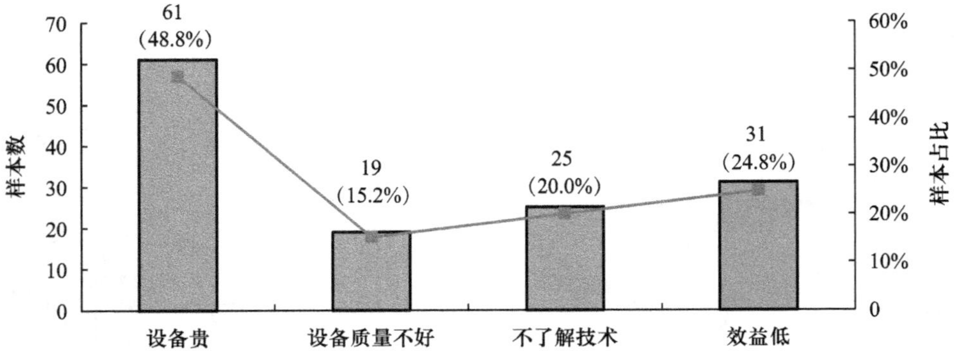

图 2-17　阻碍农户采纳节水灌溉技术的因素

2. 新型农业经营主体的节水灌溉情况

根据调查结果(表 2-17),新型农业经营主体平均覆盖面积为 364.85 亩,范围从最小的 20 亩到最大的 2 000 亩,而节水灌溉面积最小只有 5 亩,最大的达到 1 800 亩超大规模,平均每个新型农业经营主体节水灌溉面积为 155.70 亩。不同新型农业经营主体的节水灌溉面积占总覆盖面积的比例差异较大,节水覆盖率最小的只有 1.25%,而最大的是全覆盖,这说明节水灌溉技术在新型农业经营主体中还有很大推广潜力。进一步调查发现,那些没有采用节水灌溉技术的新型农业经营主体,还在应用不同形式的传统灌溉方式。

表 2-17　新型农业经营主体的节水灌溉情况

变量	最小值	最大值	均值	标准差
覆盖面积/亩	20.00	2 000.00	364.85	446.86
节水灌溉面积/亩	5.00	1 800.00	155.70	254.30
节水灌溉比例/%	1.25	100.00	51.82	36.96

从图 2-18 可以看出,有 60.0%的新型农业经营主体还在应用畦灌进行灌溉,其次有 44.8%的新型农业经营主体应用沟灌,而采用淹灌和漫灌的新型农业经营主体相对较

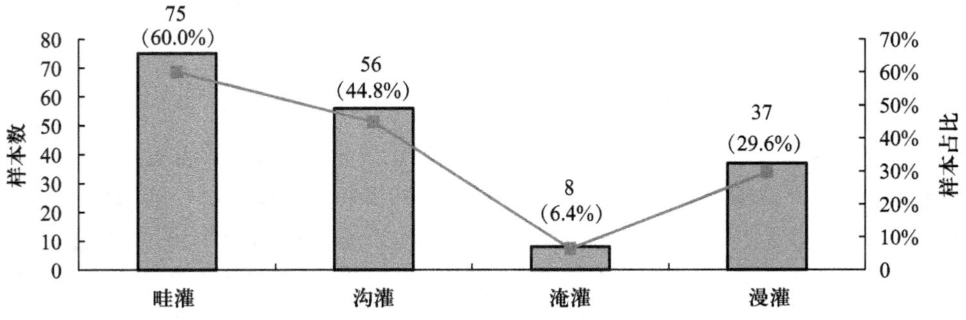

图 2-18　新型农业经营主体采纳传统灌溉情况

少，这说明畦灌和沟灌是主要的传统灌溉方式。因此，应根据这两类灌溉方式的特点优势对节水灌溉技术进行改进完善，而节水灌溉技术应着重弥补劣势，以期让目前采用这两类灌溉方式的新型农业经营主体转变采纳节水灌溉技术，从而促进节水灌溉技术的推广扩散。

3. 新型农业经营主体采纳应用节水灌溉技术行为

根据调查数据得知，新型农业经营主体对节水灌溉技术的采纳率为 71.2%，总体采纳率不高，还有很大推广潜力。从新型农业经营主体对不同节水灌溉技术采纳应用情况（图 2-19）可以看出，采用工程节水的新型农业经营主体最多，占总数的 68.8%；其次有 41.6%的新型农业经营主体采用农技节水技术；还有 32.8%的新型农业经营主体采用管理节水技术，而采用生物节水的新型农业经营主体较少。这说明工程节水技术是新型农业经营主体采纳应用节水技术的最主要的方式。

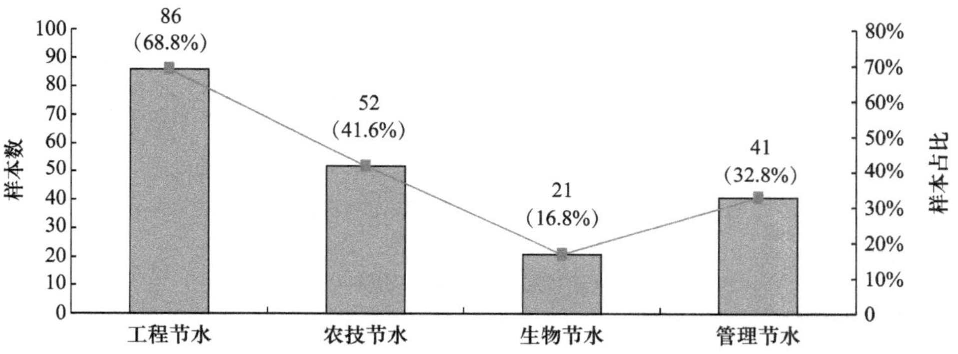

图 2-19　新型农业经营主体对不同节水灌溉技术采纳应用情况

从图 2-20 可以进一步发现，在新型农业经营主体采用的工程节水技术中，有 63 个新型农业经营主体采用滴灌技术，采用率在所有节水技术中最高。其次是微喷灌技术、喷灌技术、低压输水管道和地下滴灌技术，其他工程技术采用相对较少。在农技节水技术中，田间覆盖技术和田间耕作技术是最主要的节水技术。抗旱新品种是新型农业经营主体采用生物节水技术中最多的技术，但是生物节水技术总体采用率较低。新型农业经营主体采用合理灌溉制度在管理节水技术中最多，其他管理节水技术采用较少。

2.3.1.4　政策支持影响农户节水灌溉技术采纳行为分析

在农业技术推广中，政府发挥着重要作用，是农业技术发展推广的风向标，是农业技术推广引领的先行者。政府通过支持政策可以调控技术发展方向。政策补贴可以有效降低农户采纳节水灌溉技术的成本，从而有利于对技术的采纳推广（Dinar 等，1992；Blanke 等，2007；Bjornlund 等，2009；Nikouei 等，2012；Cremades 等，2015；Wheeler 等，2015）。由政策支持对农户采纳节水灌溉技术的影响（表 2-18）统计分析发现，如果政府补贴扶持节水灌溉技术，会有 83.78%的农户选择采用节水灌溉技术，而其余 16.22%的农户依然不会采用，说明这些农户会受到其他因素的影响。

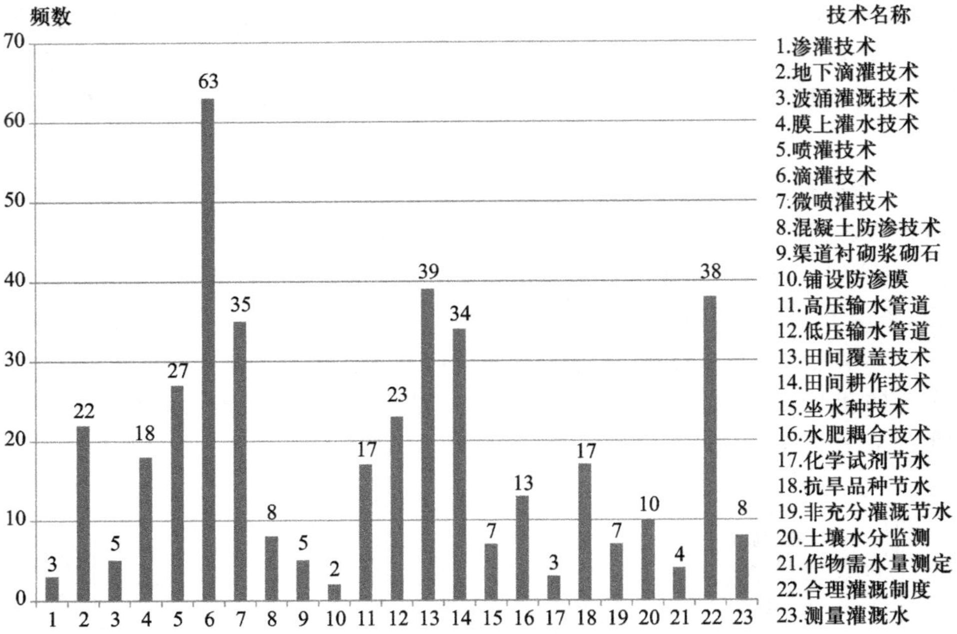

图 2-20　新型农业经营主体对具体节水技术采纳应用情况

（注：1～12 为工程节水；13～16 为农技节水；17～19 为生物节水；20～23 为管理节水）

表 2-18　政策支持对农户采纳节水灌溉技术的影响

条件设置	采纳意愿	频数	比例/%
如果**政策支持**，会不会采用节水灌溉技术？	会采用	411	83.78
	不会采用	79	16.22
如果**政策不支持**，会不会采用节水灌溉技术？	会采用	178	36.27
	不会采用	312	63.73

通过进一步对这些农户调研(图 2-21)发现，有 83.54%的农户认为节水设施设备质量太差，容易坏，这是阻碍他们采纳节水灌溉技术的主要原因；也有同样比例的农户认为节水灌溉技术太复杂是阻碍其采纳节水技术的主要原因，这些农户一般文化程度低，年龄偏大，往往都是依靠经验从事农业生产，不愿接受新鲜事物，对农业新型技术具有抵触心理，认为节水灌溉技术太复杂，不会使用或不容易掌握；其次，有 58.23%的农户认为他们灌溉用水多来源于地下或附近地表水，不需要缴纳水费，或者相对于节水灌溉设施来说水费十分低，没必要或不值得采用节水灌溉技术；最后，还有 29.11%的农户认为节水灌溉对于农产品产量或他们的收益影响不大，使用效果不明显，这是他们不采用的主要原因。

如果政府不补贴扶持节水灌溉技术，只有 36.27%的农户会采用节水灌溉技术，而不采纳技术的比例上升到 63.73%。从这些数据可以发现，政府是否补贴扶持这一因素直接影响到 47.51%的农户是否采用节水灌溉技术，也会存在政策因素影响其余因素而间接影响农户的行为，因此，政府应该加大对节水灌溉技术的政策补贴与扶持(Cremades 等，2015)。另外，有研究证实，适当收取农业用水费，可以有效促进节水灌溉技术的应用，农业生产可以更好地可

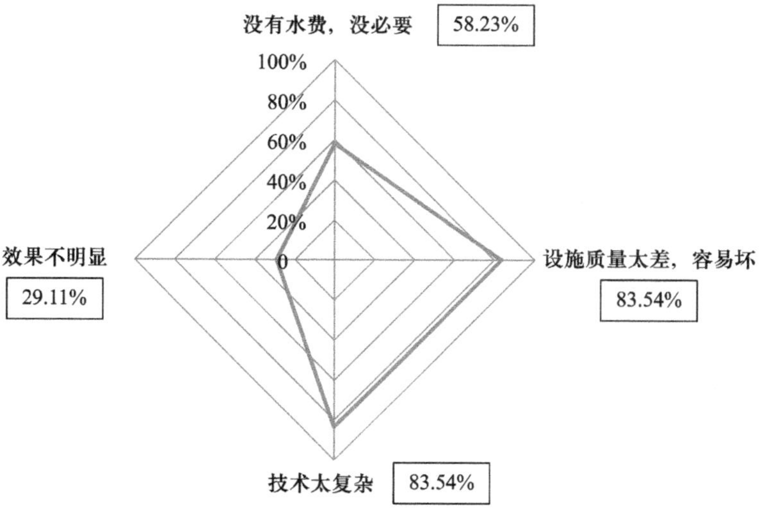

图 2-21 基于政策支持条件下农户未采纳节水灌溉技术阻碍因素

持续发展(Caswell 等,1990;Dinar 和 Dan,1992;Cremades 等,2015),这就建议各地政府因地制宜,在当地指导出台农业水费政策。

2.3.1.5 政策支持影响新型农业经营主体节水灌溉技术采纳行为分析

由表 2-19 的统计分析发现,如果政策支持节水灌溉技术,会有 85.11%的新型农业经营主体选择采用节水灌溉技术,而其余 14.89%的新型农业经营主体依然不会采用,说明这些新型农业经营主体会受到其他因素的影响。

表 2-19 政策支持对新型农业经营主体采纳节水灌溉技术的影响

条件设置	采纳意愿	频数	比例/%
如果**政策支持**, 会不会采用节水灌溉技术?	会采用	106	85.11
	不会采用	19	14.89
如果**政策不支持**, 会不会采用节水灌溉技术?	会采用	78	62.64
	不会采用	47	37.36

通过进一步对这些新型农业经营主体调研发现,有 73.7%的新型农业经营主体坚决不采用节水灌溉技术的原因是他们灌溉用水多来源于地下或附近地表水,不需要缴纳水费,或者相对于节水灌溉设施来说水费十分低,没必要或不值得采用节水灌溉技术,这说明新型农业经营主体的节水意识很低,没有充分认识到水资源匮乏的紧迫性。其次有 63.2%的新型农业经营主体认为节水灌溉技术太复杂,不容易掌握,技术的复杂性提高了新型农业经营主体对技术的使用壁垒。当然,还有近 1/3 的新型农业经营主体认为目前节水设施设备质量太差,从而阻碍他们采纳节水灌溉技术。最后,有 21.1%的新型农业经营主体认为节水灌溉对于农产品产量或他们的收益影响不大,使用效果不明显,预期收益没有达到他们期望水平(图 2-22)。

如果政府不进行政策支持节水灌溉技术,只有 62.64%的新型农业经营主体会主动采用

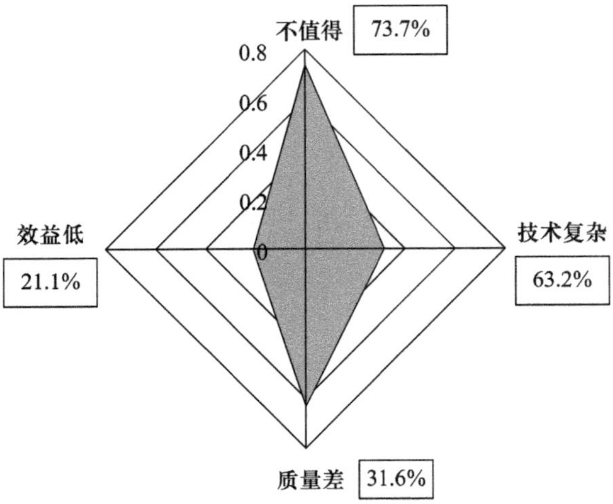

图 2-22　基于政策支持条件下新型农业经营主体未采纳节水灌溉技术阻碍因素

节水灌溉技术，而不采纳技术的比例上升到 37.36%。从这些数据可以发现，政府是否补贴扶持这一因素直接影响到22.47%的农户是否采用节水灌溉技术，也会存在政策因素影响其余因素而间接影响新型农业经营主体的采纳行为。因此，政府应该加大对节水灌溉技术的政策补贴与扶持。另外，适当收取农业用水费，可以有效促进节水灌溉技术的应用，农业生产可以更好地可持续发展，这就建议各地政府因地制宜，在当地指导出台农业水费政策。此外，加大宣传能够提高新型农业经营主体对节水灌溉技术的认知，充分而全面地对技术进行客观评价，避免因不准确或不完整信息误导新型农业经营主体对技术的采纳。

2.3.2　政策支持下农业信息技术采纳推广现状分析

2.3.2.1　数据来源与样本分析

数据来源于实地调研，调研内容主要包括设施蔬菜种植技术和设施蔬菜信息技术。在调研时考虑蔬菜生产和经营的特殊性，对蔬菜种植户采用问卷调查与农户访谈相结合的方法。调研时间在 2012 年 6—8 月、2013 年 4 月、7 月、11—12 月。调研区域选择山东寿光市和北京市，调研样本分别为 42 份和 32 份，农户分布在寿光的孙集镇（三元朱村、石门董村、周家村）、稻田镇（西稻田村、张营村、张中村、西刘营村）和寿光蔬菜产业集团的种植生产基地中的农户以及在北京市昌平区、大兴区、房山区、怀柔区、密云县（现密云区）、顺义区和通州区。

就样本分布来看，性别方面主要以男性为主，男女比例分布为 73%和 27%；从年龄结构上来看，样本所涵盖的年龄范围比较广泛，主要以 31～44 岁的中青年和 45～60 岁的中老年为主，分别占到总体的 42%和 48%，这是因为 18～30 岁年龄段的青年主要是在上学、上班或外出打工，很少留在家里从事温室种植，从而导致了样本年龄结构分布较为集中；从受教育程度的分布来看，文化程度普遍偏低，主要集中在初中层次，占样本总数的 49%，其次是高中、技校或中专类，但是还有 14%的未接受教育，这是由年龄结构分布特点决定的。此外，温室种植收入是农户家庭收入的主要来源，95%的农户温室种植收入占到家庭总收入的 80%～100%；有近 1/5 的农户是示范户；有将近 1/2 的农户接受过农业技术培训；参加合作社的农户占总数的 9.76%。总的来说，样本具有一定的代表性和广泛性，基本反映了寿光市温室种植户的分布特征。

2.3.2.2　政策支持条件下信息技术应用现状分析

(1)设施蔬菜信息技术普及率低　根据调查结果统计，温室信息技术普及率较低，仅占到 28.38%。采用温室信息技术的农户主要是参加农业专业合作社和示范基地的农户，而普通农户采用该技术较少。这些技术采用者采用信息技术多数是由政府推广示范，主动使用技术实现农业生产信息化较为鲜见。

(2)设施蔬菜信息技术使用状况评价低　通过对寿光市农户的走访和调查，不难发现，农户对温室信息技术使用状况评价较低。由图 2-23 可知，农户对当前温室信息技术使用状况评价低的原因体现在多个方面，其中最主要的是有 46%的农户认为当前温室信息系统不稳定，技术不成熟；其次是有 44%的农户认为周围没有农户使用，导致他们不敢使用，这是对该技术不信任的结果。此外，增产效果不明显和技术复杂难学也是农户不使用温室信息技术的重要原因；其他原因包括有的农户对温室信息技术具有排斥心理，有的则认为温室信息技术没有用。

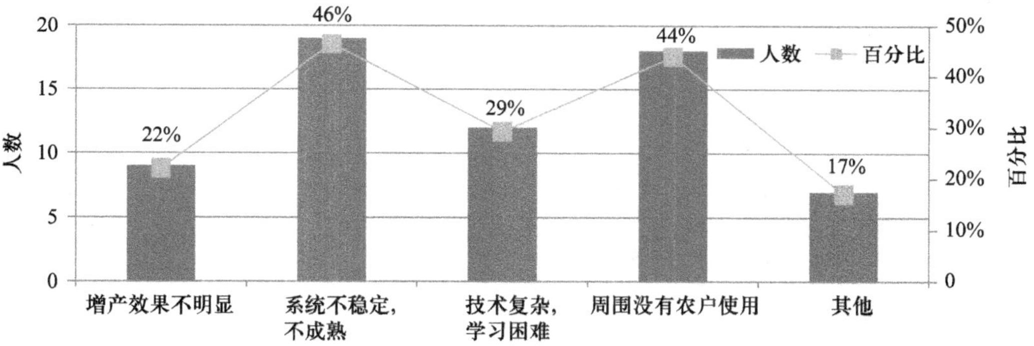

图 2-23　农户对当前温室信息技术的评价

(数据来源：根据调查数据整理)

(3)设施蔬菜信息技术存在问题多　由于温室信息技术还在不断研发和改善之中，所以实施使用过程中难免会存在一定的问题。通过调查发现，实际生产中遇到的常见问题都比较集中。由图 2-24 可知，当前温室信息技术存在的主要问题有信号不稳定、采集信息不准确、设备寿命短、设备故障多等，其中有 66%的农户认为采集的信息不准确，这也是目前存在的最大问题；其次是信号不稳定，占到 61%。

(4)设施蔬菜信息技术应用潜力大　通过访谈得知，农户对于新技术还是比较好奇，很愿意尝试使用，但受多种原因限制，致使他们目前还没有使用温室信息技术。由图 2-25 可知，体现最明显的是有 66%的农户认为当温室信息技术成熟、稳定时，他们会使用该技术；其次有 56%的农户认为要是周围有更多的农户使用，他们也会使用该技术；其他的影响则较少，包括增产显著、预期投入成本上涨等。

2.3.2.3　政策支持条件下面向现代农业的信息技术需求分析

蔬菜生产一般是以家庭为单位的小农生产和以组织为单位的规模生产为主，其中家庭模式生产经营是传统的生产形式，也是蔬菜生产的主要形式，但是随着社会的发展，以组织为核

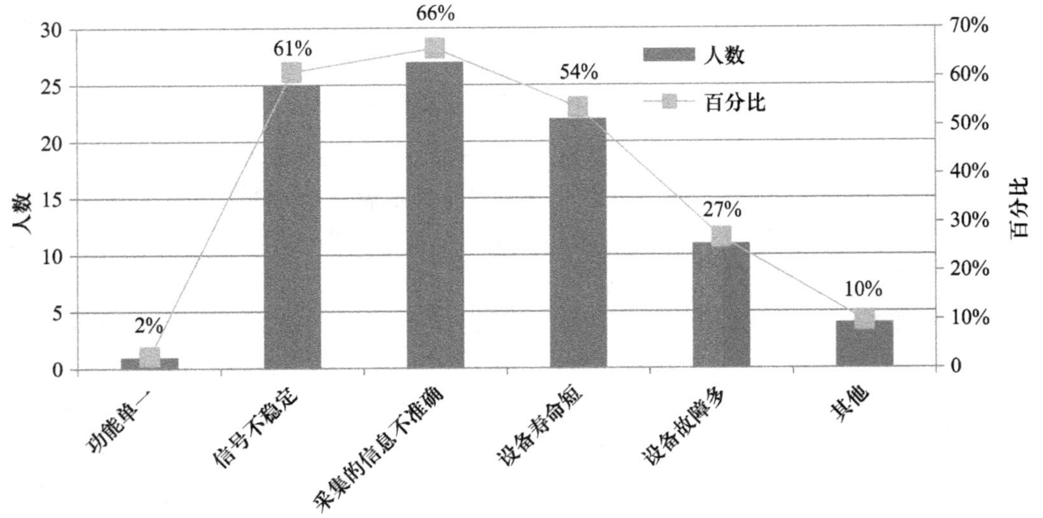

图 2-24 温室信息技术存在的问题

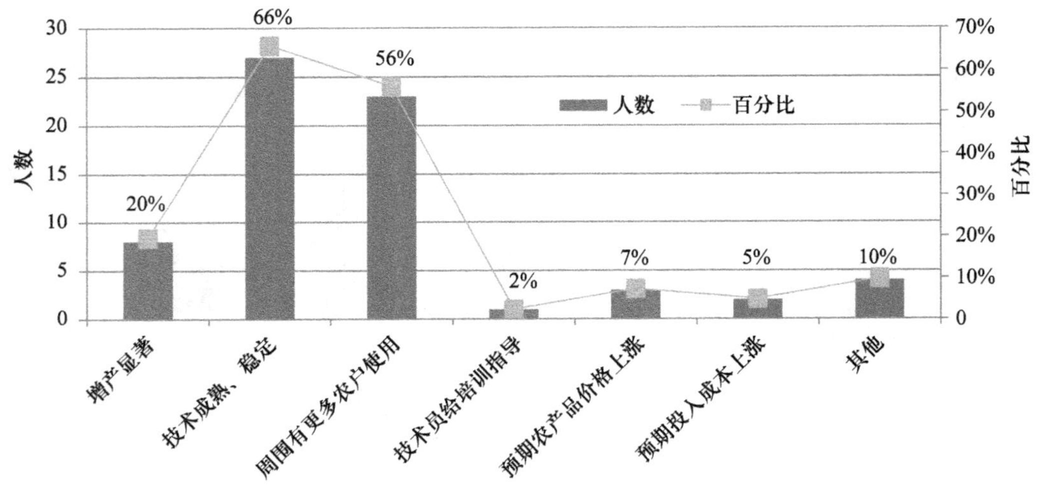

图 2-25 促进农户使用温室信息技术的原因

心的生产经营模式快速发展起来。农户和新型农业经营主体是设施蔬菜信息技术的使用终端,他们的采纳意愿和反馈信息对于分析设施蔬菜信息技术推广扩散有着重要作用。

1.基于农户视角的技术采纳意愿分析

在北京各个区的蔬菜种植中,仅有 34.62%的农户使用过一些信息技术,并且这些技术种类十分有限,一般仅限于温湿度传感器,而使用气体传感器、视频监控追溯系统等技术种类的较少。此外,这些农户使用温室信息技术多数是属于政府推广试用,真正自己主动购买、实现其蔬菜生产信息化的少之又少。但同时,有 95.65%的农户时常关注农业技术信息,这对于信息技术推广来说非常重要。

从图 2-26 中可以看出,绝大多数农户认为信息技术还是很重要的,而只有不到 9%的农户认为一般和不重要,这说明农业信息技术推广潜力巨大。与此同时,有 56.52%的农户反映获取相关信息渠道狭窄、相关信息较少,导致信息很难获得(图 2-27)。在信息技术主要优势

(图 2-28)方面,多数农户认为其最大优势是节约劳动力,占到 82.61%;方便管理也是其重要优势,占到 52.17%;提高产量和降低物质成本相对优势较低,分别占到 26.09%和 17.39%。在实际调研中发现,农户感觉信息技术前期投入大、增加投入成本。

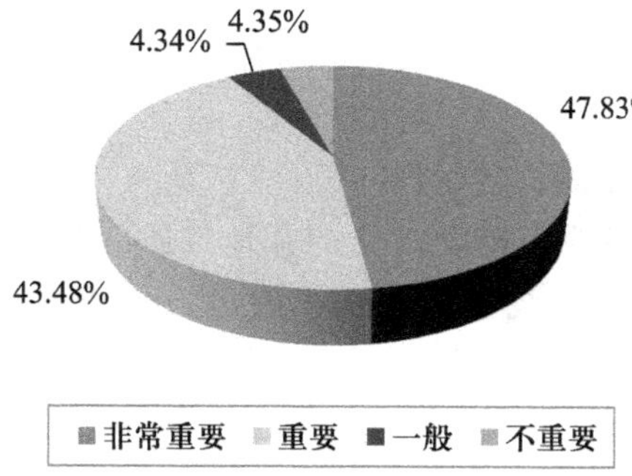

图 2-26 农户对信息技术重要性认知构成

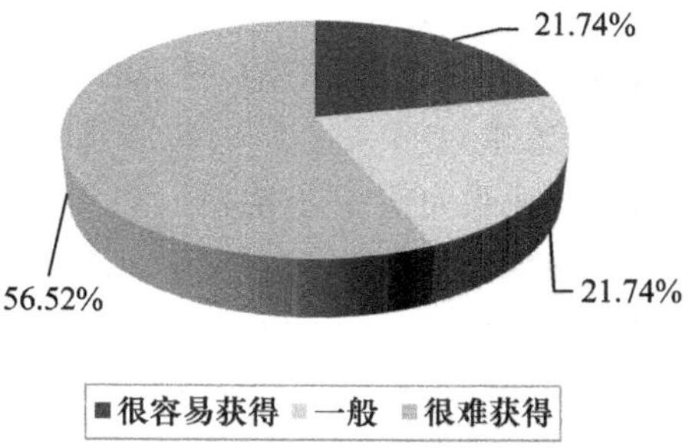

图 2-27 信息获取难易程度认知构成

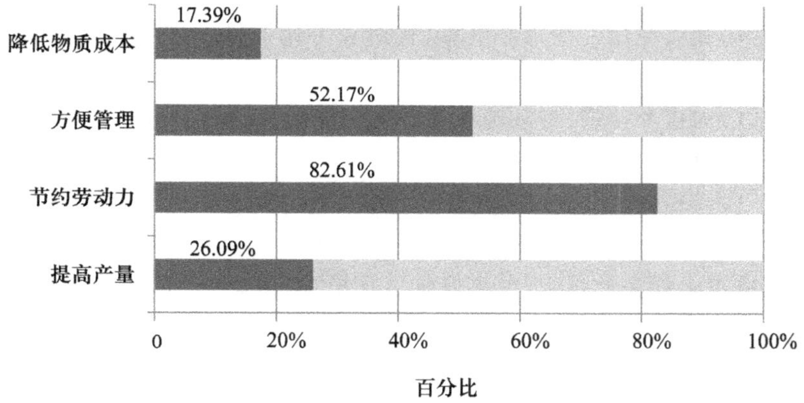

图 2-28 农户对信息技术优势认知构成

2. 基于新型农业经营主体视角的技术采纳意愿分析

(1)合作社针对设施蔬菜信息技术的需求包括以下几个方面。

①各个合作社使用信息技术的农户数参差不齐,差距较大。最少一个合作社只有 2 户使用该技术,但是社员户总数达到 150 户,只占到 1.3%;相反,最多有的合作社达到 100%使用该技术。就总体分析而言,合作社平均使用信息技术的农户数为 51 户,合作社中使用信息技术的农户率为 51.01%。

②合作社推广信息技术使用面积存在差异。最少一个合作社只有 5 亩,而该合作社覆盖面积达到 1 500 亩,只占到 0.3%;与此同时,有的合作社信息技术推广覆盖率达到 100%。从总体情况看,每个合作社平均使用信息技术的面积为 239.58 亩,合作社中使用信息技术的面积覆盖率为 36.57%。

③合作社针对设施蔬菜信息技术开展观摩培训讲座人次不同,有大有小,形式各异。最多一个合作社培训 780 人次,而最少的只有 3 次,甚至有一部分合作社没有培训。在培训形式上,主要是以集中授课培训为主,以现场讲解培训、发放使用说明资料等为辅。但是在实际

培训中，现场讲解培训效果最好，也最受农民喜欢和接受。

④针对设施蔬菜信息技术，政府资金支持覆盖率达到 55.56%。从调查中可以明显看出，由政府支持的合作社的信息技术使用率明显高于没有政府支持的合作社。

⑤从调查数据看，总体反映信息技术使用难度较大，农户感觉操作过程复杂、容易出现问题、担心不会操作等；并且投入成本较高，短时间内很难见到效益，一般都是由政府补贴或免费推广试用，真正自己主动出资使用的较少。

(2)生产基地、龙头企业针对设施蔬菜信息技术的需求包括以下几个方面。

①生产基地和龙头企业在投入成本和使用面积差距较大。生产基地均投入成本 100.7 万元，均使用面积达到 88.47 亩；而龙头企业相对较好，均投入成本较大，达到 485.95 万元，均使用面积也相应较大，为 213.23 亩。

②针对继续增加投入力度方面也存在显著差异。有 15%的生产基地不愿意继续增加对技术的投入，愿意继续增加投入的均再投为 62.78 万元；龙头企业愿意继续增加投入的与生产基地几乎相同，达到 88.89%，但是均再投约是生产基地均再投的 6 倍，达到 372.5 万元。

(3)不同属性的新型农业经营主体有不同的技术需求特征。

①合作社：希望能够使用一些操作简单、实用省力化机械，对温室结构能够进行改造，完善功能配置。

②生产基地：增加自动检测、自动施肥等省力化机械；降低成本，提高数据准确性，减少设备故障率；尽快提高信息化水平。

③龙头企业：农业种植产业是一项投资大、制约于自然气候、见效慢、收益小的行业；信息技术更是投资成本大，回收期过长；企业自身投入资金压力很大，希望政府给予大力支持；希望可以嫁接或集成更多的先进技术，提高信息化水平。

2.3.2.4 政策支持条件下信息技术采纳异质性分析

1.不同地区的采用率差异分析

设施蔬菜信息技术的采用率是指已采用该技术的农户数与调查样本总数的百分比。根据调查结果统计分析，设施蔬菜信息技术普及率较低，仅占到 28.00%，且不同地区采用率存在较大差异(表 2-20)。山东省寿光市技术采用率为 34.88%，比北京市采用率高 16.13 个百分点。在访谈中进一步发现，采用设施蔬菜信息技术的农户主要是参与专业农业经济组织的农户，主要包括参加农业专业合作社和示范基地的农户，而一般普通农户采用该技术比较少。同时，这些技术使用者采用信息技术多数是由政府推广示范或免费试用，主动使用技术实现农业生产信息化的较为鲜见。根据农业技术扩散原理，技术供给者已经将理论知识转变成具体的设施蔬菜信息技术，是属于农业创新成果，但是目前正处在投入阶段，也就是试验示范期，很多农户不了解甚至不知道信息技术，这是设施蔬菜信息技术采用率低的一个主要原因。这种现象也印证了理性小农理论在设施蔬菜信息技术推广扩散中的存在性。目前设施蔬菜信息技术的投入较大，农户很难有足够资金支付购买，同时农户受传统生产技术使用的惯性影响，加之新技术并不会像别的生产资料在短期内投入产出效果那么明显，因此农户更倾向于将资金投入到化肥和农药等传统的高效技术上。访谈发现，有部分农户认为信息技术可有可无，对蔬菜生产并不是很重要，如果政府提供大量补贴或免费试用，他们也很愿意采用试验，但是如果政府没有支持，他们就不会主动去了解使用，而是继续采用传统的蔬菜生产技术。

表 2-20 设施蔬菜信息技术采用率

地区	总户数	采用技术户数	采用率
山东省寿光市	43	15	34.88%
北京市	32	6	18.75%
合计	75	21	28.00%

2.是否采用信息技术农户的特征比较

是否采用设施蔬菜信息技术农户的特征如表 2-21 所示。从户主年龄来看，采用信息技术的户主平均年龄比未采用信息技术户主的平均年龄小 3.28 岁，分别是 45.28 岁和 48.56 岁。年龄结构主要以 31～44 岁的中青年和 45～60 岁的中老年为主，这是因为 18～30 岁年龄段的青年主要是在上学、上班或外出打工，很少留在家里从事蔬菜种植，从而导致了样本年龄结构分布相对较为集中，这也符合实际情况。从受教育程度的分布来看，农户文化程度均偏低，采用信息技术农户受教育水平略高于未采用信息技术农户受教育水平，分别为 3.24 和 2.95，主要集中在初中层次，这是由年龄结构分布特点和农业生产性质决定的。从家庭收入结构来看，采用信息技术家庭蔬菜收入占家庭总收入的比重为 0.76，略低于未采用信息技术家庭蔬菜收入占家庭总收入的比重 0.07。从种植规模来看，采用信息技术农户种植蔬菜规模为 5.68，而未采用温室信息技术农户种植蔬菜规模为 4.23。种植规模分布特征与前人(Anne 等，2005；崔宁波，2008)的研究结果一致。从种植年限来看，由于农户从事蔬菜种植年限越长，其种植经验相对较丰富，但也导致生产者墨守经验而对新技术产生抵触，从而阻碍了农户采纳新的技术，因此调查结果呈现未采用信息技术农户比采用信息技术农户平均种植蔬菜年限较长，分别是 4.51 和 3.65。

表 2-21 是否采用设施蔬菜信息技术农户的特征

地区	变量赋值	采用信息技术	未采用信息技术
户主年龄	实际年龄/岁	45.28	48.56
户主受教育水平	未接受教育=1；小学=2；初中=3；高中=4；5=大专及以上	3.24	2.95
家庭收入结构	蔬菜收入占家庭总收入的比重	0.76	0.83
种植规模	蔬菜种植面积/亩	5.68	4.23
种植年限	蔬菜种植年数/年	3.65	4.51

注：各项数值为农户的均值。

2.3.2.5 政策支持条件下信息技术采用行为的动因分析

1.农户对采用信息技术前考虑的因素排序

农户采用农业新技术前都会考虑多种因素，这些因素对农户是否采用新技术有着重要的影响作用。同样，农户采用新信息技术前考虑因素众多，但是也有明显的分布特征(表 2-22)。由表 2-22 可知，农户对设施蔬菜信息技术采用前考虑因素有一定相似性，很多农户认为投入成本、家庭经济水平以及技术风险依次为采用设施蔬菜信息技术前考虑最多的因素的前三位，这也与满明俊(2010)、林毅夫(2008)和汪三贵(1996)等对农户技术采用动机的分析相一致。投入成本是农户采用信息技术首要考虑的因素，这是由于以家庭为单位的农户生产经营模式的资本相对有限，采用技术成本的高低对农户自身乃至整个家庭影响很大，一般农户很难有大量富余资金支付高投入。同样，从表 2-22 可以看出，农户在考虑自身因素外，政府支持因素也占到 52.70%，这说明政府在农业新技术的推广和应用中扮演着重要的角色。由于农户自身资本及承担风险能力有限，他们更希望政府可以出台相关政策，给予资金和技术服务的帮助。

表 2-22　农户采用信息技术前考虑因素排序

项目	投入成本	家庭经济水平	技术风险	政府支持	技术难易程度	其他
排序	1	2	3	4	5	6
农户数	50	45	42	39	24	15
比例/%	67.57	60.81	56.76	52.70	32.43	20.27

注：比例为选择对应影响因素的农户数占样本总数的百分比。

2.农户获取信息技术的信息渠道排序

从表 2-23 可以看出，农户获取信息技术的信息渠道依次为农技推广部门、农业合作经济组织、示范户、亲邻好友、广播电视、科技资料，这与前人研究大体相一致(盛颖慧，2010)。相对于其他行业，农业收益率相对低、周期长，以利益最大化为核心的企业针对农业技术推广服务的相对较少，因此，政府农技推广机构就成为农业技术宣传的主要载体。另外，农技推广部门代表着政府实施相关政策措施的执行者，在农户心中有着很高的威信和信任度。此外，随着农业生产方式的转变和新型农业生产经营模式的出现，农业合作经济组织在农业实际生产中占据着越来越重要的地位，是农户获取相关信息和技术服务的重要主体。除了上述两种以组织形式为农户提供全面系统的信息外，以个体为主的示范户和亲邻好友也是传播信息的重要渠道，分别占到 33.78%和 28.38%。这说明设施蔬菜生产主要是以单个农户家庭为主体，他们在生产中相互借鉴和交流经验，以提升自身的生产能力。以广播电视和科技资料为主的信息传播渠道起到辅助宣传作用，分别占到 20.27%和 17.57%。这说明农户获取信息渠道主要还是以传统形式为主。由于农户自身文化水平和技术认知有限，不能很好地利用现代信息传播渠道，通过手机和网络获取相关技术信息，这就提醒相关农业技术服务部门或机构，要把相关农业技术信息通过农户最常获取信息的渠道进行传播，以达到最好的推广应用效果。基于以上结论，进一步分析可以得出，农户获取信息技术的信息渠道分类排序为：组织渠道＞个体渠道＞传播媒介＞现代传播渠道。

表 2-23　农户获取信息技术的信息渠道排序

项目	农技推广部门	农业合作经济组织	示范户	亲邻好友	广播电视	科技资料	其他
排序	1	2	3	4	5	6	7
农户数	42	30	25	21	15	13	10
比例/%	56.76	40.54	33.78	28.38	20.27	17.57	13.51

3.农户采用信息技术的决策依据排序

结合农户获取信息技术的信息渠道分析和表 2-24 可以得出，农户采用信息技术的决策依据和农户获取信息技术的信息渠道呈现正向关系。农户采用信息技术的决策依据中，政府推广占据主要部分，达到 61.91%；其次是合作社安排，占到 23.81%。一般而言，技术接受采用分为主动接受和被动接受两部分，政府推广和合作社安排对农户来说属于被动接受，这两项在设施蔬菜信息技术的决策依据里总共占到 85.72%；而基于主观能动性的主动接受的决策依据只占到 14.28%，主动接受主要包括亲邻好友介绍、外地学来、看宣传介绍。由此可见，在设施蔬菜信息技术采用接受方面，被动接受大于主动接受。这一现象也说明设施蔬菜信息技术还没有在农户心里形成必要的生产技术概念，他们对于信息技术的认知还处于初级阶段，没能充分发挥主观能动性，还需要加大宣传范围和深度。

表 2-24　农户采用信息技术的决策依据排序

项目	政府推广	合作社安排	亲邻好友介绍	外地学来	看宣传介绍	合计
排序	1	2	3	4	5	
农户数	13	5	1	1	1	21
比例/%	61.91	23.81	4.76	4.76	4.76	100.00

4.农户对采用信息技术后担忧的因素排序

从表 2-25 可以发现，技术效果小是农户对采用技术后担忧最主要的因素。一般来说，所有农户采用新技术的目的都是提高产量、提高经济效益。如果采用新技术的效果很小，则不符合农户采用新技术的最初愿望，这也是农户最担心的原因。此外，一般人都会认为，信息技术、自动化等相关技术都会和高科技紧密联系在一起，需要知识丰富、学历高的人才能使用。这就给农户释放一种信号，由于农户自身的文化水平不高，所以他们很担心不会使用新技术，不能很好地发挥新技术的效果，从而造成浪费。近年来，由政府牵头推广的很多农业新技术，基于种种主观和客观的原因，导致后续技术服务匮乏，而农户需要技术指导、设备维护、技术更新等一系列后期服务，因而最终导致这些技术以失败而告终。当初农户为新技术投入大量资金和人力，希望可以提高效益、增加收入，技术的失败使农户不但没有达到目的，反而削弱了自身的经济实力，这也是农户比较担心的因素。设施蔬菜信息技术是随着信息技术、物联网技术、自动化等技术兴起的，目前还在研发试用阶段，没有传统的农业生产技术成熟，农户担心这些新技术不稳定，容易出错，影响农户正常生产。例如“温室娃娃”是一款自动温湿度采集器，并定时将信息发送至农户手机上，农户根据这些信息可以实时掌握温室内的环境情况，从而采取相应的措施。在调查中，有农户反映，如果“温室娃娃”由于自身损坏而发送错误的信息给农户，就会对蔬菜生产影响很大，甚至导致减产。同时，农民还比较关心价格变化。根据“理性小农”理论，农户生产农产品期望最大可能地获取利润，由于农资市场出现价格不稳定，造成农户购买生产要素时价格不统一，也使农产品的收益率有所差异，所以农户对新技术价格变化还是比较敏感的。

表 2-25　农户采用信息技术后担心因素排序

项目	技术效果小	不会使用	技术服务	容易坏	价格变化	其他
排序	1	2	3	4	5	6
农户数	53	43	42	35	30	15
比例/%	71.62	58.11	56.76	47.30	40.54	20.27

在我国，政府是农业技术推广的重要部分，发挥着不可替代的作用。政策因素表现了政府对某项新技术的态度，从而会在不同程度上影响农户对新技术采纳的态度和意向。在温室种植方面，农户希望得到一些政府政策支持：有 56%的农户希望得到技术指导和培训；有 20%的农户认为当前农药化肥价格偏高，希望给予补贴；同时，也有 20%的农户希望得到交通运输支持。但农户希望最多的还是得到农产品价格支持，高达 85%，选择直接补贴到户和温室保险的均是 7%。只有 9%的农户选择信息支持。在农业补贴方面，95%的农户认为政府补贴有助于农业技术的采用，而且平均每亩应补助 673.75 元比较合适。

2.3.3　政策支持下农业机械采纳推广现状分析

2.3.3.1　我国农业机械化发展水平

农业机械总动力是衡量农业机械化发展水平的一个重要指标。从图 2-29 可以看出，我国农业机械总动力绝对值一直保持增长，增长率在 1994—2000 年保持高速增长，随后回落；2004—2010 年又进入快速增长期，随后再次回落。考虑到农业机械的更新，农业机械总动力的增长会出现周期性波动，这说明我国农业机械化水平在不断提高。

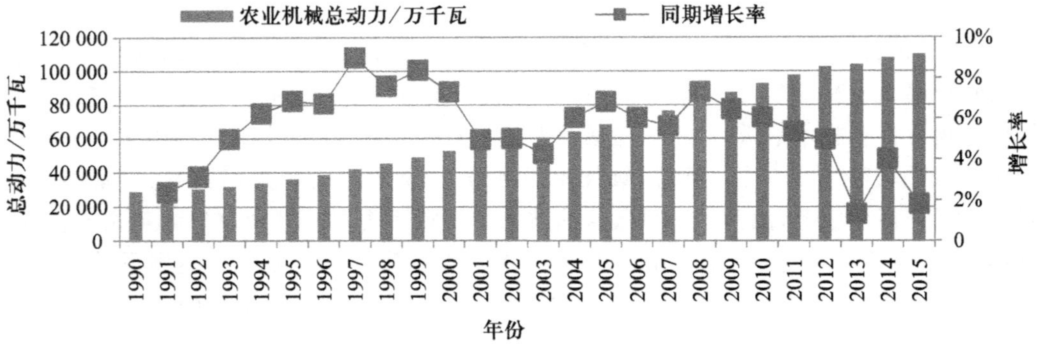

图 2-29　我国农业机械总动力及增长率

农作物耕种收综合机械化水平是衡量一个地区农业机械化程度的主要指标(闫宝生，2013)。按照发展水平，可将农业机械化发展分为初级阶段、中级阶段和高级阶段(杨敏丽，2008)。近年来，我国耕种收农业机械化水平增速明显，2014 年耕种收综合机械化水平超过 60%，说明我国农业机械化发展总体已经跨入中级阶段(图 2-30)。

从我国主要粮食机械化发展水平来看，在 2001—2008 年，小麦的机收和机播处于较高水平且持续提高；2008 年以后，小麦机耕、机播和机收均有明显提高；到 2014 年，小麦基本实现全程机械化，小麦的机械化发展水平处于非常高的水平(图 2-31)。

在水稻生产机械化(图 2-32)方面，水稻机播在 2006 年之前发展较缓慢且处于低于 10%

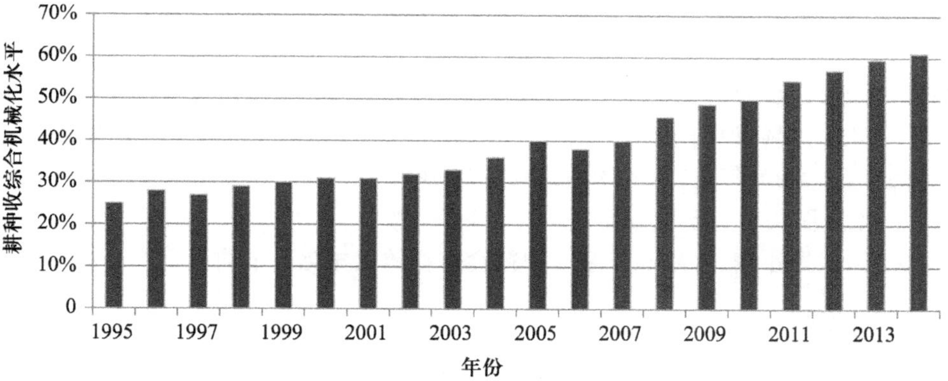

图 2-30 我国农业耕种收综合机械化水平

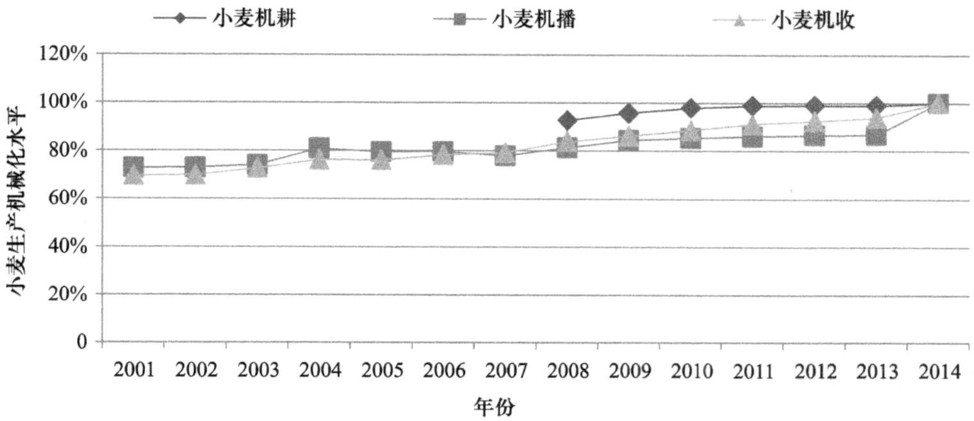

图 2-31 我国小麦生产机械化发展水平

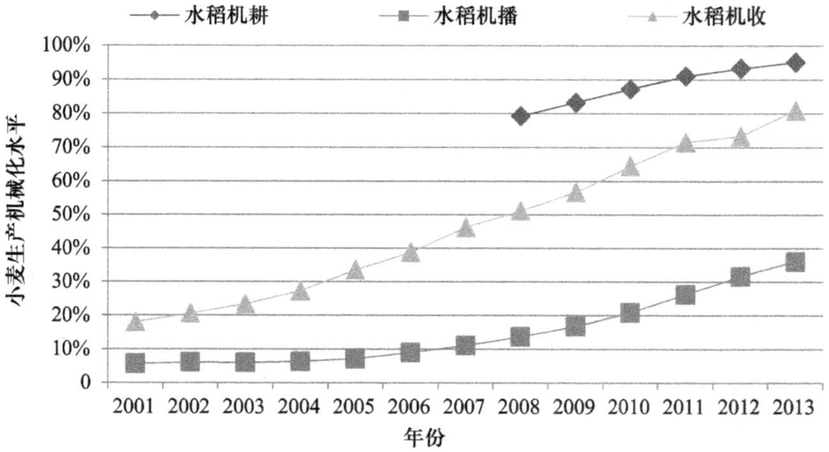

图 2-32 我国水稻生产机械化发展水平

的水平，在 2006 年之后呈现线性增长趋势，到 2013 年快达到 36%；水稻的机收发展较快，从 2001 年的低于 20%直线增长到 2013 年的 80%，说明农业机械在水稻机收应用较好，基本实现机械化；水稻的机耕发展水平最高，2013 年已经高达 95%左右。

玉米生产机械化水平近年发展迅速。如图 2-33 所示，玉米的机耕水平最高且持续增长，在 2008 年高于 75%，到 2013 已经基本达到 100%，这说明玉米的机耕基本实现机械化；玉米的机播发展水平持续提高，在 2006 年之前低于 60%，在 2006 年之后增长速率明显提升，到 2011 年已经超过 80%，说明玉米的机播处于较高水平；但是玉米的机收是影响玉米全面实现机械化的短板，在 2006 年之前，玉米的机收不足 10%，在 2006 年之后开始显著增长，处于薄弱环节的机收水平 2013 年已经达到 56%。

综合来看，我国小麦、水稻和玉米 3 种粮食作物的机械化水平均显著增长。

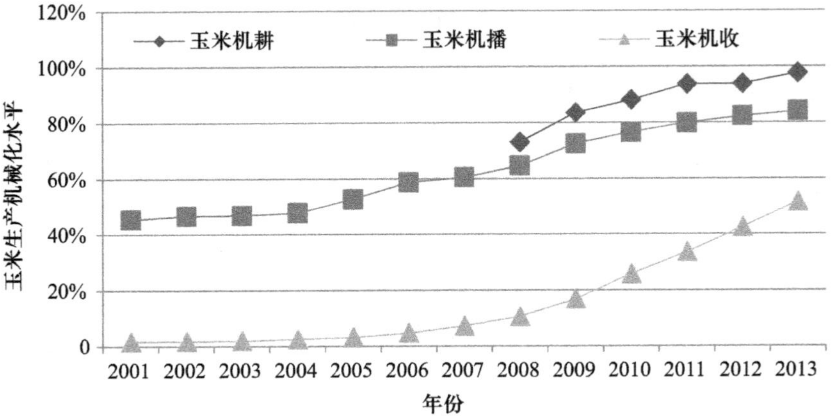

图 2-33　我国玉米生产机械化发展水平

2.3.3.2　农户农业机械需求与购买应用现状分析

1. 数据来源与样本分析

本研究采用问卷调查法收集实际数据，在理论分析、咨询领域专家和预调研的基础上，形成最终调查问卷。问卷的核心内容是围绕户主及家庭基本信息、村镇信息、农业技术需求与认知、农业生产农机具的需求和拥有行为。

由于调研对象农户的文化水平有限，问卷所涉及内容具有一定的抽象性，所以调查采用访谈形式，通过调查人员与农户面对面交流，以聊天形式获取实际数据，避免了因农户文化水平差异而对调查产生的干扰，保证数据的真实有效性。本次调研利用大学生暑假返乡及社会实践期间进行，调查人员为在读本科生和研究生，调查人员分布在全国大部分省（区、市），经挑选后于 2016 年暑假放假前统一进行培训，包括问卷内容讲解培训、调查方法以及调查注意事项等内容。此外，为了充分调动调查员的积极性与责任意识，本次调查给予调查者一定的物资奖励、报酬费用和社会实践证明，使得调查数据更具有可靠性。

调研总共发放农户问卷 640 份，逐个进行问卷检查与筛选，剔除数据缺失、异常值等无效问卷后，最终获得有效问卷 561 份，问卷有效收回率为 87.6%。样本分布在安徽、山东、河南等 18 个省（区、市）的 87 个县（区），分 131 个乡（镇）的 215 个村，其中对农业大省山东、河南等进行重点调研（表 2-26）。

表 2-26　2016 年农机调研样本频率分布情况

省(区、市)	频数	百分比/%	累计百分比/%	省(区、市)	频数	百分比/%	累计百分比/%
云南	10	1.8	1.8	吉林	7	1.2	7.8
内蒙古	27	4.8	6.6	天津	25	4.5	12.3
宁夏	6	1.1	13.4	湖北	15	2.7	78.1
安徽	11	2.0	15.3	湖南	10	1.8	79.9
山东	157	28.0	43.3	甘肃	14	2.5	82.4
广西	29	5.2	48.5	辽宁	20	3.6	85.9
河北	30	5.3	53.8	重庆	21	3.7	89.7
河南	80	14.3	68.1	陕西	51	9.1	98.8
浙江	41	7.3	75.4	黑龙江	7	1.2	100.0
				合计	561	100.0	

如表 2-27 所示，农户的家庭规模以 4～5 人为主，占总样本的 58.5%，此外分别有 6.2% 和 5.3%的小规模(2 人及以下)和大规模家庭(7 人及以上)。农户家庭收入在一定程度上能够反映农户目前的生产状况和生产水平，农户家庭收入以 1.1～5.0 万元为主，占到 59.9%，家庭总收入平均为 4.83 万元，有 6.8%的农户家庭收入超过 10 万元，属于高收入家庭，但同

表 2-27　样本基本信息统计描述

统计特征	分类特征						合计
家中人口	2 人及以下	3 人	4 人	5 人	6 人	7 人及以上	
样本数	35	103	178	150	65	30	561
比例/%	6.2	18.4	31.7	26.7	11.6	5.3	100.0
累计百分比/%	6.2	24.6	56.3	83.1	94.7	100.0	
家庭收入/万元	≤1.0	1.1～3.0	3.1～5.0	5.1～10.0	>10.0		
样本数	80	182	154	107	38		561
比例/%	14.3	32.4	27.5	19.1	6.8		100.0
累计百分比/%	14.3	46.7	74.2	93.2	100.0		
农业收入占比	≤10%	11%～25%	26%～50%	51%～75%	76%～99%	100%	
样本数	156	95	143	52	59	57	561
比例/%	27.8	16.9	25.5	9.3	10.5	10.1	100.0
累计百分比/%	27.8	44.7	70.2	79.5	89.9	100.0	
集镇距离/千米	≤2.5	2.6～5.0	5.1～10.0	10.1～20.0	>20.0		
样本数	183	172	115	52	39		561
比例/%	32.6	30.7	20.5	9.3	7.0		100.0
累计百分比/%	32.6	63.3	83.8	93.0	100.0		
总耕地面积/亩	≤1.0	1.1～3.0	3.1～5.0	5.1～10.0	10.1～20.0	>20.0	
样本数	17	115	154	151	86	39	561
比例/%	3.0	20.5	27.4	27.0	15.3	6.9	100.0
累计百分比/%	3.0	23.5	50.8	77.8	93.1	100.0	
地块数	1～2	3～4	5～6	7～10	11～20	>20	
样本数	142	209	112	55	34	9	561
比例/%	25.3	37.2	20.0	9.8	6.1	1.5	100.0
累计百分比/%	25.3	62.6	82.5	92.3	98.5	100.0	

时还有14.3%的低收入家庭，收入低于1万元。农业收入占比代表农户家庭的兼业程度，农业收入占比越高的农户，表明其是以农业生产为主。调查样本中，有70.2%的农户家庭农业收入占比小于或等于家庭收入的一半，说明这些农户以非农收入为主；但同时也有10.1%的农户家庭收入完全依靠农业收入，农业收成或市场价格的波动将直接影响家庭总收入。距离最近集镇距离平均为6.7千米，其中有63.3%的农户距离最近集镇距离小于5千米，但是也有16.3%的农户距离最近集镇距离大于10千米，甚至超过20千米。耕地是农户从事农业生产的基础，农户家庭平均耕地为12.75亩，其中有50.8%的农户耕地面积小于或等于5亩；此外还有6.9%的农户家庭耕地面积大于20亩。农户耕地地块数是反映耕地细碎化程度的指标。调查样本中，平均耕地块数是5.3块，其中以3～4块为主，占到37.2%；同时还有7.6%样本的耕地块数超过10块。

从图2-34可以看出，有85.7%的农户所在村庄既不属于城市郊区也不是乡镇周边，而是以农业生产为主的普通农村。村庄位置能够影响当地农业综合发展水平，本次调研样本能够很好地代表我国一般农业生产整体情况。农业生产情况不仅受到耕地面积的影响，还受到耕地质量状况的影响，质量较好的区域适合农作物生长，有52.9%的样本当地属于平原区域，其次是山地和丘陵区域，分别占到27.3%和17.1%。

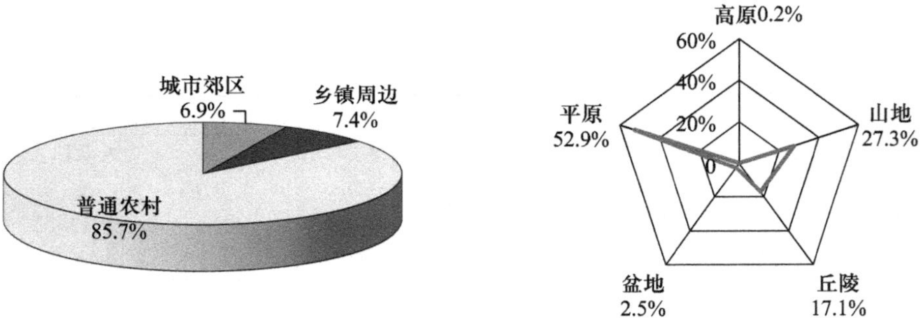

图2-34 村庄所在位置及地形地貌

2.农业生产的机械化应用情况

根据调查结果显示，在561个调查样本中，有224个农户家庭拥有农业机械，占总样本的39.93%。在这些拥有农机的农户中，有22.77%的农户表示他们会为其他农户提供农机服务，有20.09%的农户反映他们曾经参加过农机使用或农机服务等相关培训。由图2-35可以看出，农户反映在当地农机推广力度很大的占到14.7%，反映推广力度一般的农户占到39.6%，但是还有26.3%的农户反映在当地并没有进行农机推广，这说明农机推广宣传力度还需要进一步加强。对于没有农机或缺少相应生产环节农机的农户，需要借助其他人员提供的农机服务来完成农业生产。不同人员所提供的农机服务具有一定的差异性，根据调查结果显示，有70.8%的农机服务是由个体农户提供的；其次是由专门从事农机作业的农机大户提供的，占到10.3%；农机服务公司和政府的农机服务队分别占到6.1%和4.6%，农机协会仅占到0.2%，还有8%的农户是得到其他人员提供的农机服务（图2-36）。由此可见，个体农户是提供农机服务的主要群体，但是由于个体农户存在地理位置分散、综合素质差异、农机作业水平不一致等问题，在利益最大化的驱使下，他们一般选择利润较大的区域进行作业，所以而很容易导致在农忙时农机分布不均，使有些农户错过最佳生产时机而造成农业损失。政府应加强对这些提供农机服务的人员的统一管理与调度，以提高农机服务效率，保障农业生产的顺利进行。

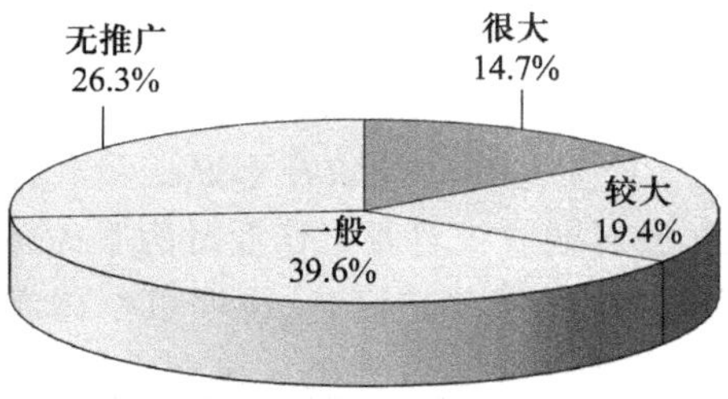

图 2-35 农机在当地推广力度

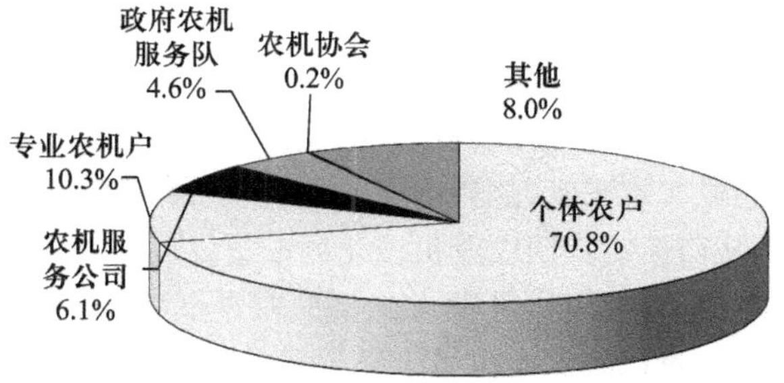

图 2-36 提高农机服务的人员构成

图 2-37 是农户在农业生产中全程机械化情况，可以看出翻耕平整土壤和运输环节农户的机械化程度最高，全部机械化的农户分别占到 29.5%和 28.5%，没有使用任何机械化的农户分别占到 14.3%和 16.8%，远远低于其他几个环节没有使用任何机械化的农户数量。植保(施肥打药)环节的机械化程度最低，全部实现机械化的农户仅有 6.8%，使用过机械化的农户占到总样本的 60.7%；播种栽培环节应用机械化程度差距较大，有 20.9%的农户全部机械化，而有 40.6%的农户没有使用任何机械，在所有环节中播种栽培没有使用任何机械化农户占比最高；灌溉环节应用机械化程度总体不高，只有 61.3%的农户全部或部分机械化；收获环节有 22.5%的农户实现了全部机械化，但是还有 29.2%的农户没有应用任何农业机械；加工贮藏是农业生产的后续环节，但是只有 6.9%的农户实现了全部机械化，61.7%的农户的机械化程度还需要进一步提高，其余 31.4%的农户需要引导其应用机械化。通过对各个环节机械化程度进行归一化处理，首先将全部机械化、大部分机械化、一半机械化、小部分机械化和没有应用任何机械分别赋值“1，2，3，4，5”，然后通过加权算出每个环节机械化程度得分，最后对各环节机械化程度从大到小排序依次为：运输>翻耕平整>收获>播种栽培>灌溉>加工贮藏>植保。

农业机械作业情况能够影响农户在生产中是否采用农业机械行为，综合农业作业情况不

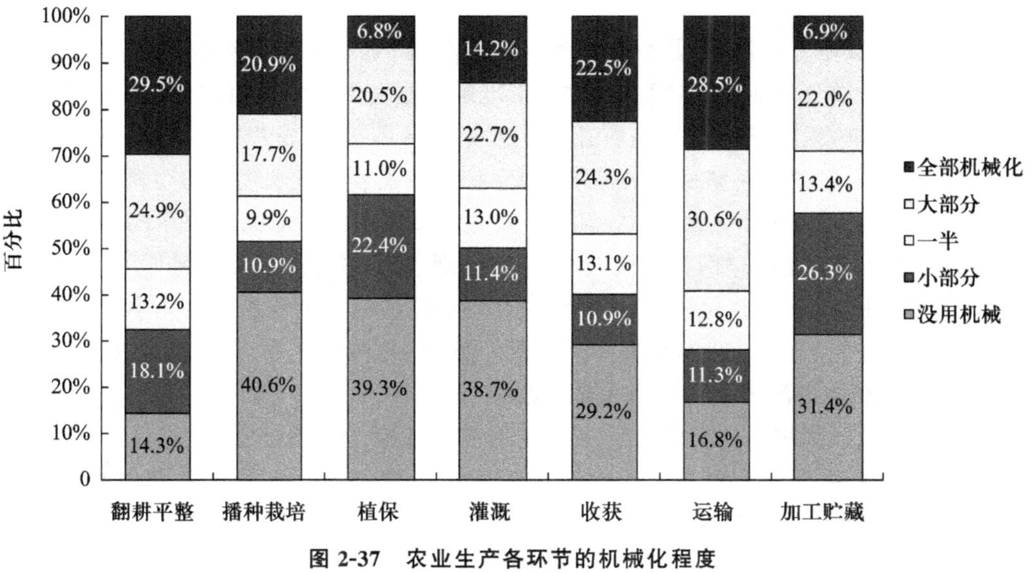

图 2-37 农业生产各环节的机械化程度

佳的情况下,农户一般不会采取农业机械。从图 2-38 可以看出,农户对当前农机的作业质量满意或非常满意的占到 52.59%,只有 5.78%的农户对当前农机作业质量不满意或非常不满意,还有 41.63%的农户认为当前农机的作用质量一般,这说明农机作业质量需要进一步提高。同时,农户对农机作业的收费情况满意度很低,只有 24.69%的农户对当前农机作业收费满意或非常满意,这说明当前农机收费存在不合理情况。收费过高会让农户不愿接受农机服务,从而影响我国农业机械化的推进发展。此外,有 45.83%的农户对农机作业时的服务态度满意或非常满意,另有 6.11%的农户不满意或非常不满意农机服务态度,这说明以个体农户为主的农机服务人员综合素质参差不齐,存在个别人员服务态度差等现象。综合来看,农户对农机作业服务的满意度是作业质量最高,服务态度次之,收费情况最低。

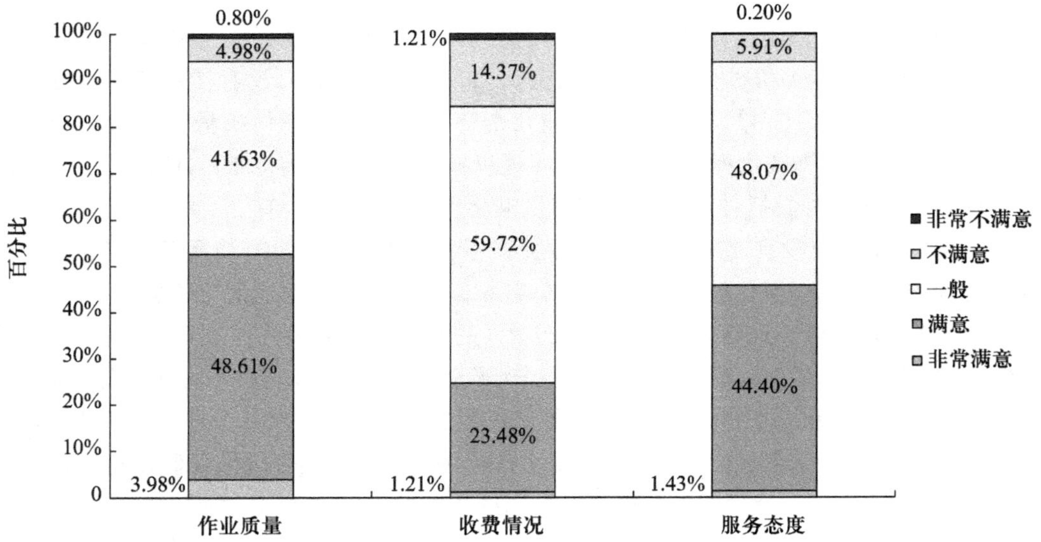

图 2-38 农户对当前农机作业情况的满意度

3.农户对农业机械的需求分析

根据农户对技术采纳需求理论可知,社会经济环境、生产方式及对农机应用效果认知的改变,会使农户对部分农业机械产生需求,如果准确把握农户对农业机械的需求类型,并能满足农户的技术需求,就能够显著提高农业生产效率。从图 2-39 农户对不同类型农机需求情况可以看出,首先,农户对耕整机械的需求最大,有 37%的农户反映他们需要耕整机械。目前翻耕平整土壤主要是以农业机械为主,但是目前的耕整机械并不能满足农户的生产需求。其次,农户对收获加工和施肥这两种机械需求较大,分别占到 33%和 30%。另外,有 23%的农户需要播种栽培机械,农户对植保机械、排灌机械和动力输送机械的需求占比均小于 20%。总体来看,农户对农业生产各类农业机械需求从大到小依次为:耕整机械>收获加工机械>施肥机械>播种栽培机械>排灌机械>植保机械>动力输送机械。

(1)耕整机械 翻耕平整土壤是从事农业生产的基础,土壤耕整的效果往往直接影响着农业生产效果。针对不同的农业生产类型或地理地貌,需要采用不同的耕整机械,以达到对土壤的处理效果最佳。从图 2-40 可以看出,在农户对耕整机械的需求中,有 20%的农户对耕整机铧式犁产生需求,其占比最大;其次是旋耕机和松土机,均有 14%的农户对此产生需求;

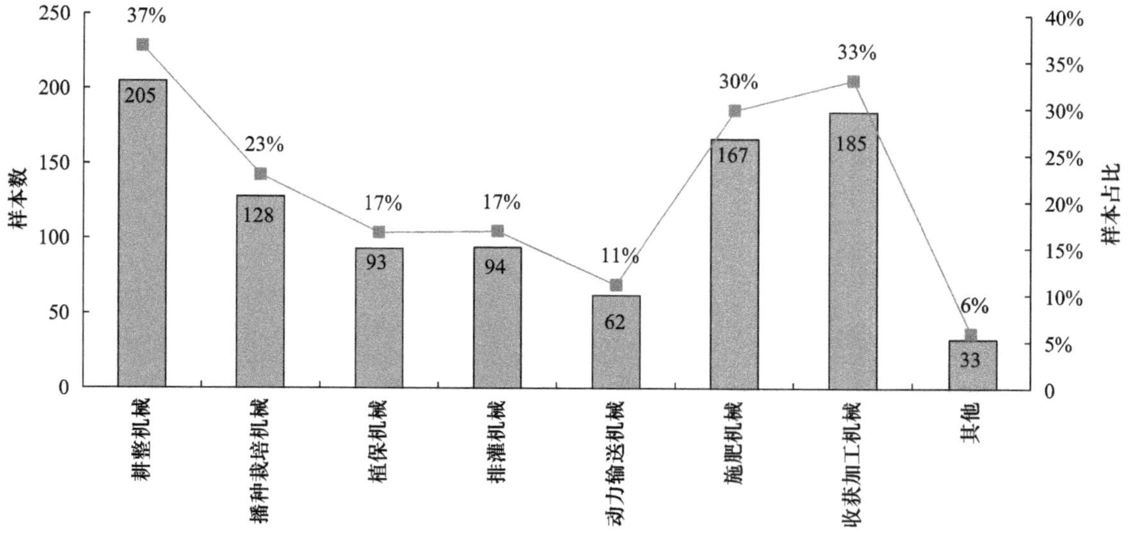

图 2-39　农户对不同类型农业机械需求情况

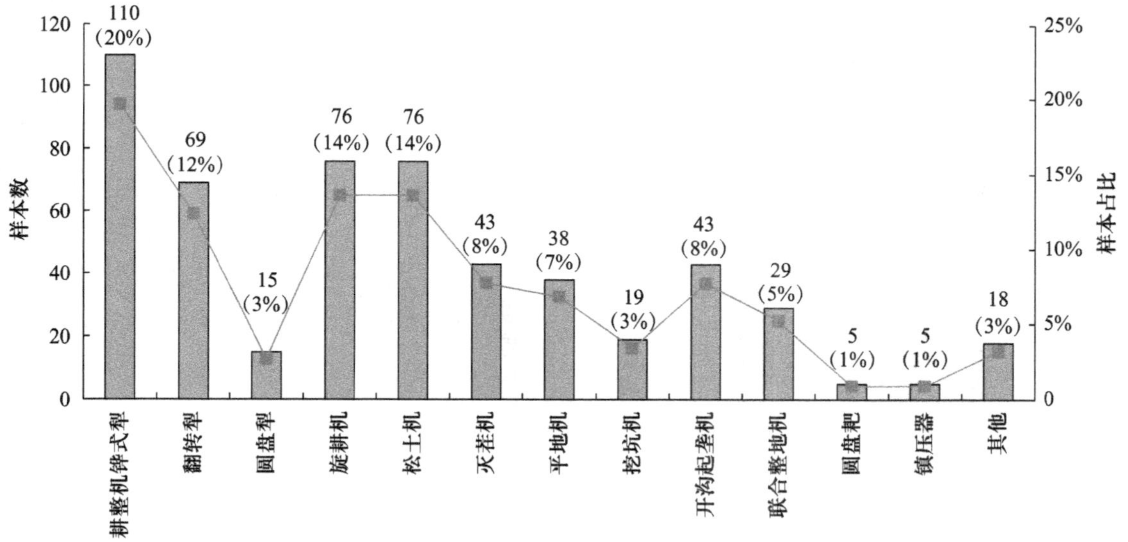

图 2-40　农户对耕整机械的需求情况

然后有 12%的农户对翻转犁产生需求。农户对其余的耕整机械需求相对较小，占比均低于 10%，甚至低于 5%，说明农户在生产中对这些耕整机械需求不强。

(2)播种栽培机械　播种栽培机械代替了传统人工操作，大大提高了播种栽培效率。从图 2-41 可以很明显地看出，农户对播种机的需求最大，占到总样本的 44%，而对条播机、穴播机、栽植机、插秧机、移栽机和种子加工机这 6 种播种栽培机械的需求占比均低于 10%。

(3)植保机械　病虫害防控与杂草去除在农业生产中一直存在，且往往治理的效果和最终农业产量有着直接关系，因此农户对植保非常重视。从图 2-42 可以看出，农户对除草机的需求最大，占到总样本的 40%。农户在去除杂草的过程中，首选会选择喷打除草剂，但是总会有部分杂草不能被完全去除，此时就需要通过物理方式进行去除，一般是农户到田间进行人工拔草，但该过程费时费力，因此农户对除草机的需求会很大。农户希望除草机在替代人工

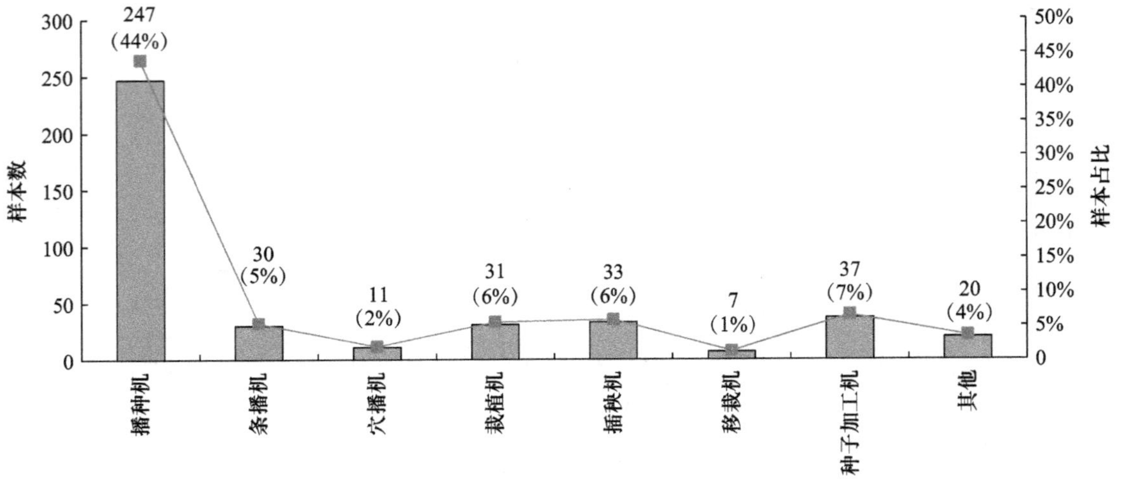

图 2-41　农户对播种栽培机械的需求情况

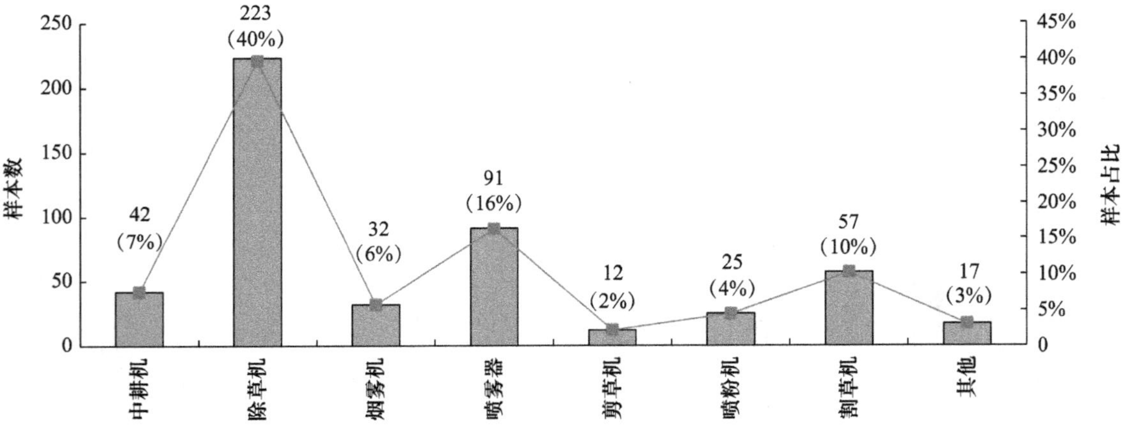

图 2-42　农户对植保机械的需求情况

的同时，还能够减少农药的使用，提高农产品质量。植保机械种，其次是有 16％的农户对喷雾器产生需求。农户对其他类型的植保机械需求较小。

(4)排灌机械　排灌在农业生产中具有重要作用，在干旱区域或季节通过灌溉能够保证农作物不会因缺少水分而枯死，在洪涝时期通过及时排水可保证农作物不会淹死。排灌机械的应用不仅省时省力，而且效果显著。从图 2-43 可以看出，农户对喷灌系列的机械需求最高，占到总样本的 25％；其次是滴灌系列的机械，占到总样本的 18％；另外还有 14％的农户对水泵有着很大需求；农户对其余的排灌机械需求较小，对其他 7 种排灌机械的需求均低于 5％。

(5)动力输送机械　从图 2-44 可以看出，在动力输送机械方面，农户对拖拉机的需求最高，占到总样本的 20％；其次是柴油机，占到总样本的 16％；另外还有 10％的农户对汽油机有着很大需求；农户对发动机、装卸车、升降台、输送机、提升机、给料机、装载机和叉车的需求占比均低于 10％。

(6)施肥机械　常见的施肥机械包括施肥机、追肥机和地膜机 3 种机械。根据调查结果显示(图 2-45)，农户对施肥机的需求最高，占到 48％；其次有 21％的农户需要追肥

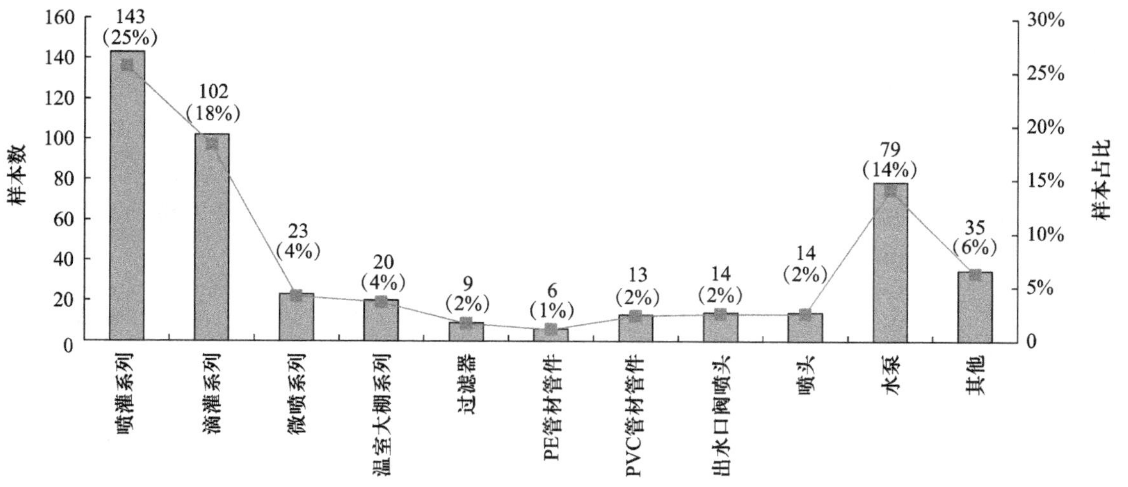

图 2-43 农户对排灌机械的需求情况

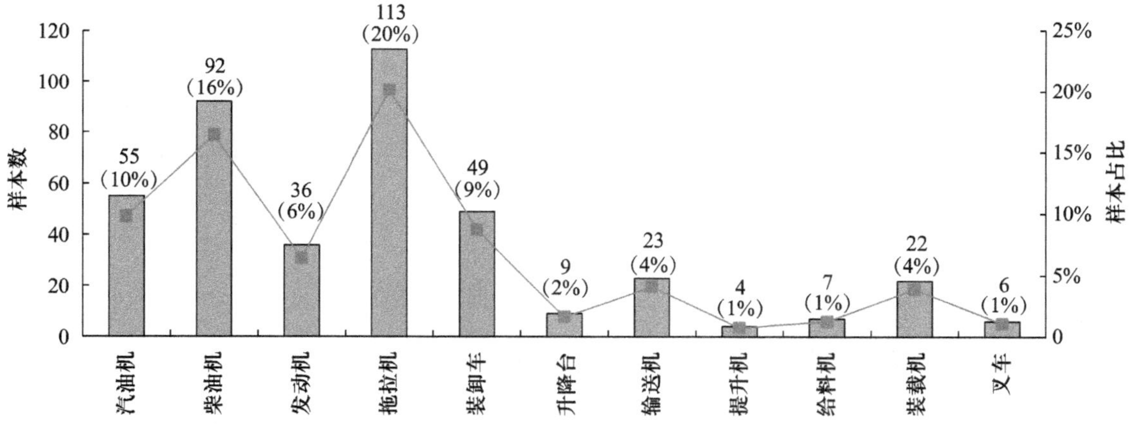

图 2-44 农户对动力输送机械的需求情况

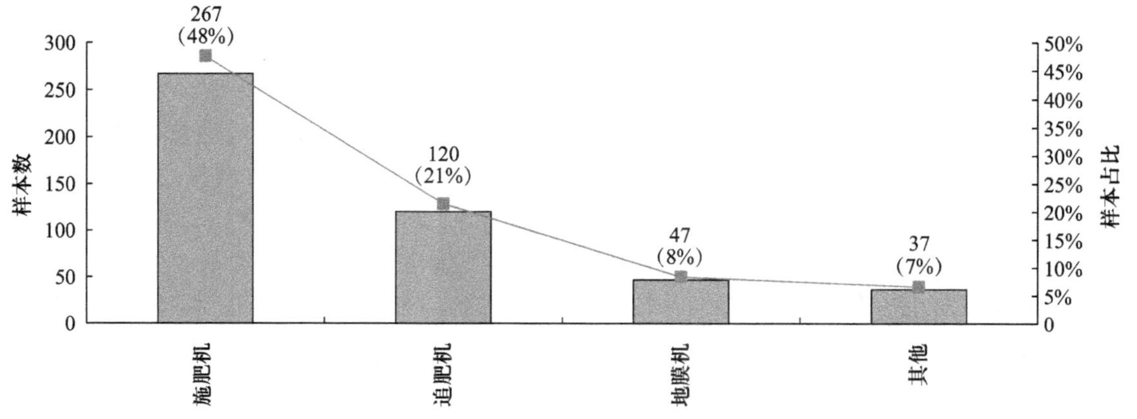

图 2-45 农户对施肥机械的需求情况

机；只有 8%的农户需要地膜机；还有 7%的农户需要其他类型的施肥机械。总体来看，农户对施肥机械按需求程度从大到小依次为：施肥机＞追肥机＞地膜机。

(7)收获加工机械　收获加工是农业生产的后端环节，也是很重要的环节，往往会决定农产品的产量和价格。从图 2-46 可以看出，有 40%的农户反映他们需要收割机，在收获加工机械中占比最高；其次是脱粒机，有 19%的农户有此需求；另外还有 14%和 11%的农户对收获机和剥壳机有需求；农户对摘果机、打捆机、清选机、干燥机械和仓储设备的需求均不足 10%。

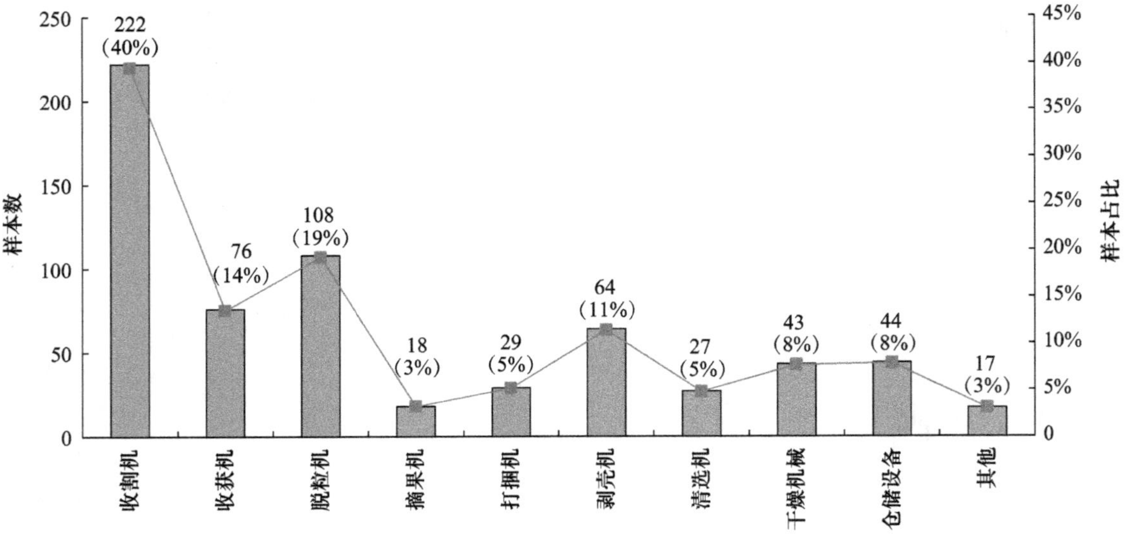

图 2-46　农户对收获加工机械的需求情况

2.3.3.3　新型农业经营主体农业机械需求与购买应用现状分析

1. 数据来源与样本分析

本研究采用问卷调查法收集实际数据，在理论分析、咨询领域专家和预调研的基础上，形成最终调查问卷。问卷的核心内容是围绕新型农业经营主体基本信息、农业机械认知需求、农业机械应用行为等。

本次调研利用大学生暑假返乡及社会实践期间进行，调查人员为在读本科生和研究生，经挑选后于 2016 年暑假放假前统一进行培训，包括问卷内容讲解培训、调查方法以及调查注意事项等内容。调研总共发放新型农业经营主体问卷 100 份，逐个进行问卷检查与筛选，剔除数据缺失、异常值等无效问卷后，最终获得有效问卷 58 份，问卷有效收回率为 58.0%。样本涉及安徽、浙江、内蒙古、山东、河北、河南、黑龙江等 14 个省(区、市)，覆盖了我国主要农业生产区域。样本总体分布广泛均匀，具有很好的代表性，能够很好地支持本研究的分析。

新型农业经营主体注册成立时间分布如图 2-47 所示。根据调查结果显示，只有 5.2%的新型农业经营主体是在 2005 年之前注册成立的；在 2013 年和 2014 年注册成立的新型农业经营主体最多，占总样本的 34.5%；其次有 8 个新型农业经营主体在 2010 年注册成立；总计有 75.9%的新型农业经营主体是在 2010—2016 年注册成立的。这与国家不断出台农业支持政策有关，引导社会关注农业、重视农业和参与农业。此外，随着我国土地政策的不断完善，土地流转现象逐渐增加，适合发展规模农业或大农业，从而倒逼着新型农业经营主体相继成立，以满足现代农业发展需求。从图 2-48 可以看出，这些新型农业经营主体以生产主体农户牵头组建为主，占总样本的 77.6%，其中由种植大户和普通农户牵头成立的新型农业经营主体分别占到 50.0% 和 27.6%；而由企业和政府主导成立的新型农业经营主体分别占到 13.8%和 8.6%。这说明大部分新型农业经营主体的成立是由农户在生产实践中根据需求而成立的，所成立的新型农业经营主体能够很好地服务农业生产，且具有明确的目的，对于农业生产具有显著的促进作用。

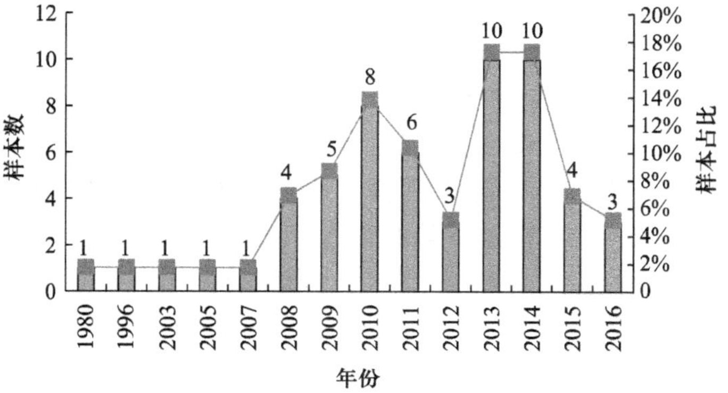

图 2-47　新型农业经营主体注册成立时间

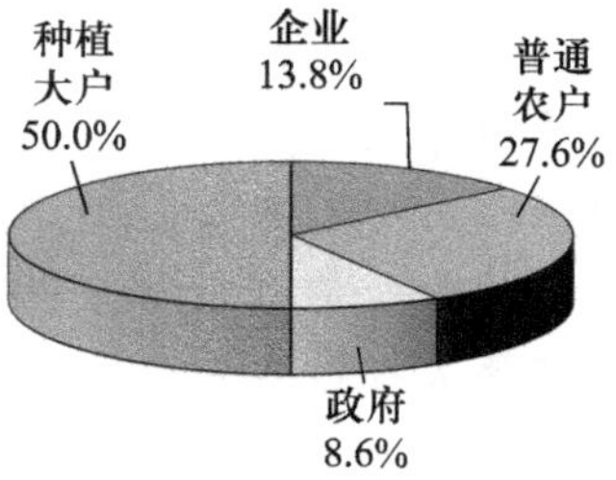

图 2-48　组建牵头主体

根据调查数据显示，有 58.6%的新型农业经营主体为农户提供产销一体化综合服务，其次有 15.5% 和 12.1% 的新型农业经营主体分别以提供生产技术服务和农产品销售服务为主。这说明由于农户在农业生产过程中会遇到不同问题需要解决，新型农业经营主体为农户提供的服务内容也由当初成立的单一服务项目逐渐转变为提供多元化服务内容。由于地理区域、服务内容和经营管理等因素的影响，不同新型农业经营主体发展规模有所差异。从新型农业经营主体耕地覆盖面积来看（表 2-28），有 36.2% 的新型农业经营主体覆盖面积小于 50 亩，有 48.3%的新型农业经营主体覆盖面积小于 100 亩，这些都属于小规模新型农业经营主体；耕地覆盖面积大于 100 亩而小于 500 亩的中规模新型农业经营主体占到 25.8%，耕地覆盖面积大于 500 亩的大规模新型农业经营主体占到 25.9%。

表 2-28　新型农业经营主体覆盖面积与带动农户情况

特征	特征属性	频数	比例/%	累计占比/%
覆盖面积/亩	<50	21	36.2	36.2
	51～100	7	12.1	48.3
	101～200	9	15.5	63.8
	201～500	6	10.3	74.1
	>500	15	25.9	100.0
吸纳农户数/户	<10	20	34.5	34.5
	11～50	16	27.6	62.1
	51～100	11	19.0	81.0
	101～200	6	10.3	91.4
	>200	5	8.6	100.0

从新型农业经营主体带动周围农户数量来看，有 34.5%的新型农业经营主体吸纳农户数量不足 10 户；吸纳农户数大于 10 而小于 100 的中等规模新型农业经营主体占到 46.6%；其余 18.9%的新型农业经营主体具备较强吸纳农户的能力，吸纳农户数量大于 100 户，甚至还有 8.6%的新型农业经营主体能够带动超过 200 户农户的能力。新型农业经营主体耕地覆盖面积和吸纳农户数可以反映新型农业经营主体发展规模与运营能力状况，更是衡量新型农业经营主体在当地农业生产中影响力的一项重要指标。随着新型农业经营主体服务农户越来越多，在当地周围影响力越来越大，其为农户提供的服务内容也发生变化，从而对现代农业生产产生了巨大促进作用。

2. 新型农业经营主体的农业机械应用情况

根据调查结果显示，在 58 个调查样本中，只有 27 个新型农业经营主体拥有农业机械，占总样本的 46.6%。在这些拥有农机的新型农业经营主体中，有 55.6%的新型农业经营主体会为其他农户提供农机服务，有 62.9%的新型农业经营主体曾经参加过农机使用或农机服务等相关培训。由此可见，新型农业经营主体拥有农机比例不高，且缺乏一定的专业培训。对于没有农机或缺少相应生产环节农机的新型农业经营主体，需要借助其他人提供的农机服务来完成农业生产，不同新型农业经营主体所得到的农机服务具有一定的差异性。

根据图 2-49 调查结果显示，新型农业经营主体中有 41.4%主要得到来自个体农户提供的农机服务，有 24.1%是由专门从事农机作业的农机大户提供农机服务，农机服务公司提供的服务占到 20.7%，而政府农机服务队和农机协会提供的服务占比相对较小。这说明新型农业经营主体在农业生产中得到的农机服务有 65.5%来自农户群体，但是个体农户存在地理位置分散、综合素质差异、农机作业水平不一致等问题，在利益最大化的驱使下，他们一般选择利润较大的区域进行作业，故很容易导致在农忙时农机分布不均，使有些农户错过最佳生产时机而造成农业损失。政府应对这些提供农机服务的人员进行统一管理与调度，提高农机服务效率，保障农业生产的顺利进行。

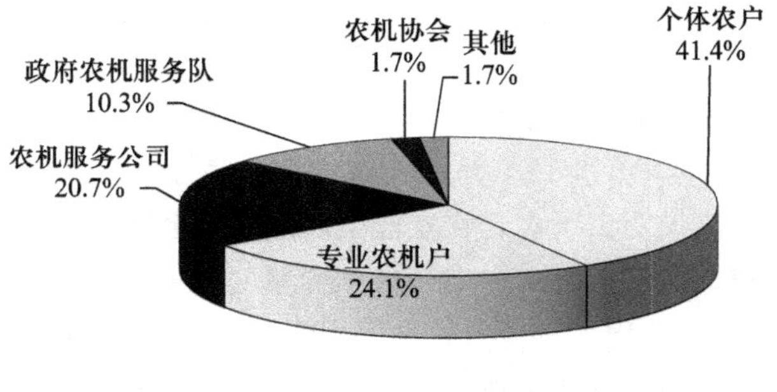

图 2-49　为新型农业经营主体提供农机服务的人员构成

新型农业经营主体在农业生产中各环节机械化程度如图 2-50 所示。从图 2-50 中可以看出，翻耕平整土壤和运输环节新型农业经营主体的全部机械化占比最高，而灌溉环节全部机械化的程度最低；在完全没有机械化方面，收获环节占比最高，而所有新型农业经营主体在运输方面都会应用农业机械。通过对各个环节机械化程度进行归一化处理，首先将全部机械化、大部分机械化、一半机械化、小部分机械化和没有应用任何机械分别赋值“1，2，3，4，5”，然后通过加权算出每个环节机械化程度得分，最后对各环节机械化程度从大到小排序依次为：运输＞翻耕平整＞植保＞加工贮藏＞灌溉＞播种栽培＞收获。

农业机械作业情况能够影响新型农业经营主体采用农业机械行为，明确目前新型农业经

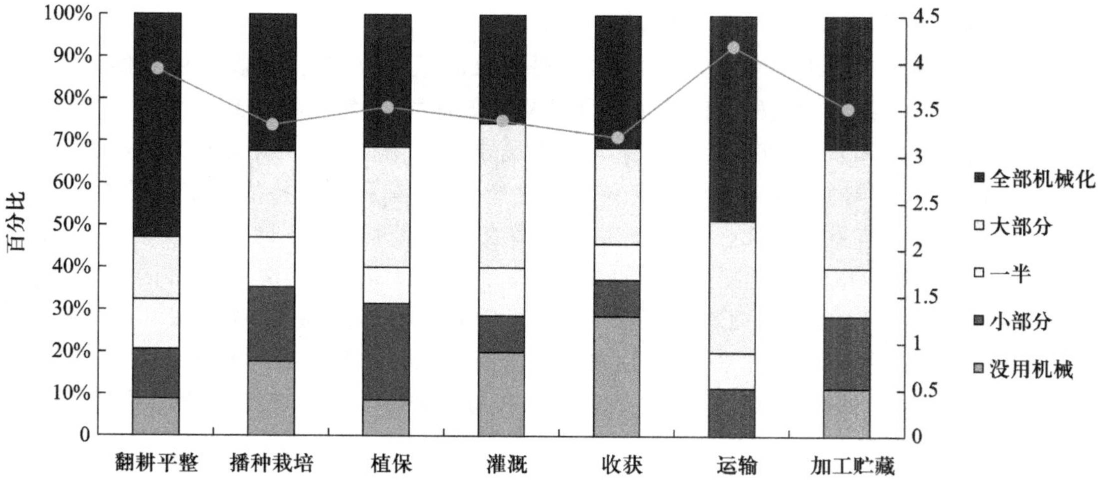

图 2-50 新型农业经营主体在农业生产各环节的机械化程度

营主体对农业机械作业的满意水平情况对于具有针对性地改进农机服务水平具有重要作用。从图 2-51 可以看出，新型农业经营主体对农机的作业质量满意或非常满意的占到 46.5%，只有 17.2%的新型农业经营主体对当前农机作业质量不满意，并且没有新型农业经营主体表现出非常不满意的态度，但同时还有 36.2%的新型农业经营主体认为当前农机的作用质量一般，说明农机作业质量需要进一步提高。在收取农机服务费用方面，只有 43.1%的新型农业经营主体对当前农机作业收费满意或非常满意，有 31.0%的新型农业经营主体对收费情况持有不满意或非常不满意态度，说明当前农机收费存在不合理情况，收费过高会让新型农业经营主体不愿接受农机服务，从而影响我国农业机械化的发展。此外，有 48.3%的新型农业经营主体对农机作业时服务态度满意或非常满意，同时有 25.8%的新型农业经营主体是不满意或非常不满意农机服务态度，说明以个体农户为主的农机服务人员综合素质参差不齐，存在个别人员服务态度差等现象。

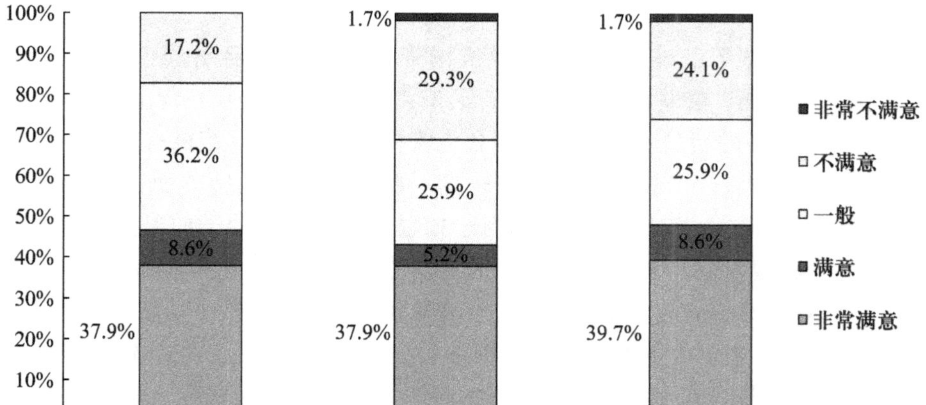

图 2-51 新型农业经营主体对当前农机作业情况的满意度

3. 新型农业经营主体对农业机械的需求分析

目前我国还没有实现全程机械化，导致这种现象的原因很多，其中农业机械供给不平衡是重要原因之一。我国农业机械供给是以科研及生产为主导，然后将产品进行市场推广。在这种农业机械供给体系中，就会存在供给与用户需求产生错位现象，从而阻碍农业机械化发展。建立以需求为导向的农业机械供给科研及生产体系，有利于弥补供需之间的鸿沟，对我国农业机械发展具有重要意义。根据图 2-52 新型农业经营主体对不同类型农机需求情况可以看出，有 52％的新型农业经营主体对收获加工机械有较大需求，其次有 45％的新型农业经营主体对施肥机械需求较大，而耕整机械、播种栽培机械、植保机械、排灌机械和动力输送机械的需求占比相对较小。总体来看，新型农业经营主体对农业生产各类农业机械需求从大到小依次为：收获加工机械＞施肥机械＞动力输送机械＞耕整机械＝植保机械＞播种栽培机械＞排灌机械。

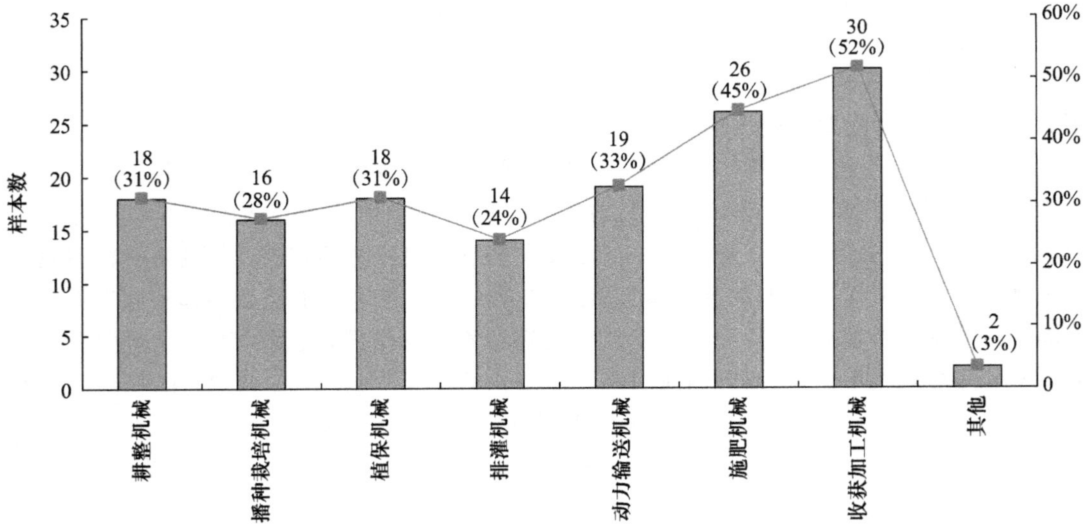

图 2-52　新型农业经营主体对不同类型农业机械需求情况

新型农业经营主体不仅对不同类型农业机械需求有差异，而且对同一类型农业机械的不同种类也存在明显差异。在耕整机械需求方面，有 21％的新型农业经营主体对联合整地机需求最大，其次均有 10％的新型农业经营主体对旋耕机、松土机和灭茬机有需求，而对于耕整机铧式犁、翻转犁、平地机、开沟起垄机等需求较少。在播种栽培机械方面，新型农业经营主体对播种机需求最大，占到总样本的 17％，而对于插秧机、移动机、种子加工机等需求相对较少。在植保机械方面，新型农业经营主体对除草机的需求最大，占到总样本的 17％，有 14％的新型农业经营主体对喷雾器有较大需求，而对于喷粉机、剪草机等其他类型的植保机械需求较小。在排灌机械方面，新型农业经营主体对滴灌设备需求最大，占到总样本的 12％，而对于喷灌设备、水泵、微喷设备等其他排灌机械的需求较小。在动力输送机械方面，新型农业经营主体对拖拉机的需求最大，占到总样本的 14％，而对装卸车、升降机、输送机、提升机、给料机、装载机和叉车需求较小。对施肥机和追肥机有需求的新型农业经营主体分别占到 24％和 19％。仓储设备是新型农业经营主体最需要的加工收获机械，占总样本的 21％；其次是有

17%和16%的新型农业经营主体分别对收获机和收割机有需求，而对剥壳机、摘果机、打捆机、清选机、干燥机械等需求较少。

2.3.4 政策支持下病虫害绿色防控技术采纳推广现状分析

2.3.4.1 数据来源与样本分布

1.农户数据来源与样本分布

本研究采用问卷调查法收集实际数据，在理论分析、咨询领域专家和预调研的基础上，形成最终调查问卷。问卷的核心内容是围绕农业生产技术采纳及推广，具体包括户主及家庭基本信息、村镇信息、农业生产成本收益、农业技术需求与认知、病虫害绿色防控技术认知与采纳等。

调研总共发放农户问卷 1 350 份，实际回收问卷 1 182 份，问卷收回率为 87.56%。问卷回收以后，逐个进行问卷检查与筛选，剔除无效问卷 160 份，最终获得数据完整且有效问卷 1 022 份。样本分布在安徽、福建、甘肃、广西、贵州、河北、河南、湖北、湖南、吉林、江苏、江西、山东、山西、陕西、四川、云南、浙江等 25 个省(区、市)的 176 个县(区)，分 260 个乡(镇)的 405 个村，其中对农业大省山东、河南等进行重点调研(表 2-29)。

表 2-29 2016 年农业技术调研样本频率分布情况

省(区、市)	频数	百分比/%	累计百分比/%	省(区、市)	频数	百分比/%	累计百分比/%
云南	38	3.7	3.7	河南	119	11.6	68.8
内蒙古	37	3.6	7.3	浙江	49	4.8	73.6
吉林	32	3.1	10.5	海南	5	0.5	74.1
四川	8	0.8	11.3	湖北	30	2.9	77.0
天津	30	2.9	14.2	湖南	39	3.8	80.8
宁夏	6	0.6	14.8	甘肃	38	3.7	84.5
安徽	14	1.4	16.1	福建	7	0.7	85.2
山东	241	23.6	39.7	贵州	5	0.5	85.7
山西	13	1.3	41.0	辽宁	20	2.0	87.7
广西	39	3.8	44.8	重庆	32	3.1	90.8
江苏	13	1.3	46.1	陕西	87	8.5	99.3
江西	5	0.5	46.6	黑龙江	7	0.7	100.0
河北	108	10.6	57.1	合计	1 022	100.0	

2.新型农业经营主体数据来源与样本分布

本研究采用问卷调查法收集实际数据，在理论分析、咨询领域专家和预调研的基础上，形成最终调查问卷。问卷的核心内容是围绕农业技术需求与认知、病虫害综合防控技术认知与采纳等。

本次调研利用大学生寒暑假返乡及社会实践期间进行，调查人员为在读本科生和研究生，经挑选后统一进行培训，包括问卷内容讲解培训、调查方法以及调查注意事项等内容。调研总共发放新型农业经营主体问卷 150 份，逐个进行问卷检查与筛选，剔除数据缺失、异常值等无效问卷后，最终获得有效问卷 98 份，问卷有效收回率为 65.33%。样本涉及安徽、浙江、内蒙古、山东、河北、河南、黑龙江等 19 个省(区、市)，覆盖了我国主要农业生产区域。样本总体分布广泛均匀，具有很好的代表性，能够很好地支持本研究的分析。

新型农业经营主体注册成立时间分布如图 2-53 所示。在 98 个新型农业经营主体样本中，只有 6 个是在 2000 年以前注册成立的，也有同样数量的新型农业经营主体在 2001—2005 年成立。总体来看，在 2005 年及以前成立的新型农业经营主体较少，只占到总样本的 12.2%。有 26 个新型农业经营主体是在 2006—2010 年成立，占总样本的 26.6%；而在 2011—2015 年注册成立的新型农业经营主体有 54 个，占总样本的 55.1%。从单个年份来看，调查样本中 2014 年注册成立的新型农业经营主体最多，总计有 18 个；其次有 13 个和 12 个新型农业经营主体分别在 2013 年和 2010 年注册成立。从整体趋势来看，新型农业经营主体成立数量逐年增加，这与国家不断出台农业支持政策有关，引导社会关注农业、重视农业和参与农业。此外，随着我国土地政策的不断完善，土地流转现象逐渐增加，适合发展规模农业或大农业，从而倒逼着新型农业经营主体相继成立，以满足现代农业发展需求。

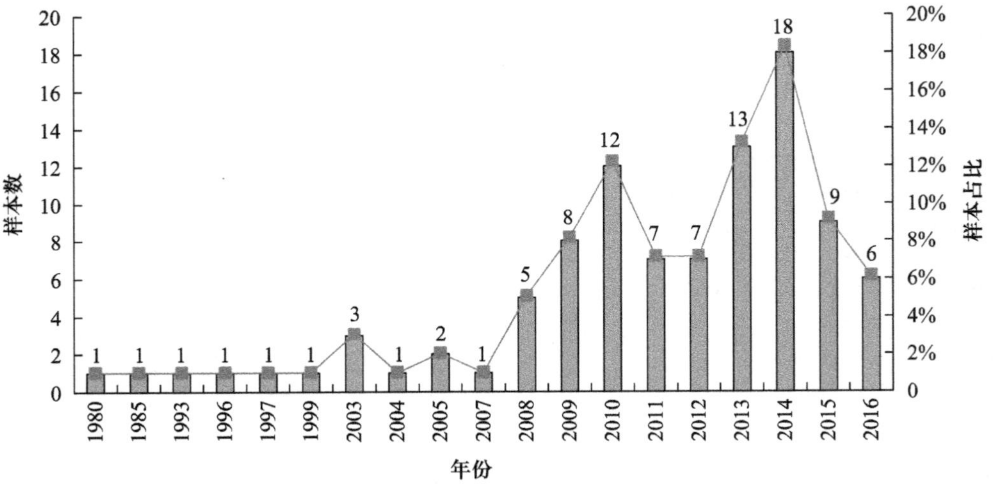

图 2-53 新型农业经营主体注册成立时间

从图 2-54 可以看出，这些新型农业经营主体以生产主体农户牵头组建为主，占总样本的 70.4%，其中由种植大户和普通农户牵头成立的新型农业经营主体分别占到 45.9% 和 24.5%；而由企业和政府主导成立的新型农业经营主体分别占到 17.3% 和 7.1%。这说明大部分新型农业经营主体的成立是由农户在生产实践中根据需求而成立的，所成立的新型农业经营主体能够很好地服务农业生产，且具有明确的目的，对于农业生产具有显著的促进作用。

由于地理区域、服务内容和经营管理等因素影响，不同新型农业经营主体发展规模有所差异。从新型农业经营主体耕地覆盖面积来看(表 2-30)，有 27.6% 的新型农业经营主体覆盖面积小于 50 亩，有 39.8% 的新型农业经营主体面积覆盖小于 100 亩，这些都属于小规模新型农业经营主体；耕地覆盖面积大于 100 亩而小于 500 亩的中规模新型农业经营主体占到 27.5%；耕地覆盖面积大于 500 亩的大规模新型农业经营主体占到 32.6%。从新型农业经营主体带动周围农户数量来看，有 33.7% 的新型农业经营主体吸纳农户数量不足 10 户；吸纳农户数大于 10 而小于 100 的中等规模新型农业经营主体占到 36.8%；其余 29.6% 的新型农业

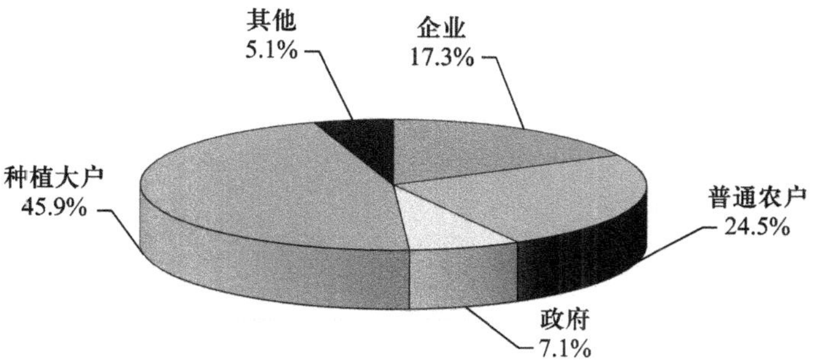

图 2-54　新型农业经营主体组建牵头主体

经营主体具备较强吸纳农户的能力，吸纳农户数量大于 100 户，甚至还有 18.4%的新型农业经营主体能够带动超过 200 户农户的能力。新型农业经营主体耕地覆盖面积和吸纳农户数可以反映新型农业经营主体的发展规模与运营能力状况，更是衡量新型农业经营主体在当地农业生产中影响力的一项重要指标。随着新型农业经营主体服务农户数越来越多，在当地周围影响力越来越大，其为农户提供的服务内容也发生相应变化，对于现代农业生产产生了巨大的促进作用。

表 2-30　新型农业经营主体覆盖面积与带动农户情况

特征	特征属性	频率	比例/%	累计占比/%
覆盖面积/亩	<50	27	27.6	27.6
	51～100	12	12.2	39.8
	101～200	16	16.3	56.1
	201～500	11	11.2	67.3
	501～1 000	12	12.2	79.6
	>1 000	20	20.4	100.0
吸纳农户数/户	<10	33	33.7	33.7
	11～50	23	23.5	57.1
	51～100	13	13.3	70.4
	101～200	11	11.2	81.6
	>200	18	18.4	100.0

2.3.4.2　农业技术需求与认知分析

1.农户对农业技术需求与认知分析

从图 2-55 可知，农户在面对农业生产中的问题时，有高达 91%的农户首先考虑的是以自己的经验来解决问题；其次是通过看电视、报纸等传统媒体和咨询示范户种植大户，分别占到 28%和 24%；上网查找资料和咨询政府技术员的比例分别是 16%和 10%；其他解决问题的途径占比均低于 10%，如依靠培训班学习、主动咨询农技部门、向新型农业经营主体（合作社、龙头企业、基地等）求助、依靠专业农业公司的指导以及其他途径。通过分析结果发现，农户解决问题途径较为单一，加之以往解决问题的经验只是农户在生产实践中总结出来的，并不是科学合理的最有效解决问题的方法，有时还会产生其他的负面效应。

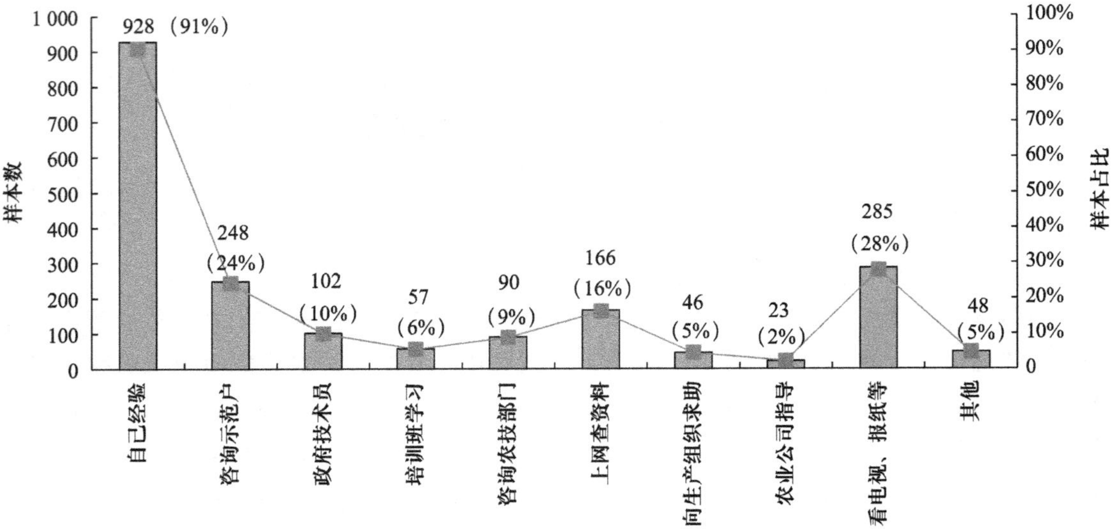

图 2-55 农户解决农业生产问题的途径

农户行为都是“理性”的，农户的农业生产行为实际上是追求利润最大化的过程，但是在既定条件下，利润的获得会随着时间、自身因素、外部环境和生产管理方式等的变化而逐渐减少。因此，农户为了获取同样或者更高的利润，就必须改变生产方式，提高生产效率，这样才能获取更多的利润。农业技术进步为农户实现获取更多利润的目标提供了有效手段，导致农户对农业生产技术产生需求。由图 2-56 可知，农户对于新品种的技术需求最为强烈，占总样本的 60%；其次有 50%的农户对病虫害防治技术存在需求；对于除草技术有需求的农户占比 37%；对于资源节约和环境友好的可持续农业生产技术(测土配方施肥技术、节水灌溉技术、

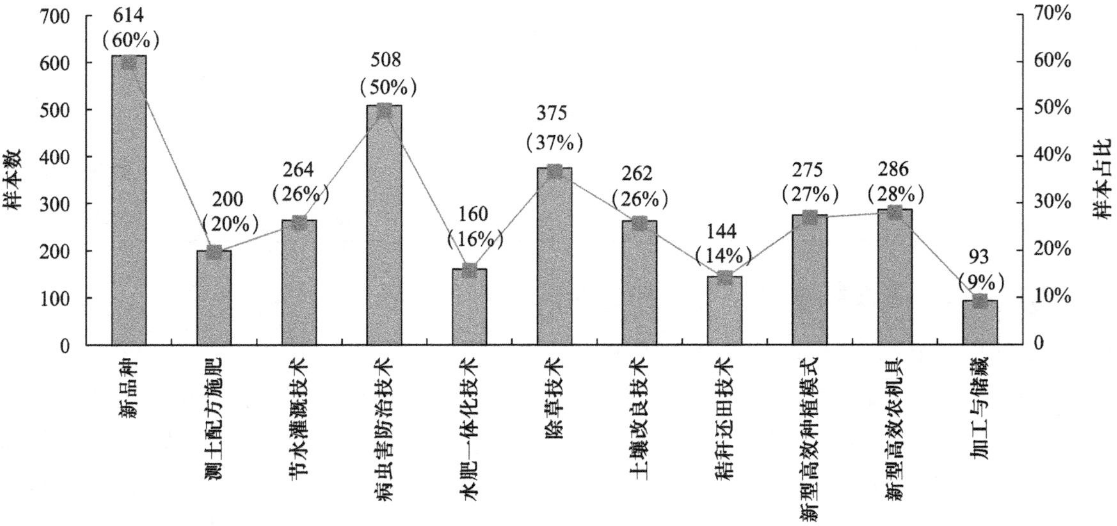

图 2-56 农户对不同农业技术的需求

水肥一体化技术、土壤改良技术和秸秆还田技术）需求均低于30%；对于产后加工与贮藏技术需求最低，仅占9%；对于新型高效种植模式和新型高效农机具的需求分别为27%和28%。由于农户的生产行为是以利润最大化为导向的，所以农户对于能够显著提高利润的技术需求较为强烈，而对于环境友好的可持续生产技术认知不够，表现为对此类技术需求不是很强烈。从图2-57可知，农户对其认为最重要的农业技术综合排序依次为：新品种＞病虫害防控技术＞高效种植模式＞节水灌溉技术＞土壤改良技术＞新型高效农机具＞测土配方施肥＞秸秆还田技术。

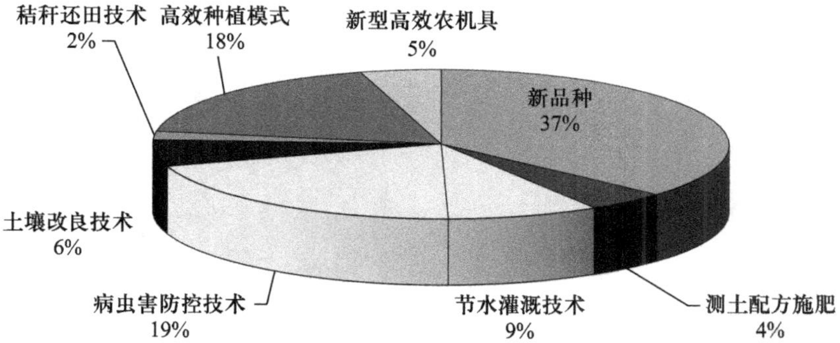

图2-57　农户对最重要农业技术认知

传统农业生产方式是以利润最大化为主，实行粗放式生产模式，所以为了提高产量不断增加对化肥、农药、激素等投入要素的使用，加之生产技术落后，这就导致了环境破坏严重、耕地质量下降、农产品质量差等问题。但是从图2-58可以看出，农户对传统农业生产造成的环境效应认知程度整体较低，具体表现为：农户对于农业生产造成的土壤污染、病虫害严重、水污染和健康危害完全了解的都不足5%，甚至有21%、4.8%、16.4%和9.5%的农户分别对土壤污染、病虫害严重、水污染和健康危害完全不了解；农户整体对于病虫害严重的了解程度最高，较少了解和完全不了解的农户只占到27%；农户对于土壤污染的了解程度最低，竟然有高达62.9%的农户较少了解和完全不了解传统农业生产造成的土壤污染及导致耕地质量下降。

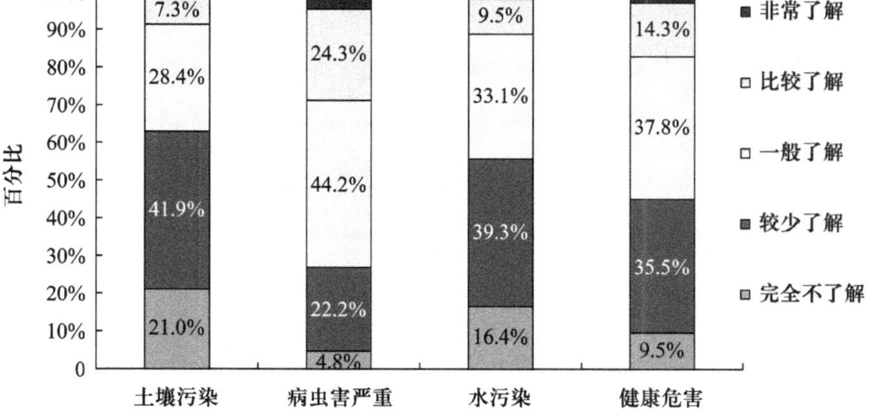

图2-58　农户对传统农业技术的环境效应认知程度

农户对传统农业生产造成的负面环境效应认知程度从高到低依次为：病虫害严重＞健康危害＞水污染＞土壤污染。因此，在面对自然资源有限、环境破坏严重等问题的压力下，应逐步转变农业生产方式，发展环境友好型的可持续和低碳农业生产技术。但是从图 2-59 可以看出，知道并了解可持续农业生产技术和低碳农业生产技术的农户占比分别为 27.2％和 18.4％，整体认知比例很低，这就会严重制约农户对环境友好型技术的采纳使用。为此，政府应加大宣传力度，提高农户环境保护和资源利用效率的意识，积极引导农户使用环境友好型农业生产技术。

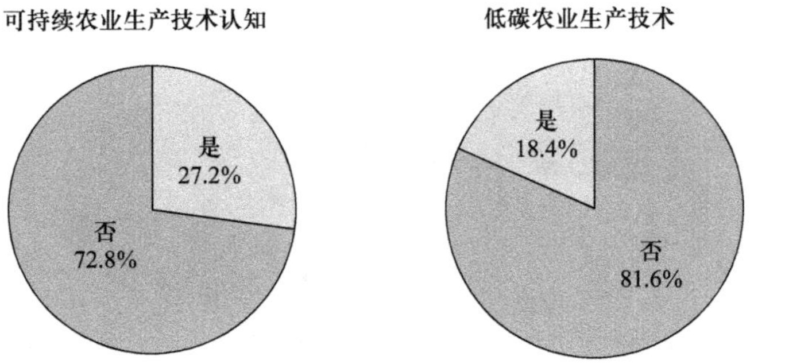

图 2-59 农户对环境友好型技术认知

2.新型农业经营主体对农业技术需求与认知分析

由图 2-60 可知，新型农业经营主体对于新品种的技术需求最为强烈，占总样本的 44.8％；其次有 43.1％的新型农业经营主体对病虫害防治技术存在需求；对于测土配方施肥技术、新型高效种植模式和新型高效农机具的需求分别为 32.8％、32.8％和 31.0％；而新型农业经营主体对其他农业生产技术需求均不足 30％，如节水灌溉技术、水肥一体化技术、土壤改良技术、秸秆还田技术、除草技术、加工与贮藏技术等。这些技术需求是新型农业经营主体

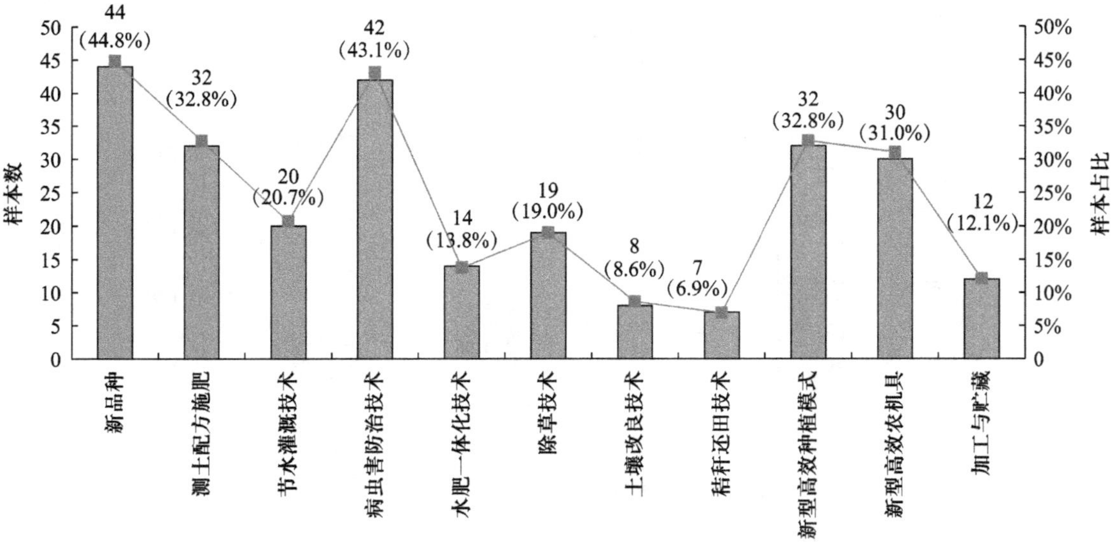

图 2-60 新型农业经营主体对不同农业技术的需求

在实际生产中迫切需要的,也是生产技术中相对重要或薄弱环节,如果能够满足新型农业经营主体的生产技术需求,就会显著提高生产效率,促进农业生产。因此,农业科研单位应以这些需求技术为导向,进行重点研发与改进,以保证满足技术需求多样性。同时,农业技术推广体系应向不同新型农业经营主体着重推广所需技术,以提高农业技术推广效率。

农业技术需求是农业生产薄弱环节,而最重要的农业技术不一定是新型农业经营主体所需要的农业技术,但其对于农业生产具有重要作用与影响。因此,在满足新型农业经营主体生产技术需求的同时,也应着重保证重要农业技术的改进与应用。从图 2-61 可知,不同新型农业经营主体由于自身特征或农业生产性质不同而对农业技术重要性认知有所差异。从调研结果看,有 32%的新型农业经营主体认为新品种是最重要的,这也与新型农业经营主体对技术的需求相一致;有 25%的新型农业经营主体认为高效种植技术最重要;有 14%的新型农业经营主体认为病虫害综合防控技术最重要。总体来看,新型农业经营主体对最重要的农业技术综合排序依次为:新品种>新型高效种植技术>病虫害综合防控技术>测土配方施肥>节水灌溉技术>新型高效农机具>土壤改良技术>秸秆还田技术。

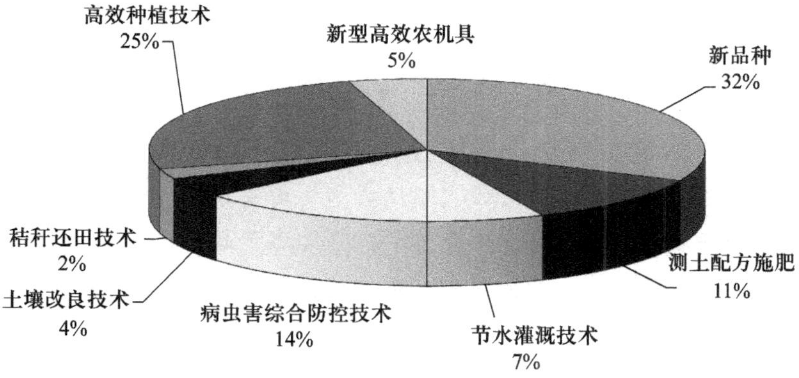

图 2-61 新型农业经营主体对最重要农业技术认知

传统农业生产方式是以利润最大化为主,实行粗放式生产模式,所以为了提高产量不断增加对化肥、农药、激素等投入要素的使用,加之生产技术落后,这就导致出现了环境破坏严重、耕地质量下降、农产品质量差等问题。但是从图 2-62 可以看出,新型农业经营主体对传统农业生产造成的环境效应认知程度较好,具体表现为新型农业经营主体对于农业生产造成的土壤污染、病虫害严重、水污染和健康危害完全了解的保持在 10%左右。新型农业经营主体对于病虫害严重的了解程度最高,非常了解和比较了解的占到 55.6%,而只有 9.9%的反映较少了解,甚至没有新型农业经营主体表示完全不了解;其次是有 51.8%的新型农业经营主体对传统农业技术的健康危害非常了解或比较了解,而对土壤污染和水污染了解程度较低,分别有 34.6%和 44.5%的新型农业经营主体表示了解。新型农业经营主体对传统农业生产造成的负面环境效应认知程度从高到低依次为:病虫害严重>健康危害>水污染>土壤污染。因此,在面对自然资源有限、环境破坏严重等问题的压力下,应逐步转变农业生产方式,发展环境友好型的可持续和低碳农业生产技术。根据调研结果,新型农业经营主体知道并了解可持续农业生产技术和低碳农业生产技术的占比分别为 67.5%和 58.3%,整体认知比例明显高于农户。这说明新型农业经营主体在农业生产知识体系与生产技术认知方面具有先进性，从而可以保障新型农业经营主体能够很好地引导农户从事农业生产。因此，将新型农业经营主体作为农业技术推广扩散基层推广源，具有重要的引导示范和促进作用。但调研结果同时也表明新型农业经营主体对环境友好型技术认知并不完全，这就会严重制约新型农业经营主体对环境友好型技术的采纳使用，为此政府应加大宣传力度，提高环境保护和资源利用效率的意识，积极引导其使用环境友好型农业生产技术。

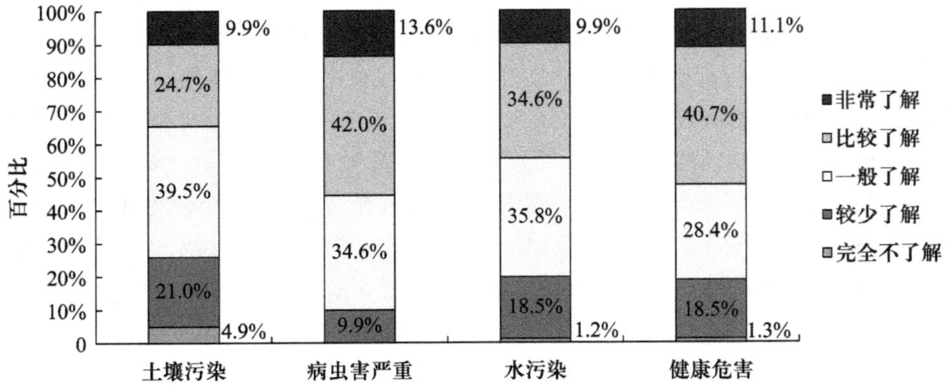

图 2-62　新型农业经营主体对传统农业技术的环境效应认知程度

2.3.4.3　农户对病虫害综合防控技术认知与采纳行为分析

根据图 2-63 可知，在所有调查样本中，采纳病虫害综合防控技术的农户占到 54.4%，但是只有 27.4%的农户反映病虫害综合防控技术在当地属于政府推广项目，其中仅有 23.2%的农户得到了病虫害防治政策的支持，支持方式包括免费进行病虫害防治、免费进行病虫害防治技术培训、对所采用指定农药进行补贴等，另外有 60.5%的农户认为自己能够正确诊断在生产中遇到的常见病虫害。可见，在政府项目推广和政策支持覆盖范围不是很大的情况下，农户依然能够更大范围地采纳病虫害综合防控技术，其原因可能是病虫害将直接导致农产品减产降低质量，严重损害农户的收益，加之大部分农户能够正确诊断常见病虫害，这就为其提供了采纳动力和应对措施。

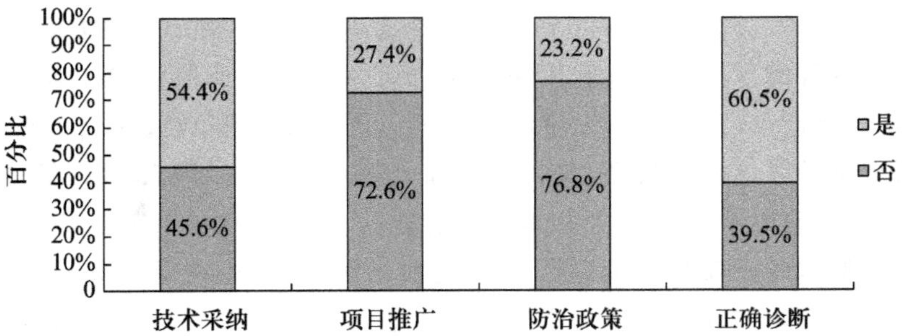

图 2-63　病虫害综合防控技术采纳推广情况

针对病虫害防控，可以采用不同的应对措施。从图 2-64 可知，使用农药是农户普遍选择病虫害防控的主要措施，占总样本的 85%，远远超过其他防控措施；其次有 27%的农户选择播种前对种子消毒与处理；选种抗虫病新品种和作物轮作的农户分别占到 14%和 17%，采取土壤消毒、生物防治技术和全程绿色防控措施的农户均少于10%。进一步研究发现，在使用农药的农户中，有93%的农户是以使用化学农药为主，而选择使用生物农药的农户仅占7%。农药具有成本低、见效快、使用简便的特点，且农户对自身经验具有依赖性，加上政府对病虫害综合防控技术的推广力度欠缺，故而化学农药成为进行病虫害防控时的首选手段。在施用农药时，有40.8%和40.6%的农户分别以自身经验和药物说明书为施肥依据，另外还有11.5%的农户会在技术人员的指导建议下施用农药。根据自身以往经验施用农药存在很大弊端，随着生产方式的逐渐转变，传统粗放式生产方式的经验会导致滥用农药，造成环境污染，因此，政府应加强对农药使用的科学指导。

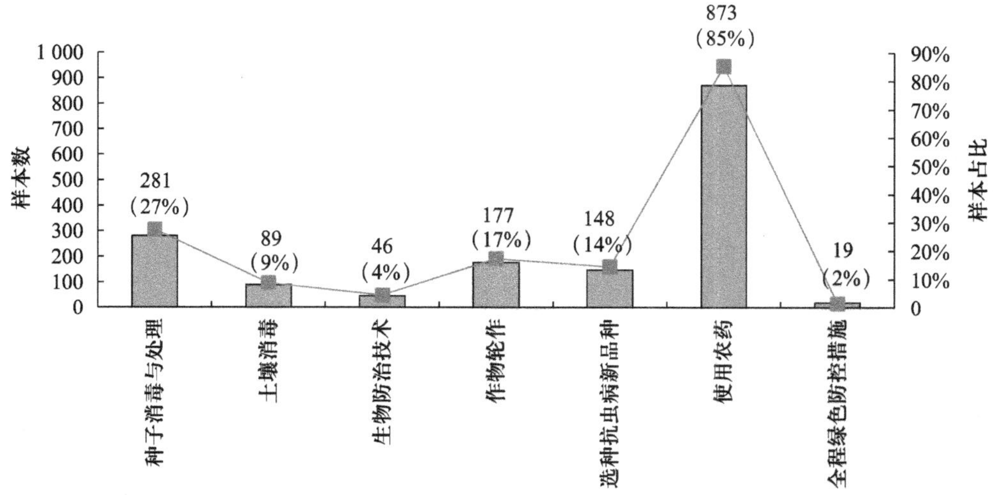

图 2-64 农户采用的病虫害防控措施

为了实现化肥农药“双减”，提高农产品品质，保障农产品安全和环境安全，生物防治技术就成为首选病虫害防控技术，而且是最有效的途径，必将成为未来病虫害防控的主流(雷仲仁，2016)。但是从图2-65可知，农户对生物防治技术认知程度不强，仅仅有58%的农户知道生化农药，其次有25%的农户知道以虫治虫防控技术，而对于其他的生物防治技术知道的农户均不超过10%，如植物性杀虫杀菌技术、以菌治菌技术、以菌治草技术等。

2.3.4.4 新型农业经营主体对病虫害综合防控技术认知与采纳行为分析

针对病虫害防控，可以采用不同的应对措施。从图2-66可知，使用农药是新型农业经营主体普遍选择病虫害防控的主要措施，占总样本的58.2%，远远超过其他防控措施；其次有27.6%的新型农业经营主体选择播种前对种子消毒与处理；选择作物轮作方式防治病虫害的新型农业经营主体占到总样本的22.4%，而选种抗虫病新品种、土壤消毒、生物防治技术和全程绿色防控措施的新型农业经营主体均低于20%。

进一步研究发现，在使用农药的新型农业经营主体中，有82.9%是以使用化学农药为主，而选择使用生物农药的新型农业经营主体仅占17.1%。化学农药具有成本低、见效快、使用简便的特点，且新型农业经营主体对自身经验具有依赖性，加上政府对病虫害综合防控技术的推广力度欠缺，所以化学农药成为进行病虫害防治时的首选手段。在施用农药时，有38.5%的新型农业经营主体会在技术人员的指导建议下施用农药，还有28.8%和25.0%的

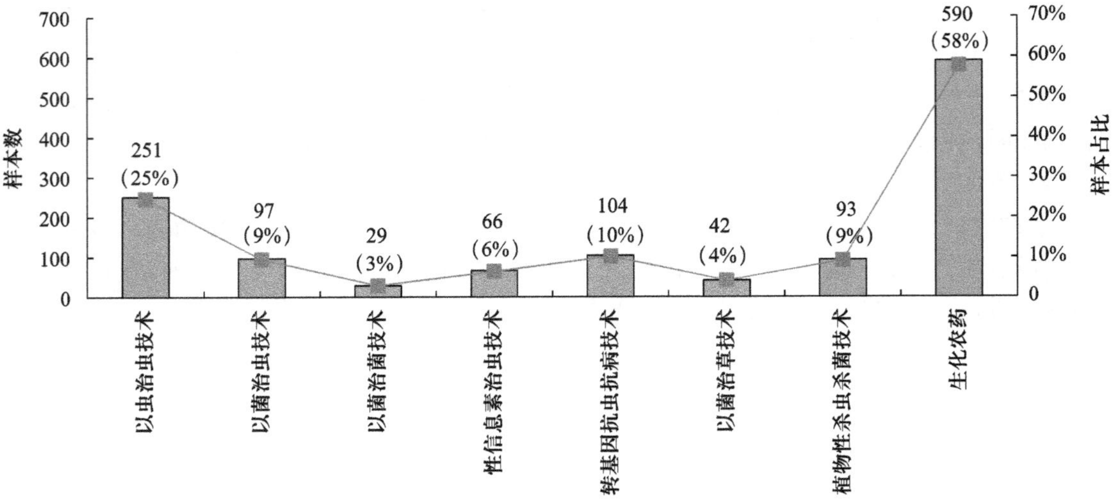

图 2-65 农户对生物防治技术认知

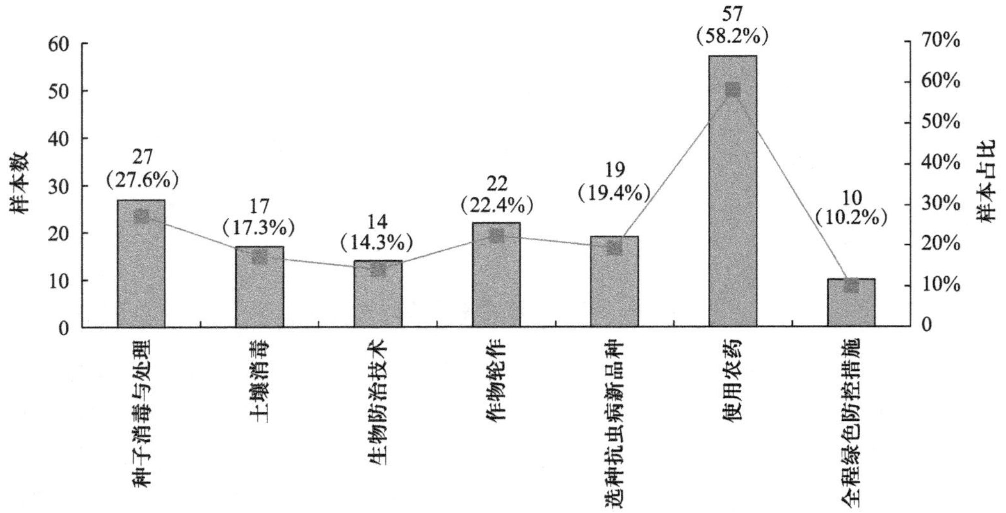

图 2-66 新型农业经营主体采用的病虫害防控措施

新型农业经营主体分别以自身经验和药物说明书为喷打农药的依据。根据自身以往经验施用存在很大弊端，随着生产方式的逐渐转变，传统粗放式生产方式的经验会导致滥用农药，造成环境污染，因此，政府应加强对农药使用的科学指导。

为了实现化肥农药“双减”，提高农产品品质，保障农产品安全和环境安全，生物防治技术就成为首选病虫害防控技术，而且是最有效的途径，必将成为未来病虫害防控的主流（雷仲仁，2016）。但是从图 2-67 可知，新型农业经营主体对生物防治技术认知程度不强，只有 39.6%的新型农业经营主体了解生化农药，其次有 27.6%的新型农业经营主体知道以虫治虫防控技术，而对于其他的生物防治技术知道的新型农业经营主体均不超过 15%，如植物性杀虫杀菌技术、以菌治菌技术、以菌治草技术等。

根据图 2-68 可知，在所有调查样本中，采纳病虫害综合防控技术的新型农业经营主体占到 74.7%，有 63.4%的新型农业经营主体反映病虫害综合防控技术在当地属于政府推广项

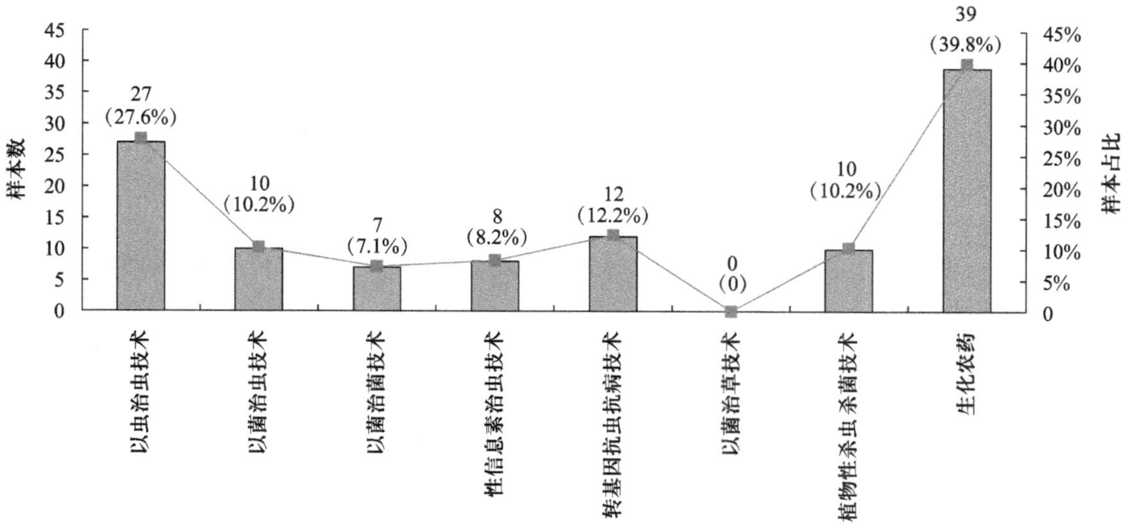

图 2-67 新型农业经营主体对生物防治技术认知

目，但是只有48.8％的新型农业经营主体得到了病虫害防治政策的支持，支持方式包括免费进行病虫害防治、免费进行病虫害防治技术培训、对所采用指定农药进行补贴等。另外，还有66.7％的新型农业经营主体能够诊断农业生产中遇到的病虫害，而其他新型农业经营主体不具备正确诊断病虫害的能力。在政府项目推广和政策支持覆盖范围不是很大的情况下，新型农业经营主体依然能够更大范围地采纳病虫害综合防控技术，其原因可能是病虫害将直接导致农产品减产降低质量，严重损害农业生产的收益，加之大部分新型农业经营主体能够正确诊断常见病虫害，这就为其提供了采纳动力和应对措施。

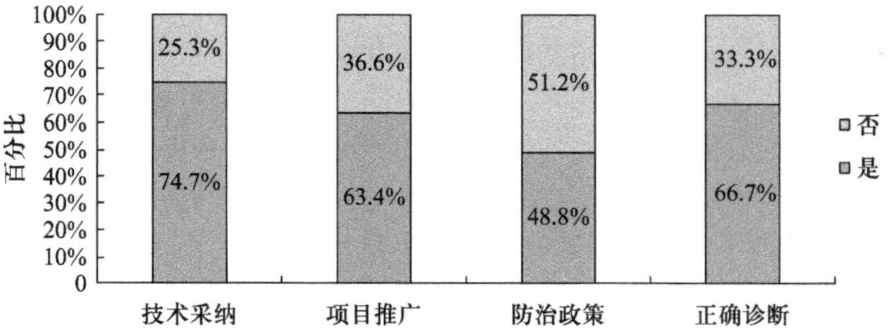

图 2-68 病虫害综合防控技术采纳推广情况

2.3.5 政策支持下测土配方施肥技术采纳推广现状分析

2.3.5.1 数据来源与样本分布

1. 农户数据来源与样本分布

本研究采用问卷调查法收集实际数据，在理论分析、咨询领域专家和预调研的基础上，形成最终调查问卷。问卷的核心内容是围绕农业生产技术采纳及推广，具体包括户主及家庭基本信息、村镇信息、农业生产成本收益、农业技术需求与认知、测土配方施肥技术认知与采纳等。

调研总共发放农户问卷 1 350 份，实际回收问卷 1 182 份，问卷收回率为 87.56%。问卷回收以后，逐个进行问卷检查与筛选，剔除无效问卷 160 份，最终获得数据完整且有效问卷 1 022 份。本次调研问卷涉及安徽、福建、甘肃、广西、贵州、河北、河南、湖北、湖南、吉林、江苏、江西、山东、山西、陕西、四川、云南、浙江等 25 个省(区、市)的 176 个县(区)，分 260 个乡(镇)的 405 个村。样本覆盖了我国大部分省(区、市)，包括主要的农业生产地区，其中对农业大省山东、河南等进行重点调研。样本总体分布广泛均匀，具有很好的代表性，能够很好地支持本研究的分析。

2.新型农业经营主体数据来源与样本分布

本研究采用问卷调查法收集实际数据，在理论分析、咨询领域专家和预调研的基础上，形成最终调查问卷。问卷的核心内容是围绕农业技术需求与认知、测土配方施肥技术认知与采纳等。本次调研利用大学生寒暑假返乡及社会实践期间进行，调查人员为在读本科生和研究生，经挑选后统一进行培训，包括问卷内容讲解培训、调查方法以及调查注意事项等内容。调研总共发放新型农业经营主体问卷 150 份，逐个进行问卷检查与筛选，剔除数据缺失、异常值等无效问卷后，最终获得有效问卷 98 份，问卷有效收回率为 65.33%。样本涉及安徽、浙江、内蒙古、山东、河北、河南、黑龙江等 19 个省(区、市)。

2.3.5.2 农户对测土配方施肥技术认知分析

1.农户对有机肥认知与施肥行为分析

有机肥料是将现有的养分资源重新用于农业生产的再循环或再利用部分(朱兆良，2003)。适当施用有机肥料不仅可以增加土壤有机质含量和多种生物活性物质，改善土壤物理、化学和生物学性状，提高土壤肥力，而且还能够为作物提供渐进、持续、全面的养分供应，增加作物产量，改善农产品品质(黄鸿翔等，2006)。根据调查结果，高达 53.5%的农户不施用有机肥，而只有 46.5%的农户会施用有机肥，且其中施用有机肥占总施肥比例超过 75%的农户只占到 9.5%，施用有机肥比例超过一半的用户只有 18.2%，更有 33.9%的农户施用有机肥比例低于 25%，可见施用有机肥比例整体较低。为了进一步分析农户施用有机肥较少的原因，本研究调查了农户对施用有机肥的认知，从图 2-69 可知，有 72.7%的农户能够从自己家里获得有机肥。但是为什么 72.7%的农户很容易获得有机肥，并且 91.3%的农户知道有机肥可以改善土壤质量，却只有 46.5%的农户施用有机肥呢？主要原因是施用有机肥比施用化肥耗费时间，且作用效果慢，分别有 73.4%和 78.5%的农户同意这 2 个观点。另外，只有 38.6%的农户认为购买有机肥会比化肥便宜。可见，条件具备的情况下仍然出现施用有机肥(或大部分施用有机肥)的农户较少的原因是人工成本较高，施用有机肥的过程又很耗费时间，所以在利润最大化动力的驱使下，许多农户转而施用化肥，利用节约下来的劳动工时去从事其他劳动以赚取更高额的利润。

2.农户购买及施用化肥行为分析

大部分农户都是自己单独购买化肥，此项占到总样本的 95.8%；有的农户是通过村里组织统一购买，而有的农户则是通过专业合作社、龙头企业等新型农业经营主体统一购买，这 2 种购买化肥方式分别占到 2.2%和 2.0%。农户自己单独购买化肥的行为存在购买风险，由于农户获取信息滞后和辨别真假化肥能力有限，加之销售化肥人员的各种促销、宣传等方式，

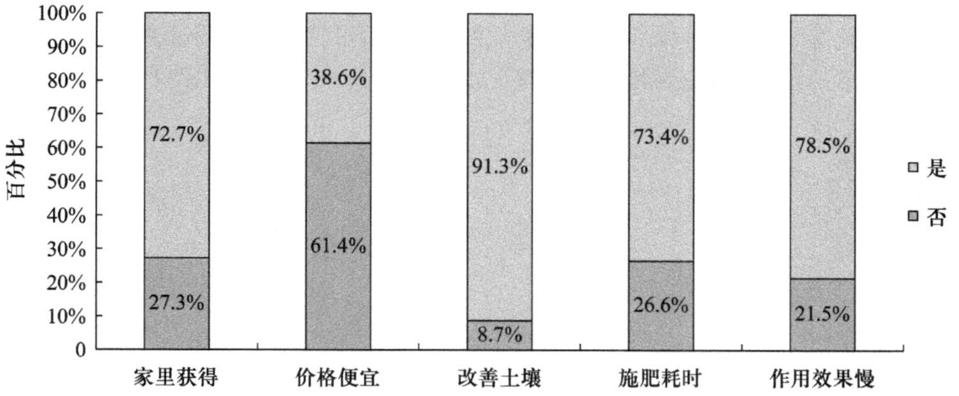

图 2-69　农户对施用有机肥认知

使农户很容易购买到假冒伪劣的化肥，造成农业生产与资金的损失。而通过组织统一购买化肥的方式就规避了这种风险，大大降低了因化肥而造成的损失风险。

农户在购买化肥时会受到多种因素的影响。从图 2-70 可知，购买化肥时将化肥施用效果作为主要因素的农户最多，占到总样本的 47%，因此，提高农户对测土配方施肥技术所带来的化肥施用效果积极效应的认识，理论上可以提高农户对该技术的采纳可能性。农户在购买化肥时考虑的另一个主要因素是化肥的购买价格，占到总样本的 43%。此外还有 35%的农户会考虑到化肥中养分的含量，化肥的品牌也会被 27%的农户考虑。其余几个因素农户在购买化肥时考虑得较少，特别是化肥的外包装、溶解速度和颗粒均匀度等，会考虑这些因素的农户占比均低于 10%。

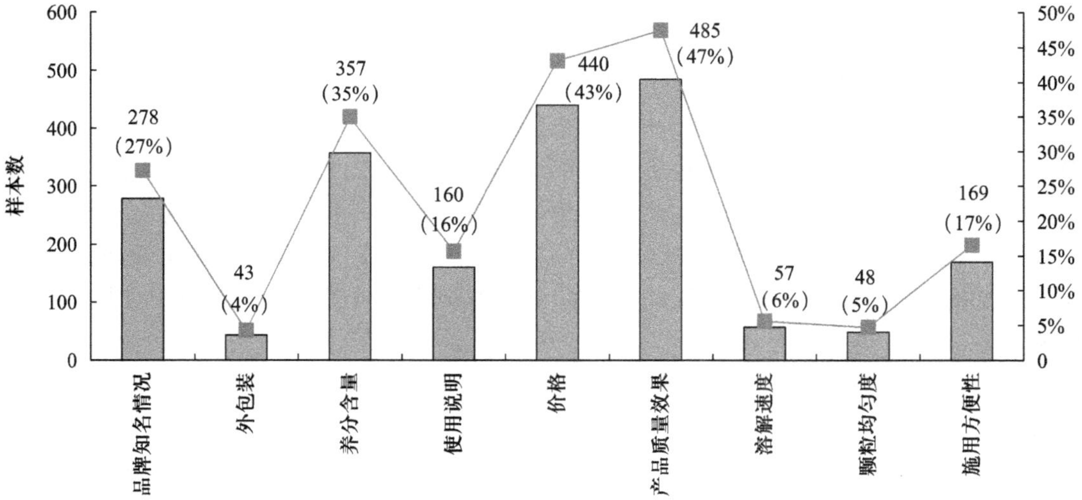

图 2-70　影响农户购买化肥的因素

农户施肥时主要基于自身经验进行施肥(占到总样本的 83.9%)，过度依赖经验以及施肥时很少考虑肥料中 N、P、K 的比例阻碍了农户对测土配方施肥技术的采纳。农户的施肥方式也多种多样，但以撒肥为主，占到 54.7%，肥料利用率较低；其次有 31.2%的农户进行埋肥；水冲肥的农户占到 10.5%；使用喷肥和滴肥的农户相对很少。农户在对农作物进行施肥时，会考虑不同的因素，从图 2-71 可以看出，所有因素可以分为主要因素和次要因素：主要因素是农作物的生长季节、降雨情况和农作物的化肥需求量，平均占到总样本的一半；而次要因素平均占到总样本的 1/5 多，主要包括气温情况，灌溉情况，N、P、K 的比例和化肥品种。

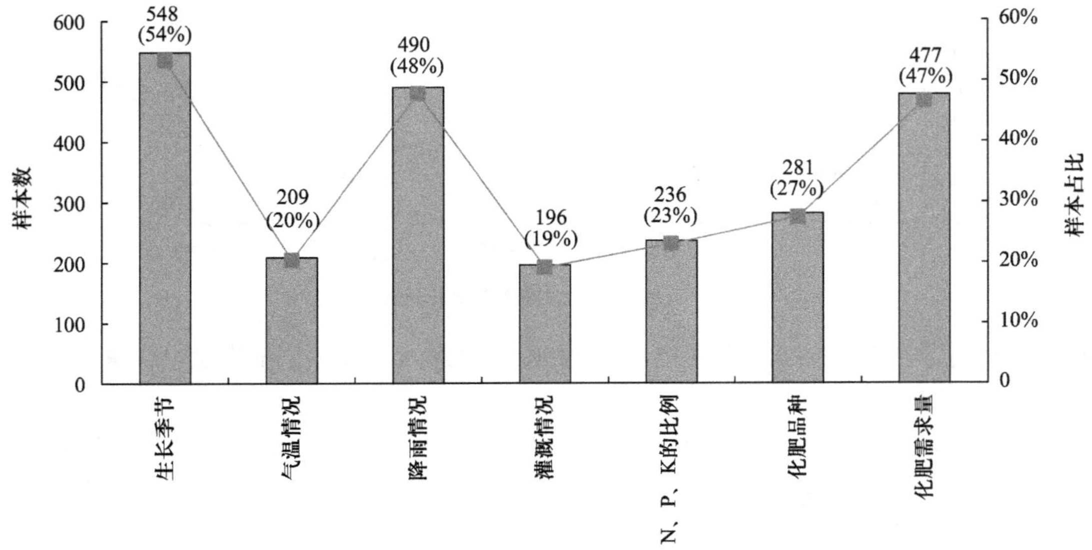

图 2-71　影响农户施肥的因素

3. 农户对测土配方施肥技术的认知行为分析

农户对测土配方施肥技术的认知程度往往决定了农户是否愿意采用该技术，但是，有高达 41.9%的农户认为测土配方施肥技术过于复杂，仅仅只有 15.5%的农户认为该技术不复杂，而技术复杂度往往又与农户是否愿意对某项技术进行深入了解和采用相关联。同时，还有 60.1%的农户表示根本就没有听说过测土配方施肥技术，而只有 2.7%的农户反映当地对该技术的宣传力度较大。从农户对测土配方施肥技术的应用效果认知情况来看，有 43.9%的农户认为测土配方施肥技术的应用能够平衡土壤中的 N、P、K 比例，增强肥力；其次有 30.4%的农户认为测土配方施肥技术的应用能够提高化肥利用率，降低化肥投入成本；但是还有 25.7%的农户认为测土配方施肥技术作用不大或应用效果不明显。整体来看，农户对测土配方施肥技术的认知度较低，宣传力度不够，这些都会明显阻碍农户对测土配方施肥技术的采纳。

根据图 2-72 调查结果可知，采用测土配方施肥技术的农户较少，只占到总样本的 29.1%；有 82.3%的农户反映测土配方施肥技术不是政府推广项目；同时，获得过测土配方施肥技术相关培训和指导的农户极少，只占到 5%左右。综合分析，农户对测土配方施肥技术采纳率较低的原因是国家对于该技术的推广宣传力度不够。

2.3.5.3　新型农业经营主体对测土配方施肥技术认知与采纳行为分析

1. 新型农业经营主体对有机肥认知与施肥行为分析

有 58.5%的新型农业经营主体会施用有机肥，而其余 41.5%的新型农业经营主体在农业生产中不施用有机肥，这说明施用有机肥比例整体较低。

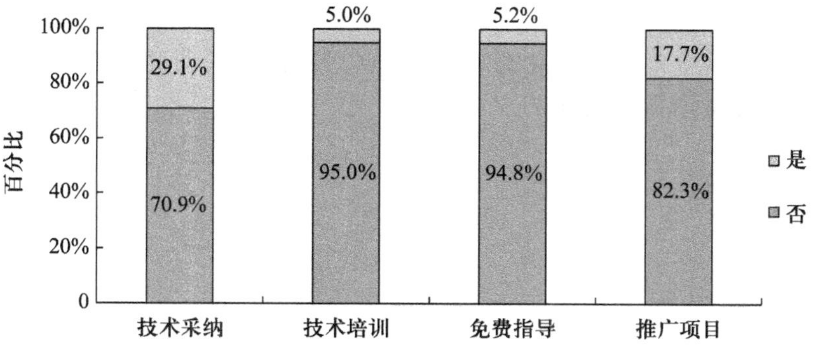

图 2-72　农户对测土配方施肥技术的采纳及其推广

从图 2-73 可知，有 66.7%的新型农业经营主体认为容易获得有机肥，且有高达 97.3%的新型农业经营主体认为有机肥可以改善土壤质量，这说明新型农业经营主体对施用有机肥的优势认知较清楚，但是这与较低的施用有机肥新型农业经营主体占比不一致。进一步分析深层次原因发现，在价格方面，有 60.3%的新型农业经营主体认为商品有机肥比化肥价格贵；在施用过程与效果方面，分别有 75.7%和 88.0%的新型农业经营主体认为施用有机肥比施用化肥耗费更长时间和作用效果慢，这 3 个原因是阻碍新型农业经营主体施用有机肥的主要因素。可见，条件具备的情况下仍然出现施用有机肥（或大部分施用有机肥）的新型农业经营主体较少的原因是人工成本较高，施用有机肥的过程又很耗费时间，在利润最大化动力的驱使下，许多新型农业经营主体转而施用化肥，利用节约下来的劳动工时去从事其他劳动以赚取更高额的利润。

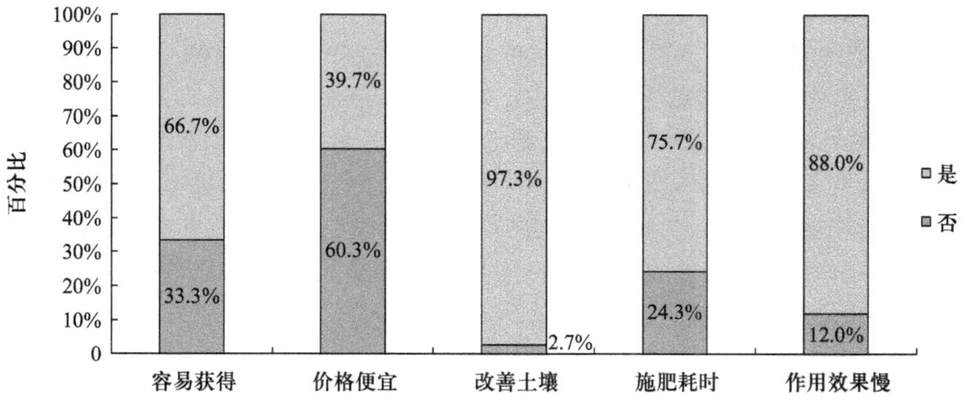

图 2-73　新型农业经营主体对施用有机肥认知

2. 新型农业经营主体购买及施用化肥行为分析

新型农业经营主体在购买化肥时会受到多种因素的影响，从图 2-74 可知，购买化肥时将化肥施用效果作为主要因素的新型农业经营主体最多，占到总样本的 48.0%。因此，提高新型农业经营主体对测土配方施肥技术所带来的化肥施用效果积极效应的认识，理论上可以提高新型农业经营主体对该技术的采纳可能性。

其次，有 34.7%的新型农业经营主体会考虑所购买化肥的养分含量。此外，影响新型农业经营主体购买化肥的另一个重要因素是化肥的购买价格，占到总样本的 27.6%；

考虑化肥品牌、溶解速度和施用方便性因素的新型农业经营主体占比均在15%左右；而很少有新型农业经营主体在购买化肥时考虑外包装、使用说明和颗粒均匀度等因素。这说明新型农业经营主体在购买化肥时主要关注化肥的作用效果，而对外包装和施用过程关注度较低。

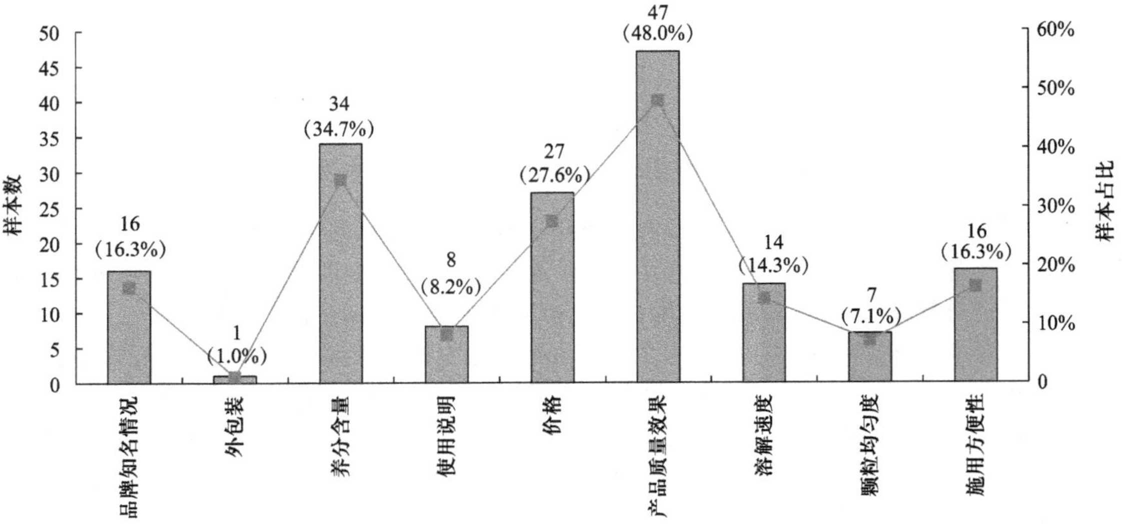

图 2-74　影响新型农业经营主体购买化肥的因素

从图2-75可知，新型农业经营主体施肥时主要基于自身经验进行施肥（占到总样本的61.0%），过度依赖经验以及施肥时很少考虑肥料中N、P、K比例阻碍了新型农业经营主体对测土配方施肥技术的采纳。其次有29.3%的新型农业经营主体是以测土配方施肥为主要依据，还有7.3%的是以感官施肥为依据。在农业生产中，施肥方式也是多种多样。从调查结果看，有56.4%的新型农业经营主体还是以撒肥为主，而这种施肥方式肥料利用率低且劳动强度大，不利于大规模农业生产；其次有20.5%的新型农业经营主体是以埋肥为主，而采用水冲肥、喷肥和滴肥精准施肥方式的新型农业经营主体相对很少。这说明目前新型农业经营主体在农业生产中还是以传统粗放式施肥方式为主，而采用现代施肥方式较少，这也进一步表明在我国需要大力推广精准施肥，以缓解生态环境压力。

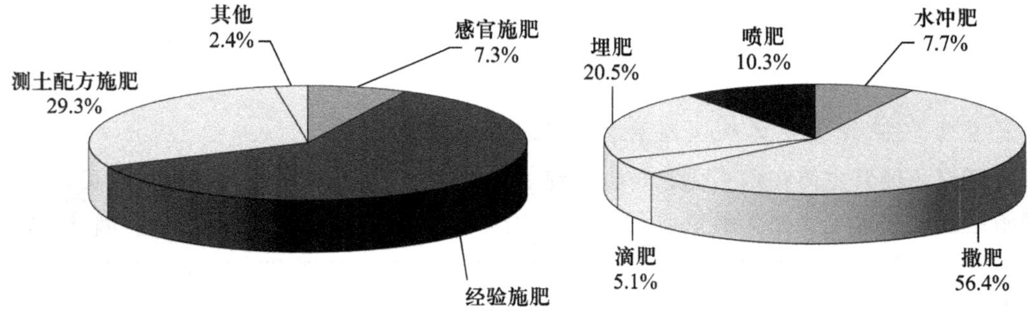

图 2-75　施肥依据及施肥方式

除了施肥依据和施肥方式，新型农业经营主体在对农作物进行施肥时，会考虑多种因素。新型农业经营主体在对农作物施用化肥时所考虑的因素可以分为 3 个不同层次，最重要因素包括生长季节和化肥需求量，主要因素是降雨情况和 N、P、K 的比例，次要因素包括气温情况、灌溉情况和化肥品种，分别有超过 50%、30%和 10%的新型农业经营主体考虑这 3 个层次的因素(图 2-76)。

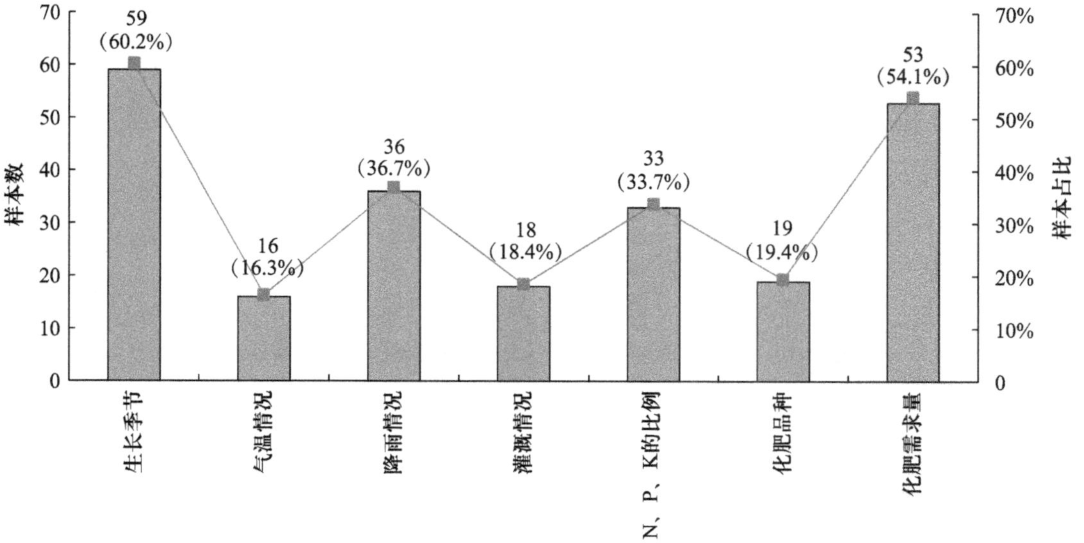

图 2-76 影响新型农业经营主体施肥因素

3.新型农业经营主体对测土配方施肥技术的认知与采纳行为分析

新型农业经营主体对测土配方施肥技术的认知程度往往决定了新型农业经营主体是否愿意采用该技术，有 14.9%的新型农业经营主体认为测土配方施肥技术过于复杂，而有 35.8%的新型农业经营主体认为该技术不复杂，其余 49.3%对测土配方施肥技术进行的操作复杂性持有中立态度。技术复杂度往往与新型农业经营主体是否愿意对某项技术进行深入了解和采用相关联。在宣传程度方面，只有 17.8%的新型农业经营主体认为当地对测土配方施肥技术的宣传力度较大，有 57.5%的新型农业经营主体则认为宣传力度一般，还有 24.7%的新型农业经营主体根本就没有听说过测土配方施肥技术，这说明农业测土配方技术需要进一步宣传推广。

图 2-77 反映了新型农业经营主体对测土配方施肥的应用效果认知情况。新型农业经营主体对测土配方施肥技术认知最深的就是能够提高肥料利用率，占总样本的 34.7%；其次，分别有 20.4%、19.4%和 17.3%的新型农业经营主体认为测土配方施肥能够平衡土壤中的 N、P、K 比例、有利于改良土壤和提高作物产量；还有 7.1%和 9.2%的新型农业经营主体则认为测土配方施肥有利于保护环境和改善农产品品质。此外，仍有 7.1%的新型农业经营主体认为测土配方施肥技术作用不大或应用效果不明显。整体来看，新型农业经营主体对测土配方施肥技术的认知度较低，宣传力度不够，这些都会明显阻碍新型农业经营主体对测土配方施肥技术的采纳。

根据调查结果显示，只有 32.1%的新型农业经营主体采用测土配方施肥技术，但是有

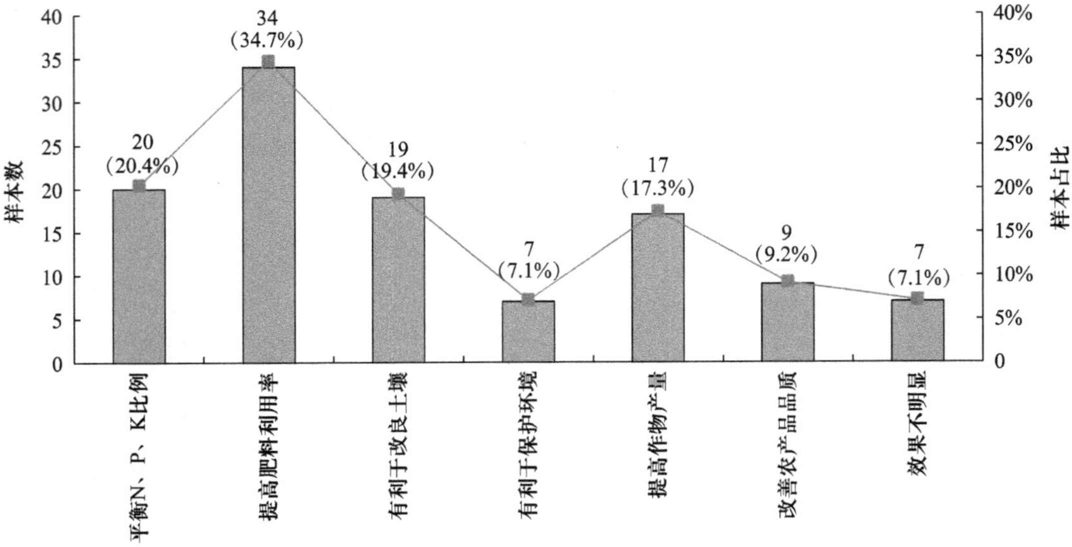

图 2-77　新型农业经营主体对测土配方施肥的应用效果认知

76.5%的新型农业经营主体表示他们愿意采纳测土配方施肥技术。这说明有 44.4%的新型农业经营主体属于潜在测土配方施肥技术采纳者，但是由于自身特征和外部环境等综合因素的影响，导致这些新型农业经营主体还没有发生采纳行为。因此，需要找出这些能够影响新型农业经营主体采纳测土配方施肥技术的关键因素，并针对影响因素出台相关政策措施，以促进测土配方施肥技术的采纳推广。

测土配方施肥技术的推广情况能够显著影响新型农业经营主体的采纳行为与采纳意愿。从图 2-78 可知，目前只有 43.2%的新型农业经营主体反映测土配方施肥技术在当地属于政府推广项目，只有 27.4%的新型农业经营主体表示他们曾经得到过测土配方施肥的建议，只有 29.3%的新型农业经营主体表示他们得到过测土配方施肥相关的技术指导服务，而 66.7%的新型农业经营主体表示他们没有参加过任何与测土配方施肥相关的技术培训。这说明目前测土配方施肥技术宣传推广力度不大，这可能是新型农业经营主体对测土配方施肥技术采纳率较低的原因。

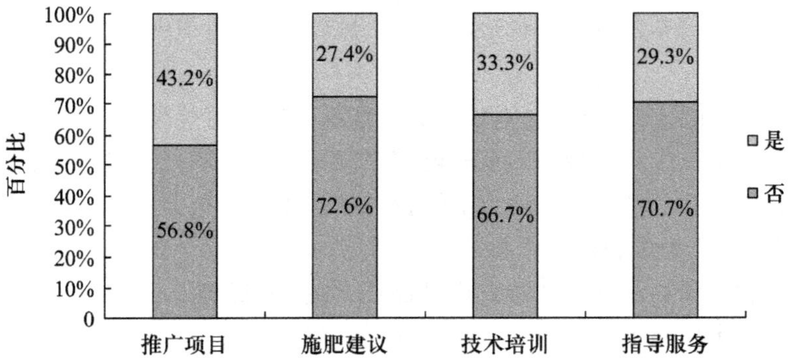

图 2-78　测土配方施肥技术的推广情况

2.3.6　政策支持下秸秆还田技术采纳推广现状分析

2.3.6.1　数据来源与样本分布

1.农户数据来源与样本分布

本研究采用问卷调查法收集实际数据，在理论分析、咨询领域专家和预调研的基础上，形成最终调查问卷。问卷的核心内容是围绕农业生产技术采纳及推广，具体包括户主及家庭基本信息、村镇信息、农业生产成本收益、农业技术需求与认知、秸秆还田技术认知与采纳等。

调研总共发放农户问卷 1 350 份，实际回收问卷 1 182 份，问卷收回率为 87.56%。问卷回收以后，逐个进行问卷检查与筛选，剔除无效问卷 160 份，最终获得数据完整且有效问卷 1 022 份。本次调研问卷涉及安徽、福建、甘肃、广西、贵州、河北、河南、湖北、湖南、吉林、江苏、江西、山东、山西、陕西、四川、云南、浙江等 25 个省(区、市)的 176 个县(区)，分 260 个乡(镇)的 405 个村。样本覆盖了我国大部分省(区、市)，包括主要的农业生产地区，其中对农业大省山东、河南等进行重点调研。

2.新型农业经营主体数据来源与样本分布

本研究采用问卷调查法收集实际数据，在理论分析、咨询领域专家和预调研的基础上，形成最终调查问卷。问卷的核心内容是围绕农业技术需求与认知、秸秆还田技术认知与采纳等。本次调研利用大学生寒暑假返乡及社会实践期间进行，调查人员为在读本科生和研究生，经挑选后统一进行培训，包括问卷内容讲解培训、调查方法以及调查注意事项等内容。调研总共发放新型农业经营主体问卷 150 份，逐个进行问卷检查与筛选，剔除数据缺失、异常值等无效问卷后，最终获得有效问卷 98 份，问卷有效收回率为 65.33%。样本涉及安徽、浙江、内蒙古、山东、河北、河南、黑龙江等 19 个省(区、市)，覆盖了我国主要农业生产区域。样本总体分布广泛均匀，具有很好的代表性，能够很好地支持本研究的分析。

2.3.6.2　农户对秸秆还田技术的认知及采纳行为分析

1.农户对秸秆还田技术的认知分析

从图 2-79 可以看出，有 42%的农户将农作物秸秆进行还田处理，其次有 40%的农户将农作物秸秆作为燃料。在历史发展中，农作物秸秆在农村多作为主要的燃料，但随着蜂窝煤、燃气、电器等逐步成为做饭取暖的主要方式，农作物秸秆也逐渐不被作为燃料，农户就会通过其他方式将秸秆处理。农作物秸秆经过加工处理后可作为家畜饲料，通过这种方式处理秸秆的农户占到 23%，此外还有农户出售或其他处理方式。由于作为燃料所需要的农作物秸秆越来越少，近年来有些农户为了方便，选择将农作物秸秆直接在耕地上进行焚烧，这种处理方式不仅会造成土壤有机质含量和微生物数量显著降低(田国成等，2016)，还会对大气造成严重污染(吴立新等，2014)。由图 2-80 可知，有 67.6%的农户认识到焚烧秸秆会造成大气污染，只有 5.8%的农户认为焚烧秸秆对环境没有影响。虽然大部分农户已经充分认识到焚烧秸秆所带来的危害，但是部分农户有时为了处理农作物秸秆方便，还是会将农作物秸秆进行焚烧。

由于农作物秸秆直接还田会影响下一轮作物的耕种，所以需要将农作物秸秆通过还田机械处理之后方可耕种。如表 2-31 所示，调查中有 23.4%的农户反映机械还田质量较差，不利于播种耕作；只有 10.8%的反映还田质量较好，不影响耕种；还有 19.8%的农户从未使用或

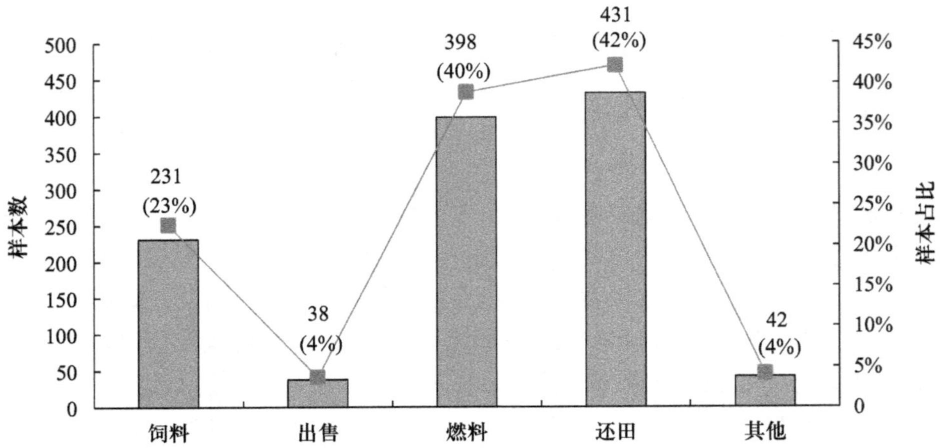

图 2-79　农户对作物秸秆的处理方式

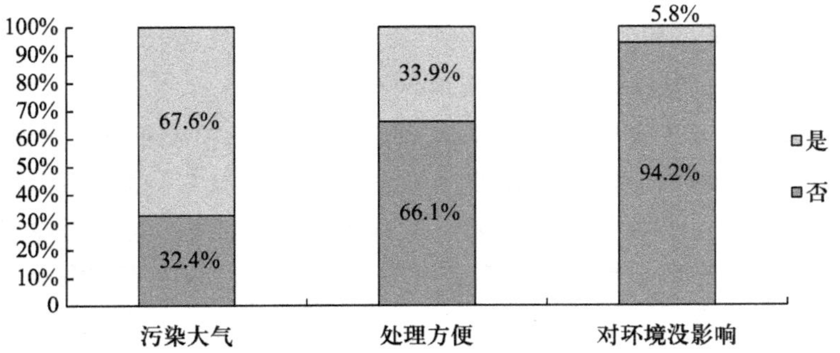

图 2-80　农户对焚烧秸秆行为的认知

不知道秸秆还田的效果。这说明为了让更多的农户将秸秆还田，需要提高机械还田质量。对于秸秆还田之后的主要影响，农户看法不一：有 38%的农户认为会改善土壤质量；有 16.1%的农户认为会增加有机肥含量，节约化肥的使用；有 27.8%的农户认为秸秆还田能够显著减少大气污染；还有 18.1%的农户认为秸秆还田没有什么效果。这说明虽然大部分农户已经意识到秸秆还田所带来的好处，但是还存在部分农户对该技术带来的好处认识不足。只有 25.9%的农户反映当地有关部门对秸秆还田技术的宣传力度较大，这也是农户对秸秆还田技术认识不足的主要原因，说明政府应加强对秸秆还田技术的宣传，使农户充分认识该技术的优势，促进该技术的推广应用。有近一半农户认为政府对实施秸秆还田技术的补贴较少，不能够引导其对农作物秸秆进行还田处理；只有 12.9%的农户认为政府的补贴对其是否实施秸秆还田技术的影响比较大。

表 2-31　农户对秸秆还田技术的认知

统计特征	分类特征				合计
秸秆还田质量	质量好，不影响耕种	一般	质量差，影响耕种	不知道	
样本数	110	471	239	202	1 022
比例	10.8%	46.0%	23.4%	19.8%	100.0%

续表 2-31

统计特征	分类特征				合计
秸秆还田效果	改善土质	增加有机肥含量	减轻大气污染	没效果	
样本数	388	165	284	185	1 022
比例/%	38.0	16.1	27.8	18.1	100.0
宣传力度	没听说	有宣传但力度不大	宣传力度较大		
样本数	349	409	265		1 022
比例/%	34.1	40.0	25.9		100.0
补贴对采纳影响	不大	一般	较大		
样本数	504	386	132		1 022
比例/%	49.3	37.8	12.9		100.0

2. 农户对秸秆还田技术的采纳意愿及行为分析

根据调查结果，有 42.9%的农户采用了秸秆还田技术，说明秸秆还田技术的采纳率不高。在采纳秸秆还田技术最主要的原因中，有 57%的农户是认识到了秸秆还田技术的优势；其次有 36.8%的农户是被动采纳该技术，因为在当地政府对焚烧秸秆监管力度大，处罚较重，为了不影响生产而对秸秆进行还田；其余 6.2%的农户则是受到国家政策的支持而采纳秸秆还田技术。在采纳秸秆还田技术之后，有 53.9%的农户反映秸秆还田技术对农作物生产起到了增产作用，但仍有 2.2%的农户反映该技术导致了产量下降，这表明该技术在实际应用中尚存在需要改进之处。

通过对农户采纳秸秆还田技术的采纳意愿调查，发现有近 2/3 的农户愿意今后对秸秆进行还田处理，其余农户则不愿意在今后对秸秆进行还田处理。这说明秸秆还田技术的采纳比例会提高 22.2%。但同时，只有 48.1%的农户反映当地政府推广了秸秆还田技术，并且获得免费技术支持、提高补贴费用等技术补贴的农户仅仅只有 7.3%，这表明政府还需要对秸秆还田技术推广力度进一步提高(图 2-81)。

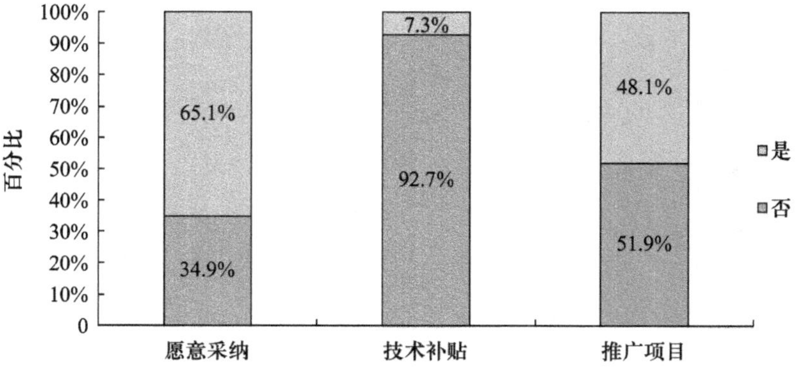

图 2-81 农户秸秆还田技术推广及采纳意愿

2.3.6.3 新型农业经营主体对秸秆还田技术的认知与采纳行为

1.新型农业经营主体对秸秆还田技术的认知分析

在农业生产中，除了能够获得所需要的农产品外，还可以获得农作物秸秆之类的附加收获，不同新型农业经营主体对农作物秸秆处理方式差异多样。从图 2-82 可以看出，新型农业经营主体最常用的处理农作物秸秆的方式是进行还田处理，采用该种秸秆处理方式的新型农业经营主体占到总样本的 37.8%。其次有 15.3%的新型农业经营主体将作物秸秆作为燃料。农作物秸秆在农村多作为主要的燃料，但随着蜂窝煤、燃气、电器等逐步成为做饭取暖的主要方式，农作物秸秆也逐渐不被作为燃料，而是通过其他方式进行处理。农作物秸秆经过加工处理后可作为家畜饲料，通过这种方式处理秸秆的新型农业经营主体占到 11.2%，此外还有出售或其他处理方式。由于作为燃料所需要的农作物秸秆越来越少，近年来有些新型农业经营主体为了方便，选择将农作物秸秆直接在耕地上进行焚烧，这种处理方式不仅会造成土壤有机质含量和微生物数量显著降低(田国成等，2016)，还会对大气造成严重污染(吴立新等，2014)。由图 2-83 可知，有 51%的新型农业经营主体认识到焚烧秸秆会造成大气污染，只有 5.1%的新型农业经营主体认为焚烧秸秆对环境没有影响。虽然大部分新型农业经营主体

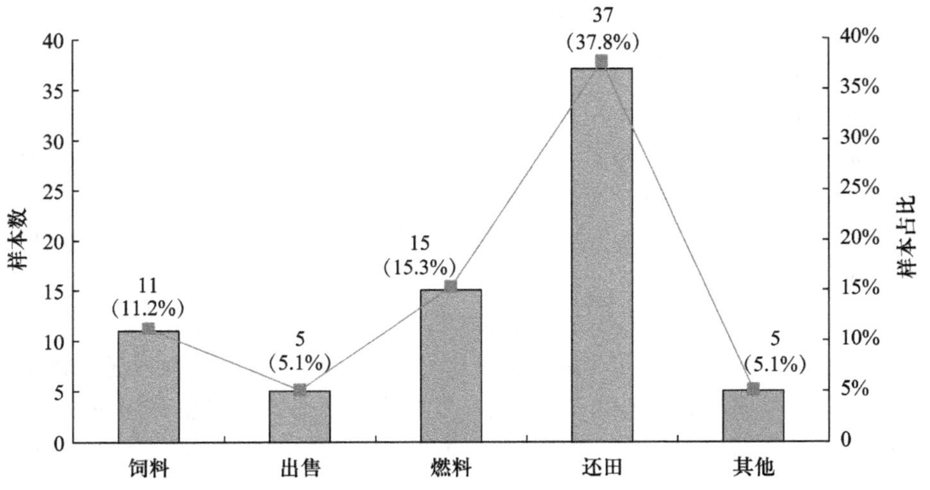

图 2-82 新型农业经营主体对农作物秸秆的处理方式

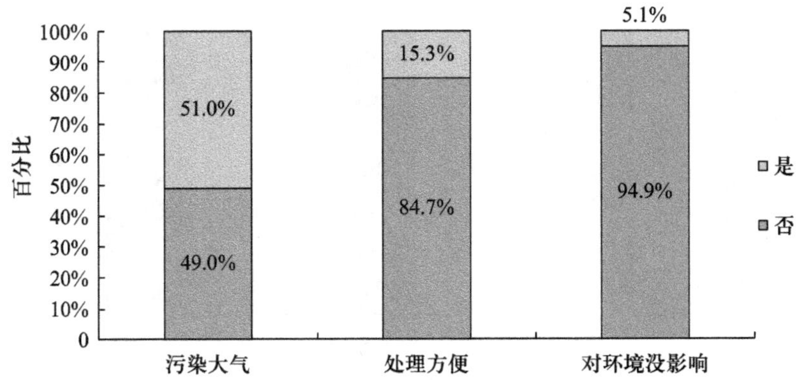

图 2-83 新型农业经营主体对焚烧秸秆行为的认知

已经充分认识到焚烧秸秆所带来的危害，但是还有 15.3％的新型农业经营主体认为直接焚烧农作物秸秆比较方便，这就需要强化对农业生产者的教育宣传，加强对焚烧秸秆行为的监管与处罚，坚决杜绝这种危害安全与生态环境的行为。

由于农作物秸秆直接还田会影响下一轮作物的耕种，所以需要将农作物秸秆通过还田机械处理之后方可耕种。如图 2-84 所示，调查中有 16.7％的新型农业经营主体反映机械还田质量较差，不利于播种耕作；只有 35.2％的新型农业经营主体反映秸秆还田质量较好，不影响耕种；其余 48.1％的新型农业经营主体则认为秸秆还田质量一般。可见，为了让更多的新型农业经营主体将秸秆还田，需要提高机械还田质量。在秸秆还田宣传力度方面，只有 11.1％的新型农业经营主体反映当地有关部门对秸秆还田技术的宣传力度较大，还有 37.0％的新型农业经营主体认为宣传力度较差，甚至不知道或没听说。这也是新型农业经营主体对秸秆还田技术认识不足的主要原因，说明政府应加强对秸秆还田技术的宣传，使新型农业经营主体充分认识该技术的优势，促进技术推广应用。在政府补贴效果方面，有 46.2％的新型农业经营主体认为政府的补贴对其是否实施秸秆还田技术的影响比较大，有 32.7％的新型农业经营主体则认为政府补贴对其采用秸秆还田技术影响一般，还有 21.2％的新型农业经营主体认为政府对实施秸秆还田技术的补贴较少，不能够引导其对农作物秸秆进行还田处理。这说明除了政府补贴影响外，新型农业经营主体在采纳秸秆还田技术时还会受到其他因素影响。

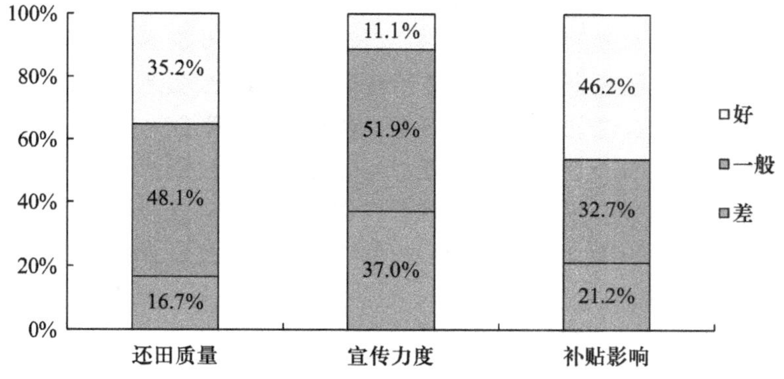

图 2-84 新型农业经营主体对秸秆还田技术的认知

对于实施秸秆还田之后的主要影响效果，不同新型农业经营主体认知差异较大。有 41.8％的新型农业经营主体认为实施秸秆还田可以改善土壤，增加有机肥含量；其次有 33.7％的新型农业经营主体认为可以减少焚烧秸秆行为，减轻大气污染；还有 20.4％的新型农业经营主体认为实施秸秆还田可以节约化肥使用，降低生产成本；但是还有 6.1％的新型农业经营主体认为实施秸秆还田效果不明显(图 2-85)。这说明虽然大部分新型农业经营主体已经意识到秸秆还田所带来的好处，但是还存在部分新型农业经营主体对该技术带来的好处认识不足。

2. 新型农业经营主体对秸秆还田技术的采纳意愿及行为分析

根据调研数据，有 50.8％的新型农业经营主体采用了秸秆还田技术，说明秸秆还田技术的采纳率不高。在采纳秸秆还田技术的新型农业经营主体中，又有 37.3％的新型农业经营主体是认识到了秸秆还田技术的优势；其次有 10.5％的新型农业经营主体是被动采纳该技术，

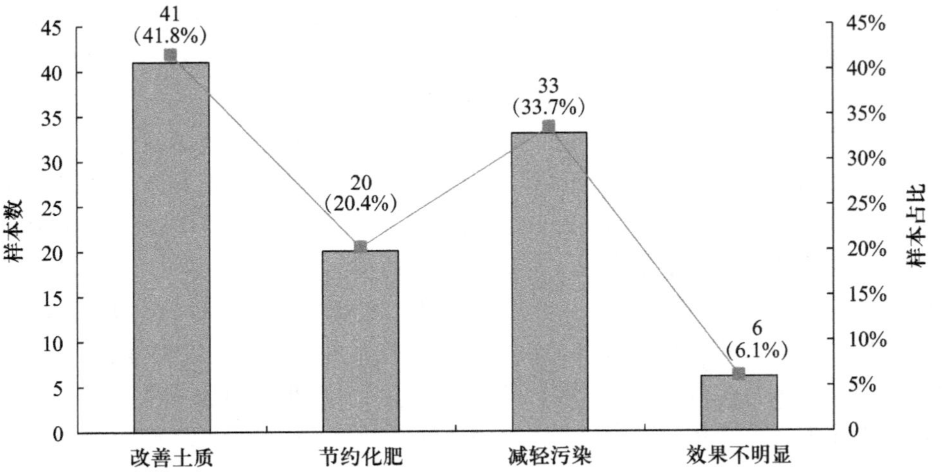

图 2-85 新型农业经营主体对秸秆还田效果的认知

因为在当地政府对焚烧秸秆监管力度大，处罚较重，为了不影响生产而对秸秆进行还田；其余3%的新型农业经营主体则是受到国家政策的支持而采纳秸秆还田技术。在采纳秸秆还田技术之后，有82.4%的新型农业经营主体反映秸秆还田技术对农作物生产起到了增产的作用，其余17.6%的新型农业经营主体则认为秸秆还田对增产没有任何影响。

如图2-86所示，通过对新型农业经营主体采纳秸秆还田技术的采纳意愿调查，发现有3/4的新型农业经营主体愿意今后对秸秆进行还田处理，其余新型农业经营主体则不愿意在今后对秸秆进行还田处理，这说明秸秆还田技术的采纳比例会提高24.2%。但同时，只有54.4%的新型农业经营主体反映当地政府推广了秸秆还田技术，并且获得免费技术支持、提高补贴费用等技术补贴的新型农业经营主体仅仅只有19.2%，这表明政府还需要对秸秆还田技术推广力度进一步提高。总之，为了鼓励潜在秸秆还田技术采纳的新型农业经营主体将秸秆还田付诸实践，还需要政府加大推广宣传，并给予一定的政策支持与资金补助。

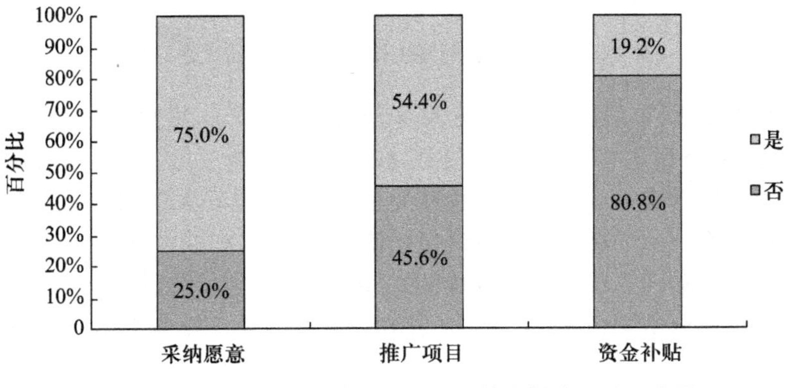

图 2-86 新型农业经营主体秸秆还田技术推广及采纳意愿

第3章　基于宏观尺度的农业支持政策国际比较与绩效评价

本章基于 OECD 政策分类，采用 DEA 方法与 ArcGIS 分析技术，从时间和空间两个角度，选取国际上具有代表性的国家进行农业支持政策实施的现状与绩效水平分析、评估与对比，探寻我国农业支持政策效率较低的主要因素。由于从 2013 年开始 OECD 的统计口径有所改变，为了保证数据的完整性及研究的准确性，本章仅采用 2002—2012 年的指标数据进行统计分析。

3.1　研究区域与数据来源

本章研究涉及 18 个国家以及欧盟组织，其中 18 个国家分别为巴西、中国、俄罗斯、乌克兰、南非、澳大利亚、加拿大、智利、冰岛、以色列、日本、韩国、墨西哥、新西兰、挪威、瑞士、土耳其和美国，欧盟组织包括 28 个国家，分别为奥地利、比利时、保加利亚、塞浦路斯、克罗地亚、捷克共和国、丹麦、爱沙尼亚、芬兰、法国、德国、希腊、匈牙利、爱尔兰、意大利、拉脱维亚、立陶宛、卢森堡、马耳他、荷兰、波兰、葡萄牙、罗马尼亚、斯洛伐克、斯洛文尼亚、西班牙、瑞典、英国。其中，澳大利亚、加拿大、智利、冰岛、以色列、日本、韩国、墨西哥、新西兰、挪威、瑞士、土耳其和美国为 OECD 成员国，巴西、中国、俄罗斯、乌克兰、南非为非 OECD 成员国。

本研究数据来源于《中国统计年鉴》、世界银行(WB)数据库(http://www.worldbank.org/)、联合国粮食及农业组织(FAO)数据库(http://www.fao.org/)、经济合作与发展组织数据库(http://www.oecd.org/)、欧盟数据库(http://europa.eu/index.en.htn)等。

3.2　国际农业支持时间特征与比较分析

3.2.1　农业总产值时间变动规律

将 2002 年、2007 年、2012 年各个国家和组织的农业总产值进行对比(图 3-1)，随着时间的推移，各国和组织农业总产值均呈现上升趋势，其中中国农业总产值的上升趋势较为明显。OECD 的农业总产值始终保持在较高的水平。除巴西、中国、欧盟以及美国以外，其他国家的农业总产值相对较少，这主要与这些国家的国情相关。其中韩国的农业生产总值始终处于所研究对象中的最低值。

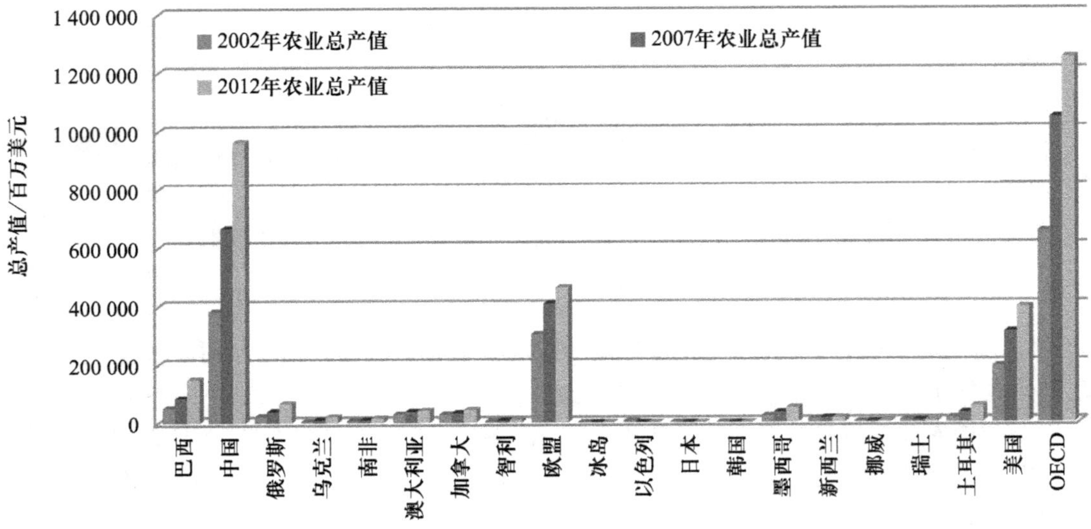

图 3-1　2002 年、2007 年、2012 年各个国家和组织农业总产值变动情况

3.2.2　农业支持时间变动规律

1. 生产者支持估计值(%PSE)变动

2003—2012 年各国家和组织生产者支持估计值(%PSE)变动的时间特征如图 3-2 所示。生产者获得农业支持额度占农业总收入的比例(%PSE)较高，其中挪威、日本、韩国、冰岛均远高于 OECD 的平均水平。除乌克兰在 2011 年的%PSE 为负值以外，其他国家%PSE 值均

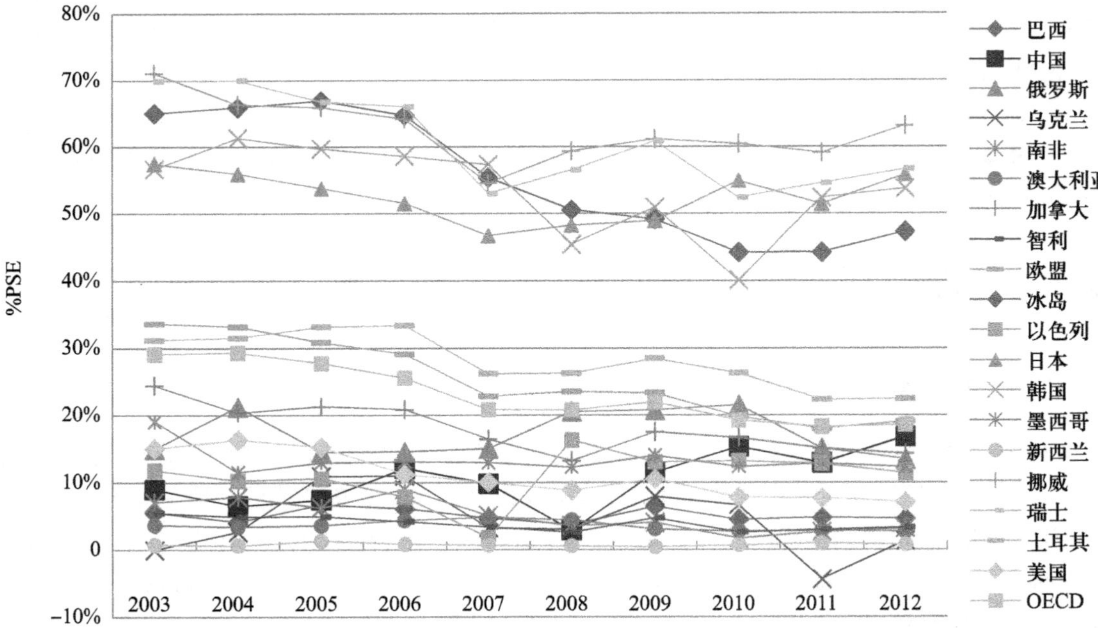

图 3-2　2003—2012 年各国家和组织生产者支持估计值(%PSE)变动情况

保持为正，表明乌克兰在2011年对农业生产者征税较重。我国在生产支持方面不断加大投入，至2012年达到了16.81%，接近于同年的OECD的支持水平。

重点比较美国、欧盟、日本与我国在该指标方面的差异发现，日本和韩国的%PSE相对较高，两国2003—2012年%PSE均值分别为52.49%、53.63%，远远高于我国的10.44%；韩国在2004年的%PSE最大，达到了61.28%。2003年以来，欧盟和美国的%PSE普遍开始下降，欧盟的下降幅度尤为明显。就我国而言，我国在2004年开始在部分省份开展免征农业税改革试点，到2006年全面取消农业税，以及"四补贴"在这期间逐渐使用，大大地减轻了农民负担。所以2004—2006年我国的%PSE在逐年上升，2007—2008年这两年的%PSE有所下降，但是从2009年开始又开始逐年上升，说明我国政府对农民的支持在增加。但是和其他国家相比，特别是同我国一样是小农经济国家的韩国和日本相比较，我国的%PSE太低，仅只有这些国家%PSE的1/5。我国农民的收入只有1/10来自政策的支持，说明我国农民得到政府的政策支持还是太少。

2. 消费者支持估计值(%CSE)变动

2003—2012年各国家和组织消费者支持估计值(%CSE)变动的时间特征如图3-3所示。各国家和组织对消费者支持大不相同，其中大多数国家的%CSE为负值，说明大多数国家对消费者进行了隐性征税。其中征税较重的国家为冰岛、瑞士、韩国、日本、挪威，其他国家的消费总支出和从纳税人向消费者的转移支付之差的百分比的绝对值相对较小，均低于20%。而俄罗斯、美国的%CSE指标为正值，说明这两个国家的消费者获得了纳税人和农业生产者的补贴。

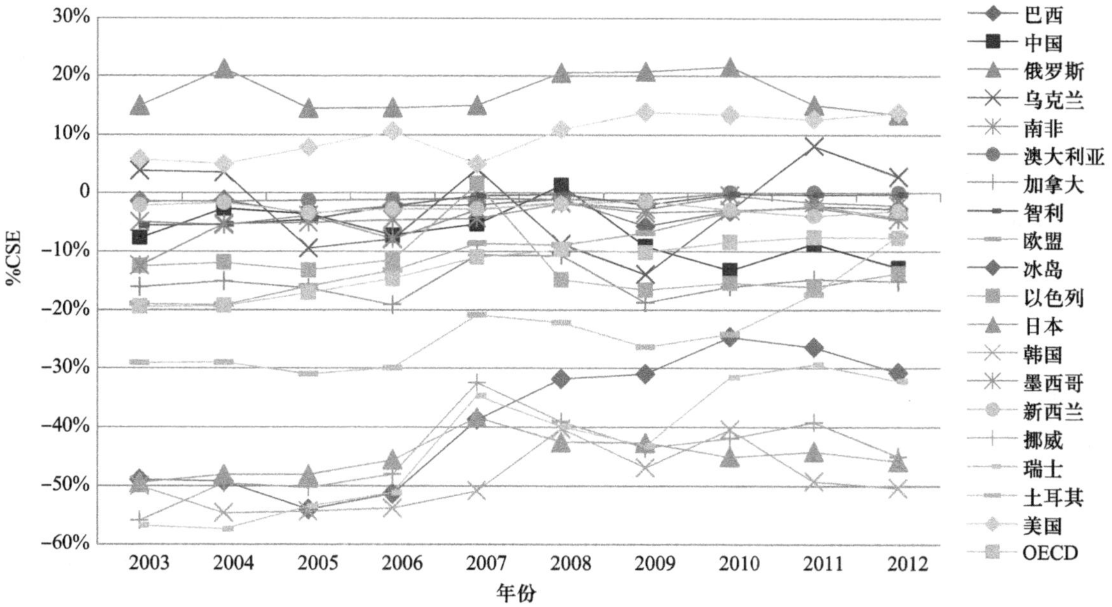

图3-3 2003—2012年各国家和组织消费者支持估计值(%CSE)变动情况

3. 一般服务支持估计值(%GSSE)变动

2003—2012年各国家和组织一般服务支持估计值(%GSSE)变动的时间特征如图3-4所

示。除乌克兰以外，各个国家和组织的%GSSE处于相对稳定的下降趋势。OECD的%GSSE在20%～30%，其中南非、澳大利亚、智利、新西兰、美国均高于OECD的平均水平。我国在一般服务支持方面投入处于曲折下降趋势。一般服务支持是国家长期的投资，有助于在未来收获比价格支持和投入支持更高的回报。发达国家的一般服务支持基本上已较为完善，%GSSE有所下降也属正常。但对于发展中国家来说，这个指标数值的降低是令人忧虑的(王忠和叶良均，2011)。

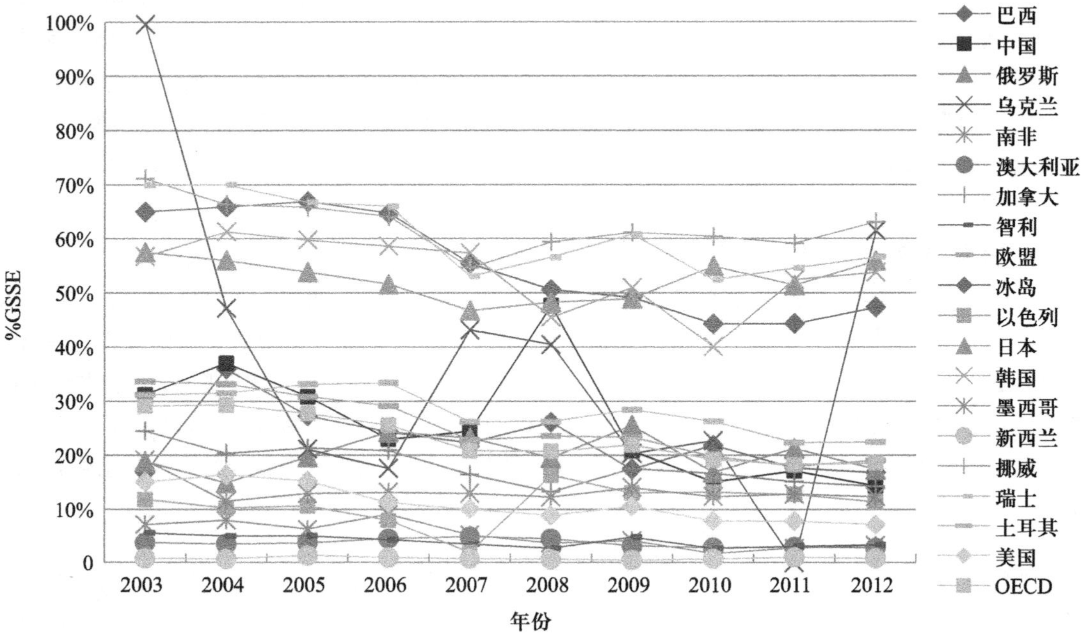

图3-4　2003—2012年各国家和组织一般服务支持估计值(%GSSE)变动情况

4. 支持估计值总量百分比(%TSE)变动

2003—2012年各国家和组织支持估计值总量百分比(%TSE)变动的时间特征如图3-5所示。大多数国家和组织的%TSE均处在2%以下，其中OECD支持估计总量水平在1%左右，并处于缓慢下降状态。土耳其、韩国的%TSE远高于平均水平。大多数国家和地区的%TSE都处于下降的状态，特别是在发达国家和地区，如本研究涉及的澳大利亚、加拿大、欧盟等均处于不断减少的状态。这主要与WTO《农业协议》要求削减农业支持，避免贸易扭曲的要求有关。不过在世界范围内，中国等发展中国家的%TSE仍在增加，这是由于随着经济的发展，发展中国家对农业的支持力度有增加的趋势(王忠和叶良均，2011)。

对于我国与美国、欧盟、日本以及韩国在该指标方面的发展来看，美国、欧盟、日本这3个发达国家(地区)的%TSE较为稳定，都比较低。特别是美国，除了2012年的%TSE刚好为1%，其他年份都小于1%，平均在0.84%左右。欧盟2003—2012年的%TSE平均为0.91%。2009年以前是美国的%TSE最低，2009年之后欧盟的%TSE有少许下降，从而成为比较的几个国家和地区中%TSE最低的。日本的%TSE在1%～1.4%小幅度变动，平均为1.2%，基本排在第三的位置上。韩国在2005年才正式加入发达国家名单，发达程度不如上面的3个国家(地区)，同中国一样%TSE都较高。但从总的趋势上来看，韩国的%TSE在逐渐下

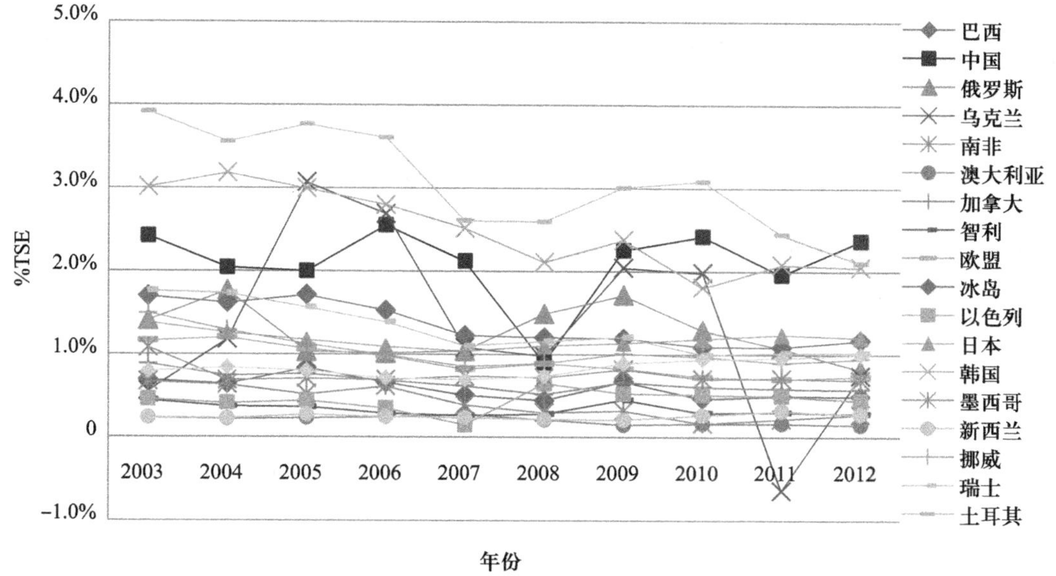

图 3-5 2003—2012 年各国家和组织农业支持估计总量(%TSE)变动情况

降,从 2003 年的 3.01%下降到 2012 年的 2.05%。2003—2009 年韩国的%TSE 在这几个国家(地区)当中最高,然而在 2009 年之后的这几年,中国基本上成了这几个国家(地区)中%TSE 最高的。中国除了 2008 年以外,%TSE 都基本上保持在一个较高的水平,在 2.1%左右。但是比较%TSE 和第一产业占整个 GDP 的比重来看,美国、欧盟、日本、韩国这 4 个发达国家(地区)2012 年第一产业占整个 GDP 的比重分别为 1.2%、1.8%、1.1%、2.7%,而中国 2012 年第一产业占整个 GDP 的比重为 10.1%,远远大于几个发达国家(地区)的比值。这说明相对于发达国家(地区)而言,我国农业的产出没有正向的用于对农业的投入,对农业剩余还存在一定的汲取,在某种程度上反映了我国的农业支持水平同发达国家(地区)相比还存在较大的差异。

3.2.3 重点国家农业支持对比分析

本研究在对以上 18 个国家与组织的农业支持政策时间特征进行分析后,进一步选取美国、欧盟、日本和韩国这些国家(地区)与我国农业支持政策的支持现状进行具体的定量分析,以期能更好地反映我国农业支持所处水平。

1.农业支持水平与结构比较分析

2003—2012 年美国、欧盟、日本、韩国、中国的农业支持水平及构成如表 3-1 所示。从农业政策的使用情况来看,美国对 PSE 所包含政策措施的使用比重在逐渐下降,转为以使用 GSSE 所包含的政策措施为主;欧盟、韩国的政策结构基本比较稳定,都是以使用 PSE 所包含的政策措施为主,且使用的比重都在 80%以上;日本的政策结构存在小幅度的波动,但仍是以使用 PSE 所包含的政策措施为主;中国使用 PSE 所包含的政策措施为主,且其使用的比重还在逐年增加,到 2012 年所占比重为 85.63%。

表 3-1 2003—2012 年美国、欧盟、日本、韩国、中国的农业支持水平及构成

国家和组织	年份	PSE			GSSE		TSE	
		百万美元	%	%PSE	百万美元	%GSSE	百万美元	%TSE
美国	2003	36 161.83	40.95	15.07	30 695.5	34.76	88 297.05	0.8
	2004	43 335.59	43.73	16.37	32 849.75	33.15	99 101.71	0.84
	2005	40 629.94	40.25	15.26	35 830.26	35.49	100 954.49	0.8
	2006	30 500	32.13	11.23	38 398.75	40.45	94 918.624	0.71
	2007	33 177.9	34.14	10.01	37 808.98	38.91	97 172.41	0.7
	2008	30 764.84	29.37	8.84	45 088.29	43.05	104 733.24	0.74
	2009	33 045	26.72	10.56	56 651.16	45.81	123 662.7	0.89
	2010	27 973.2	20.59	7.78	69 845.73	51.41	135 868.78	0.94
	2011	31 596.37	21.97	7.73	71 538.88	49.76	143 778.06	0.96
	2012	30 170.4	19.3	7.12	81 446.42	52.09	156 355.59	1
欧盟	2003	98 150	88.09	33.65	9 444.43	8.48	111 427.95	1.16
	2004	110 781.7	87.51	33.18	11 998.36	9.48	126 591.4	1.2
	2005	100 996.7	86.33	30.85	12 560.24	10.74	116 982.32	1.07
	2006	99 266.4	87.41	29.12	12 557.3	11.06	113 561.76	0.98
	2007	88 290.55	86.66	22.81	11 830.17	11.61	101 886.1	0.82
	2008	96 253.88	86.67	23.51	13 400.45	12.06	111 078.12	0.89
	2009	85 542	87.8	23.31	10 465.46	10.74	97 432.23	0.83
	2010	77 436	86.61	19.79	10 303.01	11.52	89 405.77	0.73
	2011	76 505.08	85.87	18	11 045.13	12.4	89 094.23	0.7
	2012	83 227.8	87.68	19.04	10 619.11	11.19	94 923.35	0.73
日本	2003	5 451.81	79.09	57.46	1 437.9	20.86	6 893.6	1.38
	2004	5 200.38	81.85	55.98	1 149.08	18.09	6 353.45	1.26
	2005	4 889.19	82.73	53.82	1 018.72	17.24	5 910.11	1.17
	2006	4 584.92	82.59	51.56	964.67	17.38	5 551.520 3	1.1
	2007	4 150.769	77.89	46.72	1 176.44	22.08	5 329.11	1.04
	2008	4 402.95	79.51	48.24	1 132.65	20.45	5 537.5	1.1
	2009	4 348.6	81.17	48.93	1 007.15	18.8	5 357.63	1.14
	2010	4 988.02	87.09	54.91	738.41	12.89	5 727.63	1.19
	2011	4 819.62	82.75	51.4	1 003.81	17.23	5 824.27	1.24
	2012	5 168.64	90.56	55.85	538.01	9.43	5 707.57	1.21
韩国	2003	18 992.74	82.25	56.71	3 797.61	16.45	23 091.2	3.01
	2004	23 065	87.73	61.28	3 128.89	11.9	26 290.52	3.18
	2005	22 574.21	87.18	59.72	3 240.22	12.51	25 893.19	2.99
	2006	22 001.3	86.53	58.6	3 331.24	13.1	25 426.767	2.8
	2007	21 225.05	86.52	57.36	3 260.53	13.29	24 531.16	2.52
	2008	18 537.61	85.67	45.48	3 043.09	14.06	21 637.17	2.11
	2009	21 919	86.61	50.91	3 323.67	13.13	25 307.17	2.38
	2010	17 657.6	83.36	40.11	3 477.73	16.42	21 182.92	1.81
	2011	22 863.73	88.94	52.38	2 796.07	10.88	25 706.29	2.08
	2012	23 056.3	87.89	53.75	3 123.78	11.91	26 232.18	2.05

续表 3-1

国家和组织	年份	PSE			GSSE		TSE	
		百万美元	%	%PSE	百万美元	%GSSE	百万美元	%TSE
中国	2003	226 235.2	68.74	8.99	102 754.22	31.22	329 117.4	2.42
	2004	205 497.2	62.93	6.53	120 929.27	37.03	326 554.44	2.04
	2005	255 753.1	69.13	7.41	114 090.78	30.84	369 936.89	2
	2006	425 466	77.05	12.11	126 618.38	22.93	552 178.55	2.55
	2007	426 004.8	75.59	9.865	137 521.57	24.4	563 608.03	2.12
	2008	148 270.9	52.3	2.91	135 097.56	47.66	283 482.43	0.9
	2009	608 059	79.16	11.51	160 004.33	20.83	768 164.96	2.25
	2010	826 089	84.92	15.35	146 663.8	15.08	972 752.85	2.42
	2011	765 694.15	82.89	12.94	158 027.57	17.11	923 721.72	1.96
	2012	1 044 618	85.63	16.81	175 267.32	14.37	1 219 884.8	2.37

(1)美国农业支持政策结构　美国2012年对PSE所包含政策的开支占19.3%，对GSSE所包含政策的开支占52.09%。与2003年相比较，美国对GSSE所包含政策的开支在增加，对PSE所包含政策的开支在减少，但对GSSE开支增加的绝对量大于对PSE开支减少的绝对量，所以美国的农业支持总量在逐年增加。美国也是这几个国家和组织当中对CSE所包含政策开支最多的，平均每年占到20%以上。

(2)欧盟农业支持政策结构　欧盟政策结构较为稳定，2012年农业支持以PSE所包含政策开支为主，占87.68%，对GSSE所包含政策的开支占11.19%。与2003年相比，欧盟对PSE的政策开支有点下降，对GSSE的政策开支有点上升，但两者不论是绝对量还是所占比重的变动量都不大。

(3)日本农业支持政策结构　日本2012年以对PSE的政策开支为主，占90.56%，GSSE的政策开支占9.43%，与2003年相比，日本的农业支持总量减少了，对PSE和GSSE政策开支的绝对量都减少了，但对PSE的减少程度小于GSSE，所以PSE的政策开支比重反而增加了。

(4)韩国农业支持政策结构　韩国同欧盟一样，政策结构较为稳定。2012年韩国对PSE的政策开支占87.89%，对GSSE的政策开支占11.91%。与2003年相比，韩国的农业支持总量有所增加，其中对PSE政策开支的绝对量和比重都增加了，而对GSSE政策开支的绝对量和比重都减小了。

(5)中国农业支持政策结构　中国2012年农业支持以PSE的政策开支为主，占85.63%，对GSSE的政策开支占14.37%。与2003年相比，中国对PSE的政策开支比重增加，对GSSE的政策开支比重减少，但二者的绝对量都呈现上升趋势，农业支持总量在增加，2012年的农业支持总量是2003年的3.7倍。就中国的GSSE政策开支而言，虽其每年绝对量在增加，但其所占比重下降明显，2012所占比重不到2003年的一半。%GSSE值的明显降低说明近年来我国农业支持政策对农产品生产者的生产行为影响越来越大。

2.各类农业支持政策内部结构比较

(1)生产者支持估计值(PSE)政策结构　从图3-6可以看出，欧盟、美国、日本、韩国对于

MPS 的使用比重在明显下降，但日本、韩国仍是以使用 MPS 为主，中国也以使用 MPS 为主且比重增加明显。这说明目前日本、韩国以及我国仍是以实施农业高保护、高补贴政策来保障增加农民的收益和农产品的市场竞争力。欧盟、日本、韩国逐渐偏向使用 PHNR 政策，而美国和中国更偏向 PC 这类与产量挂钩的政策。美国、欧盟及韩国在 PI 方面的支出在明显增加，而我国在这方面的支出在剧减。PI 方面的支出减少不利于我国推广使用农业新技术、新产品，不利于我国农业现代化发展。

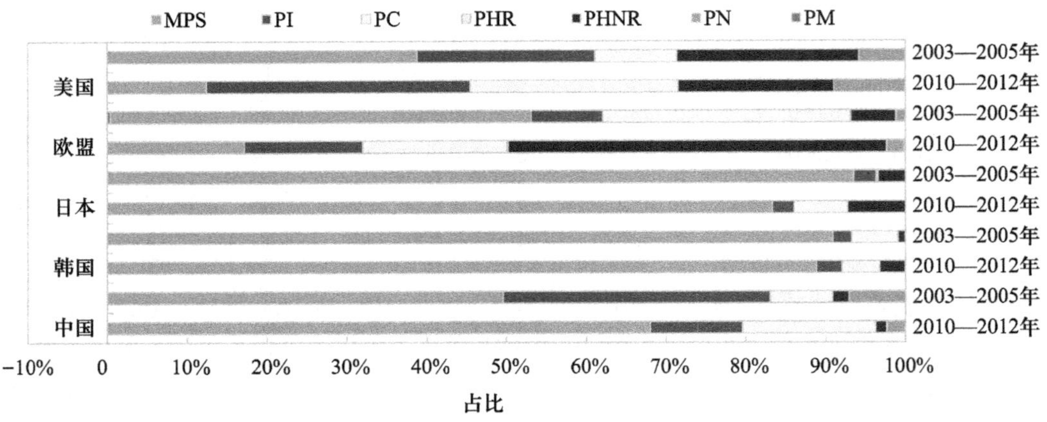

图 3-6　2003—2012 年美国、欧盟、日本、韩国、中国的 PSE 政策结构

(2)一般服务支持估计值(GSSE)政策结构　从图 3-7 可以看出，目前对公共储备支出的比重我国最高，其次是韩国，而日本、欧盟、美国这 3 个国家(地区)对公共储备的支出比重非常低，并且还呈现减小趋势。从这 5 个国家(地区)的发达程度来看，越发达的国家(地区)对公共储备的支出比重越低。对基础设施的支出比重最高的是日本，韩国第二，接着是中国、欧盟，最低的是美国。中国对基础设施的支出比重处于中间位置，然而中国农业发展水平是这几个国家当中最低的。从这 5 个国家(地区)在基础设施的支出比重方面，可以看出随着农业的发展呈现先上升后下降的趋势：韩国对基础设施的支出比重还在上升；日本对基础设施的支出比重在 2006 年(87.41%)就已经达到最高，近年来对基础设施支出的比重虽高但在逐渐下降；欧盟对基础设施的支出比重已经在逐年下降；美国对基础设施的支出比重保持在 3.9%左右。现实社会也可以解释这一规律：在农业发展初期，需先对农业基础设施进行大量投资，当基础设施建设到一定程度上支出比重下降，最后保持在一定的维修和改善农业基础设施的支出水平上。我国近年来对基础设施的支出比重平均占到 32.04%，但是与日本 2006 年的 87.41%相比还相差甚远。

对农业学校支出的比重较高的是我国和欧盟，日本和韩国较低。我国是农业大国，同时我国也是农业人口大国，特别是正值现代农业发展时期，传统的农业生产方式已经不能满足新兴农业的发展，所以我国在对农业学校方面的支出很有必要，有利于增加从事农业生产经营人员的现代农业知识，推进现代农业的发展。

对研究与开发支出的比重最高的是韩国，且还有上升的趋势；欧盟居第二，支出比重也较为稳定；日本在研究与开发方面也有一定的支出，支出比重有上升的趋势；我国从 2010 年才开始重视对研究与开发方面的支出。

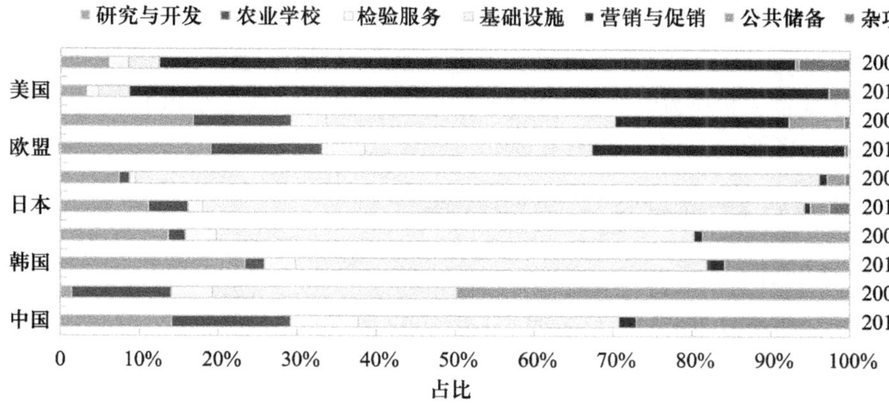

图 3-7 2003—2012 年美国、欧盟、日本、韩国、中国的 GSSE 政策结构

对于检验服务，这 5 个国家(地区)的支出比重都不太高，但我国相对较高，说明我国近年来比较重视农产品质量。

营销与促销解决的是产后农产品销售问题，目前对营销与促销支出的比重最高的是美国，接着依次是欧盟、韩国、中国，日本最低。这 5 个国家(地区)在对营销与促销支出的比重方面都大体上呈现上升趋势。可以看出，随着现代农业的发展，基础设施的健全，农业的重点会逐渐放在农产品的销售环节上。

3.3 国际农业支持空间特征与比较分析

本研究使用 GIS 技术对 18 个国家和欧盟组织的生产者支持估计值、一般服务支持估计值、支持估计总量，以 5 年为一个时间间隔，对 2002 年、2007 年、2012 年的数据进行对比空间分析。

3.3.1 农业总产值空间变动规律

通过全局空间自相关分析(表 3-2)表明，2002 年、2007 年各个国家的农业总产值在 99%以上的置信度，2012 年各个国家的农业总产值置信度下降为 95%以上。虽然农业总产值置信度有所下降，但是其仍旧呈现空间聚集模式，即整体上各国家之间的农业总产值这一属性值具有相似性质。

表 3-2 2002 年、2007 年、2012 年农业总产值的全局空间自相关报表

年份	Moran's I 指数	*Z* 得分	*P* 值	空间特征
2002	0.179 188	5.001 439	0.000 001	聚集
2007	0.126 330	3.691 606	0.000 223	聚集
2012	0.076 408	2.460 246	0.013 884	聚集

局部空间自相关分析结果表明，2002 年欧盟(HH)的农业总产值始终较高，与周边国家空间差异度小；而巴西(LL)、南非(LL)均表现出区域自身和周边地区的农业总产值均较低，并且区域自身的农业总产值和周边地区的空间差异程度较小。随着时间的推移，各个国家与其周边国家的局部空间差异逐渐消失。

通过农业总产值的热点分析，可以从整体上找出农业总产值较高和较低的地区是否在空间上存在局部的聚集现象。北欧、西亚始终为农业总产值的热点（农业总产值较高的地区）。2002 年、2007 年巴西和南非均为农业总产值冷点（农业总产值较低的地区），而 2012 年这两个国家的冷点度明显降低，可以看出巴西和南非在农业总产值方面有了显著的提高。

3.3.2 农业支持政策空间变动规律

1. 生产者支持估计值（%PSE）空间特征

通过全局空间自相关分析（表 3-3）表明，只有 2002 年各个国家的生产者支持估计值在 95%以上的置信度，呈现空间聚集模式，即整体上各国家之间的生产者支持这一属性值具有相似性质；而 2007 年、2012 年%PSE 呈现空间随机分布模式，即随着各个国家的不断发展，整体上各国家之间的生产者支持这一属性值不具有相似性质。

表 3-3　2002 年、2007 年、2012 年生产者支持估计值的全局空间自相关报表

年份	Moran's I 指数	*Z* 得分	*P* 值	空间特征
2002	0.077 371	2.495 509	0.012 578	聚集
2007	0.029 493	1.294 949	0.195 338	随机
2012	0.005 785	0.700 906	0.483 361	随机

局部空间自相关分析结果表明，2002 年、2007 年巴西（LL）、澳大利亚（LL）、新西兰（LL）均表现出区域自身和周边地区的生产者支持均较低，并且区域自身的生产者支持和周边地区的空间差异程度较小；而 2012 年这些国家则与其周边国家没有明显的局部空间差异。冰岛（HH）的生产者支持始终较高，与周边国家空间差异度小。

通过生产者估计值的热点分析，可以从整体上找出生产者支持较高和较低的地区是否在空间上存在局部的聚集现象。随着时间的变化，生产者支持估计值的热点（生产者支持方面投入较多的地区）逐渐从北欧、西亚转移到东欧、东亚，冷点（生产者支持方面投入较少的地区）主要分布在澳大利亚周边地区，并且随着时间的推移，冷点逐渐消退。这反映了各个国家对于生产者支持投入的增加，以及东欧、东亚地区的生产者支持方面的投入高于澳大利亚周边地区的普遍现象。

2. 消费者支持估计值（%CSE）空间特征

通过全局空间自相关分析（表 3-4）表明，2002 年、2007 年、2012 年各个国家的消费者支持估计值均呈现空间随机分布模式，即整体上各国家之间的消费者支持这一属性值不具有相似性质。

表 3-4　2002 年、2007 年、2012 年消费者估计值的全局空间自相关报表

年份	Moran's I 指数	*Z* 得分	*P* 值	空间特征
2002	0.039 634	1.591 607	0.111 473	随机
2007	−0.006 218	0.394 315	0.693 349	随机
2012	0.021 756	1.107 455	0.268 097	随机

局部空间自相关分析结果表明，2002 年乌克兰（HL）、韩国（HL）均表现为区域自身的消费者支持较高，周边地区较低，二者的空间差异程度较大；冰岛（LL）、挪威（LL）、巴西（LL）均

表现出区域自身和周边地区的消费者支持均较低，并且区域自身的消费者支持和周边地区的空间差异程度较小。2007年、2012年美国（HL）、墨西哥（HL）表现为区域自身的消费者支持较高，周边地区较低，二者的空间差异程度较大；韩国（LL）、日本（LL）表现出区域自身和周边地区的消费者支持均较低，并且区域自身的消费者支持和周边地区的空间差异程度较小。

通过消费者估计值的热点分析，可以从整体上找出消费者支持较高和较低的地区是否在空间上存在局部的聚集现象。随着时间的变化，东欧、东亚逐渐由消费者支持估计值的热点（消费者支持方面投入较多的地区）转变为冷点（消费者支持方面投入较少的地区）。而2002年的冷点——北欧、西亚则逐渐消退。这反映了各个国家对于消费者支持投入的差异。

3. 一般服务支持估计值（%GSSE）空间特征

通过全局空间自相关分析（表3-5）表明，各个国家的一般服务支持估计值始终呈现空间高度聚集模式，整体上各个国家的一般服务支持估计值在99%以上的置信度，即整体上各国家之间的一般服务支持这一属性值具有相似性质。

表3-5 2002年、2007年、2012年一般服务支持估计值的全局空间自相关报表

年份	Moran's I指数	*Z*得分	*P*值	空间特征
2002	0.085 955	2.888 146	0.003 875	聚集
2007	0.152 975	4.478 434	0.000 008	聚集
2012	0.098 133	3.093 753	0.001 976	聚集

局部空间自相关分析结果表明，澳大利亚（LL）、新西兰（LL）均表现出自身和周边国家的一般服务支持估计值均较低，并且区域自身的一般服务支持和周边国家的空间差异程度较小。其他地区没有明显的局部空间差异。乌克兰（HL）的一般服务支持估计值较高，与其周边国家的空间差异程度较大。而冰岛（LL）逐渐显示其自身和周边国家的一般服务支持估计值均较低，二者的空间差异程度较小。

通过一般服务支持估计值的热点分析，一般服务支持估计值的热点（一般服务方面投入较多的地区）分布在澳大利亚及其周边地区，冷点（一般服务方面投入较少的地区）主要分布在北欧、西亚地区，而其他地区则保持在一般状态。这反映了澳大利亚及其周边地区在一般服务方面高于北欧、西亚地区的普遍现象。

4. 支持总量水平估计值（%TSE）空间特征

通过全局空间自相关分析（表3-6）表明，2002年、2007年各个国家的支持总量水平估计值始终呈现空间随机分布模式。2012年整体上各个国家的支持总量水平估计值在90%以上的置信度，即整体上各国家之间的支持总量水平这一属性值具有相似性质。

表3-6 2002年、2007年、2012年支持总量水平估计值的全局空间自相关报表

年份	Moran's I指数	*Z*得分	*P*值	空间特征
2002	−0.007 850	0.357 761	0.720 522	随机
2007	0.020 814	1.093 111	0.274 345	随机
2012	0.048 389	1.799 582	0.071 927	聚集

局部空间自相关分析结果表明，中国（HH）表现出区域自身和周边国家支持总量水平均较高，并且区域自身的支持总量水平和周边国家的空间差异程度较小；土耳其（HL）的支持总量水平较高，与其周边国家的空间差异程度较大。

通过支持总量水平估计值的热点分析，支持总量水平估计值的热点（农业支持总量投入较多的地区）主要分布在东欧、东亚，2007年冷点（农业支持总量投入较少的地区）主要分布在北欧、西亚地区，而其他地区则保持在一般状态。这反映了东欧、东亚地区在农业支持投入方面始终处于较高水平。

3.4 国际农业支持政策绩效评价及其时空规律

3.4.1 国际农业支持政策绩效评价

1. 国际农业支持政策绩效评价指标的选取

消费者支持估计值是指每年由于农业政策而使得农业生产者流向消费者的那部分支付，是转移的资金而不是投入，所以本研究选择农业生产者支持估计值（PSE）和农业一般服务支持估计值（GSSE）作为输入变量，将农业生产总值作为输出变量。本研究选取中国、美国和韩国等18个国家以及欧盟、OECD 2004年、2008年、2012年的数据，把其中每个国家或组织任一年的输入输出数据作为一个决策单元进行绩效分析。

2. 国际农业支持政策绩效评价结果分析

对18个国家以及欧盟、OECD的农业支持绩效进行分析，将2004年、2008年、2012年的投入产出数据分别输入软件DEAP2.1，得到综合技术效率、纯技术效率、规模效率和规模收益情况，评价结果如表3-7所示，综合技术效率值即为绩效值。由于综合技术效率为1的为DEA有效，所以以上18个国家中日本、新西兰始终保持DEA有效，且规模报酬保持不变。其中冰岛和智利的绩效值最低，在2012年仅为0.001。除日本、新西兰以外，欧盟、美国、OECD的纯技术效率为1，即这些国家和组织的农业支持政策的实施效率达到最高。各国及组织的规模效率均较低，除日本、新西兰外，仅有土耳其2012年达到了1，说明这些国家和组织的农业支持规模和农业生产规模的优化程度、配置比例较低。从时间的角度来看，各国和组织的纯技术效率不断提升而规模效率有所下降。由于各个国家和组织的国情不同，纯技术效率与规模效率均有很大的差异。75%的国家处于规模收益不变或递增状态。

表3-7　2004年、2008年、2012年18个国家以及欧盟、OECD的农业支持政策绩效值

国家和组织	综合技术效率（crste）			纯技术效率（vrste）			规模效率（scale）			规模收益		
	2004年	2008年	2012年	2004年	2008年	2012年	2004年	2008年	2012年	2004年	2008年	2012年
巴西	0.315	0.435	0.328	0.543	0.696	0.650	0.579	0.625	0.504	drs	drs	drs
中国	0.084	0.122	0.040	0.699	1.000	0.399	0.120	0.122	0.100	drs	drs	drs
俄罗斯	0.006	0.004	0.005	0.008	0.005	0.005	0.730	0.864	0.872	irs	irs	irs
乌克兰	0.057	0.057	0.064	0.129	0.079	0.070	0.440	0.713	0.905	irs	irs	irs
南非	0.042	0.084	0.075	0.081	0.134	0.154	0.515	0.627	0.491	irs	irs	irs
澳大利亚	0.689	0.662	0.706	1.000	0.758	1.000	0.689	0.873	0.706	drs	drs	drs

续表 3-7

国家和组织	综合技术效率(crste)			纯技术效率(vrste)			规模效率(scale)			规模收益		
	2004年	2008年	2012年	2004年	2008年	2012年	2004年	2008年	2012年	2004年	2008年	2012年
加拿大	0.174	0.286	0.231	0.184	0.296	0.266	0.944	0.966	0.869	irs	drs	drs
智利	0.002	0.001	0.001	0.004	0.002	0.002	0.383	0.700	0.616	irs	irs	irs
欧盟	0.411	0.520	0.267	1.000	1.000	1.000	0.411	0.520	0.267	drs	drs	drs
冰岛	0.002	0.003	0.001	0.222	0.281	0.411	0.011	0.012	0.003	irs	irs	irs
以色列	0.127	0.197	0.093	0.536	0.611	0.609	0.238	0.323	0.152	irs	irs	irs
日本	1.000	1.000	1.000	1.000	1.000	1.000	1.000	1.000	1.000	—	—	—
韩国	0.144	0.159	0.079	0.169	0.187	0.140	0.853	0.848	0.564	irs	irs	irs
墨西哥	0.051	0.070	0.027	0.058	0.077	0.040	0.865	0.912	0.671	irs	irs	irs
新西兰	1.000	1.000	1.000	1.000	1.000	1.000	1.000	1.000	1.000	—	—	—
挪威	0.020	0.028	0.009	0.124	0.149	0.155	0.164	0.185	0.056	irs	irs	irs
瑞士	0.166	0.198	0.069	0.491	0.623	0.803	0.338	0.318	0.086	irs	irs	irs
土耳其	0.598	0.649	1.000	0.667	0.674	1.000	0.897	0.964	1.000	irs	irs	—
美国	0.157	0.160	0.120	1.000	1.000	1.000	0.157	0.160	0.120	drs	drs	drs
OECD	0.187	0.204	0.156	1.000	1.000	1.000	0.187	0.204	0.156	drs	drs	drs

注:irs 为规模效益递增,drs 为规模效益递减。

当各个国家和组织农业支持政策处于最优规模时,农业支持的绩效最高,应当保持现有的规模不变;当农业支持政策处于非最优状态时,如果规模报酬递增,则应扩大规模,以提高绩效。

对于非有效决策单元,可以通过投影分析,测算其与有效决策单元的"距离",调整投入与产出幅度,从而达到提高绩效的目的。在生产过程中,要素投入的比例失衡与冗余都会导致技术效率的损失;反之,绩效值的高低也反映了要素投入的比例失衡与冗余程度。对农业支持政策,投入要素比产出要素更易于控制。因此,本研究重点从投入角度探讨怎样按比例调整投入,从而提高农业支持政策的绩效。将 2012 年投入产出数据代入 DEA 模型,得到纯技术效率不为 1 的农业支持政策投入冗余值(表 3-8)。

表 3-8 2004 年、2008 年、2012 年 18 个国家以及欧盟、OECD 的投入冗余

国家和组织	纯技术效率(vrste)			规模效率(scale)		
	2004 年	2008 年	2012 年	2004 年	2008 年	2012 年
巴西	0.000	0.000	228 907.095	1 337.005	0.000	0.000
中国	0.000	0.000	0.000	37 677.281	0.000	0.000
俄罗斯	1 328.023	815.030	0.000	0.000	0.000	0.000
乌克兰	184.813	338.946	0.000	0.000	0.000	0.000
南非	388.027	495.032	0.000	0.000	0.000	0.000
澳大利亚	0.000	0.000	0.000	0.000	131.619	0.000
加拿大	184.762	0.000	0.000	0.000	36.959	0.000
智利	592.430	258.627	0.000	0.000	0.000	0.000
欧盟	0.000	0.000	0.000	0.000	0.000	0.000

续表 3-8

国家和组织	纯技术效率(vrste)			规模效率(scale)		
	2004 年	2008 年	2012 年	2004 年	2008 年	2012 年
冰岛	2 932.498	4 511.850	0.000	0.000	0.000	0.000
以色列	908.492	2 463.503	0.000	0.000	0.000	0.000
日本	0.000	0.000	0.000	0.000	0.000	0.000
韩国	2 210.547	1 971.851	0.000	0.000	0.000	0.000
墨西哥	951.630	3 298.761	0.000	0.000	0.000	0.000
新西兰	0.000	0.000	0.000	0.000	0.000	0.000
挪威	2 399.533	2 939.626	0.000	0.000	0.000	0.000
瑞士	3 534.310	3 662.246	0.000	0.000	0.000	0.000
土耳其	10 355.813	12 415.956	0.000	0.000	0.000	0.000
美国	0.000	0.000	0.000	0.000	0.000	0.000
OECD	0.000	0.000	0.000	0.000	0.000	0.000

由表 3-8 可以看出,投入冗余部分主要在纯技术效率方面,且随着时间的推移,投入冗余逐年减少。我国仅 2004 年存在规模效率方面的冗余,可见造成我国农业支持政策绩效较低的主要原因在于投入、产出不足。

3.4.2 国际农业支持绩效空间差异分析

1.2012 年各国综合技术效率空间差异分析

通过全局空间自相关分析(表 3-9)表明,各个国家的综合技术效率值仅 2008 年存在 90%以上的置信度,呈现空间聚集模式,即整体上各国家之间的综合技术效率值这一属性值具有相似性质。2004 年、2012 年各国农业支持综合技术效率值均为空间随机分布模式。

表 3-9 2004 年、2008 年、2012 年农业支持综合技术效率全局空间自相关分析结果

年份	Moran's I 指数	*Z* 得分	*P* 值	空间特征
2004	0.013 617	0.894 359	0.371 130	随机
2008	0.048 843	1.771 420	0.076 491	聚集
2012	−0.017 357	0.112 512	0.910 418	随机

各国综合技术效率值的局部空间自相关分析结果表明,2004 年、2008 年、2012 年日本(HL)始终表现为区域自身综合技术效率值较高,周边地区较低,二者空间差异度较大;新西兰(HH)则始终表现为区域自身和周边地区均有较高的综合技术效率,且自身和周边空间差异较小。

通过综合技术效率值的热点分析,可以从整体上找出综合技术效率较高和较低的地区是否在空间上存在局部的聚集现象。综合技术效率的热点(综合技术效率较高的地区)由澳大利亚、新西兰转移到欧盟,再由欧盟转移至澳大利亚以及新西兰附近;冷点(综合技术效率较低的地区)主要分布在美洲,且随着时间的推移,冷点逐渐消失。

2.2012 年各国纯技术效率空间差异分析

通过全局空间自相关分析(表 3-10)表明,各个国家的纯技术效率值由原来的空间聚集模式逐渐转变为空间离散模式,且离散程度较高。这说明整体上各国家之间的纯技术效率值这一属性不再具有相似性质。

表 3-10 2004 年、2008 年、2012 年农业支持纯技术效率全局空间自相关分析结果

年份	Moran's I 指数	Z 得分	P 值	空间特征
2004	0.153 466	4.389 622	0.000 011	聚集
2008	−0.009 018	0.317 185	0.751 103	随机
2012	−0.092 873	−1.767 984	0.077 064	离散

局部空间自相关分析结果表明,2004 年巴西(HL)表现出区域自身和周边地区的规模效率值均较低,并且区域自身的规模效率值和周边地区的空间差异程度较小。随着时间的推移,整体上不存在明显的局部空间差异。

通过纯技术效率值的热点分析,可以从整体上找出纯技术效率较高和较低的地区是否在空间上存在局部的聚集现象。2004 年纯技术效率的热点(纯技术效率较高的地区)在欧盟地区;冷点(纯技术效率较低的地区)主要分布在巴西周边地区。随着时间的推移,冷点、热点均逐渐消失。

3.2012 年各国规模效率空间差异分析

通过全局空间自相关分析(表 3-11)表明,各个国家的规模效率在这 3 年均在 90%以上的置信度,呈现空间聚集模式,即整体上各国家之间的规模效率值这一属性值具有相似性质。

表 3-11 2004 年、2008 年、2012 年农业支持规模效率全局空间自相关分析结果

年份	Moran's I 指数	Z 得分	P 值	空间特征
2004	0.085 613	2.686 482	0.007 221	聚集
2008	0.056 718	1.956 983	0.050 350	聚集
2012	0.164 892	4.678 459	0.000 003	聚集

各国规模效率的局部空间自相关分析结果表明,2004 年、2008 年、2012 这 3 年中,欧盟的周边部分国家挪威(LL)、冰岛(LL)、乌克兰(LL)等均表现出区域自身和周边地区的规模效率值均较低,并且区域自身的规模效率值和周边地区的空间差异程度较小。土耳其(HL)表现为区域自身的规模效率较高,周边地区较低,二者的空间差异程度较大。新西兰(HH)表现为区域自身的规模效率较低,周边地区较高,二者的空间差异程度较大。

通过规模效率值的热点分析,可以从整体上找出规模效率较高和较低的地区是否在空间上存在局部的聚集现象。规模效率的热点(规模效率较高的地区)由美洲转移到东欧、东亚周边地区,冷点(规模效率较低的地区)主要分布在欧盟周边地区。这反映了欧盟周边地区的规模效率普遍低于其他地区的现象。

第4章　基于中观尺度的农业支持政策绩效评价

本章基于 OECD 政策分类，选取 6 个粮食主产区和 6 个粮食非主产区共 12 个省（区、市）级决策单元，选用我国具有代表性的 17 种农产品，在中观尺度上，基于省（区、市）和农产品视角评价我国农业支持政策绩效，探寻我国农业支持政策实施区域和农产品政策绩效差异性，把握未来政策重点支持区域与品种。

4.1　研究范围

4.1.1　指标选取

根据 OECD(2009)的政策分类和国内外学者(Aravindakshan 等，2015；Atici 和 Podinovski，2015；Zong 和 Li，2006)的研究，农业支持政策具体的指标体系如表 4-1 所示。建立的 DEA 模型共选取 6 个输入指标，包括 PSE、GSSE、劳动力、播种面积、农机投入和化肥投入。其中，PSE 和 GSSE 是将我国众多农业支持政策分类后的两种类型政策各自的资金投入总和；劳动力是我国农业从业人员总和；播种面积是在农业生产过程中用于种植粮食的土地面积；农机投入代表我国在农业生产过程中的农业机械及装备投入，代表我国农业机械化水平；化肥投入是我国农业生产过程中投入使用的氮磷钾及混合肥总和。

表 4-1　农业支持政策绩效评价指标体系

项目	指标名称	单位	定义
输入指标	PSE(X_1)	亿元	包括：市场价格支持(MPS)，粮食直补，农资综合补贴，良种补贴，农机具购置补贴，农村扶贫项目，退耕还草，退耕还林
	GSSE(X_2)	亿元	包括：农业综合开发项目，劳动力转移培训阳光工程，测土配方施肥补贴，农业基础设施建设，现代农业示范项目，粮食安全储备支出，产粮大县奖励
	劳动力(X_3)	万人	农业从业人员
	播种面积(X_4)	千公顷	农作物播种面积
	农机投入 (X_5)	万千瓦	农业机械总动力
	化肥投入(X_6)	万吨	氮磷钾、混合肥使用量
输出指标	农民人均收入(Y_1)	元	农业支持政策实施的两大目标
	粮食总产量(Y_2)	万吨	

政策目标定位的合理性直接影响到政策制度设计的科学性和有效性。解读 2004—2015 年连续 12 年发布的中央一号文件不难发现，中国新型农业补贴制度的目标定位为通过保障粮食安全与促进农民增收的双重路径来实现支持和保护农业的战略构想（高玉强，2011）。本研究也是在同时考虑这两个政策目标的前提下测算我国实施农业支持政策的绩效情况，而农业支持政策的效果体现在生产者的人均收入和粮食总产量上，所以我们用生产者的人均收入和粮食总产量来建立输出指数。

4.1.2　研究区域

基于 DEA 对决策单元同质性的要求，加之受到一些省（区、市）对农业支持数据可得性的限制以及统计工作的滞后性，本研究选取湖北、四川、黑龙江、吉林、河北、湖南 6 个粮食主产区和贵州、海南、西藏、新疆、云南、重庆 6 个非粮食主产区共 12 个省（区、市）以及全国 2008 年、2010 年、2012 年的数据。

4.1.3　农产品覆盖范围

OECD 采用推断法计算市场价格支持总量（MPS），它需要先确定农产品的覆盖范围。由于我国农产品种类繁多，而且各省（区、市）之间的差距较大，所以需要选取一些具有代表性的农产品来计算市场价格支持。

OECD 在确定代表性农产品时需满足两个条件：①选取的所有农产品总产值占农业总产值的 70%以上；②单个农产品产值占农业总产值的 1%以上（朱满德和程国强，2011）。但在实际中，要找到同时满足以上两个条件的数据相当困难。为了尽可能增加商品的覆盖范围，减小支持水平估计的计算误差，本章以 2012 年数据为基础，在考虑数据可获得性的基础上将单项农产品产值占农业总产值比重 0.5%以上的商品都纳入 MPS 的计算中。选定农产品如表 4-2 所示，这 17 种农产品的总产值占到农业总产值的 68.62%。

表 4-2　计算 MPS 所包含的农产品种类

农产品种类	产量/万吨	生产者平均销售价格/（元/吨）	产值/亿元	占全部农产品产值比例/%
小麦	12 102.36	2 166.20	2 621.61	3.54
稻谷	20 423.59	4 060.88	8 293.78	11.19
玉米	20 561.41	2 222.60	4 569.98	6.16
大豆	1 301.09	4 727.80	615.13	0.83
油菜籽	1 400.73	4 939.40	691.88	0.93
花生	1 669.16	10 976.86	1 832.21	2.47
苹果	3 849.07	4 259.40	1 639.47	2.21
柑橘	3 167.80	2 129.47	674.57	0.91
甘蔗	12 311.39	3 906.67	4 809.65	6.49
烤烟	312.62	21 831.20	682.49	0.92
棉花	683.60	18 242.20	1 247.04	1.68
牛奶	3 743.60	3 528.60	1 320.97	1.78

续表 4-2

农产品种类	产量/万吨	生产者平均销售价格/(元/吨)	产值/亿元	占全部农产品产值比例/%
牛肉	662.26	44 581.82	2 952.48	3.98
猪肉	5 342.70	20 924.17	11 179.15	15.08
羊肉	400.99	51 538.85	2 066.66	2.79
禽肉	1 981.30	17 092.62	3 386.56	4.57
禽蛋	2 861.17	8 013.40	2 292.77	3.09

数据来源：各农产品的产量来自《2013 年中国统计年鉴》，生产者平均销售价格来自《2013 年全国农产品成本收益资料汇编》。

4.2 数据处理

4.2.1 市场价格支持计算处理

市场价格支持公式为：

$$\text{MPS}=\sum_{j=1}^{m}\text{sMPS}_j \quad \text{公式(4-1)}$$

其中，m 是计算市场价格支持时选定农产品的种类，本章的 $m=17$；sMPS_j 代表的是第 j 种农产品的市场转移，而 sMPS=(国内价格－边境价格)×产量×商品率。

国内价格即生产者平均销售价格，来自历年的《全国农产品成本收益资料汇编》，并做适当的处理，主要是参照宗义湘(2006)、程国强(2011)、王永刚(2011)等学者的处理办法。其中禽肉的生产者平均销售价格是将专业户养肉鸡和集体养肉鸡价格的简单平均，鸡蛋、牛奶的平均销售价格分别是农户散养/小/中/大规模养殖的蛋鸡、农户散养/小/中/大规模养殖的奶牛平均销售价格的简单平均。为了与国际贸易产品相对应，对某些产品的生产者平均销售价格根据产品特点进行了调整，把稻谷、小麦、带壳花生、甘蔗、农户散养菜牛、农户散养生猪、农户散养菜羊、肉鸡的平均销售价格调整为大米、小麦、花生仁、食糖、牛肉、猪肉、羊肉、禽肉的平均销售价格，调整系数分别为 68%、75%、82%、12%、54%、65%、55%、75%。

粮食和水果的商品率来自历年的《全国农产品成本收益资料汇编》。由于畜产品主要是用来销售，为了简化计算，设定畜产品的商品率均为 1。

边境价格来自历年的《中国海关年鉴》。由于《中国海关年鉴》中各商品的边境价格单位为美元，所以直接使用官方汇率换算为人民币。对于与农产品进出口有关的运输、装卸、加工及销售费用的确认，分别对粮食、棉花、花生、烤烟、水果、糖、肉类按照出口价格的 10%、8%、15%、30%、40%、30%、20%换算成运输等费用对国际参考价格进行调整。

4.2.2 归一化处理

DEA 方法要求其输入输出指标必须为正值，所以计算出来的市场价格支持存在负值的情况。因此，需要对这些数据进行归一化处理，方法如下：

$$\text{Max}(x_1, x_2, \cdots, x_n) = a$$
$$\text{Min}(x_1, x_2, \cdots, x_n) = b \qquad 公式(4\text{-}2)$$
$$X' = \frac{(X-b)}{(a-b)} \times 0.9 + 0.1$$

公式(4-2)中，$x_1, x_2, \cdots, x_n$ 分别表示某一年各个农产品的市场价格支持值，所以 a 表示这组农产品市场价格中值最大的，b 表示该组农产品市场价格中值最小的；X 表示每一个被处理的农产品市场价格支持值；X'表示处理后得到的数据。

归一化处理相当于对本指标的数据进行同比例缩小，处理后数据均变为正值。由于DEA 方法计算的是相对效率，而归一化处理输出指标使得决策单元(DMU)形成的前沿面发生平移，但总体形状不变，决策单元间的相对关系不改变，所以对指标进行归一化处理的结果对农产品的农业支持绩效分析不产生影响。

4.3 我国农产品支持水平

单个农产品的生产者支持估计相对值是指单个农产品的转移支付占这个农产品总产值的比重。由于单个农产品的转移支付不好计算，所以用单个农产品的市场价格支持来替代单个农产品的转移支付，即：

$$\%\text{PSE}_j = \frac{\text{sMPS}_j}{T_{sj}} = \frac{(P_j^o - P_j^*) \times Q_j \times R}{P_j^o \times Q_j} = \frac{(P_j^o - P_j^*) \times R}{P_j^o} \qquad 公式(4\text{-}3)$$

其中，$\%\text{PSE}_j$ 表示第 j 种农产品的生产者支持估计相对值，指的是第 j 种农产品的总产值当中由市场价格支持相关政策的实施所带来收入占的份额；sMPS_j 为公式(4-1)中提到的第 j 种农产品的市场价格支持；T_{sj} 表示第 j 种农产品的总产值；P_j^o 表示第 j 种农产品的国内价格；P_j^* 表示第 j 种农产品的国际价格；R 表示第 j 种农产品的商品率；Q_j 表示第 j 种农产品的产量。

将选取的 17 种农产品分为粮食作物、经济作物和畜产品三大类，其中粮食作物包括小麦、稻谷、玉米、大豆；经济作物包括油菜籽、花生、苹果、柑橘、甘蔗、烤烟、棉花，经济作物又细分为油料作物、糖料作物、纤维作物、水果等，选取的农产品当中油菜籽和花生属于油料作物，柑橘属于糖料作物，棉花属于纤维作物，苹果和柑橘属于水果；畜产品包括牛奶、牛肉、猪肉、羊肉、禽肉、禽蛋。计算的 17 种农产品 2008 年、2010 年、2012 年的生产者支持估计相对值如表 4-3 所示。

表 4-3 2008 年、2010 年、2012 年我国 17 种农产品的生产者支持估计相对值 %

农产品种类		2008 年	2010 年	2012 年	平均
粮食作物	小麦	2.48	38.32	44.68	28.49
	稻谷	−44.78	−1.56	9.80	−12.18
	玉米	−22.45	22.31	16.48	5.45
	大豆	1.34	26.72	27.07	18.38
	平均	−15.85	21.45	24.50	

续表 4-3 %

农产品种类		2008年	2010年	2012年	平均
经济作物	油菜籽	24.10	19.40	15.01	19.50
	花生	−33.03	−0.16	−2.80	−12.00
	苹果	−17.18	36.26	12.45	10.51
	柑橘	−66.94	10.59	−58.13	−38.16
	甘蔗	−0.02	3.19	2.97	2.05
	烤烟	−1.58	−56.31	7.00	−16.96
	棉花	−7.35	46.33	21.87	20.28
	平均	−14.57	8.47	−0.23	
畜产品	牛奶	−24.36	16.80	34.45	8.96
	牛肉	8.82	5.90	27.03	13.92
	猪肉	12.82	11.75	3.20	9.26
	羊肉	32.00	14.87	11.97	19.61
	禽肉	8.38	21.63	13.79	14.60
	禽蛋	4.72	10.67	8.19	7.86
	平均	7.06	13.60	16.44	

数据来源：作者根据《中国统计年鉴》《中国海关年鉴》《全国农产品成本收益资料汇编》中的数据计算得来。

从表4-3可以看出，市场价格支持相关政策的实施对粮食作物产值的影响最大，其次是畜产品，最后才是经济作物。小麦、稻谷、大豆、牛奶的支持水平不断提高，油菜籽、猪肉、羊肉的支持水平呈下降趋势，玉米、花生、苹果、柑橘、甘蔗、烤烟、棉花、牛肉、禽肉、禽蛋这些产品的支持水平则呈现波动状态。2008年大部分的粮食作物和经济作物的生产者支持估计相对值为负，这是由于受到经济危机的影响，在这一年里国际市场农作物价格大幅度上涨。

从总体上看，我国对粮食作物和畜产品的支持水平都是呈上升的趋势，对粮食作物的支持水平总体比畜产品高，但畜产品支持水平的上升速度更快。这是由于粮食安全一直是我国农业支持政策实施的重要目标之一，长期以来围绕这一目标采取了许多的措施，如针对小麦（三等）、早籼稻（三等）、中晚籼稻（三等）、粳稻（三等）的粮食最低收购价，针对玉米的临时收储政策，针对大豆的目标价格支持等。随着近年来人们生活水平的提高，人们的消费结构发生变化，对畜产品的需求也大幅度增加，促使国家出台一系列政策来支持畜牧业的发展，所以畜产品的支持水平上升很快，特别是牛奶的农业支持水平上升最快。

经济作物整体的农业支持水平不高。虽然油菜籽这种油料作物的农业支持水平在下降，但也一直保持在一个比较高的状态，远高于经济作物的平均水平。棉花这种纤维作物的农业支持水平变动较大，2010年最高，达到46.33%，总体来看也处于一个较高的状态，也远高于经济作物的平均水平。甘蔗这种糖料作物的农业支持水平虽然不高，但从负支持状态转为正支持状态。不难发现，经济作物当中农业支持水平较高的作物大都有针对的价格政策，如分别针对棉花、油菜籽、食糖的临时收储政策，其中食糖主要来源于甘蔗。

2008年、2010年、2012年这三年中，小麦的平均支持水平最高，达到28.49%，其次是棉花（20.28%）、羊肉（19.61%）、油菜籽（19.50%）、大豆（18.38%）、禽肉（14.60%）、牛肉（13.92%）、苹果（10.51%）、猪肉（9.26%）、牛奶（8.96%）、禽蛋（7.86%）、玉米（5.45%）、甘

蔗(2.05%),同时期 OECD 成员国对小麦(3.43%)、羊肉(4.61%)、大豆(11.27%)、牛肉(5.75%)、禽蛋(3.23%)的支持水平低于我国。

中国对稻谷(-12.18%)的支持水平为负,而 OECD 成员国对稻谷的支持水平达到58.5%。虽然自 2005 年开始在我国稻谷主产区实施了最低收购价政策,但由于国际市场稻谷价格上涨速度过快,所以国内稻谷市场价格低于国际价格,这个现象在 2008 年尤为突出,当年我国稻谷支持水平跌至-44.78%。随后几年,我国逐年顺应市场上调稻谷最低收购价格,从而使我国对稻谷的支持水平得到改善,2012 年时达到 9.8%。

4.4 基于省域/农产品的我国农业支持政策绩效评价结果

DEA 模型有投入导向(input-oriented)和产出导向(output-oriented)两种模式。投入导向模式是指在产出水平固定的前提下对投入要素进行适当调节和控制,使投入要素最少;而产出导向模式恰好相反,是指在投入一定的要素情况下,使其达到最优产出量。在农业生产中,投入比产出容易控制,故本研究选取投入导向的 DEA 模式进行分析。

4.4.1 基于省域的农业支持政策绩效评价结果

选取的 12 个省(区、市)及全国的数据用 DEA 分析软件 DEAP2.1 分别对 2008 年、2010 年、2012 年的农业支持绩效进行分析,得到综合技术效率、纯技术效率、规模效率和规模收益情况如表 4-4 所示。

从综合技术效率方面看,由于综合技术效率为 1 的 DEA 才有效,所以以上 12 个省(区、市)2008 年只有黑龙江、吉林、河北、湖北、湖南、西藏、海南 7 个省(区)达到了 DEA 有效;其中有 5 个是粮食主产区;2010 年只有黑龙江、吉林、河北、湖北、湖南、四川、西藏、海南 8 个省(区)达到了 DEA 有效;2012 年也只有黑龙江、吉林、湖北、湖南、重庆、西藏、海南 7 个省(区、市)达到了 DEA 有效。可以看出,达到 DEA 有效的省(区、市)在减少。这三年粮食主产区的平均综合技术效率值大于非粮食主产区。

表 4-4 2008 年、2010 年、2012 年 12 个省(区、市)的农业支持政策绩效值

省(区、市)		综合技术效率(crste)			纯技术效率(vrste)			规模效率(scale)			规模收益		
		2008年	2010年	2012年	2008年	2010年	2012年	2008年	2010年	2012年	2008年	2010年	2012年
粮食主产区	黑龙江	1	1	1	1	1	1	1	1	1	—	—	—
	吉林	1	1	1	1	1	1	1	1	1	—	—	—
	河北	1	1	0.969	1	1	1	1	1	0.969	—	—	drs
	湖北	1	1	1	1	1	1	1	1	1	—	—	—
	湖南	1	1	1	1	1	1	1	1	1	—	—	—
	四川	0.887	1	0.933	0.897	1	0.958	0.989	1	0.974	irs	—	irs
	平均	0.981	1.000	0.984	0.983	1.000	0.993	0.998	1.000	0.991			

续表 4-4

省(区、市)		综合技术效率(crste)			纯技术效率(vrste)			规模效率(scale)			规模收益		
		2008年	2010年	2012年	2008年	2010年	2012年	2008年	2010年	2012年	2008年	2010年	2012年
非粮食主产区	重庆	0.959	0.977	1	0.991	0.988	1	0.968	0.989	1	irs	irs	—
	贵州	0.674	0.639	0.619	0.718	0.699	0.712	0.939	0.915	0.869	irs	irs	irs
	云南	0.541	0.953	0.617	0.572	0.995	0.645	0.946	0.959	0.957	irs	irs	irs
	新疆	0.643	0.658	0.617	0.691	0.673	0.648	0.931	0.977	0.952	irs	irs	irs
	西藏	1	1	1	1	1	1	1	1	1	—	—	—
	海南	1	1	1	1	1	1	1	1	1	—	—	—
	平均	0.803	0.871	0.809	0.829	0.893	0.834	0.964	0.973	0.963			

注:irs 为规模效益递增,drs 为规模效益递减。

从纯技术效率方面看,2008 年、2010 年、2012 年这三年纯技术效率为 1 的一直有 7 个,分别为黑龙江、吉林、河北、湖北、湖南、西藏、海南,其中粮食主产区占 5 个。四川在 2010 年纯技术效率达到 1,重庆在 2012 年纯技术效率达到 1。事实上,在这几个粮食主产区只有四川的纯技术效率不是一直等于 1,而非粮食主产区里只有西藏、海南的纯技术效率值为 1,其他省(区、市)的纯技术效率值都偏低。总的看来,这 3 年粮食主产区的纯技术效率在逐年上升,而非粮食主产区的纯技术效率在逐年下降,粮食主产区的平均纯技术效率值大于非粮食主产区。

从规模效率方面看,2008 年规模效率为 1 的省(区、市)有 7 个,分别是黑龙江、吉林、河北、湖北、湖南、西藏、海南;2010 年规模效率为 1 的省(区、市)有 8 个,分别是黑龙江、吉林、河北、湖北、湖南、四川、西藏、海南;2012 年规模效率为 1 的省(区、市)有 7 个,分别是黑龙江、吉林、湖北、湖南、重庆、西藏、海南。总的看来,粮食主产区的平均规模效率值要大于非粮食主产区。

除去 DEA 有效的省(区、市)外,其他省(区、市)的生产技术效率和规模效率均有待提高。就河北而言,规模效率低是造成农业支持政策未达到 DEA 有效的主要原因。粮食主产区的四川,非粮食主产区的贵州、新疆、云南、重庆这 5 个省(区、市)纯技术效率低是造成农业支持政策未达到 DEA 有效的主要原因。

从表 4-4 中可以看出,在这 3 年间规模收益一直保持不变的有 6 个省份,分别是黑龙江、吉林、湖北、湖南、西藏、海南,即一直达到 DEA 有效的 6 个省份;在这 3 年间未达到 DEA 有效的河北一直保持规模收益递增状态;四川以及非粮食主产区的规模收益总体呈现递减状态。

2008 年、2010 年、2012 年 12 个省(区、市)农业支持政策投入冗余情况如表 4-5 所示。因为投入冗余是在决策单元的纯技术效率非有效情况下计算出来的,所以由表 4-5 可以看出粮食主产区除四川外的投入冗余值都为零,非粮食主产区里除西藏、海南以外其他几省(区、市)在少数年份有不同程度的冗余,但不论是 PSE 还是 GSSE,它们的冗余值都不大。

表 4-5 2008 年、2010 年、2012 年 12 个省(区、市)的投入冗余 亿元

省(区、市)		农业生产者支持估计值(PSE)			一般服务支持估计值(GSSE)		
		2008 年	2010 年	2012 年	2008 年	2010 年	2012 年
粮食主产区	黑龙江	0	0	0	0	0	0
	吉林	0	0	0	0	0	0
	河北	0	0	0	0	0	0
	湖北	0	0	0	0	0	0
	湖南	0	0	0	0	0	0
	四川	0	0	13.358	0	0	0
非粮食主产区	重庆	0	16.74	0	23.338	0	0
	贵州	0	0	0	0	8.492	11.132
	云南	0	0	0	0	12.819	0
	新疆	0	177.841	125.825	0	0	0
	西藏	0	0	0	0	0	0
	海南	0	0	0	0	0	0

4.4.2 基于农产品的农业支持政策绩效评价结果

在计算农产品的农业支持政策绩效时,选用单个农产品的市场价格支持作为输入指标,并把该农产品对应的生产者平均价格和产量作为输出指标。由于部分农产品的市场价格支持存在负值,所以对市场价格支持进行归一化处理,最后用 DEA 分析软件 DEAP2.1 对 2008 年、2010 年、2012 年 17 种农产品支持绩效情况进行分析,结果如表 4-6 所示。

表 4-6 2008 年、2010 年、2012 年 17 种农产品支持绩效情况

农产品种类		综合技术效率(crste)			纯技术效率(vrste)			规模效率(scale)			规模收益		
		2008年	2010年	2012年	2008年	2010年	2012年	2008年	2010年	2012年	2008年	2010年	2012年
粮食作物	小麦	0.081	0.121	0.382	0.138	0.165	0.401	0.59	0.732	0.953	irs	irs	drs
	稻谷	1	1	0.813	1	1	1	1	1	0.813	—	—	drs
	玉米	0.15	0.208	0.855	0.174	0.22	1	0.865	0.948	0.855	irs	irs	drs
	大豆	0.139	0.1	0.179	0.171	0.275	0.283	0.811	0.365	0.631	irs	irs	irs
	平均	0.343	0.357	0.557	0.371	0.415	0.671	0.817	0.761	0.813			
经济作物	油菜籽	0.183	0.11	0.207	0.212	0.305	0.314	0.86	0.36	0.659	irs	irs	irs
	花生	0.248	0.264	0.474	0.281	0.398	0.56	0.882	0.664	0.845	irs	irs	irs
	苹果	0.088	0.086	0.308	0.146	0.164	0.319	0.604	0.525	0.964	irs	irs	drs
	柑橘	0.051	0.127	1	0.15	0.338	1	0.342	0.377	1	irs	irs	—
	甘蔗	0.104	0.324	0.952	0.14	0.408	1	0.743	0.794	0.952	irs	irs	drs
	烤烟	0.51	1	0.572	0.532	1	0.699	0.959	1	0.818	irs	—	irs
	棉花	0.396	0.219	0.372	0.422	0.341	0.456	0.939	0.642	0.816	irs	drs	irs
	平均	0.226	0.304	0.555	0.269	0.422	0.621	0.761	0.623	0.865			

续表 4-6

农产品种类		综合技术效率(crste)			纯技术效率(vrste)			规模效率(scale)			规模收益		
		2008年	2010年	2012年	2008年	2010年	2012年	2008年	2010年	2012年	2008年	2010年	2012年
畜产品	牛奶	0.107	0.125	0.216	0.152	0.287	0.223	0.707	0.435	0.969	irs	irs	drs
	牛肉	0.885	0.549	0.526	0.891	0.904	0.53	0.993	0.608	0.992	irs	drs	irs
	猪肉	0.507	0.153	0.607	0.512	0.195	0.645	0.99	0.782	0.941	irs	drs	drs
	羊肉	1	0.563	1	1	1	1	1	0.563	1	—	drs	—
	禽肉	0.525	0.168	0.341	0.541	0.203	0.356	0.97	0.827	0.958	irs	drs	irs
	禽蛋	0.226	0.168	0.333	0.252	0.26	0.333	0.895	0.647	0.999	irs	irs	—
	平均	0.542	0.288	0.504	0.558	0.475	0.515	0.926	0.644	0.977			

注:irs 为规模效益递增,drs 为规模效益递减。

从表 4-6 中可以看出,我国农产品的农业支持政策绩效值普遍不高,达到 DEA 有效的农产品很少,每年基本上只有两种农产品达到 DEA 有效,分别是 2008 年的稻谷、羊肉,2010 年的稻谷、烤烟,2012 年的柑橘、羊肉。总的看来,粮食作物的综合技术效率高于经济作物和畜产品,说明目前我国用于粮食作物方面的政策投入效果要优于经济作物和畜产品。这些农产品当中柑橘的绩效值最低,2008 年仅为 0.051。小麦、玉米、花生、柑橘、甘蔗、牛奶的绩效值在不断上升,稻谷、牛肉的绩效值在不断下降,而大豆、油菜籽、苹果、烤烟、棉花、猪肉、羊肉、禽肉、禽蛋这些产品的绩效值则处于不断波动状态。

纯技术效率低是造成各农产品绩效值偏低的主要原因。小麦、玉米、大豆、油菜籽、花生、苹果、柑橘、甘蔗、禽蛋的纯技术效率值虽小但呈现上升的趋势,即粮食作物和大部分经济作物的纯技术效率在上升。从规模收益方面来看,大豆、油菜籽和花生这 3 种产品一直保持规模收益递减状态,小麦、稻谷、玉米、苹果、甘蔗、牛奶、猪肉这些产品逐渐由规模收益递减转为规模收益递增状态。总的来说,就是粮食作物和畜产品的规模收益最终大都呈递增状态,经济作物的规模收益大都呈递减状态。

4.4.3 基于效率提升的我国农业支持政策错位、缺位问题分析

虽然我国农业支持政策种类很多,覆盖范围广,但从上述计算结果来看,不论是省域层面还是农产品层面,我国农业支持政策的实施效率都普遍不高。这说明我国的农业投入没有得到有效利用,农业资源没有得到最优配置。从分析结果来看,我国农业支持政策还存在一些错位、缺位问题。

1.错位问题:农产品支持主要在流通环节,补贴重点应偏向生产环节

我国对农产品的支持政策主要集中在流通环节,主要采取的政策是价格支持政策,包括最低收购价、临时收储和目标价格补贴政策等。目前,我国价格支持政策已基本覆盖大宗农产品。不可否认,价格支持政策的实施在一定程度上提高了粮食产量、增加了农民收入、稳定了粮食价格,但是,从分析计算结果来看,我国在农产品流通环节的支持效率并不高。此外,从第 2 章分析得知,采取价格支持政策不仅会加大财政负担,而且还会扭曲农业市场。近年来我国粮食价格持续增加,目前我国主要的农产品价格已经超过国际市场价格,这不利于我

国农产品在国际市场上的竞争力。借鉴发达国家的政策发展经验并结合我国的实际情况可知,目前我国对农产品的支持重点不应放在流通环节,可适量减少在价格支持方面的支出。

从上述分析可知,我国目前在流通环节的政策支持效率低下,而且纯技术效率低是造成各农产品绩效值偏低的主要原因。从前面第2章也可得出以下推断:我国在推进农业现代化进程中,应加大在PI方面的支持力度,所以政策支持重点应偏向基于投入的生产环节。政策资金用于农业生产投入中,有利于改善生产环境,提高生产效率,同时也省去农业资金下发到农民手中的中间环节。

2.缺位问题:生产环节需要技术支持,生产规模需要扩大

从前文分析可以明显看出,我国在农业生产方面技术水平需要提高,技术效率偏低是影响我国农业效率偏低的主要原因之一;而且我国农业生产环境已发生根本性变化,传统的农业生产方式已不再满足现代社会的发展趋势。现在讲求的是快节奏、高效率,而现代化生产方式能极大地提高生产力,提高效率,节省时间。但是目前我国的农业生产环境还未达到现代农业的生产要求,其中很重要的一点就是技术装备水平不够,能够以技术手段代替的环节我国仍需要人工来完成,费时费力效率还不高。所以,发展现代农业,生产方式也需转变,而提高农业生产技术水平,特别是农业生产环节的技术水平,有助于提高我国农业生产效率,但投入技术需要一定的成本,农民自有资金有限,故大规模推广农业生产技术就需要政府资金支持,这样不仅可以减轻农民使用新技术的压力,还可以增大农民使用新技术的意愿。

目前农业生产规模也成为制约我国农业生产效率提高的一大重要因素。从前面分析可以看出,规模效率低也是影响我国农业生产效率低的原因之一。目前,我国农业生产还是以家庭经营小规模模式为主,难以产生规模效益。我国应大力提倡规模生产,鼓励新型农业经营主体扩大生产规模,形成规模生产,以提高生产效率,降低生产成本。

第5章　基于微观尺度的农业支持政策绩效评价

本章基于农户和新型农业经营主体的微观调研数据，分析我国农业支持政策实施现状、认知情况、实施效果以及对农户和新型农业经营主体的影响，并对不同粮食作物的农业支持政策绩效进行评估与对比分析。

5.1　数据来源与样本基本信息

5.1.1　调研目的与调研对象

本次调研的目的主要是从支持对象的角度进一步了解我国农业支持政策实施情况。调研对象包括农业生产经营主体的农户以及以合作社、企业、家庭农场以及组织等为代表的新型农业经营主体。

5.1.2　调研方法与调研内容

考虑到农业生产和经营主体不同的特点，本研究对于新型农业经营主体调研采用座谈会和问卷调查相结合的调研方法；对于农户采用问卷调查与农户访谈相结合的方法。调研内容包括农户调研内容和新型农业经营主体调研内容两部分。

1.农户问卷内容

农户调研包括基本信息、农业生产成本收益、农业支持政策实施情况、政策影响效果4个方面的内容。

(1)基本信息　包括户主信息(性别、年龄、教育、农业生产经验)、家庭信息(劳动力人数、家庭年收入、村干部、从事农业生产、是否加入合作社、农业技术培训、生产示范户)以及村庄信息(村庄人口、村庄位置、村庄地形地貌等)3个方面，共涉及19个问题。

(2)农业生产成本收益　包括农产品销售情况以及农业生产情况两部分。农产品销售情况主要为农产品销售渠道、滞销等内容，涉及3个问题；农业生产情况按照农户的实际生产分为种植业、林业、畜牧业以及渔业4类，主要包括各项投入成本、产出收益、机械化生产方式等方面内容，共涉及23个问题。

(3)农业支持政策实施情况　包括一般农业支持政策以及针对不同农业生产部分的特定类型农业支持政策。一般农业支持政策部分主要为农业补贴总计额度、四项补贴政策情况、贷款贴息补贴政策等，共涉及5个问题；针对不同农业生产部分的特定类型农业支持政策主要分为种植业、林业、畜牧业以及渔业4类，主要为特定良种补贴、农业保险保费补贴等方面内容，涉及31个问题。

(4)政策影响效果　包括农户对目前农业支持政策的总体评价，对农业支持政策的了解渠道，对各项农业支持政策的补贴对象、标准和实施方式评价，以及对我国新启动的农业“三项补贴”改革的看法等方面，共涉及12个问题。

2.新型农业经营主体问卷内容

新型农业经营主体调研包括基本信息、农产品成本收益、农业支持政策实施情况以及政策影响效果4个方面内容，共涉及33类问题，52个具体问题。

(1)合作社基本信息　包括成立时间、占地规模、年度销售额、吸纳农户数量、经营服务内容、农产品销售途径等方面内容，共计8个问题。

(2)农产品成本收益　包括农产品销售情况以及农业生产情况两部分。农产品销售情况主要为农产品销售渠道、滞销等内容，涉及3个问题；农业生产情况按照新型农业经营主体的实际生产分为种植业、林业、畜牧业以及渔业4类，主要包括各项投入成本、产出收益、机械化生产方式等方面内容，共涉及24个问题。

(3)农业支持政策实施情况　包括一般农业支持政策以及针对不同农业生产部分的特定类型农业支持政策。一般农业支持政策部分主要为农业补贴总计额度、四项补贴政策情况、贷款贴息补贴政策等，共涉及12个问题；针对不同农业生产部分的特定类型农业支持政策主要分为种植业、林业、畜牧业以及渔业4类，主要为特定良种补贴、农业保险保费补贴等方面内容，涉及30个问题。

(4)政策影响效果　包括新型农业经营主体对目前农业支持政策的总体评价，对农业支持政策的了解渠道，对各项农业支持政策的补贴对象、标准和实施方式评价，以及对我国新启动的农业“三项补贴”改革的看法等方面，共涉及12个问题。

5.1.3 调研区域与样本分布

本次调研采用大学生寒暑假期返乡调研的方式对全国各个地区进行调研。这些样本分布均匀且广泛，具有很好的代表性，能够满足对我国农业支持政策现状的数据分析要求。暑假调研最终收到农户问卷561份，新型农业经营主体问卷58份。寒假调研最终收到农户问卷461份，新型农业经营主体问卷40份。样本主要分布在全国25个省(区、市)。调研对象主要集中于以山东、河南以及河北省为代表的粮食主产区。由于目前我国的粮食生产主要是以农户的传统农业生产模式为主，所以着重对农户进行调研。本研究共计调研1 022个农户，98个新型农业经营主体，涉及383个村，235个乡(镇)，135个县(区)(表5-1)。

表5-1　调研对象分布情况

省(区、市)	农户有效问卷			新型农业经营主体有效问卷			省(区、市)	农户有效问卷			新型农业经营主体有效问卷		
	寒假	暑假	总计	寒假	暑假	总计		寒假	暑假	总计	寒假	暑假	总计
江苏	13	0	13	1	0	1	甘肃	24	14	38	1	1	2
安徽	3	11	14	1	2	3	广西	10	29	39	1	1	2
福建	7	0	7	2	0	2	贵州	5	0	5	1	0	1

续表 5-1

省(区、市)	农户有效问卷			新型农业经营主体有效问卷			省(区、市)	农户有效问卷			新型农业经营主体有效问卷		
	寒假	暑假	总计	寒假	暑假	总计		寒假	暑假	总计	寒假	暑假	总计
海南	5	0	5	0	0	0	陕西	36	51	87	4	2	6
河北	78	30	108	5	4	9	四川	8	0	8	0	0	0
河南	39	80	119	3	8	11	天津	5	25	30	2	2	4
湖北	15	15	30	1	1	2	云南	28	10	38	3	4	7
湖南	30	9	39	4	2	6	浙江	8	42	50	1	18	19
吉林	25	7	32	0	0	0	重庆	10	21	31	1	0	1
江西	5	0	5	0	0	0	黑龙江	0	7	7	0	1	1
内蒙古	10	27	37	0	2	2	宁夏	0	6	6	0	0	0
山东	84	157	241	7	10	17	辽宁	0	20	20	0	0	0
山西	13	0	13	2	0	2	总计	461	561	1 022	40	58	98

5.1.4 农户基本信息分析

1.户主基本信息

从表 5-2 可以看出，被调查农户家的户主以男性为主，占比达到 99.32%；平均年龄为 52.3 岁，年龄在 51 岁以上占比最高，达 45.11%；户主的受教育程度偏低，初中学历的农户最多，占到 42.27%，其次为小学，占比达到 32.49%。户主从事农业生产年限普遍较高，其平均农业生产年限达到 29.09 年，其中低于 10 年的仅占 10.67%，生产年限在 21～30 年的占比最高，达 34.34%(图 5-1)。这说明，目前从事农业生产的农户虽然受教育水平较低，但其农业生产经验较为丰富。

表 5-2 户主基本信息统计

统计特征	取值	频数	比例/%	统计特征	取值	频数	比例/%
性别	男	1 015	99.32	教育程度	未接受教育	71	6.95
	女	7	0.68		小学	332	32.49
年龄	30 岁以下	13	1.27		初中	432	42.27
	31～40	140	13.7		高中	149	14.58
	41～50	408	39.92		大专及以上	38	3.72
	51 岁以上	461	45.11				

2.家庭基本信息

从表 5-3 可以看出，被调查农户家庭成员多为普通村民，家中有村干部的只占到了 13.99%；农业生产以种植业为主，在所有调研家庭中占比超过 95%，故本研究重点对种植业进行研究；调研家庭中仅有 9.49%参加合作社，可见目前合作社等新型农业经营主体推广相

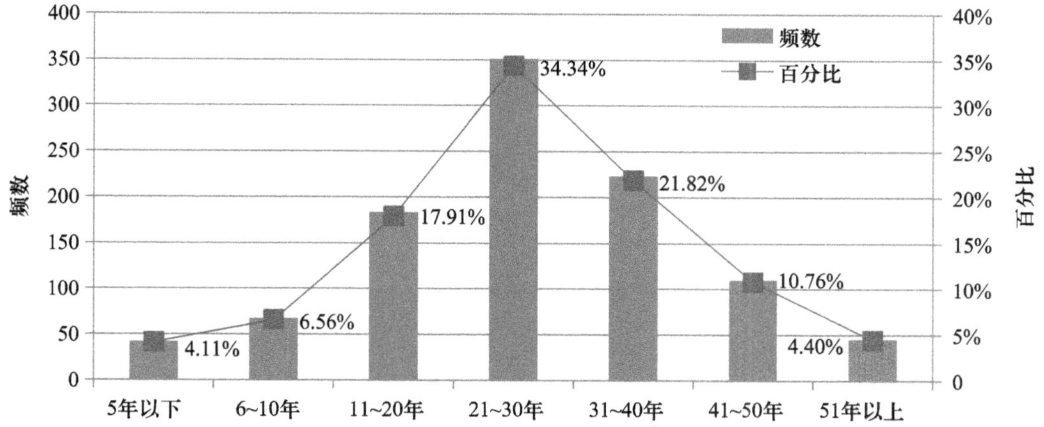

图 5-1 户主从事农业生产年限

对滞后；参加农业技术培训的家庭仅占16.63%；被调查家庭主要为一般农业生产家庭，其中生产示范户仅占8.71%。从调研整体情况来看，目前合作社等新型农业经营主体、农业技术推广均相对滞后。加之农民受教育程度较低，对于农业技术的学习程度较低，致使农业生产技术主要依靠于其自身的经验积累，水平较低。

表 5-3 家庭基本信息统计(1)

统计特征	取值	频数	比例/%	统计特征	取值	频数	比例/%
家庭有村干部	乡镇及以上干部	12	1.17	农业生产类型	种植业	991	96.97
	村干部	90	8.81		林业	7	0.68
	小组长(队长)	41	4.01		畜牧业	20	1.96
	没有	879	86.01		渔业	4	0.39
参加合作社	是	97	9.49	参加农业技术培训	是	170	16.63
	否	925	90.51		否	852	83.37
生产示范户	是	89	8.71				
	否	933	91.29				

从表5-4可以看出，被调查者家庭人口数平均为4.4人，最大的家庭有13人，最少的只有1人；每个家庭劳动力平均为2.68个，常年在家务农平均为1.67人，常年在外打工平均0.81人，半务农平均0.47人。虽然常在家务农的劳动力占家庭劳动力比重较大，但由于其主要为年龄较大的劳动者，劳动力素质相对较差，所以其劳动力平均生产率相对较低。调查农户家庭均收入为47 326.27元，收入最多的有500 000元，最少的只有2 000元；农业收入占家庭总收入比的均值为44.22%，存在部分农户家庭全部收入来自农业收入，该类农户家庭人口数目相对较少，而针对人口数量较多的家庭，其家庭收入的主要来源则为外出打工，其农业收入只占0.74%。农业收入越低的家庭，其劳动力向非农业生产转移的可能性越强。从家庭年均总支出来看，单一依赖农业生产不能够满足日常消费需求，很有可能出现入不敷出的情况，加之外出打工的收益不断上升，致使仅留一些年纪较大的劳动力务农，而较为强壮的劳动力选择外出打工。农业收入较低，日常生活消费较高，是造成劳动力转移的主要原因。

表 5-4　家庭基本信息统计(2)

统计特征	均值	最大值	最小值	统计特征	均值	最大值	最小值
家庭人数/人	4.40	13	1	半务农/人	0.47	4	0
劳动力数/人	2.68	8	1	家庭年收入/元	47 326.27	500 000	2 000
常年在家务农/人	1.67	8	0	农业收入占比/%	44.22	100	0.74
常年在外打工/人	0.81	9	0	总支出/元	29 406.53	500 000	1 000

3.村庄基本信息

从表 5-5 可以看出,被调查农户所在村庄总户数平均为 370.76 户,总人口均值为 1 504.99 人,各个村人口总数差距较大,其中最大村庄为 20 000 人,最小的村庄仅有 20 人;村庄主要为一般农村,占整体调研比重的 87.96%,且普遍离集镇较近,其距离最近集镇的距离均值为 6.73 千米。仅有 24.76%的村庄会为当地农户提供购买生产资料的服务,仅有 26.13%的村庄中具有农业企业,这表明在一般农村,其政府服务体系尚未完善,农业规模化生产以及农业产业链延长尚待进一步推广。在机械化农机具方面,超过 73%的村庄已进行推广,但其推广力度较弱,主要原因在于目前农村普遍为传统的生产方式,生产规模较小,对于农机具的需求有限,单纯依靠政府推广无法改变这种实际情况。只有真正的实行规模化生产,机械化才能进一步推进。村庄主要呈现平原的地形地貌,占所调研比重的 32.31%;其次为山地和丘陵。从灾害角度来看,主要灾害为旱灾,占所受灾害比重的 32.31%;其次为天气异常;虫害最少。由此可见我国应积极建设完善农村水利基础设施,提高有效灌溉面积,在保障自然资源可持续发展的同时降低灾害对于农民收益的影响。

表 5-5　村庄基本信息统计

统计特征	均值	最大值	最小值	统计特征	取值	频数	比例/%
村里总户数/户	370.76	6 000	10	村庄位置	城市郊区	55	5.38
村里总人口/人	1 504.99	20 000	20		乡政府所在地	68	6.65
距离最近集镇距离/千米	6.73	100	0				
					一般农村	899	87.96
统计特征	**取值**	**频数**	**比例/%**	村里帮助购买生产资料	是	253	24.76
机械化农机具推广力度	很大	149	14.58		否	769	75.24
	较大	197	19.28	村里是否有农业企业	是	267	26.13
	一般	403	39.43		否	755	73.87
	无	273	26.71	近 5 年有无灾害	没有	395	34.77
村庄地形地貌	高原	16	1.57		水灾	113	9.95
	山地	315	30.82		虫灾	41	3.61
	丘陵	205	20.06		旱灾	367	32.31
	盆地	31	3.03		天气异常	169	14.87
	平原	455	44.52		其他	51	4.49

5.1.5 新型农业经营主体基本信息分析

所调研新型农业经营主体机构共涉及 19 个省(区、市),55 个县(区)。从图 5-2 可以看出,大多数所调研的新型农业经营主体成立于 2007 年后期,仅有 11.22%的调研新型农业经营主体成立时间在 1980—2007 年。调研中成立最早的 2 个新型农业经营主体分别为 1980 年成立的泰安汶农种业有限责任公司和 1985 年成立的双江南华糖业有限公司。其中泰安汶农种业有限责任公司位于山东省泰安市岱岳区,主要从事小麦、玉米的种子生产;双江南华糖业有限公司位于云南省双江县,具有完整的产销链,其吸纳农户的方式主要为对其进行相关培训后以劳动力雇佣的方式让其参与整个产销过程。新型农业经营主体前期主要以农业企业为主,随着我国对于新型农业经营主体的推广,出现了更多类型的新型农业经营主体方式,如合作社、家庭农场等形式,其经营服务内容也主要由集中于加工、销售方面向农业生产经营整个产业链扩散。

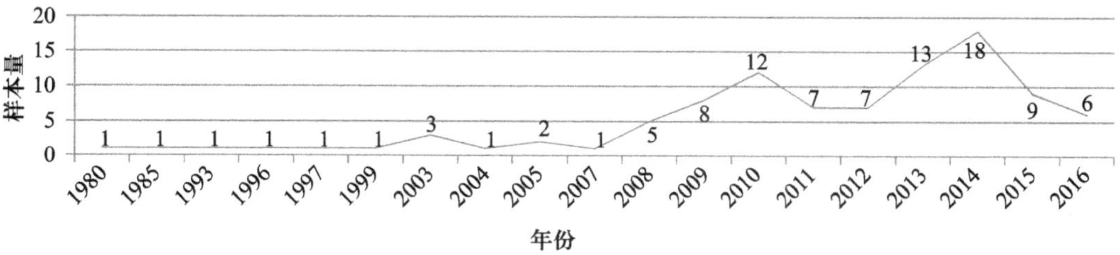

图 5-2 调研新型农业经营主体成立时间分布情况

从新型农业经营主体的基本性质来看,所调研的新型农业经营主体主要包括 4 类,分别为合作社、企业、家庭农场以及生产基地。在调研的 98 个新型农业经营主体中,除去未参与该项信息填写的 3 个,其余主要为合作社,占比达到 69.5%。合作社主要以种植蔬菜等经济作物为主;其次为畜牧业,该类新型农业经营主体主要集中于鸡、鸭等家禽的养殖;另外还存在大量的以农机服务为主营业务的合作社,其农机主要为大型收割机、播种机等农户个体无力承担的机械设备,通过为农户提供服务来获得收益。农业企业数量也相对较多,共计 21 个,新型农业经营主体主要为制种、农产品加工、销售企业,也存在部分产销一体化农业企业,该类型新型农业经营主体也主要为种植业。家庭农场主要实行种植业与畜牧业结合生产,但畜牧业仅作为副业发展。基地相对较少,仅有 3 个,分别为蔬菜种植、花卉培育以及鱼类养殖(图 5-3)。

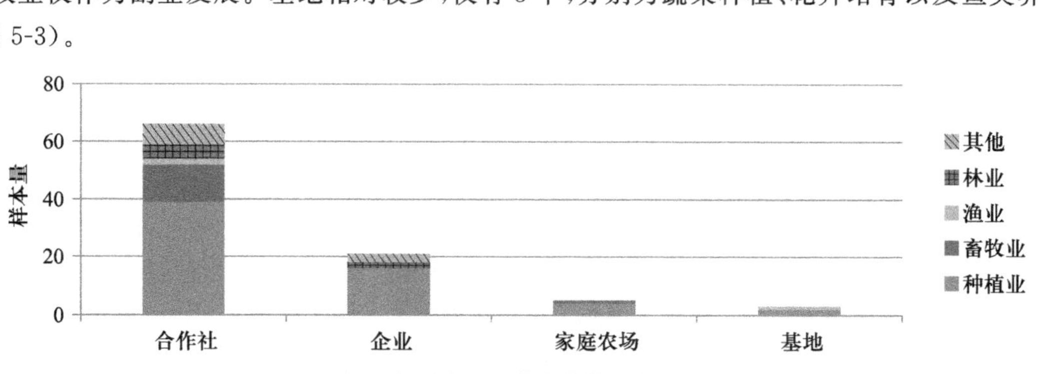

图 5-3 调研新型农业经营主体基本性质分布情况

从表5-6新型农业经营主体基本情况可以看出，新型农业经营主体的占地规模差距较大，从最低的2.5亩到15万亩不等，占地面积小于或等于10亩的新型农业经营主体占到13.5%，大于500亩的新型农业经营主体占到34.4%。从新型农业经营主体的年销售额来看，大部分新型农业经营主体的销售额度在11万～100万元，其占比达到41.3%；其次为年销售额度达到500万元以上；新型农业经营主体的销售额度低于10万元的仅为4个。该比重的分布与新型农业经营主体占地面积规模的分布情况相符，这表明目前新型农业经营主体普遍采取规模化的发展方式，且随着新型农业经营主体规模化生产的推进，其销售额度有所提升。

表5-6　新型农业经营主体基本信息统计情况(1)

统计特征	取值	频数	比例/%	累计占比/%	统计特征	取值	频数	比例/%	累计占比/%
占地规模/亩	≤10	13	13.5	13.5	年销售额/万元	≤10	4	4.4	4.4
	11～100	23	24.0	37.5		11～100	38	41.3	45.7
	101～500	27	28.1	63.6		101～500	21	22.8	68.5
	>500	33	34.4	100.0		>500	29	31.5	100.0

所调研新型农业经营主体的经营服务内容主要为农产品产销一体化，其占所调研新型农业经营主体的比重达到68.6%；其次为农产品销售，占比达到14.6%；单纯从事农资服务的新型农业经营主体占比最小，仅为1户。从新型农业经营主体对于农户吸纳程度来看，其吸纳程度主要由企业自身性质决定，吸纳农户户数为0～25万户不等，其中多数新型农业经营主体采用与农户签订生产合同的方式进行统一生产，统一收购，其收购价格也相对稳定。从整体来看，吸纳农户户数相对较少，吸纳农户数在100户以下的占比达到70.5%。其主要原因在于目前的新型农业经营主体主要以农业企业、农场等为主，该类新型农业经营主体主要集中于农产品销售及加工方面，且企业和农场等一般自有或租赁一部分土地进行农业生产，所以对于农户吸纳量相对较少(表5-7)。

表5-7　新型农业经营主体基本信息统计情况(2)

统计特征	特征属性	频数	比例/%	统计特征	取值	频数	比例/%	累计占比%
经营服务内容	产销一体化服务	61	68.6	吸纳农户/户	≤10	33	34.7	34.7
	生产技术服务为主	9	10.1		10～50	22	23.2	57.9
	农资服务为主	1	1.1		50～100	12	12.6	70.5
	销售服务为主	13	14.6		101～500	15	15.8	86.3
	加工、销售为主	5	5.6		>500	13	13.7	100.0

通过调研发现，在所有新型农业经营主体为农户提供的服务中，占比最高的为销售农产品服务，达到47.4%，该类新型农业经营主体仅对最终销售环节予以帮助，对于生产过程中各环节并不参与；其次为进行统一的标准化生产、加工以及销售，该类新型农业经营主体主要通过对生产、加工以及销售全过程对农户给予服务，最终形成统一的品牌，进行统一包装后统一销售。目前所调研新型农业经营主体的农产品销售途径仍旧以批发市场为主，占比达到37.5%；其次为直接向相对距离较近的消费单位供应，该类途径占比为26%；采用其他销售途径的新型农业经营主体相对持平，可见新型农业经营主体的销售渠道相对较广，并且能够明

显提升农产品销售的价格。随着近年来互联网的不断发展，新型农业经营主体应进一步拓展其网络销售渠道，该方式能够有效地降低其销售成本。同时，新型农业经营主体通过完善与消费者的沟通渠道，根据消费者以及市场需求对自身进行内部调节，有益于自身农产品的品牌建设，提高自身的收益(表5-8)。

表5-8 新型农业经营主体基本信息统计情况(3)

统计特征	特征属性	频数	比例/%	统计特征	特征属性	频数	比例/%
为农户提供服务	销售农产品	45	47.4	销售农产品途径	等待客户上门	16	16.7
	统一农资供应	8	8.4		加工企业	15	15.6
	统一种、苗供应	17	17.9		批发市场	36	37.5
	生产技术指导	13	13.7		超市对接	19	19.8
	统一初加工	3	3.2		设立专销点	13	13.5
	统一标准化	26	27.4		消费单位供应	25	26.0

5.2 基于农户视角的我国农业支持政策实施效果

5.2.1 农业生产成本收益

1.销售情况

从表5-9可以看出，目前农户的农产品主要通过商贩上门收购的方式进行销售，占比达51.51%。虽然商贩收购方式较为方便，但由于其属于通过中间环节进行销售，所以降低了农民的收益；同时，由于等待商贩上门收购具有一定的不稳定性，所以通过该种方式进行农产品的销售具有一定的风险。农产品另一条主要销售途径为集贸市场，占比达到24.53%，该种方式提高了农户的销售成本，但农户能够掌握实时的市场价格信息，保障了其农产品销售收益。目前占比最小的途径为合作社统销和直接销售到政府、单位等消费终端，其占比分别为2.6%和1.76%，主要原因在于合作社建设不够普遍且功能不全，致使由合作社统一销售这个销售渠道占比相对较小，其次由于农户自身无法完成生产、加工以及销售全产业链过程，所以无法发展直供直销的模式。因此，需要进一步推广合作社等新型农业经营主体的建设，以此来完善整个农产品产销一体化，从根本上提高农业生产者收益。虽然农产品销售渠道相对较多，但仍有将近1/3的农户存在农产品滞销的问题。农产品滞销的主要原因在于市场价格过低，占整体的43.34%；其次为缺乏品牌，占比达13.46%。由于农产品缺乏品牌，致使消费者对其质量安全信任度较低，竞争力较弱。因此，应进一步延长农产品产业链，通过对农产品进行加工、包装等方式使其商品化，减少中间环节利益流出；其次，通过产销一体化建设，加强生产者与消费者的沟通，进一步培育自有农产品品牌，使得农产品具有一定的市场竞争力。

表 5-9　农产品销售情况

统计特征	取值	频数	比例/%	统计特征	取值	频数	比例/%
销售渠道	集贸市场	349	24.53	农产品滞销原因	品质质量差	59	8.73
	政府、单位	25	1.76		食品安全问题	9	1.33
	商贩收购	733	51.51		市场价格低	293	43.34
	批发商收购	140	9.84		天气异常	89	13.17
	合作社统销	37	2.6		运输成本高	47	6.95
	加工企业	70	4.92		缺乏品牌	91	13.46
	其他	69	4.85		盲目种植	71	10.5
是否滞销	是	314	30.72		其他	17	2.51
	否	708	69.28				

2.农业生产情况

从表 5-10 可以看出，所调研农户的主要土壤类型均为壤土，占比达 57.3%；其次为砂土，占比为 26%；黏土最少，仅为 16.7%。壤土具有较好的通气、通水以及保水、保温效果，可见所调研农户所处的地方较为适合进行农业生产。虽然各地区普遍遭受旱灾，但干旱程度相对较轻，其中重旱和特旱情况仅占 7.24%，能够通过一定的灌溉技术解决该类问题。此外，随着农机具的不断推广和农机化服务的不断扩展，目前 3 种机械化生产方式水平较为均衡：由于农户主要进行小规模的农业生产，其农机具需求量相对较低，且其费用也相对较低，所以自给率较高，全部自给达 38.54%；全部租赁与部分租赁占比差不多，均在 30%左右。随着人们对食品质量安全认识的不断加深以及现代化生产技术水平的提升，化肥施用量在不断降低。据调研数据来看，仅有 55.91%的农户全部施用化肥，有 38.65%的农户选择部分农家肥和部分化肥，在保障其生产率的同时降低其化肥投入总量。

表 5-10　农业生产基本情况

统计特征	取值	频数	比例/%	统计特征	取值	频数	比例/%
土壤类型	壤土	586	57.3	机械生产方式	全部自给	190	38.54
	砂土	266	26		部分租赁	148	30.02
	黏土	170	16.7		全部租赁	155	31.44
干旱等级	正常或湿涝	362	35.42	主要采用肥料	农家肥	56	5.44
	轻旱	362	35.42		部分农家肥	395	38.65
	中旱	224	21.92		全部化肥	571	55.91
	重旱	58	5.68				
	特旱	16	1.56				

由于所调研的农户中有 96.97%从事种植业生产，林业、畜牧业、渔业占比较低，相应样本量较少，仅为 31 个，不具有一般性，所以在成本收益方面仅对种植业进行分析。在所调研的农户中，从事种植业的共 991 户。由于农户不再将农业生产作为唯一的家庭收入来源，所以

生产规模相对较小，其产量也相对较少，粮食产量均值仅为 445.1 千克。从表 5-11 可以看出，针对生产的粮食，50.52%的农户选择部分销售、部分已用的方式进行处理；耕地总面积均值为 14.78 亩，其最大值达 1 502.5 亩；耕地较为分散，平均耕地块数为 6.29 块，其中最大一块地的面积的均值为 4.65 亩，最小一块地的面积的均值为 1.52 亩，这也是我国农业无法进行规模化、机械化生产的主要原因。在农业生产过程中也普遍存在租赁耕地的情况，农户承包他人的耕地面积均值为 8.05 亩，其中最大值达到了 1 500 亩；承包出去的耕地面积较少，其均值仅为 0.31 亩，且最大值也仅为 45 亩，可见农户普遍维持在一定的小规模生产状态中。各个地区雇工价格差距较大，其中最低雇工价格为 30 元/(人・天)，最高雇工价格为 250 元/(人・天)，其均值为 98.35 元/(人・天)；各地区土地租赁费用差距也相对较大，最高达 12 000 元/(亩・年)，最低值为 35 元/(亩・年)，其均值为 475.95 元/(亩・年)。

表 5-11 种植业生产基本情况

统计特征	均值	最大值	最小值
粮食产量/千克	445.1	14 000	0
共有耕地面积/亩	14.78	1 502.5	0
共有耕地块数/块	6.29	200	0
最大耕地面积/亩	4.65	105	0
最小耕地面积/亩	1.52	54	0
自家耕地面积/亩	9.18	165	0
承包耕地面积/亩	8.05	1 500	0

统计特征	取值	频数	比例/%
粮食用途	全部出售	328	33.13
	部分出售	501	50.52
	全部已用	162	16.35

统计特征	均值	最大值	最小值
承包出去耕地面积/亩	0.31	45	0
当地雇工价格/[元/(人・天)]	98.35	250	30
土地租赁费/[元/(亩・年)]	475.95	12 000	35

(1)水稻生产情况　调研样本中涉及水稻生产的农户为 171 户。从表 5-12 可以看出，在水稻的生产成本收益方面，其物质总成本的均值为 684.27 元/亩，成本最大值达 3 000 元/亩，最小值 150 元/亩。其中占比最大的为机械费用，其均值达 212.15 元/亩，最高值为 880 元/亩；其次为肥料以及农药费用，其均值分别为 176.81 元/亩和 111.44 元/亩，其中农药费用最高值达 1 500 元/亩，肥料费用的最高值为 1 300 元/亩，可见在水稻的生产过程中投入的肥料及农药的使用量相对较高；种子费用较低，其均值为 85.52 元/亩，费用在 15～600 元/亩；水电费用最低，其均值仅为 37.88 元/亩，最高值也仅为 40 元/亩。在人工成本方面，自家人工成本均值为 2.76 人/(亩・年)；雇工占比较大，其均值为 8.18 人/(亩・年)，其中最大值达 150 人/(亩・年)。在土地成本方面，自家土地成本相对较少，其均值仅为 4.39 亩，最大值为 90 亩；而租赁土地成本较高，其均值达到 21.77 亩，最大值达 596 亩，是自家土地成本最大值的 6 倍多。水稻市场价格相对差距较大，其均值为 1.33 元/斤(1 斤＝0.5 千克)，最高价格为 2.8 元/斤，最低价格仅为 0.67 元/斤。由于生产规模不同，水稻的产量也有着较大不同，从 128 斤到 600 000 斤不等。

表 5-12 种植业生产成本收益情况——水稻

统计特征	均值	最大值	最小值	统计特征	均值	最大值	最小值
物质总成本/(元/亩)	684.27	3 000	150	自家人工成本/[人/(亩·年)]	2.76	12	0
种子费/(元/亩)	85.52	600	15	雇用人工成本/[人/(亩·年)]	8.18	150	0
肥料费/(元/亩)	176.81	1 300	25	自家土地成本/亩	4.39	90	0
机械费/(元/亩)	212.15	880	0	租赁土地成本/亩	21.77	596	0
水电费/(元/亩)	37.88	40	0	市场价格/(元/斤)	1.33	2.8	0.67
农药费/(元/亩)	111.44	1 500	0	产量/斤	16 901.5	600 000	128

(2)小麦生产情况　调研样本中涉及小麦生产的农户为 385 户。从表 5-13 可以看出，在小麦的生产成本收益方面，其生产成本的均值为 556.45 元/亩，成本最大值达 2 110 元/亩，最小值 97 元/亩。在物质成本方面，占比较大的为肥料费用，其均值为 170.14 元/亩，肥料费用最大值达到 1 050 元/亩；其次为机械费用，均值为 120.29 元/亩；种子费用与水电费用相对较少，其均值分为别为 81.3 元/亩和 76.89 元/亩；农药费用最少，其均值仅为 45.95 元/亩。在人工成本方面，主要为雇工，其均值为 5.18 人/(亩·年)，其中最大值达 160 人/(亩·年)。在土地成本方面，自家土地成本相对较少，其均值仅为 6.14 亩，最大值为 500 亩；而租赁土地成本较高，其均值达到 13.69 亩，其最大值达 1 000 亩。小麦市场价格相对差距较小，其均值为 1.15 元/斤，最高价格为 1.6 元/斤，最低价格仅为 0.66 元/斤。小麦产量的均值为 9 513.29 斤，调研农户小麦产量在 200～1 500 000 斤。

表 5-13 种植业生产成本收益情况——小麦

统计特征	均值	最大值	最小值	统计特征	均值	最大值	最小值
总成本/(元/亩)	556.45	2 110	97	自家人工成本/[人/(亩·年)]	3.06	30	0
种子费/(元/亩)	81.3	600	5	雇用人工成本/[人/(亩·年)]	5.18	160	0
肥料费/(元/亩)	170.14	1 050	0	自家土地成本/亩	6.14	500	0
机械费/(元/亩)	120.29	800	0	租赁土地成本/亩	13.69	1 000	0
水电费/(元/亩)	76.89	500	0	市场价格/(元/斤)	1.15	1.6	0.66
农药费/(元/亩)	45.95	500	0	产量/斤	9 513.29	1 500 000	200

(3)玉米生产情况　调研样本中涉及玉米生产的农户为 636 户。从表 5-14 可以看出，在玉米的生产成本收益方面，其生产成本的均值为 551.36 元/亩，成本最大值达 4 000 元/亩，最小值 65 元/亩，单位面积投入成本差距较大。在物质成本方面，占比较大的为肥料费用，其均值为 175.69 元/亩，肥料费用最大值达到 1 800 元/亩；其次为机械费用和种子费用，均值分别为 93.15 元/亩和 91.78 元/亩；水电费用与农药费用相对较少，其均值分为别为 50.35 元/亩和 41.95 元/亩。在人工成本方面，自家人工成本用量与雇用人工成本用量差距相对较小，其均值分别为 2.85 人/(亩·年)和 3.98 人/(亩·年)，其中雇用工人成本最大值为 800 人/(亩·年)。在土地成本方面，由于玉米的生产效益较弱，所以大多数农户并没有对玉米进行规模化生产，

种植玉米的自家土地与租赁土地均相对较少，其均值分别为 5.89 亩和 5.53 亩，其中自家土地成本最大值为 29 亩，租赁土地成本最大值为 350 亩。玉米市场价格相对其他农产品较低，其均值为 0.96 元/斤，最高价格为 3 元/斤，最低价格仅为 0.59 元/斤。玉米作为大田作物，其产量较高，户均产量为 7 941.84 斤，其中也存在部分农户由于外界环境因素而导致的减产、绝收。

表 5-14　种植业生产成本收益情况——玉米

统计特征	均值	最大值	最小值	统计特征	均值	最大值	最小值
总成本/(元/亩)	551.36	4 000	65	自家人工成本/[人/(亩·年)]	2.85	20	0
种子费/(元/亩)	91.78	1 100	10	雇用人工成本/[人/(亩·年)]	3.98	800	0
肥料费/(元/亩)	175.69	1 800	12	自家土地成本/亩	5.89	29	0
机械费/(元/亩)	93.15	500	0	租赁土地成本/亩	5.53	350	0
水电费/(元/亩)	50.35	500	0	市场价格/(元/斤)	0.96	3	0.59
农药费/(元/亩)	41.95	300	0	产量/斤	7 941.84	1 000 000	0

(4)大豆生产情况　由于大豆的进口价格比国内价格低，国内生产大豆效益较差，所以仅有少数农户生产大豆，且大豆生产占其农业生产比重较弱。调研问卷中涉及大豆生产的共计 43 份。从表 5-15 可以看出，在大豆的成本收益方面，其生产成本的均值为 254.9 元/亩，成本最大值达 930 元/亩，最小值 7.5 元/亩，单位面积投入成本差距较大。在物质成本方面，占比较大的为肥料费用和机械费用，其均值分别为 96.7 元/亩和 90.07 元/亩，肥料费用最大值为 210 元/亩，机械费用最大值为 300 元/亩；其次为种子费用和农药费用，均值分别为 38.89 元/亩和 30.16 元/亩；水电费用最少，其均值为 7.41 元/亩，最大值仅为 50 元/亩。由于不存在大规模的大豆生产，所以在人工成本方面，43 个样本均采用自家人工，其人工成本用量均值为 2.14 人/(亩·年)，最大值为 7 人/(亩·年)。在土地成本方面，大豆生产面积普遍较低，其中以自家土地为主，其均值为 1.98 亩，最大的自家大豆土地生产面积为 7 亩；租赁土地面积仅占总生产面积的 2.43%，其均值为 0.05 亩。大豆市场价格相对其他粮食农产品较高，其均值为 2.23 元/斤，最高价格达到了 5 元/斤，最低价格仅为 0.8 元/斤。大豆产量相对较少，户均大豆产量为 3 585.12 斤。由于部分农户生产大豆仅为自身所用，所以存在较少量的生产，这也是所调研农户中最少产量为 20 斤的原因。

表 5-15　种植业生产成本收益情况——大豆

统计特征	均值	最大值	最小值	统计特征	均值	最大值	最小值
总成本/(元/亩)	254.9	930	7.5	自家人工成本/[人/(亩·年)]	2.14	7	1
种子费/(元/亩)	38.89	300	7.5	雇用人工成本/[人/(亩·年)]	0	0	0
肥料费/(元/亩)	96.7	210	0	自家土地成本/亩	1.98	7	0
机械费/(元/亩)	90.07	300	0	租赁土地成本/亩	0.05	1	0
水电费/(元/亩)	7.41	50	0	市场价格/(元/斤)	2.23	5	0.8
农药费/(元/亩)	30.16	200	0	产量/斤	3 585.12	24 000	20

(5)马铃薯生产情况　调研样本中涉及马铃薯生产的农户52户。从表5-16可以看出,在马铃薯的成本收益方面,其生产成本的均值为679.28元/亩,成本最大值达1 280元/亩,最小值150元/亩。在物质成本方面,占比较大的为肥料费用和种子费用,其均值分别为197.65元/亩和171.3元/亩,肥料费用最大值为700元/亩,种子费用最大值为500元/亩;其次为农药费用和机械费用,均值分别为37.92元/亩和27.5元/亩;水电费用最少,其均值为19.7元/亩,最大值仅为200元/亩。由于不存在大规模生产,所以在人工成本方面,马铃薯的总人工成本均值为3.64人/(亩·年),最大值为8人/(亩·年),最小值仅为1人/(亩·年)。在土地成本方面,租赁土地面积相对较大,其均值为6.3亩,自家土地面积均值为2.54亩,其中租赁土地面积最大值达160亩,是自家土地面积最大值的8倍。马铃薯的市场价格相对较低,均值为0.96元/斤;其产量相对较少,户均产量为4 582.22斤。由于部分农户生产马铃薯仅为自身所用,所以存在较少量的生产。

表5-16　种植业生产成本收益情况——马铃薯

统计特征	均值	最大值	最小值	统计特征	均值	最大值	最小值
总成本/(元/亩)	679.28	1 280	150	人工成本/[人/(亩·年)]	3.64	8	1
种子费/(元/亩)	171.3	500	10	自家土地成本/亩	2.54	20	0
肥料费/(元/亩)	197.65	700	40	租赁土地成本/亩	6.3	160	0
机械费/(元/亩)	27.5	300	0	市场价格/(元/斤)	0.96	3	0.5
水电费/(元/亩)	19.7	200	0	产量/斤	4 582.22	30 000	100
农药费/(元/亩)	37.92	600	0				

(6)蔬菜生产情况　调研样本中涉及蔬菜生产的农户139户,其主要用于农户自己日常食用。从表5-17可以看出,在蔬菜的成本收益方面,其生产成本的均值为1 022.92元/亩,成本最大值达3 250元/亩,最小值32元/亩。蔬菜生产成本差距较大,其原因在于蔬菜品种不一,所以生产要求、市场价格等均差距较大。在物质成本方面,存在各项物质成本最小值均为零的情况,主要是由于种子来源于自留,不存在费用;由于自家食用,不对其进行施肥和农药喷洒;由于小面积种植,所以不存在机械费用;水主要来源于地下水,所以也不产生费用。从总体来看,占比较大的为肥料费用和农药费用,其均值分别为261.5元/亩和150.48元/亩,肥料费用最大值为2 400元/亩,农药费用最大值为2 000元/亩;其次为种子费用,其均值为114.61元/亩;机械费用与水电费用最少,其均值分别为94.89元/亩和81.85元/亩,最大值分别为400元/亩和500元/亩。在人工成本方面,自家人工成本与雇用人工成本相对持平,其中自家人工成本均值为2.07人/(亩·年),雇用人工成本均值为2.18人/(亩·年),自家人工成本最大值为6人/(亩·年),最小值仅为1人/(亩·年),雇用人工成本最大值为14人/(亩·年)。在土地成本方面,租赁土地面积相对较大,其均值为24.44亩,自家土地面积为1.72亩,其中租赁土地面积最大值达140亩,是自家土地面积最大值的14倍。蔬菜的市场价格相对差值较大,最大值为5元/斤,最小值仅为0.43元/斤;蔬菜户均产量为8 429.36斤。由于蔬菜的经济价值较高以及农户自食用较多,所以其生产量相对较大,从100斤到200 000斤不等。

表 5-17 种植业生产成本收益情况——蔬菜

统计特征	均值	最大值	最小值	统计特征	均值	最大值	最小值
总成本/(元/亩)	1 022.92	3 250	32	自家人工成本/[人/(亩·年)]	2.07	6	1
种子费/(元/亩)	114.61	800	0	雇用人工成本/[人/(亩·年)]	2.18	14	0
肥料费/(元/亩)	261.5	2 400	0	自家土地成本/亩	1.72	10	0
机械费/(元/亩)	94.89	400	0	租赁土地成本/亩	24.44	140	0
水电费/(元/亩)	81.85	500	0	市场价格/(元/斤)	1.58	5	0.43
农药费/(元/亩)	150.48	2 000	0	产量/斤	8 429.36	200 000	100

5.2.2 农业支持政策实施情况

1. 农业支持政策总体情况

从调研数据来看，目前各个地区普遍实施了农业支持政策，其中 774 户表示存在农业支持，195 户表示没有收到任何农业生产支持，仅有 53 户表示不了解是否得到了相应的支持。由于各地区政策不同，其补贴额度以及补贴方式也不同，致使农户获得农业补贴总额相对差距较大，户均补贴总额均值为 1 332.34 元，其最大值达 136 250 元。由于部分地区农业支持主要通过提供免费农资以及免费服务等方式，不以拨钱的方式支持，所以存在农户补贴总额为零的情况。

由于农业支持政策与农户所从事的农业生产紧密相关，而本调研主要对象属于种植业，所以以下农业支持政策研究主要围绕从事种植业的 991 户农户的现状进行。从农户对农业支持政策的了解情况来看(图 5-4)，除粮食直接补贴的认知度达到了 100%之外，目前农户对于其他类型的农业支持政策了解度普遍较低，其平均认知度仅为 41.18%，这意味着仅有一半以下的人对除粮食直接补贴以外的农业支持政策有所了解。由于一些农业支持政策的实施仅针对特殊对象，存在部分农户无法享受的情况，所以对于此类政策了解的农户相对较少。目前所调研的农户对于农业支持政策的了解普遍集中于以下 6 种补贴范围较广的农业支持政策(图 5-4)。调研结果显示，目前了解程度较高的为“四项”补贴中的良种补贴、农资综合补贴以及农机购置补贴，其占比分别达到了 68.68%、47.20%和 31.13%。由于良种补贴、农资综合补贴针对的都是农业生产过程中必要投入品的支持，其“普惠”程度较高，加之该两项政策除了依据耕地面积与粮食直接补贴以及农机购置补贴直接以打卡的方式获得外，还存在部分地区以免费种子发放、购买价格补贴等

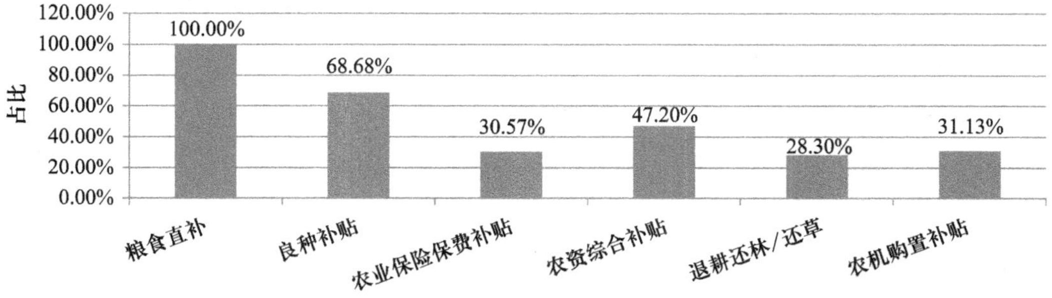

图 5-4 农业支持政策了解情况

形式进行支持,所以其了解程度相对较高。虽然我国农业机械化水平不断提高,但是目前农户主要为小规模生产,其机械购买相对较少,故对于农机购置补贴政策了解程度相对较低。退耕还林/还草政策也由于享受该项政策的农户相对较少,农户对此项政策的了解程度相对较差,这也表明了农户对于农业支持政策主要依靠政府的宣传,缺乏主动性了解。

2. 各项农业支持政策实施情况

(1)粮食直接补贴政策实施情况　从粮食直接补贴来看(表 5-18),目前 97.17%的农户均享受到了该项补贴政策。对享受该项补贴的 698 户农户进行分析发现,目前我国各地区普遍采用基于农户生产种植面积或计税面积进行补贴,该种补贴方式占所有补贴方式的 93.84%;基于上一年农产品产量补贴的比重最小,仅占 1.29%。在补贴支付方面,以现金的方式为主,占比达 95.13%;其次为方便发放,部分地区还采用打卡的方式进行,但占比相对较小,仅为 4.3%。从农户获得该项的补贴总额来看,目前户均获得补贴总额为 936.64 元。由于补贴的主要依据为从事农业生产的生产面积,各个农户生产面积不同,其获得补贴总额相对差距较大,为 3～96 250 元不等,与农户期望补贴总额均值 1 298.8 元还有一定距离。

表 5-18　农业支持政策实施情况——粮食直接补贴

统计特征	取值	频数	比例/%	统计特征	取值	频数	比例/%
补贴方式	面积	655	93.84	补贴支付方式	现金	664	95.13
	人口	34	4.87		打卡	30	4.3
	产量	9	1.29		其他	4	0.57
统计特征	均值	最大值	最小值	统计特征	均值	最大值	最小值
补贴总额/元	936.64	96 250	3	希望补贴/元	1 298.8	50 000	30

(2)农资综合补贴政策实施情况　从农资综合补贴来看(表 5-19),目前 84.92%的农户均享受到了该项补贴政策。对享受该项补贴的 199 户农户进行分析发现,该项农业支持政策主要补贴依据为生产面积,占比达 86.93%;其次为基于人口补贴,达 5.53%;由于“四项”补贴政策的补贴金整合一起发放,所以存在部分农户对于补贴方式等不了解的情况。补贴支付方式以打卡为主,占比达 90.45%;其次为现金以及其他(如免费获得农药等)方式,占比均为 3.52%;占比最小的方式为降低所购农资的价格,仅为 2.51%。从农户获得该项的补贴总额来看,目前户均该项补贴总额为 553.43 元,最大值与最小值分别为 5 400 元、10 元;相对农户期望补贴差距较大。由于该类补贴政策的实施目的为降低农户农业投入成本,而基于面积以及人口的补贴依据致使农资综合补贴不再与农业投入品挂钩,也不能确保农户将该部分获得的补贴

表 5-19　农业支持政策实施情况——农资综合补贴

统计特征	取值	频数	比例/%	统计特征	取值	频数	比例/%
补贴方式	面积	173	86.93	补贴支付方式	现金	7	3.52
	人口	11	5.53		打卡	180	90.45
	产量	4	2.01		降价	5	2.51
	不了解	11	5.53		其他	7	3.52
统计特征	均值	最大值	最小值	统计特征	均值	最大值	最小值
补贴总额/元	553.43	5 400	10	希望补贴/元	1 068.64	80 000	50

直接投入农业投入品的购买使用中，所以该种方式不够合理，有待进一步调整完善，以确保农资综合补贴发挥其自身的支持目的与效益。

(3)农机购置补贴政策实施情况　从农机购置补贴来看(表 5-20)，由于农机购置补贴主要补贴依据为农机的购置，而大多数农户生产规模较小，不进行机械化生产，农机具购置量以及成本相对较少，不在补贴范围，所以涉及该项补贴的农户仅为 40 户。从补贴方式来看，此项补贴的主要依据为所购置的农机具数量以及农机具价格，但也存在部分地区将该项补贴政策与其他补贴政策相结合，采用面积、人口等补贴依据直接进行补贴。补贴支付方式以打卡为主；其次为现金发放以及降价方式，此外还存在免费发放、免费提供农机具服务等农机具支持方式。虽然农机购置补贴对象相对其他政策范围较小，但其补贴金额相对其他政策达最高，其均值为 8 959.12 元，最高值为 100 000 元。由此可见我国在农机推广方面投入较大，通过特定对象大额支持的方式进一步鼓励农户加强机械化生产。

表 5-20　农业支持政策实施情况——农机购置补贴

统计特征	取值	频数	比例/%	统计特征	取值	频数	比例/%
补贴方式	面积	6	15	补贴支付方式	现金	6	15
	人口	6	15		打卡	23	57.5
	机件	21	52.5		降价	6	15
	不了解	7	17.5		其他	5	12.5
统计特征	均值	最大值	最小值	统计特征	均值	最大值	最小值
补贴总额/元	8 959.12	100 000	120	希望补贴/元	20 388.89	200 000	500

(4)良种补贴政策实施情况　从良种补贴来看(表 5-21)，虽然其补贴额度相对较小，但在种植业中良种补贴政策是最普惠的农业支持政策，普遍存在于农户生产中。本次调研种植业中享受良种补贴的农户为 411 户，占种植业总体的 41.47%。良种补贴的农作物种类较多，目前统计结果显示主要有玉米、小麦以及水稻三大粮食作物，占比分别达到了 56.69%、20.44%以及 18.49%。补贴方式依据仍以生产面积为主，占比为 90.81%；其次为人口；由于品种不同，存在依

表 5-21　农业支持政策实施情况——良种补贴

统计特征	取值	频数	比例/%	统计特征	取值	频数	比例/%
补贴品种	水稻	76	18.49	补贴方式	面积	405	90.81
	大豆	5	1.22		人口	21	4.71
	马铃薯	4	0.97		产量	6	1.35
	小麦	84	20.44		其他	14	3.13
	玉米	233	56.69	补贴支付方式	现金	39	8.75
	棉花	20	4.87		打卡	390	87.44
	花生	3	0.73		降价	8	1.79
	经济作物	21	5.11		其他	9	2.02
统计特征	均值	最大值	最小值	统计特征	均值	最大值	最小值
补贴总额/元	334.34	9 800	5	希望补贴/元	645.12	10 000	10

照种子的数量以及种子价格等其他补贴依据，占比为3.13%，仅次于人口。补贴支付方式以打卡为主，占比达87.44%；其次为现金的支付方式；其他还存在着免费提供种子等补贴手段，占比为2.02%。由于良种补贴手段不仅仅为发放补贴资金，所以目前良种补贴户均获得总额较少，其均值为334.34元，与农户期望补贴均值相差300多元。

(5)农业保险保费补贴政策实施情况　从农业保险保费补贴来看(表5-22)，涉及该项农业支持政策的农户有118户，占种植业总调研农户的11.91%。在所调研的农户中，有81.36%的农户享受到了玉米农业保险保费补贴；其次为小麦农业保险保费补贴，占比达21.19%；其余部分农产品也存在着农业保险保费补贴，不过由于其自身以及农户种植量的限制，致使相应的农业保险保费政策不普遍适用。补贴方式依据仍以生产面积为主，占比达93.7%。补贴支付方式以打卡、现金为主，其占比分别为62.24%和17.48%；采用降低保险保费的形式进行变相补贴的占比为14.69%。目前户均补贴总额均值为404.77元，随着农业保险保费的进一步推广，将会有越来越多的农户享受到该补贴政策。

表5-22　农业支持政策实施情况——农业保险保费补贴

统计特征	取值	频数	比例/%	统计特征	取值	频数	比例/%
补贴品种	水稻	15	1.27	补贴方式	面积	134	93.7
	马铃薯	1	0.85		产量	2	1.4
	小麦	25	21.19		其他	7	4.9
	玉米	96	81.36	补贴支付方式	现金	25	17.48
	棉花	2	1.69		打卡	89	62.24
	水果	1	0.85		降价	21	14.69
	蔬菜	3	2.54		其他	8	5.59
统计特征	均值	最大值	最小值	统计特征	均值	最大值	最小值
补贴总额/元	404.77	7 700	4	希望补贴/元	752.47	10 000	40

(6)化肥、农药补贴政策实施情况　从化肥、农药补贴来看(表5-23、表5-24)，涉及该类农业支持政策的农户有88户，其中享受化肥补贴的农户共计61户，享受农药补贴的农户为30户。化肥、农药补贴的补贴方式依据均以生产面积为主，占比分别达到72.13%和80%；其次是根据具体施用量进行补贴，该部分占比分别为21.32%和13.34%。化肥、农药补贴的支付方式以打卡和现金为主，主要采用资金补贴的手段降低农户的生产性投入。在户均补贴总额方面，化肥的补贴总额均值约为农药补贴总额均值的2倍，其最大值约为农药的4倍，可见在补贴力度上，化肥的补贴力度远远大于农药，农户对于化肥补贴力度的期望值也远高于农药补贴力度。

表 5-23 农业支持政策实施情况——化肥补贴

统计特征	取值	频数	比例/%	统计特征	取值	频数	比例/%
补贴方式	面积	44	72.13	补贴支付方式	现金	8	13.11
	施用量	13	21.32		打卡	45	73.77
	产量	1	1.64		降价	5	8.2
	不了解	3	4.92		其他	3	4.92
统计特征	均值	最大值	最小值	统计特征	均值	最大值	最小值
补贴总额/元	556.19	5 400	30	希望补贴/元	1 012.59	8 000	50

表 5-24 农业支持政策实施情况——农药补贴

统计特征	取值	频数	比例/%	统计特征	取值	频数	比例/%
补贴方式	面积	24	80	补贴支付方式	现金	2	6.67
	施用量	4	13.34		打卡	25	83.33
	产量	1	3.33		降价	2	6.67
	不了解	1	3.33		其他	1	3.33
统计特征	均值	最大值	最小值	统计特征	均值	最大值	最小值
补贴总额/元	263.9	1 332	20	希望补贴/元	389	1 500	100

(7)退耕还林/还草补贴政策实施情况　从退耕还林/还草政策来看(表 5-25),涉及该类政策的农户共 126 户。其补贴方式依据为生产面积,占比达 95.24%;所调研对象中存在 3 户,其补贴的依据为按户补贴固定金额。补贴主要以打卡的形式进行资金支持,占比为 90.48%。从补贴总额来看,其均值为 843.28 元,相对较高,可见我国对于退耕还林/还草的绿色生态保护政策实施力度较大。

表 5-25 农业支持政策实施情况——退耕还林/还草补贴

统计特征	取值	频数	比例/%	统计特征	取值	频数	比例/%
补贴方式	面积	120	95.24	补贴支付方式	现金	10	7.94
	户	3	2.38		打卡	114	90.48
	不了解	3	2.38		其他	2	1.58
统计特征	均值	最大值	最小值	统计特征	均值	最大值	最小值
补贴总额/元	843.28	2 700	9	希望补贴/元	1 554.09	50 000	40

3.农业支持政策影响情况

通过调研发现,种植业中农户主要从事粮食生产,其享受的各项农业支持政策均对其粮食生产产生影响。通过调研发现,相对于拿到补贴的前一年,尽管存在 68.77%的农户种粮面积不发生变化,但从总体来看,农户种粮面积变化均值为 1.32 亩,其中最高值达 90 亩,可见农业支持政策对于农业生产规模具有一定的影响。如表 5-26 所示,调研农户中有 88 户表示其种粮面积有所增加,其增加土地面积主要来源于租赁别人的土地,该部分农户占比为

35.23%；以前抛荒、种植其他农产品以及承包出去的自家土地占比相对均匀。调研农户中有78户表示其种粮面积有所减少，其中减少的土地47.44%均以租赁的形式流向他人；改为非农用土地占比为32.05%，位列其次；仅有8.97%的农户选择抛荒。

表 5-26 农业支持政策实施情况——种植面积变化情况

统计特征	取值	频数	比例/%	统计特征	取值	频数	比例/%
增加的土地来源	以前承包出去的自家土地	19	21.59	减少的土地处理	改种其他作物	21	26.92
	以前抛荒的自家土地	22	25		承包给他人	37	47.44
	以前种植其他的自家土地	21	23.86		改为非农用土地	25	32.05
	租赁别人的土地	31	35.23		抛荒	7	8.97

通过调研(表5-27)发现，农户的粮食销售价格高于或等于我国最低市场保护价格的占比达77.3%，低于保护价格的仅为18%，还有3.7%的农户表示不清楚最低市场保护价格。享受粮食补贴政策的774户农户所获得的响应粮食补贴资金主要用于日常生活中消费品的购买，占比为48.13%；其次为储蓄到存折上和购买生产资料，可见目前农户的农业生产前期投入成本占其消费整体的比重相对较少。

表 5-27 农业支持政策实施情况——粮食补贴资金使用及粮食价格情况

统计特征	取值	频数	比例/%	统计特征	取值	频数	比例/%
使用情况	购买生产资料	155	20	粮食销售价格	高于保护价格	458	46.17
	购买生活消费品	373	48.13		等于保护价格	308	31.13
	储蓄起来	198	25.62		低于保护价格	188	18
	其他用途	48	6.25		不清楚	37	3.7

5.2.3 农业支持政策实施效果

由图5-5可以看出，农户对于目前我国实施的农业支持政策支持率较高，但对于农业支持政策的总体评价较为一般，占比达到52.62%，不满意及很不满意仅占13.15%。这说明目前我国农业支持政策在鼓励农户进行农业生产方面具有一定的作用，但其作用力度相对较弱，有待进一步发展完善。

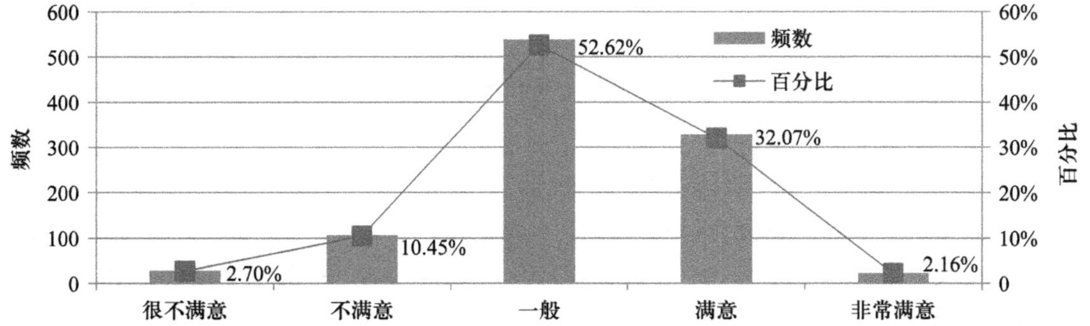

图 5-5 农业支持政策总体评价

农户对于各项农业支持政策的了解主要通过村干部，该项占比达63.68%，位列各项渠道之首；其次为亲邻朋友和电视、报纸，其占比分别为45.27%和42.22%；随着政府宣传力度的提升，通过政府了解农业支持政策的农户占比达25.33%；通过农业企业、合作社以及网络信息对农业支持政策了解的较少，其占比总额仅为12.3%(图5-6)。由此可见，农户对于政策的了解渠道相对单一。随着互联网的不断推广，网上宣传力度应进一步加强，同时应进一步发挥政府在推广宣传各项政策的主导作用。

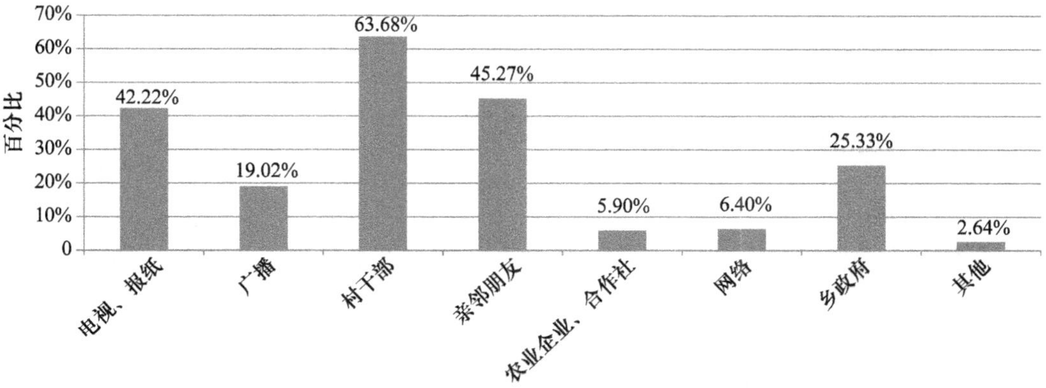

图5-6 了解各项政策的主要渠道

由表5-28可知，农户对于目前我国的农资价格调控政策以及农资补贴政策满意度分别达到了18.93%和21.56%；其中大多数农户均表示一般，一般占比分别为58.7%和60.11%。可见，农户对于目前我国农业支持政策了解程度不够，农业支持力度不强致使农户对于目前政策满意程度相对较低。对于我国新启动的农业"三项"补贴改革，农户了解相对较少，仅有3.28%的农户表示很了解，而占比49.04%的农户表示完全不了解。此外，存在29.75%的农户对于新型的农业支持政策依据由原来单纯的耕地面积以及播种面积转向只对质量、面积达标的农户进行补贴表示不合理，该类农户表示应对拥有土地但尚不达标的农户

表5-28 农业支持政策实施效果——各项满意度情况

统计特征	取值	频数	比例/%	统计特征	取值	频数	比例/%
农资价格调控	很不满意	31	3.06	农资补贴	很不满意	12	1.15
	不满意	197	19.31		不满意	178	17.18
	一般	600	58.7		一般	614	60.11
	满意	182	17.78		满意	207	20.23
	非常满意	12	1.15		非常满意	11	1.33
统计特征	**取值**	**频数**	**比例/%**	**统计特征**	**取值**	**频数**	**比例/%**
是否了解"三项"补贴改革	很了解	34	3.28	改革是否合理	是	718	70.25
	一般	487	47.68		否	304	29.75
	不了解	501	49.04				

进行部分土地补助支持，而不是完全取消相应的补贴。对农户进一步进行农业政策需求调研发现，目前农户普遍存在技术方面的需求，主要集中于水肥一体化技术、节水灌溉技术、病虫害防治技术以及测土配方施肥技术等。在农业支持政策实施方面，农户普遍认为目前支持力度较弱，应加强补贴力度、扩大补贴范围、调整补贴方式，提高农产品保护价格，保障农户收益，在贷款贴息方面应减少烦琐的流程，使农户切身受益。

5.3 基于新型农业经营主体视角的我国农业支持政策实施效果

5.3.1 农业生产成本收益

1.销售情况

在销售情况方面，虽然目前新型农业经营主体的农产品销售相对农户个体销售较为流畅，但仍有27.6%的新型农业经营主体存在农产品滞销的问题。由表5-29可知，农产品滞销的主要原因在于市场价格过低，占整体的62.5%；其次为缺乏品牌和天气异常，占比均达到37.5%。由于缺乏品牌，致使消费者对其质量安全信任度较低，竞争力较弱。同时，由于天气异常可影响农作物的正常生长以及农产品运输等方面，所以其对于农产品滞销也产生一定的影响。

表5-29 农产品销售情况——农产品滞销

统计特征	取值	频数	比例/%	取值	频数	比例/%
农产品滞销原因	品质质量差	2	12.5	运输成本高	2	12.5
	食品安全问题	0	0	缺乏品牌	6	37.5
	市场价格低	10	62.5	盲目种植	1	6.3
	天气异常	6	37.5	其他	0	0

2.农业生产情况

从表5-30新型农业经营主体基本情况可以看出，各地区的雇工价格以及土地租赁费用均存在较大差距。雇工价格在30～700元/(人·天)不等，其中占比最高的雇工价格为101～150元，占比达到32.4%；其次为31～70元和71～100元。各地区土地租赁费用不同，山地、水田、商用土地租赁价格差距较大，但调研结果显示各地的土地租赁费用主要集中于501～1 000元/(亩·年)，占比达到51.5%。可见，土地成本较人工成本在农业生产成本中更高，对于农业生产收益具有一定的影响。雇工价格和土地租赁费用对新型农业经营主体是否进行自主的农业生产起着一定的决定性作用。

表 5-30　农业生产人工、土地成本基本情况

统计特征	取值	频数	比例/%	累计占比/%
雇工价格/[元/(人·天)]	≤30	1	1.4	1.4
	31～70	22	29.7	31.1
	71～100	22	29.7	60.8
	101～150	24	32.4	93.2
	>150	5	6.8	100.0
当地土地租赁费/[元/(亩·年)]	≤60	1	1.4	1.4
	61～200	8	11.4	12.8
	200～500	21	30.0	42.8
	501～1 000	36	51.5	94.3
	>1 000	4	5.7	100.0

由于所调研的新型农业经营主体主要从事农产品销售加工等方面，从事农业生产的相对较少，且主要集中于粮食作物中的水稻、小麦、玉米。涉及水稻生产的新型农业经营主体仅有4个，其各项成本收益指标相对较为接近，物质总成本均值在519.3元/亩左右。与农户水稻生产物质成本相似，新型农业经营主体水稻生产也以机械费用和肥料费用为主，且各项物质投入成本均低于农户；在人工成本方面，每年每亩地人工成本均值为1.75人；其水稻生产土地均来自租赁土地，且租赁土地面积较大，为650～800亩，均达到了规模化种植。通过对比发现，新型农业经营主体销售出去的水稻售价相对较为稳定，为1.25～1.6元，且其单产达到1 430斤，远高于农户自身生产(表5-31)。可见，新型农业经营主体对水稻进行规模化生产在降低投入成本的同时，通过其固定的销售渠道确保水稻具有稳定的销售价格，加之其规模化的生产管理，致使其单产也相对较高，使得新型农业经营主体能够获得较高、稳定的效益。由此可见新型农业经营主体在农业生产中具有一定的优势。

表 5-31　种植业生产成本收益情况——水稻

统计特征	均值	最大值	最小值	统计特征	均值	最大值	最小值
物质总成本/(元/亩)	519.3	610	430	人工成本/[人/(亩·年)]	1.75	2	1
种子费/(元/亩)	73.75	150	25	自家土地成本/亩	0	0	0
肥料费/(元/亩)	135	200	80	租赁土地成本/亩	737.5	800	650
机械费/(元/亩)	177.5	280	50	市场价格/(元/斤)	1.41	1.6	1.25
水电费/(元/亩)	28.75	50	20	单产/斤	1 430	1 920	1 200
农药费/(元/亩)	104.5	150	60	总产量/千斤	1 042	1 248	840

所调研新型农业经营主体中涉及小麦生产的(表5-32)为6个，其物质总成本较其他农作物较低，均值仅为378元/亩。占总物质成本比重较高的为机械费用和肥料费用，其中新型农业经营主体的机械费用均值达到了130元/亩，高于农户的机械费用，主要原因在于新型农业

经营主体主要进行大型规模化生产，为降低其人工成本，提高生产效率，其农机具的投入量较农户高，故该指标相对较大。在人工成本方面，新型农业经营主体对小麦的投入量与其他农作物持平，且存在部分自家土地投入，但投入量相对小麦的种植面积来看仍相对较小，其土地仍然以租赁为主，规模在 300～30 000 亩不等。其中规模最大的新型农业经营主体为泰安汶农种业有限责任公司，作为制种公司，其小麦的种植目的为培育小麦种子，故其销售价格相对较高，达到了 1.2 元/斤。由于合作社、家庭农场的生产种植面积普遍低于农业企业，所以小麦的产量差距较大，从 30～3 600 万斤不等。

表 5-32　种植业生产成本收益情况——小麦

统计特征	均值	最大值	最小值	统计特征	均值	最大值	最小值
物质总成本/(元/亩)	378	450	340	人工成本/[人/(亩·年)]	1.83	2	1
种子费/(元/亩)	53.33	90	30	自家土地成本/亩	7.5	20	0
肥料费/(元/亩)	133.33	160	100	租赁土地成本/亩	5 468.67	30 000	300
机械费/(元/亩)	130	150	80	市场价格/(元/斤)	1.08	1.2	1
水电费/(元/亩)	34.67	100	30	单产/斤	1 064.58	1 187.5	900
农药费/(元/亩)	26.67	70	0	产量/万斤	648.367	3 600	30

所调研新型农业经营主体中涉及玉米生产的(表 5-33)为 4 个，其占总物质成本比重较高的为肥料费用，其次为机械费用。除水电费用外，新型农业经营主体其余物质成本均低于农户。在农药费用方面，高原绿色农业有限公司为保障其产品品质，并未施用农药，故其农药费用为 0。在人工成本投入方面，由于玉米自身特性，加之该类农业机械化水平不断提升，人工投入逐渐降低，故此 4 个新型农业经营主体的人工成本均值仅为 1.25 人/(亩·年)。在种植土地方面，完全为租赁土地，且租赁土地面积为 40～30 000 亩不等，这主要取决于各新型农业经营主体的资金能力以及对于玉米生产的倾斜程度。在市场价格方面，玉米价格普遍低于 1 元/斤，但相对农户自行销售的价格相对稳定，不同地区不会有大幅度差异。由于新型农业经营主体的管理及技术水平，致使其不存在绝产、绝收等情况。

表 5-33　种植业生产成本收益情况——玉米

统计特征	均值	最大值	最小值	统计特征	均值	最大值	最小值
物质总成本/(元/亩)	408	490	330	人工成本/[人/(亩·年)]	1.25	2	1
种子费/(元/亩)	42.5	80	20	自家土地成本/亩	0	0	0
肥料费/(元/亩)	170	300	80	租赁土地成本/亩	7 840	30 000	40
机械费/(元/亩)	105	120	100	市场价格/(元/斤)	0.89	1	0.8
水电费/(元/亩)	53	70	12	单产/斤	1 266.15	1 333.33	1 200
农药费/(元/亩)	37.5	60	0	产量/万斤	1 041.5	4 000	5

5.3.2 农业支持政策实施情况

1.农业支持政策总体情况

从调研数据来看，仅有59.2%的新型农业经营主体表示获得了农业支持，可见目前我国农业支持政策仍然将重点放在对农户的支持上，对新型农业生产经营主体的支持普及度还相对较弱。由于各地区政策不同，其补贴额度以及补贴方式也不同，致使新型农业经营主体获得农业补贴总额相对差距较大。新型农业经营主体获得资金支持总额均值为127.09万元，其最大值达600万元。由于部分地区对于新型农业经营主体的支持主要采取减免税收、降息贷款等非资金支持方式，所以存在41.38%的新型农业经营主体获得资金支持总额为0的情况。

从一般性农业支持政策的了解情况来看(图5-7)，除退耕还林/还草补贴政策以外，新型农业经营主体对于粮食直补、良种补贴、农机购置补贴、农资综合补贴以及农业保险保费补贴了解程度均处在较高水平。由于退耕还林/还草的补贴政策主要针对从事农业生产农户的自有土地，而新型农业经营主体主要采取租赁土地的方式进行生产，存在极少数的自有土地，且自有土地进行退耕还林/还草比重较少，所以其对于该项支持政策的认知相对较弱。新型农业经营主体对粮食直补、良种补贴以及农机购置补贴的了解程度相对较高，不仅由于该政策实施较早，普及率较高，而且由于新型农业经营主体进行规模化生产，对于农机具需求较高，所以对于相关的支持政策了解程度也就相对较强。

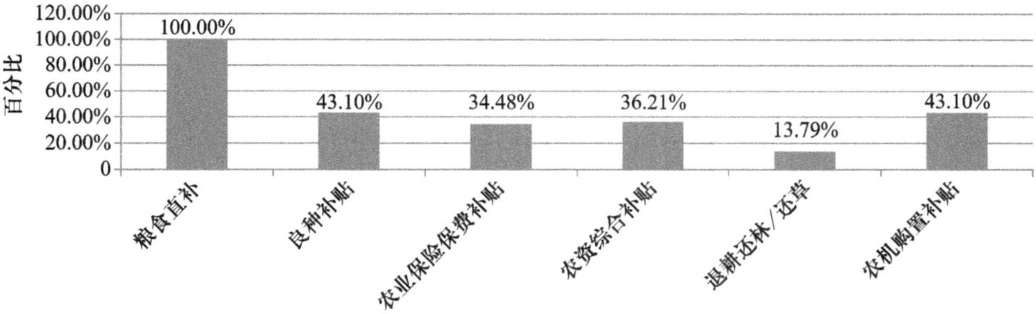

图5-7 农业支持政策了解情况

2.各项农业支持政策实施情况

(1)粮食直接补贴政策实施情况　从粮食直接补贴来看，目前仅有13.4%的新型农业经营主体享受了该项补贴政策。如表5-34所示，对享受该项补贴的13个新型农业经营主体进行分析发现，仅有1个新型农业经营主体获得的粮食直接补贴为基于产量的，其余均为基于其实际生产面积或计税面积进行补贴支持。由于新型农业经营主体的粮食补贴数额相对农户较大，所以在补贴支付方面主要以打卡为主，占比达到84.62%；其余部分以现金支付为主，该部分主要为合作社，其获得的国家粮食直接补贴是由国家直接发放给各个从事农业生产的农户的，不经过该新型农业经营主体。由于新型农业经营主体从事农业生产的规模存在较大的差异，所以其补贴额度也存在较大的差距，在800～407 000元不等。目前新型农业经营主体对于该类政策的满意程度相对较高，对其期望的补贴额度的均值低于目前已有水平，表明在该类补贴政策中各个新型农业经营主体存在较大的差异。

表 5-34　农业支持政策实施情况——粮食直接补贴

统计特征	取值	频数	比例/%	统计特征	取值	频数	比例/%
补贴方式	面积	12	92.3	补贴支付方式	现金	2	15.38
	产量	1	7.7		打卡	11	84.62
统计特征	**均值**	**最大值**	**最小值**	**统计特征**	**均值**	**最大值**	**最小值**
补贴总额/元	90 604.91	407 000	800	希望补贴/元	58 000	150 000	2 000

(2)农资综合补贴政策实施情况　从农资综合补贴来看，目前 12.37%的新型农业经营主体享受到了该项补贴政策。如表 5-35 所示，对享受该项补贴的 12 个新型农业经营主体进行分析发现，该项农业支持政策的补贴依据分为面积和投入品两种，其中以面积为主，占比达到 75%。在补贴支付方面主要有 4 种，其中针对固定面积的补贴支付方式为现金或者打卡，总占比达到 83.34%；针对投入品进行补贴的支付方式主要为降低特定投入品价格和免费发放特定投入品，如化肥、农药等。从获得的总补贴金额来看，各新型农业经营主体差距较大。由于不同地区补贴方式不同，存在免费发放特定农产品和降价等手段，所以存在获得补贴总额为 0 的情况；且由于部分地区将“四项”补贴统一发放，存在部分新型农业经营主体无法进行划分的情况，所以对该项指标相对模糊。希望补贴与现有补贴总额差距在 0.043 5 万～4 000 万元，其期望提升幅度为 0.73%～122%，可见目前新型农业经营主体对于该项补贴政策需求度较高。

表 5-35　农业支持政策实施情况——农资综合补贴

统计特征	取值	频数	比例/%	统计特征	取值	频数	比例/%
补贴方式	面积	9	75	补贴支付方式	现金	1	8.33
	投入品	3	25		打卡	9	75.01
统计特征	**均值**	**最大值**	**最小值**		降价	1	8.33
补贴总额/万元	565.51	6 000	0		发放物质	1	8.33
希望补贴差距/万元	560.31	4 000	0.043 5				

(3)农机购置补贴政策实施情况　从农机购置补贴来看，有 17 个新型农业经营主体享受到了该项补贴政策，占比达到 17.53%，主要原因在于目前我国农机购置补贴主要集中于粮食作物生产环节的农机具补贴，而对于其他品种以及加工机械等支持相对较少。因此，虽然新型农业经营主体普遍进行规模化的农业生产，但其获得的机械补贴仅限于粮食生产部分。从补贴方式来看，主要以购买农机具的数量进行补贴，但也存在部分地区将该项补贴政策与其他补贴政策相结合，采用面积为补贴依据直接进行补贴。补贴支付方式主要为直接打卡和降价，其中降价通过指定购买某一类机械进行。从补贴总额来看，其均值在 155 148.24 元，相对农资补贴总额较低。对于该类支持政策，新型农业经营主体普遍希望从支持方式进行完善，提出应着重采用降低农机价格的补贴手段进行支持(表 5-36)。

表 5-36 农业支持政策实施情况——农机购置补贴

统计特征	取值	频数	比例/%
补贴方式	面积	3	17.65
	机件	12	70.59
	价格	2	11.76
	其他	0	0

统计特征	取值	频数	比例/%
补贴支付方式	打卡	10	58.82
	降价	7	41.18

统计特征	均值	最大值	最小值
补贴总额/元	155 148.24	600 000	1 000

(4)贷款贴息补贴政策实施情况　从贷款贴息补贴来看,目前20%的新型农业经营主体获得该项补贴政策。这些新型农业经营主体的贷款总额主要集中于11万～500万元,占比达到66.66%,存在部分新型农业经营主体贷款数额极大或极小。在所调研的新型农业经营主体中,普遍存在合作社的贷款金额最小、农业企业贷款金额较大的情况,其中湖南沩山湘茗茶业股份有限公司的贷款金额达到5 000万元,位列所有贷款新型农业经营主体之首。从补贴利息来看,其补贴利息均值达到108 890元,其中最大值达到了340 000元,占比总贷款比重的17%;最小值为100元,占其贷款比重1%(表5-37)。可见各地区的贷款贴息力度不一,但是能明显发现贷款总额越高,其贷款贴息比重越大。虽然贷款贴息存在一定的补贴,但是从各新型农业经营主体来看,并不能明显地提高其贷款额度。这一方面表明目前新型农业经营主体的发展情况相对较好,不需要大额度的贷款来维持或改善其发展水平;另一方面也说明贷款贴息政策对于鼓励新型农业经营主体扩大规模化建设的作用相对较弱。

表 5-37 农业支持政策实施情况——贷款贴息补贴

统计特征	取值	比例/%	累计占比/%
贷款总额/万元	≤10	20	20
	11～100	33.33	53.33
	101～500	33.33	86.66
	>500	13.34	100

统计特征	均值	最大值	最小值
补贴利息/元	108 890	340 000	100

统计特征	取值	比例/%	累计占比/%
贷款总额是否增加	是	13.33	13.33
	否	86.67	100

(5)品牌扶持与税收减免政策实施情况　从品牌扶持现状来看,目前多数合作社尚未形成自主品牌,故对于该项政策享受率较低。在所抽样的58个新型农业经营主体中,仅9户获得该项支持,其品牌扶持个数均值为1.44。各新型农业经营主体的品牌个数普遍为1～2个,仅湖南沩山湘茗茶业股份有限公司拥有6个被扶持的品牌。由于各地所采用的品牌扶持政策不同,存在品牌扶持个数及总额为0的情况。除特殊情况,目前所调研的品牌扶持金额普遍为5 000元以上,品牌越多,其获得扶持总额越高。在税收减免方面,新型农业经营主体获得该项支持率较高,在22.41%左右,是目前仅次于扶持专业合作社政策受益较为广泛的针对新型农业经营主体的支持政策,免税收额度相对较高,主要为大额部分减免以及全部减免(表5-38)。

本调研抽取其中58户,分析其对于针对新型农业经营主体的支持政策的了解情况。从调研结果来看,目前新型农业经营主体对于针对特定新型农业经营主体的农业支持政策了解普遍较低,其平均认知度仅为28.28%,意味着仅有1/4的人对于该类农业支持政策有所了解。对于扶持专业合作社发展的农业支持政策了解的人最多,达到48.28%,其余农业支持政策了解程度相对一致。其主要原因在于专业合作社早在2006年就已经以《中华人民共和国

表 5-38　农业支持政策实施情况——品牌扶持与税收减免政策

统计特征	取值	频数	比例/%	统计特征	均值	最大值	最小值
是否享受品牌扶持	是	9	15.52	品牌扶持个数/个	1.44	6	0
	否	49	84.48	品牌扶持总额/万元	13.5	100	0
统计特征	取值	频数	比例/%	统计特征	均值	最大值	最小值
是否享受税收减免	是	13	22.41	税收减免总额/元	88 491.67	500 000	0
	否	45	77.59				

农民专业合作社法》的立法形式提出，其作为我国最早提出的新型农业经营主体，近年来发展迅速，成为新型农业经营主体中的主要部分，针对促进专业合作社发展的政策也不断推出，相对于其他相关政策，该类政策相对较早且推广较为广泛。从获得支持政策的情况来看，目前扶持专业合作社发展政策的比重相对较高；获得粮食适度规模经营政策最低，仅占 5.17%(图 5-8)。可见目前我国在规模化粮食生产的推广力度相对较弱，有待进一步增强。

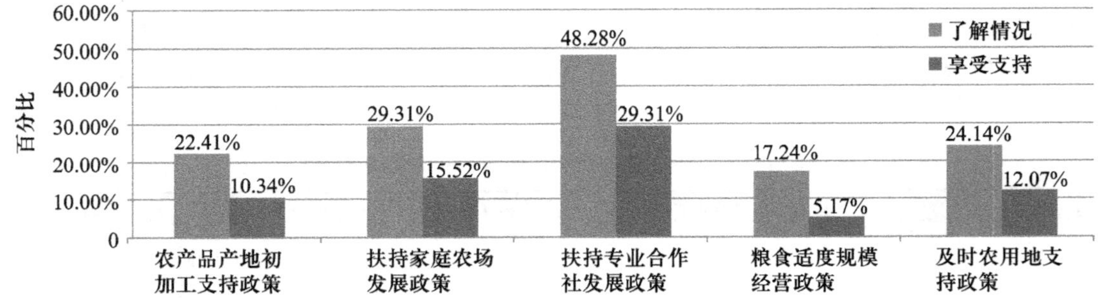

图 5-8　特定类型农业支持政策了解与享受情况

5.3.3　农业支持政策实施效果

新型农业经营主体对于目前农业支持政策评价高于农户，其满意度达到 42.86%，不满意的新型农业经营主体仅占 13.26%(图 5-9)。其主要原因在于，以合作社为代表的新型农业经营主体不仅能够获得基本四项补贴、贷款贴息等针对农户的补贴政策，还能够获得中央和地

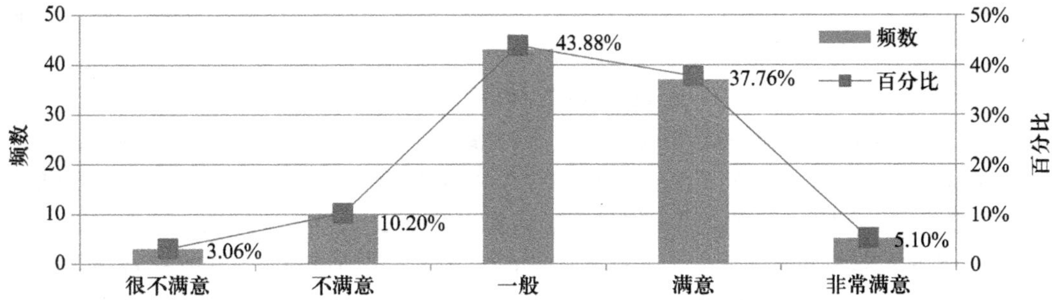

图 5-9　目前农业支持政策总体评价

方政府针对特定的农业生产经营主体提出的特定类型支持政策。这些政策虽然存在着支持额度较小、支持机制不够完善等问题，但也在一定程度上鼓励了该类新型农业经营主体的发展积极性，故新型农业经营主体对其满意度较高。

由于部分针对新型农业经营主体的农业支持政策需要自行向地方政府上报申请，而农户获得支持政策主要为由国家或地方直接实行，农民直接获益，不需要自行了解及申请，所以新型农业经营主体对于各项农业支持政策的了解程度较农户更多，了解渠道更广。从图 5-10 可知，新型农业经营主体了解政策的主要渠道为乡级政府部门，占比达到 54.08%；其次为村干部以及电视、报纸的宣传，占比分别为 39.80%和 38.78%；其网络使用量相对农户较多，通过网络获得支持政策相关信息的占比为 35.71%。

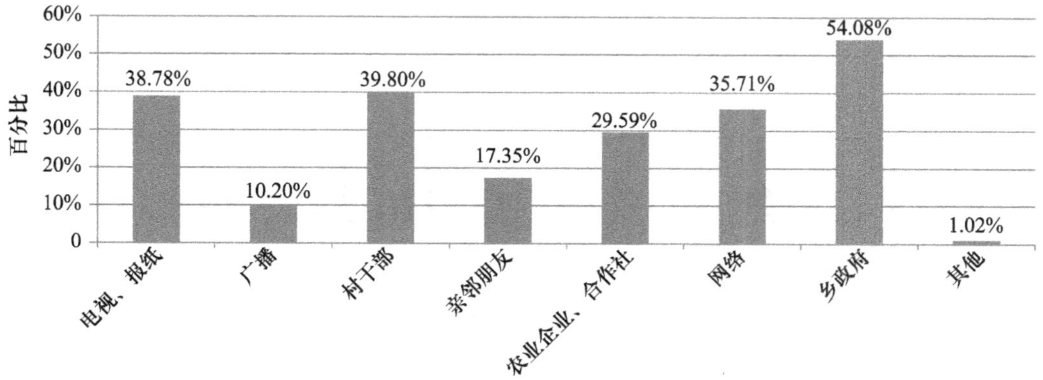

图 5-10 主要了解各项政策的渠道

新型农业经营主体对于目前我国的农资价格调控政策以及农资补贴政策满意度分别达到了 31.63%和 34.7%，相对农户满意程度更高；其中大多数新型农业经营主体均表示一般，一般占比分别为 50%和 51.02%。可见虽然新型农业经营主体对于我国农资方面的支持政策比较满意，但由于其支持力度不强，致使新型农业经营主体满意程度相对较低。由于农业"三项"补贴改革于 2016 年才开始启动并进行试点，所以对寒假调研的 40 个新型农业经营主体不进行该项分析。针对该问题，共有 58 个新型农业经营主体参与调研。从调研的结果来看，新型农业经营主体对于该项改革的了解程度较高，达到了 27.59%，其中 72.41%的新型农业经营主体对于新型的农业支持政策依据由原来单纯的耕地面积以及播种面积转向只对质量、面积达标的新型农业经营主体进行补贴表示合理(表 5-39)。

对新型农业经营主体的支持需求进一步调研发现，目前新型农业经营主体主要存在资金扶持方面的需求，如低息贷款、减免税收等。政府应为新型农业经营主体提供更多的融资平台，为其提供一定的规模扩展资金支持。同时，应针对新型农业经营主体设立相关的支持政策，如针对新型农业经营主体的用水用电额度较大，给予一定的优惠；针对农副产品加工企业提供一定的设备购置支持政策；并帮助当地新型农业经营主体宣传推广其自有品牌，促进企业与当地的农户或合作社形成"互赢互惠"的合作关系等。

表 5-39　农业支持政策实施效果——各项满意度情况

统计特征	取值	频数	比例/%	统计特征	取值	频数	比例/%
农资价格调控	很不满意	3	3.06	农资补贴	很不满意	2	2.04
	不满意	15	15.31		不满意	12	12.24
	一般	49	50		一般	50	51.02
	满意	26	26.53		满意	29	29.6
	非常满意	5	5.1		非常满意	5	5.1
统计特征	取值	频数	比例/%	统计特征	取值	频数	比例/%
是否了解“三项”补贴改革	很了解	4	6.9	改革是否合理	是	42	72.41
	了解	12	20.68		否	16	27.59
	一般	23	39.66				
	不了解	19	32.76				

5.4　基于农户角度的我国农业支持绩效评价

5.4.1　我国农业支持绩效评价指标的选取

建立 DEA 输入和输出指标体系时，各个向量应根据分析的目的来选择，并应尽量避免各指标之间的互相包含关系。本研究根据调查问卷问题设计的实际情况，对水稻、小麦、玉米、马铃薯以及大豆 5 个品种进行分析，针对每一类农产品选取全国调研对象中具有代表性的农户作为决策单元进行绩效分析。选取农户获得农业支持资金总额、人工成本、物质成本以及土地成本作为输入变量，将相应农产品产值作为输出变量。其中农业支持资金总额为该户一年所获得的所有的农业支持政策总额，单位为元；人工成本的单位为人/(亩・年)，表示每年单位面积投入的人工数；土地成本为从事该项农业生产的种植面积，单位为亩；物质成本的单位为元/亩，主要包括种子费用、肥料费用、机械费用以及水电费用，其中将农机具进行折旧等方式进行计算；在产出方面，由于目前我国农业支持政策的目标是以提升农业收益、调整农业生产结构为主，所以针对农户的研究以农产品产值作为产出，其单位为元。本节将通过 DEA 分析，找出目前我国实施的农业支持政策对于各项农产品的生产效率的绩效水平差异，并结合我国未来农业规划，设计适合各项农作物发展的具有针对性的支持政策。

5.4.2　我国农业支持绩效评价结果分析

1.针对水稻生产的我国农业支持政策绩效评价结果分析

本研究选择 88 户研究对象对其水稻生产过程中农业支持政策的绩效进行评价分析，涉及 14 个省份，36 个县(区)，43 个乡(镇)以及 55 个村。由于 DEA 方法的投入导向模式是指在产出量固定的前提下对投入量进行适当调节和控制，而在农业生产中，投入比产出较易控制，所以本研究选取投入导向的 DEA 模式进行分析。将 2015 年的投入产出数据输入软件 DEAP2.1，得到综合技术效率、纯技术效率、规模效率和规模收益情况。

综合技术效率值即为绩效值,综合技术效率为 1 则为 DEA 有效。结果发现,目前我国针对水稻生产的平均综合技术效率值(即绩效值)为 0.585,综合技术效率达到有效的仅为 10 户,占样本的 11.36%。该 10 户的水稻生产规模相对较大,人工投入以家庭自有劳动力为主,人工成本相对较低,机械化水平较高。从样本的综合技术效率分布情况来看,主要集中于 0.2～0.6,其占比达到了 54.54%(图 5-11)。可见目前针对水稻生产的农业支持政策的实施绩效水平相对较低,存在较大的提升空间。

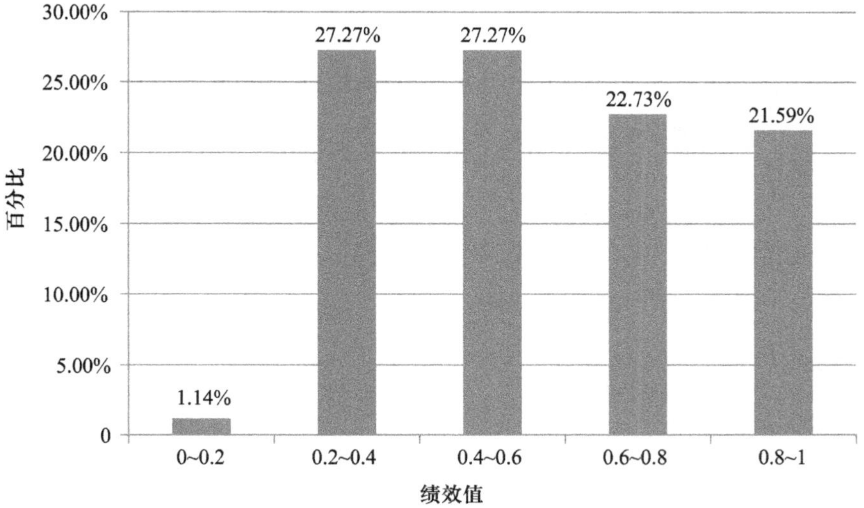

图 5-11 针对水稻生产的我国农业支持政策绩效值分布情况

由表 5-40 经计算可知,纯技术效率平均值为 0.734,规模效率平均值为 0.807,纯技术效率与规模效率均未达到最优水平。在纯技术效率方面,虽然达到纯技术效率为 1 的农户有 31 户,占整体比重的 35.23%,但其余农户的纯技术效率明显低于其规模效率,致使针对水稻生产的农业支持政策总体绩效水平偏低。具体分析纯技术效率达到 1 的农户,其户均获得农业支持总额为 5 149.29 元远高于整体户均获得的农业支持总额,可见农业支持政策的力度对于纯技术效率的提升具有重要的影响。在规模效率方面,75%的农户达到了 0.7 以上,但真正达到规模效率有效的农户仅为 6 户,且均包含在综合技术效率为 1 的农户中。该类主要以水稻生产大户为主,其生产面积均值达到 17.27 亩。

表 5-40 2015 年全国调研水稻生产的农业支持政策效率分析

统计特征	取值	频数	比例/%	累计比重/%	统计特征	取值	频数	比例/%	累计比重/%
纯技术效率	≤0.3	1	1.14	1.14	规模效率	≤0.3	0	0	0
	0.3～0.5	20	22.73	23.87		0.3～0.5	10	11.36	11.36
	0.5～0.7	20	22.73	46.6		0.5～0.7	12	13.64	25
	>0.7	47	53.4	100		>0.7	66	75	100

当各个区域农业支持政策处于最优规模时,农业支持的绩效最高,应当保持现有的规模不变;当处于非最优状态时,如果规模报酬递增,应扩大规模,以提高绩效;反之应缩减生产规模,调整水稻生产的内部结构,以提升其绩效。本研究中有 55 户处于规模报酬递增的状态,

占比达 62.5%，意味着为进一步发挥农业支持政策的效率，应进一步提升其水稻生产规模。

2. 针对小麦生产的我国农业支持政策绩效评价结果分析

本研究选择 184 户研究对象对其小麦生产过程中农业支持政策的绩效进行评价分析，涉及 7 个省份，37 个县(区)，54 个乡(镇)以及 78 个村，其中占比最高的省份为山东省，其样本量为 91 个，占总样本的 49.5%。

从总体结果来看，小麦的农业支持政策绩效较水稻生产的农业支持政策绩效值高 0.13，而作为小麦主产区的山东省，其综合技术效率均值达到 0.806，其效率超过所调研的其他任意地区，可见，农业支持政策在绩效方面也存在一定的空间差异。通过对于山东省及其他省份农户的综合技术效率分布情况的调研来看，山东省的综合技术效率水平相对较高，其 0.8～1 占比达到 62.64%，是其他地区在该区比重的近 3 倍。其他省份的绩效总水平主要在 0.4～0.8，相对效率较低。从整体来看，调研农户中仅有 11 家达到了综合技术效率为 1，占比为 5.98%，其中 8 户位于山东省。该 11 户的小麦生产规模主要为小型生产和大型生产两种，第一种主要是通过降低成本投入的方式来提升绩效，第二种主要是通过实行机械化生产、提高土地产出效率来进一步提高其农产品产值(图 5-12)。

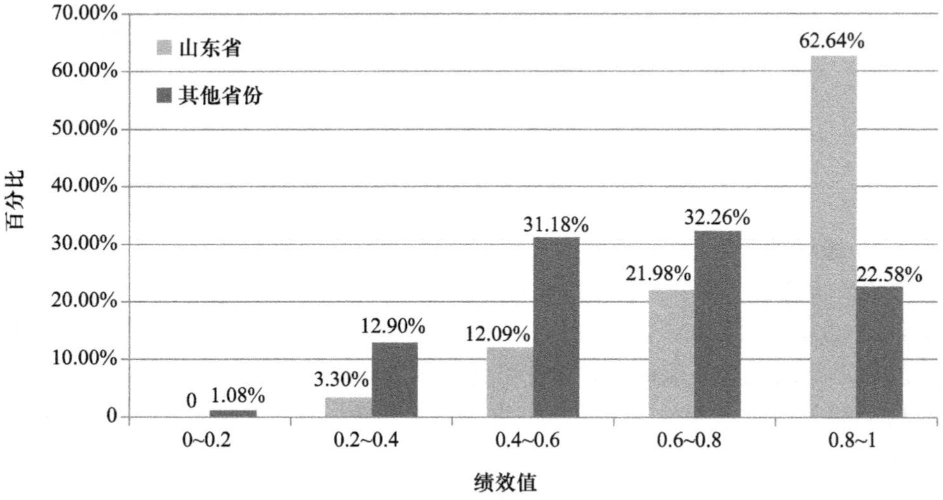

图 5-12 针对小麦生产的我国农业支持政策绩效值分布情况

进一步分析综合技术效率发现，规模效率较低是影响综合技术效率相对较低的主要原因。在纯技术效率方面，其效率普遍较高，均在 0.4 以上，均值达到 0.883，其中达到纯技术效率为 1 的农户为 79 户，占比达到了 42.93%。该部分农户获得农业支持政策总额相对差距较小，其均值为 753.94 元，与所有调研样本点农业支持政策总额均值相近；除物质成本高于样本整体以外，其他成本均相对较低，可见物质成本的投入对于提升农业支持政策绩效具有一定的影响。在规模效率方面，虽然 63.04%的农户规模效率在 0.8 以上，但达到有效的农户仅为 17 户，占比为 9.24%。该部分农户获得农业支持总额均值为 1 023.3 元，其余农业投入与整体投入水平持平，可见农业支持政策对小麦的规模效率影响较大。目前有 79.35%的农户规模报酬呈现递增的状态，可见该类农户需要进一步拓展其小麦生产规模来提升其农业生产收益(表 5-41)。

表 5-41 2015 年全国调研小麦生产的农业支持政策效率分析

统计特征	取值	频数	比例/%	累计比重/%	统计特征	取值	频数	比例/%	累计比重/%
纯技术效率	≤0.2	0	0	0	规模效率	≤0.2	0	0	0
	0.2～0.4	0	0	0		0.2～0.4	8	4.35	4.35
	0.4～0.6	15	8.15	8.15		0.4～0.6	28	15.22	19.57
	0.6～0.8	32	17.39	25.54		0.6～0.8	32	17.39	36.96
	>0.8	137	74.46	100		>0.8	116	63.04	100

3.针对玉米生产的我国农业支持政策绩效评价结果分析

本研究选择 277 户研究对象对其玉米生产过程中农业支持政策的绩效进行评价分析，涉及 15 个省份，且主要以山东、河南、河北为主，其占比分别达到了 37.55%、13.36% 和 10.47%。样本涉及 58 个县(区)、76 个乡(镇)以及 104 个村。

从总体情况来看，目前我国针对玉米生产的农业支持政策的绩效水平是所有粮食作物中最低的，所调研农户的绩效主要集中于 0.2～0.4，占比达到 48.74%；其次为 0.4～0.6，占比为 22.38%(图 5-13)。玉米生产农业支持政策的平均综合技术效率值仅为 0.445，仅有 7 户农业支持政策效率达到最优，主要以大规模生产农户为主，其玉米种植面积均值在 29.14 亩，获得农业支持政策总额均值为 1 615.75 元，远高于所有玉米生产农户获得农业补贴总额的均值。

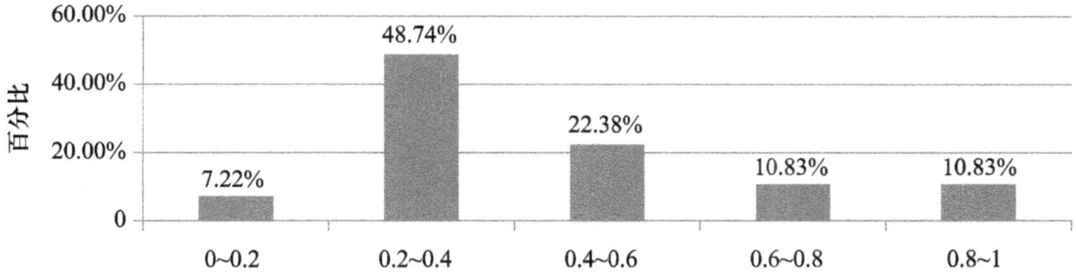

图 5-13 针对玉米生产的我国农业支持政策绩效值分布情况

进一步分析纯技术效率与规模效率，发现玉米生产农业支持政策绩效水平偏低的主要原因在于规模效率较低。在纯技术效率方面，其分布相对较为集中，其中 48.38%的农户的纯技术效率在 0.8 以上；其次为 0.4～0.6，占比达到 27.44%；达到纯技术效率有效的农户为 85 户。在规模效率方面，分布较为分散，其中主要集中于 0.2～0.6，该部分占比达到 51.26%；达到规模效率为 1 的农户仅为 10 户(表 5-42)。由于 91.34%的农户均处于规模报酬递增的状态，所以加大农业支持政策力度，促进农户农业规模化生产对于增加农民玉米种植收益具有重要的意义。

表 5-42 2015 年全国调研小麦生产的农业支持政策效率分析

统计特征	取值	频数	比例/%	累计比重/%	统计特征	取值	频数	比例/%	累计比重/%
纯技术效率	≤0.2	0	0	0	规模效率	≤0.2	10	3.61	3.61
	0.2～0.4	4	1.44	1.11		0.2～0.4	69	24.91	28.52
	0.4～0.6	76	27.44	28.88		0.4～0.6	73	26.35	54.87
	0.6～0.8	63	22.74	51.62		0.6～0.8	54	19.5	74.37
	>0.8	134	48.38	100		>0.8	71	25.63	100

4.针对马铃薯生产的我国农业支持政策绩效评价结果分析

目前来看，马铃薯种植规模相对水稻、玉米和小麦等粮食作物较少，农户普遍将其作为蔬菜进行生产，其主要用途为自用。本研究选取34户农户对其马铃薯生产过程中的农业支持政策绩效进行评价分析，涉及内蒙古、山东、陕西、云南以及重庆，这些地区均为我国马铃薯主产地区。

从总体情况来看，我国针对马铃薯生产的农业支持政策的绩效均值为0.272，其中纯技术效率为0.863，规模效率为0.326。从其绩效水平分布的情况来看，综合技术效率及规模效率普遍低于0.4，纯技术效率水平主要集中于0.8以上。由于马铃薯推广力度以及相应的农业支持政策相对较少、较弱，所以其农业支持政策综合绩效偏低。同时，由于马铃薯生产规模的局限性，致使其规模效率较低，而规模效率成为制约农业支持政策绩效整体的主要原因。在所调研的农户中，达到农业支持政策绩效最优的有2户，分别位于云南和内蒙古。在纯技术效率方面，达到最优的为14户，占比达到41.18%，可见各地区的农业支持政策实施效率较高，其支持方式方法与当地的实际生产情况相对较为符合。在规模效率方面，仅达到整体效率最优的2户农户达到了规模效率最优，其物质成本以及土地成本投入相对较高（图5-14）。

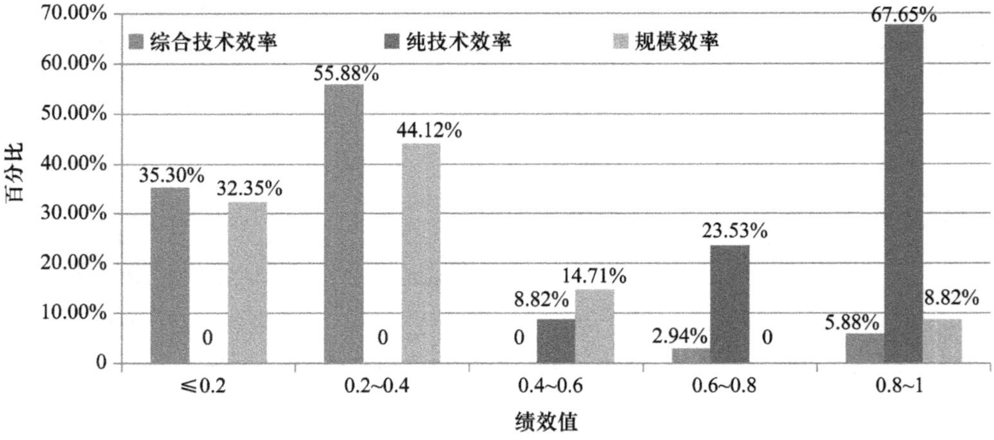

图5-14 针对马铃薯生产的我国农业支持政策绩效值分布情况

5.针对大豆生产的我国农业支持政策绩效评价结果分析

由于大豆农产品国外市场价格远低于国内，且由于生产成本的不断上升，致使国内大豆滞销情况不断加深，农民逐渐降低了对大豆的生产，转而生产效益相对较高的其他粮食作物。本研究选取33户农户对其大豆生产过程中的农业支持政策绩效进行评价分析。

大豆生产农业支持政策的综合绩效均值为0.701，其中纯技术效率为0.908，规模效率达到0.768，是粮食作物中农业支持政策实施效果最优的农作物。从各项效率的分布情况来看，综合技术效率主要集中于0.8～1以及0.4～0.6，其占比分别达到48.49%和24.24%。大豆生产农业支持政策的纯技术效率均大于0.4，但其规模效率相对较低，存在21.21%的农户其规模效率低于0.4，可见规模效率是阻碍农业支持政策绩效水平提高的主要因素。调研的农户中存在9户达到了综合技术效率为1，占比达到27.27%，其中7户均在民胜村，表明农业支持政策绩效存在明显的区域特性，在该地区农业支持政策的实施与农户进行大豆生产具有较优的相适性。在纯技术效率方面，共有 11 户达到了最优，可见我国各地区实施的农业支持政策与其农业生产情况相符。在规模效率方面，相对纯技术效率较少，仅为整体效率最优的 11 户，加之 63.64%的农户均处于规模报酬递增的状态，可见大豆农业生产规模有待进一步加大(图 5-15)。

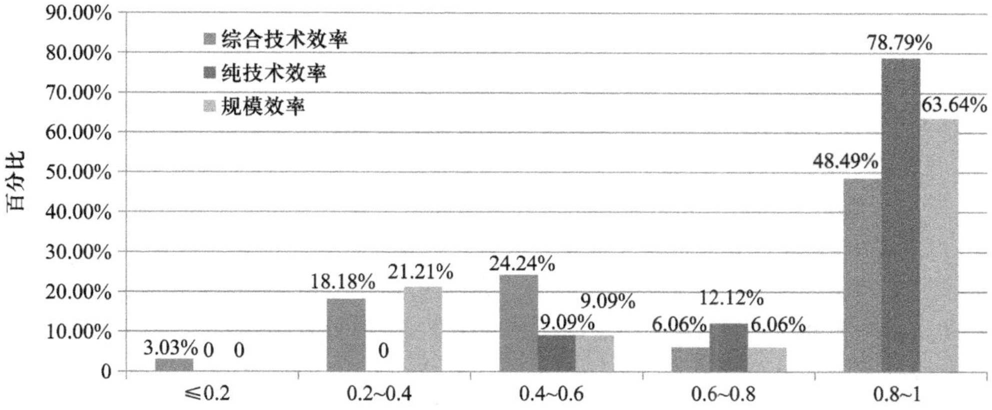

图 5-15 针对大豆生产的我国农业支持政策绩效值分布情况

5.4.3 不同农产品的绩效水平对比分析

农业支持政策作为推动农业和农村经济发展的重要手段，应积极发挥其导向、激励与调控的作用，进一步推进农业供给侧改革，使我国粮食生产在保证国家粮食安全的基础上，紧紧围绕市场需求的变化，提高农业供给质量，优化农业生产结构，提高资源配置效率，从而解决我国目前农业发展中所存在的“供过于求”和“供给不足”的主要问题。

通过我国农业支持政策对以上 5 种农产品生产效率影响的绩效水平来看，目前我国实施的农业支持政策对小麦和大豆的农业生产效率的绩效水平最高，其次为水稻、玉米，马铃薯的绩效水平最低。这表明目前我国实施的农业支持政策对小麦与大豆的生产效率提升的效果相对较优，对水稻、玉米以及马铃薯的作用相对较弱(图 5-16)。其中各个农产品的规模效率普遍低于纯技术效率，故为了提升我国农业支持政策的绩效水平，应从提升农业的规模化生

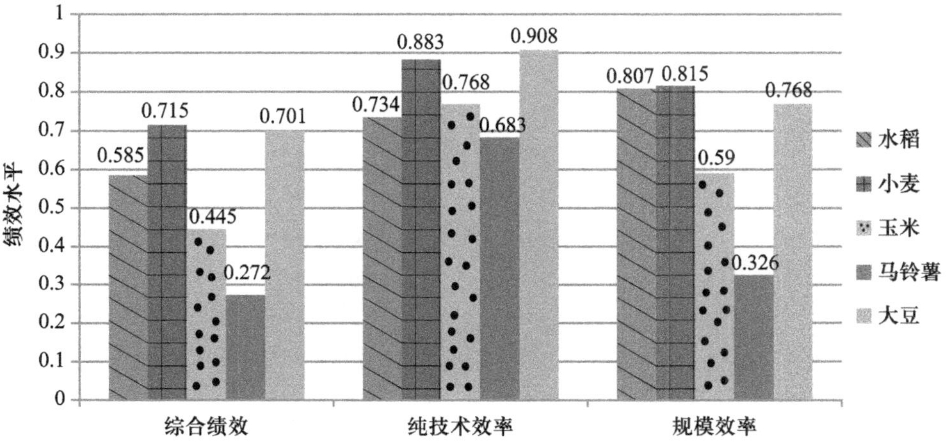

图 5-16 各农作物生产的我国农业支持政策绩效水平

产的角度着手。

各地区政府应按照其自然环境、农村劳动力情况以及农业机械化水平等因素，确定本地区的规模经营标准，对该生产规模的农户及新型农业经营主体进行重点扶持。同时，在尊重农民意愿的基础上，因地制宜、循序渐进，积极鼓励和引导农户在村组内通过互换土地来实现连片耕种。此外，各地区政府还应稳定农户承包权，放活土地经营权，大力培育新型农业经营主体和服务主体，通过经营权流转、股份合作、代耕代种、土地托管、联耕联种等多种方式，加快发展土地流转型、服务带动型等多种形式规模经营。

结合各个农作物的实际情况来看，按照国家发布的“稳粮、优经、扩饲”的要求，应稳定水稻、小麦的生产来保障我国的粮食安全，重点发展优质稻米与小麦，降低非优势区域籽粒玉米的种植，增加优质大豆及薯类。因此，在接下来应进一步加强水稻、小麦、大豆以及薯类的支持力度，尤其是针对其优质品种进行特定支持，如免费提供优质品种种子等。在水稻方面，农业支持政策应向良种免费发放、农业技术推广、农民培训等方向倾斜，通过提升农业生产技术水平来进一步提升其生产效率，在一定的支持力度下，达到较好的效益。在马铃薯方面，目前农户并未将其作为粮食作物进行规模化生产，而是作为蔬菜类的经济作物进行生产，故而在该方面现有的支持政策相对较少，应进一步提升其粮食作物的重要位置，鼓励农户进行优质马铃薯的种植。在玉米方面，应在降低对其支持力度的同时，进一步鼓励农民从事其他农作物的生产，并针对其农作物的转型予以一定的补偿，如进行粮改饲、粮改豆等补贴。

第6章 基于生产效率的农业支持政策作用机理研究

本章利用灰色关联分析方法、Tobit模型和DEA模型，基于生产效率（经济效率、社会效率和生态效率）视角揭示我国农业支持政策与相关变量关联性及其内在作用机理；采用灰色关联分析方法，揭示我国农业支持政策与相关变量关联性及其内在作用机理；采用Tobit模型，从生产效率角度对各类农作物的农业支持政策绩效产生影响的生产要素以及非生产要素进行分析，找出其关键影响因素，进一步选取具有代表性的指标，从经济、社会以及生态效率角度对我国农业支持政策作用机理进行定性与定量研究；综合考虑农业支持政策对于经济、社会以及生态效率的作用，采用层次分析方法构建我国农业支持政策作用效益评价指标体系，并进行实证评价分析。

6.1 我国农业支持政策传导相关性分析

我国农业作为国民经济基础，具有发展基础差、小农经济等显著特点。虽然近年来我国粮食生产连续实现增产，农民收入持续较快增长，但城乡差距仍然较大，农业发展也面临着农产品价格“天花板”封顶、生产成本“地板”抬升、资源环境“硬约束”加剧等新挑战。解决这些问题无法单纯依靠市场机制调节，而是需要国家对于农业进行有力的支持。

农业支持政策是指政府以促进农业发展为目的而制定的各种有利于改善农业生产环境和农产品销售、流通、增加农业生产者收入的政策（张朝华和陈池波，2014）。我国农业支持政策近年来发展较为迅速，涉及范围不断扩大，支持力度不断加深，支持方式逐渐多样化（张淑杰，2012）。目前，我国已初步形成了以粮食直接补贴、农资综合补贴、良种补贴和农机购置补贴为主的基于投入支持，粮食最低收购价格为代表的基于产出支持，以及一般性服务支持构成的现代农业支持政策体系。农业支持政策对于增加农民收入，保障我国粮食和重要农产品安全，增强我国农产品国际竞争力以及现代农业的可持续发展具有重要意义。

虽然我国农业支持政策受到世界贸易组织（WTO）一系列的规则限制，但由于我国农业发展现状，政府仍继续加强对农业的支持。因此，在满足WTO规定的前提下，我国的各项农业支持政策的实施应更注重效率与实际效果（马欣，2015）。

本研究对目前我国农业支持政策进行定性分析，进一步运用灰色关联分析方法，从全国的层面比较和评价我国各类农业支持政策的作用效应，进一步提出提升我国农业支持政策效率的政策建议，对于调整、完善我国农业支持政策具有重要的意义。

6.1.1 我国农业支持政策作用机理分析

按照我国所实施各项农业支持政策的方式来看，农业支持政策主要可分为基于投入的农业支持政策、基于产出的农业支持政策以及基于一般服务的农业支持政策 3 类。目前，经济合作与发展组织（OECD）和 WTO 的农业支持水平测量框架影响很大。不过，WTO 的框架主要是一个谈判的工具，OECD 的框架主要用来进行政策分析，而且 OECD 的测量范围要大于 WTO，故 OECD 框架更为全面地反映了农业支持水平及其结构状况，更有利于开展农业政策评估（王忠和叶良均，2011）。因此，本研究采用 OECD 数据对我国各类农业支持政策投入额度进行分析。

由图 6-1 可以看出，除 2008 年和 2011 年外，我国农业支持政策投入的额度始终处于不断上涨的状态，其同比增长率也处于曲折提升的状态。2008 年我国农业支持政策迅速下降的主要原因在于 2008 年的金融危机以及当时国际食品价格达到了高点，农户收益大幅度提升，因此为平衡农业生产者和消费者的利益而削减了对农业的支持力度（谷征，2014）。2011 年农业支持政策迅速下降的主要原因在于我国为调整“黄箱”政策，大幅度削减了市场价格支持。

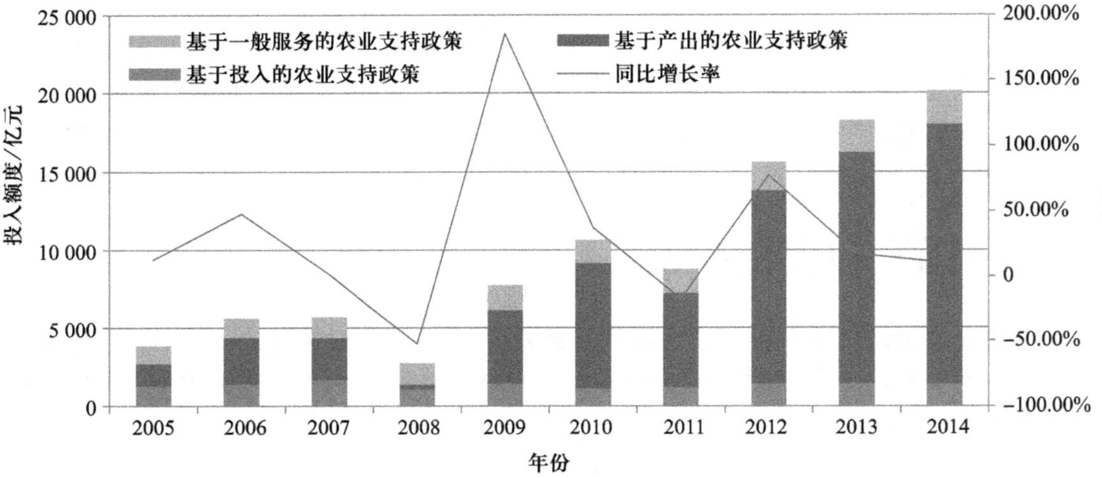

图 6-1　2005—2014 年我国农业支持政策投入额度和占比

在各类农业支持政策投入方面，基于农业产出的农业支持政策增加幅度最大，目前也是投入力度最大的一类农业支持政策。2014 年其投入达到 16 601.62 亿元，是 2005 年该类农业支持政策投入的 10 倍多；其次为基于一般服务的农业支持政策，2014 年其投入达到 2 118.1 亿元，同比增长 90.08 亿元；以“四项”补贴为代表的基于农业投入的农业支持政策，其投入总额相对较少，该类政策在我国实施较早，其投入额度经过一定的波动后目前处于较为稳定的状态。

1. 基于农业投入的农业支持政策

我国基于农业投入的农业支持政策主要为生产投入品补贴政策（如“四项”补贴）。该类农业支持政策依据农业所需投入品对农业生产者进行支持，属于间接的农业支持方式。以良种、农机补贴为例，由于支持目录中的农业投入品价格与同类其他商品价格相比较低，导致农户对该目录中的商品购买量上升；其次由于农业投入品价格下降，农户生产成本降低，实际收益增加，购买能力加强，进一步导致农业投入品购买量增加，有益于提高劳动力、耕地等农业生产要素的配置效率，提高农业生产效率。此类政策在降低农业生产成本的同时，提高了农产品质量和产量。但从长期来看，长期的农产品产量增长，势必导致市场上农产品均衡价格下降，进一步影响农业生产者的收入以及福利的改善。因此，在实施该类农业支持政策的同时必须出台相应的农产品价格支持政策，这样才能保障农业生产者的切身利益以及农业的持续推进。

2. 基于农业产出的农业支持政策

我国基于产出的农业支持政策主要为市场价格支持政策，包括最低收购价格补贴和临时收购补贴等。农产品市场价格是农业生产者生产决策的重要因素，对农产品的生产规模的扩大与减少具有决定性作用。当农产品价格较高时，农业生产者主要采取调整农业生产结构、提高复种指数、扩大生产规模等方式进行扩大再生产。但在农产品价格较低时，农业生产者会保持原有的生产规模，甚至出现农业生产者放弃进行农业生产，将土地流转出去的情况。

以农产品最低保护价格收购政策为例，该政策主要通过农产品在流通领域的价格调整对农业生产者进行支持，属于间接支持方式。政府通过对农民的农产品以高于市场的价格来购买，一方面可以直接提高农民收入，提高农民的农业生产经营积极性；另一方面可激发农民提升产量，从而进一步增加其农业收入。这种农业支持方式不仅能够保证农民收入，而且能进一步提高农业产量，保障我国粮食安全。目前存在部分针对如粮、油、面等重要农产品的价格支持政策，对于种植该类的生产者进行专项支持，这类政策不仅能够产生增产、增收的效果，还能引导农业区域布局、作物结构、品种结构的调整，有益于提高农业资源的配置效率，从整体上提高农业生产效率。

3. 基于一般服务的农业支持政策

这类支持政策的实施虽然最终会对农产品的生产、经营、销售等环节产生影响，但不直接对农民收益产生影响，所以属于间接的农业支持方式。基于一般服务的农业支持政策主要包括改善农业生产的研究开发、农业相关知识培训、农产品质量安全监测、农业基础设施建设、农产品的营销推广、公共储备以及其他相关服务。我国的一般服务支持政策主要有大型商品粮生产基地建设、田间工程、农机服务体系建设、农业政策性保险费补贴、测土配方施肥补贴、新型农民科技培训工程、农业科技三项费、农村职业教育、农业检验检疫、农村基础设施建设投资，以及农业、农机、畜牧业、水利气象事业费。这些政策首先通过提高农业生产要素，如农业生产者的素质、农业生产的技术水平、农业生产的基础设施等直接调整资源的配置与利用效率，从而提高农业生产效率；其次通过公共储备等方式维护我国农业粮食和重要农产品安全。

6.1.2 研究方法、指标选取与数据来源

1. 研究方法

灰色关联分析方法是由我国学者邓聚龙教授在20世纪80年代提出的，其基本思想是根据曲线间相似程度判断因素间的关联程度。与数理统计学的相关分析不同，该分析方法具有较强的适应性，对于数据量和数据的分布规律要求较低，并且分析结果一般与定性分析一致(邓聚龙，1987)。灰色关联分析方法目前广泛应用于农业和社会经济等领域，并取得了显著的成就。鉴于此，本研究运用此法对农业补贴政策传导相关性进行分析。

设 X 为灰度关联因子集，$X_0 \in X$ 为母序列，反映系统行为特征；$X_i \in X$ 为子序列，反

映影响系统行为的相关影响因素。$X_0(k)$、$X_i(k)(k=1,2,3,\cdots,m)$ 分别为 X_0 与 $X_i(i=1,2,3,\cdots,n)$ 第 k 点的数值，构造原始评价矩阵 $X=(X_0,X_1,X_2,\cdots,X_n)$。灰色关联度分析方法的过程一般包括原始数据变换、计算关联系数以及求关联度。

（1）原始数据变换　由于各指标的量纲不同且有时数值的数量级相差悬殊，难以直接进行比较，所以对原始数据采取均值化、初值化、标准化等变换方法来消除量纲，转换为可比较的数据序列（仇冬芳，2013）。

（2）计算关联系数　每个子序列 $X_i(k)$ 与母序列关联系数 $L_{0i}(k)$ 由下式计算得出：

$$L_{0i}(k)=\frac{\Delta_{\min}+\Delta_{\max}}{\Delta_{0i}(k)+\rho\Delta_{\max}} \qquad \text{公式(6-1)}$$

式中，$\Delta_{0i}(k)$ 表示 k 时刻两序列的绝对差，即 $\Delta_{0i}(k)=|x_0(k)-x_i(k)|\ (1\leqslant i\leqslant m)$；$\Delta_{\min}$ 和 $\Delta_{\max}$ 分别表示所有子序列各个时刻绝对差中的最大值与最小值。因为子序列相交，所以一般取 $\Delta_{\min}=0$；ρ 称为分辨系数，其意义是削弱最大绝对差数值太大引起的失真，提高关联系数之间的差异显著性，$\rho\in(0,1)$，一般情况下可取 0.1～0.5。

关联系数反映子序列与母序列在某一时刻的紧密（靠近）程度。如果在 $\Delta_{\min}$ 的时刻，$L_{0i}=1$，则在 $\Delta_{\max}$ 的时刻关联系数为最小值。因此，关联系数的范围为 $0<L\leqslant 1$。

（3）计算灰色关联度　两序列的关联度以两序列各个时刻的关联系数之平均值计算，即：

$$r_{0i}=\frac{1}{M}\sum_{k=1}^{m}L_{0i}(k) \qquad \text{公式(6-2)}$$

式中，r_{0i} 为子序列 i 与母序列 0 的关联度，M 为比较序列的长度（数据个数）。一般 $p=0.5$ 时，灰色关联度大于 0.6 时结果较好（赵青霞，2011）。

2. 指标选取

从近年来发布的中央一号文件来看，我国农业支持政策的实施主要通过粮食安全与促进农民增收的双重路径来实现农业支持与保护（高玉强，2011）。故本研究选取各项农业支持政策与粮食产量、农村居民人均纯收入以及农业生产总值作为同一灰色系统，并将所选取指标划分为母因素、子因素。

母因素（母序列）为粮食总产量（Y_1）、农村居民人均纯收入（Y_2）以及农业总产值（Y_3），反映农业支持政策的增产、增收效应以及促进农业发展效应。其中粮食总产量，是指在一定时期和经济社会条件下，以粮食产量为标志的粮食安全保障，也是反映粮食生产能力的主要指标，粮食产量越高，说明粮食生产保障能力越好；农村居民人均纯收入是衡量农村居民收入水平的主要数量指标，反映了我国农业支持政策的提高农村居民收入水平、缩小城乡居民收入差距的总体目标；农业总产值反映了一定时期内农业生产总规模和总成果。

子因素（子序列）为基于农业投入的农业支持政策估计值（X_1）、基于农业产出的农业支持政策估计值（X_2）、基于一般服务的农业支持政策估计值（X_3）以及农业支持政策总估计值（X）。其中支持政策总估计值是我国所采用的所有农业支持政策的总和，反映了我国农业支持政策的总体状况。

3. 数据来源

本研究的时间段为 2005—2014 年。2005—2014 年粮食产量、农业总产值和 2005—2012

年农村居民人均纯收入数据来源于2005—2014年《中国统计年鉴》。2013年和2014年农村居民人均纯收入数据来源于中华人民共和国中央人民政府、财政部、农业农村部等网站数据汇总整理，农业支持政策估计值均来源于OECD组织的数据库（表6-1）。

表6-1　2005—2014年各投入、产出指标数据

项目	2005年	2006年	2007年	2008年	2009年	2010年	2011年	2012年	2013年	2014年
X_1/百亿元	12.6	13.81	16.55	10.37	14.19	11.11	11.8	14.06	14.38	14.14
X_2/百亿元	14.14	29.95	26.93	3.3	47.5	80.76	60.97	123.98	148.09	166.02
X_3/百亿元	11.41	12.66	13.75	13.51	16	14.67	15.21	18.03	20.28	21.18
X/百亿元	38.15	56.42	57.24	27.19	77.7	106.54	87.98	156.07	182.74	201.34
Y_1/百万吨	484.02	498.04	501.6	528.71	530.82	546.48	571.21	589.58	601.94	607.03
Y_2/元	3 254.9	3 587	4 140.4	4 760.6	5 153.2	5 919	6 977.3	7 916.6	8 896	9 892
Y_3/百亿元	196.13	215.22	246.58	280.44	307.76	369.41	419.89	469.4	514.97	547.72

由表6-1可知，我国粮食产量、农村居民人均收入以及我国农业总产值均呈现上涨状态。其中我国粮食产量增长幅度逐年下降，截至2014年，我国粮食产量达到60 702.61万吨，其年均增长幅度为0.85%；在农村居民收入方面，增长幅度有所上升，2014年我国农村居民人均收入为9 892元，同比增长了996元，是2005年人均收入的3倍多。2008年虽然农业支持政策发生迅速下降，但对于我国粮食产量、农民收入以及农业整体发展趋势并未产生影响。

6.1.3　实证结果分析

本研究采用DPS软件对我国2005—2014年农业支持政策的估计值和粮食产量、农村居民纯收入、农业总产值的相关数据进行关联度分析，数据转化方式选择标准化，分辨系数取0.5，参数Δ_{min}的取值由各个数据序列各个时刻的绝对值的比较来确定，分析结果如表6-2所示。

表6-2　灰色关联度矩阵结果

项目	X_1	X_2	X_3	X
Y_1	0.565 2	0.835 6	0.831 2	0.837 5
Y_2	0.559 0	0.861 9	0.867 2	0.858 0
Y_3	0.558 4	0.863 2	0.847 1	0.860 3

（1）从整体情况来看，农业支持政策整体与粮食总产量的灰色关联度为0.837 5，与农村居民纯收入的灰色关联度为0.858 0，与农业总产值的灰色关联度为0.860 3，这表明农业支持政策的实施对于粮食产量的增长、农村居民的增收以及农业经济的发展均起到了积极的促进作用，对于农业增产与农民增收整体效果均较为明显。

（2）基于农业投入的农业支持政策与粮食产量、农村居民纯收入以及农业总产值相关度分别为0.565 2、0.559 0和0.558 4，均相对较小，表明该类农业支持政策对于增产、增收以及促进农业发展的效果不明显。主要原因在于该类政策以“四项”补贴政策为主，其补贴方式主要为基于纳税耕地面积进行直接补贴，不具有针对性，存在非农业生产者获得补贴以及获得补贴的农户并未将其获得的补贴投入农业生产中等问题。

(3)基于农业产出的农业支持政策与粮食产量、农村居民纯收入以及农业总产值的相关性较高,均达到了0.8以上,其中与农业总产值相关性最高,其次为农村居民纯收入,最后为粮食产量。这表明此类政策的增收效果要高于其增产效果,主要原因在于该类支持政策主要以市场价格支持的形式进行,直接影响农户的收益,在增产方面的效应主要是通过提升农业生产收益来进一步鼓励农户进一步扩大生产规模以及机械化水平,从而提升其产量。

(4)基于一般服务的农业支持政策与粮食产量、农村居民纯收入以及农业总产值的相关性较高,与基于农业产出的农业支持政策的粮食产量、农村居民纯收入的相关度几乎持平,但其与农业总产值的相关系数相对基于产出的农业支持政策较低。主要原因在于该类农业支持政策主要为改善农业生产者素质、农业生产基础设施条件等具有长期性的措施和手段,其作用效应具有一定的延滞性。

通过对各类农业支持政策的作用效应比较来看,三类农业支持政策的增产效应大小的降序排列为基于农业产出的农业支持政策>基于一般服务的农业支持政策>基于农业投入的农业支持政策;各类农业支持政策的增收效应大小的降序排列为基于一般服务的农业支持政策>基于农业产出的农业支持政策>基于农业投入的农业支持政策;按其整体效应大小的降序排列为基于农业产出的农业支持政策>基于一般服务的农业支持政策>基于农业投入的农业支持政策。这表明基于农业产出的农业支持政策对于农业发展的促进作用最强。

6.2 基于生产效率的农业支持政策关键影响因素

根据第5章对于我国农业支持政策绩效(实施效果)按照不同粮食作物进行的具体分析,本部分进一步从生产效率角度分析不同粮食作物的农业支持政策绩效的关键影响因素,并根据样本数据分析各因素对不同农产品农业支持政策绩效的影响程度的差异,从而有针对性地提出提升我国农业支持政策绩效的合理建议。由于前面对农业支持政策绩效水平采用DEA的分析方法,致使农业支持政策绩效值在0~1,具有被切割或截断的特性,所以本研究选用Tobit回归模型对其影响因素进一步分析。

6.2.1 Tobit模型介绍

Tobit模型由Tobin提出,它能够解决受限或截断因变量的模型构建问题,属于一种因变量受限的回归模型。Tobit回归模型为:

$$Y = \alpha + \beta X + \varepsilon \qquad \text{公式(6-3)}$$

式中,Y为截断因变量向量(农业支持政策绩效值);X为自变量向量(包括耕地面积,物质成本,人工成本,受教育程度,农业生产年限,合作社,农业技术培训,村庄位置,遭受灾害,农产品滞销);α为截距项向量;β为回归参数向量;扰动项$\varepsilon \sim N(0,\sigma^2)$。在DEA模型估计结果中,测算出的效率值是大于0的离散数值。在Tobit回归模型中,效率值作为因变量,属于截断的离散分布数据。然而,当因变量是部分连续分布或部分离散分布数据时,运用普通最小二乘法(OLS)估计Tobit模型的参数是有偏的、不一致的,因此采用最大似然估计法(ML)估计Tobit模型中的参数(胡根华和秦嗣毅,2012)。

6.2.2　影响因素选择

农业支持政策绩效是一个地区农业支持政策与农业生产生活的整体表现。本研究认为影响各地区农业发展的主要因素均会对农业支持政策绩效产生影响，这些因素主要包括农业生产的内部因素和农业支持的外部因素两方面，其中农业生产的内部因素又主要包括生产要素和非生产要素两部分。因此，将农业支持政策绩效值作为因变量，各个影响因素作为自变量。

（1）农业生产要素影响因素　农业生产要素主要从农业生产投入角度来进行考虑，主要包括耕地面积、物质成本以及人工成本。由于存在部分农业支持政策以农业生产投入为支持依据，所以农业生产投入对农业支持政策的绩效存在较大的影响。

（2）非农业生产要素影响因素　非农业生产要素主要包括劳动力受教育程度、从事农业生产年限、是否加入合作社、是否接受农业技术培训、村庄位置、近 5 年是否遭受灾害、农产品是否滞销共 7 项指标进行分析。其中，劳动力受教育程度、从事农业生产年限、是否加入合作社、是否接受农业技术培训对农业支持政策绩效的影响主要体现在该类指标直接对农业生产技术产生影响；村庄位置、近 5 年是否遭受灾害体现在农业生产外部环境对农业生产的影响；农产品是否滞销则体现农业生产对农户收益的影响。以上非农业生产要素通过对农业生产过程产生影响，进一步对整体的农业支持政策绩效进行影响。其中，村庄位置采用农户所在地距离最近集镇的距离来表示。

6.2.3　建立 Tobit 模型

根据各影响因素与农业支持政策绩效进行皮尔逊相关性检测发现，其与农业支持政策具有较高的相关关系。通过估计参数建立 Tobit 回归模型：

$$Y_i=\alpha+\beta_1X_{i1}+\beta_2X_{i2}+\beta_3X_{i3}+\beta_4X_{i4}+\beta_5X_{i5}+\beta_6X_{i6}+\beta_7X_{i7}+\beta_8X_{i8}+\beta_9X_{i9}+\beta_{10}X_{i10}+\varepsilon \quad \text{公式(6-4)}$$

式中，α 为常数项；$\beta_j(j=1,2,\cdots,10)$ 为各个自变量的回归系数；i 表示第 i 家农户；ε 表示随机误差量；X 表示自变量，其中 X_{i1} 为第 i 家农户的耕地面积（亩），X_{i2} 为第 i 家农户的物质成本（元/亩），X_{i3} 为第 i 家农户的人工成本（人/亩），X_{i4} 为第 i 家农户的受教育程度（未接受教育/小学/初中/高中中专、职高/大专以上），X_{i5} 为第 i 家农户的农业生产年限（年），X_{i6} 为第 i 家农户是否参加合作社（是/否），X_{i7} 为第 i 家农户是否参加农业技术培训（是/否），X_{i8} 为第 i 家农户的村庄位置（千米），X_{i9} 为第 i 家农户是否遭受灾害（是/否），X_{i10} 为第 i 家农户是否存在农产品滞销（是/否）。

6.2.4　实证结果分析

本研究采用 Eviews8.0 对第 5 章针对不同农产品的农业支持政策绩效的影响因素进行实证分析，其样本与第 5 章所采取样本相同，得出回归结果如表 6-3 所示。研究结果表明，除耕地面积、遭受灾害情况以外，不同农作物的农业支持政策绩效与其影响因素的关系不同，且其关系程度也存在较大差异。其中耕地面积、物质成本、人工成本、受教育程度、农业生产年限、农业技术培训、村庄位置以及遭受灾害情况对于农业支持政策绩效水平均产生了显著的影响。

表 6-3 Tobit 回归分析结果

影响因素	水稻	小麦	玉米	马铃薯	大豆
耕地面积	0.009 1***	0.018 1***	0.006 3***	0.069 1***	0.002 2
物质成本	−0.000 1	0.000 3***	−0.000 3***	0.000 3**	0.001***
人工成本	0.003 4	0.013 8**	−0.005 5	−0.014 4	−0.124 7**
受教育程度	0.096***	0.009 3	−0.005 4	−0.035 8	−0.094 8*
农业生产年限	−0.000 9	0.003**	−0.002*	0.002 2	−0.001 9
合作社	−0.065 4	0.041 8	−0.038 8		−0.048 9
农技培训	−0.115 1*	−0.010 9	0.105**		−0.299 7
村庄位置	−0.008 3	0.000 6	−0.001 7	−0.014 6**	−0.005 2
遭受灾害	−0.062 6	−0.056 1*	−0.015 2		−0.104 3
农产品滞销	−0.022	−0.031	0.020 5	−0.068 2	0.075 1

注：* 表示在 0.1 水平，相关性显著；** 表示在 0.05 水平，相关性显著；*** 表示在 0.01 水平，相关性显著。

(1)耕地面积与各农作物的农业支持政策绩效均呈现正向相关关系。其中与水稻、小麦、玉米以及马铃薯的相关性显著水平达到了 1%，表明耕地面积越大，其农业支持政策绩效水平越高。这说明，在一定的条件下提升农户的耕地面积对于农业支持政策绩效具有正向的作用。耕地面积越大，越有益于形成规模化生产，加大机械化程度，进而在一定的农业支持力度下产生较高的效益。所以农业支持政策应更多地采用基于耕地面积进行补贴支持的形式来鼓励农户扩大其生产规模，进一步提升其农业支持政策绩效。大豆耕地面积与其农业支持政策绩效相关关系并不明显，其主要原因在于目前我国大豆生产规模相对较小，其生产规模并不能有效地降低农户的生产成本以及提升其农业收益，所以其对于农业支持政策的效益不能够产生明显的影响。

(2)物质成本的投入与对于各农作物的农业支持政策绩效影响程度相对较弱。其中物质成本与小麦、玉米、马铃薯以及大豆均表现出明显的相关关系，表明物质成本投入是影响该 4 项农作物的农业支持政策绩效的因素之一。小麦、马铃薯以及大豆的物质成本与其农业支持政策绩效呈现正向相关关系，表明该 3 类农作物的物质投入越高，其成本越大，农业支持政策的绩效也就越高。目前在物质投入中占比最大的为肥料和机械费用，通过调整针对该 3 类农作物的支持政策，如采用设定物质投入品补贴目录的方式，促使农户将获得的农业支持投入物质成本上去，尤其是用于支付机械费用，将会提升其机械化水平和生产效率，进一步提高农业支持政策的效益。玉米的物质成本与农业支持政策绩效呈现负向相关关系，表明提升其物质成本投入反而会降低其农业支持政策的绩效水平。这主要是由玉米自身性质决定的。玉米相对于其他的农作物具有一定的抗旱、抗灾等特性，并不需要较多的物质成本投入，过量的物质成本并不能有效地提升其收益，故在玉米方面，我国农业支持政策应将重点放在鼓励农户扩大生产规模、保障其农业收益等方面，同时降低对其农资投入品的支持力度。水稻的物质成本与其农业支持政策绩效相关关系并不明显，其主要原因在于目前我国水稻的物质成本投入相对均衡，对于农业支持政策的效益不能够产生明显的影响。

(3)人工成本对于各农作物的农业支持政策绩效影响程度较高，但效果不一。在 5 种作物中，仅小麦和大豆的人工成本与其农业支持政策绩效存在显著的相关关系。由于目前农业生产主要按户进行，每户从事农业的劳动人口相对稳定，所以人工成本对于一般种植的水稻、玉米以及马铃薯并不产生明显的影响。小麦的人工成本与其农业支持政策绩效呈现正向相关关系，表明加大在人工方面的投入，能够有效地提升小麦的农业支持政策绩效水平。目前每户家庭中的劳动力普遍在2～3人，小麦的生产规模相对较大，故农户普遍采用雇用工人的方式从事该项生产。人工成本作为农业投入之一，其增加意味着产量和质量的提升。在同样的农业生产条件下，人工成本越高，其产量、质量越高，一定的农业支持总量所产生的效益也越大。所以，农业支持的方向应该向鼓励劳动力向农业生产转移方面倾斜，如针对务农劳动力人口的数量给予农业支持。大豆的人工成本与其农业支持政策绩效存在负向相关性，其主要原因在于大豆的耕地面积相对较少。因此，在大豆生产方面，农业支持政策应向规模化、机械化推广方面进行支持，通过人工成本提升人均生产效率，进一步提升农业支持政策绩效水平。

(4)受教育程度对于农业支持政策的绩效水平产生正反两方面影响。其主要原因在于受教育程度对于农业生产具有两面性：一方面，受教育程度越高，劳动力素质越高，农业技术学习以及相关信息的掌握程度越强，其生产水平也就越高；另一方面，受教育程度越高，其劳动力转移程度也就越大，致使其在农业生产方面的人工投入越低，劳动力质量越差。在5项农作物中，仅水稻和大豆的受教育程度与其农业支持政策具有一定的相关关系，其余作物相关关系并不明显。其中，大豆的受教育程度与其农业支持政策绩效呈现负向相关关系，主要原因在于随着对大豆市场以及生产成本收益的认知与分析，使得其较少从事该项生产。因此，为提升我国大豆自给率，针对该类政策的实施必须以保障大豆生产者的收益为主，如采取价格支持、帮助销售等方式提升农户生产积极性。

(5)农业生产年限对于农业支持政策绩效呈现双面的影响。分析结果表明，仅小麦与玉米的农业生产年限对于农业政策绩效存在明显的相关性，其余农作物的农业生产年限对其农业支持政策的效果不存在明显的影响。其主要原因在于农业生产年限的双面性：一方面，农业生产年限越长，其农业生产者的生产经验也就越丰富，加之目前农业技术的普及程度相对较弱，农业生产主要依靠农户自身的生产经验，所以经验越多，其生产水平越高，在一定的农业支持政策的情况下，其产生的效益就越大；另一方面，从事农业生产年限越长，也表明其相对受教育程度较低以及其年龄相对较大，反映了其劳动力素质较低、劳动力效率较差的情况，故在一定的农业支持政策下，其生产效率及农业支持政策效率也较低。因此，针对以上原因，应加强对小麦、玉米生产的农业技术的推广，通过培训、实地指导等方式来加强农业生产的相关技术，从而提升其农业生产水平和农业支持政策绩效。

(6)农业技术培训的培训效果对于各农作物的农业支持政策绩效影响差异较大。目前农业技术培训作为农业技术支持的一种形式，普遍存在于各乡镇、农村，主要由乡镇组织专业技术人员通过座谈、实地指导等方式进行。但由于农业技术培训的培训效果不一致，使其对于农业生产的影响效果不一。分析结果表明，仅有水稻和玉米方面的农业技术培训对于其农业支持政策绩效存在明显的影响。其中水稻的农业技术培训与其农业支持政策绩效呈现负向相关关系，表明该类农业技术培训不仅不能有效地提升农业生产的生产技术水平，反而降低了其支持的效益，主要原因在于针对水稻的农业技术培训主要以座谈方式为主，进行现场示范、实地指导比重较少，且主要集中于简单基础的技术培训，对于农户实际生产意义较小，故而降低了农业支持的实际效益。因此，应针对水稻的特性，调整农业技术培训内容与方式，并通过提升其农业保险等保障机制进一步维护农民收益。玉米的农业技术培训与其农业支持政策绩效呈现正向相关关系，且是影响玉米生产农业支持政策绩效影响效果最大的因素。这表明,农业技术培训能够有效地提升玉米农业支持政策绩效水平。其原因主要在于农业技术的培训直接提高了农户的生产技术水平,并进一步提升农业生产效益,在一定的农业支持条件下,其农业支持政策效益较高。所以在玉米生产方面,应提供一定的以农业技术培训形式为主的技术普及活动来进行农业支持。其余农作物的农业技术培训与其农业支持政策绩效不存在明显的相关性,主要原因在于目前实施的农业技术培训主要针对一般性的农业生产中的问题,不具有特定的农作物指向性。

(7)村庄位置与农业支持政策绩效普遍呈现负向相关性,其中仅马铃薯的村庄位置与其农业支持政策绩效呈现明显的负向相关关系。村庄位置的参数为与最近集镇的距离,关系为负表明距离越大,其农业支持政策绩效水平越低。马铃薯目前主要作为蔬菜类的一种经济作物进行生产销售,农户普遍采取去集镇贩卖、送到批发市场等方式进行销售,故村庄距离集镇越远,马铃薯销售的成本越高,效益越低。因此,农业支持政策的实施应结合当地地理位置,对于较为偏僻的村庄应加大支持力度,调整其农业生产相对效益较低的情况。

(8)遭受灾害对农业支持政策的绩效呈现负向相关作用,且影响程度相对较大。以旱灾为主的自然灾害对于农作物的收益产生了一定的影响,且根据灾害的程度,其对于农户的影响不一,但一旦遭受灾害、不管农户前期投入多少和获得多少农业支持,其最终的产值均要受到一定的负面影响,也就意味着其政策实际效果也要受到损害。由于灾害具有一定的不可控性,为保障农户的收益,应进一步加强农业保险推广,调整其补贴额度,扩展其补贴范围,降低农户遭受灾害的损失,这也是保障农业支持政策绩效水平的一种手段。

(9)合作社和农产品滞销对于各类农作物的农业支持政策绩效均不存在明显的相关关系。其主要原因在于所调研的农户普遍未参与合作社等新兴经营主体,同时由于我国粮食作物市场价格普遍较低,农产品滞销的情况普遍存在。因此,大力推广合作社等新兴经营主体,完善我国农产品市场价格调控机制也是我国农业支持政策的重中之重。同时实施具有针对性的农业支持政策,促使新型生产经营主体的出现,能够完善我国粮食生产的规模化、机械化、品牌化等。通过帮助农业生产主体扩展其产业链以及销售渠道,能够在提升农业生产者农业收益的同时,降低对市场的扭曲程度。

6.3 基于经济效率的农业支持政策作用机理

6.3.1 农业经济变化

1. 农民纯收入及财政支农支出

从1978年农村开始实行以家庭联产承包责任制为主要内容的改革以来,极大地解放了农村生产力,调动了农民的生产积极性,促进了农业和农村经济的快速发展,农民收入迅猛增长(表6-4,图6-2),我国农民人均纯收入在逐年增加,名义增长率也呈现波动性增长趋势。1978—1999年农民人均纯收入的年平均名义增长率达14.19%,从1978年的133.57元增长到1999年的2 210.98元。2000—2003年农民人均纯收入的年平均名义增长率达4.38%,从2000年的2253.42元增长到2003年的2 622.24元,4年共增长了368.82元。从2004年开始,农业支持政策实施的基本目标逐渐由保障粮食供给向增加农民收入转移,加上又开始发布以“三农”为主题的中央一号文件，这样的惠农政策极大地刺激了农民种粮的积极性，当年的农民人均纯收入的名义增长率就达到了11.98%，相当于2003年的2倍，这一年间农民人均纯收入就增加了314.16元。随后年年都发布以“三农”为主题的中央一号文件，以此来强调“三农”问题在中国的社会主义现代化时期“重中之重”的地位，同时伴随着一系列的支农惠农政策（特别是一些补贴政策）的出台，使得农民人均纯收入的名义增长率除2009年以外都保持在10%以上，2011年名义增长率更是达到了17.88%。2015年的农民人均纯收入为10 772元，是2000年的近5倍。以上数据基本表明了农业支持政策对于提高农业生产者的收入水平发挥着极其重要的作用。

表6-4 1978—2015年我国农民人均纯收入变化及其名义增长率

年份	财政支农支出/亿元	农民人均纯收入		年份	财政支农支出/亿元	农民人均纯收入	
		数额/元	名义增长率/%			数额/元	名义增长率/%
1978	150.66	133.57	—	1997	766.39	2 090.13	8.52
1979	174.33	160.17	19.91	1998	1 154.76	2 161.98	3.44
1980	149.95	191.33	19.45	1999	1 085.76	2 210.98	2.27
1981	110.21	223.44	16.78	2000	1 231.5	2 253.42	1.92
1982	120.49	270.11	20.89	2001	1 456.7	2 366.4	5.01
1983	132.87	309.77	14.68	2002	1 580.8	2 475.63	4.62
1984	141.29	355.33	14.71	2003	1 754.5	2 622.24	5.92
1985	153.62	397.77	11.94	2004	2 337.6	2 936.4	11.98
1986	184.2	423.76	6.53	2005	2 450.3	3 254.93	10.85
1987	195.72	462.55	9.15	2006	3 173.0	3 587.04	10.20
1988	214.07	544.94	17.81	2007	3 404.70	4 140.36	15.43
1989	265.94	601.51	10.38	2008	4 544.01	4 760.62	14.98
1990	307.84	686.31	14.10	2009	6 720.41	5 153.17	8.25
1991	347.57	708.55	3.24	2010	8 129.58	5 919	14.86
1992	376.02	783.99	10.65	2011	9 937.55	6 977.3	17.88
1993	440.45	921.61	17.55	2012	11 973.88	7 916.6	13.46
1994	532.98	1 220.98	32.48	2013	13 349.55	8 895.9	12.37
1995	574.93	1 577.74	29.22	2014	14 173.83	9 892	11.2
1996	700.43	1 926.07	22.08	2015	17 380.49	10 772	8.9

资料来源：相关年份《中国统计年鉴》中数据整理而得，因财政部报表制度调整，其中2006年及以前财政支农支出数据包括支援农村生产支出和各项农业事业费、基本建设支出、科技三项费用，2007年财政支农支出数据为国家财政农林水事务支出。

改革开放以来，我国农民收入的增长是国家财政投资、农村集体投资和农户投资共同作用的结果，其中财政政策性投入的作用不可低估。从图6-2可以看出，农民人均纯收入随着财政支农支出的增长而增长，1978—2015年我国财政支农支出从150.66亿元上升到17 380.49亿元，而同期农民人均纯收入也呈同方向变化，由133.57元增加到10 772元，由此可见农民人均纯收入的增长与我国财政在农业方面的投入之间存在着非常密切的相关关系。

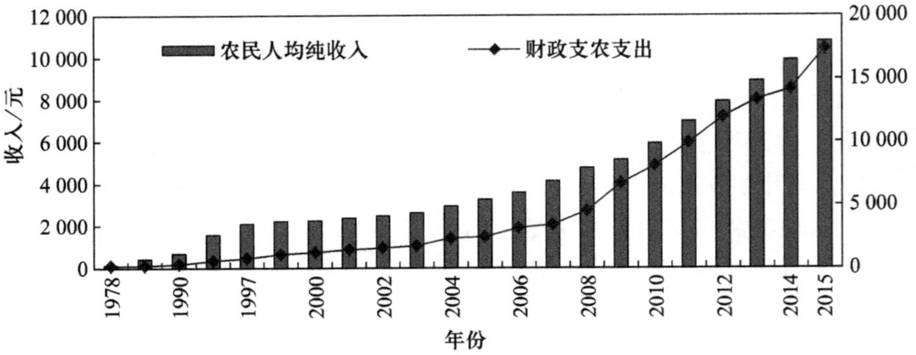

图 6-2　1978—2015 年我国农民人均纯收入变化及其名义增长率

通过绘制并观察财政支农支出、农民人均纯收入的散点图(图 6-3),可以大致确定两者之间存在线性关系。

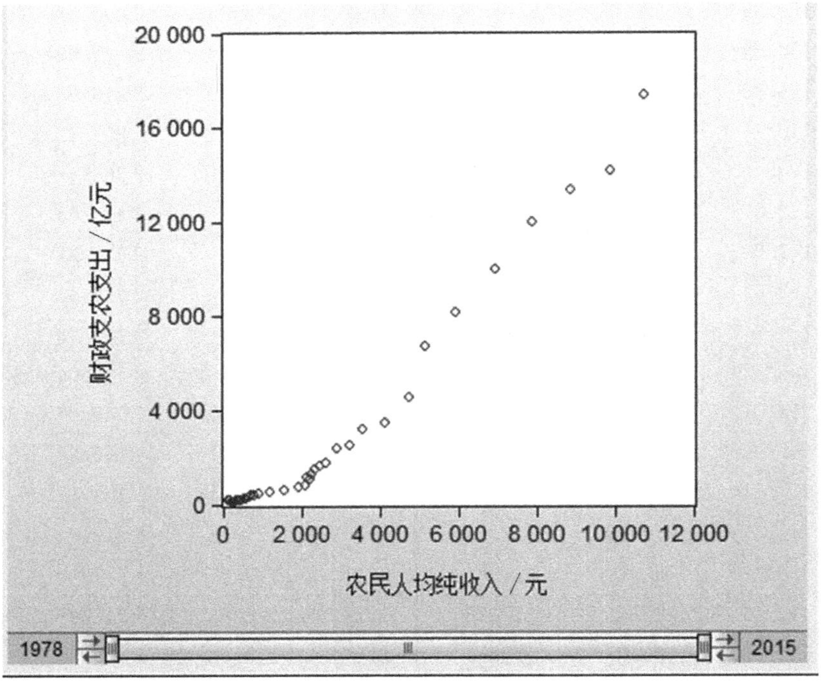

图 6-3　1978—2015 年财政支农支出与农民人均纯收入的散点图

建立两者之间的一元线性回归方程:

$$\mathrm{PCNI}=C_{r0}+C_{r1}\mathrm{PESA} \qquad 公式(6\text{-}5)$$

其中,PCNI 为农民人均纯收入,PESA 为财政支农支出,运用 Eviews8.0 计量软件可以得到:

$$\mathrm{PCNI}=864.5533+0.620605\mathrm{PESA} \qquad 公式(6\text{-}6)$$

$$(7.13592) \qquad (27.59338)$$

$$R^2=0.954853 \qquad F=761.3944$$

从上面的回归结果可以看出，模型的拟合优度较好，在95%的水平上通过 F 检验和 t 检验，财政支农支出与农民人均纯收入之间成正相关关系，财政支农支出每增加1亿元，可以促进农民人均纯收入增加0.620 605元，表明财政支农支出对农民增收确实有很大的促进作用。

我国农民人均纯收入可从经济来源的角度划分为工资性收入、家庭经营性收入、财产性收入和转移性收入。我国农民人均纯收入在不断增加的同时，收入的结构也发生着相应变化。从表6-5可以看出，1978—2012年在农民人均纯收入中占的比重最大的是家庭经营性收入，工资性收入所占的比重次之。但近年来，家庭经营性收入的地位在发生着变化，虽然依旧作为农民收入的主要组成部分，但其已经不是农民增收的主要来源，农民增收的渠道已多元化。在农民收入的4项来源里，工资性收入的快速增长对促进农民增收的效果最大，快速增长的工资性收入成为推动我国农民收入增长的主要因素。我国农民家庭经营性收入由1983年的227.7元提高到2013年的3 793.2元，占农民人均纯收入的比重由1983年的73.50%下降到2013年的42.64%；而我国农民工资性收入由1983年的57.5元提高到2013年的4 025.4元，占农民人均纯收入的比重由1983年的18.56%提升到2013年的45.25%。

表6-5 1978—2013年我国农民人均纯收入分配情况

年份	工资性收入		经营性收入			年份	工资性收入		经营性收入		
	元	%	元	%	农业收入/元		元	%	元	%	农业收入/元
1978	88.3	66.09	35.8	26.80	17.9	1996	450.8	23.40	1 362.5	70.74	955.1
1979	100.7	62.86	44	27.47	18	1997	514.6	24.62	1 472.7	70.46	976.2
1980	106.4	55.62	62.6	32.72	26.3	1998	573.6	26.53	1 466	67.81	962.8
1981	113.8	50.94	84.5	37.82	34.1	1999	630.3	28.52	1 448.4	65.53	918.3
1982	142.9	52.91	102.8	38.06	38.5	2000	702.3	31.17	1 427.3	63.34	833.9
1983	57.5	18.56	227.7	73.50	173.9	2001	771.9	32.62	1 459.6	61.68	863.6
1984	66.5	18.72	261.7	73.66	198.4	2002	840.2	33.94	1 486.5	60.05	866.7
1985	72.2	18.16	296	74.45	202.1	2003	918.4	35.02	1 541.3	58.78	885.7
1986	81.6	19.25	313.3	73.93	216.2	2004	998.5	34.00	1 745.8	59.45	1 056.5
1987	95.5	20.64	345.5	74.69	220.2	2005	1 174.5	36.08	1 844.5	56.67	1 097.7
1988	117.8	21.62	403.2	74.00	236	2006	1 374.8	38.33	1 931	53.83	1 159.6
1989	136.5	22.69	434.6	72.25	253.9	2007	1 596.2	38.55	2 193.7	52.98	1 303.8
1990	138.8	20.22	518.6	75.56	344.6	2008	1 853.7	38.94	2 435.6	51.16	1 427
1991	151.9	21.44	523.6	73.89	338.7	2009	2 061.3	40.00	2 526.8	49.03	1 497.9
1992	184.4	23.52	561.6	71.63	354.5	2010	2 431.1	41.07	2 832.8	47.86	1 723.5
1993	194.5	21.10	678.5	73.62	448.4	2011	2 963.4	42.47	3 222	46.18	1 896.7
1994	263	21.54	881.9	72.23	610.5	2012	3 447.5	43.55	3 533.4	44.63	2 106.8
1995	353.7	22.42	1 125.8	71.36	799.4	2013	4 025.4	45.25	3 793.2	42.64	

数据来源：根据相关年份《中国统计年鉴》中数据整理而得。

2. 农业总产值

根据表6-6、图6-4数据可知，1978—2014年农林牧渔业总产值和农业总产值都是呈现上升状态，但在1978—1987年农林牧渔业总产值和农业总产值差距不大，呈现同步增长。这是因为在该阶段两项产值都不大，且此时的农业总产值占到农村经济总值的80%左右，此时的农村主要是以发展种植业为主，所以农业总产值变化几乎代表了农村经济的总水平。从1988年开始，农林牧渔业总产值和农业总产值的差距逐渐拉大，农业总产值占农村经济的比重逐渐降低，2003年农业总产值只占到农村经济总量的50.08%，2005年农业总产值占农村经济的比重(49.72%)首次低于50%。但近年来，随着我国逐年加强农业支持力度，农业总产值在上升的同时，其在农村经济中的地位也在逐步上升，到2014年，农业总产值占农村经济总量的比重达到53.58%。

表6-6 1978—2015年我国农林牧渔业总产值及农业总产值

年份	农林牧渔业总产值/亿元	农业总产值/亿元	年份	农林牧渔业总产值/亿元	农业总产值/亿元
1978	1 397	1 117.6	1997	23 788.4	13 852.5
1979	1 697.6	1 325.3	1998	24 541.9	14 241.9
1980	1 922.6	1 454.14	1999	24 519.1	14 106.2
1981	2 180.62	1 635.87	2000	24 915.8	13 873.6
1982	2 483.26	1 865.3	2001	26 179.6	14 462.8
1983	2 750	2 074.47	2 002	27 390.8	14 931.5
1984	3 214.13	2 380.15	2003	29 691.8	14 870.1
1985	3 619.49	2 506.39	2004	36 239.0	18 138.4
1986	4 013.01	2 771.75	2005	39 450.9	19 613.4
1987	4 675.7	3 160.49	2006	40 810.8	21 522.3
1988	5 865.27	3 666.89	2007	48 893.0	24 658.2
1989	6 534.73	4 100.58	2008	58 002.2	28 044.2
1990	7 662.1	4 954.3	2009	60 361.0	30 777.5
1991	8 157.0	5 146.4	2010	69 319.8	36 941.1
1992	9 084.7	5 588.0	2011	81 303.9	41 988.6
1993	10 995.5	6 605.1	2012	89 453.0	46 940.5
1994	15 750.5	9 169.2	2013	96 995.3	51 497.4
1995	20 340.9	11 884.6	2014	102 226.1	54 771.5
1996	22 353.7	13 539.8	2015	107 056.36	57 635.8

数据来源：根据相关年份《中国统计年鉴》中数据整理而得。

通过绘制并观察财政支农支出、农村农业总产值的散点图(图6-5)，可大致确定两者之间存在线性关系。

建立两者之间的一元线性回归方程：

$$\mathrm{TAO}=C_{t0}+C_{t1}\mathrm{PESA} \qquad \text{公式(6-7)}$$

其中，TAO为农业总产值，PESA为财政支农支出，数据运用Eviews8.0计量软件，可以得到，调整后的$R^2=0.933\,406$。

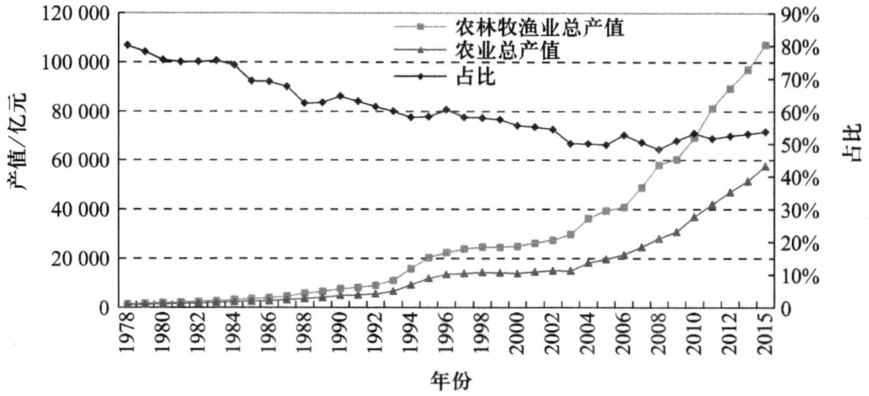

图 6-4　1978—2015 年我国农业总产值、农林牧渔业总产值农村以及农业总产值占农村总产值比例

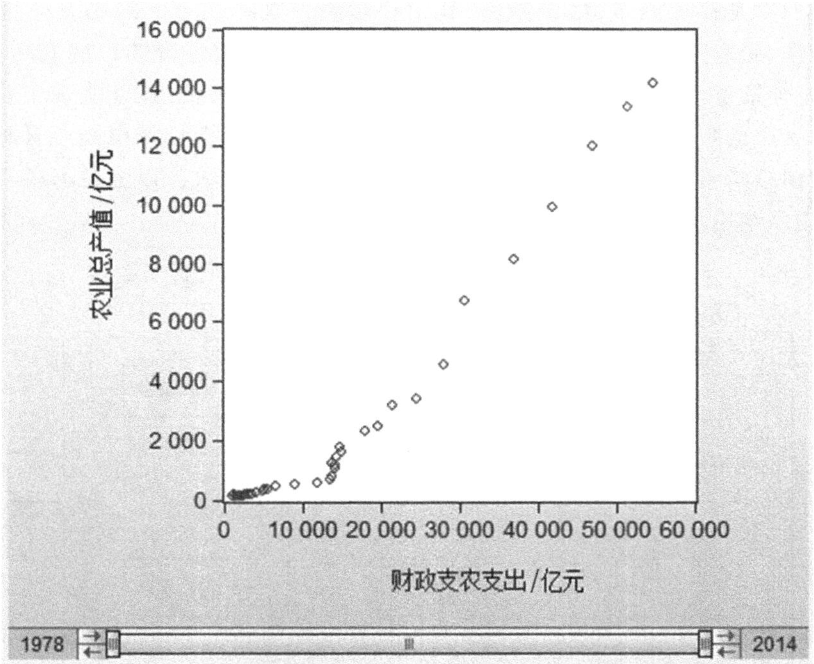

图 6-5　1978—2014 年财政支农支出与农业总产值的散点图

$$TAO = -1\,300.351 + 0.254\,582PESA \qquad \text{公式(6-8)}$$
$$(-5.430\,262) \quad (22.485\,39)$$
$$R^2 = 0.935\,256 \quad F = 505.592\,7$$

从上面的回归结果可以看出，模型的拟合优度较好，在 95%的水平上通过 F 检验和 t 检验，财政支农支出与农业总产值之间成正相关关系，财政支农支出每增加 1 亿元，可以促进农业总产值增加 0.254 582 亿元，表明财政支农支出对农业总产值的增加确实有很大的促进作用。这主要是因为农业发展主要取决于提高土地和劳动力的生产效率所做的政策安排，政策本身不能增加农业资源，但可以改变农业生产要素配置的环境和市场价格，从而影响农业发展的方向、速度和效率。

农业支持政策对土地和劳动力的生产效率影响如图 6-6 所示。“四补贴”中，农机购置补贴政策的实施，促进了农民购置大型农业机械，使得农业生产机械化水平得到了有效提升，改善了农业生产条件，提高了农业生产效率。同时，因为农业机械化技术是典型的劳动节约型技术，农机的推广可有效减轻农业生产的劳动强度，并替代劳动力，所以在农业生产中直接表现为生产中直接的劳动用工量明显减少，即每单位劳动投入能生产出更多的粮食，而农村大量剩余劳动力也能转移出去从事非农产业。虽然粮食补贴政策的实施留住了一部分人仍旧从事农业生产，但是挽回的人数少于每年转移出去的人数，所以从事粮食生产的劳动力人数是呈现逐年减少趋势的。还有一些专项生产型补贴，通过实行补贴引导种粮农民使用一些农业关键技术来改善农业生产作业条件，这样随着测土配方施肥、节水灌溉、病虫害专业化统防统治、玉米地膜覆盖等新生产技术的应用范围扩大，有效推动农业科技水平的提高，粮食综合生产能力也得到提高，最终达到显著提高粮食劳动生产率的效果。目前正在进行的农业补贴改革，其基本原则是存量调整、增量倾斜，其中存量调整是将现有的补贴资金用途改得更合理、更有针对性、更有效；增量是指新增的农业补贴向适度规模经营的家庭农场、合作社等新型农业经营主体适度倾斜，引导土地流转，促进农业发展方式转变，推动实现农业适度规模经营，发挥农业生产的规模效益。粮食补贴政策的实施引导农民选择种植高产且有补贴的粮食作物，使得种植结构得到调整、优化，高产粮食种植面积得到扩大。以上各路径都使得土地产出率和劳动生产率也得到相应的提高。

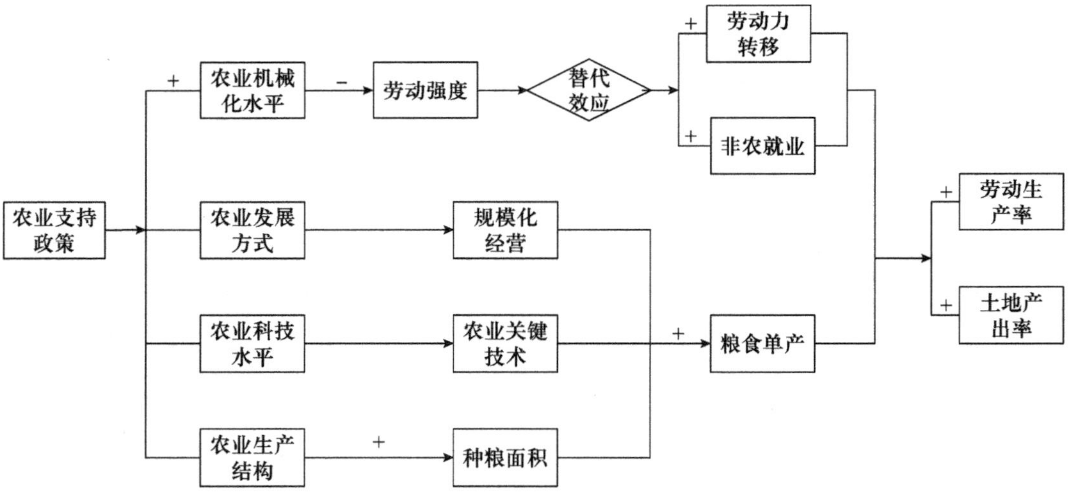

图 6-6　农业支持政策对提高劳动生产率和土地产出率的作用机理

6.3.2　农业支持政策对农民收入的作用机理

1. 农机购置补贴对农民收入的作用机理

(1)政策背景　农机购置补贴是农业机械购置补贴资金的简称。从 1998 年开始，中央财政开始设立用于农业机械购置补贴的专项资金，在 2000 年以前这项专项资金的名称是“大中型拖拉机及配套农具更新补贴”，在 2001 年修改为“农业机械装备结构调整补助费”，在 2003

年时又改为“新型农机具购置补贴”，2003 年补贴资金是 2 000 万元。到 2004 年时，财政部、农业部共同启动实施了现在的农机购置补贴政策，当年中央安排了补贴资金 0.7 亿元在全国 66 个县试点实施，此后，中央财政不断加大对此项补贴的支持力度，补贴范围扩大到全国所有农牧县和农场。到 2016 年，全国补贴机具种类涵盖耕整地机械、种植施肥机械、田间管理机械、收获机械、收获后处理机械、农产品初加工机械、排灌机械、畜牧水产养殖机械、动力机械、设施农业设备、其他机械等 11 大类 43 个小类 137 个品目，各省从中选择部分品目作为省补范围，并根据当地优势主导产业发展需要和补贴资金规模，选择部分关键环节机具进行敞开补贴，这也使得农机购置补贴资金使用更为精准。2004—2015 年，中央财政累计安排农机购置补贴资金 1 437.1 亿元，其中 2015 年安排 237.5 亿元，与 2014 年持平(表 6-7)。

表 6-7　2004—2015 年我国农机购置补贴支出

年份	2004年	2005年	2006年	2007年	2008年	2009年	2010年	2011年	2012年	2013年	2014年	2015年
农机购置补贴/亿元	0.7	3	6	20	40	130	154.9	175	215	217.5	237.5	237.5

数据来源：从财政部官网整理而得。

农机购置补贴在 2016 年以前补贴对象是农牧渔民、农场(林场)职工、农民合作社和从事农机作业的农业生产经营组织；在 2016 年农机购置补贴改革后，补贴对象变为直接从事农业生产的个人和农业生产经营组织。这意味着，除了原有的补贴对象外，直接从事农业生产的其他居民和农业企业也可以享受农机购置补贴。

农机购置补贴资金实行的标准是定额补贴，补贴标准是：每档次农机产品补贴额按不超过此档产品在本省域近 3 年的平均销售价格的 30%测算，重点血防区主要农作物耕种收及植保等大田作业机械补贴定额测算比例不得超过 50%。

农机购置补贴实施的方式是申请制，具体流程为：补贴对象本人亲自到当地县(乡)级农机管理部门提出购机(本地农机补贴目录范围内的农机具)申请，填写“农机购置补贴申请表格”并提交相应资料，农机管理部门受理申请后交由县(乡)农机局初步审查确定拟补贴对象，县农业局对拟补贴对象公示 7 天无异议后，购机补贴对象与县农业局签订购机补贴协议，补贴对象在申请表的有效期内凭购机协议到经销点购买农机具，付给经销商扣除补贴金额后的差价款与购机协议即可提货，经销商跟农机局核对数据无误后向省财政厅提交结算申请，一经批准即可到省财政厅领取补贴款项。

(2)作用机理　农机购置补贴的实施会产生收入效应和替代效应。首先，因为实施农机购置补贴，农户购买补贴目录内农机具的费用减少，相当于农户的实际收入增加，农户的购买力相应增强，农机具的购买数量增加；其次，因为在同等售价下，补贴目录内的农机具价格相对未给予补贴的其他农机具和商品更便宜，理性的农户都会选择用补贴目录内的农机具来替代未给予补贴的农机具或其他商品，在这种情况下也会导致补贴目录内农机具的购买量增加。这两种效应构成农机购置补贴的总经济效应，共同导致农机具购买量的大幅度增加，农业机械化水平相应大幅度提高。机械化水平提高对于促进农民增收途径有 3 个方面。首先，对于无机户来说，周边农机具数量增加，对应农机作业价格下降，农户生产成本降低，在粮食价格一定情况下，生产利润增加，农户实际收入增加；其次，对于有机户来说，自家的生产成本减少，购买农机的费用也减少，实际收入增加，再者，为无机户提供农机作业服务，也能增加一定的经营性收入；最后，农业机械化水平提高，一定程度上降低了农民的劳动强度，使得一部分农民从繁重的体力劳动中解放出来，农民由从事田间生产向二、三产业转移，拓宽了农民的就业渠道和增收空间，由此增加农民工资性收入，使得农民总收入增加(图 6-7)。

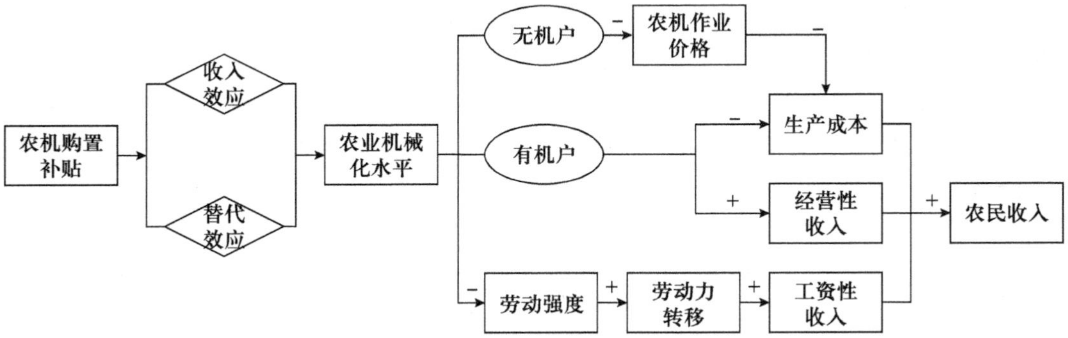

图 6-7 农机购置补贴政策对增加农民收入的作用机理

2. 良种补贴对农民收入的作用机理

(1)政策背景 21 世纪初，我国粮食种植面积及产量均出现持续性下滑，到 2003 年粮食种植面积下降到 99 410 千公顷，是新中国成立以来的最低水平。2003 年粮食产量为 43 069.5 万吨，比历史上最高的 1998 年少 8 160 万吨。在这几年里，粮食单产水平出现停滞，甚至出现下降，而在粮食种植面积不断减少的背景下，增加粮食单产对于提高我国粮食产量的贡献也越来越大。此外，随着生活水平提高，人们的膳食结构得以改善，人们越来越青睐高品质的粮食；同时，在国际市场上，由于我国粮食品质普遍不高，使得我国粮食缺乏国际竞争能力。因此，在粮食品质日益受到重视的新时期，我国粮食作物的品质问题已严重影响到国家粮食安全。在这种环境下，良种补贴应运而生，在我国从无到有、从单个补贴品种到多品种、从小面积到大范围地逐步推广开来。

良种补贴从 2002 年开始实施，当年中央财政安排 1 亿元对东北地区 1 000 万亩高油品种大豆进行良种补贴；2003 年，中央财政安排 2 亿元继续对大豆进行良种补贴，另增 1 亿元对小麦进行良种补贴[2003—2004 年小麦良种补贴区域为河北、河南、山东、江苏、安徽 5 省，2005 年开始将小麦良种补贴区域扩大到河北、山西、江苏、安徽、山东、河南、湖北、四川、陕西、甘肃、新疆 11 个省(区)，到 2008 年将内蒙古、宁夏列为小麦良种补贴区域，至此小麦良种补贴扩大到 13 个省(区)，2009 年小麦良种补贴在全国 31 个省(区、市)实行全覆盖]；2004 年将水稻(水稻 2004—2007 年一直按照以计税水田为基数的实际种植面积进行补贴，2004—2006 年水稻补贴区域为湖南、湖北、江西、安徽、辽宁、吉林、黑龙江 7 省，2007 年国务院决定将补贴区域另增加四川、广西、重庆 3 省(区、市)共计 10 个省(区、市)，到 2008 年国务院才决定对全国 4.4 亿亩水稻全部实施良种补贴，同时水稻良种补贴方式改为按照实际种植面积进行补贴，2009 年水稻良种补贴在全国 31 个省(区、市)实行全覆盖]和玉米[2004—2005 年，玉米良种补贴区域为内蒙古、辽宁、吉林、黑龙江、河北、河南、山东和四川 8 省(区)，到 2008 年才将补贴区域扩大到河北、山西、内蒙古、辽宁、吉林、黑龙江、安徽、山东、河南、四川、贵州、云南、陕西等 13 个省(区)，

2009 年开始，玉米良种补贴在全国 31 个省(区、市)实行全覆盖]新增为良种补贴品种；2007 年，增加棉花[2007 年棉花良种补贴区域为黄淮海、长江流域、新疆等三大棉花主产区，补贴省(区)为河北、山东、河南、江苏、安徽、湖南、湖北、新疆，2009 年开始棉花良种补贴在全国 31 个省(区、市)实行全覆盖]和油菜[油菜良种补贴区域为长江流域“双低”油菜优势区，包括江苏、浙江、安徽、江西、湖北、湖南、重庆、四川、贵州、云南以及河南的信阳地区]两个补贴品种；2009 年开始对马铃薯原种生产补贴试点；2010 年启动青稞良种补贴，并对花生进行良种补贴试点。2015 年我国在农作物良种补贴政策方面的支出达到 203.5 亿元(表 6-8)。

表 6-8　2002—2015 年我国良种补贴支出

年份	2002 年	2003 年	2004 年	2005 年	2006 年	2007 年	2008 年
良种补贴/亿元	1	3	28.53	37.52	42.53	69.43	126.7
农作物良种补贴/亿元	1	3	28.53	37.37	41.53	66.63	120.7
年份	2009 年	2010 年	2011 年	2012 年	2013 年	2014 年	2015 年
良种补贴/亿元	198.5	215.9	231.9	232	211	226.45	215.5
农作物良种补贴/亿元	192	204	220	220	199	214.45	203.5

数据来源：从财政部官网整理而得。

从表 6-9 中可以看出，全国各地良种补贴标准相同，地区差异在于各省(市)选择补贴的品种不同，小麦、水稻、玉米 3 种作物良种在全国范围进行补贴，而棉花、油菜、马铃薯、杂粮等作物良种只在部分省(市)进行补贴。

表 6-9　2011—2015 年我国部分省(市)良种补贴实施情况

省(市)	2015 年	2014 年	2013 年	2012 年	2011 年
北京	小麦：10 元/亩 玉米：10 元/亩 水稻：15 元/亩 油菜：10 元/亩	小麦：10 元/亩 玉米：10 元/亩 水稻：15 元/亩	小麦：10 元/亩 玉米：10 元/亩 水稻：15 元/亩	小麦：10 元/亩 玉米：10 元/亩 水稻：15 元/亩 棉花：15 元/亩	小麦：10 元/亩 玉米：10 元/亩 水稻：15 元/亩
天津	小麦：10 元/亩，玉米：10 元/亩，水稻：15 元/亩，棉花：15 元/亩				
山西	小麦：10 元/亩，玉米：10 元/亩，水稻：15 元/亩，棉花：15 元/亩，杂粮(2014 年开始新增)：10 元/亩				
江苏	水稻：15 元/亩，玉米：10 元/亩，小麦 10 元/亩，棉花 15 元/亩，油菜 10 元/亩				
江西	早、中、晚稻各 15 元/亩，棉花 15 元/亩，油菜 10 元/亩，小麦 10 元/亩，玉米 10 元/亩				早稻、小麦、玉米 10 元/亩；中、晚稻，棉花 15 元/亩
山东	小麦：10 元/亩，玉米：10 元/亩，水稻：15 元/亩，棉花：15 元/亩，花生：140 元/亩				
湖南		小麦：10 元/亩，玉米：10 元/亩，水稻：15 元/亩，棉花：15 元/亩，油菜：10 元/亩			
广东	小麦：10 元/亩，玉米：10 元/亩，水稻：15 元/亩				
陕西	小麦：10 元/亩 玉米：10 元/亩 水稻：15 元/亩 棉花：15 元/亩 马铃薯：100 元/亩			小麦：10 元/亩 玉米：10 元/亩 水稻：15 元/亩 棉花：15 元/亩	

数据来源：根据各省(市)农业厅(局)公布数据整理而得。

数据说明：山西杂粮良种补贴品种有谷子、高粱、燕麦、荞麦、豆类及其他杂粮作物(不含油料、麻类、薯类作物)，种植户实行良种补贴，杂粮良种补贴资金全部采取现金直接补贴的方式，补贴资金直接发放到农民手中。

良种补贴的补贴对象：生产中使用农作物良种的农民（含农场职工）。

良种补贴出台的目的：支持农民积极使用优良作物种子，提高良种覆盖率。

良种补贴方式：水稻、玉米、油菜补贴采取现金直接补贴方式；小麦、大豆、棉花可采取统一招标、差价购种补贴方式，也可现金直接补贴，具体由各省（区、市）根据实际情况确定。

（2）作用机理　良种补贴的实施会产生三方面的效果：首先，良种补贴的实施最直观的影响是若采用差价补贴，则良种的实际价格降低，农民购买良种的费用减少，生产成本相应降低，在产出一定的情况下，生产利润增加，农民实际收入增加，从而诱发农民粮食生产积极性；其次，良种补贴的实施，引导农户选用优质农作物品种，良种覆盖率提高，单位面积粮食产量增加，粮食总产量增加，在价格一定情况下，农民收入增加；最后，由于良种补贴的实施，农户选择使用优质粮食种子，生产出优质粮食，并能有效提高粮食作物品质的一致性，增强粮食市场竞争力，粮食价格相应提高，农民收入增加（图 6-8）。

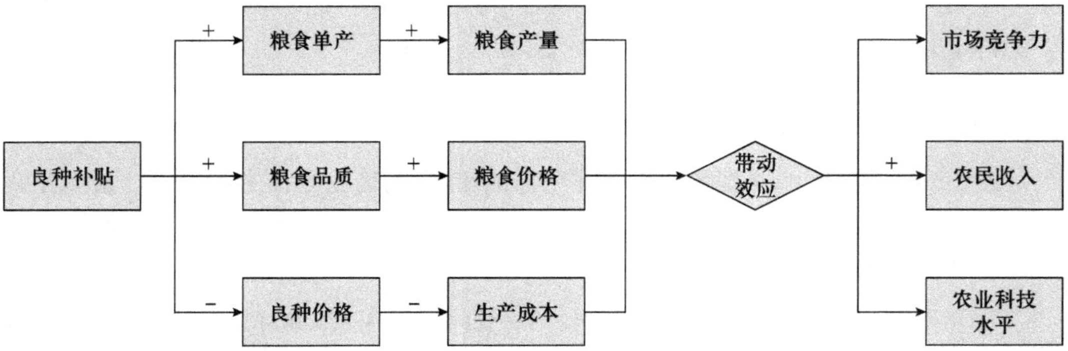

图 6-8　良种补贴政策对增加农民收入的作用机理图

3. 农资综合补贴对农民收入的作用机理

（1）政策背景　农资综合补贴是国家为了调动农民种粮积极性，在统筹考虑柴油、化肥、农药、农膜等农业生产资料价格变动对农民种粮支出影响的情况下，鼓励农民多产粮、多调粮和产好粮而出台的为弥补农民农资增支、降低种粮成本而给予农民的直接补贴。每年的农资综合补贴资金总额是通过年初预计全年农业生产资料价格变动对种粮农民收益的影响综合测算确定的，并同时对柴油调价硬性增支因素予以充分考虑，年内一般不再随后期农业生产资料实际价格变动而调整。中央财政一次性将补贴资金全部拨付到地方，地方财政部门一次性将补贴直接发给种粮农民。从 2008 年开始，为降低政策实施成本，提高政策实施效率，方便农民领取补贴资金，我国逐渐采用"一卡通"或"一折通"将补贴资金直接打入种粮农民卡中的方式，力争在春耕前将农资综合补贴和粮食直补合并发放到种粮农民手中，支持春耕备耕，促进粮食生产。

农资综合补贴是"四补贴"中实施最晚，但每年实施金额最大、增长速度最快的一项支农政策。农资综合补贴从 2006 年开始实施，当年财政支出金额为 120 亿元；2007 年增长到 276 亿元，是 2006 年的 2 倍多；2008 年国家原定安排支出 482 亿元用于农资综合补贴，但由于当年化肥、柴油等农资品价格持续上涨，中央追加补贴资金至 716 亿元；2009 年农资综合补贴资金为 795 亿元，并从 2009 年开始，国家按照"价补统筹、动态调整、只增不减"的原则实行补贴资金根据化肥、柴油等主要农资品价格变化而变化的动态调整机制。在以后几年，农资综合补贴资金持续增加，近几年补贴资金都增长到 1 000 亿元以上。2015 年农资综合补贴资金规模比往年有所降低，主要是因为国家将种粮农民直接补贴、农作物良种补贴和农资综合补贴合并为农业支持保护补贴，按合并后的政策要求，从农资综合补贴中安排20%的资金用于支持粮食适度规模经营，所以从2015年开始实际用于农资综合补贴的资金是原规模80%的部分(表6-10)。

表6-10 2004—2015年我国农资综合补贴支出情况

年份	2006年	2007年	2008年	2009年	2010年	2011年	2012年	2013年	2014年	2015年
农资综合补贴/亿元	120	276	716	795	835	860	1 078	1 071	1 071	976.5

数据来源：根据财政部公布数据整理而得。

从表6-11中可以看出，我国不同省(区、市)农资综合补贴的实施标准各不相同，有按品种分别实施的，如北京、山西、上海、新疆等地；有按地区划分实施的，如福建省按照粮食主产县和非粮食主产县分别补贴，陕西省按照关中、陕南、陕北划分区域分别实施；有按照耕地利用现状实施的，如宁夏按照水地、旱地分别实施；有按照种粮情况实施统一标准补贴的，如天津、江苏、江西、河南、广东、青海等省(区、市)只要农户种植粮食，都按照省(区、市)内统一标准实施农资综合补贴。各省(区、市)之间的同一作物亩补贴金额也存在较大差异，2015年水稻亩补贴最高的是上海，达到112元/亩，最低的是新疆，只有17元/亩；2015年小麦亩补贴最高的是新疆，达到93元/亩，最低的是北京和山西，都是60元/亩；2015年玉米亩补贴最高的是北京，达到55元/亩，最低的是山西，是44元/亩。

表6-11 2011—2015年我国部分省(区、市)农资综合补贴实施情况

<table>
<tr><th>省(区、市)</th><th>2015年</th><th>2014年</th><th>2013年</th><th>2012年</th><th>2011年</th></tr>
<tr><td>北京</td><td colspan="3">小麦:60元/亩,玉米:55元/亩</td><td colspan="2">小麦:45元/亩,玉米:45元/亩</td></tr>
<tr><td>天津</td><td colspan="3">53元/亩</td><td>50元/亩</td><td>43元/亩</td></tr>
<tr><td>山西</td><td>小麦:60元/亩
玉米:44元/亩
杂粮:44元/亩
薯类:44元/亩</td><td colspan="2">小麦:75元/亩
玉米:55元/亩
杂粮:55元/亩
薯类:55元/亩</td><td colspan="2">小麦:55元/亩
玉米:38元/亩
杂粮:38元/亩</td></tr>
<tr><td>上海</td><td colspan="3">水稻:112元/亩</td><td>水稻:110元/亩</td><td>水稻:90元/亩</td></tr>
<tr><td>江苏</td><td>82.8元/亩</td><td colspan="2">103.4元/亩</td><td colspan="2">81.5元/亩</td></tr>
<tr><td>福建</td><td>非粮食主产县:
48.25元/亩
粮食主产县:
56.83元/亩</td><td>非粮食主产县:
61.24元/亩
粮食主产县:
80.6元/亩</td><td>非粮食主产县:
61.03元/亩
粮食主产县:
71.03元/亩</td><td>非粮食主产县:
46.55元/亩
粮食主产县:
56.55元/亩</td><td>非粮食主产县:
47.27元/亩
粮食主产县:
57.27元/亩</td></tr>
<tr><td>江西</td><td>56元/亩</td><td colspan="2">67.2元/亩</td><td colspan="2">53.2元/亩</td></tr>
<tr><td>山东</td><td colspan="3">111元/亩</td><td>粮食直补+综合补贴:120元/亩</td><td>粮食直补+综合补贴:98.45元/亩</td></tr>
<tr><td>河南</td><td colspan="4">96.74元/亩</td><td>78.39元/亩</td></tr>
<tr><td>湖南</td><td></td><td colspan="4">80.6元/亩</td></tr>
<tr><td>广东</td><td>61元/亩</td><td colspan="2">74元/亩</td><td>71元/亩</td><td>56元/亩</td></tr>
<tr><td>陕西</td><td colspan="3">关中81元/亩,陕南72元/亩,陕北56元/亩</td><td colspan="2">52.5元/亩</td></tr>
<tr><td>青海</td><td colspan="3">44.8元/亩</td><td>29.8元/亩</td><td>19.8元/亩</td></tr>
<tr><td>宁夏</td><td>水地:66元/亩
旱地:23元/亩</td><td colspan="3">水地:80元/亩
旱地:28元/亩</td><td>水地:57元/亩
旱地:16元/亩</td></tr>
<tr><td>新疆</td><td>小麦:93元/亩
水稻:17元/亩</td><td colspan="3">小麦:105元/亩,水稻:17元/亩</td><td>小麦:88元/亩</td></tr>
</table>

数据来源：根据各省(区、市)农业厅(局)公布数据整理而得。

表 6-11 中，北京补贴品种为市郊区确权耕地内种植的小麦、玉米；山西补贴面积仍然依据“上年实际种植面积”进行补贴；上海补贴品种仅为水稻；江苏补贴面积按上年核定到户的补贴面积；福建补贴品种为水稻、甘薯、马铃薯、大豆(杂豆)、玉米等 5 种，并对承包耕地 30 亩以上种粮大户每亩再增加 30 元的奖励；山东补贴品种仅为小麦，并对种植小麦 100 亩以上的种粮大户再给予每亩 10 元的奖励；湖南补贴面积按上度农业税计税面积中的实际种粮面积发放，2015 年湖南作为“三补贴”改革试点地将粮食直补、农资综合、良种补贴统一为中央农业支持保护补贴发放，发放标准为计税面积内种植一季农作物的耕地地力保护补贴标准为每亩每年 105 元、计税面积内种植双季稻的耕地地力保护补贴标准为每亩每年 175 元(计税面积外种植双季稻的耕地地力保护补贴标准为每亩每年 70 元)；广东补贴对象为省范围内具体从事种植水稻，以及石灰岩地区因自然条件无法种植水稻而种植玉米、番薯的种粮农民；陕西从 2013 年起，全省粮食直补、农资综合补贴合并发放，统称为“粮食综合补贴”，并采取因素法，分区域确定补贴标准。

农资综合补贴的补贴原则：谁种粮，谁享受补贴。

农资综合补贴的补贴对象：种粮农民(含国有农场的种粮职工)，在补贴资金分配上，中央重点向粮食主产区倾斜，省一级重点向产粮大县倾斜。

农资综合补贴出台的目标：直接目标是减少种粮成本，根本目标是稳定粮食播种面积，促进粮食增产和农民增收。

(2)作用机理　目前农资综合补贴具体实施时一般是根据粮食种植面积进行补贴，补贴金额直接发放到农民的“一卡通”上，种粮农民得到的补贴可以看作是农民种粮得到的额外固定收益，这样农民种粮比较收益提高，会加大农业的退出成本，起到稳定提高农民种粮积极性的作用。农资综合补贴主要是针对生产要素市场，虽然补贴资金是直接发放到农民手中，但可以看作间接地降低了农民在要素市场购买农业生产资料的价格，起到降低种粮生产成本的效果，在粮食价格和产量一定的情况下，种粮利润增加，也间接增加了农民的种粮收入(图 6-9)。

图 6-9　农资综合补贴政策对增加农民收入的作用机理

4. 粮食直接补贴对农民收入的作用机理

(1)政策背景　在粮食直接补贴政策出台前，我国的农业补贴主要针对生产与流通两环节：在生产环节主要是通过加大农业基础设施的投入来提高粮食综合生产能力；在流通环节主要是通过支持粮食的收购和存储来间接地补贴农民。这种补贴方式是在计划经济体制下实行的，当时在一定程度上稳定了粮食生产与供求，缓解了农民“卖粮难”等问题，但是随着市场经济体制的完善和粮食市场化改革的推进，其弊端也逐渐凸显出来。这种补贴方式最大的问题是补贴资金最终难以落实到农户手中，其最终目的虽是保护好农民利益，调动农民种粮积极性，稳定和发展粮食生产，但是通过补贴流通环节来补贴农民的做法，在操作上往往难以完全落实到位，从而使得种粮农民难以完全享受到政策实惠。同时，在这一时期出现农民增收缓慢，以及农业比较收益低导致的农村大量人口进城务工就业，不再从事农业生产等问题。到 2003 年，我国人均 GDP 突破 1 000 美元，按照发达国家工业发展的进程来看，我国进入了工业反哺农业的阶段。在这些背景下，粮食直接补贴政策被提出。这种对农业生产者直接进行补贴的政策，使得农民能直接得到实惠，农民种粮的合理稳定收益得到保护，并且该政策的实施对贸易的扭曲作用小，也符合市场经济规律和 WTO 规则要求。

2000 年时我国财政部提出粮食直补的政策构想，2002 年在安徽、吉林、湖南、湖北、河南、辽宁、内蒙古、江西、河北等粮食主产区进行了粮食补贴方式改革试点；2004 年，在总结粮食主产区改革试点区县经验的基础上，正式在全国 29 个省（区、市）内推广实施粮食直补政策；到 2006 年，粮食直补范围扩大到全国 31 个省（区、市），粮食补贴品种基本涵盖我国的主要粮食作物。2004—2007 年，粮食直补资金总额逐年递增，从 2004 年的 116 亿元增长到 2007 年的 151 亿元，此后直到 2014 年一直维持在 151 亿元水平上。由于粮补资金改革，2015 年中央财政决定仍继续实行种粮农民直接补贴，安排补贴资金 140.5 亿元（表 6-12）。

表 6-12 2004—2015 年我国粮食直接补贴支出

项目	2004 年	2005 年	2006 年	2007 年	2008 年	2009 年	2010 年	2011 年	2012 年	2013 年	2014 年	2015 年
粮食直接补贴/亿元	116	132	142	151	151	151	151	151	151	151	151	140.5

数据来源：根据财政部网站公布数据整理而得。

从表 6-13 中可以看出，各省（区、市）的粮食直补标准各不相同，补贴方式也存在差异。多数省（区、市）是按照种植面积进行补贴，各省（区、市）之间的亩补贴金额差别较大：2015 年水稻亩补贴最高的是上海，达到 80 元/亩，最低的是江苏，只有 20 元/亩，相差 60 元/亩；2015 年小麦亩补贴最高的是北京，达到 70 元/亩，最低的是山西，只有 10 元/亩；2015 年玉米亩补贴最

表 6-13 2011—2015 年我国部分省（区、市）粮食直补实施情况

<table>
<tr><th>省（区、市）</th><th>2015 年</th><th>2014 年</th><th>2013 年</th><th>2012 年</th><th>2011 年</th></tr>
<tr><td>北京</td><td colspan="5">小麦 70 元/亩，玉米 32 元/亩</td></tr>
<tr><td>天津</td><td colspan="5">30 元/亩</td></tr>
<tr><td>山西</td><td colspan="3">小麦：10 元/亩，玉米：5 元/亩
杂粮：25 元/亩，薯类：5 元/亩</td><td colspan="2">小麦：10 元/亩，玉米：5 元/亩
杂粮：5 元/亩</td></tr>
<tr><td>上海</td><td colspan="5">水稻：80 元/亩</td></tr>
<tr><td>江苏</td><td colspan="5">水稻：20 元/亩</td></tr>
<tr><td>福建</td><td colspan="3">水稻：0.24 元/千克</td><td colspan="2">水稻：0.2 元/千克</td></tr>
<tr><td>江西</td><td colspan="5">11.8 元/亩</td></tr>
<tr><td>山东</td><td colspan="3">14 元/亩</td><td>粮食直补＋综合补贴：120 元/亩</td><td>粮食直补＋综合补贴：98.45 元/亩</td></tr>
<tr><td>河南</td><td>18 元/亩</td><td colspan="4">16 元/亩</td></tr>
<tr><td>湖南</td><td>见说明</td><td colspan="4">13.5 元/亩</td></tr>
<tr><td>广东</td><td></td><td></td><td></td><td></td><td></td></tr>
<tr><td>陕西</td><td></td><td></td><td></td><td colspan="2">8 元/亩</td></tr>
<tr><td>青海</td><td>42.8 元/亩</td><td>55.2 元/亩</td><td>30.2 元/亩</td><td colspan="2">15.2 元/亩</td></tr>
<tr><td>宁夏</td><td colspan="5">15 元/亩</td></tr>
<tr><td>新疆</td><td colspan="2">小麦：0.3 元/千克</td><td>小麦：0.3 元/千克
水稻：0.21 元/千克</td><td colspan="2">小麦：0.2 元/千克</td></tr>
</table>

数据来源：根据各省（区、市）农业厅（局）公布数据整理而得。

高的是北京，达到 32 元/亩，最低的是山西，只有 5 元/亩。但也有个别省（区、市）是按照农户销售量进行补贴，如福建和新疆，福建实行储备订单粮食直补政策，即 2015 年福建种粮农户每交售 1 千克储备订单粮食，除售粮款外还享受 0.24 元/千克的直接补贴；2015 年新疆小麦收购直补标准执行 0.3 元/千克。

表 6-13 中，福建实行的是储备订单粮食直接补贴政策，采取当年补上年的做法，即当年补贴资金补上年储备订单收购的粮食，补贴资金是在储备订单粮食收购入库后，凭农户“售粮卡”和“订单收购码单”，全部通过“一折通”或“一卡通”一次性兑现给售粮农户；江西补贴品种为水稻，且早、中、晚稻补贴标准一样，对承包或租种耕地 100 亩以上（含 100 亩）的种粮大户，再补贴 16 元/亩；湖南补贴面积以 2003 年农业税计税面积中农民实际种粮面积计算补贴，2015 年湖南作为“三补贴”改革试点地，将粮食直补、农资综合、良种补贴统一为中央农业支持保护补贴发放，发放标准为计税面积内种植一季农作物的耕地地力保护补贴标准为每亩每年 105 元、计税面积内种植双季稻的耕地地力保护补贴标准为每亩每年 175 元（计税面积外种植双季稻的耕地地力保护补贴标准为每亩每年 70 元）；陕西补贴品种为玉米、稻谷和小麦，补贴面积以实际种植面积作为补贴依据；陕西从 2013 年起，全省粮食直补、农资综合补贴合并发放，统称为“粮食综合补贴”，补贴标准为关中 81 元/亩，陕南 72 元/亩，陕北 56 元/亩；宁夏回族自治区只对自治区粮食主产地引黄灌区、扬黄灌区以及自治区农垦所属农场直接从事粮食种植的农民（农工）实行粮食直接补贴政策；从 2014 年起，稻谷不再纳入新疆维吾尔自治区粮食直补范围，停止执行稻谷收购环节每千克补贴 0.21 元的粮食直补政策。

粮食直接补贴的补贴对象：种粮农民。

粮食直接补贴的补贴品种：各省（区、市）根据地区主要粮食作物自主决定补贴品种，如山东粮食直补的补贴品种是小麦，安徽是小麦、水稻、玉米，河北是小麦和玉米，山西是小麦、玉米、杂粮、薯类，内蒙古是玉米、小麦、水稻。

粮食直接补贴的补贴方式：可以按照农业税计税面积和计税常产进行补贴、按实际种植面积进行补贴和按种粮农民向国有粮食购销企业出售粮食数量等进行补贴；粮食主产区原则上按种粮农户的实际种植面积补贴，非粮食主产区结合当地实际选择切实可行的补贴方式。

粮食直接补贴的补贴支付方式：可采取直接发放现金的方式，也可实行向农户发放储蓄存折或储蓄卡（“一卡通”或“一折通”）的方式。现今，后一种方式因其便利、有效的特点更加普遍。

（2）作用机理　随着现代社会发展，大批掌握农村土地使用权和经营权的农村剩余劳动力流入二、三产业，因而农村出现了务农农民、兼业农民、非农农民等不同类型的农民。务农农民是指该农民长期在家务农，其全部收入也来自从事农业生产活动；非农农民是指该农民不在农村从事农业生产，其收入来自进城从事二、三产业所得；兼业农民是指该农民的收入部分来自在农村务农，部分来自进城打工，也就是在农忙时在农村从事农业生产活动，利用农闲时就近入城打工。由于粮食直补政策的作用对象是种粮农民，所以粮食直补对不同类型的农民产生的影响各不相同。

虽然由于非农农民长年在外打工，不从事农业生产活动，不是粮食直补的补贴对象，但粮食直补的实施仍会对非农农民产生间接的收入效应。对于掌握一定非农事技术的农民来说，进城打工的收入相对较高且相对容易，所以进城打工和待在农村务农两相比较，农民会选择将全部时间投入打工生活中，该农民掌握的农村土地将无人耕种，这无疑会导致农村土地撂荒与闲置浪费，这样种粮土地面积减少，粮食总产量也会受到影响。而粮食直补的实施，虽不直接使非农农民的收入增加，但是会刺激非农农民转让其拥有闲置土地的经营权给务农农民而得到一定的土地租金收入，这样出租土地的非农农民获得土地租金收入，承租土地的务农农民得到粮食直补收入，也在一定程度上避免了大面积闲置撂荒土地的出现，这对于非农农民、务农农民及政府来说是处于三方多赢的局面。

粮食直补对务农农民收入的作用体现在3个方面。首先，粮食直补是政府直接给予种粮农民一定经济补偿的转移性财政资金，因而粮食直补的实施对务农农民产生最直接的作用是农民拿到补贴资金而直接增加种粮收入。其次，种粮农民获得粮食直补资金总额是与其农业税计税面积、实际种植面积或向国有粮食购销企业出售粮食数量成正比的，也就是说，农民种植粮食的面积或出售的商品粮食越多，其获得的粮食补贴数额也就越多，并且粮食补贴的实施增加了农民的实际种粮收入，所以在一定程度上会刺激务农农民租入非农农民闲置的土地来扩大粮食种植面积，其得到粮食直补资金的同时扩大了粮食种植规模，这样也有助于实现规模经营，发挥规模效应的作用。最后，我国目前农业基础设施水平不高，仅依靠农民有限的自有资金来改善现有农业生产条件很难在短期内实现农业现代化，而现在逐年增加的粮食直补资金的下发可以在一定程度上弥补农民改善农业生产而自有资金不足的情况，所以粮食直补政策的实施可以促进农民改善农业生产条件，进而提高粮食生产率，发挥产出效应来促进农民增收。

粮食直补政策通过两方面影响兼业农民的收入。一方面，由于兼业农民处于半务农状态，种植粮食也能够拿到补贴资金，所以直接产生收入效应增加农民收入；另一方面，在总劳动时间既定的情况下，农民会权衡务农与打工的时间分配比，以期达到收入最大化的效果，由于现在种植粮食有种粮补贴导致务农的比较效益提高，理性的农民会选择适当地减少进城打工时间而增加务农时间，这样通过替代效应，使得兼业农民从事农业生产的时间增加，也有利于粮食种植的精细化生产，提高粮食种植单产，从而提高兼业农民进城打工和务农的总收入。

综上所述，粮食直补主要通过直接收入效应、间接规模效应、产出效应以及替代效应来增加农民收入(图6-10)。

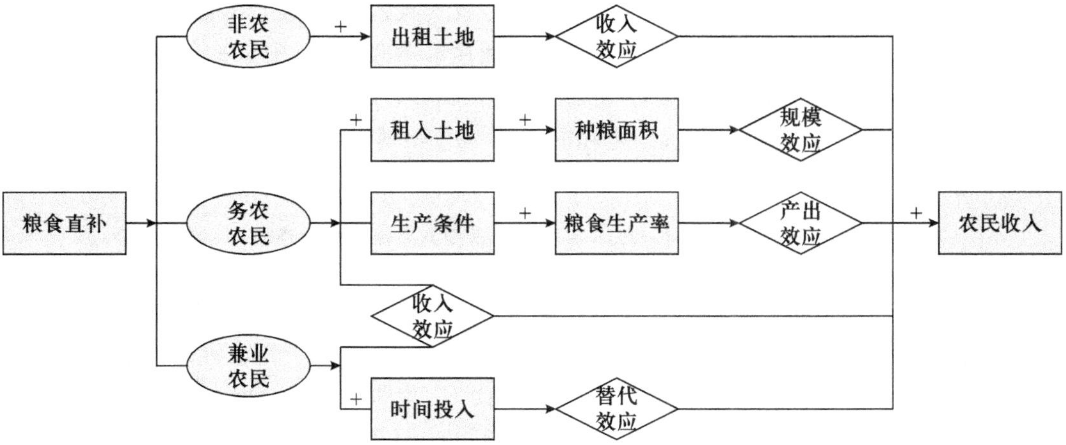

图6-10　粮食直补政策对增加农民收入的作用机理

5. 最低收购价对农民收入的作用机理

(1)政策背景　从2004年开始，国家全面放开粮食市场，彻底实现了粮食的市场化运行；

同时，鉴于国内稻谷供求短缺，为了保障稻谷供给能力，保护粮农利益，国家在特定的稻谷主产区针对稻谷及时发布了稻谷最低收购价格，并研究制定了稻谷最低收购价执行预案，但由于当年稻谷市场价格高于最低收购价，所以预案未启动。2005 年，我国首次在稻谷主产区启动稻谷最低收购价执行预案；2006 年开始，我国小麦市场实行最低收购价政策。到目前为止，我国只对稻谷（早/中晚籼稻、粳稻）、小麦（红小麦、白小麦、混合麦）实施最低收购价政策，一般在对应粮食品种的主产区和部分主销区实施，其他产区是否实行最低收购价政策，由省级人民政府自主决定。一般来说，小麦主产区为河北、江苏、安徽、山东、河南、湖北 6 省；早籼稻主产区为安徽、江西、湖北、湖南、广西 5 省（区）；中晚稻和粳稻主产区为辽宁、吉林、黑龙江、江苏、安徽、江西、河南、湖北、湖南、广西、四川 11 省（区）。

每年在粮食播种季节前，国家根据《粮食流通管理条例》有关规定，制定及公布当年的粮食最低收购价执行预案，以指导农民的生产行为，当市场价格连续 3 天低于国家公布的最低收购价格时，按照规定程序启动收购预案。粮食最低收购价政策执行是有时间限定的，通常是在粮食成熟收割后的 75～140 天内。近年来，小麦最低收购价执行时间为每年 5 月中下旬至 9 月底；早籼稻最低收购价执行时间为每年 7 月中旬至 9 月底；中晚稻最低收购价执行时间为：江苏、安徽、江西、河南、湖北、湖南、广西、四川 8 省（区）每年 9 月中旬至次年 1 月底，辽宁、吉林、黑龙江 3 省每年 10 月中旬至次年 2 月底。

2004—2007 年，我国稻谷最低收购价格一直维持 2004 年最低收购价不变，早籼稻、中晚籼稻、粳稻的最低收购价分别每 50 千克 70 元、72 元、75 元；从 2008 年开始，为应对物价上涨，保护农民种粮积极性，稳定粮农收入预期，稳定粮食生产，国家每年适当上调主要稻谷品种最低收购价，到 2015 年，早籼稻、中晚籼稻、粳稻的最低收购价分别上调至每 50 千克 135 元、138 元、155 元。小麦最低收购价从 2006 年率先实行，每年根据市场价格适当调整小麦最低收购价。在 2011 年及以前，白小麦的收购价一直稍高于红小麦和混合麦的收购价；2011 年白小麦的收购价由 2006 年的 72 元/50 千克提高至 95 元/50 千克，红小麦和混合麦的收购价由 2006 年的 69 元/50 千克提高至 93 元/50 千克；从 2012 年开始，小麦最低收购价不区分品种实行统一价，白小麦、红小麦和混合麦 2015 年的最低收购价均为 118 元/50 千克。受国际金融危机影响，2008 年国内粮食生产成本上涨的速度和幅度较快，国家一年内 2 次提高最低收购价格，第一次提高后的价格分别为早籼稻 75 元/50 千克、中晚籼稻 76 元/50 千克、粳稻 79 元/50 千克、白麦 75 元/50 千克、红麦和混合麦 70 元/50 千克，表 6-14 中所列数据为第二次提高后的价格。

表 6-14　2004—2015 年我国公布粮食最低收购价格表

国标三等，元/50 千克

项目	2004 年	2005 年	2006 年	2007 年	2008 年	2009 年	2010 年	2011 年	2012 年	2013 年	2014 年	2015 年
早籼稻	70	70	70	70	77	90	93	102	120	132	135	135
中晚籼稻	72	72	72	72	79	92	97	107	125	135	138	138
粳稻	75	75	75	75	82	95	105	128	140	150	155	155
白小麦			72	72	77	87	90	95				
红小麦、混合麦			69	69	72	83	86	93	102	112	118	118

数据来源：根据国家发展改革委、国家粮食局、财政部、农业部、中国农业发展银行、中储粮总公司公布文件整理。

粮食最低收购价政策执行主体：国家指定的粮食主产区里有关省（区、市）的中储粮总公司及其有关分公司，受中储粮总公司委托的中粮集团有限公司所属企业，以及地方储备粮管理公司（或单位）；主销区省级地方储备粮管理公司（或单位）。

（2）作用机理　粮食最低收购价的实施会产生两方面的效果。首先，因为每年粮食最低收购价预案在粮食播种季节前出台，所以当年的收购价会给种粮农民一个明确引导的信号，相信粮食价格有国家托底，以此稳定了农民增收的心理预期，刺激农民种粮积极性，进一步扩大种粮面积，在单产一定的情况下，种植面积增加；粮食总产量相应增加；同时也因为有最低收购价的存在，在一定程度上避免"谷贱伤农"的现象发生，在粮食价格一定的情况下，粮食总产量增加，种粮收入增加。其次，每年国家会对粮食最低收购价进行适当上调，在市场价格低于最低收购价格时，国家在相关粮食主产区按照当年出台的最低收购价格挂牌实行政策性收购来减少相应粮食在市场上的流通量，达到推动市场上粮食价格上涨的目的，对于国家利用最低收购价格收购的粮食按"顺价销售"原则（最低收购价格＋收购费＋其他必要费用＞最低收购价格）进行销售，一定程度上推动提高粮食销售价格，所以粮食销售价格提高，在农民种粮成本一定的情况下，农民种粮利润必然增加，种粮收入增加（图 6-11）。

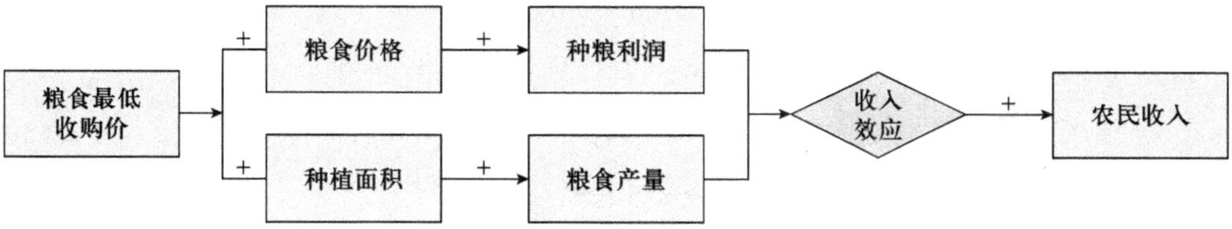

图 6-11　最低收购价政策对增加农民收入的作用机理

（3）粮食价格变动对农民收入影响的实证分析　根据 1978—2014 年粮食价格与农民收入数据，绘制粮食价格与农民收入间散点图（图 6-12）。

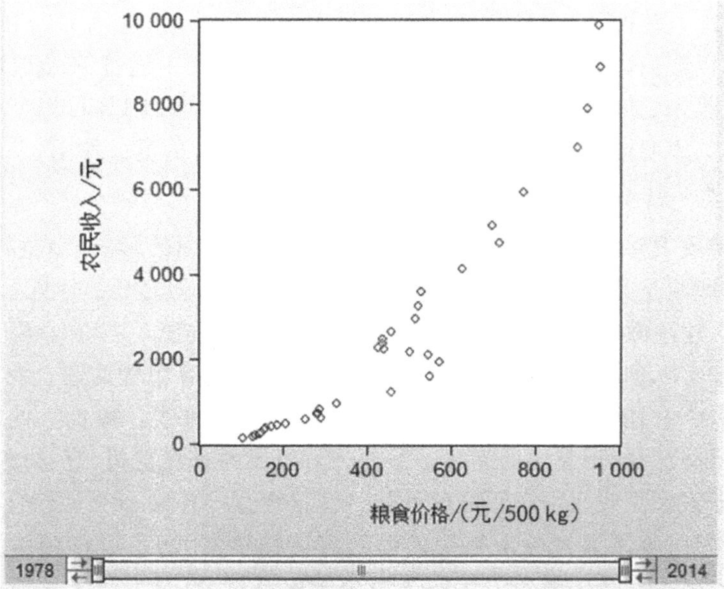

图 6-12　1978—2014 年粮食价格与农民收入的散点图

由图 6-12 可以看出，粮食价格与农民收入之间存在一定的线性相关性。建立两者之间的一元线性回归方程：

$$\text{PCNI} = C_{p0} + C_{p1}\text{PA} \qquad 公式(6\text{-}9)$$

其中，PCNI 为农民人均纯收入，PA 为粮食价格。根据数据运用 Eviews8.0 计量软件，可以得到：

$$\text{PCNI} = -1\,798.243 + 3.742\,263\text{PA} \qquad 公式(6\text{-}10)$$

$$(-6.378\,578) \quad (17.442\,8)$$

$$R^2 = 0.896\,832 \quad F = 304.251\,4$$

若分析粮食价格变动对农民收入的影响采取 C-D 函数，即：

$$\text{PCNI} = A_P \text{PA}^{\beta} \qquad 公式(6\text{-}11)$$

其中，PCNI 为农民人均纯收入，PA 为粮食价格。

等号两边取对数：

$$\log(\text{PCNI}) = \log(A_P) + \beta\log(\text{PA}) \qquad 公式(6\text{-}12)$$

根据 1978—2014 年数据，运用 Eviews8.0 计量软件，可以得到：

$$\log(\text{PCNI}) = -5.679\,946 + 1.877\,098\log(\text{PA}) \qquad 公式(6\text{-}13)$$

$$(-13.652\,52) \quad (31.062\,46)$$

$$R^2 = 0.964\,996 \quad F = 964.876\,4$$

调整后的 $R^2 = 0.963\,996$。

还原函数：

$$\text{PCNI} = 10^{-5.679\,946}\text{PA}^{1.877\,098} \qquad 公式(6\text{-}14)$$

可以对比看出，在分析粮食价格变动对农民收入的影响时，运用 C-D 函数的效果更好。从上面的结果可以看出，模型的拟合优度较好，在 95%的水平上通过 F 检验和 t 检验，粮食价格与农民人均纯收入之间成正相关关系，粮食价格每吨价格增加 1%可以促进农民人均纯收入增加 0.527 7%，表明粮食价格增加对农民增收确实有很大的促进作用。

6. 主要农业支持政策对农民收入的作用机理

（1）农业支持政策对增加农民收入有着直接和间接两方面的影响　农业支持政策对增加农民收入的直接影响是某些农业支持政策的实施能够直接增加农民的收入。比如我国的粮食直接补贴政策，这项政策就是对农民的直接支付，其补贴方式有按农业税计税面积和计税常产进行补贴、按实际种植面积进行补贴和按种粮农民向国有粮食购销企业出售粮食数量进行补贴 3 种方式，既有挂钩的补贴方式，也有不挂钩的补贴方式。粮食直接补贴政策的实施通过把过去保护价收购给予农民的间接补贴变为对农民的直接支付，直接增加了种粮农民的可支配收入，保证了农民收入一定程度的增长。像粮食直接补贴和农资综合补贴这类综合性收入补贴就是对农民收入损失给予补偿的财政直接转移支付，是以直接增加农民收入为目标，是一种提高农民生活水平或对农民收入损失予以补偿，且对生产者按照一定的标准由国家给予的收入性补贴。综合性收入补贴的重点是对种粮农民进行收入补偿，促进农民增收，是国家财政直接转移支付，属于国民收入的再分配政策。目前，虽然我国经济社会发展较快，但是我国也是世界上城乡收入差距最大的国家之一。因此，需要国家通过财政再分配政策，向农民直接发放综合收入补贴，保障农民收入稳定增长和生活水平持续提高。并且，目前粮食直补和农资综合补贴这类综合性收入补贴资金是直接通过"一卡通"发放给农民，直接增加农民收入。

农业支持政策对增加农民收入的间接影响如政府提供的农机购置补贴，一方面可内生化为农机专业户的固定资本投入，从而降低农机专业户的购买成本；又由于农业机械的增加，机械作业价格也随之下降，使农民的生产成本得以降低，无机户的用机率大幅度提高，为粮食增产和农民增收搭建了有效平台，从而农民的家庭纯收入得以提高。另一方面，农业机械购置补贴的实施大大提高农业生产机械化水平，一定程度上降低了农民的劳动强度，使得一部分农民从繁重的体力劳动中解放出来，农民由从事田间生产向多种经济产业转移，拓宽了农民的就业渠道和增收空间。并且，由于农业机械的使用，极大地缓解了农忙时对劳动力的需求，稳定了进城务工经商的非农农民，减轻了他们返乡的劳累和后顾之忧，减少了往返路费和误工费，为农村剩余劳动力向非农产业转移提供了有力的保证，使外出务工人员"转得出，留得住"，从而外出务工农民数量大幅度增加，间接地增加了农民的收入。此外，农机购置补贴也孕育了农业生产服务主体，推进了农机大户和专业合作服务组织的发展，大大提高了有机户的收入水平。又如良种补贴的实施，在提高农产品品质、影响农产品价格的同时，降低了农民购买种子的费用，降低了农业生产成本，间接增加农民收入。再如农资综合补贴是对农民购买农业生产资料实现的一种直接补贴，降低了农民在从事农业生产过程中对化肥、农药、农膜、柴油等农资品的购买费用，也就是降低了农业生产成本，间接增加了农民收入。农产品价格一般是由市场供给所影响决定的，但有时也会遇到"市场失灵"的状况(如出现"谷贱伤农"的情况，粮食产量连续增加的同时市场价格下滑，使得农民卖粮难，极大地抑制农民种粮积极性)，这时靠市场机制发挥的作用不大，而最低收购价的出台是在尽量不损害市场机制作用的前提下，对粮食市场价格进行干预，在粮食市场价格低于国家确定的最低收购价时执行，使得粮食价格一直维持在高位运行，增加了农民的收入，有效地激发了农民种粮的积极性。

总的来说，农业支持政策在间接促进农民增收上主要是一方面通过提高农产品价格，并降低农产品成本，以此增加农产品生产利润，另一方面是减轻农民劳动强度，转移剩余劳动力，增加非农农民工资性收入(图 6-13)。

(2)基于面板数据的实证分析　分析表明，农业支持政策对于农民收入有直接影响和间接影响两部分，这对于揭示农业支持政策对农民增收影响的特征及其基本路径具有重要意义，但是否正确还需经过验证。出于研究目的和数据限制，本研究通过建立计量经济模型来估算农民收入水平的影响，从而对以上假设进行实证检验。

按照国家统计局的统计口径，农村居民家庭人均纯收入分为工资性收入、居民家庭经营纯收入、转移性收入和财产性收入 4 部分。近年来，虽然工资性收入比重上升，但居民家庭经营纯收入仍然占大约 50%。本研究以我国 21 个省(区、市)为截面样本，利用计量经济软件工具 Eviews8.0，对这些省(区、市)的农民收入进行分析。由于主要考虑粮食补贴政策对农民收入的影响，而粮食补贴政策主要是对农民的农业收入产生影响，所以以来自农民的家庭经营性收入作为因变量来代表农民农业收入。对于自变量的选择，除选取农业生产资料价格、粮食生产价格、粮食综合补贴外，为讨论农民从事粮食生产的机会成本，在此将农民的工资性收

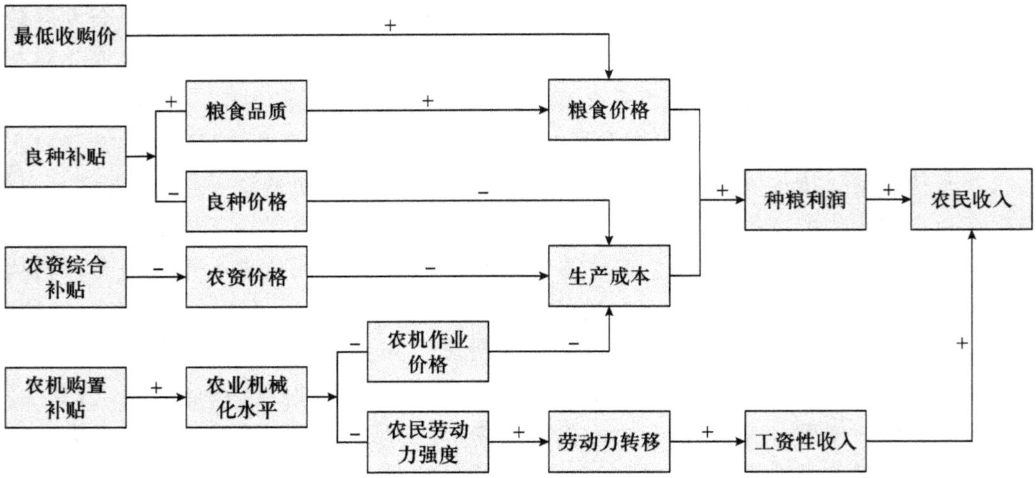

图 6-13 主要农业支持政策间接增加农民收入的作用路径图

入纳入影响因素中。根据各个因素的经济含义不难推断出，粮食综合补贴、粮食生产价格对农民收入产生积极影响，而农业生产资料价格的上升会在一定程度上降低农民收入；同时，工资性收入的提高将吸引大量农民涌入非农行业，从而使得以农业收入为主的农民家庭经营性收入减少，故工资性收入影响为负（表 6-15，表 6-16）。

表 6-15 2008—2014 年各省（区、市）粮食直补与农资综合补贴总额 亿元

省(区、市)	2014 年	2013 年	2012 年	2011 年	2010 年	2009 年	2008 年
北京	—	—	—	—	—	—	2.7
天津	4.68	4.76	4.29	3.79	4.16	4.17	3.51
河北	68.25	68.3	58.900 7	58.9	52.7	52.715 2	52.615 2
山西	34.5	34.5	32.33	22.3	20.155	19.947 3	17.7
内蒙古	54.54	57.55	57.5	43.2	37.5	37.5	37.6
辽宁	43.9	43.66	37.7	37.7	33.98	34	31
吉林	—	—	—	—	—	—	52.5
黑龙江	125.06	118.37	105	103.2	92.9	92.9	71.6
上海	—	—	—	—	—	—	4.407
江苏	60.85	60.53	48.949 1	48.949 1	42.71	42.59	41.42
浙江	—	—	—	9.86	—	—	19.135
安徽	67.65	67.456 1	59.73	59.64	52.26	52.22	47.45
福建	—	—	—	—	—	—	8.56
江西	41.074 4	41.210 7	33.919	34.059 7	29.979 6	29.487 4	30.1
山东	76.58	78.63	65.89	65.4	56.71	56.7	51.38
河南	106.7	106.6	106.8	89.2	77.8	77.75	77.8
湖北	47.4	47.53	39	39.07	34.49	34.52	34.57
湖南	38.9	38.704 9	38.907 8	38.907 8	38.825 4	38.83	38.83
广东	26.41	26.67	21.14	20.85	18.63	17.56	16.88
广西	31.93	31.93	31.93	23.82	20.89	20.88	20.48
海南	4.52	4.551 5	4.331 5	3.39	3	2.893 5	2.67
重庆	22.8	22.843 1	23.066 2	16.85	14.7	14.27	14.17
四川	68.336 2	68.34	68.336 2	56.22	49.33	49.329 1	49.3

续表 6-15　　　　亿元

省(区、市)	2014 年	2013 年	2012 年	2011 年	2010 年	2009 年	2008 年
贵州	—	—	—	—	—	—	17.2
云南	43.255 3	—	—	—	—	23.528 6	21.384
西藏	—	—	—	—	—	—	1.49
陕西	31.93	32.12	30.8	24.38	21.767 9	21.526 9	19.463 6
甘肃	27.92	27.923 7	27.95	19.13	17.39	17.38	15.45
青海	6.3	5.3	2.46	2.46	2.166 1	2.122 7	2.130 2
宁夏	8.851 8	8.700 8	6.68	6.064	5.985 6	5.295 1	4.369 7
新疆	29.26	28.9	24.236 4	22.42	20.52	19.815 7	16.050 7

数据来源:根据财政部公布数据整理而得。

表 6-16　2008—2014 年各省(区、市)粮食种植面积情况　　　　千公顷

省(区、市)	2014 年	2013 年	2012 年	2011 年	2010 年	2009 年	2008 年
北京	14 260.2	12 034.9	10 843.48	9 578.85	8 229.19	7 326.19	6 389.31
天津	9 941.1	9 091.5	7 922.26	6 829.24	5 261.97	4 408.33	4 064.95
河北	5 133.3	5 236.7	4 005.28	3 423.95	2 653.42	2 251.01	1 979.52
山西	4 569.6	4 041.1	3 175.5	2 684.87	2 108.6	1 789.93	1 713.55
内蒙古	2 070.8	1 694.6	1 459.05	1 310.86	1 036.78	900.42	806.48
辽宁	4 362.3	4 209.4	3 630.24	3 179.75	2 649.97	2 239.75	2 035.53
吉林	1 937.6	1 813.2	1 792.02	1 469.19	1 072.14	869.02	810.17
黑龙江	2 188.5	1 991.4	1 816.84	1 496.51	1 241.59	1 019.61	916.76
上海	16 177	12 239.4	11 477.71	10 493.03	9 605.73	8 671	8 108.32
江苏	7 170.3	7 608.5	6 775.89	5 969.02	4 896.39	4 238.54	3 895.5
浙江	11 772.5	9 204.3	7 678.22	6 721.32	5 822.48	5 090.15	4 587.44
安徽	3 554.9	3 733.5	3 243.47	2 723.17	2 203.94	1 882.42	1 737.84
福建	5 655.2	5 193.9	4 474.49	3 889.54	3 094.6	2 678.35	2 421.46
江西	3 937.4	4 422.1	3 532.72	2 994.49	2 394.62	2 018.98	1 842.36
山东	4 713.1	5 127.2	4 383.22	3 715.25	2 958.06	2 496.57	2 263.46
河南	3 260.2	3 581.6	2 989.36	2 523.77	1 943.86	1 621.75	1 499.93
湖北	3 298.6	3 868.2	3 189.84	2 703.05	2 186.11	1 900.54	1 742.33
湖南	4 088.1	4 595.6	3 847.59	3 240.81	2 655.59	2 234.01	1 990.52
广东	6 220.3	7 072.4	6 804.43	5 854.68	4 799.52	4 089.69	3 684.47
广西	2 335.4	2 712.3	2 245.95	1 820.37	1 707.18	1 465.22	1 283.39
海南	3 596	3 001.5	2 475.57	2 004.63	1 261.86	972.68	808.63
重庆	3 196.5	4 089.2	3 400.77	2 894.53	2 335.23	1 919.68	1 764.64
四川	3 156.5	3 542.8	3 088.86	2 652.46	2 248.18	1 821.37	1 620.4
贵州	2 521.5	2 572.6	1 977.73	1 713.52	1 303.85	1 074.32	1 002.68
云南	1 975.8	1 729.2	1 435.87	1 138.55	930	684.95	617.47
西藏	1 571.1	1 475.3	1 201.93	1 008.03	1 108.84	914.08	759.72
陕西	3 216.8	3 151.2	2 727.85	2 395.45	1 734.48	1 428.46	1 243.57
甘肃	1 755.8	2 203.4	1 787.72	1 561.97	1 199.45	994.94	867.98
青海	2 041.4	2 347.5	1 989.69	1 775.39	1 269.81	1 081.59	983.16
宁夏	3 391	2 878.4	2 510.53	2 164.24	1 788.28	1 518.94	1 260.04
新疆	1 848	1 311.8	1 008.02	804.73	556.26	461.49	422.82

数据来源:根据各省(区、市)历年统计年鉴中数据整理而得。

此处采取的是平行数据（21 个省份 2008—2014 年的数据）模型里的固定系数变截距模型，表示为：

$$y_{it}=\alpha_i+\beta x_{it}+u_{it} \qquad \text{公式(6-15)}$$

$$(i=1,2\cdots,21;t=2008,2009,2010,2011,2012,2013,2014)$$

由于有 4 个解释变量，所以其中 $x_{it}=(x_1,x_2,x_3,x_4)$ 为 1×4 向量，x_1 代表农业生产资料价格，x_2 表示粮食生产价格，x_3 表示粮食综合补贴总额，x_4 表示非农农民工资性收入；β 为 4×1 向量；α_i 为个体影响，为模型中被忽略的反映个体差异变量的影响；u_{it} 为随机干扰项，为模型中被忽略的随横截面和时间变化因素而变化的影响。

采用 Eviews8.0 计量软件里可行的广义最小二乘估计中的固定效应模型，具体结果如表 6-17 所示。

表 6-17　我国主要农业支持政策对农民收入影响实证结果

Dependent Variable: y; Method: Pooled Least Squares; Sample: 2008 2014				
Included observations: 7; Cross-sections included: 21; Total pool (balanced) observations: 147				
Variable	Coefficient	Std. Error	t-Statistic	Prob.
C	−337.828 4	238.399 9	−1.417 066	0.159 0
X_1	−4.645 173	1.311 265	−3.542 513	0.000 6
X_2	5.790 491	1.149 793	5.036 115	0.000 0
X_3	22.117 23	5.429 400	4.073 605	0.000 1
X_4	−0.100 560	0.069 279	−1.451 528	0.149 2
R-squared: 0.908 252		F-statistic: 50.322 13		
Adjusted R-squared: 0.890 203		Durbin-Watson stat: 1.493 389		
_HEBEI--C: −1 006.857		_SHANXI--C: −393.246 0		_INNERMONGOLIA--C: 381.348 0
_LIAONING--C: 483.139 9		_HEILONGJIANG--C: 294.235 5		_JIANGSU--C: 395.858 6
_ANHUI--C: −482.473 2		_JIANGXI--C: 135.836 4		_SHANDONG--C: −40.1648 0
_HENAN--C: −719.271 9		_HUBEI--C: 709.233 5		_HUNAN--C: −359.893 4
_GUANGDONG--C: −141.289 0		_GUANGXI--C: −40.734 08		_HAINAN--C: 1 633.091
_CHONGQING--C: 468.038 7		_SICHUAN--C: −114.709 7		_SHAANXI--C: −515.078 6
_GANSU--C: −1 068.758		_NINGXIA--C: −174.802 2		_XINJIANG--C: 556.495 8

从模型运行结果可以看出，对农民收入的拟合效果较好。该运行结果表明，除非农工资性收入和常数量外的估计变量均显著，且符号正确；F 值表明该模型的线性关系非常显著，调整后的 R^2 也能达到 0.89，表明该模型具有较好的拟合优度。

①首先，从表 6-17 中的系数可以看出，粮食补贴额 X_3 对农民农业收入的影响最大，且对农业收入是正的影响，即在其他变量不变的情况下，粮食补贴每增加 1 倍，农业收入的增加量就为粮食补贴增加量的 22.117 23 倍。所以说粮食补贴的增加能够激发农民生产积极性，将有效促进农业收入的增加。

②其次，粮食生产价格 X_2 对农业收入的影响较大且为正，在其他变量不变的情况下，粮食生产价格每增加 1 倍，农业收入的增加量就为粮食生产价格增加量的 5.790 491 倍。这是因为国家为保护农民利益、保障粮食市场供应，对粮食价格进行了宏观调控，在粮食市场价格低于国家的托底价格时执行，使粮食生产价格保持高位稳定，激发农民种粮积极性，保障农民种粮收入。

③再次，是农业生产资料 X_1 对农业收入有一定的影响，但影响为负，即农业生产资料每增加 1 倍，农民农业收入的减少量就为农业生产资料增量的 4.645 173 倍。这是因为农业生产资料费用增加，农业生产投入增加，农业生产成本势必增加，而在产出一定的情况下，生产成本增加了，生产利润相对减少了，势必会削弱农民的种粮积极性。

④最后，是工资性收入对农业收入的影响。从表 6-17 中可以看出工资性收入对农业收入影响为负，但不显著，在其他变量不变的情况下，工资性收入每增加 1 倍，农业收入将减少 0.1 倍。这是由于非农行业相对于从事农业生产的收入高，以及农机水平的提高减轻了劳动强度，将解放的劳动力转移到非农行业中，所以虽然农民总收入增加，但是其中的农业收入则是下降的，这也和目前的经济发展情况是相吻合的。

6.4 基于社会效率的农业支持政策作用机理

6.4.1 社会指标变化

1. 粮食产量及粮食种植面积

1978—1983 年，我国刚改革开放，优先发展工业，这几年里农作物播种面积呈连续下降状态。幸而这种状态没有持续下去，国家开始注意农业的发展。从 1984 年开始，农作物播种面积总体呈现波动上升的趋势，但粮食种植面积未受到足够的重视，农民优先考虑种植比较收益较高的经济作物，所以自 1978 年开始，粮食种植面积一直呈现波动下降的趋势，其占农作物播种面积比迅速从 1978 年的 80.34%下降到 2000 年的 69.39%。在接下来的三四年里，由于出现"卖粮难"的问题，使得农民种粮积极性大大受挫，2001—2003 年种粮面积迅速减少，农民改种其他作物，2003 年不论是种粮面积，还是种粮面积占农作物播种面积比都达到历史最低，分别为 99 410.37 千公顷和 65.22%。面对这一影响国家粮食安全的严峻问题，自 2004 年开始，国家研究出台一系列政策来补救这一问题。这些政策的出台效果明显，我国的种粮面积从 2004 年至今一直处于稳步增加的状态，种粮面积占农作物播种面积比在政策开始实施前两年增加明显，在后面这些年虽没有明显增加，但比值处于平稳的状态(表 6-18，表 6-19，图 6-14)。

表 6-18 2000—2013 年我国农作物播种面积、粮食种植面积及其占比情况

年份	农作物播种面积/千公顷	粮食种植面积		年份	农作物播种面积/千公顷	粮食种植面积	
		千公顷	占农作物播种面积比/%			千公顷	占农作物播种面积比/%
1978	150 104.07	120 587.2	80.34	1986	144 204	110 932.6	76.93
1979	148 476.87	119 262.7	80.32	1987	144 956.53	111 267.77	76.76
1980	146 379.53	117 234.27	80.09	1988	144 868.93	110 122.6	76.02
1981	145 157.07	114 957.67	79.20	1989	146 553.93	112 204.67	76.56
1982	144 754.6	113 462.4	78.38	1990	148 362.27	113 465.87	76.48
1983	143 993.47	114 047.2	79.20	1991	149 585.8	112 313.6	75.08
1984	144 221.33	112 883.93	78.27	1992	149 007.1	110 559.7	74.20
1985	143 625.87	108 845.13	75.78	1993	147 740.7	110 508.7	74.80

续表 6-18

年份	农作物播种面积/千公顷	粮食种植面积		年份	农作物播种面积/千公顷	粮食种植面积	
		千公顷	占农作物播种面积比/%			千公顷	占农作物播种面积比/%
1994	148 240.6	109 543.7	73.90	2005	155 487.73	104 278.38	67.07
1995	149 879.3	110 060.4	73.43	2006	152 149	104 958	68.98
1996	152 380.6	112 547.92	73.86	2007	153 463.93	105 638.36	68.84
1997	153 969.2	112 912.1	73.33	2008	156 265.7	106 792.65	68.34
1998	155 705.7	113 787.4	73.08	2009	158 613.55	108 985.75	68.71
1999	156 372.81	113 160.98	72.37	2010	160 674.81	109 876.09	68.38
2000	156 299.85	108 462.54	69.39	2011	162 283.22	110 573.02	68.14
2001	155 707.86	106 080.03	68.13	2012	163 415.67	111 204.59	68.05
2002	154 635.51	103 890.83	67.18	2013	164 626.93	111 955.56	68.01
2003	152 414.96	99 410.37	65.22	2014	165 446.25	112 722.58	68.13
2004	153 552.55	101 606.03	66.17	2015	166 373.81	113 342.93	68.13

数据来源：根据相关年份《农村统计年鉴》中数据整理而得。

表 6-19　1978—2015 年我国耕地面积变化　　千公顷

年份	耕地面积	年份	耕地面积	年份	耕地面积	年份	耕地面积	年份	耕地面积
1978	99 389.5	1986	96 229.9	1994	94 906.7	2002	125 930	2010	122 258.7
1979	99 498.1	1987	95 888.7	1995	94 973.9	2003	123 392.2	2011	122 592.4
1980	99 305.2	1988	95 721.8	1996	130 039.2	2004	122 444.3	2012	135 158.5
1981	99 035.1	1989	95 656	1997	129 903.1	2005	122 082.7	2013	135 163.4
1982	98 606.3	1990	95 672.9	1998	129 642.1	2006	121 775.9	2014	135 057.3
1983	98 359.6	1991	95 653.6	1999	129 205.5	2007	121 735.2	2015	135 000
1984	97 853.7	1992	95 425.8	2000	128 243.1	2008	121 716		
1985	96 846.3	1993	95 101.4	2001	127 615.8	2009	121 985		

数据来源：根据相关年份《农村统计年鉴》中数据整理而得。

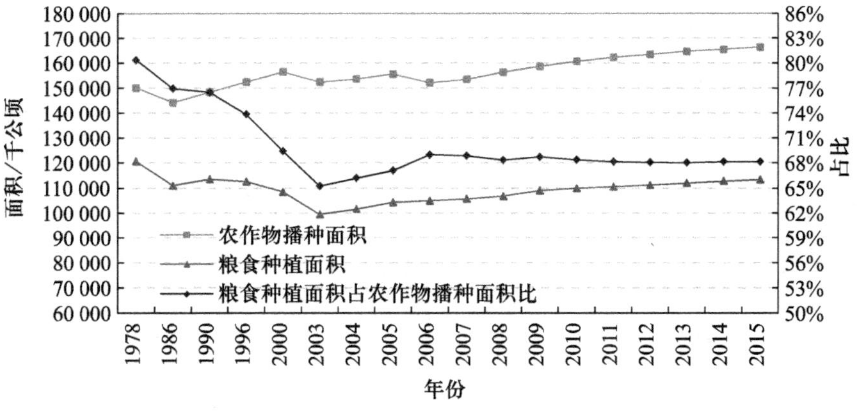

图 6-14　1978—2015 年农作物播种面积、粮食种植面积以及其占比情况

改革开放以来，我国不论是粮食总产量还是粮食单产都处于一种快速增长的状态，这和我国当时恢复农业生产，生产条件、基础设施得到改善有关；但到 20 世纪 90 年代后半期，我国逐渐出现粮食总产量增长困难、粮食单产下降等问题；直至 2004 年开始出台的一系列政策实施后，才明显看到我国粮食总产量和粮食单产都得到改善，均呈现快速增长的态势，甚至比 20 世纪 80 年代时增长更为迅速(图 6-15，表 6-20)。

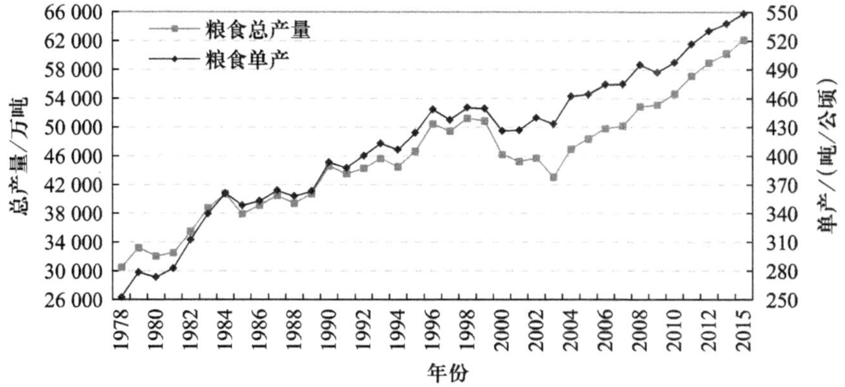

图 6-15　1978—2015 年粮食总产量与粮食单产变化情况

表 6-20　1978—2015 年我国粮食总产量及其名义增长率、粮食单产及其名义增长率情况

年份	粮食总产量		粮食单产		年份	粮食总产量		粮食单产	
	万吨	名义增长率/%	吨/公顷	名义增长率/%		万吨	名义增长率/%	吨/公顷	名义增长率/%
1978	30 477	—	252.74	—	1997	49 417.1	−2.05	437.66	−2.37
1979	33 212	8.97	278.48	10.18	1998	51 229.5	3.67	450.22	2.87
1980	32 056	−3.48	273.44	−1.81	1999	50 838.6	−0.76	449.26	−0.21
1981	32 502	1.39	282.73	3.40	2000	46 217.5	−9.09	426.11	−5.15
1982	35 450	9.07	312.44	10.51	2001	45 263.7	−2.06	426.69	0.14
1983	38 728	9.25	339.58	8.69	2002	45 705.8	0.98	439.94	3.10
1984	40 731	5.17	360.82	6.26	2003	43 069.5	−5.77	433.25	−1.52
1985	37 911	−6.92	348.30	−3.47	2004	46 946.9	9.00	462.05	6.65
1986	39 151	3.27	352.93	1.33	2005	48 402.2	3.10	464.16	0.46
1987	40 473	3.38	363.74	3.07	2006	49 804.2	2.90	474.52	2.23
1988	39 408.1	−2.63	357.86	−1.62	2007	50 160.3	0.71	474.83	0.07
1989	40 754.9	3.42	363.22	1.50	2008	52 870.9	5.40	495.08	4.26
1990	44 624	9.49	393.28	8.28	2009	53 082.1	0.40	487.06	−1.62
1991	43 529	−2.45	387.57	−1.45	2010	54 647.7	2.95	497.36	2.12
1992	44 265.8	1.69	400.38	3.31	2011	57 120.8	4.53	516.59	3.87
1993	45 648.8	3.12	413.08	3.17	2012	58 958	3.22	530.18	2.63
1994	44 510.1	−2.49	406.32	−1.64	2013	60 193.8	2.10	537.66	1.41
1995	46 661.8	4.83	423.97	4.34	2014	60 702.6	0.85	538.51	0.16
1996	50 453.5	8.13	448.28	5.74	2015	62 143.5	2.37	548.28	1.81

数据来源：根据相关年份《中国统计年鉴》中数据整理而得。

粮食产量的增加归功于各种因素，其中财政支农支出的作用不可忽视。通过绘制并观察财政支农支出、粮食总产量的散点图(图 6-16)，可以看出两者之间可能存在线性关系。

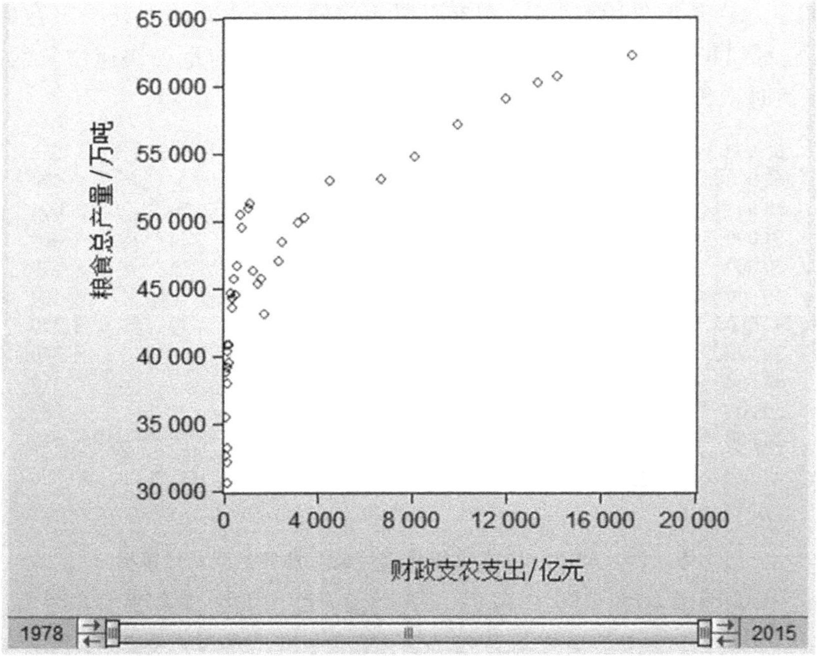

图 6-16　1978—2015 年财政支农支出与粮食产量的散点图

先建立两者之间的一元线性回归方程：

$$\mathrm{TGO}=C_{q0}+C_{q1}\mathrm{PESA} \qquad \text{公式(6-16)}$$

其中，TGO 为粮食总产量，PESA 为财政支农支出。运用 Eviews8.0 计量软件，可以得到：

$$\mathrm{TGO}=41\,710.8+1.449\,218\mathrm{PESA} \qquad \text{公式(6-17)}$$

(44.298 42)　(8.290 96)

$R^2=0.656\,292$　　$F=68.74\,002$　　$D.W=0.178\,867$

调整后的 $R^2=0.646\,744$。

从上可以看出建立财政支农支出、粮食总产量两者的一元线性方程效果并不理想，观察两者的散点图发现两者可能是一元二次的关系，所以试着建立二次方程：

$$\mathrm{TGO}=C_{q2}+C_{q3}\mathrm{PESA}+C_{q4}\mathrm{PESA}^2 \qquad \text{公式(6-18)}$$

运用 Eviews8.0 计量软件，可以得到：

$$\mathrm{TGO}=40\,294.3+3.021\,926\mathrm{PESA}-0.000\,111\mathrm{PESA}^2 \qquad \text{公式(6-19)}$$

(40.451 12)　(5.228 079)　　　(−2.831 362)

$R^2=0.720\,346$　　$F=45.077\,23$　　$D.W=0.217\,54$

调整后的 $R^2=0.704\,365$。

从二次方程的结果来看效果也并不是特别理想，试着建立 C-D 函数：

$$\mathrm{TGO}=A_{q1}\mathrm{PESA}^{\alpha} \qquad \text{公式(6-20)}$$

等号两边同时取对数：

$$\log TGO = \log A_{q1} + \alpha \log PESA \qquad 公式(6-21)$$

运用 Eviews8.0 计量软件，可以得到：

$$\log TGO = 10.016\ 01 + 0.103\ 251 \log PESA \qquad 公式(6-22)$$
$$(175.177\ 4) \qquad (12.637\ 07)$$
$$R^2 = 0.816\ 041 \quad F = 159.695\ 6 \quad D.W = 0.308\ 799$$

调整后的 $R^2 = 0.810\ 931$。

还原模型：

$$TGO = 10^{10.016\ 01} PESA^{0.103\ 251} \qquad 公式(6-23)$$

从上面的结果可以看出，C-D 模型的拟合优度最好，并且在 95%的水平上通过 F 检验和 t 检验，财政支农支出与粮食总产量之间成正相关关系，财政支农支出每增加 1%可以促进粮食总产量增加 0.1%左右，表明财政支农支出对农民增产确实有很大的促进作用。

2. 农业机械化水平

新中国成立以后，特别是改革开放的几十年里，我国大力推进农业机械化发展。农业机械化在最近几十年取得了长足发展，实现了由传统的以人、畜力劳动及简单机具的手工劳动为主的农业生产方式向现代农业机械化生产方式的转变，改善了农业生产条件，有效保障了农业生产的进度和质量。特别是实施农机购置补贴政策后，农机装备速度加快，农业机械化水平迅速提升。在实施农机购置补贴这短短的十二三年里增加的农业机械总动力是过去几十年的总和。2003 年我国农业机械总动力刚破 60 000 万千瓦，为 600 386.54 万千瓦。正是由于 2004 年农业机械购置补贴在我国全面推广实施，激发了农民购置和使用农业机械的热情，才能使得农业机械化水平不断提高。到 2015 年，我国农业机械总动力就达到 111 728.07 万千瓦，是 2003 年的近 2 倍。农业机械化水平的进一步提高，也为粮食“年连增”和农业综合生产能力建设提供了有力的装备支撑(表 6-21，图 6-17)。

表 6-21　1978—2015 年我国农业机械总动力变化　　万千瓦

年份	农业机械总动力	年份	农业机械总动力	年份	农业机械总动力	年份	农业机械总动力	年份	农业机械总动力
1978	11 749.9	1986	22 950	1994	33 802.5	2002	57 929.85	2010	92 780.48
1979	13 379.5	1987	24 836	1995	36 118.1	2003	60 386.54	2011	97 734.66
1980	14 745.75	1988	26 575	1996	38 546.9	2004	64 027.91	2012	102 558.96
1981	15 680.1	1989	28 067	1997	42 015.6	2005	68 397.85	2013	103 906.75
1982	16 614.21	1990	28 707.7	1998	45 207.7	2006	72 522.12	2014	108 056.58
1983	18 021.9	1991	29 388.6	1999	48 996.12	2007	76 589.56	2015	111 728.07
1984	19 497.22	1992	30 308.4	2000	52 573.61	2008	82 190.41		
1985	20 912.5	1993	31 816.6	2001	55 172.1	2009	87 496.1		

数据来源：根据国家统计局中数据整理而得。

通过图 6-17 可以发现，2004 年实施农机购置补贴以来，我国农业机械总动力增长更为迅速。通过绘制并观察 2004—2015 年农业机械总动力、农机购置补贴的散点图(图 6-18)，可以大致确定两者之间存在线性关系。

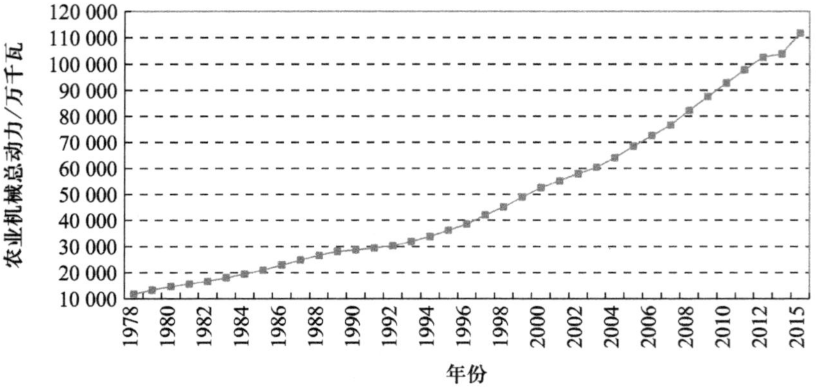

图 6-17　1978—2015 年我国农业机械总动力变化情况

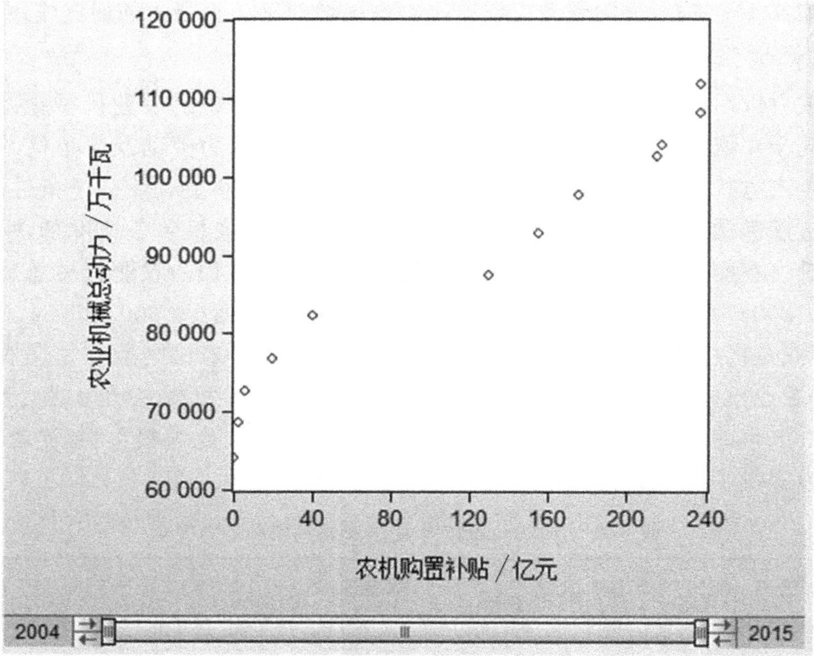

图 6-18　2004—2015 年农机购置补贴金额与农业机械总动力的散点图

建立两者之间的一元线性回归方程：

$$\mathrm{TPAM} = C_{b0} + C_{b1}\mathrm{FMPS} \quad 公式(6\text{-}24)$$

其中，TPAM 为农业机械总动力，FMPS 为农机购置补贴资金。运用 Eviews8.0 计量软件，可以得到：

$$\mathrm{TPAM} = 69\,777.96 + 160.499\,5\mathrm{FMPS} \quad 公式(6\text{-}25)$$

$$(1\,621.771) \qquad (10.618\,72)$$

$$R^2 = 0.958\,064 \qquad F = 228.456\,3 \qquad D.W = 1.186\,965$$

调整后的 $R^2 = 0.953\,870$。

从上面的结果可以看出，模型的拟合优度较好，在95%的水平上通过 F 检验和 t 检验。农机购置补贴与农业机械总动力之间成正相关关系，农机购置补贴资金每增加1亿元，可以促进农业机械总动力增加160.499 5万千瓦，表明农机购置补贴政策的实施对提高农业机械化水平确实有很大的促进作用。

通过绘制并观察农业机械总动力、粮食总产量的散点图（图6-19）可以大致确定两者之间存在线性关系。

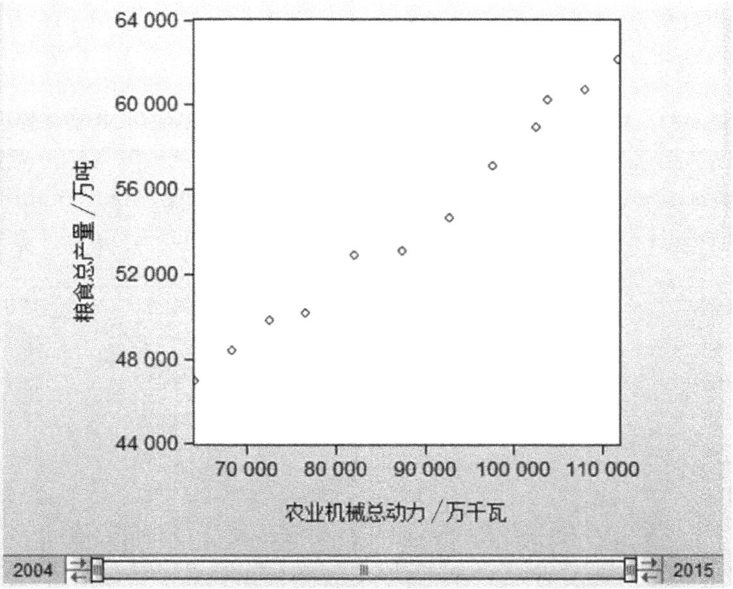

图6-19 2004—2015年粮食总产量与农业机械总动力的散点图

建立两者之间的一元线性回归方程：

$$\mathrm{TGO} = C_{m0} + C_{m1}\mathrm{TPAM} \qquad \text{公式(6-26)}$$

其中，TGO为粮食总产量，TPAM为农业机械总动力。运用Eviews8.0计量软件，可以得到：

$$\mathrm{TGO} = 26\,356.53 + 0.317\,189\mathrm{TPAM} \qquad \text{公式(6-27)}$$

$$(1\,080.605) \qquad (0.011\,961)$$

$$R^2 = 0.985\,980 \qquad F = 703.266\,3 \qquad D.W = 1.501\,357$$

调整后的 $R^2 = 0.985\,980$。

从上面的结果可以看出，模型的拟合优度较好，在95%的水平上通过 F 检验和 t 检验。农业机械总动力与粮食产量之间成正相关关系，农业机械总动力每增加1万千瓦，可以促进粮食产量增加3 170吨，表明农业机械化水平的提高确实对粮食增产有很大的促进作用。

3. 农业从业人口和农村劳动力转移

(1)农业从业人口情况　改革开放以来，我国就业人员数量一直处于增长状态，这与我国这几十年来人口快速增长有关，而农业从业人员占就业人员比例一直处于下降状态。1978年从事农业生产是我国人员就业的主要方式，当年我国农业从业人员占就业人员比达到70.5%；2003年我国农业从业人员占就业人员一半不到，只有49.1%。接下来这些年，全部取消了农业税、牧业税和特产税，对农民实行粮食直补、良种补贴、农机具购置补贴和农资综合补贴，对产粮大县和财政困难县乡实行奖励补助，大幅度增加对农业农村公共投入等一系列重大举措，从而使农业比较收益率提高。因此，部分外出务工的农村劳动力愿意返回农村务农。但同时也正是受这些支农政策的影响，农业基础设施、生产条件得到有效改善，特别是农机购置补贴出台后，我国农业机械化水平提高，农民劳作强度降低，部分农民从繁重的农业生产中解放出来，使更多的农村劳动力得以从事其他比较收益较高的非农行业。近十几年来，农业从业人员数量连续减少，到 2015 年我国农业从业人员只有 21 919 万人，占 2015 年就业人员的 28.3%（表 6-22，图 6-20）。

表 6-22　1978—2015 年我国从业人员、农业从业人员及其占比变化情况

年份	就业人员/万人	农业从业人员		年份	就业人员/万人	农业从业人员	
		人数/万人	占就业人员比/%			人数/万人	占就业人员比/%
1978	40 152	28 318	70.5	1997	69 820	34 840	49.9
1979	41 024	28 634	69.8	1998	70 637	35 177	49.8
1980	42 361	29 122	68.7	1999	71 394	35 768	50.1
1981	43 725	29 777	68.1	2000	72 085	36 043	50.0
1982	45 295	30 859	68.1	2001	72 797	36 399	50.0
1983	46 436	31 151	67.1	2002	73 280	36 640	50.0
1984	48 197	30 868	64.0	2003	73 736	36 204	49.1
1985	49 873	31 130	62.4	2004	74 264	34 830	46.9
1986	51 282	31 254	60.9	2005	74 647	33 442	44.8
1987	52 783	31 663	60.0	2006	74 978	31 941	42.6
1988	54 334	32 249	59.3	2007	75 321	30 731	40.8
1989	55 329	33 225	60.1	2008	75 564	29 923	39.6
1990	64 749	38 914	60.1	2009	75 828	28 890	38.1
1991	65 491	39 098	59.7	2010	76 105	27 931	36.7
1992	66 152	38 699	58.5	2011	76 420	26 594	34.8
1993	66 808	37 680	56.4	2012	76 704	25 773	33.6
1994	67 455	36 628	54.3	2013	76 977	24 171	31.4
1995	68 065	35 530	52.2	2014	77 253	22 790	29.5
1996	68 950	34 820	50.5	2015	77 451	21 919	28.3

数据来源：根据相关年份《农村统计年鉴》中数据整理而得。

农业支持政策用于农村生产性支出，其目的之一就是促进农民就业。现行财政对农业生产性的投入主要是农业产业化专项资金。国家财政试图通过对农业产业化项目的扶持，在增加农民收入、提高农业经济效益的同时，扩大农民的就业渠道，吸收更多的农业劳动力进入农业产业化活动中（侯石安，2005）。农村剩余劳动力转移在促进农村经济发展的同时，也为农业现代化水平的提升创造了客观条件，农业现代化就是在农村剩余劳动力得到合理有序的转移之后逐步发展起来的。大量农村剩余劳动力的转移，可以有力提升农业生产效率，提高农业收益，扩大农业投资，加速农业现代化实现（陈志峰等，2012）。农机购置补贴孕育了农业生

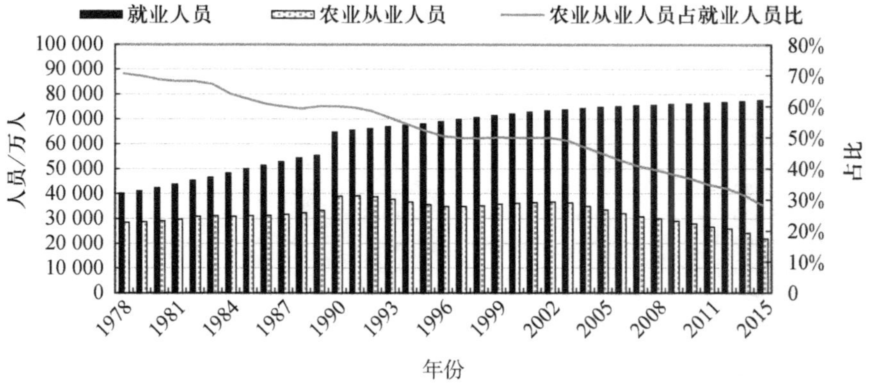

图 6-20 1978—2015 年我国就业人员、农业从业人员及其占就业人员比情况

产服务主体，推进了农机大户和专业合作服务组织的发展，并且农业机械化进程的加快，还吸引了大批劳动力从事农机作业、农机维修、农机经营、农机运输和农产品加工工作，从而在一定程度上也扩大了农民的就业空间。通过促进农村剩余劳动力转移，农业支持增加了农民的非农收入。国家对以农产品加工和农村服务业为重点的农村二、三产业以及劳动密集型中小企业和乡镇企业，给予税收优惠和减免，促进农业产业化经营和农村城镇化，推动农业和农村产业结构的战略性调整，帮助农村劳动力向非农产业转移。

(2)农村劳动力转移的测算　国内外许多学者通过估算农业剩余劳动力来进一步分析农村劳动力的转移情况。本研究采用黄大伟(2013)的劳均播种面积推算法来估算农业剩余劳动力。根据劳均播种面积推算法的基本思想，假定新中国成立初期或其他时期农业劳动力实现了充分就业，以那一时期平均每个农业劳动力负担的播种面积，除以当前拥有的播种面积，得出当前农业生产实际需要的劳动力数量；最后以农业劳动力减去实际需要的劳动力数量，差值即为农业剩余劳动力。由于我国种植业劳动力占农业劳动力比重约为 95%，所以可用种植业剩余劳动力估算农业剩余劳动力，推算公式如下：

$$\text{种植业劳动力需求量}=\frac{\text{农作物播种总面积}}{\text{劳均播种面积}}$$

$$\text{农业劳动力需求量}=\frac{\text{种植业劳动力需求量}}{95\%} \qquad \text{公式(6-28)}$$

$$\text{农业剩余劳动力数量}=\text{农业从业人员}-\text{农业劳动力需求量}$$

其中，据国家统计局资料，我国种植业劳均播种面积可达 1～1.5 公顷。1952 年我国基本维持满负荷工作，种植业劳均播种面积为 0.815 8 公顷。假设 1952—2015 年劳均播种面积从 0.815 8 公顷以年增长率 r 匀速上升到 1 公顷，则各年劳均播种面积为：

$$L_t=0.815\,8\times(1+r)^{t-1952} \qquad \text{公式(6-29)}$$

其中，$t=1952,1953,\cdots$

该方法较切合农业生产的实际，考虑了我国国情，具有较强合理性。用种植业剩余劳动力代替农业剩余劳动力，对我国也易于接受，没有过多地涉及复杂的经济理论，在资料比较齐全的条件下，易于计算，可操作性强。

利用前面数据和公式(6-28)、公式(6-29),计算出我国农村剩余劳动力如图 6-21 所示。自 2003 年开始,我国农业剩余劳动力连续减少,到 2015 年我国农业剩余劳动力为 7 632 万人。

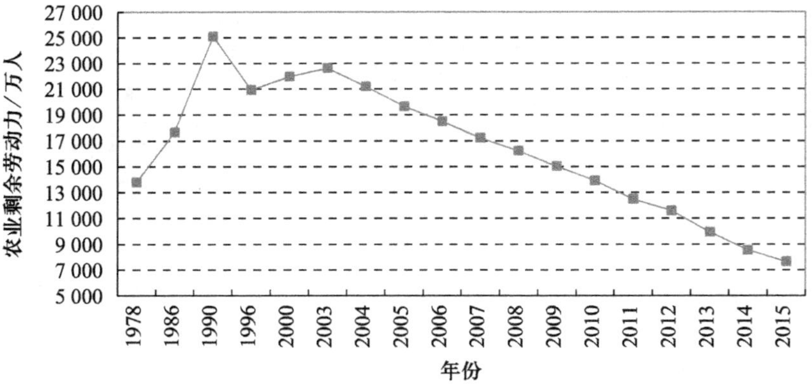

图 6-21　1978—2015 年我国农业剩余劳动力情况

6.4.2　农业支持政策对粮食产量的作用机理

6.4.2.1　各项具体农业支持政策对粮食产量的作用机理

1. 农机购置补贴对粮食产量的作用机理

农机购置补贴是针对我国加入世界贸易组织后机械化程度低、人工成本高等问题而出台的专项性生产补贴政策,目的是推进农业机械化进程,提高农业综合生产能力,促进农业增产增效、农民节本增收。农机购置补贴的实施使得有购机能力的农民加快了购机速度,使有购机意愿没购机能力的农民能够买得起农机,使得更多的家庭拥有农业机械及装备。与传统的以人工、畜力劳动及简单机具的手工劳动的农业生产方式相比,利用机械化生产远远降低了农民的劳作强度。首先,结合机械化生产和品种改良等措施,能够缩短粮食生产周期。我国现已成功在部分地区把农作物一年一熟改成了一年两熟或两年三熟,提高了复种指数,相当于一年里种植面积得到成倍增加,粮食产量也相应成倍提高。其次,农机具购置补贴能够提高粮食生产抗灾减灾能力和减少粮食非正常损失。在南方地区,每年八九月份正是粮食收割黄金时期,但这期间也正是暴雨多发时期,农民必须抓住间隙晴好天气抢收抢晒,不然未及时收获、晒干的粮食很容易被雨淋湿而发霉腐烂,导致粮食减产。据估计,我国粮食每年有 4 000～6 000 万吨(约占总产量 10%以上,而世界粮食及农业组织粮食损失率不超过 5%)因成熟后不能及时收获、晾晒而造成霉烂、变质的损失。所以,若将我国粮食收获阶段的损失率降低到 5%,就相当于我国粮食每年增产 2 000 余万吨。现今我国农业机械及装备化程度逐渐提高,在农业生产收割阶段利用机械化收割大大减少收割时间,利用粮食烘干机能在短时间内将粮食烘干,省时省力,从而在很大程度上避免了因天气变化而影响粮食生产和粮食质量问题。最后,农机具购置补贴的实施促进了农民进行农业生产的农业机械化和物质装备水平的提高,改善了农业生产条件,推进了农业的规模化生产经营,提高了土地的产出率,使粮食产量得到大幅度增加(图 6-22)。

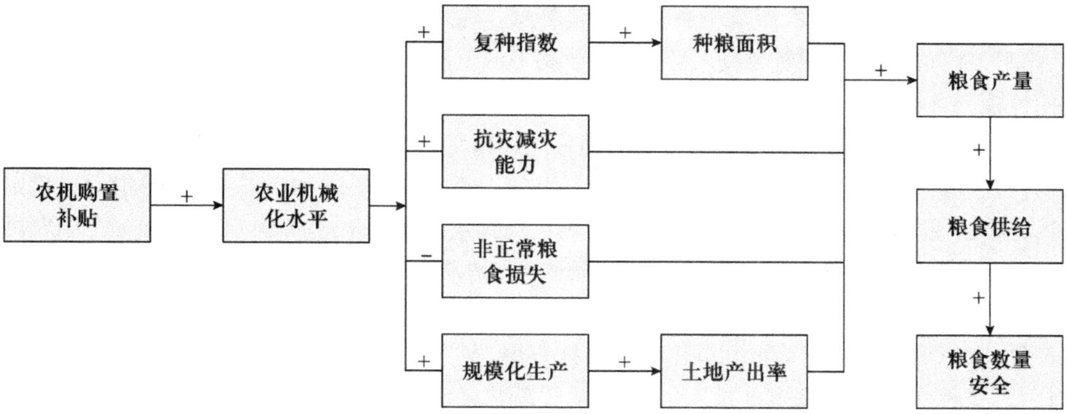

图 6-22 农机购置补贴政策对保证国家粮食数量安全的作用路径

2. 良种补贴对粮食产量的作用机理

良种补贴是针对我国粮食标准化生产低、品质差等问题而出台的专项性生产补贴政策，目的是提高我国粮食单产及国际竞争力。在良种补贴政策出台的前几年里，我国粮食单产出现停滞甚至下降的态势，同时粮食种植面积也出现下降趋势，严重影响到我国粮食数量安全。此外，我国粮食生产标准化低、品质差等原因，导致我国粮食在国际市场上缺乏竞争力。良种补贴政策通过统一供种或低价供种，激励种粮农民采用优良品种。自从 2002 年良种补贴实施以来，我国良种覆盖率逐渐提高，粮食平均的单产水平也呈不断上升趋势。根据农业部（现农业农村部）统计显示，近年来主要农作物良种覆盖率超过 96%，良种在农业生产科技贡献率中的比例提高到 50%以上。农民种植优良品种粮食，粮食品质得到改善，在增强了粮食市场竞争力的同时，粮食价格也因粮食品质的提升而得到提高，进一步促进农民种粮积极性。良种补贴多发放到农民手中，是其采用优良良种品种的额外收入，也相当于间接降低了农民购买良种的费用，降低了种粮生产成本，促进农民种粮积极性。总之，良种补贴政策的实行，促进了粮食作物单产水平的提高，在改善粮食品质、提高粮食作物产量的同时保证粮食质量，稳定粮食供给，从而达到保障国家粮食安全的目的（图 6-23）。

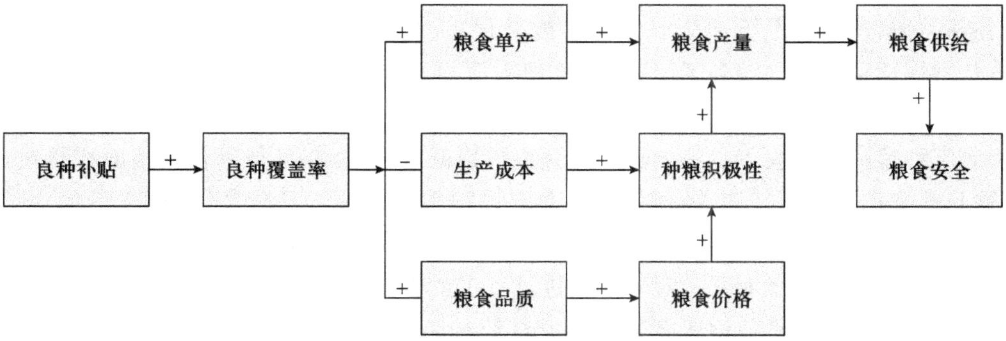

图 6-23 良种补贴政策对保证国家粮食安全的作用路径

3. 农资综合补贴对粮食产量的作用机理

农资综合补贴是国家为了调动农民种粮积极性，在统筹考虑柴油、化肥、农药、农膜等农业生产资料价格变动对农民种粮支出影响的情况下，为鼓励农民多产粮、多调粮和产好粮而出台的弥补农民农资增支、降低种粮成本而给予农民的直接补贴。在农资综合补贴政策执行的前几年，我国柴油、化肥、农药等粮食生产资料投入品的成本价格不断上涨，导致种植粮食的生产成本大幅度增加，致使种粮获得收益无法弥补资料成本支出，部分农民放弃种植粮食作物，改种其他比较收益较高的经济作物，或是选择进城务工，造成农村大面积土地撂荒，粮食总产量降低，影响粮食的供给，给国家的粮食数量安全造成负面影响。农资综合补贴的出现，弥补了种粮生产成本增加的部分，稳定了农民的种粮成本，提高了农民的种粮积极性，农民选择重拾撂荒土地种粮，部分进城务工的农民也重新回家继续种粮。农资综合补贴与种粮面积挂钩，诱致农户调整家庭内部的种植业结构，将更多的土地配置到粮食生产领域，选择由种植其他经济作物转到种植粮食作物，扩大种粮面积，增加粮食产量。农资综合补贴政策针对要素市场发挥作用，实施补贴后，农户有动力实行精细化耕作，增加化肥、农药、地膜等可变农业投入水平，从而提高粮食单位面积产量，增加粮食产量，进而增加粮食供给，达到保障国家粮食数量安全的目的(图 6-24)。

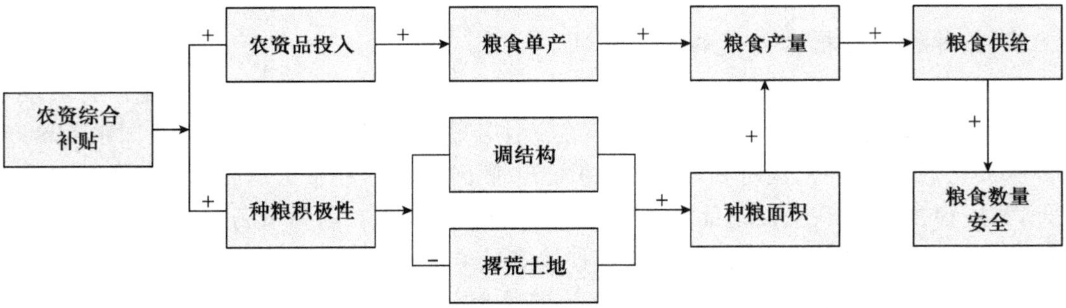

图 6-24　农资综合补贴政策对保证国家粮食数量安全的作用路径

4. 粮食直接补贴对粮食产量的作用机理

粮食直补是国家出台的为促进粮食生产、保护粮食综合生产能力、调动农民种粮积极性、减少价格波动对农民种粮收入的影响和增加农民收入，把原来对粮食流通环节中的间接补贴转变成对农民的直接补贴的政策。农民种粮收入和粮食价格相关，而粮食价格又受各种因素(粮食供给、生产成本、国际市场价格等)的影响而处于不断波动状态，同时种粮生产成本又受农资品价格、人工劳动成本的上涨而不断上升，致使农民种粮收入和支出不成正比。同农资综合补贴类似，这种情况下部分农民就会放弃种植粮食作物而改种其他比较收益较高的作物，或是直接撂荒土地进城务工，从而导致种粮面积大幅度减少，粮食产量减少，粮食供给受到影响。粮食直接补贴的实施，缓解了粮食市场价格波动而造成的农民种粮收益的不利影响，相当于种粮的额外收入。粮食直补是只要种粮就有补贴，并且与粮食种植面积挂钩，即补贴金额与粮食种植面积挂钩，因而可以刺激农民种粮积极性。对粮食作物进行补贴，使粮食与其他经济作物的成本收益对比发生改变，农民有可能调整粮食作物与其他经济作物的种植结构，增加粮食作物种植面积。对于那些进城务工的农民来说，粮食直补增加种粮收入，刺激他们的种粮积极性，使得他们愿意重新回家继续种粮。因而，粮食直补政策使粮食种植面积增加，粮食产量增加，粮食供给量上升，起到了保障粮食数量安全的作用(图 6-25)。

5. 最低收购价对粮食产量的作用机理

最低收购价政策是国家为保护农民利益，保障粮食市场稳定供给，对某些粮食品种设定的托底价格，由中储粮总公司和其委托公司按照规定的最低收购价格收购种粮农民的粮食，

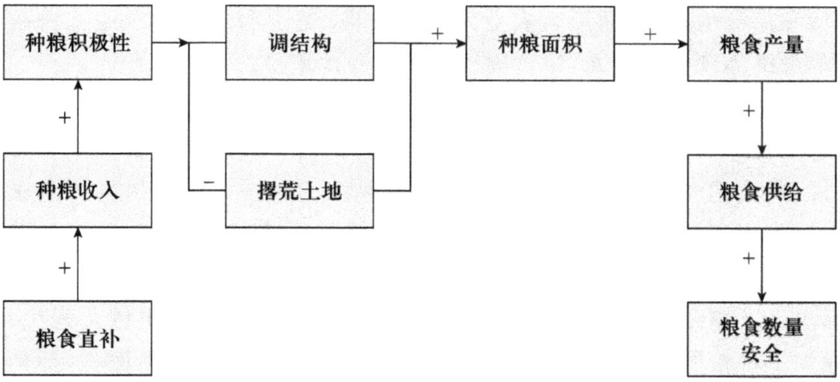

图 6-25 粮食直补政策对保证国家粮食数量安全的作用路径

其目的在于兼顾种粮农民收入的同时，稳定粮食面积，保证粮食供给，实现供需平衡。前面分析的不论是农机购置补贴、良种补贴、农资综合补贴还是粮食直补，其实施都能起到一个共同作用，即增加粮食产量；而在一个完全竞争的市场上，产量增加，粮食的供给曲线右移，粮食市场的均衡价格必将下降，往往这时农民种粮收入不增反降，出现“谷贱伤农”的不利现象。这种情况的出现必将大大削减农民的种粮积极性，导致来年粮食产量减少，粮食供应减少，从而影响到粮食数量安全。而最低收购价政策作为一项间接补贴政策，每年最低收购价预案是在粮食播种季节前出台，因此农民在每年种粮之前就会知道当年粮食最低的销售价格，知道种粮能够保障得到一个托底收入，农民种粮心里有底，种粮积极性就不会削减。最低收购价政策在对农民进行补贴时是与农民出售粮食量挂钩的，所以会诱致农户调整家庭内部的种植业结构，重新种植撂荒土地，从而达到鼓励农户稳定粮食种植面积、保障市场供给的政策目标(图 6-26)。

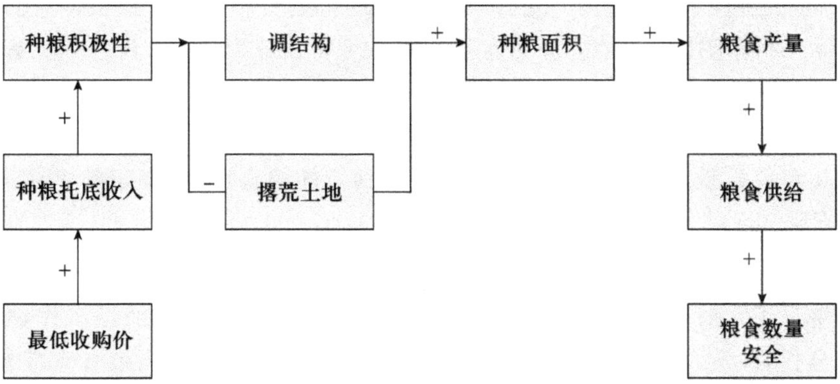

图 6-26 最低收购价政策对保证国家粮食数量安全的作用路径

6.4.2.2 主要农业支持政策对粮食产量的作用机理

根据新古典经济学的理论分析，粮食产量主要取决于劳动、资本、土地、技术等要素的综合作用。其中，土地由于本身的特质以及政策环境使得其总量难以根据政策变化有明显的变化；技术进步对粮食增产有重要影响，但技术进步的周期较长，且进步常常隐含在地膜、农药、种子以及农机具的使用等方面。而新近的农业发展理论认为，农业发展主要取决于提高土地和劳动力的生产效率所做的政策安排。政策本身不能增加农业资源，但可以改变农业生产要素配置的环境和市场价格,从而影响农业发展的方向、速度和效率。农业支持政策对增加粮食产量的影响最终体现在两方面:粮食种植面积和土地单位产量。

农资综合补贴实施的目的是弥补粮食市场价格的波动及粮食生产资料价格上涨造成的对粮食生产的不良影响,补贴金额与种粮面积挂钩;粮食直补的实施也是同粮食种植面积挂钩。也就是说,种粮越多,得到这两种补贴的金额越多。这两种补贴提高了农民的种粮积极性,这样使农民重新开拓撂荒土和减少非粮作物种植面积,转而专心种粮,进一步扩大种粮面积,促使粮食产量增加,粮食供给增加,从而达到保障粮食数量安全的目的。同时,辅以农机具购置补贴,提高了粮食生产产前、产中、产后各环节的装备水平和机械化程度,提高了农业生产效率,缩短了种粮周期,提高了种粮复种指数,进一步扩大了种粮面积,促使粮食产量增加,农业机械化水平提高在一定程度上推进了农业规模化生产,土地产出率提高;另外,农业机械化水平的提高,能够减少农业生产过程中的非正常损失,相当于提高了粮食产量。而良种补贴在此基础上提高了粮食的品质和单产水平,更加会使粮食产量增加。最低收购价政策实施与产量挂钩,所以在一定程度上能够激发农民种粮积极性,扩大种粮面积;同时最低收购价作为农民心中的托底价格,可保证农民种粮得到预期收入,从而安心种粮,提高产量。5种补贴相互协调发挥作用,保质保量保价格,共同达到保障粮食安全的目的。

此外,其他支农政策也对粮食增产有积极作用。①扶持专业大户、家庭农场和农民合作社等新型农业经营主体的政策。2013年,中央一号文件着力培育新型农业经营主体。为落实中央一号文件精神,国家加大对专业大户、家庭农场和农民合作社等新型农业经营主体的支持力度,实行新增补贴向专业大户、家庭农场和农民合作社倾斜等政策;在继续稳定粮价、强化补贴保护农民种粮积极性的同时,加快土地流转,克服农业劳动力不足带来的耕地撂荒,稳定粮食面积;鼓励种养大户、龙头企业等实施土地流转,推动土地的适度规模经营。②农业技术对粮食增产也起到作用。近年来农业关键技术推广应用力度加大,如测土配方施肥、节水灌溉、病虫害专业化统防统治、玉米地膜覆盖等新栽培技术、新农艺应用范围扩大,农业科技应用水平得到进一步提高的同时,精确了生产要素投入,优化了种植模式,缩短了种植周期,提高了种植效率,土地单产得到提高。

总之,农业支持政策的实施增大了农业的退出成本,引导农户增加粮食种植面积,同时诱导农民增加生产要素投入,提高粮食单产,从而达到增加粮食产量、稳定粮食供给、保障粮食安全的目的(图6-27)。

1. 粮食补贴政策对农户种植土地投入决策的影响

利用经济学工具对进行补贴的粮食作物种植面积和不进行补贴的经济作物种植面积变化特定进行分析,涉及农业支持政策包括粮食最低收购价、良种补贴、粮食直接补贴、农资综合补贴,理性农民在权衡收益后会有选择的种植,从而对农业产业结构进行调整。下面先分别以价格补贴(粮食最低收购价)和收入补贴(粮食直接补贴和农资综合直接补贴)为例进行分析,再对之前两种补贴综合来分析总的农业支持政策是如何对粮食作物种植面积进行影响的。

在分析之前,需做如下假设:①农民是生产行为的主体,具备理性经济人的特征,他们在有限的耕地条件约束下追求收益最大化;②该农民只种植粮食作物和经济作物两类作物,且农民的决策不受其家庭粮食消费的刚性约束,在土地资源配置上粮食作物与经济作物具有替代性;③农民大部分产出用于市场出售,市场价格是外生变量,分散的农户只能是价格的接受者;④农户对种植结构的调整不存在进入或退出障碍;⑤政府对粮食作物有补贴(粮食最低收购

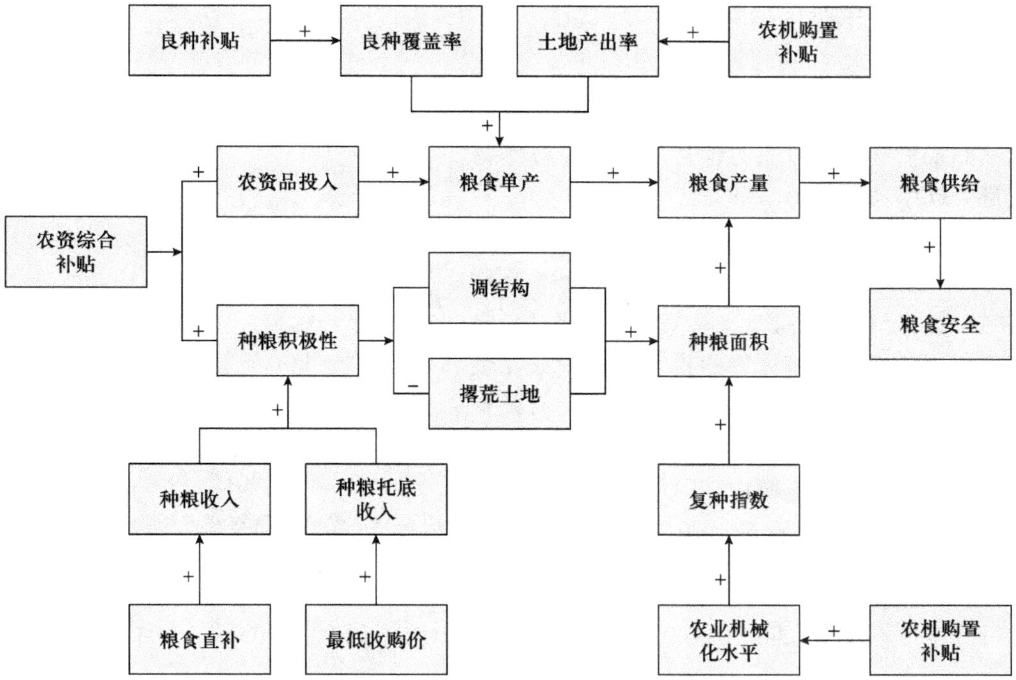

图 6-27 主要农业支持政策对保证国家粮食安全的作用路径

价、良种补贴、粮食直接补贴、农资综合补贴)，对经济作物没有补贴。在讨论收入补贴和农业补贴对粮食种植面积的影响时，还假设粮食补贴与种植面积有关，可看作是种植面积的函数。

(1)价格补贴对粮食种植面积的影响　在以上假设的基础上，设粮食作物产量为 Q_g，市场价格为 P_g；经济作物产量为 Q_e，市场价格为 P_e，所以在种植成本(C)固定的情况下，这两种作物的产量函数表示如下：

$$R_p = Q_g P_g + Q_e P_e - C \qquad \text{公式(6-30)}$$

由于农民理性，追求个人利润最大化，对 Q_g 求导，则需满足的一阶条件为：

$$P_g + P_e \frac{\alpha Q_e}{Q_g} = 0 \qquad \text{公式(6-31)}$$

整理可得：

$$\frac{\alpha Q_e}{Q_g} = -\frac{P_g}{P_e} \qquad \text{公式(6-32)}$$

满足公式(6-32)，农民达到没有实行粮食最低收购价前的收益最大化。式中的 $-\frac{P_g}{P_e}$ 即为与生产可能性曲线相切的切线 A_1B_1 的斜率，切点为 E_1，这两种作物的边际替代率与其边际转换率相等，此时粮食作物和经济作物的产量分别为(Q_{g1}，Q_{e1})。当政府对粮食作物执行最低收购价时，粮食作物的价格高于市场价格，设此时政府实行价格补贴后粮食作物最低收购价格为 P_{g1}，则有 $P_{g1} > P_g$。农民为追求自身利润最大化，还需满足下式：

$$\frac{\alpha Q_e}{Q_g}=-\frac{P_{g1}}{P_e}$$ 公式(6-33)

显然，此时的切线为 A_2B_2 更加陡峭，与生产可能性曲线切于 E_2，对应的粮食作物和经济作物的产量为(Q_{g2}，Q_{e2})(图 6-28)。

比较 E_1，E_2 两点可知，$Q_{e1}>Q_{e2}$，$Q_{g1}<Q_{g2}$，即政府对粮食作物启动最低收购价的价格补贴后，在投入一定的情况下，为取得利润最大化，农民将部分用于生产经济作物的投入转而投放在粮食作物生产上，使得粮食作物产量增加，从而调整了粮食作物和经济作物的生产计划，因而价格补贴具有调整结构的实际效应。

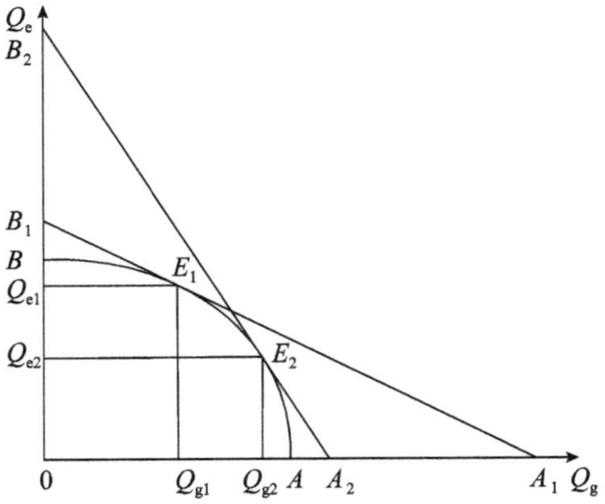

图 6-28　粮食作物与经济作物价格、产量关系

(2)收入补贴对粮食种植面积的影响　在以上前提假设条件下，设立农民从事农业生产的收益目标函数如下：

$$R=[P_gQ_g-(C_1+C_g)L_g+S_gL_g]+[P_eQ_e-(C_1+C_e)L_e]$$ 公式(6-34)

$$L_g+L_e\leqslant L_t$$

其中，P_g 是粮食作物的市场价格，P_e 是经济作物的市场价格，Q_g 是粮食作物产量，Q_e 是经济作物产量，C_1 为单位面积土地成本，C_g 为种植粮食作物单位面积其他要素投入，C_e 为种植经济作物单位面积其他要素投入，L_g 为粮食作物种植面积，L_e 为经济作物种植面积，L_t 为该农民家总的可耕种土地面积，S_g 为单位面积政府补贴。

农民在生产过程中追求收益最大化，所以分别对式(6-34)求导：

$$P_g\frac{\alpha Q_g}{L_g}-C_1-C_g+S_g=0$$ 公式(6-35)

$$P_e\frac{\alpha Q_e}{L_e}-C_1-C_e=0$$ 公式(6-36)

联立上述两等式，得到：

$$P_g\frac{\alpha Q_g}{L_g}-C_g+S_g=P_e\frac{\alpha Q_e}{L_e}-C_e$$ 公式(6-37)

式(6-37)中，$P_g\frac{\alpha Q_g}{L_g}$ 是粮食作物土地边际产品的价值，$P_e\frac{\alpha Q_e}{L_e}$ 是经济作物土地边际产品的价值，那么 $P_g\frac{\alpha Q_g}{L_g}-C_g$ 可表示为粮食作物的边际净收益，$P_e\frac{\alpha Q_e}{L_e}-C_e$ 为经济作物的边际净收益。根据边际收益递减的规律，并结合公式(6-37)，当农民种植收益达到最大化的均衡条件时，应该是粮食作物种植面积大于经济作物种植面积。所以，粮食补贴政策能在一定程度上激励农民增加粮食种植面积，在一定程度上影响农民种植生产结构(施瑾，2013)。

2. 粮食补贴政策对粮食安全影响的实证研究

(1)变量与样本选择　根据上述分析，直接将粮食产量作为被解释变量，用来代表粮食安全。由于这里主要是考察粮食补贴政策对粮食产量的影响，所以在考察粮食的主要影响因素（如粮食播种面积）的基础上，还要分别考察现行的粮食补贴政策对粮食产量的作用效果。因此，选择粮食综合补贴总额、粮食播种面积作为解释变量。

我国现行粮食补贴政策从 2004 年开始全面执行，同时由于统计数据的复杂性，研究期间只能收集到 21 个省份 2008—2014 年的相关数据（2015 年国家将粮食直补、农资综合补贴、良种补贴合并为农业支持保护补贴），这给模型的构建带来了一定的困难。因此，本节决定采取平行数据（panel data）。平行数据是指在时间序列上取多个截面，在这些截面上同时选取样本观测值所构成的样本数据。平行数据计量经济学是近年来计量经济学理论方法的重要发展之一，具有很好的应用价值。

典型的平行数据是横截面较多而时期较少的数据，因此研究选取 2008—2014 年作为时间序列，截面数据为 21 个省份，包括吉林、黑龙江、内蒙古、辽宁、河北、山东、河南、四川、江苏、江西、安徽、湖北和湖南等，这样就得到了 147 个样本数据，从而解决了样本数据不足的问题。

（2）模型构建　由于此处采取的是平行数据（21 个省份 2008—2014 年的数据），所以采取的是平行数据模型里的固定系数变截距模型，表示为：

$$y_{it} = \alpha_i + \beta x_{it} + u_{it} \quad \text{公式(6-38)}$$

$$(i = 1, 2\cdots, 21; t = 2008, 2009, 2010, 2011, 2012, 2013, 2014)$$

由于有 2 个解释变量，因此其中 $x_{it} = (x_1, x_2)$ 为 1×2 向量，x_1 表示粮食综合补贴总额，x_2 表示粮食播种面积；β 为 2×1 向量；α_i 为个体影响，为模型中被忽略的反映个体差异变量的影响；u_{it} 为随机干扰项，为模型中被忽略的随横截面和时间变化因素的影响。

采用 Eviews8.0 计量软件里可行的广义最小二乘估计中的交叉权重系数法来估计模型系数，具体结果如表 6-23 所示。

表 6-23　我国主要农业支持政策对粮食产量影响实证结果

Dependent Variable: TGO; Method: Pooled Least Squares; Sample: 2008 2014 Included observations: 7; Cross-sections included: 21; Total pool (balanced) observations: 147				
Variable	Coefficient	Std. Error	*t*-Statistic	Prob.
C	−509.071 2	630.934 4	−0.806 853	0.421 3
B	16.694 41	2.192 762	7.613 417	0
LI	0.479 323	0.153 591	3.120 775	0.002 2
R-squared: 0.993 194		*F*-statistic: 822.453 8		
Adjusted *R*-squared: 0.991 986				

_HEBEI−−*C*: −346.245 2	_SHANXI−−*C*: −307.168 4	_INNERMONGOLIA−−*C*: −522.229 7
_LIAONING−−*C*: 261.079 1	_HEILONGJIANG−−*C*: −1 358.074	_JIANGSU−−*C*: 454.890 5
_ANHUI−−*C*: −444.428 1	_JIANGXI−−*C*: 233.174 4	_SHANDONG−−*C*: 423.548 4
_HENAN−−*C*: −208.097 2	_HUBEI−−*C*: 264.688 5	_HUNAN−−*C*: 457.849 1
_GUANGDONG−−*C*: 276.085 8	_GUANGXI−−*C*: 73.904 18	_HAINAN−−*C*: 433.029 9
_CHONGQING−−*C*: 270.306 9	_SICHUAN−−*C*: −279.751 3	_SHAANXI−−*C*: −241.972 3
_GANSU−−*C*: −173.084 4	_NINGXIA−−*C*: 364.522 8	_XINJIANG−−*C*: 367.971 4

该模型运行结果表明，估计的回归系数中粮食补贴和粮食播种面积均显著；F 值表明该模型的线性关系非常显著，调整后的 R^2 也能达到 0.992，表明该模型具有非常好的拟合优度。从整体分析结果可知，该模型效果较好。

粮食播种面积对粮食产量起到积极作用且作用显著，是完全符合现实经济意义的。对于粮食播种面积来说，18 亿亩的红线已经是我国耕地面积的最低极限，其中粮食播种面积占到绝大部分，保证我国粮食播种面积才能保障国家粮食安全，因此粮食播种面积显然是粮食产量的决定因素。

虽然粮食安全在粮食补贴政策的目标体系中处于优先地位，但并不能说明粮食补贴对其影响就一定显著。对于粮食补贴变量不显著的原因也较容易理解，政府的粮食补贴额度不大，即粮食补贴力度并未达到足以促进粮食生产的程度。由于我国是农业大国，农业人口占我国人口的多数，粮食补贴分摊到每个农民手中并不多；而且由于各地补贴标准、补贴依据、补贴方式等都有很大差别，所以粮食补贴因素并不能成为影响粮食产量的显著因素。但是从粮食补贴变量较大的系数值可以发现，增加的粮食补贴数额比其他变量起到的作用要大得多，这就给我国政府实行粮食补贴政策提供了实证依据，粮食补贴政策确实可以起到很好地促进粮食生产的作用，也给我国未来的粮食补贴政策指明了方向，即仍需加大补贴力度。

6.5 基于生态效率的农业支持政策作用机理

6.5.1 环境指标变化

多数农业支持政策对生态环境的影响是一个间接的过程。一般农业支持政策先对农业生产、流通等环节产生影响，而生产的改变又将对环境产生影响。农业支持政策带来的环境问题有许多，包括耗水量、生物多样性破坏、水土流失、森林转变等，但因为大部分环境影响存在滞后性且难以度量，因而对农业支持政策环境影响的衡量就成为一个难题。参考国外研究，可以用土地粗放利用、生物多样性变化、农药化肥等化学投入品的用量 3 个方面来衡量环境影响。根据国际经验得知，在发展中国家土地粗放利用并不会对环境构成大的问题，反而在一定程度上对国家粮食安全有好处，而生物多样性变化的数据也难以获取，因此本研究衡量农业支持政策对环境影响所使用的指标是化肥农药等化学投入品使用量。

1. 化肥施用量

大量使用化肥为我国粮食连年增产立下“汗马功劳”，在保障粮食安全方面起到了至关重要的作用，但过度使用化肥的同时又对农业生产环境造成水体富营养化、土壤污染等问题。从表 6-24 和图 6-29 可以看出，我国化肥施用量一直处于增长状态，近十几年我国化肥施用量增加的主要原因是复合肥的施用量增加。我国 2015 年耕地面积为 135 000 千公顷，占世界耕地面积(1 369 110 千公顷)的 9.86%，2015 年我国化肥施用量为 6 022.6 万吨，占到了世界化肥施用量的 35%。2015 年我国单位耕地面积化肥施用量达到 446.12 吨/千公顷，是发达国家设定的防止对水体造成污染的化肥施用量上限(225 吨/千公顷)的 2 倍左右。另外，我国化肥结构不合理，世界的化肥消耗量中，氮磷钾肥的施用比例为 1∶0.59∶0.49，而中国的氮磷钾肥施用比是 1∶0.36∶0.25,明显看出我国磷肥、钾肥施用比例偏低。又由于我国农业生产现代化程度不高,多数农民未能掌握科学的施肥技术,造成我国化肥有效利用率仅为 30%～40%(2015 年我国水稻、玉米、小麦三大粮食作物的化肥利用率为 35.2%,其中氮肥、磷肥和钾肥利用率分别为 33%、24%和 42%),远低于发达国家 60%～70%的利用水平,最终导致 60%～70%的化肥流入生态环境中,造成一系列的环境污染问题。近年来,我国化肥施用量增速有所减缓,得益于近几年开始启动鼓励使用高效缓释肥料政策。

表 6-24 1978—2015 年我国化肥使用情况 万吨

年份	化肥施用量					年份	化肥施用量				
	总计	氮肥	磷肥	钾肥	复合肥		总计	氮肥	磷肥	钾肥	复合肥
1978	884					1997	3 980.7	2 171.7	689.1	322	798.1
1979	1 086.3					1998	4 084	2 233.3	682.5	345.7	822
1980	1 269.4	934.2	273.3	34.6	27.3	1999	4 124.3	2 180.94	697.78	365.64	880.03
1981	1 334.9					2000	4 146.41	2 161.5	690.47	376.5	917.87
1982	1 513.4					2001	4 253.76	2 164.11	705.73	399.57	983.69
1983	1 659.8					2002	4 339.39	2 157.31	712.23	422.37	1 040.35
1984	1 739.8					2003	4 411.6	2 149.89	713.86	438.01	1 109.83
1985	1 775.8	1 204.9	310.9	80.4	179.6	2004	4 636.6	2 221.89	735.96	467.29	1 204
1986	1 930.6	1 312.6	359.8	77.4	180.8	2005	4 766.22	2 229.29	743.84	489.45	1 303.18
1987	1 999.3	1 326.8	371.9	91.9	208.7	2006	4 927.69	2 262.5	769.51	509.75	1 385.85
1988	2 141.5	1 417.1	382.1	101.2	241.2	2007	5 107.83	2 297.21	773.02	533.62	1 502.98
1989	2 357.1	1 536.8	418.9	120.5	280.9	2008	5 239.02	2 302.88	780.08	545.2	1 608.6
1990	2 590.3	1 638.4	462.4	147.9	341.6	2009	5 404.4	2 329.9	797.7	564.3	1 698.7
1991	2 805.1	1 726.1	499.6	173.9	405.5	2010	5 561.68	2 353.68	805.64	586.44	1 798.5
1992	2 930.2	1 756.1	515.7	196	462.4	2011	5 704.24	2 381.42	819.19	605.13	1 895.09
1993	3 151.9	1 835.1	575.1	212.3	529.4	2012	5 838.85	2 399.89	828.57	617.71	1 989.97
1994	3 317.9	1 882	600.7	234.8	600.6	2013	5 911.86	2 394.24	830.61	627.42	2 057.48
1995	3 593.7	2 021.9	632.4	268.5	670.8	2014	5 995.94	2 392.86	845.34	641.94	2 115.81
1996	3 827.9	2 145.3	658.4	289.6	734.7	2015	6 022.6	2 361.57	843.06	642.28	2 175.69

数据来源:根据相关年份《中国统计年鉴》中数据整理而得。

数据说明:历年的中国统计年鉴里没有公开 1978 年,1979 年,1981—1984 年这 6 年的氮磷钾、复合肥的使用数据。

2. 农药施用量

施用农药是防治病虫害的主要措施。我国近几十年里农药的施用量一直呈逐年增长趋势,在 1990 年时我国农药使用量是 73.3 万吨,到 2014 年就增长到 180.69 万吨,其中主要是化学农药,我国使用农药量是世界平均水平的 2.5 倍。农药大多数是以喷雾剂的形式喷洒到农作物上,一般只有三成左右能够直接作用于目标作物,其他七成进入土壤、空气和水域中,且不易降解。残留的农药不仅破坏生态系统,而且还对人的身体健康造成威胁。近年来,我国政府认识到农药残留的危害,出台政策积极推广使用高效低毒农药,对减少使用农药量起到一定作用,从表 6-25 和图 6-30 中可以看出近年来我国农药使用量增速放缓。

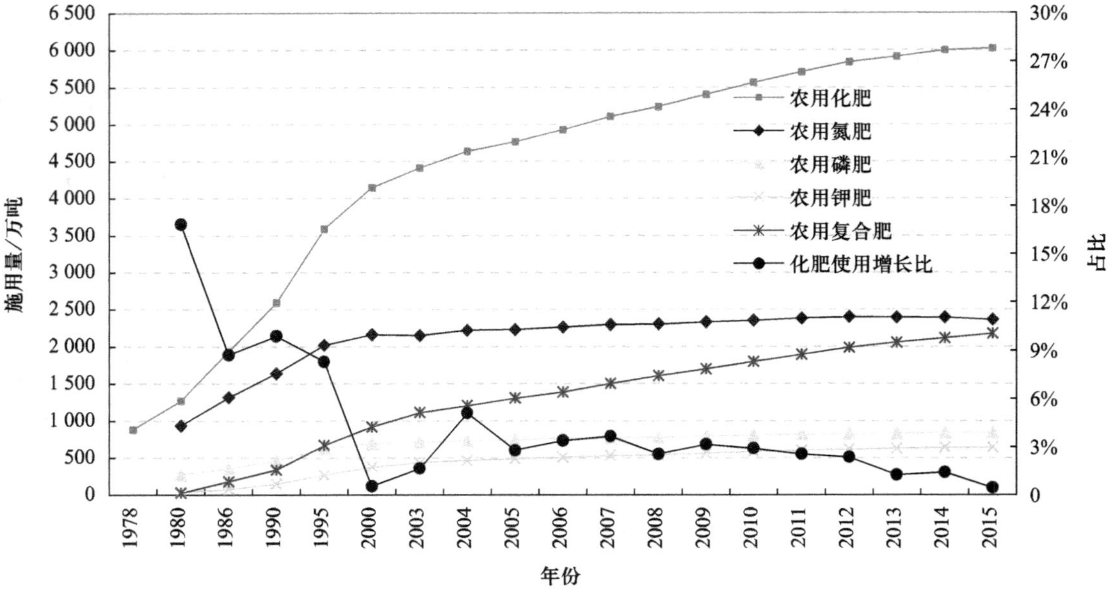

图 6-29　1978—2015 年我国化肥使用情况

表 6-25　1990—2014 年我国农用农药使用情况　　万吨

年份	农药使用量	年份	农药使用量	年份	农药使用量	年份	农药使用量	年份	农药使用量
1990	73.3	1995	108.7	2000	127.95	2005	145.99	2010	175.82
1991	76.53	1996	114.08	2001	127.48	2006	153.71	2011	178.7
1992	79.92	1997	119.55	2002	131.13	2007	162.28	2012	180.61
1993	84.48	1998	123.17	2003	132.52	2008	167.23	2013	180.19
1994	97.86	1999	132.16	2004	138.6	2009	170.9	2014	180.69

数据来源：根据国家统计局中数据整理而得。

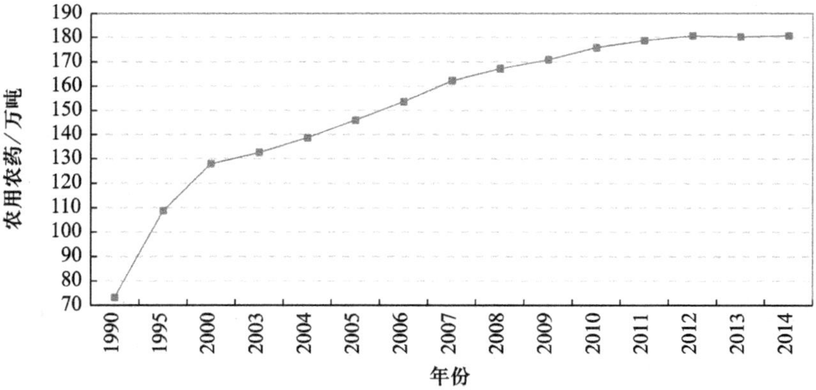

图 6-30　1990—2014 年我国农药使用情况

3. 农膜使用量

一直以来，我国农膜使用量和覆盖面积居世界之首，我国对农膜的使用量也处于快速增长状态。在 1991 年时，我国农膜使用量是 64.21 万吨，到 2014 年就增长到 258.02 万吨，在短短的二十几年里增长了 3 倍多(表 6-26、图 6-31)。目前，我国农膜当季回收率不足 2/3，每年都有大量不易降解的农膜滞留在农田中，造成长期污染。

表 6-26 1991—2014 年我国农用农膜使用情况 吨

年份	农膜使用量	年份	农膜使用量	年份	农膜使用量	年份	农膜使用量	年份	农膜使用量
1991	642 145	1996	1 056 151	2001	1 449 286	2006	1 845 481.83	2011	2 294 535.9
1992	780 611	1997	1 161 532	2002	1 530 756.2	2007	1 937 467.94	2012	2 383 002.28
1993	707 321	1998	1 206 867	2003	1 591 670.34	2008	2 006 924.27	2013	2 493 183
1994	887 064	1999	1 258 674.16	2004	1 679 985.23	2009	2 079 696.65	2014	2 580 211
1995	915 487	2000	1 335 446.33	2005	1 762 325.42	2010	2 172 991.39		

数据来源：根据国家统计局中数据整理而得。

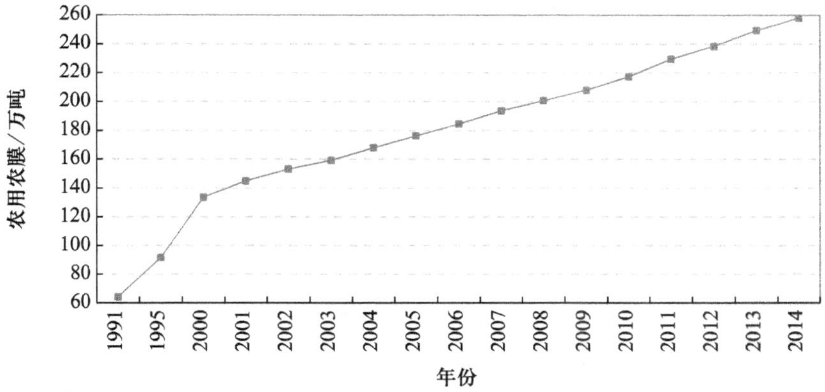

图 6-31 1991—2014 年我国农膜使用情况

4. 柴油使用量

近几十年，特别是自 2004 年农机具购置补贴实施以后，我国农业生产农业机械及装备水平快速提高，而农业机械的使用依赖柴油等化石燃料，所以随之而来的是对柴油需求量的增加。到 2014 年，我国在使用农业机械方面的柴油量达到 2 176.3 万吨(表 6-27、图 6-32)，大量柴油的燃烧产生的气体对气候和环境有不利的影响，同时，在农业机械工作过程中柴油等燃料的滴漏也会对农田造成污染。

表 6-27 1993—2014 年我国农用柴油使用情况 万吨

年份	柴油使用量	年份	柴油使用量	年份	柴油使用量	年份	柴油使用量	年份	柴油使用量
1993	938.3	1998	1 314.74	2003	1 574.63	2008	1 887.85	2013	2 154.9
1994	966.6	1999	1 354.34	2004	1 819.47	2009	1 959.89	2014	2 176.3
1995	1 087.8	2000	1 405	2005	1 902.66	2010	2 023.12		
1996	1 076.1	2001	1 485.25	2006	1 922.78	2011	2 057.44		
1997	1 229.5	2002	1 507.47	2007	2 020.81	2012	2 107.65		

数据来源：根据国家统计局中数据整理而得。

6.5.2 农业支持政策对生态环境的作用机理

我国农业支持政策对生态环境有正的影响，也有负的影响。①农资综合补贴政策的实施刺激农民在农业生产环节增加化肥、农药、柴油等农资品的投入，在一定程度上促进了粮食增产，农民增收。粮食增产有一部分来自新增的粮食种植面积，但多数是来自化肥和农药的使用。但目前我国单位面积化肥施用量(446.12 吨/千公顷)严重超过发达国家设定的单位面积化肥施用量(225 吨/千公顷)的上限，并且我国化肥的利用率(30%～40%)也远低于发达国家

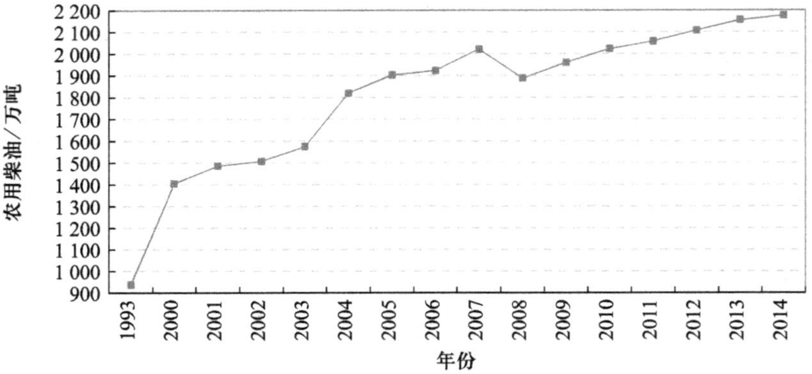

图 6-32　1978—2014 年我国柴油使用情况

(60%～70%),可见我国化肥存在严重过量使用的现象,并且化肥施用量还在逐年增加。大量的化肥流入水土中,造成水体富营养化,土壤生物活性降低,养分流失。此外,我国化肥施用以氮肥为主,磷钾肥较少,化肥结构不合理造成土壤营养失调。化肥过量使用造成目前粮食增产严重依赖化肥,并出现地越种越"瘦"、越种越"饿"的现象。近年来,我国也出台了一些配套措施来改善化肥过量使用这一状况,比如测土配方施肥补助政策的实施,就是帮助农民科学精确施肥,达到提高肥料利用率和减少用量的目的;高效缓释肥补助政策,也是为了提高肥料利用率,减少肥料用量而出台的;实施培肥地力的补贴政策,用来改良土壤,促进肥料转化利用,提升土地质量;实施绿肥种植补贴政策,同样为了增强土壤肥力,提升土地质量;秸秆还田补贴政策既可以增加土壤有机质,改善土壤结构,减少化肥施用量,又可以杜绝秸秆焚烧所带来的大气污染。②我国的粮食直补和最低收购价政策的实施是与种粮面积挂钩的,于是促使农民为拿到补贴长年种植单一品种粮食作物,这种连作方式容易造成土壤感染病虫害,而轮作是抵御病虫害的自然方法,因此,粮食直补和最低收购价政策的实施在一定程度上意味着鼓励农民用化学农药去替代自然的防治病虫害方法,间接使得农药使用量增加。目前,我国农药使用量远高于世界平均水平,且农药使用量还在逐年增加,但农药只有三成左右作用于目标作物,大多喷洒的农药残留在空气、水土中,造成环境污染。我国目前也有一些政策来缓解农药使用过量这一现象,如早在 2002 年开始实施的良种补贴,对于减少农药使用有一些间接的效果,因为选育出来推广种植的良种品种本身带有抗病性,能够减少农药的使用;为鼓励使用高效低毒农药而实施的低毒生物农药补贴;出台农作物病虫害专业化统防统治政策来提升农作物病虫害防控能力,减少农药使用。③农机具购置补贴的实施提高了农业机械及装备水平,但随之而来的对机械燃料的需求增加,而燃料的燃烧会产生大量对大气环境不利的气体,并且农业机械在生产过程中容易出现漏油的情况,造成农田污染。同时,农业机械也会对生态环境产生正面的影响:各种秸秆还田机械的出现,加大了秸秆还田力度,既减少秸秆焚烧带来污染,又增强了土壤肥力,减少化肥的使用;农业机械有助于实施化肥深施技术,因而有助于提高化肥利用率,减少化肥施用量;利用农业机械有助于实现农药高度雾化,雾化程度越高,病虫害防治效果越好,农药利用效率越高,农药使用量越少;农业机械的使用还有助于实现深耕,改善土壤节结构,提高土壤的有效肥力。④此外,农资综合补贴以及地膜覆盖补助的实施促进了农民使用农膜。农膜的使用能够提高土壤温度,减少土壤水分蒸发,利于作物生长,但目前我国使用的农膜除部分可降解外,大部分农膜以回收为主,并且回收率不到 2/3,导致每年大量废弃农膜残留在农田中,长期无法降解,破坏土壤结构,对环境造成严重污染(图 6-33)。

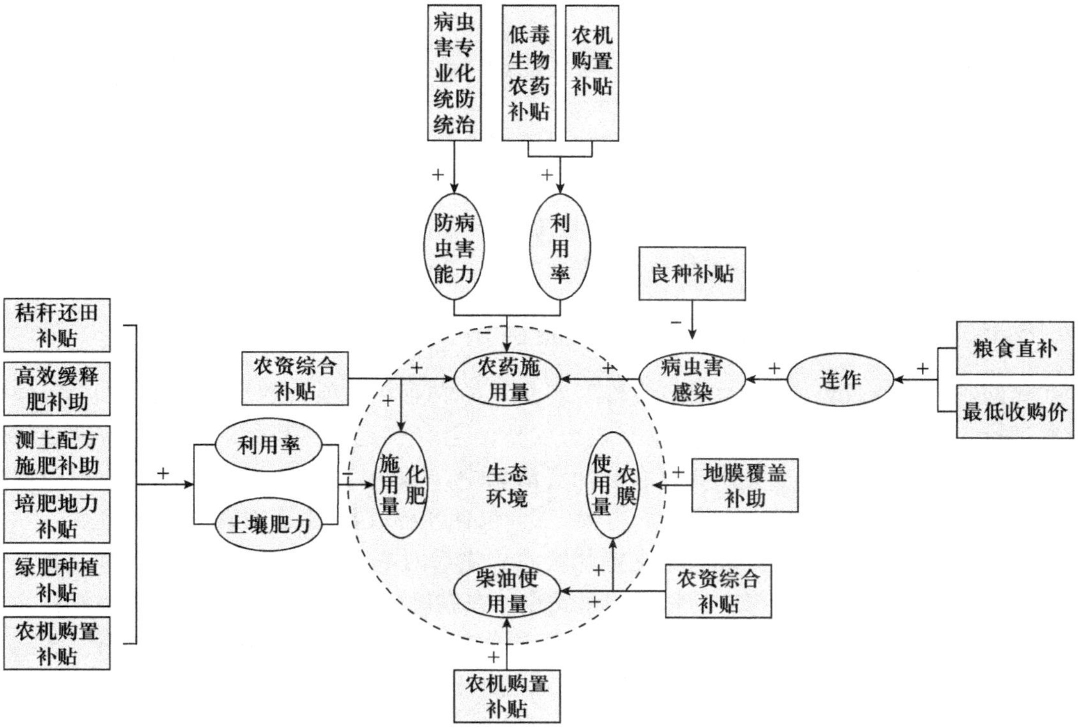

图 6-33　我国农业支持政策对生态环境指标的作用路径

政策的出台都是带有目的性的。我国目前主要的农业支持政策都是围绕农民增收、粮食增产这两个目标实施的，这些政策的实施也确实在很大程度上实现了增产、增收，但这些政策的实施忽视了对生态环境的影响。正如前面的分析可知，农资综合补贴的实施刺激农民更多地购买农资品，更多地投入生产要素到生产环节，粮食产量相应增加，但也带来了诸如化肥过量、农药滥用、农膜大量残留等环境问题；粮食直补和最低收购价这类与种粮面积挂钩的政策间接导致粮食作物连作严重，病虫害频发，农药使用量加大；农机购置补贴所带来的以柴油为首的化石燃料使用量增加，导致大气污染、农田污染等问题。

近年来，我国农业支持政策所引起的环境问题已经凸显出来，逐渐得到国家重视。国家探索出台了测土配方施肥补助、秸秆还田补贴、高效缓释肥等减少化学肥料使用的政策，低毒生物农药补贴、病虫害专业化统防统治等减少化学农药使用的政策，这些政策在一定程度上减少了化肥、农药的使用量。我国目前主要农业支持政策（农资综合补贴、粮食直补、农机具购置补贴、最低收购价政策、良种补贴）的实施虽然带来了一些生态环境问题，但我国近年来能够实现粮食增产、农民增收离不开这些政策的实施，所以，这些政策不可能因为实施引起的环境问题而直接废止，但我们可以改进这些政策，使这些改进的政策在实现农民增产增收的同时，兼顾生态环境保护。比如，农资综合补贴向环境友好型农资品倾斜，也就是将生态农药、生态化肥、生态农膜等环境友好的农资品纳入农资综合补贴范围，并提高这类农资品的补贴标准；农机具购置补贴向新能源农机倾斜；粮食直补和最低收购价这类与面积挂钩的政策改为与粮食质量挂钩，制定粮食质量标准，农民种植的粮食只有达到一定标准才能享受补贴，这样不仅有利于农业生态环境，还能提高我国粮食国际竞争力。

6.6 基于综合效率的我国农业支持政策效益评价

从宏观上看，我国农业支持政策的实施对于农业生产过程中涉及的经济效益、社会发展以及生态环境均有一定的作用。本节根据本章前面部分对于农业支持政策对各个方面的作用机理分析，结合《中国统计年鉴》《中国农村统计年鉴》等专业性数据统计指标的设定，设计出一套农业支持政策效益评价指标体系，并对 2005—2012 年的数据进行实证分析。

6.6.1 我国农业支持政策效益评价内容

我国农业支持政策的实施，最终要落实到具体的农业相关项目的生产和建设上来，体现为通过投入一定的活劳动和物化劳动来进行农业的生产和建设。其所产生的效益就是财政农业支出效益，是在农业投资领域和农业投资活动中，政府财政农业支出与其创造的产出的比较。农业支持政策效益的形式多样，内容广泛，包含经济效益、生态效益和社会效益。

(1)经济效益　经济效益指农业支持政策实施之后对农业、农民经济收益方面提高的帮助，是衡量农业支持政策最根本的目标和出发点。在农民收入方面，粮食直补、新型农村合作医疗和农村养老保险等政策直接对农民产生了增收减支的作用(王亚芬,2017)。通过实施市场价格支持等政策维护了农户从事农业生产的基本收益，同时通过采取良种补贴、农资综合补贴以及农机购置补贴等方式降低了农业生产成本，有效地提升了农户的农业生产收入，进一步鼓励农户进行规模化的农业生产行为，促进我国农业正向发展。加之机械化水平的推进，使得农业生产效率有效提升，促使农村剩余劳动力转移，增加了农民的工资性收入以及整体收入(吕炜等,2015)。

(2)社会效益　社会效益指通过农业支持政策的实施对国家(政府)各项社会发展目标所做出的贡献与影响，是农业支持政策实施的重要评价环节。农业支持政策通过保障农民收益，加之实施一般性服务支持政策(如农业基础设施建设、农村教育、农村医疗等)改善了农村生产、生活条件，使得农民的农业生产效率和生活水平有所提升。同时，农业支持政策实施带动的农村剩余劳动力转移将有助于解决城乡收入差距问题。另外，在我国普遍实行按承包土地面积直接发放补贴资金的模式下，补贴政策主要通过收入效应影响粮食生产，刺激土地、化肥、农药等投入要素的使用，通过影响粮食作物播种面积和单产水平来提升粮食产量，一定程度上保障了我国粮食安全(钱加荣和赵芝俊,2015)。

(3)生态效益　生态效益指农业支持政策实施过程中对生态环境的考虑，生态有时会对农业产生限制，并成为其制约因素。以农业补贴为代表的农业支持政策作为国家激励和引导农户选择亲环境农业生产经营方式的主要措施之一，与农业生态环境保护具有一致性；但从具体实施情况来看，又与农业生态环境保护存在一定程度的矛盾(熊冬洋,2012)。一方面，农业支持政策通过将农业补贴向适度规模经营的家庭农场、合作社等新型经营主体适度倾斜、引导土地流转等方法，促进农业生产方式转变，推动实现农业适度规模经营，提升资源利用效率，加之农业生产技术的推广应用，如节水灌溉技术等有效提升了资源配置效率以及采取的一系列直接投资，对于农业生态环境的改善起到了很大的促进作用。另一方面，诸如农资综合补贴等农业支持政策的实施，一定程度上鼓励了农户加大化肥、农药等化学投入品的使用，加之存在部分农户为拥有补贴面积而低效率使用耕地，对农业生态环境也产生一定的负面影响(李繁荣和刘淑清,2014)。

综上所述,农业支持政策对于我国经济、社会以及生态环境均产生了一定的作用效益,这些作用效益相互影响,相互制约,其作用内部机制机理较为复杂。因此,本研究从其最终作用效果着手,结合其设计目标对我国农业支持政策作用效益进行评价。

6.6.2 我国农业支持政策效益评价指标体系的构建

指标体系是评价农业生产效益的基础和依据。农业支持政策的作用体系作为一项复杂的系统工程,其效益评价应结合其高效、产品安全、资源节约以及环境友好等发展目标,从经济、社会以及生态等各个方面综合考虑。因此,本研究建立了包含经济、社会以及生态三方面的指标体系,来完善我国农业支持政策效益评价指标体系的综合性。

1. 评价指标选取原则

为更全面、更有效地评价农业支持政策实施的综合效益,同时使评价的结果更可信、更科学,就要做好各评价指标的选取工作。只有指标的选取环节被保证有效,才能确保所建立的指标评价体系是系统而准确的。

(1)客观性原则　指标必须客观存在,符合我国农业支持政策实施的实际情况。

(2)系统性原则　指标体系作为一个统一整体,应能全面、综合性地反映和评价农业支持政策效益的主要特征和状况。

(3)层次性原则　指标体系应根据评价对象和内容分出层次,并在此基础上将指标体系分类,以使指标结构清晰、便于应用。

(4)代表性原则　指标选取的数量应核实,在全面系统的设置指标的前提下,根据研究需要能够有针对性地选择代表性强的指标;指标之间应尽量不相互重叠,不存在运算或因果关系。

(5)可量化原则　指标可以用数量表达,每一项具体数值同反映的效益内容相一致。

(6)可操作性原则　首先,指标的数据必须具有易获得、计算方法易操作的特性;其次,在获取数据的过程中应保证数据的准确以及标准的统一,这样才能够保证指标之间比较的合理性。

2. 指标的选取与定义

由于指标数据采集的限制,同时参考《中国统计年鉴》以及《中国农村统计年鉴》中指标的设置,初步选取我国农业支持政策效益评价指标共 18 项。其中,经济效益共有 3 类指标项,分别代表了我国农业支持政策对于农业生产投入产出率、农民收益以及农业发展的作用;社会效益的指标共 4 类,分别代表了我国农业支持政策的实施对于农村劳动转移、农民生活的提高、农业生产效率以及粮食安全的作用;生态效益共有 2 类指标项,分别代表了我国农业支持政策的实施对于资源利用效率的提升以及环境污染的作用效果(表 6-28)。

表 6-28　效益评价指标的选取

一级指标	二级指标	三级指标	说明
经济效益	投入产出率	每亩粮食净利润	衡量农民从事农业生产活动成果指标
	农民收益	农村居民人均第一产业净收入	反映粮食生产成本收益
	农业发展	第一产业增加值	反映农业发展的现状

续表 6-28

一级指标	二级指标	三级指标	说明
社会效益	劳动力转移	农村农业劳动力比例	农村从事农业劳动的劳动力占总劳动力的比重，间接反映农业经营规模
	农民生活	农村贫困人口比例	反映农民的生活水平
		农村居民恩格尔系数	反映农民生活水平的重要指标
	农业生产	农业机械总动力	反映农业机械化生产水平
		劳均粮食产量	劳均粮食产量＝粮食总产量/第一产业劳动力，反映农业生产效率
		农村居民家庭经营耕地面积	反映目前农业生产的规模程度
	粮食安全	粮食产量	衡量我国粮食自给效率
生态效益	资源利用	耕地复种指数	耕地复种指数＝播种面积/耕地面积，反映资源开发程度与集中利用水平
		粮食单位面积产量	衡量农业土地的生产能力，是农业可持续发展的重要依据
		农业用水总量	反映我国农业生产对水资源的消耗
		节水灌溉面积	反映对水资源的利用效率
	环境污染	单位面积农药施用量	表征农田土壤、水质受污染程度
		单位面积农用塑料薄膜使用量	表征农田土壤、水质受污染程度
		单位面积化肥施用量	表征农业生产对土壤质量影响状况

6.6.3 我国农业支持政策效益评价

由于AHP方法具有将复杂问题的判断、决策过程加以系统化、数量化的特点，所以本研究结合AHP方法与专家评判方法对评价指标权重进行确定，从而保障了赋权的主观与客观性。同时，本研究进一步采用线性加权求和方式，设计出了我国农业支持政策综合效益进行评价的方法，对于反映我国农业支持政策效益具有一定的意义。

1. 指标数据的标准化处理

由于各个具体指标值的来源以及算法不同，所以必须对所有源数据进行标准化处理，以得到标准的数据。本研究采用初值化指数法（刘袁瑶，2015），最大限度地保留原始数据的信息量。其指标转化方式分为两种，分别为正向型指标和负向型指标。其中正向型指标是指其数值的大小与效益评价目标方向相同，其值越大，效益越高；而负向型指标相反，其值越大，效益越低。在评价指标体系中，负向型指标主要有农村贫困人口比例、农村居民恩格尔系数、农业用水总量、单位面积农药施用量、单位面积农用塑料薄膜使用量以及单位面积化肥施用量，其余指标均为正向型。

指标数据的无量纲标准化处理公式如下：

$$C' = \begin{cases} C_{ijk}/C_{ij0}\text{（正向型）} \\ C_{ij0}/C_{ijk}\text{（负向型）} \end{cases} \qquad \text{公式(6-39)}$$

式(6-39)中，C' 为经过标准化处理后的数据，C_{ij0} 为评价基年的指标值，C_{ijk} 为评价年的指标值。本研究以2005年为评价基年，得出各项指标的评定系数如表6-29所示。

表 6-29 2005—2012 年我国农业生产效益各指标标准化数据

指标	2005 年	2006 年	2007 年	2008 年	2009 年	2010 年	2011 年	2012 年
C_1	1	1.264 2	1.510 7	1.520 6	1.569 2	1.853 2	2.045 7	1.373 8
C_2	1	1.035 2	1.187 5	1.324 1	1.352 9	1.518 1	1.714 7	1.852 3
C_3	1	1.072 3	1.276 9	1.503 2	1.571 2	1.807 9	2.118	2.336
C_4	1	0.973 7	0.958 5	0.953	0.940 5	0.932 2	0.908 7	0.900 4
C_5	1	0.882 4	0.676 5	0.617 6	0.558 8	2.529 4	1.867 6	1.500 0
C_6	1	0.945 1	0.947 3	0.960 4	0.901 1	0.903 3	0.887 9	0.863 7
C_7	1	1.060 3	1.119 8	1.201 7	1.279 2	1.356 5	1.428 9	1.499 4
C_8	1	1.049 4	1.081 2	1.160 7	1.177 2	1.226 5	1.298 5	1.356 5
C_9	1	1.014 4	1.038 5	1.048 1	1.086 5	1.096 2	1.105 8	1.125
C_{10}	1	1.029	1.036 3	1.092 3	1.096 7	1.129	1.180 1	1.218 1
C_{11}	1	0.984 3	0.992 1	1.007 9	1.023 6	1.031 5	1.042 3	0.952
C_{12}	1	1.022 3	1.023	1.066 6	1.049 3	1.071 5	1.112 9	1.142 2
C_{13}	1	0.977	0.994 6	0.977 3	0.961 6	0.970 4	0.956 3	0.922 6
C_{14}	1	1.051	1.101	1.145	1.207	1.280 1	1.367 5	1.463
C_{15}	1	1.055 5	1.114 8	1.148 9	1.171 6	1.202 6	1.219	1.117 5
C_{16}	1	0.952 6	0.907 1	0.875 3	0.846 4	0.812	0.771	0.818 6
C_{17}	1	0.964 8	0.930 5	0.879 3	0.856 3	0.858 2	0.839	0.903 7

2. 指标权重的确定

(1)构建判断矩阵 判断矩阵是对各层因素对上一层因素的相对重要性进行比较,其元素值来源于相关资料、相关专家以及分析者的认知。矩阵中的各个元素值量化为 1～9 及其倒数,其数值表示的是对于上一层指标,前者比后者的影响程度。判断矩阵中数值表达的含义如表 6-30 所示,其中当数值为其倒数时,则表示后一指标相对前一指标更为重要。

表 6-30 相对重要性标度

两因素相对重要程度	极度重要	重要的多	明显重要	稍显重要	等同重要
标定值	9	7	5	3	1

(2)层次排序 采用特征根法计算底层因素之间对于上层因素的相对权重(重要性),公式为:

$$W_i = \frac{W_i}{\sum_{i=1}^{n} W_i} = \frac{\sqrt[m]{m_i}}{\sum_{i=1}^{n} \sqrt[m]{m_i}} = \frac{\sqrt[m]{\prod_{i=1}^{m} b_{ij}}}{\sum_{i=1}^{n} \sqrt[m]{\prod_{i=1}^{m} b_{ij}}} (i=1,2,3,\cdots,m; j=1,2,3,\cdots,n)$$

公式(6-40)

某一层次中因素对于最高目标层的相对重要性排序,按照由上而下的逐层计算的方式可以获取每一层次的指标对最高目标层的相对重要性。因此可以综合指标权重向量为:

$$w_i^n = \sum_{j=1}^{m} w_{ij}^n w_j^{n-1} \quad (i=1,2,\cdots,n)$$ 公式(6-41)

(3)一致性检验　由于判断矩阵中相互重要性的判断会根据人的认识判别以及对客观复杂事物认识程度的不同而产生差异性，为保证判断的完全一致性，需要对每层排序结果采用一致性比率(*CR*)进行衡量的一致性检验。若 $CR<0.1$ 时，则认为判断矩阵满足一致性要求；反之则不满足，需要进一步对判断矩阵进行修正，需要专家重新修正并打分。

$$CR=\frac{CI}{RI}=\frac{\frac{\lambda_{\max}-n}{n-1}}{RI} \quad 公式(6\text{-}42)$$

式(6-42)中，$\lambda_{\max}$ 为判断矩阵 $\mathbf{A}$ 的最大特征根；n 为比较判断矩阵的阶数；RI 为平均随机一致性指标，其数值在平均随机一致性指数表(表 6-31)中查得。

表 6-31　随机一致性指标

矩阵阶数	1	2	3	4	5	6	7	8	9	10
RI	0	0	0.58	0.90	1.12	1.24	1.32	1.41	1.45	1.49

层次总排序的结果也需要进行一致性检验，验证最底层指标对于最顶层权重是否科学合理。总排序的一致性比率为：

$$CR=\frac{\sum_{j=1}^{m}CI_j a_j}{\sum_{j=1}^{m}RI_j a_j} \quad 公式(6\text{-}43)$$

当 $CR<0.1$ 时，认为层次总排序通过一致性检验。

3. 指标权重确定结果

根据 AHP 方法以及专家打分方法得出以下结果(表 6-32)。结果表明，在经济步入新常态的情况下，我国农业支持政策的支持目标由直接支持农业生产向农业生产与农业可持续发展并重转变，因此将经济、社会与生态效益权重设为等值。由于生态效益的累积性，所以应加大生态方面的支持力度，促使其发展效益与农业生产相当。

表 6-32　我国农业生产效益最终指标权重

一级指标		二级指标		三级指标		组合权重	排序
因素 A_i	权重	因素 B_{ij}	权重	因素 C_{ijk}	权重		
经济效益	0.333 3	投入产出率	0.637	每亩粮食净利润	0.637	0.212 3	1
		农民收益	0.258 3	农村居民人均一产净收入	0.258 3	0.086 1	4
		农业发展	0.104 7	第一产业增加值	0.104 7	0.034 9	9
社会效益	0.333 3	劳动力转移	0.470 7	农村农业劳动力比例	0.470 7	0.156 9	2
		农民生活	0.152 8	农村贫困人口比例	0.75	0.038 2	8
				农村居民恩格尔系数	0.25	0.012 7	14
		农业生产	0.300 8	农业机械总动力	0.163 4	0.016 4	13
				劳均粮食产量	0.297	0.029 8	10
				农村居民家庭经营耕地面积	0.539 6	0.054 1	7
		粮食安全	0.075 6	粮食产量	0.075 6	0.025 2	11

续表 6-32

一级指标		二级指标		三级指标		组合权重	排序
因素 A_i	权重	因素 B_{ij}	权重	因素 C_{ijk}	权重		
生态效益	0.333 3	资源利用	0.333 3	耕地复种指数	0.092 1	0.010 2	15
				粮食单位面积产量	0.605 9	0.067 3	5
				农业用水总量	0.092 1	0.010 2	15
				节水灌溉面积	0.209 9	0.023 3	12
		环境污染	0.666 7	单位面积农药施用量	0.637	0.141 6	3
				单位面积农用塑料薄膜使用量	0.258 3	0.057 4	6
				单位面积化肥施用量	0.104 7	0.023 3	12

在生态效益方面，目前对于生态环境首要的任务是降低对于环境的污染。在农业生产过程中对于农业生态环境产生污染的主要有农药、农用塑料薄膜以及化肥的使用，对比来看，农药的危害性最大，其不仅对土壤、水资源等造成危害，还对生物的多样性造成损害。如何调整我国农业支持政策在该方面的作用是体现我国农业支持政策生态效益的重要衡量指标。此外，应进一步以提升土地产出率、节水灌溉效率等方式来提升自然资源利用效率，进一步保障生态效益。

在经济效益方面，应以提升农业投入产出率为主。目前我国实施的农业支持政策普遍作用目标在于通过降低农业投入品的成本、保障农产品市场价格等方式来进一步保障农民收益，促使农民能够继续从事农业生产并扩大农业生产规模以及机械化程度等。这表明目前我国农业生产经济效益的主要目标在于农民进行农业生产的收益，其效益的提升对于社会效益也产生了一定的间接作用。

在社会效益方面，由于我国农村不断发展，其生产、生活条件不断提高以及粮食持续增产，对于保障农民家庭最低生活的投入强度以及促进粮食增产、保障粮食安全已经不再是农业支持政策实施的重点目标，而应该以促使劳动力转移以及促进农业生产发展为主要目标。

4. *效益评价方法*

本研究采用线性加权求和得出我国农业生产综合效益评价得分。我国农业支持政策综合效益评分的数学表达式如下：

$$A=\sum_{i=1}^{i}A_i w_i=\sum_{i=1}^{i}(\sum_{j=1}^{j}B_{ij}w_{ij})w_i=\sum_{i=1}^{i}\left[\sum_{j=1}^{j}(\sum_{k=1}^{k}C_{ijk}w_{ijk})w_{ij}\right]w_i \quad 公式(6\text{-}44)$$

式(6-44)中，C_{ijk} 为各项指标标准化处理后的数值，其中 w_{ijk}、w_{ij}、w_i 分别为各项三级指标对二级指标的影响权重，二级指标对于一级指标的影响权重以及一级指标对于最终目标的影响权重。由式(6-44)计算出 2005—2012 年我国农业支持政策各项效益及综合效益的评价值(图 6-34)。

结合原始数据对评价结果做出分析如下。①经济效益最为显著，2011 年以前呈现不断上升的趋势，其中增长幅度最快的为 2009—2011 年；2012 年有所下降，主要原因在于市场价格较低与生产成本较高导致的农民农业生产利润较差。②社会效益方面，2005—2009 年呈现稳定的趋势；2011—2012 年趋于稳定，主要原因在于虽然农村劳动力仍然存在着向非农业生产

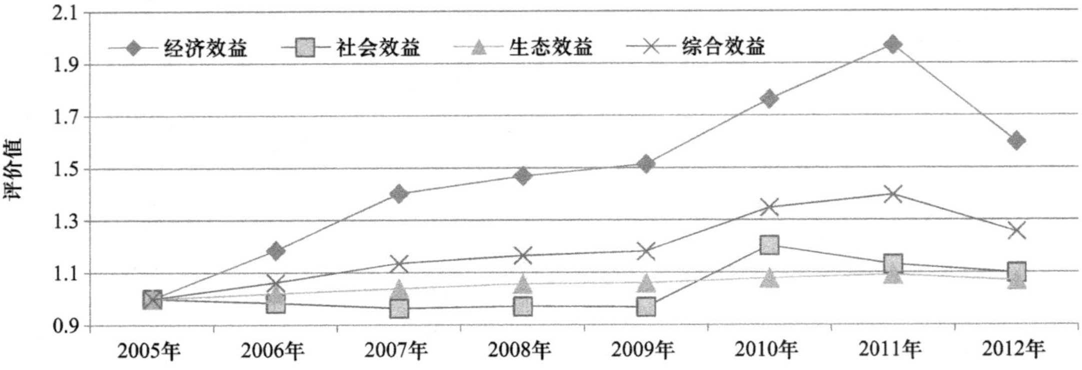

图 6-34　我国农业支持政策效益评价值

领域转移，但农业支持政策的实施提升了农业生产的条件以及生产的效率和效益，促使部分劳动力继续从事农业生产，致使其劳动力转移量相对稳定，故在社会效益方面，农业支持政策的作用达到平衡的状态。③生态效益方面，表现出稳定的小幅度的上升状态，其主要原因在于生态效益指标提升具有一定的周期性，尤其是自然环境改善方面，其作用周期更长。随着对于生态环境的重视程度不断加深，我国农业支持政策在促进可持续农业发展的方面具有较强的前景。④综合以上三种效益来看，目前对于我国农业支持政策综合效益仍以经济效益为主，社会效益与生态效益并重。

第7章　基于生产效率提升的农业支持政策传导机制研究

本章采用系统动力学方法，从经济、社会以及生态三方面构建我国农业支持政策传导机制系统动力学模型，并以其经济子系统为例进行仿真模拟；从经济效率提升的角度，重点定量分析农户与新型农业经营主体购买农业机械意愿和行为的关键影响因素，探索农机购置补贴政策传导机制；从社会效率提升的角度，重点定量分析农户与新型农业经营主体对农业信息技术的采纳意愿和行为的关键影响因素，探索农业信息技术及产品购置补贴政策传导机制；从生态效率提升的角度，重点定量分析农户与新型农业经营主体对病虫害综合防控技术、测土配方施肥技术、秸秆还田技术和节水灌溉技术的采纳意愿和行为的关键影响因素，探索环境友好型技术及产品购置补贴政策传导机制。

7.1　我国农业支持政策传导机制系统动力学模型

7.1.1　研究方法

1. 系统动力学基本概念

系统动力学是一门具备解决复杂系统之间的定性与定量问题集合，并且能够借助计算机实现模拟的学科，被广泛地应用于研究社会、经济和环境等复杂系统问题。运用系统动力学能够准确分析农业支持政策作用机理，确认其中的关键点，对于提升完善我国农业支持政策结构、提高农业支持政策支持效果具有重要意义。

系统动力学将系统定义为一个由相互区别、相互作用的各个部分有机地连接在一起，为同一目的而完成的某种功能的集合体。利用系统动力学研究农业支持政策的步骤如下：①明确系统分析的目的；②确定系统边界；③确定系统各个变量——首先要确定状态变量（即水平变量），然后根据状态变量做出相应的速率变量、辅助变量等；④因果关系分析——构建农业支持政策作用机理系统因果关系图；⑤反馈回路分析——分析各个子系统的反馈回路，最后得出关键控制点。

2. 系统动力学模型基本假设

本研究建立的系统是基于农业支持政策作用机理系统中各行为主体的结构与行为构建系统动力学模型。系统主要采用我国现行的主流农业支持政策，主要分为基于投入、产出进行农业支持的政策以及直接进行资金支持和一般性服务的农业支持政策，假设农业支持政策连续稳定和农业稳定持续增长，且只考虑各政策的投入与产出。

7.1.2 我国农业支持政策作用系统动力学模型的建立

本研究结合我国农业支持政策实施以及农业社会、经济、生态现状，运用系统动力学方法，构建我国农业支持政策作用系统模型。模型运行时间为2005—2025年，仿真步长为1年，2013年前的数据用于模型和参数的建立、检验，2013年后的数据用于预测。数据来源于《中国统计年鉴》《中国环境统计年鉴》《中国农村统计年鉴》等相关资料。

1. 子模型构建

我国农业支持政策系统动力学模型是由经济、社会以及生态3个子模型组合而成。3个模型中的各个因素相互联系、相互影响、相互制约。每个子模型运行既取决于子模型的内部结构，又受到外部环境的影响。而对于子模型，外部影响主要来源于其他子模型的输出以及农业支持政策的实施，这种输出作为外部变量输入到本模型，从而改变了本身的内部变量值，并将其变动的情况反馈到其他的模型。

结合我国农业发展情况，通过如图7-1所示的我国农业支持政策的作用结构图表示各个子模型之间的关系。单位面积利润对于粮食自给率的提升具有正向作用。单位面积粮食生产的利润增加，激励农民进行农业生产，提升农业劳动力人口，促进农民扩大农业生产规模、加强基础设施建设以及农业生产投入，进一步提高粮食产量，提升我国的粮食自给率。基础设施的不断完善将提升水资源的利用效率，但随着农业生产化学投入品的施用量增加，也将给生态环境带来负向作用。农业生产成本（即农业生产各项投入品的费用）也直接影响各项投入品的用量，当化学投入费用较大时，农民会采用其他低成本的方式来达到其所需要的效果，如采用农家肥代替市场上销售价格较高的肥料，在降低生产成本的同时提升了生态效益。

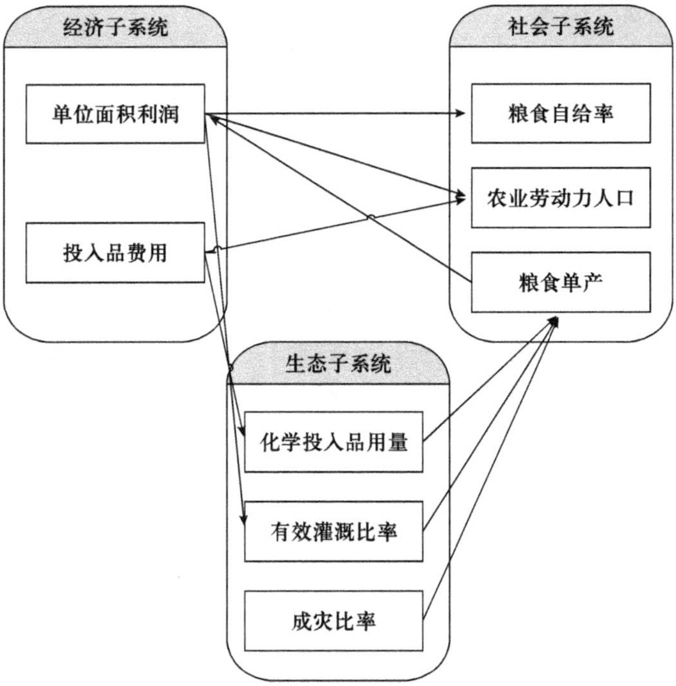

图7-1 农业支持政策作用子系统之间关系框架

2. 模型总体结构框架

在农业支持政策作用系统中各个子系统之间是相互联系、相互影响、相互制约的。确定反馈关系环是建立系统模型的重要一步，它是通过不断调试后确定的。本研究主要基于以下思路建立各个子系统的反馈关系环。

第一，在一定的技术条件下，农业总产值增加的同时带来生态环境破坏的进一步加大。

第二，农业经济产值快速增长带来的不利影响是耕地面积不断扩大，农业化学投入不断增加，生态环境破坏不断加剧，使得环境污染问题日渐严重，从而反作用于经济系统中的农业生产效率，降低农民收入以及农业生产总值，并将影响经济系统内部进行生态环境保护的财政支出。

第三，环境污染的治理取决于农业支持政策对于农业生态环境保护的投入。投入越多，污染治理越多，治理效果越好，生态环境提升，对经济的副作用就越小，经济发展越快，从而进行农业支持的财政投入也就越多。

第四，环境污染严重将会进一步影响农民的生产生活环境，不仅降低其粮食产出效率以及粮食质量安全，还会影响农民自身的健康问题，提高人口死亡率，从而影响农村人口总量。

第五，农业支持政策通过直接和间接的手段促进了农民进行农业生产的积极性，农民劳动力逐渐重新转移到农业生产上。根据柯布道格拉斯生产函数，农业劳动力的增加将会对农业生产总值产生积极的作用。

第六，经济系统中 GDP 快速增长，加大了农业支持政策的投入力度，进一步提升了农业生产的生产环境以及生产条件，鼓励了农民进行规模化生产，提升了农业机械化、科技化水平，从而导致农业生产总值的提升。

结合我国农业支持政策实际情况，本研究建立的我国农业支持政策作用系统反馈关系如图 7-2 所示。

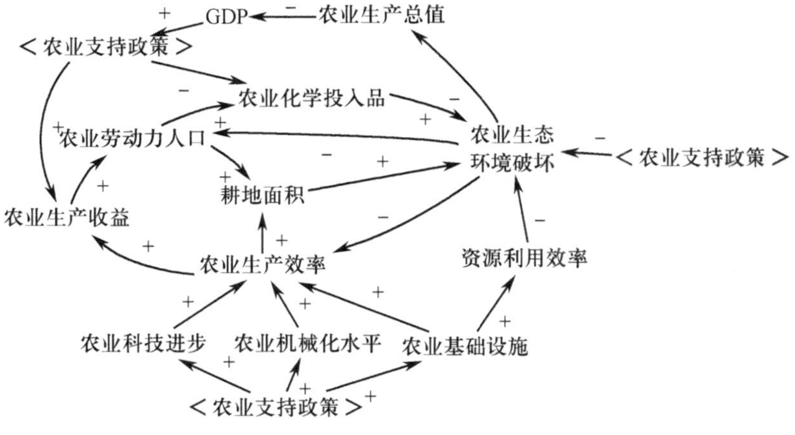

图 7-2　农业支持政策作用系统反馈关系

农业支持政策作为调节我国农业发展的手段，主要采用 3 种支持方式，分别为基于农业投入的支持政策、基于农业产出的价格支持以及一般服务支持。可以看出，农业支持政策通过改善农业生产因素以及非农业生产因素而作用于社会（人口、基础设施建设等）、经济（农业生产者收入、农业产值、GDP 等）和生态（环境污染）。图 7-2 中，以“＋”表示促进作用，“－”表示抑制作用。

7.1.3 农业支持政策作用子系统分析

1. 经济子系统分析

在我国农业支持政策作用系统中，经济至关重要。经济发展在整个系统中处于主导地位，为整个系统的发展提供经济基础与驱动力，其中农业生产效益是农民进行农业生产的决定性因素。经济子系统主要从成本收益的角度对我国农业支持政策的作用机理进行分析。

如图 7-3 所示，在经济发展子系统中，选取的成本变量有单位面积生产成本、物质与服务费用成本、单位面积人工成本以及单位面积土地成本。其中，物质与服务费用成本主要包含种子、化肥、农药、农膜、机械以及其他费用；单位面积人工成本主要包含家庭用工成本、雇工费用；单位面积土地成本包括流转地租金以及自营地折租。选取的收益变量主要为单位面积净利润。其中成本、收益变量单位均为元/亩；单位面积粮食产量的单位为千克/亩；平均出售价格为 3 种粮食主产品的平均出售价格，单位为元/千克。

由图 7-3 可以看出，我国实施的农业四大补贴政策——良种补贴、农机补贴、农资综合补贴以及粮食直补，均从增加收入、降低农业生产成本两个角度调节农业生产收益，进而提高农业 GDP。在收入方面，主要采用直接补贴手段，以及间接地提高农产品市场价格来提高农业生产收益；在生产成本上，主要采用三项补贴等支持手段来降低农产品生产成本。

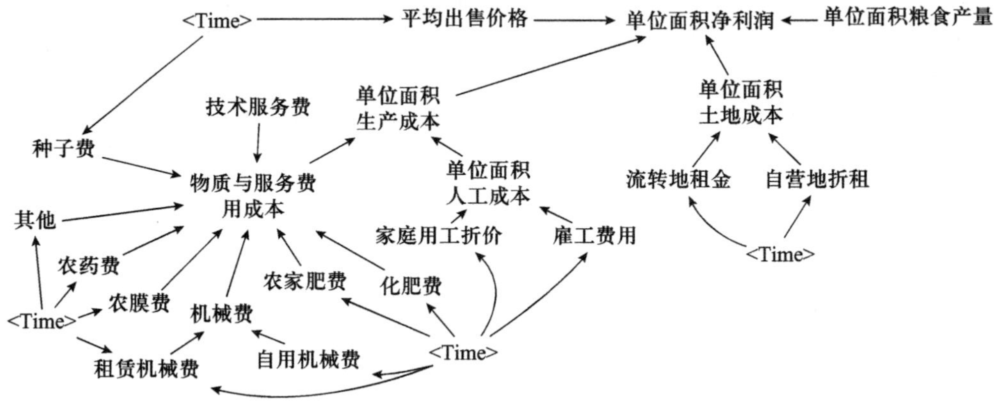

图 7-3　农业支持政策作用机理经济子系统的动力学分析模型

2. 社会子系统分析

社会效益主要体现在粮食安全问题、对绿色农业生产的促进作用以及公众对环境保护的满意度等。农业社会发展模块中的关键要素有农业劳动力人口、粮食安全等。农业劳动力的数量和质量是社会、经济发展的激励因素，同时也属于制约性因素。社会发展模块的主要目的是通过模块内部各个因素的发展变化规律反映模块的实际运行机制，以粮食单产为中间变量，与经济发展模块、生态环境模块三者之间建立联系(图 7-4)。

在农业劳动力人口方面，农村劳动人口主要包括人口的素质和数量。农业支持政策主要通过改善农村教育水平、增加农民培训等方式提高农村人口素质。通过农村教育，不仅提高了农业生产技术水平，也加强了农民就业能力，促使农村劳动转移。在农村劳动力人口数量方面，农业支持政策首先采用各种支持手段来提高农业生产收入，积极鼓励农村劳动力人口转移到农业生产活动中去；其次通过大量进行一般性服务支持，如社会保障、卫生环境基础建设、生活基础设施建设等，降低农村劳动力人口的死亡率，提高农村劳动力人口的生产生活质量，进一步提高农村劳动力人口。

在粮食单产方面，农业支持政策主要采用技术支持的方式，提升单位面积粮食产量。如加大农机购置补贴，进一步提升单位面积农机动力；通过测土配方施肥的方式提升肥料的施用效率；加大基础设施建设，提升灌溉效率，在提升生态效益的同时进一步提升单位面积粮食产量。

在粮食安全方面，农业支持政策主要通过提高农业生产者的生产技术来提升粮食的质量安全，保障消费者的身体健康。在粮食自给方面，通过提高农业生产技术、基础设施，提升土地集约化程度，进一步提升粮食产量，并通过价格调整等方式降低粮食进口量，提升我国粮食自给率。

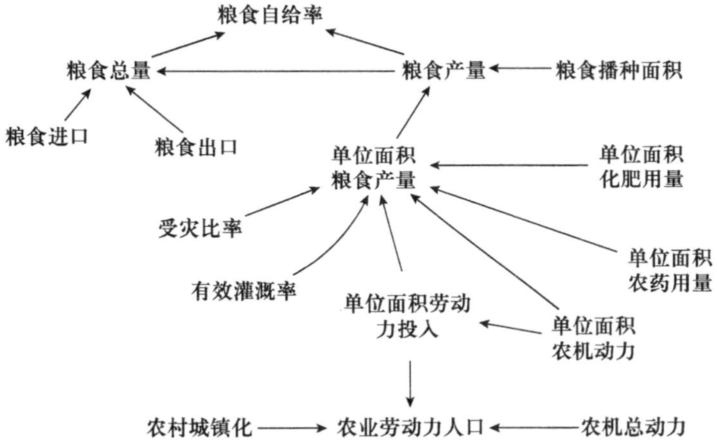

图 7-4 农业支持政策作用机理社会子系统的动力学分析模型

3. 生态子系统分析

农业生态环境是指影响农业生产与可持续发展的水资源、土地资源、生物资源以及气候资源等要素的总称，是农民增收、农业增产、社会进步的动力源泉。它不仅影响人们的居住环境条件，更决定着农业的发展，是可持续发展的保障。因此，保护农业生态环境是一项刻不容缓的工作，更是我国发展的基本国策。党的十六届五中全会明确提出了保护生态环境的具体要求。在党的十八大上，保护农业生态环境又一次进入人们的视线，足以看出它对我国发展所持有的重要性。因此，在大力提倡构建经济社会与环境协调发展的今天，保护农业生态环境是乡村振兴的关键。生态环境是人们赖以生存的基本条件，也是经济可持续发展和社会不断进步的基础。在信息科技不断飞跃发展的今天，一个良好的生态环境已成为各国不断努力的目标。然而，我国在经济社会发展取得举世的成就、农业的发展突飞猛进的同时，破坏生态环境事例屡屡发生，致使农业生态环境在很大程度上被污染，整体形势很不乐观。农业生态环境日渐恶化的状况严重影响着农作物的质量，进而影响着广大农民的生活条件和城市居民的生活水平，对农业发展造成了消极的影响和阻碍作用。农业支持政策作用机理生态子系统的动力学分析模型如图 7-5 所示。

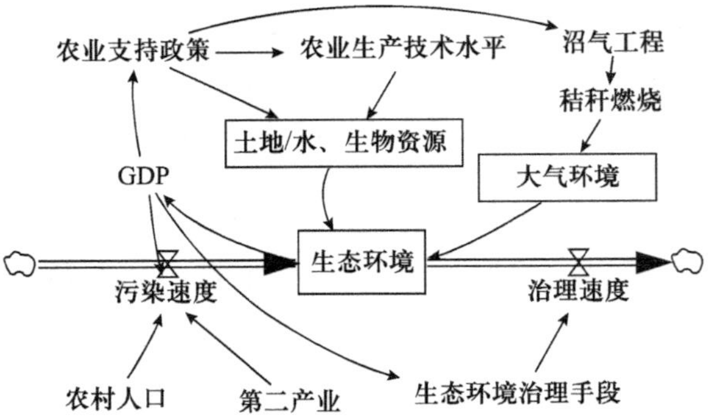

图 7-5　农业支持政策作用机理生态子系统的动力学分析模型

从图 7-5 中可以看出，农业生态环境主要包含土地资源、水资源、生物资源以及大气环境 4 方面。其中，农业生产直接作用于土地资源与水资源；农业支持政策主要通过从生态环境的污染源角度着手，降低农业生产对生态环境的影响。

(1)通过提高农业生产技术水平，降低农业化学投入品，提高单位面积农产品产量，提高耕地利用效率。如采用综合施肥补贴、测土配方补贴政策降低肥料的使用，维持土壤以及水体质量。

(2)通过加强农业用水设备的建设以及节水技术的推广，提高农业用水效率，降低农业用水总量，如农田水利建设、病险水库治理、大型灌区及排水站续建和改造、新建小型蓄水池等。

(3)通过推广天敌防治等环境友好型技术，降低了农业生产对生物资源的损害；通过实施农村环境连片整治政策，降低了对不能在片段化生境中保持最低限度种群的物种的影响。

(4)农业生产生活中造成大气环境污染的主要因素为秸秆焚烧，由于对秸秆的不合理处理，对空气质量产生了很大的影响。我国主要采用沼气工程建设的一般服务支持，有效处理秸秆类农作物残余，不仅降低了对环境的污染，而且进一步改善了农民的生活。

(5)通过支持进行生态环境改造，如采用土壤有机质提升补助、建立中低产田改造/土地治理、水土保持补助费、农村造林和林木保护补助、农业资源休养生息试点政策、退牧还草补助、退耕还林补助、重点公益林业补助、草原生态保护补助奖励政策、禁牧补助、草畜平衡奖励等政策，直接改善了农村的生态环境，同时促进了农民的直接经济收入，鼓励了农民进一步进行生态环境改造。

图 7-5 中与农业支持政策相关的回路：①农业支持政策→土地/水、生物资源→生态环境→GDP；②农业支持政策→农业生产技术水平→土地/水、生物资源→生态环境→GDP；③农业支持政策→沼气工程→秸秆燃烧→大气环境→生态环境→GDP。

7.1.4　我国农业支持政策作用机理系统动态仿真模型构建

1. 数据来源

本节将构建我国农业支持政策作用系统动力学仿真模型，对我国农业支持政策作用系统进行模拟仿真、政策试验。将模型的运行时间范围设定为 2010—2020 年共 10 年，主要历史数据来自 2010—2015 年的《中国统计年鉴》《中国农村统计年鉴》《中国环境统计年鉴》等，以 2010—2015 年的平均数据作为仿真模拟的基年数据。

2. 涉及变量及其方程

平均出售价格$=1.587-0.237\times(\text{Time}-2003)+0.071\times(\text{Time}-2003)^2-0.004\times(\text{Time}-2003)^3$

单位面积净利润＝单位面积粮食产量×平均出售价格－单位面积土地成本－单位面积生产成本

单位面积土地成本＝流转地租金＋自营地折租

自营地折租$=47.956-1.698\times(\text{Time}-2003)+2.677\times(\text{Time}-2003)^2-0.144\times(\text{Time}-2003)^3$

流转地租金$=6.158-0.601\times(\text{Time}-2003)+0.261\times(\text{Time}-2003)^2$

单位面积生产成本＝单位面积人工成本＋物质与服务费用成本

单位面积人工成本＝家庭用工折价＋雇工费用

雇工费用$=12.36-1.035\times(\text{Time}-2003)+0.357\times(\text{Time}-2003)^2-0.005\times(\text{Time}-2003)^3$

家庭用工折价$=166.5-31.125\times(\text{Time}-2003)+6.62\times(\text{Time}-2003)^2-0.143\times(\text{Time}-2003)^3$

物质与服务费用成本＝其他＋农家肥费＋农膜费＋农药费＋化肥费＋技术服务费＋机械费＋种子费＋技术服务费

技术服务费＝0.01

种子费$=21.218+0.492\times(\text{Time}-2003)+0.307\times(\text{Time}-2003)^2$

其他$=38.804-16.089\times(\text{Time}-2003)+2.696\times(\text{Time}-2003)^2-0.13\times(\text{Time}-2003)^3$

农药费$=8.245+3.66\times(\text{Time}-2003)-0.365\times(\text{Time}-2003)^2+0.19\times(\text{Time}-2003)^3$

农膜费$=1.297+0.459\times(\text{Time}-2003)-0.8\times(\text{Time}-2003)^2+0.05\times(\text{Time}-2003)^3$

机械费＝租赁机械费＋自用机械费

自用机械费＝ IF THEN ELSE $[\text{Time}>2009, -1.924+0.499\times(\text{Time}-2003)-0.18\times(\text{Time}-2003)^2, 1.52-1.147\times(\text{Time}-2003)-0.48\times(\text{Time}-2003)^2]$

租赁机械费$=48.891+6.948\times(\text{Time}-2003)+0.385\times(\text{Time}-2003)^2$

农家肥费$=11.82-2.064\times(\text{Time}-2003)+0.348\times(\text{Time}-2003)^2-0.14\times(\text{Time}-2003)^3$

化肥费$=63.579+8.9\times(\text{Time}-2003)-0.078\times(\text{Time}-2003)^2$

3. 流图

因果关系图描述的只是研究对象要素之间的相互关系，仅反映反馈结构的基本方面，没能体现研究对象中不同性质变量的区别，以及研究对象的管理和控制过程，故仅仅属于定性描述的层面。为了描述研究对象中各个变量间的数量关系，系统动力学模型借助其专有的语言（符号），确定状态变量（level variable）、速率变量（rate variable）等，并将有关变量合成系统流图。本节以前文因果关系图为基础，多次征求专家意见后，遵循流图绘制原则，描绘我国农业支持政策作用系统的流图如图 7-6 所示，并运用系统动力学专业模拟软件 Vensim PLE 将流图在计算机中实现。

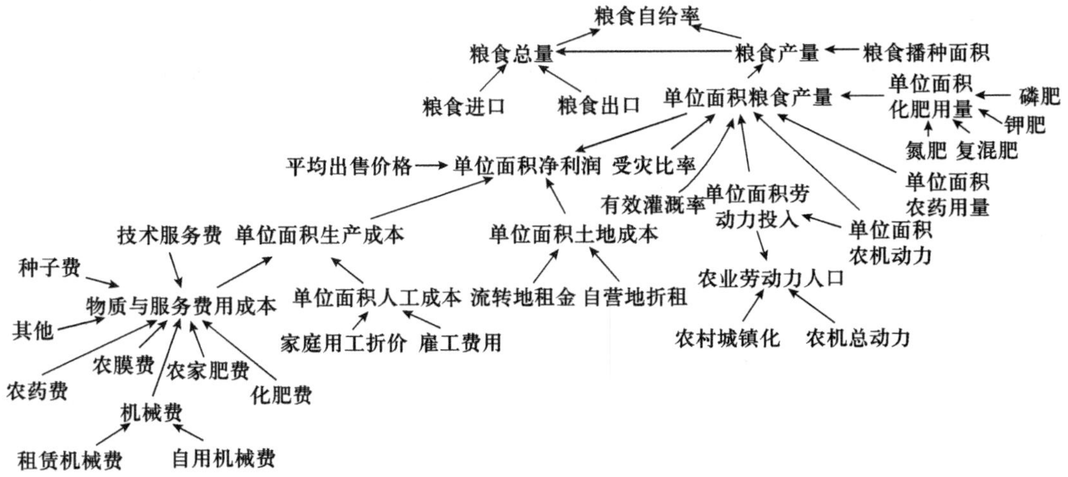

图 7-6　我国农业支持政策作用系统的流图

7.1.5　以经济子系统为例进行模拟与分析

1. 模型检验

(1)结构检验　模型的结构检验主要是通过进一步分析资料，检验变量的设置、因果关系、流图、方程表述的合理度以及方程两边变量的量纲是否一致，防止模型运行后产生极端结构，不能够真实反映研究对象的实际情况。

针对以上检验的几个主要方面，在对我国农业支持政策作用各系统建模前，对其经济、社会、生态系统的状况进行了全面的分析，借鉴并参考了其他相关的比较成熟的模型，反馈结构和方程均遵循了实际规律，根据实际系统的特征来设定。参数的确定主要是多年的历史数据取期望值所得，并进行了反复核对。一些不能够通过历史数据确定的参数值是通过查阅相关资料得到的，比较贴近实际系统的真实情况。因此，认为本模型与我国农业支持政策作用的经济、社会、生态系统的结构相符合。此外，经过量纲检验，方程两边的量纲保持了一致，满足了量纲一致性的建模要求。因此，最后判定模型结构可行，并通过了模型的结构检验。

(2)历史检验　模型的历史检验是将模型的仿真结果与实际情况进行比较，即比较系统行为和历史数据的拟合程度，并在此基础上反复修改更正模型，以保证模型的有效性。通过对平均出售价格、单位面积物质与服务费用成本、单位面积人工成本以及单位面积土地成本 4 个主要变量 2004—2014 年的仿真结果与实际的历史数据相比较(表 7-1 至表 7-4)，可以看出，除了 2008 年和 2009 年物质与服务费用成本与 2014 年平均出售价格的仿真值与统计值的相对误差稍大于 10%外，其他相对误差值均较小。各项指标的方程均是根据历史值在 SPSS 软件中进行回归得到的。虽然拟合的结果较好，但是依旧会存在误差，在系统中进行模拟仿真时，这种误差会被逐级放大，但考虑到社会政策、自然环境的随机性和变动性，可以说，所构建的模型具有较好的有效性和模拟性。

表 7-1 平均出售价格 元/千克

项目	年份										
	2004	2005	2006	2007	2008	2009	2010	2011	2012	2013	2014
历史值	1.417	1.365	1.407	1.519	1.677	1.857	2.035	2.187	2.289	2.317	2.247
模拟值	1.415	1.347	1.440	1.576	1.671	1.826	2.076	2.308	2.397	2.423	2.488
相对误差	0.14%	1.32%	2.35%	3.75%	0.36%	1.67%	2.01%	5.53%	4.72%	4.57%	10.75%

表 7-2 单位面积物质与服务费用成本 元/亩

项目	年份										
	2004	2005	2006	2007	2008	2009	2010	2011	2012	2013	2014
历史值	200.12	211.63	224.75	239.87	287.78	297.4	312.49	358.36	398.28	415.12	417.88
模拟值	199.39	207.79	219.8	234.44	250.69	267.53	326.99	357.43	388.51	419.5	449.69
相对误差	0.36%	1.81%	2.2%	2.26%	12.89%	10.04%	4.64%	0.26%	2.45%	1.06%	7.61%

表 7-3 单位面积人工成本 元/亩

项目	年份										
	2004	2005	2006	2007	2008	2009	2010	2011	2012	2013	2014
历史值	141.26	151.37	151.9	159.55	175.02	188.39	226.9	283.05	371.95	429.71	446.75
模拟值	153.53	141.26	141.18	152.38	173.99	205.1	244.85	292.33	346.67	406.96	472.33
相对误差	8.69%	6.68%	7.06%	4.49%	0.59%	8.87%	7.91%	3.28%	6.8%	5.29%	5.73%

表 7-4 单位面积土地成本 元/亩

项目	年份										
	2004	2005	2006	2007	2008	2009	2010	2011	2012	2013	2014
历史值	54.07	62.02	68.25	81.64	99.62	114.62	133.28	149.75	166.19	181.36	203.94
模拟值	54.61	60.12	69.77	82.71	98.07	114.98	132.59	150.03	166.43	180.92	192.66
相对误差	1%	3.06%	2.23%	1.31%	1.56%	0.31%	0.51%	0.19%	0.14%	0.24%	5.53%

2. 模拟仿真结果分析

本研究对于经济子系统发展状况的评价集中于单位面积的成本收益。在目前的政策以及单位面积粮食产量一定的条件下，仿真结果(图 7-7)显示，虽然我国农业生产经济子系统中的核心变量粮食价格、单位面积净利润在 2010 年和 2009 年分别达到最高值，但随之处于曲线下降的趋势；而农业生产成本始终呈现不断上升趋势，若按照现在的价格成本发展趋势来看，2014 年我国单位面积净利润即为负值，可见目前我国农业支持政策对于维护农民生产收入方面有待进一步调整。

由于我国现在主要实行的四大补贴政策主要集中于对于农业投入成本的降低，以此来提升农业生产效益，所以从成本角度来看，在目前的政策以及单位面积粮食产量一定的条件下，整体上目前我国农业生产成本中所占比例最高的为物质与服务成本；然而随着人工成本的大幅度上升，逐渐取代其成为农业生产成本中的主体；土地成本与物质服务成本虽然也存在小幅度上升，且分别在 2016 年和 2021 年达到最高值，但之后呈现下降趋势，且土地成本下降幅度较大(图 7-8)。

土地成本主要由流转土地和自营土地两部分组成，在目前政策的情况下，以自营地为主。但随着流转地租金不断上升，虽然自营地折租在 2004—2016 年也处于小幅度上升，但 2016 年以后呈现急速下降趋势，流转地租金逐渐占据了土地成本的主要位置(图 7-9)。

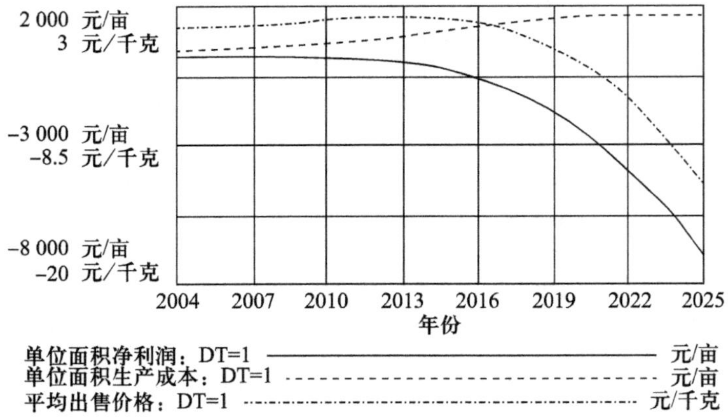

图 7-7　投入产出模拟情况

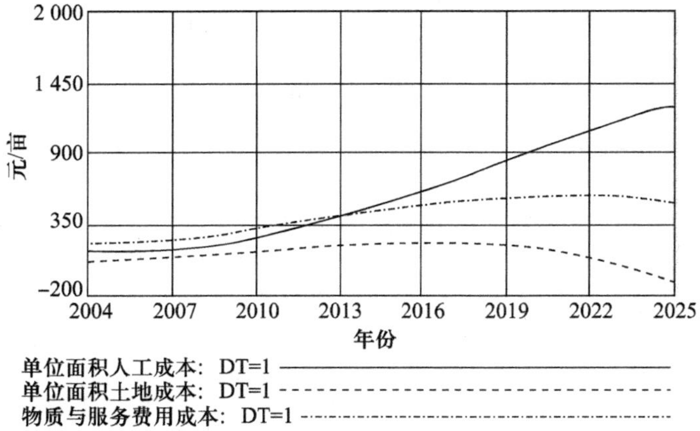

图 7-8　投入主要组成模拟情况

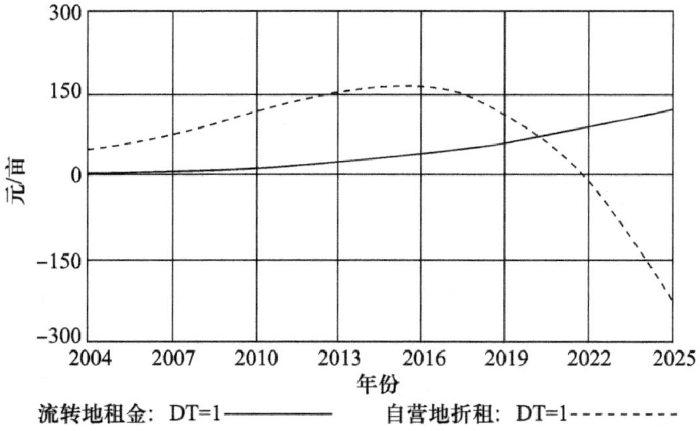

图 7-9　土地成本组成模拟情况

人工成本主要由家庭自用工折价和雇工费用两部分组成，在目前政策的情况下，以家庭自用工为主。家庭用工费用与雇工费用均呈现上升趋势，其中家庭用工费用上升幅度较大，主要的原因为城市化发展，劳动力费用不断提升；雇工费用上升幅度较小的原因是虽然劳动力费用不断上升，但随着农业机械化的不断发展，对于农业劳动力投入具有一定的替代作用，所以雇用人员相对减少(图 7-10)。

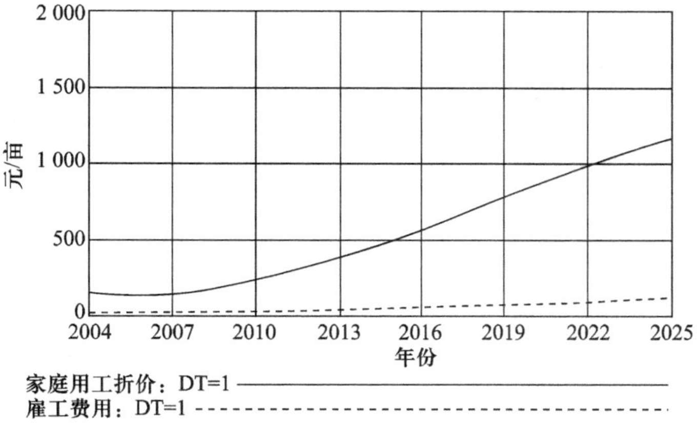

图 7-10　人工成本组成模拟情况

物质与服务费用成本包含肥料、农药、农膜、技术服务、种子、机械费用等。通过仿真结果(图 7-11，图 7-12)可以看出，我国农业生产物质与服务费用成本主要为化肥费用以及机械费用，其中 2010 年以前以化肥费用为主，2010 年以后以机械费用为主。大多数的物质与服务费用逐年上升，其中农家肥费用处于曲线波动状态。农家肥料的施用对于降低化肥肥料用量具有重要的作用，也是影响单位面积化肥费用大幅度上升的重要因素。在机械费用中，主要包含租赁机械费用和自用机械费用，自用机械费用几乎保持不变，租赁机械费用呈现逐年上升趋势，可见我国农业生产者自有机械较少，主要通过租赁方式进行机械化生产，且随着农业生产规模的扩大和农机化程度的加深，对于机械化需求加大，进一步扩大了机械费用所占比例。

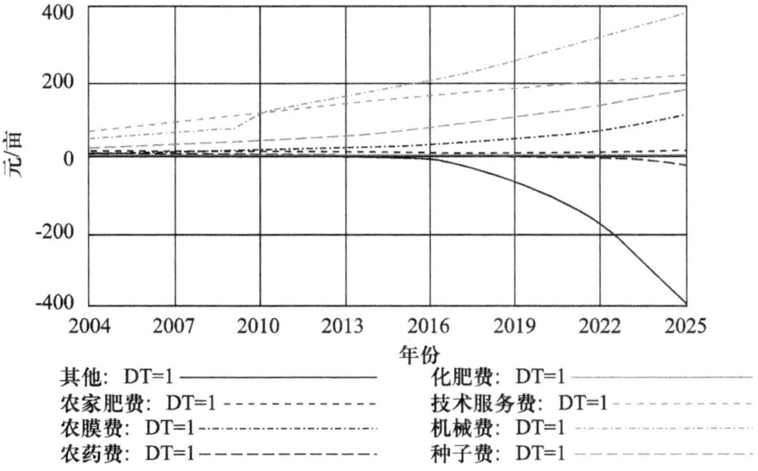

图 7-11　物质成本组成模拟情况

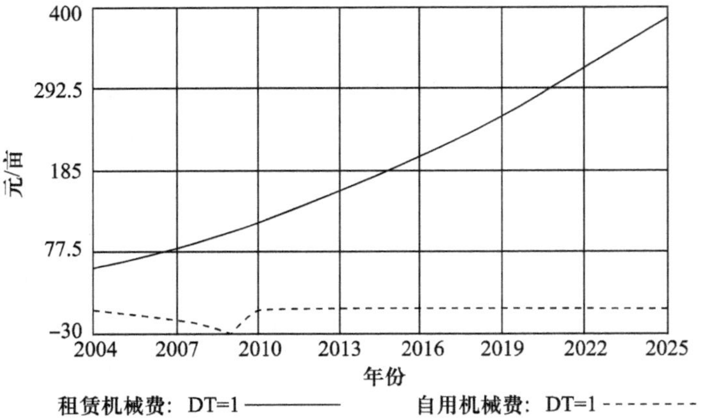

图 7-12　机械费用成本组成模拟情况

3. 不同情景下农业政策作用模拟仿真与分析

综观上述经济、社会、生态系统的因果关系图以及各个系统内部的关系，通过对相关理论的学习，本研究认为处于主反馈回路和局部反馈回路结点上的参数变动往往会对系统整体状况的改善起明显作用，即系统对结点参数的灵敏度较高。因此，针对这一特性，同时结合我国农业支持政策实施的实际情况，本研究分别从 3 个子系统中选取参数重新设定，并进行仿真模拟，将仿真的结果进行分析比较。由于目前我国实施的主要政策针对农业生产成本中物质与服务费用的降低，所以本研究仿真针对物质与服务费用中占比例较高的 4 个部分，分别对种子费用、化肥、农药费用和机械费用进行方案模拟，同时设计了方案 5 从价格支持政策的角度进行模拟。

方案 1：在其他条件不变的情况下，种子费用下降其 50%。

方案 2：在其他条件不变的情况下，农药费用下降其 50%。

方案 3：在其他条件不变的情况下，机械费用下降其 50%。

方案 4：在其他条件不变的情况下，化肥费用下降其 50%。

方案 5：在其他条件不变的情况下，平均销售价格提升 50%。

通过仿真模拟方案 1～4 结果可以看出，降低各项农业投入品成本能够有效地降低农业生产的总成本，其中影响效率由高到低分别为化肥、机械、农药以及种子费用；但从单位面积净利润的角度来看，以上方案 1～4 虽然大幅度降低了成本，但对于效益的提升作用较差。由此可见，从降低生产成本角度来提升农业生产收益效果较低。从仿真方案 5 结果可以看出，单位面积净利润能够大幅度提升，但仍旧无法改变单位面积利润不断下降的趋势。由于价格的影响因素较多，如市场波动以及进出口的影响，所以单一依靠价格支持方式也无法持续保障农业生产者的效益，必须结合各项农业支持政策，调整农业支持内部结构来实现保障农业生产者长期效益的目的(图 7-13)。

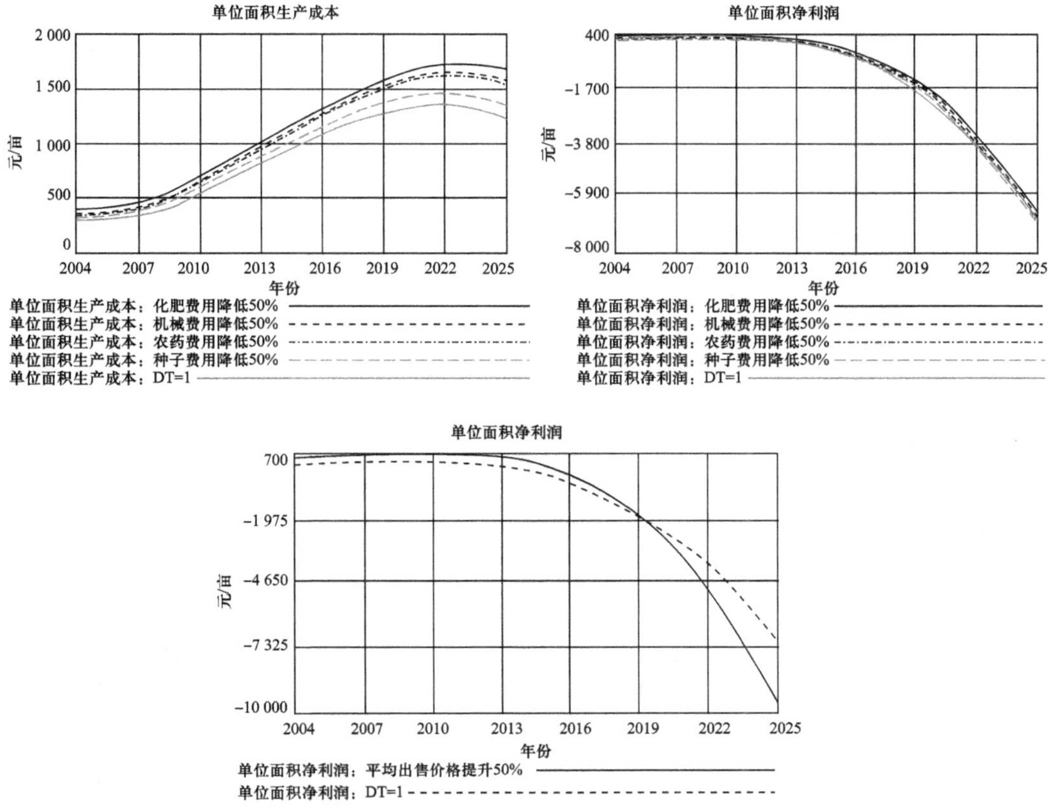

图 7-13 模拟仿真结果

7.2 基于经济效率提升的农业支持政策传导机制

新古典经济学认为经济增长来源于投入要素的增加和生产率的增长(张红彦,2015)。在农业方面,投入要素增加主要表现为扩大土地、增加劳动力、增加种子化肥等,而生产率增长则表现为生产效率的提高。经济学中效率的概念是以资源稀缺性为前提的,是指在一定技术或投入情况下生产活动对经济资源做了能带来最大可能性满足程度的利用效率(焦源,2013)。农业生产作为人类社会最基本的实践活动,其效率的大小不但影响农村经济发展与社会进步,更在国家宏观经济调整和产业布局方面发挥着重要的作用,农业生产率的增长在发展中国家是经济增长的核心(Johnson,1997)。

随着社会高速发展和人口快速增长,我国对粮食的需求越来越大,但由于可耕土地锐减、水资源匮乏、环境污染、自然资源不足等条件的限制,难以通过持续增加投入要素来不断提高农业产出,这就要求只有不断提高农业生产率才能走可持续发展之路,更好地解决人口增长与资源不足的矛盾。因此,提升农业生产效率既是今后农业发展趋势,也是缓解资源短缺的有效措施。有多种途径能够提升农业生产效率,如优化农业生产模式、改善管理措施、农业技术创新应用等,其中农业技术进步创新和应用是提升农业生产效率的根本和关键措施。“依靠科技进步提高农业生产效率是实现农业经济可持续发展的关键”这一论断不仅为理论界所崇尚,在农业生产活动中也被越来越多的实践所证明(谈存峰,2015)。农业技术进步与创新是提高农业生产率的根本,而技术的采纳应用及推广扩散是提高农业生产效率的必经之路(杨春和陆文聪,2007)。

农业生产效率包括劳动生产率、资源利用率、土地产出率等多个方面,把能够提高这些效率的农业技术定义为效率提升型农业生产技术。从农业发展历程来看,农业机械的出现大大提高了农业生产效率,是当前和未来农业发展不可或缺的重要技术,对于提高农业产出和保证粮食安全发挥了巨大作用。

7.2.1 农户购买农业机械的影响因素分析

1. 数据来源与样本分析

(1)问卷调研 问卷的核心内容是围绕户主及家庭基本信息、村镇信息、农业技术需求与认知、农业生产农机具的需求和拥有行为。调研总共发放农户问卷 640 份,逐个进行问卷检查与筛选,剔除数据缺失、异常值等无效问卷后,最终获得有效问卷 561 份,问卷有效收回率为 87.7%。

(2)样本分布 本次调研问卷涉及云南、内蒙古、吉林、天津、宁夏、安徽、山东、广西、河北、河南、浙江、湖北、湖南、甘肃、辽宁、重庆、陕西和黑龙江 18 个省(区、市)的 87 个县(区),分 131 个乡(镇)的 215 个村。样本覆盖了我国大部分省(区、市),包括主要的农业生产地区,其中对农业大省山东、河南等进行重点调研(表 7-5)。

表 7-5 2016 年农机调研样本频率分布情况

省(区、市)	频数	百分比/%	累计百分比/%	省(区、市)	频数	百分比/%	累计百分比/%
云南	10	1.8	1.8	河南	80	14.3	68.1
内蒙古	27	4.8	6.6	浙江	41	7.3	75.4
吉林	7	1.2	7.8	湖北	15	2.7	78.1
天津	25	4.5	12.3	湖南	10	1.8	79.9
宁夏	6	1.1	13.4	甘肃	14	2.5	82.4
安徽	11	2.0	15.3	辽宁	20	3.6	85.9
山东	157	28.0	43.3	重庆	21	3.7	89.7
广西	29	5.2	48.5	陕西	51	9.1	98.8
河北	30	5.3	53.8	黑龙江	7	1.2	100.0
				合计	561	100.0	

(3)样本基本信息 样本基本信息统计描述如表 7-6 所示。①农户的家庭规模以 4~5 人为主,占总样本的 58.4%,分别有 6.2%和 5.3%的小规模家庭(2 人及以下)和大规模家庭(7 人及以上)。②农户家庭收入在一定程度上能够反映农户目前的生产状况和生产水平。农户家庭收入以 1.1 万~5.0 万元为主,占到 59.9%;家庭总收入平均为 4.83 万元,有 6.8%的农户家庭收入超过 10 万元,属于高收入家庭;但是还有 14.3%的低收入家庭,收入低于 1 万元。③农业收入占比代表农户家庭的兼业程度,农业收入占比越高的农户,表明其以农业生产为主。调查样本中有 70.2%的农户家庭农业收入占比小于或等于家庭收入的一半,这些农户是以非农收入为主;但是有 10.1%的

农户家庭收入则完全依靠农业收入，农业收成或市场价格的波动直接影响家庭总收入。④距离最近集镇距离平均为6.7千米，其中有63.3%农户距离最近集镇距离小于5千米，但是也有16.3%的农户距离最近集镇距离大于10千米，甚至超过20千米。⑤耕地是农户从事农业生产的基础。农户家庭平均耕地为12.75亩，其中有50.8%的农户耕地面积小于或等于5亩；此外还有6.9%的农户家庭耕地面积大于20亩。⑥农户耕地地块数是反映耕地细碎化程度的指标。调查样本中平均耕地块数是5.3块，其中以3～4块为主，占到37.2%；同时也还有7.6%样本的耕地块数超过10块。

表7-6　样本基本信息统计描述

统计特征	分类特征						合计
家中人口	2人及以下	3人	4人	5人	6人	7人及以上	
样本数	35	103	178	150	65	30	561
比例/%	6.2	18.4	31.7	26.7	11.6	5.3	100.0
累计百分比/%	6.2	24.6	56.3	83.1	94.7	100.0	
家庭收入/万元	≤1.0	1.1～3.0	3.1～5.0	5.1～10.0	>10.0		
样本数	80	182	154	107	38		561
比例/%	14.3	32.4	27.5	19.1	6.8		100.0
累计百分比/%	14.3	46.7	74.2	93.2	100.0		
农业收入占比/%	≤10	11～25	26～50	51～75	75～99	100	
样本数	156	95	143	52	59	57	561
比例/%	27.8	16.9	25.5	9.3	10.5	10.1	100.0
累计百分比/%	27.8	44.7	70.2	79.5	89.9	100.0	
集镇距离/千米	≤2.5	2.6～5.0	5.1～10.0	10.1～20.0	>20.0		
样本数	183	172	115	52	39		561
比例/%	32.6	30.7	20.5	9.3	7.0		100.0
累计百分比/%	32.6	63.3	83.8	93.0	100.0		
总耕地面积/亩	≤1.0	1.1～3.0	3.1～5.0	5.1～10.0	10.1～20.0	>20.0	
样本数	17	115	154	151	86	39	561
比例/%	3.0	20.5	27.4	27.0	15.3	6.9	100.0
累计百分比/%	3.0	23.5	50.8	77.8	93.1	100.0	
地块数	1～2	3～4	5～6	7～10	11～20	>20	
样本数	142	209	112	55	34	9	561
比例/%	25.3	37.2	20.0	9.8	6.1	1.5	100.0
累计百分比/%	25.3	62.6	82.5	92.3	98.5	100.0	

从图7-14可以看出，有85.7%的农户所在村庄属于既不是城市郊区也不是乡镇周边，而是以农业生产为主的普通农村。村庄位置能够影响当地农业综合发展水平，可见本次调研样本能够很好代表我国一般农业生产整体情况。农业生产情况不仅受到耕地面积的影响，还受耕地质量状况的影响，质量较好的区域适合农作物生长，有52.9%的样本当地属于平原区域，其次是山地和丘陵区域，分别占到27.3%和17.1%。

2. 农户购买农机行为研究框架与研究假说

根据文献回顾与理论分析，建立如图7-15所示的研究框架。家庭特征是农户从事农业生产

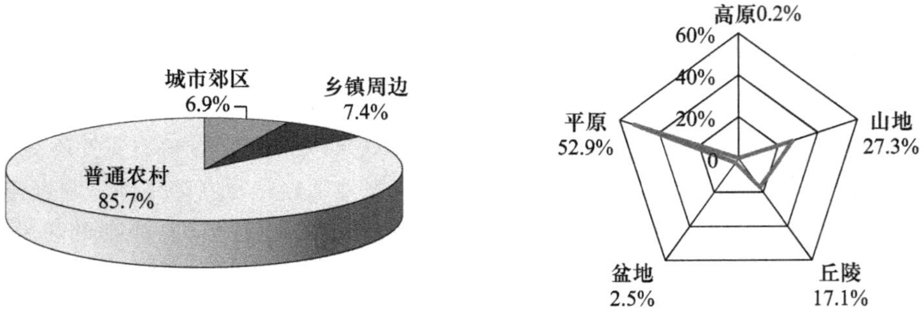

图 7-14　村庄所在位置及地形地貌

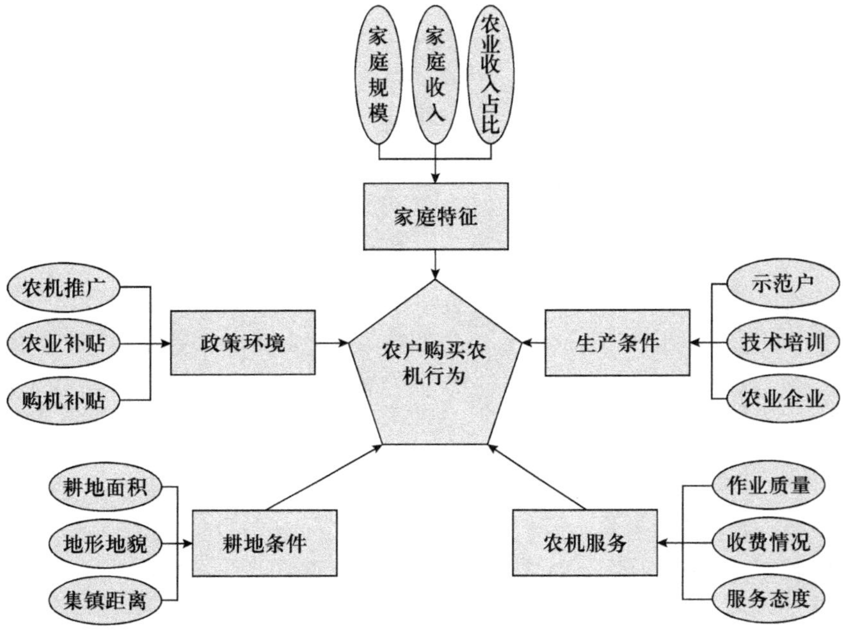

图 7-15　不同因素对农户购买农机行为影响模型

的基础，对农户农业生产与决策具有重要影响，属于内在因素，主要包括家庭规模、家庭收入和农业收入占比；示范户、技术培训和农业企业属于农户生产条件，能够影响农户购买农机行为；农机作业质量、收费情况和服务态度属于农户对所获得农机服务的感知态度，也能够影响农户购买农机行为；耕地是农业生产的基础，耕地条件状况能够影响农业生产，对农户生产决策具有重要影响，主要包括耕地面积、地形地貌和距离最近集镇距离；政策环境对农户购买农机行为具有重要影响，主要包括农机推广情况、农业生产补贴情况和农机购置补贴。因此，本研究认为家庭特征、生产条件、农机服务、耕地条件和政策环境共同影响农户购买农机行为。

3. Logistic 模型构建与变量解释

农户购买农机行为分为“已购买”和“未购买”两种情况，属于二分类离散行为。由于以往通常使用多元回归的分析方法，在确定函数与自变量的关系时，其函数值 Y 不能设为定性变量，不能具有二分性，所以在农户购买农机行为研究中具有局限性。而 Logistic 回归模型是一种对二分类因变量进行回归分析时经常采用的非线性分类统计方法。该模型方法是基于抽样数据，为各自变量产生回归系数，并通过这些系数来讨论模型中因变量与自变量的关系。

根据二元 Logistic 模型理论，设农户购买农机行为定义为"$Y=1$"，则农户没有购买农机行为定义为"$Y=0$"，那么可建立农户购买农机行为与影响因素变量($x_1, x_2, x_3, \cdots, x_n$)的关系方程为：

$$Y = f(x) = f(\text{家庭特征，生产条件，农机服务，耕地条件，政策环境}) \quad \text{公式(7-1)}$$

农户对农机购买行为 Logistic 模型中变量定义及数据描述如表 7-7 所示。

表 7-7　农户对农机购买行为模型中变量定义及数据描述

变量	定义	预测方向	均值	标准差
农机购买行为	已购买农机＝1，未购买农机＝0			
家庭特征				
家庭规模	以家庭人口数来衡量/人	不确定	4.41	1.41
家庭年收入	农户家庭一年的总收入/万元	正向	6.13	26.59
农业收入占比	农业收入占家庭总收入的比重/%	正向	41.21	31.58
生产条件				
示范户	是否是农业生产示范户：是＝1，否＝0	正向	0.09	0.28
接受技术培训	是否接受过农业技术培训：是＝1，否＝0	正向	0.14	0.34
农业企业	所在村庄是否有农业企业：是＝1，否＝0	正向	0.22	0.42
农机服务认知				
作业质量	农户对农机作业的质量满意程度：非常不满意＝1，不满意＝2，一般＝3，满意＝4，非常满意＝5	负向	2.50	0.70
收费情况	农户对农机作业收费情况满意程度：非常不满意＝1，不满意＝2，一般＝3，满意＝4，非常满意＝5	负向	2.91	0.68
服务态度	农户对农机作业服务态度满意程度：非常不满意＝1，不满意＝2，一般＝3，满意＝4，非常满意＝5	负向	2.59	0.63
耕地条件				
耕地总面积	所有耕地面积总和/公顷	正向	0.84	4.53
地形地貌	当地是否属于平原地区：是＝1，否＝0	正向	0.53	0.50
距离集镇距离	耕地距离最近的集镇距离/千米	负向	6.72	9.64
政策环境				
农机化推广度	农机化在当地的推广力度：无推广＝1，一般＝2，较大＝3，非常大＝4	正向	2.77	1.00
农业生产补贴	是否得到过农业生产补贴：是＝1，否＝0	正向	0.82	0.39
农机购置补贴	是否知道农机购置补贴：是＝1，否＝0	正向	0.31	0.46

4. 模型估计与结果分析

利用 SPSS21.0 统计软件对样本数据进行 Logistic 模型回归分析，结果如表 7-8 所示。

可以看出，模型卡方统计量(Chi-square)为 54.769，且 $P<0.01$，说明自变量能够较好地解释农户购买农机行为。此外，模型的-2 Log likelihood 为 513.770，Cox-Snell R^2 和 Nagelkerke R^2 统计量的值分别为 0.221 和 0.364，表明模型整体有效。模型的整体预测正确率为 81.20%，表明模型预测能力较强，综合判断所设定的模型能够充分对农户购买农机行为进行解释。

表 7-8　农户购买农机行为的 Logistic 模型回归结果($N=561$)

变量	回归系数 B	标准误差 S. E.	Wald 值 Wald	自由度 df	显著水平 Sig.	发生比率 Exp (B)
常量***	-2.494	0.885	7.948	1	0.005	0.083
家庭特征						
家庭规模	0.056	0.083	0.457	1	0.499	1.058
家庭年收入*	0.053	0.032	2.851	1	0.091	1.055
农业收入占比***	0.009	0.003	7.579	1	0.006	1.009
生产条件						
示范户***	1.053	0.389	7.305	1	0.007	2.865
接受技术培训	0.433	0.367	1.391	1	0.238	1.542
农业企业**	0.615	0.260	5.590	1	0.018	1.850
农机服务感知						
作业质量	0.098	0.186	0.280	1	0.597	1.103
收费情况	-0.141	0.192	0.538	1	0.463	0.869
服务态度*	-0.373	0.222	2.821	1	0.093	0.688
耕地条件						
耕地总面积**	0.031	0.013	5.493	1	0.019	1.031
地形地貌	0.091	0.273	0.111	1	0.739	1.095
距离集镇距离**	0.025	0.012	4.031	1	0.045	1.025
政策环境						
农机化推广度	-0.008	0.133	0.004	1	0.950	0.992
农业生产补贴	0.068	0.319	0.046	1	0.831	1.070
农机购置补贴***	0.731	0.234	9.779	1	0.002	2.076
-2 Log likelihood			513.770			
Chi-square			54.769($P=0.000$)			
Cox-Snell R^2			0.221			
Nagelkerke R^2			0.364			
正确预测率			81.20%			

注：***，**，* 分别表示在 1%，5%和 10%水平上显著。

在模型中，回归系数的显著性检验采用 Wald 检验法进行。在引入的 15 个自变量中，有 8 个自变量在 10%的显著性水平下，其 P 值(即 Sig.)均小于给定的显著性水平，表明模型中这些自变量的回归系数显著不为 0，即这些自变量在模型中都是显著的，说明这些因素能够显著影响农户对农机的购买行为。

(1)农户家庭特征方面　①家庭规模变量没有通过显著性检验，这说明家庭人口数量对农户是否购买农机没有显著影响。②家庭年收入回归系数为 0.053，且在 10%水平上显著，发生比率 Exp(B)为 1.055,这说明农户家庭年收入对农户购买农机行为有正向促进作用,即家庭年收入每增加 1 万元,发生比增加 5.5%。购买农机需要投入一定成本,年收入较高的家庭支付能力更强,能够承担购买农机所需要的成本,同时也有较强承担购买农机所带来应用风险的能力。③农业收入占比变量的回归系数为正,且在 1%水平上显著,发生比率 Exp(B)为 1.009,这说明农业收入占家庭总收入的比重越大,农户越有可能购买农机,即农业收入占家庭总收入每提高 1%,发生比率就提高 0.9%。农业收入占家庭总收入比重越大,农业收入越是家庭主要经济来源,就表现为农业生产专业程度较高。根据"理性小农"理论,农户为了实现利益最大化,他们会通过购买农业机械来提高生产效率,同时他们还可以额外获取为他人提供农机服务的费用,增加家庭收入。

(2)生产条件方面　①接受技术培训变量没有通过显著性检验,这说明农户是否接受过农业技术培训对农户是否购买农机行为没有显著影响。②示范户的回归系数为 1.053,且在 1%水平上显著,发生比率 Exp(B)为 2.865,这说明农业生产示范户购买农机的可能性更大,即示范户比非示范户购买农机可能性发生比提高了 1.865 倍。示范户属于农业技术推广扩散体系的末端,一般是由农业生产大户承担,主要作用是示范带动周围农户采纳优良农业生产技术。当政府、企业、协会等农业技术推广组织在示范户进行某项技术示范时,就会给予一定的资金、技术、人员等支持,示范户在采用先进农业生产技术时也就有可能会购买农机。③农业企业的回归系数为正,且在 5%水平上显著,发生比率 Exp(B)为 1.850,这说明农户周围农业企业能够对其购买农机行为具有促进作用。这是因为农业企业在当地具有示范推广作用,引导农户提高生产效率,有时也会给予一定的资金和技术支持。

(3)农机服务感知方面　①只有服务态度通过显著性检验,且回归系数为负,这说明农户对他人提供的农机服务越满意,越不可能购买农业机械,这与预期相符。由服务态度的发生比率 Exp(B)为 0.688 可知,当农户对农机服务满意程度每增加 1 个单位,其购买农机行为发生比就降低 31.2%。基于农业生产习惯,当农户获得较好的农机服务时,他们就会满足于现状而不愿自己购买农机,这在一定程度上会阻碍农户购买农机,但是较好的农机服务对农业生产具有巨大促进作用。②作业质量和收费情况变量没有通过显著性检验,这说明这两个变量对农户购买农机行为没有显著性影响。

(4)耕地条件方面　①耕地面积回归系数为 0.031,且在 5%水平上显著,发生比率 Exp(B)为 1.031,这说明耕地面积对农户购买农机行为有正向促进作用,即耕地面积每增加 1 公顷,购买农机行为发生比增加 3.1%。耕地面积越大,对劳动力要求越多,但是由于家庭劳动力有限,为了提高劳动生产率转而对农机需求强烈,这就促进了对农机的购买行为。②距离集镇距离回归系数为正,且通过 5%水平显著,这说明耕地距离最近集镇距离越远,农户购买农机的可能性就越大,这与预期结果不符。其可能原因是农户耕地距离最近集镇距离较远,得到农机服务的可能性就很低,为了满足农业生产需求,农户就会发生购买农机行为。③地形地貌变量没有通过显著性检验,这说明耕地地形对农户购买农机行为没有显著影响。

(5)在政策环境方面　农机购置补贴回归系数为正,且在 1%水平上显著,发生比率 Exp(B)为 2.076,这说明农机购置补贴对农户购买农业生产机械及装备行为有正向促进作用,即当购买农机有政府补贴时,农机购买行为发生比增加了 1.076 倍。对于小规模经营农户来说,由于自身资金能力有限,在购买农业生产机械及装备时如果得到部分资金补贴将会减少农户资金压力,降低农户购买成本。

7.2.2 新型农业经营主体购买农业机械的关键因素分析

1. 数据来源与样本分析

(1)数据来源 本研究采用问卷调查法收集实际数据,在理论分析、咨询领域专家和预调研基础上,形成最终调查问卷。问卷的核心内容是围绕新型农业经营主体基本信息、农业机械认知需求、农业机械应用行为等。

本次调研利用大学生暑假返乡及社会实践期间进行,调查人员为在读本科生和研究生,经挑选后于 2016 年暑假放假前统一进行培训,包括问卷内容讲解培训、调查方法以及调查注意事项等内容。调研总共发放新型农业经营主体问卷 100 份,逐个进行问卷检查与筛选,剔除数据缺失、异常值等无效问卷后,最终获得有效问卷 58 份,问卷有效收回率为 58.0%。样本涉及安徽、浙江、内蒙古、山东、河北、河南、黑龙江等 14 个省(区、市),覆盖了我国主要农业生产区域。样本总体分布广泛均匀,具有很好的代表性,能够很好地支持本研究的分析。

(2)基本信息分析 新型农业经营主体注册成立时间分布如图 7-16 所示。只有 5.2%的新型农业经营主体是在 2005 年之前注册成立的,在 2013 年和 2014 年注册成立的新型农业经营主体最多,占总样本的 34.5%,其次有 8 个新型农业经营主体在 2010 年注册成立,总计有 75.9%的新型农业经营主体是在 2010—2016 年间注册成立的。这与国家不断出台农业支持政策有关,引导社会关注农业、重视农业和参与农业。此外,随着我国土地政策的不断完善,土地流转现象逐渐增加,适合发展规模农业或大农业,从而倒逼着新型农业经营主体相继成立,以满足现代农业发展需求。这些新型农业经营主体以生产主体农户牵头组建为主,占总样本的 77.6%,其中由种植大户和普通农户牵头成立的新型农业经营主体分别占到 50.0%和 27.6%,而由企业和政府主导成立的新型农业经营主体分别占到 13.8%和 8.6%。这说明大部分新型农业经营主体的成立是由农户在生产实践中根据需求而成立的,所成立的新型农业经营主体能够很好地服务农业生产,且具有明确的目的,对于农业生产具有显著的促进作用。

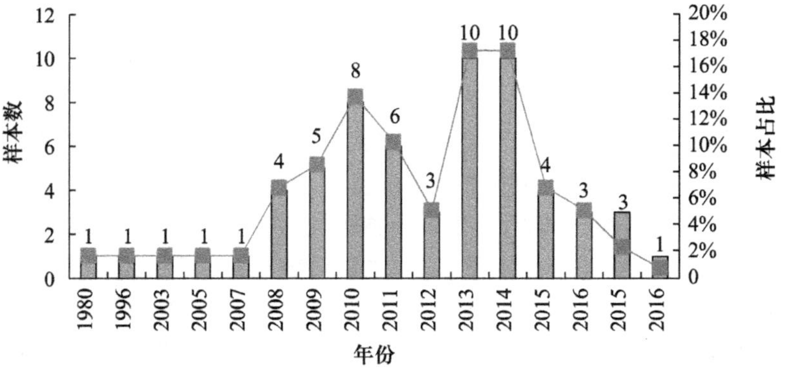

图 7-16 新型农业经营主体注册成立时间

根据调查数据显示,有 58.6%的新型农业经营主体为农户提供产销一体化综合服务,其次有 15.5%和 12.1%的新型农业经营主体分别以提供生产技术服务和农产品销售服务为主。这说明由于农户在农业生产过程中会遇到不同问题需要解决,所以而新型农业经营主体为农户提供的服务内容也由当初成立时的单一服务项目逐渐向提供多元化服务内容转化。

由于地理区域、服务内容和经营管理等因素影响，不同新型农业经营主体发展规模有所差异。从新型农业经营主体耕地覆盖面积来看(表 7-9)，有 36.2%的新型农业经营主体覆盖面积小于 50 亩，有 48.3%的新型农业经营主体覆盖面积小于 100 亩，这些都属于小规模新型农业经营主体；覆盖耕地面积大于 100 亩而小于 500 亩的中规模新型农业经营主体占到 25.8%；覆盖耕地面积大于 500 亩的大规模新型农业经营主体占到 25.9%。

从新型农业经营主体带动周围农户数量来看(表 7-9)，有 34.5%的新型农业经营主体吸纳农户数量不足 10 户；吸纳农户数大于 10 而小于 100 的中等规模新型农业经营主体占到 46.6%；其余 18.9%的新型农业经营主体具备较强吸纳农户的能力，吸纳农户数量大于 100 户，甚至还有 8.6%的新型农业经营主体具有带动超过 200 户农户的能力。新型农业经营主体覆盖耕地面积和吸纳农户数不仅可以反映新型农业经营主体的发展规模与运营能力状况，更是衡量新型农业经营主体在当地农业生产中影响力的一项重要指标。随着新型农业经营主体服务农户数越来越多，在当地周围影响力越来越大，其为农户提供的服务内容也发生相应变化，从而对于现代农业生产产生了巨大促进作用。

表 7-9 新型农业经营主体覆盖面积与带动农户情况

特征	特征属性	频率	比例/%	累计占比/%
覆盖面积/亩	<50	21	36.2	36.2
	51～100	7	12.1	48.3
	101～200	9	15.5	63.8
	201～500	6	10.3	74.1
	>500	15	25.9	100.0
吸纳农户数/户	<10	20	34.5	34.5
	11～50	16	27.6	62.1
	51～100	11	19.0	81.0
	101～200	6	10.3	91.4
	>200	5	8.6	100.0

2. 新型农业经营主体购买农机模型理论与变量

交叉列联表分析主要用于对分类数据进行描述和分析，可以利用统计分析对分类变量之间的相关性进行假设检验和度量，是分析两个分类变量(名义变量或者定序变量)之间关系的基本统计方法。采用此方法可以对新型农业经营主体购买农业机械行为的影响因素进行分析(陈曦，2012；陈利霞和王杜春，2014)。在进行交叉分析时，常用 Pearson 卡方统计量进行独立性检验，Pearson 卡方统计量公式如下(胡博，2013)：

$$\chi_p^2 = \sum_{i=1}^{r}\sum_{j=1}^{c}\frac{(n_{ij}-E_{ij})^2}{E_{ij}} \qquad \text{公式(7-2)}$$

其中，n_{ij} 为交叉表中第(i,j)个单元中的观察频数，E_{ij} 为交叉表中第(i,j)个单元中的期望频数，且 Pearson 卡方统计量服从自由度为$(r-1)(c-1)$的卡方分布。

当列联表为 2×2(2 行 2 列)时，则用 φ 系数表示 2 个变量的相关性，即：

$$\varphi = \sqrt{\frac{\chi^2}{n}} \qquad \text{公式(7-3)}$$

其中，$0 \leqslant \varphi \leqslant 1$，当 φ 越接近 1，表示 2 个变量完全性越大。

当列联表为 $r \times c(r>2$ 或 $c>2)$ 时，则用 V 系数表示 2 个变量的相关性，即：

$$V=\sqrt{\frac{\chi^2}{n \times \min[(r-1),(c-1)]}} \quad \text{公式(7-4)}$$

其中，$0 \leqslant V \leqslant 1$，当 V 越接近 1，表示 2 个变量完全性越大。

根据 φ 或 V 系数值的大小，可将变量间相关性定义如下：

$$\begin{cases} \varphi \text{ 或 } V=0\text{，完全不相关；} \\ 0<\varphi \text{ 或 } V \leqslant 0.3\text{，弱相关；} \\ 0.3<\varphi \text{ 或 } V \leqslant 0.5\text{，中相关；} \\ 0.5<\varphi \text{ 或 } V<1\text{，强相关；} \\ \varphi \text{ 或 } V=1\text{，完全相关。} \end{cases} \quad \text{公式(7-5)}$$

由于交叉列联表分析是基于离散型变量之间的统计分析方法，所以需要将连续型变量进行离散化，叉表中新型农业经营主体购买农业机械行为特征与潜在影响因素的标准化定义赋值如表 7-10 所示。

表 7-10　变量离散化与定义

变量		定义与赋值
	购买农业机械行为	已购买＝1，未购买＝0
基本特征	成立时间	2000 年及以前＝1，2001—2005 年＝2，2006—2010 年＝3，2011—2015 年＝4，2016 年＝5
	耕地面积	小于或等于 50 亩＝1，51～100 亩＝2，101～200 亩＝3，200～500 亩＝4，大于 500 亩＝5
	吸纳农户	小于或等于 10 户＝1，11～50 户＝2，51～100 户＝3，101～200 户＝4，大于 200 户＝5
	牵头主体	种植大户＝1，普通农户＝2，政府＝3，企业＝4，其他＝5
自然环境	土壤类型	壤土＝1，砂土＝2，黏土＝3
	地形地貌	高原＝1，山地＝2，丘陵＝3，盆地＝4，平原＝5
农机作业	作业质量	非常不满意＝1，不满意＝2，一般＝3，满意＝4，非常满意＝5
	收费情况	非常不满意＝1，不满意＝2，一般＝3，满意＝4，非常满意＝5
	服务态度	非常不满意＝1，不满意＝2，一般＝3，满意＝4，非常满意＝5
政策环境	政策支持	是＝1，否＝0
	扶持新型农业经营主体政策	是＝1，否＝0
	了解农机购置补贴	是＝1，否＝0
	获得农机购置补贴	是＝1，否＝0

3. 结果分析与讨论

利用 SPSS21.0 的数据交叉分析及卡方检验功能，完成对不同因素影响新型农业经营主体购买农业机械行为的分析。受篇幅限制，本节没有详细给出每个影响因素的样本交叉表，只给出 Pearson 卡方值、自由度（df）、φ 系数、V 系数和相应的 P 值，分析结果如表 7-11 所示。

表 7-11 影响因素卡方检验结果及相关系数

项目	变量	Pearson 卡方值	*df*	*φ* 系数	*V* 系数	*P* 值
基本特征	成立时间	9.258	4	0.400	0.400	0.54
	耕地面积*	15.210	4	0.512	0.512	0.004
	吸纳农户*	9.847	4	0.412	0.412	0.043
	牵头主体	9.459	4	0.404	0.404	0.051
自然环境	土壤类型*	14.785	3	0.505	0.505	0.002
	地形地貌	4.398	3	0.275	0.275	0.222
农机作业	作业质量*	34.125	3	0.744	0.744	0.000
	收费情况*	33.917	4	0.765	0.765	0.000
	服务态度*	28.777	4	0.704	0.704	0.000
政策环境	政策支持*	17.914	1	0.556	0.556	0.000
	扶持新型农业经营主体政策*	6.727	1	0.329	0.329	0.043
	了解农机购置补贴*	13.317	1	0.479	0.479	0.000
	获得农机购置补贴*	6.254	1	0.328	0.328	0.012

注：* 表示在 5%水平上显著，即 $P<0.05$。

从交叉列联表分析结果可以看出，耕地面积、吸纳农户、土壤类型、作业质量、收费情况、服务态度、政策支持、扶持新型农业经营主体政策、了解农机购置补贴和获得农机购置补贴 10 个变量通过 5%水平的显著性检验，即拒绝原假设，说明这 10 个变量与新型农业经营主体购买农业机械行为具有相关性。其中，耕地面积、土壤类型、作业质量、收费情况、服务态度和政策支持 6 个变量与新型农业经营主体购买农业机械行为存在较强相关性；吸纳农户、扶持新型农业经营主体政策、了解农机购置补贴和获得农机购置补贴 4 个变量与新型农业经营主体购买农业机械行为存在中相关性；而成立时间、牵头主体和地形地貌 3 个变量没有通过显著性检验，即这 3 个变量与新型农业经营主体购买农业机械行为不存在显著相关性。

7.3 基于社会效率提升的农业支持政策传导机制

随着“互联网+”与农业领域的深度融合，智慧农业和智能农业不断被提出来，这些未来农业的发展均以信息技术为基础和关键实现手段，信息技术将成为未来提升农业生产效率的主要技术。在我国，农业信息化、现代化是以后的重要发展方向，而作为现代农业发展重要组成部分的设施蔬菜信息技术是农业信息化的典型代表，已成为现代农业发展中科研投入力度最大和发展最为迅速的部分。信息技术是一种高效智能型农业技术，是在普通设施蔬菜的基础上，与现代传感器技术、自动控制技术、计算机技术、通信技术等现代技术和多个学科领域知识相结合，主要应用于蔬菜生产环境、作为生长、病虫害防治等方面的监测和控制（唐静，2011）。信息技术的使用不仅可以提高产量和品质，提高土地、肥料、水和农药等资源的利用率，还可以节约劳动力、保护生态环境、改善劳动环境和耕作方式。同时，信息技术改变了传统蔬菜种植模式，实现环境监测和自动控制，有效地提高蔬菜产量质量并保护生态环境。由此可见，信息技术发展前景广阔，机遇难得，同时要注意科学引导，正确应用于生产。

7.3.1 农业信息技术对传统农业改造机理分析

1. 农业信息技术概念与分类

农业信息技术(agricultural information technology,AIT)是信息技术与农业的有机结合,是现代农业发展的一个重要方向(张黎,2006)。它是以现代信息科学、系统科学、控制论为理论基础,利用现代传感器技术、自动控制技术、计算机技术、通信技术等现代技术实现对传统农业生产、管理经营、加工、运输流通等环节进行方式转变,能够显著提高农业生产效率(张标,2014)。农业生产环节是提高农业生产效率的关键点,将信息技术应用于生产环境、作为生长、病虫害防治、节水灌溉等方面的监测和控制,不仅可以提高农业产量和品质,提高土地、肥料、水和农药等资源的利用率,还可以节约劳动力、保护生态环境、改善劳动环境和耕作方式,同时改变传统农业生产模式,加速实现由传统农业向现代农业的转变。因此,本研究以农业生产信息技术为研究对象,本节中所出现的"农业信息技术"和"信息技术"均指农业生产信息技术。农业信息技术从不同的角度可分为不同的类型,按照信息流的环节可分为信息采集技术、信息传输技术、信息处理技术、信息管理技术、信息服务技术和信息应用技术(李道亮和张立伟,2007),按照信息技术类型可分为物联网技术、大数据分析与应用技术、云计算技术和移动互联技术,按照信息处理方式可分为信息感知技术、信息传输技术、信息处理技术和信息应用技术(图 7-17)。

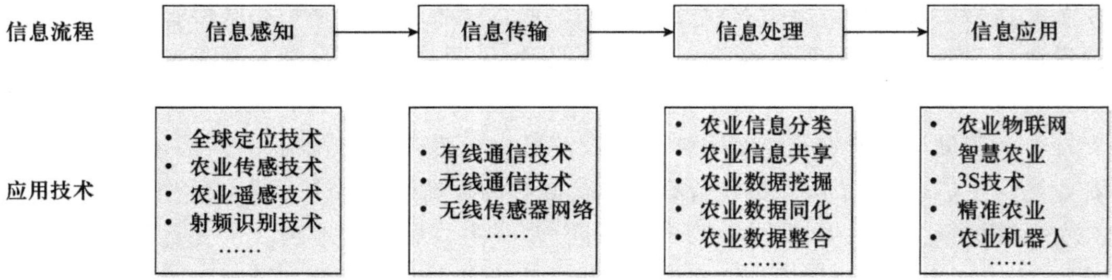

图 7-17 农业信息技术分类

2. 信息技术对传统农业改造路径

信息技术在农业中的广泛应用,改变了传统农业生产方式,是实现由传统农业向现代农业跨越的关键路径。信息技术对传统农业改造路径如图 7-18 所示。传统农业由于以粗放式生产为主,导致生产效率低、劳动强度高、资源利用率低、生产环境污染和农产品品质差等诸多问题。这些问题与社会发展产生巨大矛盾,进而产生技术需求,迫切需要能够解决这些问题的农业生产技术。随着信息技术的快速发展,特别是"互联网+"与各个行业的深度融合,促进高校、企业、研究所等农业生产技术研究单位在技术需求的诱导下对农业信息技术进行研发与改进。一方面,农业信息技术直接应用传统农业,实现提升农产品品质、提高劳动效率、改变生产方式、改善劳动环境、节约投入要素和提高产量等目标,进一步促进了传统农业向现代农业的转变;另一方面,农业信息技术的应用可以改变和重塑生产者的生产思路,提高环保意识,树立精细化管理、节约化投入和"质与量"并重的新农业生产理念,满足社会发展需求和符合农业发展趋势,是实现由传统农业向现代农业转变的主要组成部分。当然,信息技术对传统农业的改造并不是立刻就能完成的。这是一个不断变化递进螺旋式上升的长期过程，需要有一定的时间周期才能完成，但是如果能够加快农业信息技术研发、提高推广扩散速率和正确应用实践，就能够大大缩短这一过程。因此，如何提高农业信息技术推广扩散速率和正确应用实践是实现由传统农业向现代农业转变的关键路径。

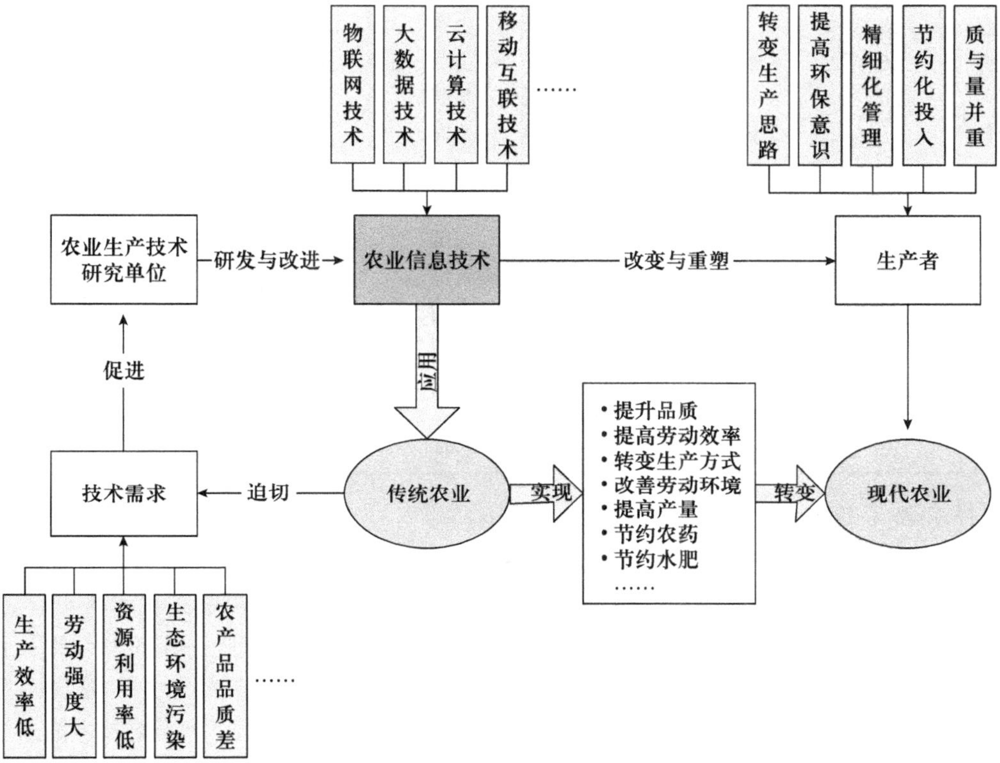

图 7-18　信息技术对传统农业改造路径

7.3.2　农户对农业信息技术采纳意愿影响因素分析

7.3.2.1　数据来源与样本分析

1. 数据调研与分布

本研究采用问卷调查法收集实际数据，在理论分析、咨询领域专家和预调研基础上，形成最终调查问卷。问卷的核心内容是围绕户主及家庭基本信息、农业技术需求、信息技术认知及采纳意愿等内容。利用大学生暑假返乡及社会实践期间进行调研，调查人员为在读本科生和研究生。调研总共发放农户问卷 1 000 份，逐个进行问卷检查与筛选，剔除数据缺失、异常值等无效问卷后，最终获得有效问卷 703 份，问卷有效收回率为 70.3%。

2. 样本分布

本次调研问卷涉及安徽、北京、福建、甘肃、广西、贵州、海南、河北、河南、黑龙江、湖北、湖南、吉林、江苏、江西、辽宁、内蒙古、山东、山西、陕西、上海、四川、天津、西藏、新疆、云南、浙江和重庆 28 个省(区、市)的 191 个县(区)，分 210 个乡(镇)的 267 个村。样本覆盖了我国大部分省(区、市)，包括主要的农业生产地区，其中对农业大省山东、河北、河南等进行重点调研(表 7-12)。

表 7-12　2014 年农业信息技术调研样本频率分布情况

省(区、市)	频数	百分比/%	累计百分比/%	省(区、市)	频数	百分比/%	累计百分比/%
安徽	30	4.3	4.3	辽宁	19	2.7	55.5
北京	8	1.1	5.4	内蒙古	46	6.5	62.0
福建	28	4.0	9.4	山东	73	10.4	72.4
甘肃	45	6.4	15.8	山西	16	2.3	74.7
广西	20	2.8	18.6	陕西	29	4.1	78.8
贵州	18	2.6	21.2	上海	2	0.3	79.1
海南	4	0.6	21.8	四川	44	6.3	85.3
河北	80	11.4	33.1	天津	10	1.4	86.8
河南	23	3.3	36.4	西藏	7	1.0	87.8
黑龙江	33	4.7	41.1	新疆	7	1.0	88.8
湖北	12	1.7	42.8	云南	38	5.4	94.2
湖南	15	2.1	45.0	浙江	20	2.8	97.0
吉林	20	2.8	47.8	重庆	21	3.0	100.0
江苏	16	2.3	50.1				
江西	19	2.7	52.8	合计	703	100.0	

3. 样本基本信息

在农业信息技术调研样本中，有 69.6%的家庭是以男性为户主，其余 30.4%的家庭是以女性为户主，说明还是男性户主家庭较多。从户主受教育程度来看，初中文化水平群体占比最大，为 33.5%；其次有 25.1%的户主是高中文化水平；只有 10.2%的户主具有大专及以上文化水平，受过高等教育的家庭不多；此外还有 31.2%的户主是小学及以下文化水平，这说明农户受教育水平程度普遍偏低，这使得农户对新技术的认知和接纳能力有限，不利于对技术的采纳。

从表 7-13 可知，户主年龄主要集中在 41～50 岁范围，占总样本的 48.2%；其次有 18.9%的农户年龄在 51～60 岁，年龄小于 40 岁的青壮年占到 25.5%；另外还有 52 个样本的年龄大于 61 岁，总样本的平均年龄在 45.9 岁。这说明农户年龄适中，略微偏大。在农业收入占家庭总收入比重方面，有 18.8%的农户家庭收入低于 1/5 来源于农业收入，其次有 20.6%的农户家庭收入中的 21%～40%来源于农业收入，说明这 39.4%的农户家庭主要收入来源于非农收入，农业生产对家庭收入影响不大；有 34.7%的农户家庭收入的 60%以上来源于农业收入，这说明这些家庭收入主要来源于农业收入，农业生产情况能够显著影响家庭收入，进而影响农户生活水平，对于这些农户家庭来说，其承担较大的农业生产风险。

表 7-13　样本年龄与农业收入占比频率分布

年龄/岁	频数/个	百分比/%	累计百分比/%	农业收入占比	频数/个	百分比/%	累计百分比/%
≤30	75	10.7	10.7	≤20%	132	18.8	18.8
31～40	104	14.8	25.5	21%～40%	145	20.6	39.4
41～50	339	48.2	73.7	41%～60%	182	25.9	65.3
51～60	133	18.9	92.6	61%～80%	125	17.7	83.0
≥61	52	7.4	100.0	81%～100%	120	17.0	100.0
合计	703	100.0		合计	703	100.0	

从表7-14可知，从事农业生产人员的平均年龄以41～50岁群体为主，占到总样本的52.7%；其次有20.1%的家庭从事农业生产人员平均年龄在31～40岁；此外，家庭从事农业生产人员平均年龄在20～30岁和大于61岁的家庭极少，总计占总样本的8.8%。这说明一般家庭从事农业生产人员的年龄符合农业生产，既有农业生产经验，又有能力从事农业生产。在家庭从事农业生产人员最高学历方面，有40.8%处于高中水平，其次有32.8%处于初中水平，这些家庭共占总样本的73.6%；最高学历只有小学文化的家庭有13.1%；受过高等教育的家庭占13.3%。与户主受教育水平相比较，就可以发现家庭从事农业生产人员最高学历明显高于户主受教育水平，这说明户主并不是家庭中受教育程度最高的成员，但是户主在家庭决策中具有决定作用。

表7-14　家庭中从事农业生产人员平均年龄和学历

平均年龄/岁	频数/个	百分比/%	累计百分比/%	最高学历	频数/个	百分比/%	累计百分比/%
20～30	16	2.3	2.3	小学	92	13.1	13.1
31～40	139	20.1	22.4	初中	231	32.8	45.9
41～50	365	52.7	75.1	高中	287	40.8	86.7
51～60	127	18.4	93.5	大专	63	9.0	95.7
≥61	45	6.5	100.0	本科	30	4.3	100.0
合计	703	100.0		**合计**	703	100.0	

从农业生产特征（表7-15）可知，有184户农户参加了农业生产专业合作社，占总样本的26.1%，其余73.9%的农户则没有参加合作社，这说明参加合作社的农户不多。在农业生产示范户方面，只有11.6%农户属于农业生产示范户，而其余88.4%的农户不是示范户。示范户往往能够采纳先进农业技术进行示范，并积极带动周围农户从事农业生产。在农户是否接受过农业技术培训方面，有138个农户反映他们曾经参加过农业技术培训，占总样本的19.7%，而其余80.3%的农户则反映从未接受过农业技术培训，这说明农业技术培训比例较低。在新型农业技术的推广扩散初期，农户不了解技术信息，而通过技术培训能够提高农户对技术的认知程度，从而促进其对技术的采纳应用。但是目前农业技术培训覆盖率不高，这在一定程度上影响了我国新型农业生产技术的推广应用。

表7-15　农业生产特征

特征	特征属性	频数	占比/%
参加合作社	参加	184	26.1
	没参加	519	73.9
农业生产示范户	示范户	82	11.6
	非示范户	621	88.4
接受技术培训	有	138	19.7
	没有	565	80.3

7.3.2.2　农户采纳农业信息技术的研究框架与假说

本研究基于计划行为理论和技术接受模型，结合以往众多学者对农户采纳技术行为及影响因素的研究，提出如图 7-19 所示的研究框架，并提出如下 6 点假说。

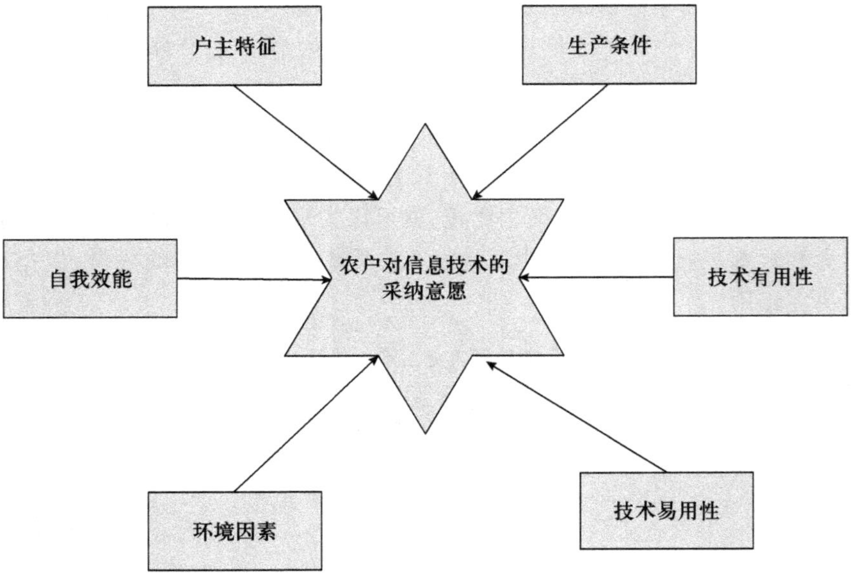

图 7-19　农户对信息技术采纳意愿的影响因素研究框架

H1：户主特征能够影响农户对信息技术的采纳意愿，这类潜在影响因素属于农户的内在属性，即内在影响因素。

H2：生产条件能够影响农户对信息技术的采纳意愿，这类潜在影响因素也属于农户的内在属性，即内在影响因素。

H3：技术有用性能够影响农户对信息技术的采纳意愿，这类潜在影响因素是农户对技术认知，属于技术特征。

H4：技术易用性能够影响农户对信息技术的采纳意愿，这类潜在影响因素是农户对技术认知，属于技术特征。

H5：环境因素能够影响农户对信息技术的采纳意愿，这类潜在影响因素是农户所处的外在环境，属于外部环境因素。

H6：自我效能能够影响农户对信息技术的采纳意愿，这类因素是农户的自我主观认知和感知，受到农户主观意识影响，属于主观认知因素。

7.3.2.3　农户对农业信息技术采纳的模型构建与变量解释

根据技术接受模型，构建如下农户对农业信息技术采纳意愿 Logistic 模型：

$y=f(x)$

$=f$(户主特征，生产条件，技术有用性认知，技术易用性认知，环境因素，自我效能)

公式(7-6)

其中，y 为农户对农业信息技术的采纳意愿，当 $y=1$ 时，表示农户愿意采纳农业信息技术；当 $y=0$ 时，表示农户不愿意采纳农业信息技术。x 为影响农户对农业信息技术采纳意愿的各种因素，本研究共选择户主特征(年龄、受教育程度、种植经验)、生产条件(示范户、参加合作社、接受技术培训、获得补贴)、技术有用性认知(比较有用、提高产量、节约劳动力、方便管理、改善环境)、技术易用性认知(容易掌握、信息获取、有机会培训、投入成本)、环境因素(政府支持、周围有人用)和自我效能(资金储备、能力信心、风险偏好)6大类21个潜在影响因素,具体各潜在影响因素在模型中自变量的定义及预测对农户采纳行为和未来采纳意愿影响方向如表7-16所示。

表7-16 农户对农业信息技术采纳意愿模型中变量定义及影响预测方向

变量		定义	预测方向
农业信息技术采纳意愿		愿意采纳=1,不愿意未采纳=0	
户主特征	年龄	户主年龄/年	不确定
	受教育程度	户主的受教育程度;未接受教育=1,小学=2,初中=3,高中=4,大专及以上=5,本科及以上=6	正向
	种植经验	农户从事农业生产年限/年	不确定
生产条件	示范户	是否是农业生产示范户:是=1,否=0	正向
	参加合作社	是否参加合作社:是=1,否=0	正向
	接受技术培训	是否接受过农业技术培训:是=1,否=0	正向
	获得补贴	是否得到过政府补贴:是=1,否=0	正向
技术有用性认知	比较有用	反映农户对信息技术效用的认知,非常没用=1,比较没用=2,中立=3,比较有用=4,非常有用=5	正向
	提高产量	反映农户对信息技术提高产量的认知,非常没用=1,比较没用=2,中立=3,比较有用=4,非常有用=5	正向
	节约劳动力	反映农户对信息技术能够提高劳动力的认知,非常没用=1,比较没用=2,中立=3,比较有用=4,非常有用=5	正向
	方便管理	反映农户对信息技术提高管理效率的认知,非常没用=1,比较没用=2,中立=3,比较有用=4,非常有用=5	正向
	改善环境	反映农户对信息技术能改善生产环境的认知,非常没用=1,比较没用=2,中立=3,比较有用=4,非常有用=5	正向
技术易用性认知	容易掌握	反映农户对农业信息技术操作难易的感知,非常难掌握=1,比较难掌握=2,中立=3,比较易掌握=4,非常易掌握=5	正向
	信息获取	反映农户能否顺畅地获取相关信息,非常易获得=1,比较易获得=2,中立=3,比较难获得=4,非常难获得=5	负向
	有机会培训	反映农户能否得到农业信息技术培训,非常难获得=1,比较难获得=2,中立=3,比较易获得=4,非常易获得=5	正向
	投入成本	农业信息技术需要投入较大成本,非常不同意=1,不同意=2,中立=3,同意=4,非常同意=5	负向
环境因素	政府支持	反映农户感受到的政策因素的支持,非常不支持=1,比较不支持=2,中立=3,比较支持=4,非常支持=5	正向
	周围有人用	反映农户周围社会群体对农业信息技术的态度,非常不支持=1,比较不支持=2,中立=3,比较支持=4,非常支持=5	正向

续表7-16

变量		定义	预测方向
自我效能	资金储备	反映农户对自身所具备采用农业信息技术的资金储备信心，非常不自信＝1，比较不自信＝2，中立＝3，比较自信＝4，非常自信＝5	正向
	能力信心	反映农户对自身所具备采用农业信息技术的能力信心，非常不自信＝1，比较不自信＝2，中立＝3，比较自信＝4，非常自信＝5	正向
	风险偏好	反映生产者对风险的态度偏好，非常不愿冒险＝1，比较不愿冒险＝2，中立＝3，比较愿意冒险＝4，非常愿意冒险＝5	正向

农户对农业信息技术采纳意愿模型中变量的描述性统计如表7-17所示，总共有703个样本，其中在今后愿意或继续采纳农业信息技术的样本有494个，在今后不愿意继续采纳农业信息技术的样本209个，技术采纳意愿率为70.27%。在户主特征中，愿意采纳者的平均年龄大于不愿采纳者0.6岁；种植经验也是愿意采纳者的更长，总体样本的平均种植年限为16.44岁；受教育程度均是以初中为主，但是不愿采纳者却比愿意采纳者略高一些。在农户从事农业生产条件中，愿意采纳样本在示范户、参加合作社、接受技术培训和获得补贴方面均高于不愿采纳样本的均值。在技术有用性认知的5个变量中，愿意采纳农业信息技术样本均高于不愿采纳样本的均值，其总体样本均值表明农户对农业信息技术的有用性较为接受。但是，从技术易用性认知的4个变量的总体样本均值可以看出，农户认为农业信息技术虽然有用但却很难应用，其中在容易掌握和投入成本2个变量方面，愿意采纳样本的均值高于不愿采纳样本的均值；而信息获取和有机会培训2个变量情况却相反。在环境因素中，政府支持略超过一半，但是农户周围群体对农业信息技术应用的支持度却低于50%。在自我效能方面，愿意采纳农业信息技术的农户对自己所具备的资金和能力更自信，但是不愿采纳者更喜欢冒风险。

表7-17　农户对农业信息技术技术采纳意愿模型中变量的描述性统计（$N=703$）

变量	愿意采纳者（$N=494$）		不愿采纳者（$N=209$）		总样本（$N=703$）	
	Mean	Std. Dev.	Mean	Std. Dev.	Mean	Std. Dev.
户主特征						
年龄	46.52	10.14	45.65	12.45	46.25	10.90
受教育程度	3.10	1.21	3.15	1.40	3.11	1.27
种植经验	16.84	14.93	15.57	16.56	16.44	15.45
生产条件						
示范户	0.12	0.32	0.05	0.23	0.10	0.30
参加合作社	0.22	0.42	0.21	0.41	0.22	0.41
接受技术培训	0.19	0.39	0.15	0.36	0.18	0.38
获得补贴	0.86	0.34	0.84	0.37	0.86	0.35
技术有用性认知						
比较有用	4.06	0.93	3.90	1.00	4.01	0.95

续表7-17

变量	愿意采纳者（$N=494$）		不愿采纳者（$N=209$）		总样本（$N=703$）	
	Mean	Std. Dev.	Mean	Std. Dev.	Mean	Std. Dev.
提高产量	4.18	0.91	4.11	1.10	4.16	0.98
节约劳动力	4.18	0.93	4.15	0.98	4.17	0.94
方便管理	4.01	0.93	3.81	0.96	3.95	0.94
改善环境	3.85	0.96	3.62	1.10	3.78	1.01
技术易用性认知						
容易掌握	2.98	1.21	2.92	1.29	2.96	1.23
信息获取	2.86	1.31	2.90	1.51	2.87	1.37
有机会培训	2.92	1.26	2.93	1.18	2.92	1.24
投入成本	2.48	1.09	2.23	1.10	2.41	1.10
环境因素						
政府支持	2.97	1.17	2.82	1.24	2.93	1.19
周围有人用	2.25	1.23	2.30	1.46	2.26	1.30
自我效能						
资金储备	2.45	1.12	2.23	1.20	2.39	1.14
能力信心	2.90	1.16	2.80	1.10	2.87	1.15
风险偏好	2.74	1.18	3.01	1.43	2.82	1.26

7.3.2.4 模型估计与结果分析

本模型的实际数据计算是利用SPSS21.0软件完成的。为了能够准确找出关键影响农户愿意采纳农业信息技术的因素，在使用模型分析结果之前，需要判断所构建模型的模型解释与实际情况是否相符，这就需要对模型进行整体评价和检验。

1. 模型整体评价

本研究中选择了所有变量强行进入模型。从表7-18中可以看出，模型卡方统计量为148.959，自由度为21，对应的P值为0.000，则拒绝所有回归系数都等于0的原假设，认为模型整体是显著的。从表7-19中可以看出，模型对数似然比统计量为140.644，Cox-Snell R^2和Nagelkerke R^2统计量的值分别为0.469和0.663，表明模型整体有效。

表7-18 模型系数的综合检验

项目	卡方统计量(Chi-square)	自由度(df)	P值(Sig.)
步骤	148.959	21	0.000
块	148.959	21	0.000
模型	148.959	21	0.000

表7-19 模型对数似然比与拟合优度评价

Step	−2 Log likelihood	Cox-Snell R^2	Nagelkerke R^2
1	140.644	0.469	0.663

从表 7-20 错判矩阵可以看出，对不愿意采纳农业信息技术的 209 个样本，正确预测率为 72.2%；对于愿意采纳农业信息技术的 494 个样本，正确预测率为 84.6%；模型的整体预测正确率为 80.9%，表明模型的预测能力较强。因此，从模型卡方统计量、对数似然比、拟合优度和预测能力 4 个指标的评估结果来看，所构建的农户对农业信息技术采纳意愿模型整体较好。

表 7-20　模型的错判矩阵

观测值		预测值		
		是否愿意采纳农业信息技术		正确率
		0	1	
是否愿意采纳农业信息技术	0	151	58	72.2%
	1	76	418	84.6%
整体正确率				80.9%

2. 模型估计结果与分析

农户对农业信息技术采纳意愿的 Logistic 模型回归结果如表 7-21 所示，表中给出每个自变量在模型回归中的系数（B）、标准误差（S. E.）、Wald 统计量（Wald）、自由度（df）、P 值（Sig.）和发生比率[Exp(B)]。

在模型中，回归系数的显著性检验采用 Wald 检验法进行。在引入的 21 个自变量中，有 12 个自变量在 10%的显著性水平下，其 P 值（即 Sig.）均小于给定的显著性水平，表明模型中这些自变量的回归系数显著不为 0，即这些自变量在模型中都是显著的，说明这些因素能够显著影响农户对农业信息技术的采纳意愿。

（1）户主特征　①在户主特征中，年龄变量的回归系数为−0.099，且在 5%水平上显著，说明年龄越大的农户，越不愿意采纳信息技术。这主要是因为年龄越大的农户，其传统生产经验由于长时间积累而非常丰富，所以导致生产者墨守经验而对新技术产生抵触，其接受新鲜事物越慢，对于农业新技术的接受也就越困难，也就更加习惯使用常规生产技术，从而阻碍了农户采纳新的技术。这就很好地解释了年龄偏大的农户对信息技术这种新技术的采纳意愿不强烈。这一点前人也有相似的研究结论（唐博文，2010；冯建英，2013）。②受教育程度变量在 5%水平上显著且回归系数为正，这说明受教育程度越高的农户越愿意采用农业信息技术。这是因为受教育水平较高的农户，他们认识、学习和使用新技术的能力相对较强，对农业新技术更加了解，很容易迈过技术壁垒，从而更愿意采纳新技术。③虽然种植经验变量的回归系数为负数，但此项没有通过显著性检验，这说明农户的种植经验对其采纳农业信息技术行为没有显著影响。

表 7-21　农户对农业信息技术采纳意愿的 Logistic 模型回归结果（N=703）

变量	B	S. E.	Wald	df	Sig.	Exp (B)
常量***	−14.433	3.614	15.951	1.000	0.000	0.000
户主特征						
年龄**	−0.099	0.040	5.969	1.000	0.015	1.104
受教育程度**	1.323	0.564	5.511	1.000	0.019	3.756
种植经验	−0.011	0.038	0.087	1.000	0.768	0.989

续表 7-21

变量	*B*	S. E.	Wald	*df*	Sig.	Exp (*B*)
生产条件						
示范户***	1.127	0.361	9.736	1.000	0.002	3.086
参加合作社**	0.491	0.227	4.684	1.000	0.030	1.634
接受技术培训	−1.456	1.095	1.769	1.000	0.183	0.233
获得补贴**	1.274	0.594	4.595	1.000	0.032	3.576
技术有用性认知						
比较有用	−0.234	0.410	0.327	1.000	0.567	0.791
提高产量**	1.049	0.535	3.853	1.000	0.050	2.856
节约劳动力*	0.921	0.483	3.638	1.000	0.056	2.513
方便管理	0.203	0.472	0.186	1.000	0.667	1.225
改善环境	−0.521	0.386	1.825	1.000	0.177	0.594
技术易用性认知						
容易掌握	0.195	0.389	0.252	1.000	0.616	1.216
信息获取*	−1.102	0.435	6.400	1.000	0.011	0.332
有机会培训***	0.937	0.347	7.291	1.000	0.007	2.554
投入成本***	−1.026	0.394	6.772	1.000	0.009	0.358
环境因素						
政府支持	0.108	0.363	0.088	1.000	0.767	1.114
周围有人用**	0.905	0.401	5.086	1.000	0.024	2.472
自我效能						
具备资金	0.114	0.325	0.124	1.000	0.725	1.121
能力足够*	0.224	0.134	2.782	1.000	0.095	1.251
喜欢冒险	0.251	0.294	0.728	1.000	0.394	1.285

注：*，**，*** 分别表示在 10%，5%，1%水平上显著。

（2）生产条件　①在生产条件的 4 个变量中，只有接受技术培训变量没有通过显著性检验，这说明农户是否曾经接受过农业技术培训对其采纳农业信息技术行为没有显著影响。②示范户变量的回归系数为 1.127，且在 1%水平上显著，这说明农户属于示范户对其采纳农业信息技术具有显著促进作用，由发生比率 Exp(*B*)为 3.086 可知，示范户愿意采纳农业信息技术的可能性是非示范户的 3.086 倍，示范户对农户采用农业信息技术意愿影响强烈。③参加合作社变量的回归系数为 0.491，Exp(*B*)为 1.634，且在 5%水平上显著，说明参加合作社可以促进农户对农业信息技术采纳行为的发生，即有助于信息技术的推广扩散，且参加合作社的农户采纳农业信息技术意愿比没有参加合作社农户高 63.4%。究其原因，一方面一般技术推广部门或企业首先会与合作社联系，提供较为准确的信息，参加合作社的农户可以获取较多关于新技术的信息，能够完善对技术的认知，同时可以有更多机会观摩别人的试验效果；另一方面合作社是农业经济合作新型农业经营主体，是由几个到几百个农户参与组成，实力相对农户个体来说较为强大，由合作社提供免费试用或部分补贴，分担了农户前期大量资金投入压力，从而降低了用户对生产方式改变有可能带来的风险。④获得补贴变量的回归系数为 1.274，Exp(*B*)为 3.576，且在 5%水平上显著，这说明获得资金补贴的农户在采纳农业信息技术方面表现出更强烈的意愿倾向，且如果农户获得资金补贴，则采纳意愿发生比将提高2.576倍，促进作用非常巨大。这是由于小规模经营农户的资金能力有限，资金补贴在一定程度上降低了采纳新技术的高成本壁垒，另外也降低了农户采纳新技术所带来的潜在风险，这就会促进一部分农户跨越技术采用障碍，从而提高了农户采纳农业新技术的概率。

(3)技术有用性认知　①在技术有用性认知方面，提高产量变量的回归系数为1.049，且在5%水平上显著，这说明农户如果认为采纳农业信息技术能够提高产量，那么他就会更愿意采用。根据"理性小农"理论，农户从事农业生产是为了实现利益最大化，其最关心的就是农业产出与利润，所以农户更倾向于采用能够提高产量的农业生产技术。②节约劳动力变量的回归系数为0.921，Exp(B)为2.513，且在10%水平上显著，这说明节约劳动力的作用促进农户采纳农业信息技术，如果农户认为农业信息技术每节约劳动力增加1个单位，则农户采纳农业信息技术的意愿发生比率将提高1.513倍。劳动力在农业生产中是关键的重要投入要素，且具有显著的稀缺性，对于农业生产具有决定性的作用。但是随时城镇化进程的发展，大量劳动力从农业转移到非农行业中，此外，劳动力成本的上升与农业低效益性之间的矛盾更加突出，这就要求在农业生产中提高劳动生产率。农业信息技术的应用能够最大限度地节约劳动力，让农户个体能够从事更大面积的农业生产，这就会增强农户采纳农业信息技术的意愿。

(4)技术易用性认知　①在技术易用性认知的4个变量中，只有容易掌握变量没有通过显著性检验，这说明农户对农业信息技术掌握的难易程度不能显著影响其采纳农业信息技术行为。②信息获取变量的回归系数为−1.102，且在10%水平上显著，这说明信息获取不畅将阻碍农户对农业信息技术的采纳。由发生比率Exp(B)为0.332可知，当信息获取难度每增加1个单位时，农户采纳农业信息技术的可能性将降低66.8%，可见信息获取对农户采用农业信息技术影响显著。农户往往是先通过了解新技术的相关信息来对技术有一个感性认识，信息的准确性和完整性对农户是否继续深入了解技术发挥着至关重要的作用。一般农户获取农业信息的渠道有多种，如邻居好友、科技资料、广播电视、手机信息、网络信息、农业技术培训、农技市场、政府推广等。当农户获取相关信息较为困难时，致使其掌握信息有限，不能较好地满足其信息需求，就降低了农户对农业信息技术的认知水平，从而导致农户不愿采用。③有机会培训变量的回归系数为正且在1%水平上显著，发生比率Exp(B)为2.554，这说明农户有机会参加培训促进对农业信息技术的采纳，当参加培训的机会每增加1个单位时，农户采纳农业信息技术的可能性将提高到原来的2.554倍。农业技术培训是推广扩散的重要形式，通过培训可以让农户接触到新技术知识，并进一步了解转换为采纳意向。农业信息技术是现代农业发展的重要组成部分，逐渐融于农业生产的各个环节中，在农业技术培训上也会越来越多地对农业信息技术进行培训讲解。农户参加培训越多，对农业信息技术的认知水平就越高，从而发生采纳意愿就越高。④投入成本变量的回归系数为−1.026，且在1%水平上显著，这说明高投入成本将会阻碍农户对农业信息技术的采纳。由发生比率Exp(B)为0.358可知，当投入成本每增加1个单位时，农户采纳农业信息技术的可能性将降低64.2%。在农户获取农业信息技术相关信息后，投入成本高低就成为农户考虑是否采纳的关键。由于农户资本能力有限，当投入成本较高时，就提高了技术采纳壁垒，阻碍农户对农业信息技术的采纳。

(5)环境因素　①在环境因素中，周围有人用变量的回归系数为正且在5%水平显著，说明周围农户采纳行为对农业信息技术推广扩散有显著正向影响。由发生比率Exp(B)为2.472可知，当周围农户采纳行为每增加1个单位时，农户采纳农业信息技术的可能性将是原来的 2.472 倍。这主要是因为大部分农户自身资本和抵御风险有限，不会成为农业新技术的早期采用者，而是会根据别人试用效果来决定自己是否采用。当别人试用效果较好时，他们就会自己“试用”；当别人试用效果不好时，他们就避免了因试用失败而带来的损失，这种现象也是由以家庭为单位进行农业生产所决定的，是实现利润最大化的表现。②政府支持变量没有通过显著性检验，这就说明政府支持对农户采纳农业信息技术行为没有显著影响。综合分析，我们可以判断在农业信息技术推广方面，要加大示范作用，引导农户参观考察由新技术带来的良好效果，同时重视示范户在农业新技术推广中的宣传作用。

(6)自我效能　①在自我效能因素中，具备资金和喜欢冒险 2 个变量没有通过显著性检验，这说明这 2 个变量对农户采纳农业信息技术行为没有显著影响。②能力足够变量的回归系数为正且在 10%水平显著，说明能力足够对农户采纳农业信息技术有显著正向影响。由发生比率 Exp(B)为 1.251 可知，当农户对自己有足够能力掌握农业信息技术的信息增加 1 个单位时，农户发生采纳农业信息技术意愿就提高 25.1%。相对于传统农业生产技术，农业信息技术属于新型农业生产技术，农户对其较为陌生，而且掌握农业信息技术对文化水平具有一定的要求，这就导致农户担心自己不会使用而产生抵触心理。一旦农户认为自己有足够能力掌握农业信息技术时，就不存在技术掌握心理壁垒，从而更愿意尝试采用这一新型农业生产技术。因此，在提高农业信息技术轻简化的同时，也应加大对农户的技术培训，帮助农户更加充分地认知农业信息技术，克服因担心不能掌握而产生的抵触心理，从而促进农业信息技术的推广扩散。

7.3.3　新型农业经营主体对农业信息技术采纳行为影响因素分析

7.3.3.1　数据来源与样本分析

1. 数据来源

关于新型农业经营主体采纳农业信息技术数据来源于 2014 年实地调研。问卷的核心内容是围绕合作社基本信息、农业生产经营信息、信息技术认知及采纳意愿等内容。调研总共发放新型农业经营主体问卷 300 份，逐个进行问卷检查与筛选，剔除数据缺失、异常值等无效问卷后，最终获得有效问卷 235 份，问卷有效收回率为 78.3%。

本次调研问卷涉及安徽、北京、福建、甘肃、广东、广西、贵州、海南、河北、河南、黑龙江、湖北、湖南、吉林、江苏、江西、辽宁、内蒙古、山东、山西、陕西、上海、四川、天津、西藏、云南、浙江和重庆 28 个省(区、市)，样本覆盖了我国大部分省(区、市)(表 7-22)。

2. 样本基本信息分析

从表 7-23 可以看出，只有 12.6%的新型农业经营主体是在 2000 年以前成立的，有 71.4%的新型农业经营主体在 2006—2014 年注册成立，特别是近 5 年，注册成立的新型农业经营主体较多，这与国家不断出台农业支持政策有关，引导社会关注农业、重视农业和参与农业。此外，随着我国土地政策的不断完善，土地流转现象逐渐增加，适合发展规模农业或大农业，从而倒逼着新型农业经营主体相继成立，以满足现代农业发展需求。从新型农业经营主体覆盖耕地面积来看，有 26.4%的新型农业经营主体覆盖面积小于 50 亩，有 39.0%的新型农业经营主体覆盖面积小于 100 亩，这些都属于小规模新型农业经营主体；覆盖耕地面积大于 100 亩而小于 500 亩的中规模新型农业经营主体占到 29.6%；覆盖耕地面积大于 500 亩的大规模新型农业经营主体占到 31.3%，特别是还有 16.5%的大于 2 000 亩的超大规模新型农业经营主体。带动周围农户进行现代农业生产是新型农业经营主体的重要作用,也是衡量新型农业经营主体规模与运营能力及状况的一项重要指标。根据表 7-23 调查数据发现,有 51.9%的新型农业经营主体吸纳农户数量不足 50 户;吸纳农户数大于 50 而小于 200 的中等规模新型农业经营主体占到 30.7%;其余 17.3%的新型农业经营主体具备较强吸纳农户的能力,吸纳农户数量大于 200 户,甚至还有 9%的新型农业经营主体具有能够带动超过 500 户农户的能力。

表 7-22　2014 年新型农业经营主体农业信息技术调研样本频率分布情况

省(区、市)	频率	百分比/%	累计百分比/%	省(区、市)	频率	百分比/%	累计百分比/%
安徽	9	3.8	3.8	江西	2	0.9	41.7
北京	8	3.4	7.2	辽宁	18	7.7	49.4
福建	7	3.0	10.2	内蒙古	23	9.8	59.1
甘肃	3	1.3	11.5	山东	36	15.3	74.5
广东	3	1.3	12.8	山西	6	2.6	77.0
广西	7	3.0	15.7	陕西	7	3.0	80.0
贵州	10	4.3	20.0	上海	1	0.4	80.4
海南	1	0.4	20.4	四川	12	5.1	85.5
河北	11	4.7	25.1	天津	3	1.3	86.8
河南	12	5.1	30.2	西藏	6	2.6	89.4
黑龙江	7	3.0	33.2	云南	10	4.3	93.6
湖北	2	0.9	34.0	浙江	13	5.5	99.1
湖南	5	2.1	36.2	重庆	2	0.9	100.0
吉林	3	1.3	37.4				
江苏	8	3.4	40.9	合计	235	100.0	

表 7-23　新型农业经营主体成立时间、覆盖面积与带动农户情况

特征	特征属性	频率	比例/%	累计占比/%
成立时间	1990 年以前	12	4.9	4.9
	1991—2000 年	18	7.7	12.6
	2001—2005 年	37	15.9	28.6
	2006—2010 年	84	35.7	64.3
	2011—2014 年	84	35.7	100.0
覆盖面积/亩	<50	62	26.4	26.4
	51~100	30	12.6	39.0
	101~200	32	13.7	52.7
	200~500	37	15.9	68.7
	501~2000	35	14.8	83.5
	>2000	39	16.5	100.0
吸纳农户数/户	<50	122	51.9	51.9
	51~100	45	19.2	71.2
	101~200	27	11.5	82.7
	200~500	20	8.3	91.0
	>500	21	9.0	100.0

常见的新型农业经营主体的成立牵头主体包括种植大户、普通农户、农业企业、政府和其他主体。成立牵头主体不同，会使新型农业经营主体的主要经营管理方式有所差异。从图 7-20 可以看出，企业作为牵头成立主体的新型农业经营主体最多，占到 32.7%；其次有 25.0% 的新型农业经营主体是由政府牵头成立的；还有 23.8% 的新型农业经营主体由普通农户牵头成立，而种植大户牵头成立的新型农业经营主体占到 16.7%。由于新型农业经营主体成立目的、管理方式、利益主体及特定区域行业等因素不同，所以新型农业经营主体为农户提供的服务呈现差异化经营。从图 7-21 可以看出，有 48.5% 的新型农业经营主体为农户提供产销一体化服务；其次有 26.0% 的新型农业经营主体提供生产技术指导服务；为农户提供农资、销售和加工服务的新型农业经营主体占比依次为 17.0%、18.3% 和 8.9%。新型农业经营主体只为农户专门提供某项农业服务已不能满足农业生产需求，这就要求新型农业经营主体要有为农户提供全面农业生产服务的能力。

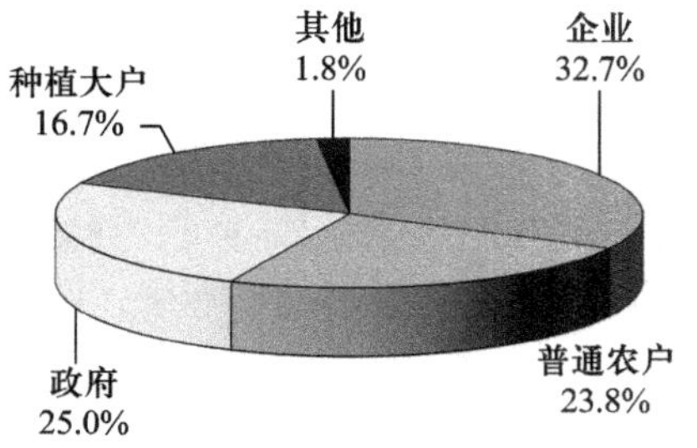

图 7-20　新型农业经营主体牵头成立主体

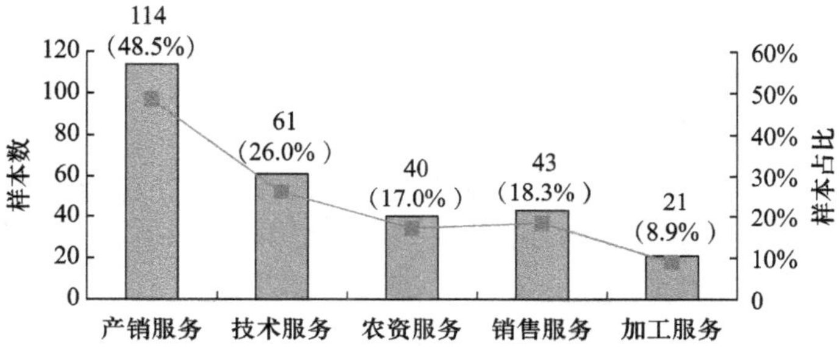

图 7-21　新型农业经营主体主要经营服务类型

7.3.3.2　采纳行为影响因素理论框架分析

本研究基于计划行为理论和技术接受模型，结合以往众多学者对新型农业经营主体采纳技术行为及影响因素的研究，提出了如图 7-22 所示的研究框架，并提出如下 5 点假说。

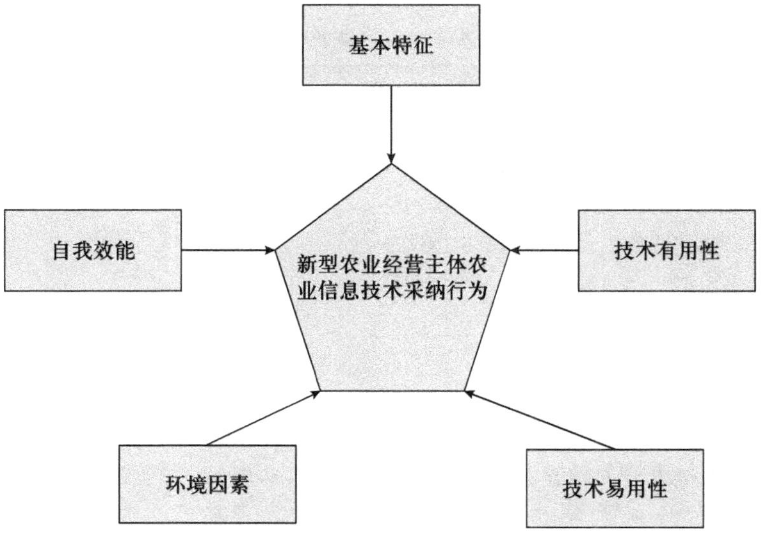

图 7-22　新型农业经营主体对农业信息技术采纳的影响因素研究框架

H1:新型农业经营主体基本特征能够影响新型农业经营主体对农业信息技术的采纳行为,主要包括成立时间和耕地面积2个因素。

H2:技术有用性能够影响新型农业经营主体对信息技术的采纳行为,这类潜在影响因素是新型农业经营主体对技术认知,属于技术特征,主要包括比较有用、提高产量、节约劳动力和方便管理4个因素。

H3:技术易用性能够影响新型农业经营主体对信息技术的采纳行为,这类潜在影响因素是新型农业经营主体对技术认知,属于技术特征,主要包括容易掌握、信息获取和投入成本3个因素。

H4:环境因素能够影响新型农业经营主体对信息技术的采纳行为,这类潜在影响因素是新型农业经营主体所处的外在环境,属于外部环境因素,主要包括政府支持和周围有人用2个因素。

H5:自我效能能够影响新型农业经营主体对信息技术的采纳行为,这类因素是新型农业经营主体的自我主观认知和感知,受到新型农业经营主体主观意识影响,属于主观认知因素,主要包括资金储备和能力信心2个因素。

7.3.3.3 模型构建与变量

新型农业经营主体对农业信息技术的采纳行为分为“已采纳”和“未采纳”2种行为结果。根据农业技术采纳理论分析,构建如下新型农业经营主体对农业信息技术采纳的二元 Logistic 回归模型:

$$y(\text{采纳行为}) = f(x) = f(\text{基本特征,技术有用性认知,技术易用性认知,环境因素,自我效能}) \quad \text{公式(7-7)}$$

其中,在模型中,y 表示新型农业经营主体对农业信息技术的采纳行为,而 x 表示影响技术采纳的各种因素。根据理论框架分析,采纳模型中有1个因变量 y 和13个自变量 x,它们在模型中所表示的含义、预期影响方向、均值和标准差如表7-24所示。

表7-24 新型农业经营主体信息技术采纳模型中变量定义、预测方向及统计描述

变量	定义	预测方向	均值	标准差
基本特征				
成立时间	1990年及以前=1,1991—2000年=2,2001—2005年=3,2006—2010年=4,2011—2014年=5	不确定	3.90	1.12
土地规模	小于或等于50亩=1,51~100亩=2,101~200亩=3,200~500亩=4,501~2000亩=5,大于或等于2 000亩=6	正向	3.37	1.74
技术有用性认知				
比较有用	反映农户对信息技术效用的认知,非常没用=1,比较没用=2,中立=3,比较有用=4,非常有用=5	正向	4.12	0.89
提高产量	反映农户对信息技术提高产量的认知,非常没用=1,比较没用=2,中立=3,比较有用=4,非常有用=5	正向	4.26	0.82

续表 7-24

变量	定义	预测方向	均值	标准差
节约劳动力	反映农户对信息技术能够提高劳动力的认知，非常没用＝1，比较没用＝2，中立＝3，比较有用＝4，非常有用＝5	正向	4.13	0.94
方便管理	反映农户对信息技术提高管理效率的认知，非常没用＝1，比较没用＝2，中立＝3，比较有用＝4，非常有用＝5	正向	4.25	0.76
技术易用性认知				
容易掌握	反映农户对农业信息技术操作难易的感知，非常难掌握＝1，比较难掌握＝2，中立＝3，比较易掌握＝4，非常易掌握＝5	正向	3.52	1.05
信息获取	反映农户能否顺畅地获取相关信息，非常易获得＝1，比较易获得＝2，中立＝3，比较难获得＝4，非常难获得＝5	负向	3.70	1.05
投入成本	农业信息技术需要投入较大成本，非常不同意＝1，不同意＝2，中立＝3，同意＝4，非常同意＝5	负向	3.20	1.18
环境因素				
政府支持	反映农户感受到的政策因素的支持，非常不支持＝1，比较不支持＝2，中立＝3，比较支持＝4，非常支持＝5	正向	3.62	1.01
周围有人用	反映农户周围社会群体对农业信息技术的态度，非常不支持＝1，比较不支持＝2，中立＝3，比较支持＝4，非常支持＝5	正向	2.95	1.21
自我效能				
资金储备	反映农户对自身所具备采用农业信息技术的资金储备信心，非常不自信＝1，比较不自信＝2，中立＝3，比较自信＝4，非常自信＝5	正向	3.21	1.17
能力信心	反映农户对自身所具备采用农业信息技术的能力信心，非常不自信＝1，比较不自信＝2，中立＝3，比较自信＝4，非常自信＝5	正向	3.42	1.10

7.3.3.4 模型估计与结果分析

本模型的实际数据计算是利用 SPSS21.0 软件完成的。为了能够准确找出关键影响因素，在使用模型分析结果之前，需要判断所构建模型的模型解释与实际情况是否相符，这就需要对模型进行整体评价和检验。

1. 模型整体评价

本研究中选择了所有变量强行进入模型，从表 7-25 中可以看出，模型卡方统计量为 34.623，自由度为 13，对应的 P 值为 0.000，则拒绝所有回归系数都等于 0 的原假设，认为模型整体是显著的。从表 7-26 中可以看出，模型对数似然比统计量为 49.649，Cox-Snell R^2 和 Nagelkerke R^2 统计量的值分别为 0.358 和 0.543，表明模型整体有效。

表 7-25 模型系数的综合检验

项目	卡方统计量(Chi-square)	自由度(df)	P 值(Sig.)
步骤	34.623	13	0.000
块	34.623	13	0.000
模型	34.623	13	0.000

表 7-26 模型对数似然比与拟合优度评价

Step	−2 Log likelihood	Cox-Snell R^2	Nagelkerke R^2
1	49.649	0.358	0.543

从表 7-27 错判矩阵可以看出，对未采纳农业信息技术的 163 个样本，正确预测率为 87.1%；对于采纳农业信息技术的 72 个样本，正确预测率为 83.3%；模型的整体预测正确率为 86.0%，表明模型的预测能力较强。因此，从模型卡方统计量、对数似然比、拟合优度和预测能力 4 个指标的评估结果来看，所构建的模型整体较好。

表 7-27 模型的错判矩阵

观测值		预测值		
		是否采纳农业信息技术		正确率
		0	1	
是否采纳农业信息技术	0	142	21	87.1%
	1	12	60	83.3%
整体正确率				86.0%

2. 模型估计结果与分析

新型农业经营主体对农业信息技术采纳行为的 Logistic 模型回归结果如表 7-28 所示，表中给出了每个自变量在模型回归中的系数(B)、标准误差(S. E.)、Wald 统计量(Wald)、自由度(df)、P 值(Sig.)和发生比率[Exp(B)]。

表 7-28 新型农业经营主体对农业信息技术采纳行为 Logistic 模型回归结果(N=235)

变量	B	S. E.	Wald	df	Sig.	Exp (B)
常量	−0.807	3.439	0.055	1.000	0.814	0.446
基本特征						
成立时间***	1.022	0.397	6.611	1.000	0.010	2.779
土地规模	−0.058	0.263	0.049	1.000	0.825	0.944
技术有用性认知						
比较有用	0.916	0.575	1.586	1.000	0.208	2.499
提高产量*	0.295	0.761	3.686	1.000	0.055	1.343
节约劳动力	0.743	0.755	2.206	1.000	0.137	2.103
方便管理	−0.273	0.689	0.157	1.000	0.692	0.761
技术易用性认知						
容易掌握	0.916	0.706	1.685	1.000	0.194	2.499
信息获取*	0.876	0.498	3.094	1.000	0.079	2.400

续表 7-28

变量	B	S. E.	Wald	df	Sig.	Exp (B)
投入成本	−0.604	0.523	1.331	1.000	0.249	0.547
环境因素						
政府支持**	0.528	0.450	4.761	1.000	0.029	1.696
周围有人用**	0.942	0.475	3.927	1.000	0.048	2.565
自我效能						
资金储备**	0.726	0.471	5.615	1.000	0.018	2.067
能力信心***	0.892	0.876	9.362	1.000	0.002	2.440

注：*，**，*** 分别表示在 10%，5%，1%水平上显著。

在模型中，回归系数的显著性检验采用 Wald 检验法进行。在引入的 13 个自变量中，有 7 个自变量在 10%的显著性水平下，其 P 值（Sig.）均小于给定的显著性水平，表明模型中这些自变量的回归系数显著不为 0，即这些自变量在模型中都是显著的，说明这些因素能够显著影响新型农业经营主体对农业信息技术的采纳行为。

（1）基本特征　①成立时间变量的回归系数为 1.022，且在 1%水平上显著，这说明成立时间越早的新型农业经营主体，采纳农业信息技术的可能性越大。从该变量的发生比率 Exp（B）为 2.779 可以看出，每当新型农业经营主体成立时间早 5 年，其采纳农业信息技术的可能性就提高了 1.779 倍。这是因为较早注册成立的新型农业经营主体，对农业技术阶段性发展认识就更为深刻，更能充分理解农业信息技术是现代农业发展的重要性，为了能够使新型农业经营主体顺利持久地经营管理下去，就必须尝试采用农业信息技术，且采用时间越早越会占据主动性，从而避免因被迫进行农业技术转换而带来的高成本。②新型农业经营主体耕地面积变量没有通过显著性检验，说明该新型农业经营主体特征对采纳农业信息技术行为没有显著影响。

（2）技术有用性认知　①在所选取的 4 个变量中，比较有用、节约劳动力和方便管理 3 个变量没有通过显著性检验，说明这 3 个变量对新型农业经营主体采纳农业信息技术行为没有显著影响。②提高产量变量的 P 值为 0.055，回归系数为 0.295，且在 10%水平下显著，说明提高产量对新型农业经营主体采纳农业信息技术有显著的正向影响。从发生比率 Exp（B）为 1.343 可以看出，当新型农业经营主体认可农业信息技术能够提高产量每增加 1 个单位时，发生采纳农业信息技术行为的可能性就提高了 34.3%。提高农业产量，增加产值与利润是新型农业经营主体不断发展的基础，也是新型农业经营主体成立的目的与经营措施，因此，新型农业经营主体会倾向于采用能够提高产量的农业生产技术。

（3）技术易用性认知　①在所选取的 3 个变量中，容易掌握和投入成本 2 个变量没有通过显著性检验，说明这 2 个变量对新型农业经营主体采纳农业信息技术行为没有显著影响。②信息获取变量的回归系数为正，且在 10%水平下显著，说明信息获取对新型农业经营主体采纳农业信息技术有显著的正向影响，即新型农业经营主体认为相关农业技术信息越容易获得并掌握，其采纳农业信息技术的可能性就越大。从发生比率 Exp（B）为 2.400 可以看出，当新型农业经营主体获取相关信息并掌握的难度每降低 1 个单位时，发生采纳农业信息技术行为的可能性就提高了 1.4 倍。准确且完整的技术信息是新型农业经营主体进行是否采纳决策的基础与保障，当新型农业经营主体获取相关信息较为困难时，致使其掌握信息有限，不能较好地满足其信息需求，提高了农业信息技术的信息认知壁垒，从而降低了新型农业经营主体对农业信息技术的采纳信心。

(4)环境因素　①政府支持变量的回归系数为0.528，Exp(*B*)为1.696，且在5%水平上显著，说明政府对农业信息技术的支持能够促进新型农业经营主体对农业信息技术的采纳。在资金补贴政策支持下，新型农业经营主体采纳农业信息技术的发生比是原来的2.370倍。政府资金支持为新型农业经营主体分担了技术采纳风险，降低了技术采纳壁垒，因而促进了对农业信息技术的采纳。同时，政府支持也是农业技术发展的风向标，引导生产者进行生产方式转变，受到政府鼓励支持的技术往往是农业生产技术未来发展趋势，为了以后更好的发展，新型农业经营主体想在技术应用中占据制高点，取得发展优势，就更愿意采纳农业信息技术。②周围有人用变量的回归系数为正且在5%水平上显著，发生比率Exp(*B*)为2.565，说明周围采纳环境对农业信息技术推广扩散有显著正向影响，当周围采纳行为每增加1个单位时，新型农业经营主体采纳农业信息技术的可能性将是原来的2.565倍。在采纳某些农业新技术时，都会存在一定的未知风险，大部分新型农业经营主体由于自身资本和抵御风险有限，会根据别人试用效果来决定自己是否采用。当别人试用效果较好时，他们就会自己"试用"；当别人试用效果不好时，他们就避免了因试用失败而带来的损失，这是实现利润最大化的表现。

(5)自我效能　①在自我效能因素中，资金储备变量的回归系数为0.726，Exp(*B*)为2.067，且在5%水平上显著，说明资金储备对新型农业经营主体采纳农业信息技术具有正向促进作用，每当新型农业经营主体对自己资金储备信心增加1个单位时，新型农业经营主体采纳农业信息技术的发生比是原来的2.067倍。资金储备是新型农业经营主体保障正常运转经营的基础，当新型农业经营主体认为资金储备足够时，就会采用一部分资金对新型农业经营主体进行改进或采用农业先进生产技术。足够的资金储备能够帮助新型农业经营主体抵御采纳新技术而带来的成本投入和失败风险。②能力信心变量的回归系数为0.892，且在1%水平显著，说明能力信心对新型农业经营主体采纳农业信息技术有显著正向影响。由发生比率Exp(*B*)为2.440可知，当新型农业经营主体对自己有足够能力掌握农业信息技术的信心增加1个单位时，新型农业经营主体发生采纳农业信息技术行为就提高了1.44倍。掌握农业信息技术对文化水平具有一定的要求，这就导致部分新型农业经营主体担心没有专门的技术人员而不能正常使用，从而产生抵触心理。一旦新型农业经营主体认为其能够掌握农业信息技术，就不存在技术掌握心理壁垒，从而更愿意尝试采用这一新型农业生产技术。

7.4　基于生态效率提升的农业支持政策传导机制

7.4.1　绿色农业技术概念及其生态影响机理

7.4.1.1　病虫害绿色防控技术概念与生态影响机理

1. 病虫害绿色防控技术概念界定

农药最初目的是用来防治危害农业生产的有害生物，如害虫、害螨、线虫、病原菌、杂草及鼠类等。目前我国防治农作物病虫害主要依赖化学防治措施，在控制病虫危害损失的同时，也带来了病虫抗药性上升和病虫暴发概率增加等问题。此外，生产者在追求产量和利润的驱动下，会过量投入农药和使用高毒性农药来降低病虫害。根据有关研究表明，能够达到使用效果的农药比例很低，大部分农药会残留在农作物和周围环境中。这不仅造成水资源污染、重金属超标、土壤污染等直接环境危害，还会降低农产品品质和危害人体健康，造成大量经济损失(高楠，2013)。

病虫害绿色防控的过程如图7-23所示：第一步，针对特定农业生产区域，基于调研和经验，掌握该区域内引起病害的主要微生物类型和虫害的主要种类，同时评定病虫害数量和危害严重程度；第二步，针对已知病虫害类型，根据资料和实地观察，明确病虫害发病规律；第三步，基于科学理论知识，清晰病菌侵染农作物过程和害虫吃食农作物步骤；第四步，在该区域内开展具有针对性的病虫害绿色防控实验，确立病虫害防控效果最佳且成本适宜、操作简单的步骤措施；第五步，建立完整的病虫害绿色防控操作规程，并进行示范推广，达到病虫害绿色防控的目的(陈波等，2017)。

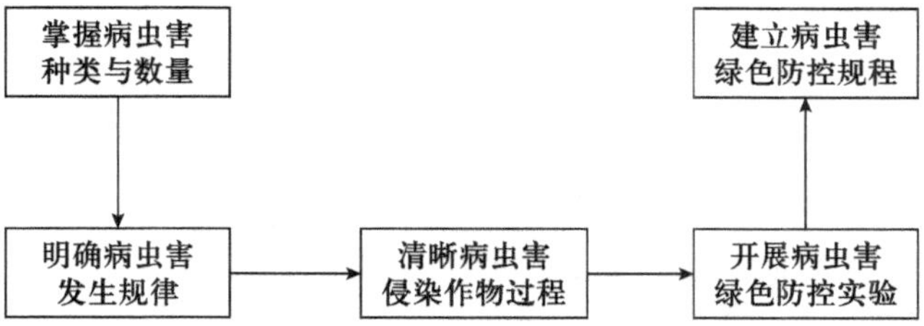

图7-23 病虫害绿色防控过程

面对资源环境压力，基于农业可持续发展理念和满足社会对安全优质农产品的需求，推广应用病虫害绿色防控技术体系迫在眉睫。病虫害绿色防控是从促进农作物安全生产、减少化学农药使用量为目标，采取生态控制、生物防治、物理防治、科学用药等环境友好型措施来控制有害生物的有效行为。实施绿色防控是贯彻“公共植保、绿色植保”的重大举措，是发展现代农业，建设“资源节约，环境友好”两型农业，促进农业生产安全、农产品质量安全、农业生态安全和农业贸易安全的有效途径。农作物病虫害绿色防控技术能够实现农药施用剂量的节约和作物产量的增加，同时还具有降低农户健康成本和减少环境负面效应等作用(蔡书凯，2013)。

2. 病虫害绿色防控技术体系

按照病虫害防控措施类型(余发根，2007；农业部，2011；浙江省农业厅，2017)，将病虫害绿色防控技术划分为农业防治技术、生态调控技术、生物防治技术、理化诱控技术和科学用药技术(图7-24)。农业病虫害绿色防控是以“预防为主，综合防治”为绿色发展理念，以农业防治和生态调控为基础，根据实际情况，综合运用生物防治技术、理化诱控技术和科学用药技术，降低病虫害对农作物的危害，减少化学农业的施用量，提高农产品品质质量，实现有效保障农产品安全供给和保护生态环境的农业可持续发展手段。

3. 病虫害绿色防控技术提高生态效率路径

病虫害绿色防控技术提高农业生态效率实现路径如图7-25所示。生产者在面对农业生产环境的压力下，同时随着其对农业安全生产认识的提高，为了适应社会对优质安全农产品的需求，会尝试采用部分病虫害绿色防控技术。此外，政府对病虫害绿色防控技术的宣传推广和政策支持也会进一步促进生产者对技术的采纳使用。根据生产者资源禀赋和农业生产需求，其往往只需要采纳部分病虫害绿色防控技术即可满足要求，此时会取得最佳应用效果。

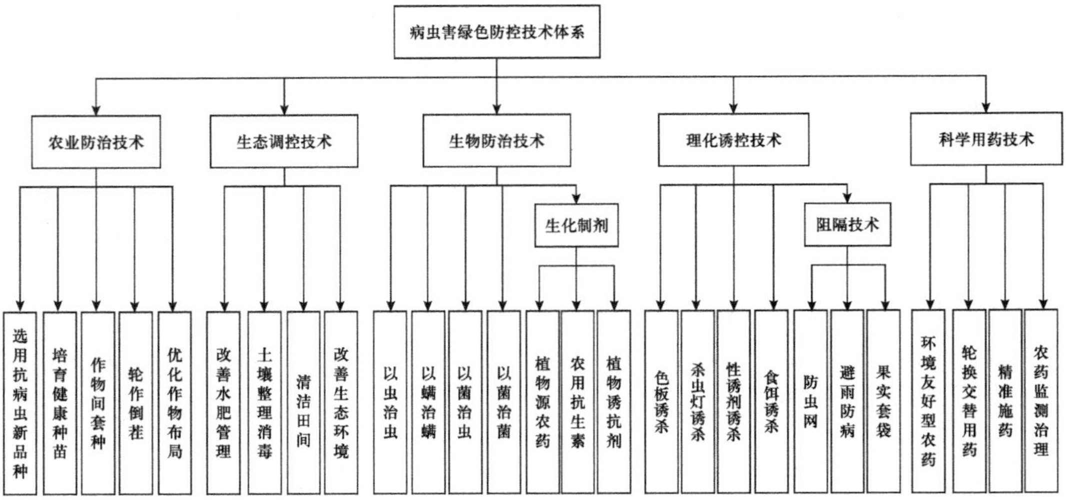

图 7-24　病虫害绿色防控技术体系

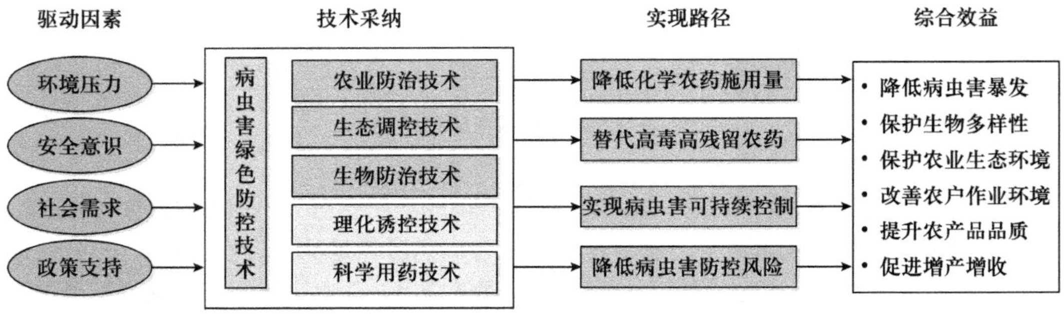

图 7-25　病虫害绿色防控技术提高农业生态效率实现路径

生产者在采用病虫害绿色防控技术过程中，降低了化学农药的施用量、替代了高毒性和高残留的农药，降低了病虫害防控风险，从而实现病虫害可持续控制，最终在获得保护农业生态环境和保护生物多样性等生态效益的同时，也获得了较好的社会效益（如改善农户作业环境、提升农产品品质）和经济效益（如降低病虫害暴发、促进增产增收）。

7.4.1.2　测土配方施肥技术概念与生态影响机理

1. 测土配方施肥技术需求

化肥是重要的农业投入要素，对于提高粮食产量具有决定性作用。根据相关研究结果表明，虽然化肥在粮食增长中的贡献率高达 40%～50%（张福锁，2006），但是依靠增加大量化肥投入来提高粮食产量的同时，也存在化肥施用过量、肥料比例结构不合理等现象（罗小娟等，2014）。农户过量施用化肥现象普遍，施肥增产效应的持续下降使化肥有效利用率很低（Huang 等，2008）。氮、磷、钾养分作为作物生长发育的三大养分，其吸收、同化与转运直接影响着作物的生长发育状况，从而影响作物的产量（陈祥等，2008）。基于地域和作物种植结构差异，同一种作物不同生长发育时期对肥料的需求存在着明显差异（王巧兰和圣六方，2007）。但是，目前农民习惯施肥也还存在较大的盲目性（图 7-26）。农户盲目性施肥主要体现在“重氮磷肥、轻有机肥、忽视钾肥和微肥”，施肥的比例长期严重失调（桂苗，2011）。

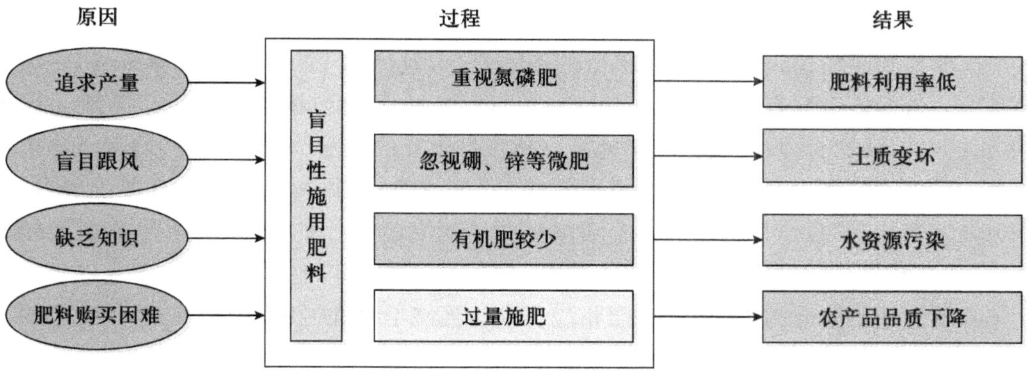

图 7-26 测土配方施肥技术需求

导致农户盲目性施肥的原因很多，主要可归类为 4 种影响因素。第一，基于“理性小农”理论，农户的生产行为是以追求利润最大化为目的，故过分依赖提高产量来增加收入，这就驱动农户在农业生产过程中会投入越来越多的化肥；第二，农户施肥往往是依据自己经验和主观判断，或者是跟着周围邻居施肥情况来确定自己的施肥措施，盲目跟风而缺乏专业科学指导；第三，农户由于自身教育水平的限制，导致他们获取技术信息渠道狭窄，对专业知识理解和掌握能力有限，缺乏科学施肥知识；第四，由于不同区域和作物种植结构的差异，土壤养分和作物生产需求关系差异很大，但目前市场上化肥供应是由生产供应商指定的，农户很难购买到自己所需要的化肥，这也是导致其盲目跟风施肥的重要原因。

盲目性施肥导致化肥利用效率低下，并引发农业面源污染、土壤板结和全球气候变暖等诸多环境问题，同时也会降低农产品品质和增加投入成本等经济社会问题。在面对环境资源约束和粮食增长的双重压力下，科学地采用测土配方施肥技术是提高化肥利用率，实现保护生态环境和保障粮食产量双重目标的有效措施。同时，实践表明，测土配方施肥在农业生产中也具有显著的增收效应（韩洪云，杨增旭，2011；王明新等，2012；文建平，2013；沈晓艳等，2017；张复宏等，2017）。

2. 测土配方施肥技术原理

测土配方施肥技术是以土壤测试和肥料田间试验为基础，根据作物需肥规律、土壤供肥性能和肥料效应，在合理施用有机肥料的基础上，提出氮、磷、钾及中、微量元素等肥料的施用数量、施肥时期和施用方法。测土配方施肥技术的核心是调节和解决作物需肥与土壤供肥之间的矛盾，有针对性地补充作物所需的营养元素，在满足作物均衡吸收各种营养、维持土壤肥力水平的同时，避免浪费肥料、破坏土壤环境以及污染大气、水环境，达到提高肥料利用率和减少用量，提高作物产量，改善农产品品质，节省劳力，节支增收的目的（农业部，2011；李秋霞等，2014）。

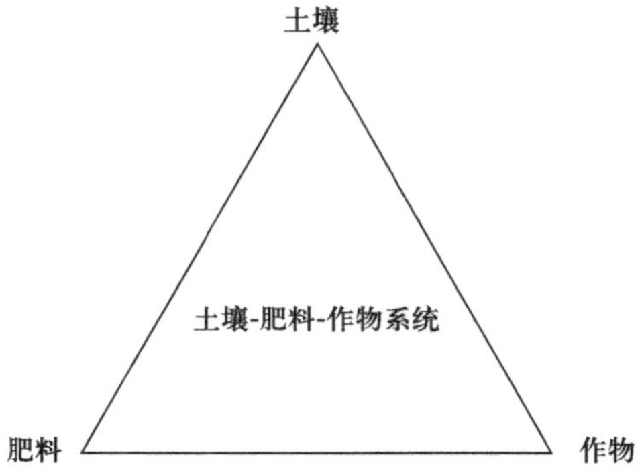

图 7-27 土壤-肥料-作物三者关系

测土配方施肥技术遵循土壤、作物、肥料三者之间的相互关系（图 7-27），三者的相互关系是以养分归还学说、肥料三大定律（即最小养分律、同等重要律、不可替代律)、肥料报酬递减律及生产因子综合作用等理论为依据。

根据养分归还学说,土壤提供大部分的作物养分,但是对于特定区域土壤来说,土壤养分总量有限。为保证土壤有足够的养分供应容量和强度,保持土壤养分的携出与输入间的平衡,必须给土壤增加养分,通过施肥措施可以把作物吸收的养分“归还”土壤,确保土壤养分供应能力。最小养分律也就是著名的“木桶效应”理论,作物生长发育需要吸收各种养分,但严重影响作物生长、限制作物产量的是土壤中那种相对含量最小的养分因素,也就是最缺的那种养分(最小养分)。如果忽视这个最小养分,即使继续增加其他养分,作物产量也难以再提高。只有增加最小养分的量,产量才能相应提高。经济合理的施肥方案,是将作物所缺的各种养分同时按作物所需比例相应提高,作物才会高产。同等重要律认为,对于农作物来说,无论哪种养分元素都同样重要,即使有些元素需求量非常小,但是重要性也同 N、P、K 一样,即缺少某一种微量元素,会影响作物某种生理功能而导致减产,微量元素与大量元素同等重要。不可代替律明确表述了作物生长所需要的各营养元素在作物内都有一定作用,它们之间不能够相互替代,测土配方施肥就是根据缺少什么营养元素,就用含有该元素的肥料进行补充。报酬递减律是从投入产出角度表述在特定土地上,开始增加化肥投入要素时,作物产量会逐渐增加,当施肥量超过适量范围时,作物产量就不会随着化肥的投入而增加,甚至会导致作物递减趋势。因子作用律认为,作物产量的高低虽然是由多种影响因素共同作用的结果,但是作物产量在一定程度上会受到某个重要因子影响。

3. 测土配方施肥技术实现路径

测土配方施肥技术最早是由联合国推行的一项环境友好型施肥技术,其核心是实现养分平衡供应,提高肥料利用率和减少化肥施用量,提高作物产量,保护农业生态环境(李昌健和栗铁申,2005)。根据测土配方施肥实施过程,测土配方施肥技术包括测量土壤、肥料配方设计、配肥加工、肥料供应和施肥指导 5 个核心环节(图 7-28)。

图 7-28 测土配方施肥技术流程

测土配方施肥的第一步就是要进行土壤养分含量测量,这是制定肥料配方的重要依据,也是实施测土配方施肥的前提基础。针对不同区域和粮食种植结构,通过土壤取样调研,明确土壤中氮、磷、钾及中、微量元素养分含量和承载力。然后,根据目标地块将要种植的农作物品种和结构,通过田间试验和土壤养分数据分析,结合当地自然气候环境等因素,提出氮、磷、钾及中、微量元素等肥料的配肥方案设计(冯绍振,2017)。最后,依据已知肥料配方,生产加工和推广供应特定的配肥,并在农户进行施肥时提供专业的科学指导和制订施肥计划,最终完成测土配方施肥的全过程(图 7-29)。

测土配方施肥的核心是提高肥料利用率。通过科学指导下依据定制的计划,有步骤地施用配方肥料,既保证了肥料养分被充分吸收,又满足作物生长对养分的需求,实现了在保护资源环境的同时,减少农业生产成本,提高农产品品质,促进农作物增产,带动农民增收等目的。

测土配方施肥技术在生产效率提升方面不仅局限于减少环境污染,而且能够显著减少温室气体排放和固碳减排(程琨等,2011)。中英可持续农业协作网络“改善养分管理,促进低碳

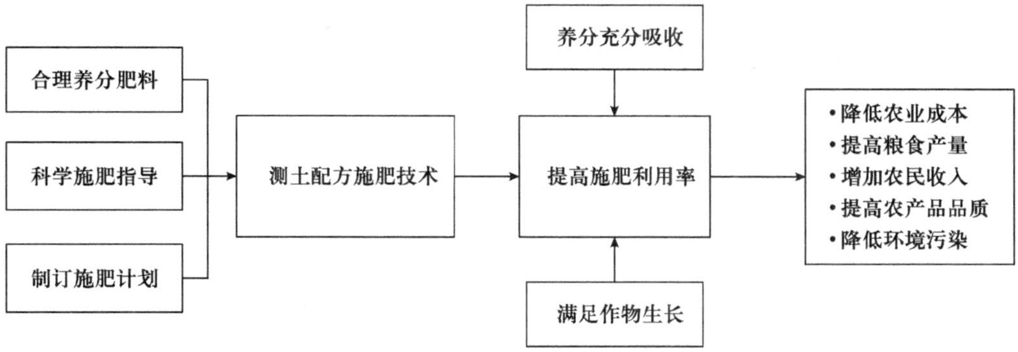

图 7-29　测土配方施肥技术实现路径

经济”项目(SAINproject,2010)对中国氮肥利用情况进行调查的结果显示,中国氮肥生产和施用带来的温室气体排放量占全国温室气体总排放量的 9%~15%,但即使减少氮肥用量 30%也不会造成粮食的减产。农业化肥投入引起的碳排放量约占农作物生产总碳排放量的 60%,其中氮肥占 95%,我国每吨农作物生产因化肥施用产生的碳排放量约 0.07 t(Cheng 等,2011)。测土配方施肥技术能够明显减排温室气体,通过肥料的高效利用,特别是氮肥的高效利用,显著减少了农田氧化亚氮排放量;同时,良好施肥条件下,土壤中有机碳的积累速率会有较大幅度的提高,促进了土壤固碳。因此,测土配方施肥技术在增加产量、降低生产成本的同时,具有增加土壤碳储量和减少温室气体排放的双赢效果。

7.4.1.3　秸秆还田技术概念与生态影响机理

1. 秸秆还田技术概念

秸秆作为农业生产系统中重要的副产品,具有很高的利用价值。据估计,我国每年各类秸秆总产量达 7 亿吨左右(韩鲁佳等,2002)。虽然近年来,随着科技进步和认识水平不断提高,尤其是国家和各地政府相继制定了促进秸秆综合利用、禁止田间焚烧方面的相关政策措施,我国在作物秸秆的综合利用方面取得了较快的发展(芮雯奕等,2009;田国成等,2016),但是农户为了方便省力,目前在粮食作物收获季节仍然存在秸秆焚烧现象(毕于运等,2009)。秸秆焚烧会降低土壤养分含量,破坏农田系统生物多样性,导致土壤贫瘠和作物减产。此外,秸秆焚烧造成大量的气溶胶粒子悬浮于空中,是造成短期内出现不同程度霾天气的主要原因,同时也排放大量温室气体(严文莲等,2014)。为此,科学处理和综合利用作物秸秆刻不容缓,秸秆还田是当今世界上普遍重视的一项培肥地力的增产措施,在杜绝秸秆焚烧所造成的大气污染的同时还有增肥增产作用。

按照还田措施,将秸秆还田技术分为炭化还田、过腹还田、堆沤还田、废渣还田、直接还田(又分为翻压还田和覆盖还田)、焚烧还田和机械还田 7 大类型(图 7-30)。炭化还田是通过制备生物炭,利用碳基缓释肥和土壤改良剂进行还田的措施。过腹还田是先将作物秸秆当作饲料喂牲畜,之后将禽畜粪便通过有机肥方式施入土壤进行还田的措施。堆沤还田是将作物秸秆制成堆肥、沤肥等肥料,通过施肥方式将作物秸秆进行还田。“秸秆气化、废渣还田”是将秸秆气化后,生成的可燃性气体(沼气)为农村生活供应能源,气化后形成的废渣经处理作为肥料还田。直接还田的方式比较简单,具有方便、快捷、省工的特点,是最常见的秸秆还田方式,主要分为翻压还田和覆盖还田两种。其中翻压还田是通过秸秆粉碎翻压还田技术(又称机械化秸秆粉碎直接还田技术),将粉碎后的秸秆均匀地抛撒在地表,随即翻耕入土使之腐烂分解;而覆盖还田就是秸秆粉碎后直接覆盖在地表。焚烧还田是将秸秆直接在田间进行焚烧,这不仅造成能源浪费,还会产生很多负面作用。机械化秸秆还田包括秸秆粉碎还田、根茬粉碎还田、整秆翻埋还田、整秆编压还田等多种形式,具有便捷、快速、低成本、大面积培肥地力的优势。

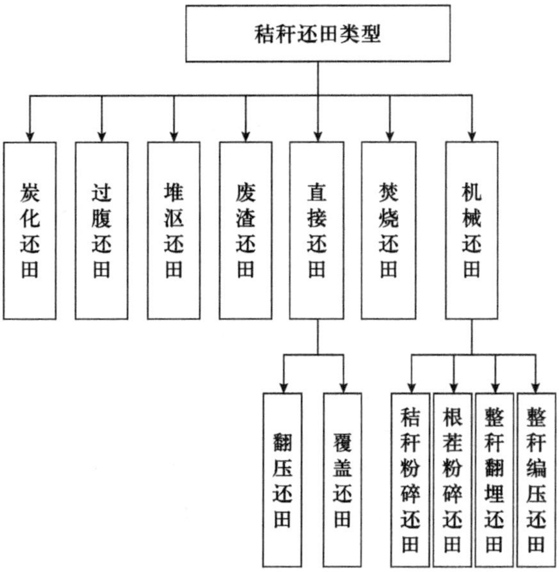

图 7-30　秸秆还田技术分类

在以上所有秸秆还田技术中,目前主要还是采用秸秆直接还田。为了方便研究,本研究的秸秆还田技术是狭义概念,主要指机械化秸秆还田技术,后文中不再详细说明。

2. 秸秆还田作业技术实现路径

针对不同土壤特性和农作物种植结构,选择不同的秸秆还田措施。常见秸秆机械还田路线包括水耕水整秸秆还田作业、旱耕水整秸秆还田作业、秸秆粉碎还田作业、旋耕灭茬秸秆还田作业、犁耕水整秸秆还田作业、犁耕深翻秸秆还田作业和机械粉碎秸秆还田作业 7 条技术实施路线(图 7-31)。

3. 秸秆还田提升生态效率路径

秸秆还田提升生态效率实现路径如图 7-32 所示。秸秆还田生态效益明显,能够将作物秸秆通过发酵、腐解和分解过程转化为有机质,提高土壤肥力,减少化肥投入量。同时,秸秆还田后土壤孔隙度增加,团粒结构变好,改善土壤性状,土壤物理性质得以改善,水、肥、气、热得以协调,保墒性能增强,抗旱抗涝能力得到很大提高(陈芹等,2009)。秸秆还田不仅能够获得显著的生态效益,还能够获得显著的经济效益和社会效益。秸秆还田可促进农业节水、节成本、增产、增效,在农业资源环境环保和可持续发展中发挥着重要作用。但是,秸秆需要科学还田,否则会影响农作物正常种植,导致土壤病菌增加,病虫害危害频发。为此,只有采取合理的秸秆还田措施,才能达到预期还田效果。

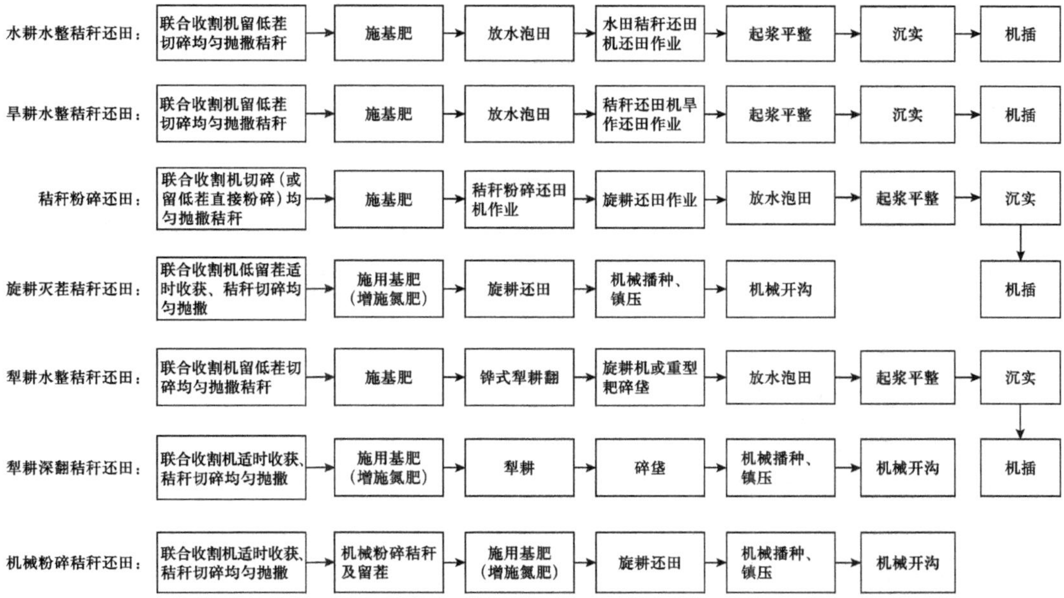

图 7-31 秸秆还田技术实现路径

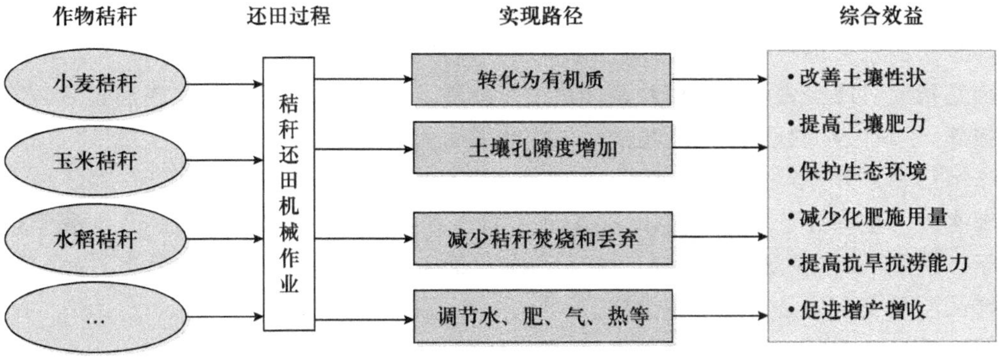

图 7-32 秸秆还田提升生态效率实现路径

7.4.1.4 节水灌溉技术概念与生态影响机理

水资源短缺和干旱是当今全世界所面临最严峻的重要问题之一(Molden,2007),这个问题严重威胁着世界部分人口生活安全和制约社会经济的发展(Chen 等,2014;Alam,2015)。据统计,全球大约有 40%的人口生活在水资源短缺和竞争性用水的区域(Wheeler 等,2015)。同时,为了面对未来的气候变化,需要提高农业灌溉用水效率,降低农业灌溉用水投入(Wallace,2000;Wheeler 等, 2015)。虽然当前在世界一些区域的农业生产者已经通过采用农业新技术来降低农业用水,但是在一些水资源短缺的地方对于农业用水需求仍较为强烈(Wheeler 等,2013)。对于水资源匮乏的区域来说,提高水资源利用效率及可持续用水变得越来越重要(Alcon 等,2014)。

我国同样也是水资源短缺国家,特别是在华北和西北地区该问题显得尤为严峻(Deng 等, 2006;Zhang 等, 2013)。然而,从 1961 年到 2011 年期间,我国 10 个主要河流区域中的 6

个河流中的水位逐渐下降，降水模式显著变化（Chen 等，2014）。在我国北方地区，75%的作物耕地需要通过灌溉来提供用水，水资源的短缺严重制约了我国北方粮食生产（Yang 等，2003；Chen 等，2014）。随着农业用水的压力增加，水资源匮乏不仅将会成为威胁我国粮食安全的主要因素，而且还会严重制约我国社会经济的发展（Rosegrant 和 Cai 2001；Chen 等，2014）。随着我国城镇化的快速推进，城市和工业用水将形成对农业用水空间的挤压，这进一步制约了农业用水（Fedoroff 等，2010；Nikouei 等，2012；Zhang 等，2013）。面对这种严峻形势，我国的农业用水效率仍然很低，只达到 30%～40%，因此提高农业用水效率是在国家宏观战略层面保障粮食自给率的重要支撑（Deng 等，2006；Zhang 等，2013）。

为了应对水资源匮乏和农业用水压力，我国目前已经实行一些管理措施来提高农业用水效率，如水价政策、用水权政策等（Ariel 和 Jyothsna，2004；Poddar 等，2011）。灌溉效率是指生产一季作物灌溉用水的总平均效率（Yoo 等，2013）。农户也可以通过一些改进灌溉用水管理措施来提高灌溉效率，提高农业生产效率，这些措施主要包括采用抗旱新品种、新型种植模式和耕作系统、新型农业灌溉技术等（Wang 等，2014）。这就要求积极鼓励农业生产者采用新型农业灌溉措施，从而更好地应对水资源匮乏和促进农业生产（Yaghi 等，2013）。

1. 节水灌溉技术概念界定

节水灌溉是指在满足农作物需水要求和供水条件下能够实现经济、社会和生态效益最大化的综合管理措施。对于农作物生产来说，理想的灌溉是在最大限度地降低由于水分蒸发、流失等带来的水资源浪费的同时，能够取得很好的产出（Yang，2012）。节水灌溉有两层含义，一方面是指通过减少农业浪费用水而尽最大可能地节约用水，另一方面是指通过合理科学的灌溉措施，尽最大可能地实时、适量满足农作物需水要求。在农业生产中，实施节水灌溉除了有利于节约用水外，还可以提高产量、保护水土、改善小气候、减少病虫害、改善区域水平衡等。节水技术也称为节水灌溉技术，是农业节水工作的核心（孙伟，2012）。节水灌溉技术是相对于以漫灌、大水喷灌等为主的传统灌溉技术而言，更是提高农业用水效率、提升单产、保障农产品质量安全所必需的重要措施。

节水灌溉应着眼于整个灌溉过程，凡是能够减少灌溉水损失并提高灌溉水利用效率的措施、技术与方法均归属于节水灌溉范畴。从图 7-33 可以看出，农业灌溉用水从水源到最终农作物利用大致需要经历 3 个阶段：第一阶段，利用水渠、管道等方式将水从水源引到田间地头，在这过程中会出现漏水、渗水等水流失现象；第二阶段，将水从田间地头引到作物根系部分，以方便农作物吸收水分，这一过程也就是传统概念上的灌溉，常见的有漫灌、沟灌等传统灌溉，也有滴灌、微喷灌等现代灌溉方式；第三阶段，作物从根系吸水运输到整个植株，伴随作物整个生长过程，这也是水资源在作物生长中的最终利用。节水灌溉理念也就是尽量减少在这 3 个过程中水分的损失，提高水资源利用效率。

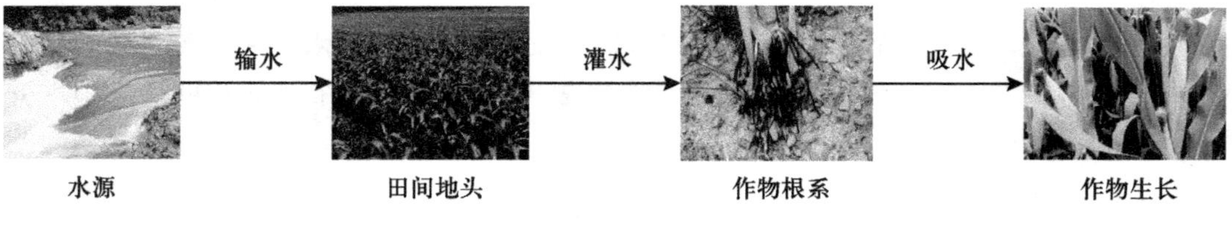

图 7-33　农业灌溉过程

2. 节水灌溉技术分类

根据已有文献和实地调研，本研究将节水灌溉技术分为工程节水技术、农技节水技术、生物节水技术和管理节水技术 4 类（图 7-34）。

（1）工程节水技术　工程节水技术是通过兴建各种节水灌溉工程来提高灌溉水的利用率，通过实施节水灌溉而减少非生物性耗水来提高灌溉用水效率。

（2）农技节水技术　农技节水技术主要通过具体的耕作措施来调控田地的水分，提高农田的生产结构和水的利用效率，主要包括调整农作物的种植结构、实施粮草轮作制度、采取少耕免耕方法、推广秸秆或地膜覆盖技术、增加使用有机肥、采用水肥耦合技术、发展化学药剂或保水剂的应用技术等（段生梅，2009）。

（3）生物节水技术　生物节水技术是农业节水技术中比较新的领域。科学家们比较普遍地认为，生物节水技术主要包括两方面内容：一方面是根据农作物对水的需求，在合适的时间、用合适的水量进行精确灌溉，即“有限灌溉技术”；另一方面是通过生物遗传技术提高现有用水的效益，选育和栽培抗旱节水高产的农作物品种（罗玮，2005）。

（4）管理节水技术　管理节水技术主要是通过硬件设备和软件设备的集成使系统良好地应用，从而实现对农田水分的高效利用和管理的技术。其通过对农田信息的实时监控和预报，根据作物需水规律、缺水诊断指标及灌溉控制指标进行水分调控，从而确保灌溉的适时适量，实现最佳效益。对农田水分利用进行管理是减少水资源浪费、合理高效管理利用水资源、发展可持续农业的根本途径之一。良好的管理技术可以充分发挥工程技术带来的效益，使整个节水系统处于最优状态（单飞飞等，2010）。

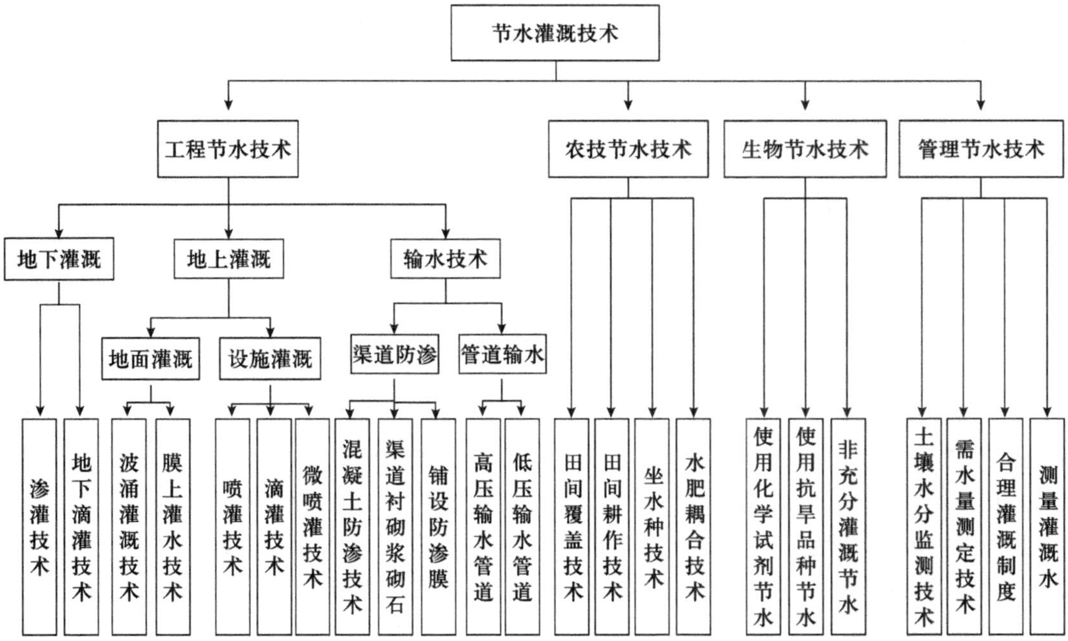

图 7-34　节水灌溉技术分类

3. 节水灌溉技术对生态、经济和社会的影响机理分析

节水灌溉技术是根据作物需水规律及当地供水条件，有效地利用降水和灌溉水，获取农

业的最佳经济效益、社会效益、生态效益而采取的多种措施的总称（韩青，2004）。技术、经济、社会和生态四者共存，形成一个紧密联系的复杂系统，任何一者的变化必然会对其他三者产生直接和间接影响，从而改变整个系统状态，并经过不断变化影响最终达到系统新平衡状态（图 7-35）。随着高新技术的快速发展和对水资源供需矛盾的日益重视，水资源的节约和保护理念将会不断增强，高新技术将更多地应用于水资源的节约和保护的各个方面，这必将进一步推进节约用水的技术创新、观念创新和制度创新，以水资源的可持续利用来推动经济、社会生态的可持续发展（孙景亮，2008）。

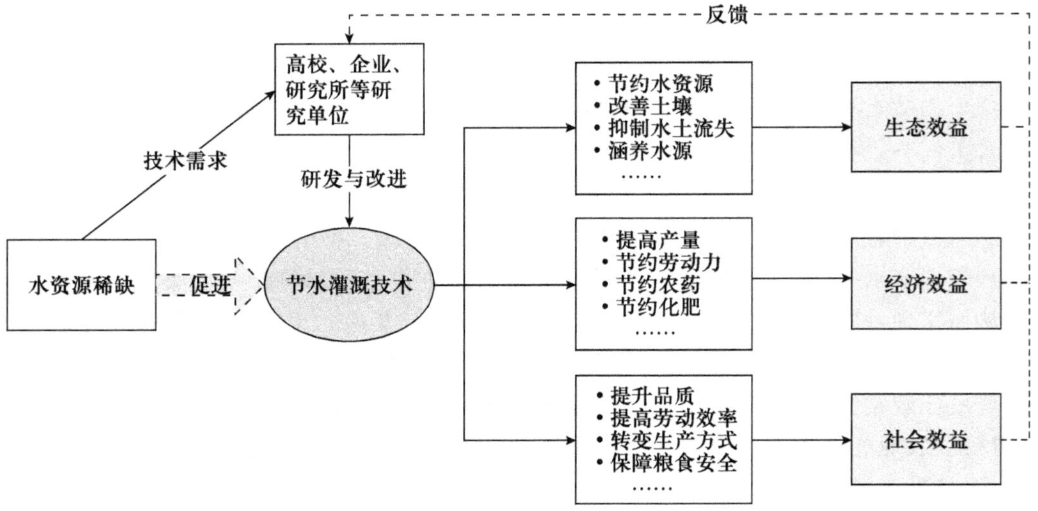

图 7-35　节水灌溉技术对生态、经济和社会影响的路径机理

从图 7-35 可以看出，节水灌溉技术应用的最初目的是解决水资源的稀缺性要求水资源高效利用的问题，即在可利用的水资源总量有限的情况下，如何实现水资源优化配置（贺诚，2015）。高校、企业、研究所等研究单位在得到技术需求以后，会研发与改进节水灌溉技术，进一步通过生产者对节水灌溉技术的采纳，形成区域性的技术推广效应，最终通过不同技术路径实现生态、经济和社会效益。随着生产方式的转变以及经济社会环境和自然环境的改变，为了追求更大的生态、经济和社会效益，生产者又提出新的技术需求，从而实现节水灌溉技术不断提升与改进，使技术、生态、经济和社会整体系统处于动态平衡状态。

节水灌溉技术着力提高灌溉水利用率、水分生产率和效益。一方面，在干旱、半干旱的环境条件下，节水灌溉必将改变灌区原有的地表水、土壤水和地下水之间的转化规律，引起各要素的连锁反应，直到形成新的平衡状态，这可能会引发一系列生态环境问题（余根坚，2014）。节水灌溉是维护农业生态环境的有效措施。另一方面，要大力发展节水灌溉，提高现有水资源的利用效率，实现水资源的可持续利用。同时，发展节水灌溉可以防止因渠道两侧渗漏和大水漫灌造成的土壤次生盐碱化，减少地下水的过量开采和过量引水，保护生态环境，促进农业的可持续发展（韩青，2004）。长期的实践证明，节水灌溉技术的大规模应用能够防御涝渍灾害，改善土壤盐碱化，涵养水源，净化空气，抑制水土流失，减轻风沙威胁等（余根坚，2014）。

高效节水技术的应用促进了生产要素投入的减少和产出的增加，真正达到了“节水与节劳、增产与增收”的目的，能够带来显著的社会经济效益（贺诚，2015）。基于生命需水信息的作物高效节水调控理论与技术，利用作物遗传和生态生理特性以及干旱胁迫的响应机制，通过时间或空间上的主动的根区水分调控，减少田间的蒸发蒸腾损失，以达到节水、高效、优质的目的，最终转化为经济效益（康绍忠等，2007）。农业节水技术所具有的田间层面的水资源集约与增产的示范效应进一步优化了田间生产的其他投入要素，因其规范化与集约化的生产会有效提升农机、化肥、土地等的利用效率，促进规范化生产，从而有效遏制农业生产过程中的粗放式资源浪费现象（贺诚，2015）。实施节水灌溉技术不仅能够提高水资源利用效率、缓解水资源危机，还能在节约化肥、农药和人力投入量，改善生产条件，提高产量和质量等方面发挥作用，产生巨大的经济和社会效益。有研究发现，如果民勤县在10年内通过节水灌溉技术的实施使社会生态环境改善到最优状态，则能够为居民带来的社会生态效益总量为3.946亿元，单位面积的效益总量为7 674元/hm^2（徐涛等，2016）。

发展节水灌溉，提高灌溉保证率，是解决中国农业干旱缺水、保证粮食产量持续稳定增长的重要措施。节水灌溉可以促进传统农业向注重产量提高和质量提升的现代农业的转变，可以推进农田灌溉现代化和管理科学化。在适度规模经营和完善的社会化服务体系下，实施节水技术，可以做到统一耕作、统一播种、统一灌溉、统一施肥，使农业生产实现机械化作业，从而提高灌溉的劳动生产率（韩青，2004）。走节水高效农业发展道路，实现水资源高效利用，是我国农业水资源利用现状和粮食安全战略共同作用的必然要求（翟治芬，2012）。

7.4.2　数据来源与样本分析

本研究采用问卷调查法收集实际数据，在理论分析、咨询领域专家和预调研基础上，形成最终调查问卷。问卷的核心内容围绕农业生产技术的采纳及推广，具体包括户主及家庭基本信息、村镇信息、农业生产成本收益、农业技术需求与认知、病虫害综合防控技术认知与采纳、测土配方施肥技术认知与采纳、秸秆还田技术认知与采纳、节水灌溉技术认知与采纳、农业技术支持政策及其效果等内容。由于调研对象农户的文化水平有限，问卷所涉及内容具有一定的抽象性，因此调查采用访谈形式，通过调查人员与农户面对面交流，以聊天形式获取实际数据，避免因农户文化水平对调查产生干扰，保证数据的真实有效性。

调研数据主要分为两部分。

第一部分数据是针对病虫害综合防控技术、测土配方施肥技术和秸秆还田技术的调研。这次调研利用大学生寒暑假返乡及社会实践期间进行，调查人员为中国农业大学在读本科生和研究生。调查人员分布于全国大部分省（区、市），经挑选后于2016年寒假和暑假放假前统一进行培训，包括问卷内容讲解培训、调查方法以及调查注意事项等内容。此外，为了充分调动调查员的积极性与责任意识，本次调查给予了调查者一定的物资奖励、报酬费用和社会实践证明，使得调查数据更具有可靠性。调研总共发放农户问卷1 350份，实际回收问卷1 182份，问卷收回率为87.56%。问卷回收以后，逐个进行问卷检查与筛选，剔除无效问卷160份，最终获得数据完成且有效问卷1 022份。

这部分调研数据涉及安徽、福建、甘肃、广西、贵州、河北、河南、湖北、湖南、吉林、江苏、江西、山东、山西、陕西、山西、四川、云南、浙江等25个省（区、市）的176个县（区），分260个乡（镇）的405个村。样本覆盖了我国大部分省（区、市），包括主要的农业生产地区，其中对农业大省山东、河南等进行重点调研。样本总体分布广泛均匀，具有很好的代表性，能够很好地支持本研究的分析（表7-29）。

表 7-29　2016 年农业技术调研样本频率分布情况

省(区、市)	频数	频数百分比/%	累计百分比/%	省(区、市)	频数	频数百分比/%	累计百分比/%
云南	38	3.7	3.7	河南	119	11.6	68.8
内蒙古	37	3.6	7.3	浙江	49	4.8	73.6
吉林	32	3.1	10.5	海南	5	0.5	74.1
四川	8	0.8	11.3	湖北	30	2.9	77.0
天津	30	2.9	14.2	湖南	39	3.8	80.8
宁夏	6	0.6	14.8	甘肃	38	3.7	84.5
安徽	14	1.4	16.1	福建	7	0.7	85.2
山东	241	23.6	39.7	贵州	5	0.5	85.7
山西	13	1.3	41.0	辽宁	20	2.0	87.7
广西	39	3.8	44.8	重庆	32	3.1	90.8
江苏	13	1.3	46.1	陕西	87	8.5	99.3
江西	5	0.5	46.6	黑龙江	7	0.7	100.0
河北	108	10.6	57.1	**合计**	1 022	100.0	

第二部分数据是针对节水灌溉技术的调研。考虑到农户生产经营受周围环境影响较大，故调研样本在每个区域采用完全随机的方式调查。首先，随机均匀地选择村庄，且地理位置相对较为分散。其次，再从已选村庄中随机选取农户进行调研，并且同一个村庄或邻近的村庄不能调研过多的农户，以避免数据雷同而不具有代表性，对结果分析产生不利影响。这部分调研数据主要来源于北京的大兴、房山、通州、顺义、昌平、怀柔和密云 7 个农业主产区。调研总共得到来自 121 个村(去除 2 次调研重复的村)的 490 个有效样本，总共问卷有效收回率为 87.5%，平均每个区分布 70 户农户，数据来源分布广泛且较为均匀，具有很好的代表性(表 7-30)。

表 7-30　农户样本区域分布特征

被调查区	频数	比例/%	累计百分比/%
大兴	127	25.92	25.92
房山	91	18.57	44.49
通州	60	12.24	56.73
顺义	40	8.16	64.89
昌平	73	14.90	79.79
怀柔	71	14.49	94.28
密云	28	5.72	100

7.4.3　面向病虫害绿色防控技术采纳行为的支持政策传导机制

7.4.3.1　农户对病虫害绿色防控技术采纳的模型构建与变量解释

构建农户对病虫害绿色防控技术的采纳行为 Logistic 模型如下所示：

$$y = f(x)$$
$$= f(\text{户主特征，家庭特征，生产因素，环境效应认知，耕地信息，环境因素})$$

公式(7-8)

在公式(7-8)中,y 为农户对病虫害绿色防控技术的采纳行为,当 $y=1$ 时,表示农户采纳病虫害绿色防控技术;当 $y=0$ 时,表示农户未采纳病虫害绿色防控技术。而 x 为影响农户采纳病虫害绿色防控技术的各种因素,本研究共选择户主特征(性别、年龄、受教育程度、种植经验),家庭特征(家庭规模、家庭年收入、农业收入占比、村领导),生产因素(示范户、参加合作社、接受技术培训、病虫害诊断),农业生产的环境效应认知(土壤污染、病虫害严重、水污染、健康危害、可持续农业生产技术、低碳农业生产技术),耕地信息(耕地总面积、地块数、土地租赁比)和外部环境因素(农业企业、村庄位置、距离集镇距离、统一购买生产资料、政府推广项目、政策支持)等 6 大类 27 个潜在影响因素。具体各潜在影响因素在模型中自变量的定义及预测对农户采纳行为影响方向如表 7-31 所示。

表 7-31　病虫害绿色防控技术采纳模型中变量定义及影响预测方向

变量	定义	预测方向
病虫害绿色防控技术采纳	采纳=1,未采纳=0	
户主特征		
性别	户主性别:男性=1,女性=0	正向
年龄	户主年龄/年	不确定
受教育程度	户主的受教育程度:未接受教育=1,小学=2,初中=3,高中=4,大专及以上=5	正向
种植经验	农户从事农业生产年限/年	不确定
家庭特征		
家庭规模	以家庭人口数来衡量/人	不确定
家庭年收入	农户家庭一年的总收入/万元	正向
农业收入占比	农业收入占家庭总收入的比重/%	正向
村领导	家庭成员中是否有人担任村及以上领导职务:是=1,否=0	正向
生产因素		
示范户	是否是农业生产示范户:是=1,否=0	正向
参加合作社	是否参加合作社:是=1,否=0	正向
接受技术培训	是否接受过农业技术培训:是=1,否=0	正向
病虫害诊断	农户是否能够正确诊断常见病虫害:是=1,否=0	正向
农业生产的环境效应认知		
土壤污染	农户对农业生产造成土壤盐渍化、酸化和有机质匮乏的认知:完全不了解=1,了解很少=2,一般了解=3,比较了解=4,非常了解=5	正向
病虫害严重	农户对传统农业技术造成病虫害严重的认知:完全不了解=1,了解很少=2,一般了解=3,比较了解=4,非常了解=5	正向
水污染	农户对传统农业技术造成水污染的认知:完全不了解=1,了解很少=2,一般了解=3,比较了解=4,非常了解=5	正向
健康危害	农户对传统农业技术造成自身健康危害的认知:完全不了解=1,了解很少=2,一般了解=3,比较了解=4,非常了解=5	正向
可持续农业生产技术	农户是否知道可持续生产技术:是=1,否=0	正向
低碳农业生产技术	农户是否知道低碳农业生产技术:是=1,否=0	正向

续表 7-31

变量	定义	预测方向
耕地信息		
耕地总面积	所有耕地面积总和/公顷	正向
地块数	所有耕地地块数	负向
土地租赁比	租赁土地面积占所耕地总面积的比/%	不确定
外部环境因素		
农业企业	所在村庄是否有农业企业:是=1,否=0	正向
村庄位置	所在村庄属于普通农村村庄:是=1,否=0	负向
距离集镇距离	耕地距离最近的集镇距离/千米	负向
统一购买生产资料	村里组织统一购买生产资料:是=1,否=0	正向
政府推广项目	病虫害防控技术是否是政府推广项目:是=1,否=0	正向
政策支持	是否得到过关于病虫害防治的政策支持:是=1,否=0	正向

农户对病虫害绿色防控技术采纳模型中变量的描述性统计如表 7-32 所示,总共有 1 022 个样本,其中采纳病虫害绿色防控技术的样本有 556 个,未采纳病虫害绿色防控技术的样本有 466 个,技术采纳率为 54.40%。在户主特征中,采纳和未采纳户主的性别均以男性为主,且分布几乎一样,未采纳样本的户主年龄均值比采纳样本均值大约 0.3 岁,在受教育程度方面采纳样本比未采纳样本均值高 0.175,而在种植经验方面未采纳样本多 0.928 年;在家庭特征中,未采纳样本比采纳样本的家庭规模大,但是采纳样本的家庭年收入、农业收入占比和村领导的均值都明显高于未采纳样本的均值;在生产因素方面,采纳样本的均值均明显高于未采纳样本的均值;同样,在农业生产的环境效应认知和耕地信息的 9 个因素中,采纳样本的均值也明显高于未采纳样本的均值;在外部环境因素中,采纳样本的农业企业、统一购买生产资料、政府推广项目和政策支持 4 个因素均值均高于未采纳样本的均值,而其余 2 个变量的均值则刚好相反。

表 7-32 农户对病虫害绿色防控技术采纳模型中变量的描述性统计(N=1 022)

变量	采纳者 (N=556)		未采纳 (N=466)		总样本 (N=1 022)	
	Mean	Std. Dev.	Mean	Std. Dev.	Mean	Std. Dev.
户主特征						
性别	0.895	0.307	0.895	0.306	0.895	0.307
年龄	51.208	10.078	51.506	9.965	51.344	10.023
受教育程度	2.828	0.918	2.653	0.916	2.747	0.921
种植经验	28.829	12.719	29.757	12.992	29.251	12.846
家庭特征						
家庭规模	4.366	1.529	4.404	1.385	4.384	1.465
家庭年收入	5.341	7.150	4.184	4.203	4.816	6.021
农业收入占比	47.395	32.705	41.981	33.263	44.924	33.053
村领导	0.190	0.393	0.083	0.276	0.141	0.348
生产因素						
示范户	0.121	0.327	0.038	0.191	0.083	0.277

续表7-32

变量	采纳者（N=556）		未采纳（N=466）		总样本（N=1 022）	
	Mean	Std. Dev.	Mean	Std. Dev.	Mean	Std. Dev.
参加合作社	0.127	0.333	0.054	0.225	0.094	0.291
接受技术培训	0.221	0.415	0.105	0.306	0.168	0.374
病虫害诊断	0.715	0.452	0.470	0.500	0.605	0.489
农业生产的环境效应认知						
土壤污染	2.365	0.960	2.126	0.857	2.256	0.922
病虫害严重	3.173	0.931	2.814	0.859	3.010	0.916
水污染	2.515	0.934	2.274	0.916	2.406	0.933
健康危害	2.779	0.964	2.494	0.885	2.650	0.939
可持续农业生产技术	0.365	0.482	0.156	0.364	0.270	0.444
低碳农业生产技术	0.245	0.430	0.109	0.312	0.184	0.387
耕地信息						
耕地总面积	1.139	2.151	0.581	0.619	0.883	1.659
地块数	5.878	4.996	4.685	3.541	5.331	4.428
土地租赁比	21.989	35.682	20.606	35.018	21.358	35.369
外部环境因素						
农业企业	0.355	0.479	0.151	0.359	0.262	0.440
村庄位置	0.877	0.329	0.886	0.319	0.881	0.324
距离集镇距离	5.872	6.920	6.821	8.786	6.306	7.839
统一购买生产资料	0.272	0.445	0.217	0.412	0.247	0.431
政府推广项目	0.377	0.485	0.148	0.355	0.273	0.446
政策支持	0.848	0.359	0.738	0.440	0.799	0.401

7.4.3.2 模型估计与结果分析

本模型的实际数据计算是利用 SPSS20.0 软件完成的。为了能够准确找出关键影响农户采纳病虫害绿色防控技术的因素，在使用模型分析结果之前，需要判断所构建模型的模型解释与实际情况是否相符，这就需要对模型进行整体评价和检验。

1. 模型整体评价

本研究中选择了所有变量强行进入模型。从表 7-33 中可以看出，模型卡方统计量为 170.376，自由度为 27，对应的 P 值为 0.000，则拒绝所有回归系数都等于 0 的原假设，认为模型整体是显著的。从表 7-34 中可以看出，模型对数似然比统计量为 428.949，Cox-Snell R^2 和 Nagelkerke R^2 统计量的值分别为 0.326 和 0.435，表明模型整体有效。

表 7-33 模型系数的综合检验

项目	卡方统计量(Chi-square)	自由度(df)	P 值(Sig.)
步骤	170.376	27	0.000
块	170.376	27	0.000
模型	170.376	27	0.000

表 7-34 模型对数似然比与拟合优度评价

Step	−2 Log likelihood	Cox-Snell R^2	Nagelkerke R^2
1	428.949	0.326	0.435

从表 7-35 错判矩阵可以看出，对未采纳病虫害绿色防控技术的 466 个样本，正确预测率为 76.6%；而对于采纳病虫害绿色防控技术的 556 个样本，正确预测率达到 69.6%；模型的整体预测正确率为 73.1%，表明模型的预测能力较强。因此，从模型卡方统计量、对数似然比、拟合优度和预测能力 4 个指标的评估结果来看，所构建的农户对病虫害绿色防控技术采纳模型整体较好。

表 7-35 模型的错判矩阵

观测值		预测值		
		是否采纳病虫害绿色防控技术		正确率
		0	1	
是否采纳病虫害绿色防控技术	0	357	109	76.6%
	1	169	387	69.6%
整体正确率				73.1%

2. 模型估计结果与分析

农户对病虫害绿色防控技术采纳的 Logistic 模型回归结果如表 7-36 所示，表中给出每个自变量在模型回归中的系数(B)、标准误差(S. E.)、Wald 统计量(Wald)、自由度(df)、P 值(Sig.)和发生比率[Exp(B)]。

表 7-36 农户对病虫害绿色防控技术采纳的 Logistic 模型回归结果(N=1 022)

变量	B	S. E.	Wald	df	Sig.	Exp (B)
常量***	−6.055	1.314	21.246	1.000	0.000	0.002
户主特征						
性别	0.278	0.415	0.449	1.000	0.503	1.321
年龄*	0.041	0.021	3.741	1.000	0.053	1.042
受教育程度**	0.330	0.146	5.138	1.000	0.023	1.391
种植经验	−0.004	0.018	0.042	1.000	0.838	0.996
家庭特征						
家庭规模	0.010	0.101	0.011	1.000	0.918	1.010
家庭年收入	−0.017	0.030	0.323	1.000	0.570	0.983
农业收入占比	0.004	0.004	0.857	1.000	0.355	1.004
村领导	0.692	0.423	2.677	1.000	0.102	1.998
生产因素						
示范户**	1.688	0.718	5.525	1.000	0.019	5.409
参加合作社	0.880	0.668	1.736	1.000	0.188	2.411
接受技术培训	0.327	0.566	0.335	1.000	0.563	1.387
病虫害诊断***	1.086	0.260	17.391	1.000	0.000	2.963

续表7-36

变量	B	S. E.	Wald	df	Sig.	Exp (B)
农业生产的环境效应认知						
土壤污染***	0.465	0.174	7.163	1.000	0.007	0.628
病虫害严重***	0.458	0.166	7.585	1.000	0.006	1.581
水污染	−0.153	0.180	0.722	1.000	0.395	0.858
健康危害**	0.392	0.185	4.494	1.000	0.034	1.480
可持续农业生产技术***	1.241	0.398	9.720	1.000	0.002	3.458
低碳农业生产技术	−0.671	0.483	1.929	1.000	0.165	0.511
耕地信息						
耕地总面积*	0.422	0.257	2.705	1.000	0.100	1.525
地块数*	0.058	0.033	3.176	1.000	0.075	1.060
土地租赁比***	−1.233	0.444	7.695	1.000	0.006	0.292
外部环境因素						
农业企业**	0.763	0.344	4.904	1.000	0.027	2.144
村庄位置	−0.230	0.373	0.380	1.000	0.538	0.795
距离集镇距离*	−0.028	0.015	3.618	1.000	0.057	0.972
统一购买生产资料**	−0.846	0.340	6.201	1.000	0.013	0.429
政府推广项目***	1.346	0.334	16.288	1.000	0.000	3.844
政策支持*	0.614	0.351	3.053	1.000	0.081	1.848

注：*，**，*** 分别表示在10%，5%，1%水平上显著。

在模型中，回归系数的显著性检验采用 Wald 检验法进行。在引入的 27 个自变量中，有 16 个自变量在10%的显著性水平下，其 P 值(Sig.)均小于给定的显著性水平，表明模型中这些自变量的回归系数显著不为 0，即这些自变量在模型中都是显著的，说明这些因素能够显著影响农户对病虫害绿色防控技术的采纳行为。

(1)户主特征　①户主年龄变量通过10%显著性检验，并且回归系数均为正，说明户主年龄对于农户采纳病虫害绿色防控技术具有正向促进作用，即年龄越大的农户，越愿意使用病虫害绿色防控技术。②受教育程度变量的回归系数为0.330，并通过5%显著性检验，说明受教育程度对于农户采纳病虫害绿色防控技术具有正向促进作用。受教育水平越高的户主，沟通越顺畅，获取信息能力和综合决策能力更强，从而能很好地理解病虫害绿色防控技术的优势，降低技术使用复杂度，也就更愿意采纳农业新技术(赵连阁和蔡书凯，2012)。③户主性别和种植经验这 2 个变量没有通过显著性检验，说明这 2 个因素不能够显著影响农户对病虫害绿色防控技术的采纳行为。

(2)生产因素　①在生产因素中，只有示范户和病虫害诊断 2 个变量通过显著性检验，而参加合作社和接受技术培训 2 个变量并没有通过显著性检验。②农户是否为农业生产示范户通过5%显著性检验且回归系数为正，这说明农户是否属于示范户对于采纳病虫害绿色防控技术具有正向影响，示范户更可能会采纳病虫害绿色防控技术。农业生产示范户是农业推广系统中非常重要的基层推广单位，示范户采用农业新技术会影响周围农户进行采纳，达到示范推广的目的。③农户是否能够正确诊断常见的病虫害对于农户采纳病虫害绿色防控技术具有非常显著的正向促进作用，即越是能够正确识别常见病虫害的农户，越愿意采纳病虫害绿色防控技术。病虫害是影响农业生产的重要因素，往往会直接影响产量和农产品品质，正确识别病虫害能够更清楚地了解病虫害的危害程度，并及时实施有效应对措施。

(3)农业生产的环境效应认知　在所选择的农业生产的环境效应认知6个潜在因素中，有4个因素通过5%水平显著性检验，这说明农户对农业生产的环境效应认知显著影响其采纳病虫害绿色防控技术。①农户对土壤污染的认知因素回归系数为0.465，且在1%水平上显著性，说明该因素对农户采纳病虫害绿色防控技术具有显著促进作用。随着化学农药和化肥的大量使用，使农业生产的土壤出现盐渍化、酸化和有机质匮乏等现象，农户对这种现象了解越多，就越认识到土壤污染的严重性，也更加清楚地知道这种状况如果持续下去会增加生产投入成本，减低收益，因此农户就愿意采用病虫害绿色防控技术进行改善土壤。②病虫害严重这一自变量的回归系数为正，且在1%水平上显著，说明该因素对农户采纳病虫害绿色防控技术具有显著正向促进作用。农户对病虫害发生的严重性程度认识越到位，越知道病虫害对于农业生产所造成损失的严重性，就越愿意采纳能够解决病虫害的技术。③健康危害因素在5%水平上显著且回归系数为正，说明该因素对农户采纳病虫害绿色防控技术具有正向促进作用。相对于病虫害绿色防控技术而言，传统病虫害防控措施往往是生产者到田间喷打农药，尤其是高效农药，这种病虫害防治措施对农户自身健康造成很大伤害，甚至会造成药物中毒。因此，农户对传统病虫害防治措施的认知程度越深，就越知道其危害性，转而会采纳病虫害绿色防控技术。④可持续农业生产技术自变量的回归系数为正且在1%水平上显著，说明该因素对农户采纳病虫害绿色防控技术具有正向促进作用。这与预期情况一样，农户对可持续农业生产技术的认知程度越高，就越知道可持续农业生产技术的内容、特点和优势等。可持续农业生产技术不仅会带来更好的收益，还会使农业生产可持续进行，根据“理性小农”理论，农户会选择更好的农业生产技术逐渐替代不好的农业生产技术。

(4)耕地信息　①农户的耕地总面积和耕地地块数2个变量均在10%水平上显著，且回归系数为正，说明耕地总面积和地块数对农户采纳病虫害绿色防控技术具有正向促进作用。耕地总面积较大的农户越重视农业生产，投入的时间精力就越多，对于能够有效防治病虫害的技术就越感兴趣，也就更愿意采用农业新技术。耕地块数对农户采纳行为的影响方向与预测完全相反，这可能是病虫害绿色防控技术在实施过程中相对于传统直接打农药而言操作程序更复杂，同时地块数量越多，说明每块耕地的面积就越小，农户在认识到病虫害绿色防控措施的优势情况下，就更方便在小块耕地上进行实施，这就促进了农户对该技术的采用。②土地租赁比变量在1%水平上显著且回归系数为−1.233，说明土地租赁比对农户采纳病虫害绿色防控技术具有阻碍作用。农户从事农业生产行为是符合利润最大化理论的，土地租赁增加了农业生产成本，农户在追求利润最大化的过程中会尽力降低投入成本，而病虫害绿色防控技术相对于传统病虫害防治来说投入成本明显增加，因此，土地租赁比越大的农户越不愿意采纳该农业生产技术。

(5)外部环境因素　在外部环境6个因素变量中有5个因素对农户采纳病虫害绿色防治技术有显著影响，这说明外部环境因素能够显著影响农户的决策行为。①农业企业变量的回归系数为0.763，并且在5%水平上显著，说明农户所在村庄中如果存在农业企业，则对农户采纳病虫害绿色防控技术具有正向促进作用。这是因为农业企业在当地具有示范推广作用。②距离集镇距离变量回归系数为－0.028，且在10％水平上显著，说明农户距离最近集镇对农户采纳病虫害绿色防控技术具有阻碍作用，即距离较远的农户会更少采纳该技术。距离最近集镇距离越远的农户，获取相关农业信息越困难，同时农业推广基础越薄弱，购买相关技术或获得指导越少，故农户就很难采纳较好的农业新技术，而是继续按照以往经验从事农业生产。③统一购买生产资料变量回归系数为－0.846，且在5％水平上显著，说明统一购买生产资料对农户采纳病虫害绿色防控技术具有负向影响，这与预期的正向影响刚好完全相反。村里组织统一给农户购买农业生产资料有利于农户较低的购买成本，但是由于村里统一为农户购买生产资料量较大，农业新技术的采用本身就存在很大风险，组织者不愿也不敢冒这种风险改变购买行为，所以，组织者就更愿意购买之前已经使用过的生产资料，这对农业新技术的推广使用具有阻碍作用。④政府推广项目自变量在1％水平上显著，且具有正向影响，说明将病虫害绿色防控技术的推广列为政府推广项目时，能够显著促进农户对该技术的采纳。政府推广项目会加大技术信息的传播，农户能够获取更完备、更准确的信息，充分了解该技术；同时通过推广项目，会降低采纳新技术的成本和采纳风险，故部分农户通过权衡利弊会尝试采纳农业新技术；又由于农户在生产中具有“从众心理”特征，所以其余农户看到有人采用新技术后也会跟风使用，这就会非常显著地促进了病虫害绿色防控技术的采纳推广。⑤政策支持变量在10％水平上具有显著正向影响作用，说明政策的支持能够显著促进农户对病虫害绿色防控技术的采纳行为。在农业生产中，政策是国家进行宏观调控的措施，故政策支持具有农业生产的导向性，能够引导农户从事农业生产行为。政策支持不仅能够降低农户采纳病虫害绿色防控技术的投入成本和风险，还能够充分调动农户采纳技术的积极性。

7.4.4 面向测土配方施肥技术采纳行为的支持政策传导机制

7.4.4.1 农户对测土配方施肥技术采纳的模型构建与变量解释

农户对测土配方施肥技术的采纳行为 Logistic 模型如下所示：

$$\begin{aligned} y &= f(x) \\ &= f(\text{户主特征，家庭特征，生产因素，环境效应认知，} \\ &\quad \text{测土配方施肥认知，耕地信息，外部环境因素}) \end{aligned} \qquad \text{公式(7-9)}$$

在公式(7-9)中，y 为农户对测土配方施肥技术的采纳行为，当 $y=1$ 时，表示农户采纳测土配方施肥技术；当 $y=0$ 时，表示农户未采纳测土配方施肥技术。而 x 为影响农户采纳测土配方施肥技术的各种因素，本研究共选择户主特征(性别、年龄、受教育程度、种植经验)，家庭特征(家庭规模、家庭年收入、农业收入占比、村领导)，生产因素(示范户、参加合作社、接受技术培训)，测土配方施肥认知(建议卡、施肥培训、宣传力度、复杂度)，农业生产的环境效应认知(土壤污染、病虫害严重、水污染、健康危害、可持续农业生产技术、低碳农业生产技术)，耕地信息(耕地总面积、地块数、土地租赁比)和外部环境因素(农业企业、村庄位置、距离集镇距离、统一购买化肥、政府推广项目、政策支持)等7大类30个潜在影响因素。具体各潜在影响因素在模型中自变量的定义及预测对农户采纳行为影响方向如表7-37所示。

表 7-37 测土配方施肥技术采纳模型中变量定义及影响预测方向

变量	定义	预测方向
测土配方施肥技术采纳	采纳=1,未采纳=0	
户主特征		
性别	户主性别:男性=1,女性=0	正向
年龄	户主年龄/年	不确定
受教育程度	户主的受教育程度:未接受教育=1,小学=2,初中=3,高中=4,大专及以上=5	正向
种植经验	农户从事农业生产年限/年	不确定
家庭特征		
家庭规模	以家庭人口数来衡量/人	不确定
家庭年收入	农户家庭一年的总收入/万元	正向
农业收入占比	农业收入占家庭总收入的比重/%	正向
村领导	家庭成员中是否有人担任村及以上领导职务:是=1,否=0	正向
生产因素		
示范户	是否是农业生产示范户:是=1,否=0	正向
参加合作社	是否参加合作社:是=1,否=0	正向
接受技术培训	是否接受过农业技术培训:是=1,否=0	正向
农业生产的环境效应认知		
土壤污染	农户对农业生产造成土壤盐渍化、酸化和有机质匮乏的认知:完全不了解=1,了解很少=2,一般了解=3,比较了解=4,非常了解=5	正向
病虫害严重	农户对传统农业技术造成病虫害严重的认知:完全不了解=1,了解很少=2,一般了解=3,比较了解=4,非常了解=5	正向
水污染	农户对传统农业技术造成水污染的认知:完全不了解=1,了解很少=2,一般了解=3,比较了解=4,非常了解=5	正向
健康危害	农户对传统农业技术造成自身健康危害的认知:完全不了解=1,了解很少=2,一般了解=3,比较了解=4,非常了解=5	正向
可持续农业生产技术	农户是否知道可持续农业生产技术:是=1,否=0	正向
低碳农业生产技术	农户是否知道低碳农业生产技术:是=1,否=0	正向
测土配方施肥认知		
建议卡	农户是否收到测土配方施肥建议卡:是=1,否=0	正向
施肥培训	农户是否受过测土配方施肥培训:是=1,否=0	正向
宣传力度	农户认为当地对测土配方施肥宣传效果:好=1,不好=0	正向
复杂度	农户对测土配方施肥实施复杂度认知:不复杂=1,一般=2,很复杂=3	负向
耕地信息		
耕地总面积	所有耕地面积总和/公顷	正向
地块数	所有耕地地块数	负向
土地租赁比	租赁土地面积占所耕地总面积的比/%	不确定
外部环境因素		
农业企业	所在村庄是否有农业企业:是=1,否=0	正向
村庄位置	所在村庄属于普通农村村庄:是=1,否=0	负向
距离集镇距离	耕地距离最近的集镇距离/千米	负向
统一购买化肥	村里组织统一购买生产资料:是=1,否=0	不确定
政府推广项目	病虫害防控技术是否是政府推广项目:是=1,否=0	正向
政策支持	是否得到过关于病虫害防治的政策支持:是=1,否=0	正向

农户对测土配方施肥技术采纳模型中变量的描述性统计如表 7-38 所示，总共有 1 022 个样本，其中采纳测土配方施肥技术的样本有 297 个，未采纳测土配方施肥技术的样本有 725 个，技术采纳率为 29.1%。在户主特征中，采纳和未采纳户主的性别均以男性为主，且分布几乎一样外，其余 3 个变量的均值有着明显差异，其中未采纳样本的户主年龄均值比采纳样本均值大约 1.71 岁，在受教育程度方面采纳样本比未采纳样本均值高 0.32，而在种植经验方面未采纳样本多 1.96 年；在家庭特征中，未采纳样本比采纳样本的家庭规模大，但是采纳样本的家庭年收入、农业收入占比和村领导的均值都明显高于未采纳样本的均值，并且差异明显；在生产因素方面，采纳样本的均值均明显高于未采纳样本的均值，同时差异较多；在测土配方施肥认知方面，除了未采纳样本的测土配方施肥复杂度认知高于采纳样本 0.55 外，采纳样本在其余 3 个变量方面均高于未采纳样本 50%；在农业生产的环境效应认知方面，采纳样本的均值也明显高于未采纳样本的均值；在耕地信息方面，采纳者的耕地面积和土地租赁比均高于未采纳者，而耕地地块数却少于未采纳者；在外部环境因素中，采纳样本的农业企业、政府推广项目和政策支持 3 个变量均值均高于未采纳样本的均值，而其余 3 个变量的均值则刚好相反。

表 7-38 农户对测土配方施肥技术采纳模型中变量的描述性统计(N=1 022)

变量	采纳者（N=297）		未采纳（N=725）		总样本（N=1 022）	
	Mean	Std. Dev.	Mean	Std. Dev.	Mean	Std. Dev.
户主特征						
性别	0.899	0.302	0.896	0.306	0.897	0.305
年龄	49.973	9.969	51.686	9.930	51.189	9.967
受教育程度	2.976	0.930	2.656	0.906	2.748	0.924
种植经验	27.537	12.865	29.497	12.684	28.917	12.762
家庭特征						
家庭规模	4.305	1.482	4.344	1.424	4.333	1.441
家庭年收入	5.882	8.633	4.475	4.759	4.881	6.163
农业收入占比	47.338	32.597	42.935	32.728	44.183	32.731
村领导	0.201	0.401	0.127	0.333	0.148	0.356
生产因素						
示范户	0.154	0.362	0.055	0.229	0.084	0.278
参加合作社	0.185	0.389	0.059	0.235	0.095	0.294
接受技术培训	0.293	0.456	0.117	0.322	0.168	0.374
测土配方施肥认知						
建议卡	0.102	0.303	0.030	0.172	0.051	0.220
施肥培训	0.109	0.312	0.032	0.176	0.055	0.227
宣传力度	0.625	0.485	0.322	0.468	0.410	0.492
复杂度	1.882	0.731	2.432	0.632	2.270	0.708
农业生产的环境效应认知						
土壤污染	2.494	0.992	2.159	0.862	2.256	0.913
病虫害严重	3.280	0.939	2.920	0.862	3.024	0.899
水污染	2.663	1.041	2.301	0.840	2.405	0.916

续表7-38

变量	采纳者（$N=297$）		未采纳（$N=725$）		总样本（$N=1\,022$）	
	Mean	Std. Dev.	Mean	Std. Dev.	Mean	Std. Dev.
健康危害	2.847	0.990	2.542	0.885	2.630	0.926
可持续农业生产技术	0.396	0.490	0.236	0.425	0.283	0.451
低碳农业生产技术	0.323	0.468	0.136	0.343	0.190	0.393
耕地信息						
耕地总面积	0.876	1.658	0.863	1.557	0.867	1.585
地块数	4.591	3.458	5.607	4.630	5.315	4.348
土地租赁比	23.670	34.745	19.776	34.733	20.908	34.762
外部环境因素						
农业企业	0.364	0.482	0.232	0.422	0.270	0.444
村庄位置	0.876	0.330	0.887	0.316	0.884	0.320
距离集镇距离	5.093	6.103	6.708	8.485	6.236	7.895
统一购买化肥	0.896	0.306	0.979	0.142	0.955	0.207
政府推广项目	0.306	0.462	0.130	0.337	0.182	0.386
政策支持	0.821	0.407	0.792	0.383	0.813	0.390

7.4.4.2 模型估计与结果分析

模型估计是利用SPSS20.0软件完成的。为了能够准确找出关键影响农户采纳测土配方施肥技术的因素，在使用模型分析结果之前需要判断所构建模型的模型解释与实际情况是否相符，这就需要对模型进行整体评价和检验。

1. 模型整体评价

本研究中选择了所有变量强行进入模型。从表7-39中可以看出，模型卡方统计量为155.800，自由度为30，对应的P值为0.000，则拒绝所有回归系数都等于0的原假设，认为模型整体是显著的。从表7-40中可以看出，模型对数似然比统计量为490.565，Cox-Snell R^2和Nagelkerke R^2统计量的值分别为0.319和0.416，表明模型整体有效。

表7-39　模型系数的综合检验

项目	卡方统计量(Chi-square)	自由度(df)	P值(Sig.)
步骤	155.800	30	0.000
块	155.800	30	0.000
模型	155.800	30	0.000

表7-40　模型对数似然比与拟合优度评价

Step	−2 Log likelihood	Cox-Snell R^2	Nagelkerke R^2
1	490.565	0.319	0.416

从表7-41错判矩阵可以看出，对未采纳测土配方施肥技术的725个样本，正确预测率高达92.6%；而对于采纳测土配方施肥技术的297个样本，正确预测率为36.7%，模型的整体预测正确率为76.3%，表明模型的预测能力较强。因此，从模型卡方统计量、对数似然比、拟

合优度和预测能力 4 个指标的评估结果来看，所构建的农户对测土配方施肥技术采纳模型整体较好。

表 7-41　模型的错判矩阵

观测值		预测值		
		是否采纳测土配方施肥技术		正确率
		0	1	
是否采纳测土配方施肥技术	0	671	54	92.6%
	1	188	109	36.7%
整体正确率				76.3%

2. 模型估计结果与分析

农户对测土配方施肥技术采纳的 Logistic 模型回归结果如表 7-42 所示，表中给出了每个自变量在模型回归中的系数(B)、标准误差(S. E.)、Wald 统计量(Wald)、自由度(df)、P 值(Sig.)和发生比率[Exp(B)]。

表 7-42　农户对测土配方施肥技术采纳的 Logistic 模型回归结果(N=1 022)

变量	B	S. E.	Wald	df	Sig.	Exp (B)
常量	0.526	1.267	0.172	1.000	0.678	1.692
户主特征						
性别	0.349	0.338	1.061	1.000	0.303	1.417
年龄	−0.025	0.020	1.541	1.000	0.214	0.976
受教育程度*	0.236	0.131	3.243	1.000	0.072	1.266
种植经验	0.017	0.016	1.108	1.000	0.293	1.017
家庭特征						
家庭规模	−0.084	0.089	0.897	1.000	0.344	0.920
家庭年收入	−0.007	0.021	0.116	1.000	0.734	0.993
农业收入占比	0.001	0.003	0.177	1.000	0.674	1.001
村领导	−0.048	0.314	0.023	1.000	0.878	0.953
生产因素						
示范户	0.066	0.429	0.024	1.000	0.878	1.068
参加合作社	0.222	0.430	0.267	1.000	0.605	1.249
接受技术培训	0.348	0.337	1.066	1.000	0.302	1.416
测土配方施肥认知						
建议卡	0.590	0.490	1.449	1.000	0.229	1.805
施肥培训	0.203	0.460	0.195	1.000	0.659	1.225
宣传力度***	0.770	0.231	11.082	1.000	0.001	2.159
复杂度***	−0.922	0.158	34.107	1.000	0.000	0.398
农业生产的环境效应认知						
土壤污染	−0.059	0.141	0.173	1.000	0.677	0.943
病虫害严重*	0.283	0.141	4.002	1.000	0.045	1.327
水污染	−0.039	0.143	0.073	1.000	0.787	0.962

续表7-42

变量	B	S. E.	Wald	df	Sig.	Exp (B)
健康危害	0.078	0.153	0.256	1.000	0.613	1.081
可持续农业生产技术	−0.254	0.304	0.699	1.000	0.403	0.776
低碳农业生产技术*	0.586	0.336	3.046	1.000	0.081	1.797
耕地信息						
耕地总面积	−0.038	0.091	0.171	1.000	0.680	0.963
地块数**	−0.069	0.032	4.533	1.000	0.033	0.934
土地租赁比	−0.002	0.003	0.381	1.000	0.537	0.998
外部环境因素						
农业企业***	0.754	0.256	8.644	1.000	0.003	2.125
村庄位置**	0.777	0.369	4.432	1.000	0.035	2.176
距离集镇距离	−0.015	0.015	0.980	1.000	0.322	0.985
统一购买化肥**	−1.080	0.477	5.126	1.000	0.024	0.340
政府推广项目*	0.223	0.300	3.073	1.000	0.080	1.250
政策支持**	0.278	0.296	5.499	1.000	0.019	1.321

注：*，**，*** 分别表示在10%，5%，1%水平上显著。

在模型中，回归系数的显著性检验采用 Wald 检验法进行。在引入的 30 个自变量中，有 11 个自变量在 10%的显著性水平下，其 P 值(Sig.)均小于给定的显著性水平，表明模型中这些自变量的回归系数显著不为 0，即这些自变量在模型中都是显著的，说明这些因素能够显著影响农户对测土配方施肥技术的采纳行为。

(1)户主特征　①受教育程度变量的回归系数为正，且通过显著性检验，发生比率 Exp(B)为 1.266，说明受教育程度对于农户采纳测土配方施肥技术具有正向促进作用，当农户受教育程度每增加 1 个单位，农户采纳测土配方施肥技术行为的发生比就增加 26.6%。受教育水平越高的户主，沟通越顺畅，获取信息能力和综合决策能力更强，能很好地理解测土配方施肥技术的优势，降低技术使用复杂度，从而更愿意采纳农业新技术。②户主性别、年龄和种植经验这 3 个变量没有通过显著性检验，说明这 3 个因素不能显著影响农户测土配方施肥技术采纳行为。

(2)家庭特征　所选择的家庭规模、家庭年收入、农业收入占比和村领导 4 个家庭特征变量均没有通过显著性检验，即家庭特征对农户采纳测土配方施肥技术行为没有影响。

(3)生产因素　所选择的示范户、参加合作社和接受技术培训 3 个生产因素变量均没有通过显著性检验，即生产因素对农户采纳测土配方施肥技术行为没有影响。

(4)测土配方施肥认知　①宣传力度变量的回归系数为正，且在 1%水平上显著，这说明宣传力度对农户采纳测土配方施肥技术具有正向促进作用，由优势发生比率 Exp(B)为 2.159 可以进一步得知，每当宣传力度增加 1 个单位，农户采纳测土配方施肥技术行为的发生比就提高了 1.159 倍。推广宣传是农户对测土配方施肥技术了解并深入认知的基础，只有在充分认知和掌握相关技术信息后，经过权衡比较农户才决定是否采纳，故大力宣传有利于农户对技术信息的掌握与认知，从而促进农户技术采纳行为的发生。②复杂度变量的回归系数为负，且在 1%水平上显著，这说明复杂度对农户采纳测土配方施肥技术具有负向阻碍作用，由优势发生比率 Exp (B)为 0.398 可以进一步得知，每当复杂度增加 1 个单位，农户采纳测土配方施肥技术行为的发生比就降低 61.2%。由于农户文化水平和自身综合素质不高，对于新技术认知与掌握存在一定障碍，如果测土配方施肥技术实施较为复杂，就会让农户担心自己不能很好地掌握技术，从而产生一种畏惧抵触心理，这就提高了技术采纳壁垒，降低了农户采纳测土配方施肥技术的可能性。③建议卡和施肥培训 2 个变量均没有通过显著性检验，即这 2 个生产因素对农户采纳测土配方施肥技术行为没有影响。

(5)农业生产的环境效应认知　在所选择的农业生产的环境效应认知 6 个潜在因素中，有 2 个因素通过 10%水平显著性检验，这说明农户对农业生产的环境效应认知显著影响其采纳测土配方施肥技术。①病虫害严重自变量的回归系数为正，且在 1%水平上显著，优势发生比率 Exp (B)为 1.327，说明该因素对农户采纳测土配方施肥技术具有显著正向促进作用。每当农户对传统农业生产技术所造成的病虫害严重程度认知增加 1 个单位，农户采纳测土配方施肥技术发生比就提高了 32.7%。农户对病虫害发生的严重性程度认识越到位，越知道病虫害对于农业生产所造成损失的严重性，就越愿意采纳能够解决病虫害的技术，而采纳测土配方施肥技术有利于生态环境保护，降低病虫害危害。②低碳农业生产技术自变量的回归系数为正且在 10%水平上显著，优势发生比率 Exp (B)为 1.797，说明该因素对农户采纳测土配方施肥技术具有正向促进作用，了解低碳农业生产技术的农户比不了解低碳农业生产技术的农户在采纳测土配方施肥技术发生比上高了 79.7%。这与预期情况一样，农户对低碳农业生产技术的认知程度越高，越知道低碳农业生产技术的内容、特点和优势等。低碳农业生产技术不仅会带来更好的收益，还会使农业生产可持续进行，传统施肥方式属于粗放式，不仅对化肥造成严重浪费，还会造成严重的环境污染，因此，对低碳农业生产技术的了解有利于农户充分认识到测土配方施肥技术的优越性，从而选择更好的农业生产技术逐渐替代不好的农业生产技术。③土壤污染、水污染、健康危害和可持续农业生产技术 4 个变量均没有通过显著性检验，即这 4 个因素对农户采纳测土配方施肥技术行为没有影响。

(6)耕地信息　①耕地地块数变量的回归系数为−0.069，且在 5%水平上显著，优势发生比率 Exp (B)为 0.934，说明耕地地块数对农户采纳测土配方施肥技术具有负向阻碍作用。每当农户的耕地增加 1 块时，农户采纳测土配方施肥技术的发生比可能性就降低 6.6%。测土配方施肥技术实施起来相对于传统施肥方式的操作程序更复杂，需要投入更多劳动力，如果农户的地块数增加，这就进一步增加了劳动力的投入，不仅增加了农业生产成本，而且增加了劳动强度，这就会迫使一些农户放弃对测土配方施肥技术的采纳。因此，简化测土配方施肥技术的应用程序，降低使用难度，是进一步推广扩散该技术的前提。②耕地总面积和土地租赁比 2 个变量均没有通过显著性检验，即这 2 个因素对农户采纳测土配方施肥技术行为没有影响。

(7)外部环境因素　在外部环境 6 个因素变量中，有 5 个因素对农户采纳测土配方施肥技术有显著影响，这说明外部环境因素能够显著影响农户的决策行为。①农业企业变量的回归系数为 0.754，并且在 1%水平上显著，优势发生比率 Exp (B)为 2.125，说明农户所在村庄中如果存在农业企，则对农户采纳测土配方施肥技术具有正向促进作用。如果村里有农业企业，农户采纳测土配方施肥技术的发生比将提高了 1.125 倍。这是由于农业企业在当地具有示范推广作用，积极引导农户采纳新型农业生产技术。②村庄位置变量的回归系数为 0.777，并且在 5%水平上显著，优势发生比率 Exp (B)为 2.176，相对于非普通农村(城市郊区或乡镇周边)的农户来说，普通农村的农户采纳测土配方施肥技术的发生比提高了 1.176 倍。非普通农村的农户除了农业生产收入外，更多是依靠非农收入，对于农业生产没有普通农村农户重视，测土配方施肥所带来的节约成本等优势就不足以促进他们投入更多劳动力和时间来采纳测土配方施肥技术。③统一购买化肥变量的回归系数为负，且在5%水平上显著，优势发生比率Exp (*B*)为0.340，说明统一购买化肥对农户采纳测土配方施肥技术具有负向影响，且采纳优势发生比降低了66%。村里组织统一给农户购买化肥有利于农户的较低购买成本，但是由于村里统一为农户购买化肥量较大，农业新技术的采用本身就存在很大风险，组织者不愿也不敢冒这种风险改变购买行为，所以，组织者就更愿意购买之前已经使用过的化肥，这对农业新技术的推广使用具有阻碍作用。此外，这种统一购买导致群体形成一种稳定的行为关系，这就不利于在新型农业技术的推广扩散早期少数冒险者进行尝试试验，从而进一步阻碍了农户测土配方施肥技术的采纳。④政府推广项目自变量在10%水平上显著，且具有正向影响，优势发生比率Exp (*B*)为1.250，说明把测土配方施肥技术的推广列为政府推广项目时，能够显著促进农户对测土配方施肥技术的采纳，且发生比提高了25%。政府推广项目会加大技术信息的传播，农户能够获取更完备、更准确的信息，充分了解该技术；同时，通过推广项目，会降低采纳新技术的成本和采纳风险，故部分农户通过权衡利弊会尝试采纳农业新技术，又由于农户在生产中具有“从众心理”特征，其余农户看到有人采用新技术也会跟风使用，这就会非常显著地促进测土配方施肥技术的推广实施。⑤政策支持变量在5%水平上具有显著正向影响作用，说明政策的支持能够显著促进农户对测土配方施肥技术的采纳行为。由优势发生比率Exp (*B*)为1.321可知，当农户获得政策支持时，其采纳测土配方施肥技术的发生比将提高32.1%。在农业生产中，政策是国家进行宏观调控的措施，政策支持具有农业生产的导向性，能够引导农户从事农业生产行为。因此，政策支持不仅能够降低农户采纳测土配方施肥技术的投入成本和风险，还能够充分调动农户采纳技术的积极性。

7.4.5 面向秸秆还田技术采纳行为的支持政策传导机制

7.4.5.1 农户对秸秆还田技术采纳的模型构建与变量解释

构建农户对秸秆还田技术的采纳Logistic模型，如公式(7-10)所示：

$y=f(x)$

$=f$(户主特征，家庭特征，生产因素，环境效应认知，秸秆还田认知，耕地信息，外部环境因素)　　公式(7-10)

在公式(7-10)中，y为农户对秸秆还田技术的采纳行为，当$y=1$时，表示农户已采纳秸秆还田技术；当$y=0$时，表示农户未采纳秸秆还田技术。而x为影响农户采纳秸秆还田技术的各种因素，本研究共选择户主特征(性别、年龄、受教育程度、种植经验)，家庭特征(家庭规模、家庭年收入、农业收入占比、村领导)，生产因素(示范户、参加合作社、接受技术培训)、秸秆还田认知(秸秆还田效果、还田机械质量和效果、宣传力度、焚烧秸秆污染性、焚烧秸秆方便性)、农业生产的环境效应认知(土壤污染、病虫害严重、水污染、健康危害、可持续农业生产技术、低碳农业生产技术)，耕地信息(耕地总面积、地块数、土地租赁比)和外部环境因素(农业企业、村庄位置、距离集镇距离、补贴影响、政府推广项目、政策支持)7大类31个潜在影响因素。具体各潜在影响因素在模型中自变量的定义及预测对农户采纳意愿与采纳行为影响方向如表7-43所示。

表 7-43 秸秆还田技术采纳模型中变量定义及影响预测方向

变量	定义	预测方向
秸秆还田技术采纳	采纳=1,未采纳=0	
户主特征		
性别	户主性别:男性=1,女性=0	正向
年龄	户主年龄/年	不确定
受教育程度	户主的受教育程度:未接受教育=1,小学=2,初中=3,高中=4,大专及以上=5	正向
种植经验	农户从事农业生产年限/年	不确定
家庭特征		
家庭规模	以家庭人口数来衡量/人	不确定
家庭年收入	农户家庭一年的总收入/万元	正向
农业收入占比	农业收入占家庭总收入的比重/%	正向
村领导	家庭成员中是否有人担任村及以上领导职务:是=1,否=0	正向
生产因素		
示范户	是否是农业生产示范户:是=1,否=0	正向
参加合作社	是否参加合作社:是=1,否=0	正向
接受技术培训	是否接受过农业技术培训:是=1,否=0	正向
农业生产的环境效应认知		
土壤污染	农户对农业生产造成土壤盐渍化、酸化和有机质匮乏的认知:完全不了解=1,了解很少=2,一般了解=3,比较了解=4,非常了解=5	正向
病虫害严重	农户对传统农业技术造成病虫害严重的认知:完全不了解=1,了解很少=2,一般了解=3,比较了解=4,非常了解=5	正向
水污染	农户对传统农业技术造成水污染的认知:完全不了解=1,了解很少=2,一般了解=3,比较了解=4,非常了解=5	正向
健康危害	农户对传统农业技术造成自身健康危害的认知:完全不了解=1,了解很少=2,一般了解=3,比较了解=4,非常了解=5	正向
可持续农业生产技术	农户是否知道可持续农业生产技术:是=1,否=0	正向
低碳农业生产技术	农户是否知道低碳农业生产技术:是=1,否=0	正向
秸秆还田认知		
秸秆还田效果	秸秆还田在改善土质、节约成本和减少污染方面效果是否明显:是=1,否=0	正向
还田机械质量和效果	秸秆还田机械的质量和还田效果如何:较差=1,一般=2;很好=3	正向
宣传力度	农户认为当地对秸秆还田宣传效果:好=1,不好=0	正向
焚烧秸秆污染性	焚烧秸秆是否污染环境:是=1,否=0	负向
焚烧秸秆方便性	焚烧秸秆是否方便,省时省力:是=1,否=0	负向
耕地信息		
耕地总面积	所有耕地面积总和:单位/公顷	正向
地块数	所有耕地地块数;	负向
土地租赁比	租赁土地面积占所耕地总面积的比/%	不确定
外部环境因素		

续表7-43

变量	定义	预测方向
农业企业	所在村庄是否有农业企业：是=1，否=0	正向
村庄位置	所在村庄属于普通农村村庄：是=1，否=0	负向
距离集镇距离	耕地距离最近的集镇距离/千米	负向
补贴影响	政府补贴对农户采纳秸秆还田技术的影响程度：1=一般，2=较大，3=很大	正向
政府推广项目	秸秆还田技术是否是政府推广项目：是=1，否=0	正向
政策支持	是否得到过关于秸秆还田的政策支持：是=1，否=0	正向

农户对秸秆还田技术采纳模型中变量的描述性统计如表7-44所示，总共有1 022个样本，其中有665个样本愿意采纳秸秆还田技术，但是只有524个样本已经采纳秸秆还田技术。

表7-44 农户对秸秆还田技术采纳意愿与采纳行为模型中变量的描述性统计（N=1 022）

变量	采纳意愿（N=665）		采纳行为（N=524）		总样本（N=1 022）	
	Mean	Std. Dev.	Mean	Std. Dev.	Mean	Std. Dev.
户主特征						
性别	0.899	0.301	0.906	0.292	0.894	0.308
年龄	50.554	9.683	50.425	9.350	51.245	9.955
受教育程度	2.862	0.865	2.874	0.840	2.750	0.918
种植经验	27.910	12.348	27.983	11.474	29.122	12.755
家庭特征						
家庭规模	4.465	1.439	4.388	1.295	4.363	1.446
家庭年收入	5.227	6.885	5.786	7.763	4.821	6.035
农业收入占比	43.441	32.104	41.313	31.227	44.607	32.860
村领导	0.161	0.368	0.175	0.381	0.142	0.349
生产因素						
示范户	0.104	0.306	0.108	0.310	0.084	0.278
参加合作社	0.122	0.328	0.132	0.338	0.094	0.293
接受技术培训	0.188	0.391	0.194	0.396	0.168	0.374
秸秆还田认知						
秸秆还田效果	0.577	0.494	0.529	0.500	0.516	0.500
还田机械质量和效果	2.320	0.627	2.413	0.635	2.159	0.633
宣传力度	2.239	0.734	2.408	0.667	1.916	0.770
焚烧秸秆污染性	0.823	0.382	0.830	0.376	0.705	0.456
焚烧秸秆方便性	0.276	0.447	0.266	0.442	0.350	0.477
农业生产的环境效应认知						
土壤污染	2.362	0.927	2.442	0.929	2.269	0.922
病虫害严重	3.168	0.886	3.259	0.883	3.025	0.919
水污染	2.532	0.924	2.586	0.932	2.418	0.931

续表7-44

变量	采纳意愿（$N=665$）		采纳行为（$N=524$）		总样本（$N=1\ 022$）	
	Mean	Std. Dev.	Mean	Std. Dev.	Mean	Std. Dev.
健康危害	2.763	0.945	2.850	0.965	2.661	0.935
可持续农业生产技术	0.341	0.475	0.365	0.482	0.274	0.446
低碳农业生产技术	0.250	0.433	0.262	0.440	0.186	0.390
耕地信息						
耕地总面积	0.964	2.026	1.007	2.179	0.885	1.664
地块数	4.789	4.427	4.367	4.362	5.332	4.446
土地租赁比	23.438	36.654	23.901	37.498	22.086	35.912
外部环境因素						
农业企业	0.255	0.437	0.282	0.451	0.263	0.441
村庄位置	0.910	0.286	0.913	0.281	0.880	0.325
距离集镇距离	5.815	7.601	5.086	6.704	6.263	7.834
补贴影响	1.655	0.735	1.703	0.739	1.638	0.701
政府推广项目	0.695	0.461	0.842	0.365	0.479	0.500
政策支持	0.445	0.497	0.479	0.500	0.417	0.493

在户主特征中，愿意采纳和已经采纳的户主特征基本一致，均以男性为主，年龄在50岁左右，受教育程度均值为2.8，且种植经验均在27.9年左右；在家庭特征中，具有采纳意愿样本的家庭规模大于已经采纳秸秆还田技术样本，农业收入占比也高于2个百分点，相反，已经采纳秸秆还田技术样本的家庭年收入明显高于只有采纳意愿的样本，且家庭中有村领导的比例较高；在生产因素方面，采纳样本的均值均明显高于只有采纳意愿样本的均值；在秸秆还田认知方面，已经采纳秸秆还田技术样本和只有采纳意愿的样本均值几乎一致；在环境效应认知方面，采纳样本的均值也明显高于只有采纳意愿样本的均值；在耕地信息方面，采纳者的耕地面积和土地租赁比均高于只有采纳意愿者，而耕地地块数相对较少；在外部环境因素中，只有采纳意愿样本距离集镇距离明显高于已经采纳秸秆还田技术样本，而农业企业、村庄位置、补贴影响、政府推广项目和政策支持5个因素的均值则刚好相反。

7.4.5.2 模型估计与结果分析

利用SPSS21.0统计软件对样本数据进行Logistic模型回归分析，结果如表7-44所示。可以看出，采纳意愿和采纳行为模型卡方统计量(Chi-square)分别为444.598和380.016，且$P<0.01$，说明自变量能够很好解释农户对秸秆还田技术采纳意愿与采纳行为。此外，模型的-2 Log likelihood分别为270.794和401.506，Cox-Snell R^2和Nagelkerke R^2统计量的值均在0.35～0.7，表明所设定的模型整体有效。模型的整体预测正确率分别为82.6%和85.6%，表明模型预测能力较强，综合判断所设定的2个模型能够充分解释农户采纳秸秆还田意愿与行为。

农户对秸秆还田技术采纳意愿与采纳行为的Logistic模型回归结果如表7-45所示，表中给出了每个自变量在模型回归中的系数(B)、标准误差(S. E.)、Wald统计量(Wald)、自由度(df)、P值(Sig.)和发生比率[Exp(B)]。

在模型中,回归系数的显著性检验采用 Wald 检验法进行。在引入的 31 个自变量中,农户对秸秆还田技术采纳意愿与采纳行为模型中分别有 15 个和 14 个自变量在 10%的水平上显著,即 P 值(Sig.)均小于给定的显著性水平,表明模型中这些自变量的回归系数显著不为 0,即这些自变量在各自模型中都是显著的,说明这些因素能够显著影响农户对秸秆还田技术采纳意愿与采纳行为。

表 7-45　农户对秸秆还田技术采纳意愿与采纳行为 Logistic 模型回归结果(N=1 022)

变量	采纳意愿			采纳行为		
	B	S. E.	Exp (B)	B	S. E.	Exp (B)
常量***	−7.414***	1.583	0.001	−11.195***	1.790	0.000
户主特征						
性别	0.162	0.409	1.176	0.398	0.461	1.488
年龄	0.031	0.023	1.032	0.034	0.023	1.034
受教育程度	0.178	0.158	1.195	0.243	0.172	1.276
种植经验	−0.037*	0.019	0.964	−0.023	0.018	0.977
家庭特征						
家庭规模	0.227**	0.097	1.255	0.313***	0.108	1.367
家庭年收入	−0.054**	0.026	0.947	−0.050**	0.022	0.951
农业收入占比	0.000	0.004	1.000	−0.010**	0.004	0.990
村领导	−0.172	0.377	0.842	0.454	0.396	1.574
生产因素						
示范户	0.114	0.614	1.120	−0.608	0.601	0.544
参加合作社	0.378**	0.508	1.459	1.277**	0.521	3.585
接受技术培训	0.370***	0.413	1.448	0.265***	0.463	1.303
秸秆还田认知						
秸秆还田效果	0.604	0.283	1.830	−0.177	0.319	0.837
还田机械质量和效果	0.903***	0.232	2.467	1.207***	0.247	3.344
宣传力度	1.290***	0.248	3.634	0.864***	0.235	2.374
焚烧秸秆污染性	0.673**	0.326	1.960	0.783**	0.370	2.187
焚烧秸秆方便性	−0.090	0.299	0.914	0.224	0.315	1.251
农业生产的环境效应认知						
土壤污染	−0.280	0.182	0.756	−0.121	0.194	0.886
病虫害严重	0.224	0.172	1.251	0.460**	0.180	1.584
水污染	0.294	0.187	1.342	0.143	0.194	1.154
健康危害	−0.217	0.190	0.805	0.087	0.197	1.091
可持续农业生产技术	0.420	0.397	1.522	0.363	0.418	1.438
低碳农业生产技术	0.899**	0.478	2.458	0.183*	0.469	1.201
耕地信息						
耕地总面积	0.390**	0.167	1.477	0.512***	0.168	1.669
地块数	−0.074**	0.030	0.928	−0.074**	0.032	0.928
土地租赁比	0.003	0.004	1.003	−0.003	0.004	0.997

续表7-45

变量	采纳意愿			采纳行为		
	B	S.E.	Exp (B)	B	S.E.	Exp (B)
外部环境因素						
农业企业	−0.031	0.303	0.969	0.300	0.316	1.350
村庄位置	0.984**	0.429	2.676	0.634	0.494	1.884
距离集镇距离	−0.041**	0.016	0.960	−0.057***	0.022	0.944
补贴影响	−0.241	0.189	0.786	0.195	0.200	1.215
政府推广项目	0.887***	0.322	2.428	2.186***	0.332	8.896
政策支持	0.846***	0.316	2.330	0.483	0.343	1.621
−2 Log likelihood	270.794			401.506		
Chi-square	444.598(P=0.000)			380.016(P=0.000)		
Cox-Snell R^2	0.387			0.490		
Nagelkerke R^2	0.533			0.654		
正确预测率	82.6%			85.6%		

注：*，**，*** 分别表示在 10%，5%，1%水平上显著。

(1)户主特征　①在户主特征中，种植经验变量在采纳意愿模型中显著，回归系数为−0.037，说明种植年限越长的农户越不愿意采纳秸秆还田技术；而此变量在采纳行为模型中不显著。由采纳意愿优势发生比率为 0.964 可知，每当户主种植经验增加 1 年，对秸秆还田采纳意愿发生比就降低 3.6%。种植经验是农户在从事农业生产过程中培养的生产习惯和方式，随着时间增加而逐渐累加。种植经验对农业生产具有重要促进作用，可以帮助农户抵御灾害和解决生产中遇到的问题，提高生产效率；但是经过长期实践积累的种植经验也具有固化性和过时性，农户往往会依靠种植经验解决所有问题而不愿尝试新的解决方法和生产方式，这就会阻碍农户对新鲜事物和技术的采纳意向，从而降低农户对秸秆还田技术的采纳意愿。②户主特征中，性别、年龄和受教育程度 3 个变量在采纳意愿模型中没通过显著性检验，而户主特征中所有 4 个变量在采纳行为模型中均没有通过显著性检验，这说明户主特征对农户秸秆还田行为没有显著影响，而性别、年龄和受教育程度 3 个变量不能影响农户的秸秆还田技术采纳意愿。

(2)家庭特征　①在家庭特征中，家庭规模变量在农户秸秆还田技术采纳意愿与采纳行为模型中的回归系数均为正，且在 1%水平上显著，这说明家庭人口较多的农户更愿意采纳秸秆还田技术，并将这种意愿付诸实践进行采纳。由优势发生比率分别为 1.255 和 1.367 可知，每当家庭增加 1 人，采纳意愿和采纳行为的优势发生比将分别提高 25.5%和 36.7%，这说明人口增加对农户秸秆还田技术采纳行为比采纳意愿有更大影响。农户在刚开始采纳秸秆还田技术时，需要投入更多劳动力，家庭人口较多意味着劳动力也多，从而可以为采纳秸秆还田技术提供保障。②家庭年收入变量在 2 个模型中回归系数均为负，且在 5%水平上显著，这说明随着家庭年收入的增加，农户采纳秸秆还田技术的可能性越小。一般而言，相对于其他行业，农业属于低收益性产业，家庭收入较高的农户往往是来自非农收入占比高，农户就把大量时间和劳动力投入非农生产，从而就没时间和精力适应采纳秸秆还田技术所带来的改变，这就阻碍了农户秸秆还田技术的采纳。③农业收入占比变量在采纳意愿模型中不显著，但在采纳行为模型中通过了5%水平的显著，且回归系数为−0.010，这说明农业收入占比对农户秸秆还田技术采纳行为具有负向阻碍作用。农业收入占比高，表明农户家庭对农业收入来源依赖性较大。由于采纳秸秆还田技术时存在一定风险性，这就让农户家庭承担了较高的风险压力，从而导致农业收入占比高的家庭对采纳秸秆还田技术持有抵触心理。但是从优势发生比率 Exp(B)为0.990可以看出，每当农业收入占家庭收入比重增加1单位，农户秸秆还田技术采纳可能性优势发生比就降低1%，显然这种影响极小。④村领导变量在采纳意愿和采纳行为模型中均没有通过显著性检验，这说明家庭成员是否有村干部对采纳秸秆还田技术没有影响。

(3)生产因素　①在生产因素中，示范户变量在采纳意愿和采纳行为模型中均没有通过显著性检验，这说明是否为示范户对农户采纳秸秆还田技术没有影响。②参加合作社在2个模型中均通过显著性检验，且回归系数均为正，这说明参加合作社有助于农户采纳秸秆还田技术。从优势发生比率分别为1.459和3.585可以看出，参加合作社对农户采纳秸秆还田技术的影响非常大，且对采纳行为的影响大于采纳意愿的影响。合作社不仅为农户提供销售和购买农资服务，还为农户提供技术指导与生产服务。合作社在农业技术推广体系中处于基层推广单元，对于农业技术推广具有重要作用。合作社能够为农户提供秸秆还田相关技术信息并提供指导服务，从而降低了农户采纳壁垒，使其更愿意并可能采纳秸秆还田技术。③接受技术培训变量在2个模型中均通过显著性检验，且回归系数均为正，这说明接受过技术培训的农户更愿意采纳秸秆还田技术。从优势发生比率分别为1.448和1.303可以看出，接受技术培训的农户秸秆还田技术采纳意愿和采纳行为优势发生比提高了44.8%和30.3%，技术培训对农户秸秆还田技术采纳影响明显。农业技术培训是农业技术推广部门为农户提供的生产技术指导服务，重点为农户宣传、讲解和示范新技术应用。接受技术培训的农户对秸秆还田技术认知更加清楚，且清楚秸秆还田的过程与优势，提高了采纳秸秆还田技术的能力水平，从而降低了采纳壁垒。

(4)秸秆还田认知　①还田机械质量和效果变量在2个模型中均通过显著性检验，且回归系数均为正，这说明机械还田质量好有助于农户采纳秸秆还田技术。从优势发生比分别为2.467和3.344可以看出，机械还田质量对农户秸秆还田技术采纳意愿与行为影响非常大。秸秆需要通过农业机械将秸秆粉碎进行还田，如果机械还田质量较差，则不利于播种和耕作，就会对农业生产具有很大负向影响。因此，还田机械质量将显著影响农户对秸秆还田的认知，进一步影响采纳意愿与采纳行为。为了保证有较好的秸秆还田效果，需要提高秸秆还田机械作业质量，促进农户秸秆还田采纳行为。③宣传力度变量均通过1%水平显著性检验，且回归系数为正，这说明宣传力度越大，农户采纳秸秆还田技术的可能性就越大。从优势发生比率分别为3.634和2.374可以看出，宣传力度对农户秸秆还田技术采纳意愿与行为影响巨大。当地对秸秆还田技术的宣传力度直接影响了农户获取相关信息和认知程度，从而对农户采纳行为产生很大影响。④焚烧秸秆污染性变量均通过5%水平显著性检验，且回归系数为正，这说明农户对焚烧秸秆污染环境的认知程度越深，就会将焚烧秸秆行为转换为能够替代焚烧秸秆的行为，这就促进了农户对秸秆还田技术的采纳意愿与采纳行为，且这种作用影响非常明显。⑤秸秆还田效果和焚烧秸秆方便性2个变量没有通过显著性检验，即这2个因素对农户秸秆还田技术采纳意愿与采纳行为没有影响。

(5)农业生产的环境效应认知　①在所选择的农业生产的环境效应认知6个潜在因素

中，土壤污染、水污染、健康危害、可持续农业生产技术4个变量在2个模型中均没有通过显著性检验，说明这些因素对农户秸秆还田技术采纳意愿与采纳行为没有显著影响。②病虫害严重变量在采纳意愿模型中不显著，但是在采纳行为模型中在5%水平上显著，且回归系数为正，说明该因素对农户采纳秸秆还田技术具有显著正向促进作用。农户对病虫害发生的严重性程度认识越到位，越知道病虫害对于农业生产所造成损失的严重性，越愿意采纳能够解决病虫害的技术。此外，秸秆还田在一定程度上还能增强肥力，降低化肥使用。③低碳农业生产技术变量在2个模型中均通过显著性检验，且回归系数均为正，这说明农户对低碳农业生产技术认知有利于采纳秸秆还田技术。秸秆还田属于一种低碳农业生产技术，降低了化肥施用量，增强土壤肥力，对于碳循环具有重要作用，从而促进农户秸秆还田技术的采纳。从优势发生比分别为2.458和1.201可以看出，农户对低碳农业生产技术的认知能够明显影响采纳意愿与采纳行为，且对农户秸秆还田技术采纳意愿影响更大。

(6)耕地信息　①耕地总面积变量在采纳意愿和采纳行为模型中均通过显著性检验，且回归系数均为正，这说明耕地总面积对农户秸秆还田技术采纳具有显著促进作用。随着耕地总面积的增大，作为秸秆相应就会增多，如果按照传统方式从田间运走，需要耗费巨大人力物力，而将作为秸秆就地还田，不仅省时省力，还增加土壤肥力，这就促进了农户采纳秸秆还田技术。②地块数变量均通过了显著性检验，但是回归系数均为负，这说明地块数越多，农户秸秆还田技术采纳意向和采纳行为反而降低。随着地块数增加，土地相对分散，如果采纳秸秆还田技术，就需要投入更多时间在不同地块之间，而对于农忙时节的农户来说，没有多余时间进行多余劳动，从而阻碍了农户秸秆还田采纳行为。③土地租赁比变量在2个模型均没有通过显著性检验，这说明农户土地租赁情况对采纳秸秆还田技术没有显著影响。

(7)外部环境因素　①距离集镇距离变量在2个模型中的回归系数分别为-0.041和-0.057，且均在1%水平上显著，这说明农户距离最近集镇对农户采纳秸秆还田技术具有阻碍作用，即距离较远的农户会更少采纳该技术。距离最近集镇距离越远的农户，获取相关农业信息越困难，同时农业推广基础薄弱，购买相关技术或获得指导越少，农户就很难采纳较好的农业新技术，而是继续按照以往经验从事农业生产。从优势发生比率分别为0.960和0.944可以看出，距离每增加1千米，农户秸秆还田技术采纳意愿和采纳行为的优势发生比就降低4%和5.6%，影响还是非常显著。②政府推广项目自变量在2个模型中均在1%水平上显著，且具有正向影响，说明将秸秆还田技术的推广列为政府推广项目，能够显著促进农户对该技术的采纳。政府推广项目会加大技术信息的传播，农户能够获取更完备、更准确的信息，充分了解该技术；同时，通过推广项目会降低采纳新技术成本和采纳风险，故部分农户通过权衡利弊会尝试采纳农业新技术，又由于农户在生产中具有“从众心理”特征，其余农户看到有人采用新技术也会跟风使用，这就会非常显著地促进秸秆还田技术的采纳推广。从优势发生比率分别为2.428和8.896可以看出，政府推广对农户采纳秸秆还田技术影响巨大，且对采纳行为影响远大于对采纳意愿的作用。③政策支持变量在采纳意愿模型中处于1%水平上显著，且回归系数为正，说明政策的支持能够显著促进农户对秸秆还田技术的采纳意愿，但是对采纳行为影响不显著。从优势发生比率为2.330可知，政策支持对农户秸秆还田技术采纳意愿影响巨大。在农业生产中，政策是国家进行宏观调控的措施，政策支持具有农业生产的导向性，能够引导农户从事农业生产行为。政策支持不仅能够降低农户采纳秸秆还田技术的投入成本和风险，还能够充分调动农户采纳技术的积极性。虽然政策支持能够强化农户秸秆还田技术采纳意愿，但是并不能显著影响采纳行为，这说明在农户秸秆还田技术采纳意愿付诸采纳实践时还受到其他因素影响。

7.4.6 面向节水灌溉技术采纳行为的支持政策传导机制

7.4.6.1 农户对节水灌溉技术采纳的影响因素分析

1. 采纳行为影响因素理论框架分析

本研究基于计划行为理论和技术接受模型，结合以往众多学者对农户采纳技术行为及影响因素的研究，提出了如图 7-36 所示的研究框架，并提出如下 5 点假说。

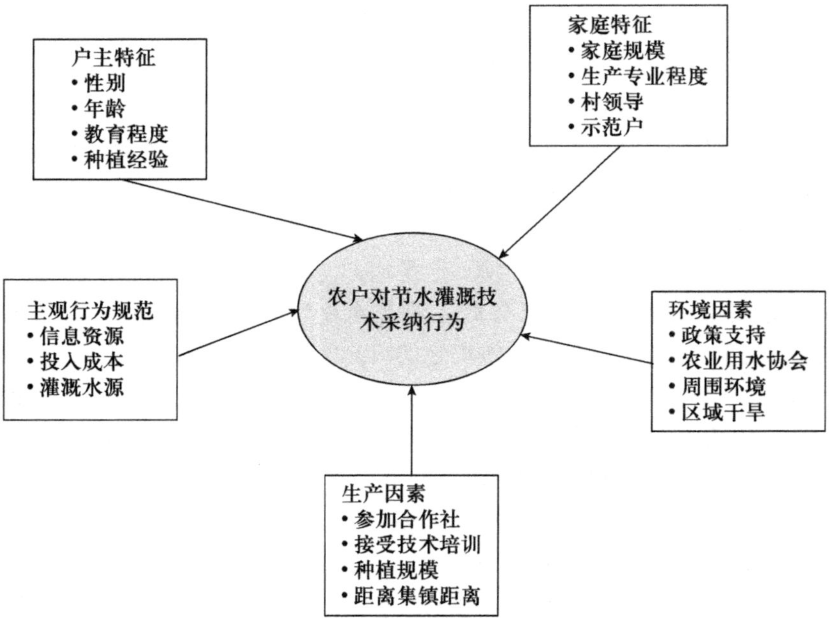

图 7-36 农户对节水灌溉技术采纳的影响因素研究框架

H1：户主特征能够影响农户对节水灌溉技术的采纳行为，主要包括性别、年龄、教育程度和种植经验，这类潜在影响因素属于农户的内在属性，即内在影响因素。

H2：家庭特征能够影响农户对节水灌溉技术的采纳行为，主要包括家庭规模、生产专业程度、家中是否有村及以上领导干部和是否为示范户 4 个因素，这类潜在影响因素也属于农户的内在属性，即内在影响因素。

H3：环境因素能够影响农户对节水灌溉技术的采纳行为，主要包括政策支持、农业用水协会、周围环境和区域干旱 4 个因素，这类潜在影响因素是农户所处的外在环境，随时都会发生改变，属于外界影响因素。

H4：生产因素能够影响农户对节水灌溉技术的采纳行为，主要包括参加合作社、接受技术培训、种植规模和距离最近集镇距离 4 个因素，这类潜在影响因素是农户所具有的生产条件，随时都会发生改变，属于外界影响因素。

H5：主观行为规范能够影响农户对节水灌溉技术的采纳行为，主要包括信息资源、投入成本和灌溉水源 3 个因素，这类潜在影响因素是农户的主观认知和感知行为，受到农户主观意识影响，属于主观认知因素。

2. 采纳模型构建与变量

农户对节水灌溉技术的采纳行为分为“已采纳”和“未采纳”2种行为结果，构建农户对节水灌溉技术采纳的二元 Logistic 回归模型如公式(7-11)所示：

$$
\begin{aligned}
y(\text{采纳行为}) &= f(x) \\
&= f(\text{户主特征，家庭特征，生产因素，环境因素，主观行为规范})
\end{aligned}
$$

公式(7-11)

其中，y 表示农户对节水灌溉技术的采纳行为，而 x 表示影响技术采纳的各种因素。

根据理论框架分析，采纳模型中有1个因变量 y 和19个自变量 x，它们在模型中所表示的含义以及自变量对农户采纳节水灌溉技术的影响预期方向如表7-46所示。

表7-46　节水灌溉技术采纳模型中变量定义及影响预测方向

变量	定义	预测方向
户主特征		
性别	户主性别：男性＝1，女性＝0	正向
年龄	户主年龄/年	不确定
教育程度	户主接受正规教育的年限/年	正向
种植经验	农户从事蔬菜生产年限/年	不确定
家庭特征		
家庭规模	以家庭人口数来衡量/人	不确定
生产专业程度	蔬菜收入占家庭总收入的比重；	正向
村领导	家庭成员中是否有人在村中担任领导职务：是＝1，否＝0	正向
示范户	是否是蔬菜生产示范户：是＝1，否＝0	正向
生产因素		
参加合作社	是否参加合作社：是＝1，否＝0	正向
接受技术培训	是否接受过农业技术培训：是＝1，否＝0	正向
种植规模	以蔬菜种植面积来衡量/亩	正向
距离集镇距离	蔬菜种植地距离最近的集镇距离/千米	负向
环境因素		
政策支持	在蔬菜生产过程中，是否得到过政府政策支持：是＝1，否＝0	正向
农业用水协会	当地是否有农业用水协会：是＝1，否＝0	正向
周围环境	周围是否有农户采用节水灌溉技术：是＝1，否＝0	正向
区域干旱	蔬菜种植地是否处于干旱区：是＝1，否＝0	正向
主观行为规范		
信息资源	技术信息资源是否容易和准确获得：是＝1，否＝0	正向
投入成本	农户对节水灌溉技术的投入成本大小认知：1＝非常小，2＝小，3＝一般，4＝非常大	负向
灌溉水源	灌溉用水是否全部来源地下水：是＝1，否＝0	正向

农户对节水灌溉技术采纳和未采纳的影响因素统计描述如表7-47所示。在所有样本中，采纳节水灌溉技术的有260个农户，未采纳节水灌溉技术的农户有230个农户，节水灌溉

技术的采纳率为 0.53，总体来说采纳率不高，说明该技术需要进一步推广扩散。把模型中的各个因素变量量化之后，有利于比较分析，方便找出各个因素对于节水灌溉技术的采纳影响分析。在农户户主特征方面，未采纳者的性别和年龄大约与采纳者的持平，采纳者的受教育程度(9.848 年)大于未采纳者的(9.469 年)，而未采纳者的种植经验大于采纳者 1.163 年；在家庭特征方面，未采纳者的家庭规模、生产专业程度和村领导均大于采纳者的平均值，而采纳者的示范户均值将近是未采纳者的 2 倍；在生产因素方面，采纳者参加合作社、种植规模和距离集镇距离 3 个因素的均值远远大于未采纳者的，但是接受技术培训方面未采纳者的均值略大于采纳者的；在环境因素方面，采纳者的均值全部显著大于未采纳者的均值，特别是农户周围是否有农业用水协会，采纳者的均值是未采纳者的 4 倍；在其他因素方面，采纳者的信息资源和灌溉水源的均值明显大于未采纳者的，而投入成本方面未采纳者的稍微大于采纳者的。鉴于影响农户采纳节水灌溉技术的因素是多种多样的，而各因素之间又相互作用影响，对农户的影响也会相互干扰或促进，因此统计描述只能找出单个自变量对于因变量的大致影响方向，而不能找出所有因素的综合影响效果，也不能找出自变量对于因变量影响的大小，这需要进一步通过模型计算找出最终的影响关系。

表 7-47 影响因素统计描述分析

变量	采纳者（N=260）		未采纳（N=230）		总样本（N=490）	
	Mean	Std. Dev.	Mean	Std. Dev.	Mean	Std. Dev.
户主特征						
性别	0.704	0.457	0.708	0.456	0.706	0.456
年龄	49.834	7.039	49.836	7.147	49.835	7.082
受教育程度	9.848	3.033	9.469	3.421	9.678	3.215
种植经验	14.181	9.233	15.344	9.591	14.710	9.406
家庭特征						
家庭规模	3.940	1.222	3.981	1.244	3.960	1.231
生产专业程度	0.523	0.452	0.525	0.359	0.524	0.413
村领导	0.073	0.386	0.133	0.575	0.099	0.476
示范户	0.434	0.497	0.231	0.423	0.344	0.476
生产因素						
参加合作社	0.551	0.498	0.399	0.522	0.486	0.514
接受技术培训	0.869	0.444	0.893	1.338	0.880	0.952
种植规模	6.741	14.045	4.433	3.665	5.795	11.091
距离集镇距离	6.162	4.210	4.767	3.441	5.491	3.915
环境因素						
政策支持	0.336	0.473	0.229	0.421	0.291	0.455
农业用水协会	0.256	0.437	0.064	0.245	0.178	0.383
周围环境	0.769	0.422	0.475	0.501	0.647	0.479
区域干旱	0.696	0.461	0.576	0.920	0.646	0.692
其他						
信息资源	0.415	0.494	0.309	0.463	0.365	0.482
投入成本	3.363	0.772	3.366	0.934	3.364	0.839
灌溉水源	0.892	0.676	0.730	0.445	0.883	0.554

3. 结果分析与讨论

农户对节水灌溉技术采纳的二元 Logistic 模型回归估计结果如表 7-48 所示。LR Chi^2 在 1%水平上显著,说明模型整体拟合效果较好。模型对于样本的预测准确率为 0.80,说明有 80%的样本能够准确预测(Mariano 等,2012)。

表 7-48 二元 Logistic 回归结果(N=490)

变量	Coefficient	Std. Dev.	Marginal effects	Odds ratio
常量	−10.931 2***	3.994 1	—	—
户主特征				
性别	−0.431 9	0.580 7	−0.056 5	0.649 3
年龄	−0.084 9*	0.045 4	−0.011 1	1.088 6
受教育程度	0.003 1**	0.095 6	0.000 4	1.003 1
种植经验	−0.038 9	0.035 5	−0.005 1	0.961 9
家庭特征				
家庭规模	−0.071 0	0.218 2	−0.009 3	0.931 5
生产专业程度	−0.103 5	0.901 8	−0.013 5	0.901 6
村领导	0.426 0	0.624 1	0.055 7	1.531 1
示范户	2.406 9***	0.831 4	0.314 8	11.099 3
生产因素				
参加合作社	0.237 5***	0.577 2	0.311 2	0.788 6
接受技术培训	3.544 5	1.237 6	0.463 6	34.623 4
种植规模	0.154 4**	0.082 2	0.020 2	1.166 9
距离集镇距离	0.041 0	0.087 2	0.005 4	1.041 8
环境因素				
政策支持	1.491 0***	0.709 1	0.195 0	0.225 1
农业用水协会	1.838 5***	0.937 6	0.240 5	6.287 3
周围环境	1.433 9**	0.620 2	0.187 6	4.195 0
区域干旱	0.167 7*	0.240 5	0.021 9	1.182 6
其他				
信息资源	0.606 4*	0.559 6	0.079 3	1.833 9
投入成本	−0.674 8***	0.360 4	−0.088 3	1.963 6
灌溉水源	0.927 7	0.925 2	0.121 3	2.528 6
Log likelihood	−52.552 9			
Number of obs	490			
LR Chi^2	59.92			
Prob > Chi^2	0.000 0			
Power of prediction/%	80.00			

注:*,**,*** 分别表示在 10%,5%,1%水平上显著。

(1)户主特征 ①年龄变量对农户节水灌溉技术采纳的影响为负,且通过了 10%水平的显著性检验。这表明,随着户主年龄的增长,农户对节水灌溉技术的采纳可能性降低。年龄较大的户主学习积极性下降,不愿意接受新鲜事物或新技术,习惯于以往的灌溉方式,倾向于使用熟悉的种植经验，对节水灌溉新技术需求不强烈。此外，随着户主年龄增长，农户会更安于现状，通过采用新技术改变农业蔬菜生产现状的动力不足。②受教育程度变量对农户采纳节水灌溉技术的影响为正，且通过了5%水平的显著性检验，这与预期相符。这表明，在其他条件不变的情况下，户主受教育程度越高，农户采纳节水灌溉技术的可能性就越大。户主受教育程度越高，知识面可能越广，视野可能越开阔，从而有助于对相关技术全面了解，在生产中越有信心采用新技术来提高蔬菜生产。但是，从边际效益为0.000 4可知，户主接受正规教育每增加1年，农户采纳节水灌溉技术的可能性提高0.04%，这说明受教育程度对农户采纳节水灌溉技术的促进作用并不明显。③户主性别对农户采纳节水灌溉技术的影响不显著，没有通过显著性检验，这与预期男性可能会更有可能采纳技术不一致。④户主种植经验也没有通过显著性检验，这与预期情况一致，种植经验对农户采纳节水灌溉技术的影响方向不确定。对于种植经验丰富的农户而言，一方面他们往往都会有自己的种植管理经验，对于农业新技术接受性较低，这会阻碍对节水灌溉技术的采纳；另一方面种植经验丰富的农户会更加善于生产经营，对于传统灌溉方式的耗时、费力、灌溉效率低等缺陷认知较深，迫切希望改变灌溉方式，提高生产率，这就会促使经验丰富的农户采纳节水灌溉技术。对于种植经验较少的农户而言，他们没有自己固有的种植管理模式，往往会尝试农业生产新技术来尽量提高生产率，但是也会因为设施设备费用等问题而尽量减少投入成本。综合来看，种植经验对农户采纳节水灌溉技术的影响没有一致性，针对不同的用户影响效果不一样。

(2)家庭特征　①在家庭特征的4个潜在影响因素中，只有是否示范户通过了模型的显著性检验，并且是在1%水平上正向影响。由边际效应为0.314 8可知，示范户家庭采纳节水灌溉技术的可能性比非示范户家庭采纳节水灌溉技术的可能性高31.48%，这说明农户家庭是示范户对于农户采纳节水灌溉技术具有显著的促进作用。示范户对于农业技术推广体系具有重要作用，是基层的农业技术推广单元，能够在农户间形成很好的信任，对农业生产管理技术具有示范推广的作用。新型农业技术首先在示范户进行应用，周围农户看到使用效果后，也会尝试使用，这就进一步扩大了农业新技术的推广扩散。因此，示范户更有可能从政府、企业、推广部门等处获得采纳节水灌溉技术的支持，也就更有可能采纳节水灌溉技术。②家庭规模、生产专业程度和村领导3个预期变量没有通过显著性检验，这说明这3个因素对农户采纳节水灌溉技术没有影响。

(3)生产因素　①农户是否参加合作社这一变量通过了1%水平的显著性检验，且由回归系数为0.237 5可知，农户参加合作社对节水灌溉技术的采纳具有正向影响，这说明参加合作社能够促进农户对节水灌溉技术的采纳，这与预期相符。同时由这一变量的回归边际效应系数为0.311 2可知，当农户参加合作社时，其采纳节水灌溉技术的可能性提高31.12%。一方面合作社是基层重要的农业技术推广单元，并且合作社一般也会引进新型农业技术进行推广示范，鼓励农户使用新技术来提高劳动生产率，提高合作社影响力；另一方面参加合作社的农户对合作社所推广示范的技术具有很高的信任度，愿意冒险尝试，并且合作社会对农户进行相关专题培训，使农户能够优先获取相关技术信息，能够对节水灌溉技术具有准确全面的了解，促进其对技术的应用。②农户的种植规模变量回归系数为0.154 4，且通过5%显著水平检验，这说明种植规模对农户采纳节水灌溉技术具有正向影响，即种植规模越大的农户，越有可能采纳节水灌溉技术。一般来说，种植规模越大的农户，对生产越重视，会尽可能地降低成本，越愿意采纳较好的农业新技术来提高生产率，增加收益。此外，随着种植规模的增加，由传统灌溉所带来的费时、费力等缺点逐渐展现，农户为了提高灌溉效率，提高管理经营水平，会更倾向于采纳农业新型技术。由边际效应为0.020 2可知，当农户的种植面积每增加1亩，采纳节水灌溉技术的概率提高2.02%。③农户接受技术培训和耕地距离最近集镇距离这2个变量没有通过显著性检验，这与预期不符。原因可能是农户接受的技术培训多种多样，一般都是根据农户需要或者已经示范推广的技术进行的，可能针对节水灌溉技术的培训只是培训内容中的小部分，对于农户采纳节水灌溉技术的影响很小。同时，随着现在信息传播的发展，农户从集镇上得到技术信息的比例越来越小，转而从网络、手机、电视等处得到农业技术相关信息，因此耕地距离最近的集镇距离影响农户采纳节水灌溉技术的作用甚微。

(4)环境因素　①节水灌溉技术是否得到政策支持因素的模型回归系数为1.491 0，且在1%水平上显著，这说明政策支持对农户采纳技术具有正向影响，即提高农户在采纳节水灌溉技术时的政策支持力度，能够显著促进农户发生采纳行为。同时，由变量的边际效应为0.195 0可知，如果农户在采纳技术时会得到政策支持，那么他们采纳技术的概率会提高19.5%，这对于农业技术的推广具有很重要的促进作用。一方面政策支持是政府在推广农业技术方面的政策导向，被支持的这些技术经过科学论证之后被认为是今后农业技术的发展趋势，具有可持续、提高生产效率等优势；另一方面农户对政策支持的技术比较信任，更有可能倾向于采纳。②农户当地是否有农业用水协会对农户采纳节水灌溉技术的影响在1%水平显著，且是正向影响，这就说明农业用水协会的存在对农户采纳节水灌溉技术具有重要促进作用。由变量的边际效应为0.240 5可知，当农户周围有农业用水协会时，农户采纳节水灌溉技术的概率会提高24.05%，这是有很大的促进作用。农业用水协会在当地能够很好地宣传农业用水的知识，在农户生产中推广传播较好的灌溉用水技术，深入农户生产实际，根据生产需求指导农户灌溉，这就慢慢培养了农户灌溉知识，认识到传统灌溉的不足，感受到节水灌溉技术所带来的经济、社会和生态效益等，从而促进了农户对节水灌溉技术的采纳推广。③周围是否有其他人采用节水灌溉技术对农户采纳行为回归模型系数为1.433 9，且在5%水平上显著，边际效应为0.187 6，这说明如果农户周围有其他人采纳节水灌溉技术，则对其采纳行为具有正向促进作用，同时这一促进作用会促使农户发生采纳行为的概率提高18.76%。农户在从事蔬菜生产过程中会受到周围农户的影响，他们之间会相互学习、借鉴和交流蔬菜生产中存在的问题或较好的生产经验。如果有农户采纳了节水灌溉技术，其他农户会过来观摩和观察效果，一旦发现该技术比传统灌溉技术具有很大优势，那他们也会跟着试用，从而进一步促进技术的推广扩散。这一结论也进一步验证了示范户对节水灌溉技术推广扩散具有重要促进作用。④耕地区域是否干旱这一变量的模型回归系数为0.167 7，且在10%水平上显著，这说明如果农户的耕地处于干旱区域，那么农户会更加倾向于采纳节水灌溉技术。由边际效应为0.021 9可知，当农户处于干旱区域时，采纳节水灌溉技术的概率会提高2.19%。当农户的种植区域是干旱地区时，会对水资源的重要性有充分的认识，农户会更加珍惜水资源，重视农业灌溉效率，从而促进能够节约水资源灌溉技术的推广应用。

(5)其他　①农户获取农业技术信息变量的回归系数为0.606 4，且在10%水平上显著，说明能够容易准确地获取信息资源对于农户采纳技术具有正向促进作用。由边际效应为0.079 3可知，当农户能够准确获取信息时，其采纳节水灌溉技术行为发生的概率提高7.93%。当农户在采纳农业技术前，首先会从各个方面获取相关技术信息，然后在综合各种信息后会做决策是否采纳农业技术。技术信息资源丰富且容易准确获得，有利于农户对技术的全面认知，充分认识到节水灌溉技术的优势，从而更有利于其采纳节水灌溉技术。②农户对投入成本认知变量的回归系数为－0.674 8，且在1%水平上显著，这说明投入成本对节水灌溉技术的采纳具有负向作用，这与预期情况一样。这说明当农户认为投入成本较高时，会阻碍农户对技术的采纳。由变量的边际效应为－0.088 3可知，每当农户对节水灌溉技术的投入成本增加1个单元时，农户采纳技术的可能性就会降低8.83%。农户从事生产的根本目的就是获取最大的效益，当他们认为某项的农业技术投入成本过高时，为了降低生产成本，他们一般不会采纳该项技术。③农业灌溉水源变量对农户采纳节水灌溉技术的影响不显著。

7.4.6.2 新型农业经营主体对节水灌溉技术采纳的影响因素分析

1. 采纳行为影响因素理论框架分析

本研究基于计划行为理论和技术接受模型，结合以往众多学者对合作社采纳技术行为及影响因素的研究，提出了如图7-37所示的研究框架，并提出如下4点假说。

H1：经营主体特征能够影响合作社对节水灌溉技术的采纳行为，主要包括发展规模、技术服务、农资购买和统一销售4个因素。

H2：管理运营机制能够影响合作社对节水灌溉技术的采纳行为，主要包括社员管理、销售情况和生产规范3个因素。

H3：技术认知能够影响合作社对节水灌溉技术的采纳行为，主要包括示范效应、认知程度和成本感知3个因素。

H4：政策环境能够影响合作社对节水灌溉技术的采纳行为，主要包括鼓励带动农户和资金补贴2个因素。

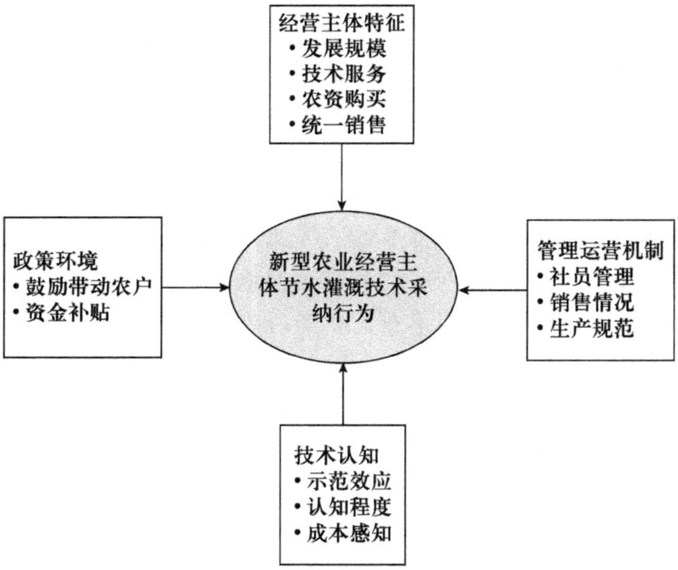

图7-37 合作社对节水灌溉技术采纳的影响因素研究框架

2. 模型构建与变量

新型农业经营主体对节水灌溉技术的采纳行为分为“已采纳”和“未采纳”2种行为结果，构建新型农业经营主体对节水灌溉技术采纳的二元Logistic回归模型如公式(7-12)所示：

$$y(\text{采纳行为})=f(x)$$
$$=f(\text{经营主体特征，管理运营机制，技术认知，政策环境})$$

公式(7-12)

其中，y 表示新型农业经营主体对节水灌溉技术的采纳行为，而 x 表示影响技术采纳的各种因素。

根据理论框架分析，采纳模型中有 1 个因变量 y 和 12 个自变量 x，它们在模型中所表示的含义、预期影响方向、均值和标准差如表 7-49 所示。

表 7-49 新型农业经营主体节水灌溉技术采纳模型中变量定义及影响预测方向

	变量	定义	预测方向	均值	标准差
经营主体特征	发展规模	以新型农业经营主体级别来衡量：1＝国家级，2＝省市级，3＝区县级，4＝乡镇级	负向	3.22	0.96
	技术指导	是否为农户提供技术指导服务：1＝是，0＝否	正向	0.68	0.47
	农资购买	是否为农户提供农资购买服务：1＝是，0＝否	不确定	0.39	0.49
	统一销售	是否为农户提供统一销售服务：1＝是，0＝否	正向	0.52	0.50
管理运营机制	社员管理	社员很难管理：1＝是，0＝否	负向	0.25	0.44
	销售情况	产品很难销售：1＝是，0＝否	负向	0.54	0.50
	生产规范	新型农业经营主体对社员有生产规范要求：是＝1，否＝0	正向	0.87	0.34
技术认知	示范效应	周围是否有技术示范：1＝是，0＝否	正向	0.19	0.40
	认知程度	对技术是否了解：1＝是，0＝否	正向	0.21	0.41
	成本感知	对节水灌溉技术的投入成本大小认知：1＝非常小，2＝小，3＝一般，4＝非常大	负向	3.25	0.78
技术政策环境	鼓励带动农户	当地是否有政策支持新型农业经营主体带动农户：1＝是，0＝否	正向	0.50	0.50
	资金补贴	对节水灌溉技术有资金补贴政策：1＝是，0＝否	正向	0.50	0.50

3. 模型估计与结果分析

本模型的实际数据计算是利用 SPSS21.0 软件完成的。为了能够准确找出关键影响因素，在使用模型分析结果之前，需要判断所构建模型的模型解释与实际情况是否相符，这就需要对模型进行整体评价和检验。

本研究选择了所有变量强行进入模型。从表 7-50 中可以看出，模型卡方统计量为 34.069，自由度为 12，对应的 P 值为 0.000，则拒绝所有回归系数都等于 0 的原假设，认为模型整体是显著的。从表 7-51 中可以看出，模型对数似然比统计量为 65.793，Cox-Snell R^2 和 Nagelkerke R^2 统计量的值分别为 0.304 和 0.469，表明模型整体有效。

表 7-50　模型系数的综合检验

项目	卡方统计量(Chi-square)	自由度(df)	P 值(Sig.)
步骤	34.069	12	0.000
块	34.069	12	0.000
模型	34.069	12	0.000

表 7-51　模型对数似然比与拟合优度评价

Step	−2 Log likelihood	Cox-Snell R^2	Nagelkerke R^2
1	65.793	0.304	0.465

从表 7-52 错判矩阵可以看出,对未采纳节水灌溉技术的 36 个样本,正确预测率为 58.3%,但是对于采纳节水灌溉技术的 89 个样本,正确预测率高达为 95.5%,模型的整体预测正确率为 84.8%,表明模型的预测能力较强。因此,从模型卡方统计量、对数似然比、拟合优度和预测能力 4 个指标的评估结果来看,所构建的合作社对节水灌溉技术采纳模型整体较好。

表 7-52　模型的错判矩阵

观测值		预测值		
		采纳节水灌溉技术		正确率
		0	1	
采纳节水灌溉技术	0	21	15	58.3%
	1	4	85	95.5%
整体正确率				84.8%

新型农业经营主体对节水灌溉技术采纳意愿的 Logistic 模型回归结果如表 7-53 所示,表中给出每个自变量在模型回归中的系数(B)、标准误差(S. E.)、Wald 统计量(Wald)、自由度(df)、P 值(Sig.)和发生比率[Exp(B)]。

表 7-53　新型农业经营主体对节水灌溉技术采纳 Logistic 模型回归结果(N=125)

变量	B	S. E.	Wald	df	Sig.	Exp (B)
常量	−1.286	2.167	0.352	1	0.553	0.276
经营主体特征						
发展规模	0.112	0.340	0.109	1	0.742	1.119
技术指导***	2.075	0.768	7.304	1	0.007	7.961
农资购买	0.786	0.742	1.122	1	0.290	2.195
统一销售	0.491	0.666	0.543	1	0.461	1.634
管理运营机制				1		
社员管理***	−2.420	0.781	9.600	1	0.002	0.089
销售情况***	−2.693	0.984	7.496	1	0.006	0.068
生产规范	1.129	0.890	1.607	1	0.205	3.093
技术认知				1		
示范效应	0.089	0.879	0.010	1	0.919	1.093

续表7-53

变量	B	S. E.	Wald	df	Sig.	Exp (B)
认知程度**	0.888	0.431	4.253	1	0.039	2.430
成本感知*	−1.261	0.753	2.802	1	0.094	0.283
政策环境						
鼓励带动农户	−0.680	0.743	0.839	1	0.360	0.507
资金补贴**	0.863	0.380	5.151	1	0.023	2.370
−2 Log likelihood			65.793			
Chi-square			34.069(P=0.000)			
Cox-Snell R^2			0.304			
Nagelkerke R^2			0.465			
正确预测率			84.8%			

注：*，**，*** 分别表示在10%，5%，1%水平上显著。

在模型中，回归系数的显著性检验采用 Wald 检验法进行。在引入的 12 个自变量中，有 6 个自变量在 10%的显著性水平下，其 P 值（Sig.）均小于给定的显著性水平，表明模型中这些自变量的回归系数显著不为 0，即这些自变量在模型中都是显著的，说明这些因素能够显著影响新型农业经营主体对节水灌溉技术的采纳行为。

（1）经营主体特征 ①在所选择的 4 个经营主体特征中，发展规模、农资购买和统一销售 3 个变量没有通过显著性检验，说明这 3 个特征对新型农业经营主体采纳节水灌溉技术行为没有显著影响。②技术指导变量的回归系数为 2.075，且在 1%水平上显著，这说明技术指导能够促进新型农业经营主体对节水灌溉技术的采纳。从该变量的发生比率 Exp(B)为 7.961 可以看出，如果新型农业经营主体为社员提供农业生产技术指导服务，则其采纳节水灌溉技术的可能性就提高了 6.961 倍，可以看出这个变量对新型农业经营主体采纳节水灌溉技术影响很大。为社员提供生产技术服务的新型农业经营主体会更加关注新型农业生产技术，再经过综合判断就愿意采用能够提高劳动生产率、资源利用率和土地产出率的农业技术，并将这些较好的新型农业技术向农户示范推广，充分发挥其在农业技术指导服务的功能。

（2）管理运营机制 ①社员管理变量的 P 值为 0.002，回归系数为−2.420，且在 1%水平下显著，说明社员管理对新型农业经营主体采纳节水灌溉技术有显著的负向影响，即新型农业经营主体认为社员管理越困难，越不愿采纳节水灌溉技术。从发生比率 Exp（B）为 0.089 可以看出，社员管理困难的新型农业经营主体比一般新型农业经营主体采纳节水灌溉技术的可能性低 0.089 倍。节水灌溉技术的采纳需要对生产进行一定的培训指导，且需要一定的资金投入，存在一定的采纳风险，对社员管理困难的新型农业经营主体在鼓励引导农户采用节水灌溉技术的过程中，存在向农户宣传不好、培训观摩困难、新型农业经营主体精力有限等阻碍因素。②销售情况变量的 P 值为 0.006，回归系数为−2.693，且在 1%水平下显著，说明销售情况对新型农业经营主体采纳节水灌溉技术有显著的负向影响，即新型农业经营主体销售农产品越困难，越不愿采纳节水灌溉技术。从发生比率 Exp(B)为 0.068 可以看出，农产品销售困难的新型农业经营主体比一般新型农业经营主体采纳节水灌溉技术的可能性低 0.068 倍。农产品销售是农业生产的末端环节，也是实现农业生产向价值转换的重要环节，更是实现农民增收的关键点，因此农户和新型农业经营主体对农产品的销售最为关心。当新型农业经营主体为农户销售农产品存在困难时，新型农业经营主体就需要找出解决问题的办法，这就会让新型农业经营主体很难有时间去引导农户采纳应用节水灌溉技术，即使新型农业经营主体向农户示范推广，农户的主要关注点也不在技术的应用上。此外，由于农产品销售困难，农户和新型农业经营主体不能够获取期望利润，这就导致他们没有足够资金购买节水设施设备。③在新型农业经营主体管理运营机制中，生产规范变量没有通过模型的显著性检验，这说明新型农业经营主体有统一生产规范不能促进对节水灌溉技术的采纳。

(3)技术认识　①认知程度变量的回归系数为 0.888，且在 5%水平上显著，说明认知程度能够显著正向影响新型农业经营主体对节水灌溉技术的采纳，即新型农业经营主体对技术认知程度越深，越有可能发生采纳行为。从发生比率 Exp(B)为 2.430 可以看出，对技术有一定认知的新型农业经营主体采纳节水灌溉技术的可能性是不了解技术信息新型农业经营主体的 2.43 倍。由技术采纳基础理论可知，新型农业经营主体先通过了解新技术相关信息来对技术有一个感性认识，然后再进一步主动获取更多准确完整的信息深入了解技术，形成对技术的认知，这决定了新型农业经营主体对技术的态度，将直接影响其是否采纳节水灌溉技术。但是在统计量描述中，可以看出目前新型农业经营主体获取信息渠道还是以传统的农技人员为主，获取信息的渠道较狭窄，致使其掌握信息有限。②成本感知变量的回归系数为负，且在 10%水平上显著，这说明成本感知能够显著负向影响新型农业经营主体对节水灌溉技术的采纳行为。从发生比率 Exp (B)为 0.283 可以进一步看出，新型农业经营主体对成本感知每提高 1 级，其采纳节水灌溉技术发生比将是原来的 0.283 倍，即比原来降低了 71.7%，这种变化还是非常显著的。节水灌溉技术的采纳需要投入一定的资金成本，如果新型农业经营主体认为投入成本较高，就会增加技术采纳风险。基于对风险的规避心理，新型农业经营主体就会采取谨慎态度而不愿采用。此外，高成本的资金投入提高了技术采纳壁垒，对于规模不大或资金有限的新型农业经营主体来说，就没有富余资金购买设施设备，从而阻碍了对节水灌溉技术的采用。③示范效应变量没有通过显著性检验，这说明示范效应对合作社采纳节水灌溉技术没有影响。

(4)政策环境　①鼓励带动农户变量没有通过显著性检验，这说明当地政策鼓励新型农业经营主体积极带动农户对采纳节水灌溉技术没有直接影响。②资金补贴变量的回归系数为 0.863，Exp(B)为 2.370，且在 5%水平上显著，说明政府对节水灌溉技术的资金补贴能够促进新型农业经营主体对节水灌溉技术的采纳，在资金补贴政策支持下，新型农业经营主体采纳节水灌溉技术发生比是原来的 2.370 倍。从调查结果可知，新型农业经营主体认为目前节水灌溉技术的成本处于偏高状态，资金补贴为新型农业经营主体分担了技术采纳风险，降低了技术采纳壁垒，因此促进了对节水灌溉技术的采纳。资金补贴是政府进行宏观调控的一项重要措施，可引导生产者进行生产方式转变，受到政府鼓励支持的技术往往是农业生产技术的未来发展趋势，为了以后更好的发展，新型农业经营主体想在技术应用中占据制高点，取得发展优势，就更愿意采纳节水灌溉技术。

7.4.6.3　政策支持下节水灌溉技术采纳推广障碍与路径

基于对农户和新型农业经营主体采纳节水灌溉技术的影响因素建模分析，本研究构建了如图 7-38 所示节水灌溉技术采纳推广影响因素路径框架。农户和新型农业经营主体采纳节水灌溉技术的行为既受到一些因素促进，又受到部分因素阻碍。农户的年龄和投入成本阻碍其对节水灌溉技术的采纳，而教育、种植规模、用水协会、信息资源、示范户、周围邻居、新型农业经营主体和干旱情况能促进其对节水灌溉技术的采纳。对于新型农业经营主体而言，投入成本、社员管理和销售困难阻碍了其对节水灌溉技术的采纳，而技术指导和认知程度又能促进其对节水灌溉技术的采纳。政策支持不仅能够直接促进农户和新型农业经营主体对节水灌溉技术的采纳，还能通过改变其他影响因素而间接促进农户和新型农业经营主体对节水灌溉技术的采纳。因此，为了促进节水灌溉技术的采纳及推广扩散，应降低阻碍因素对农户和新型农业经营主体的负向作用，提升促进因素的牵引力作用。

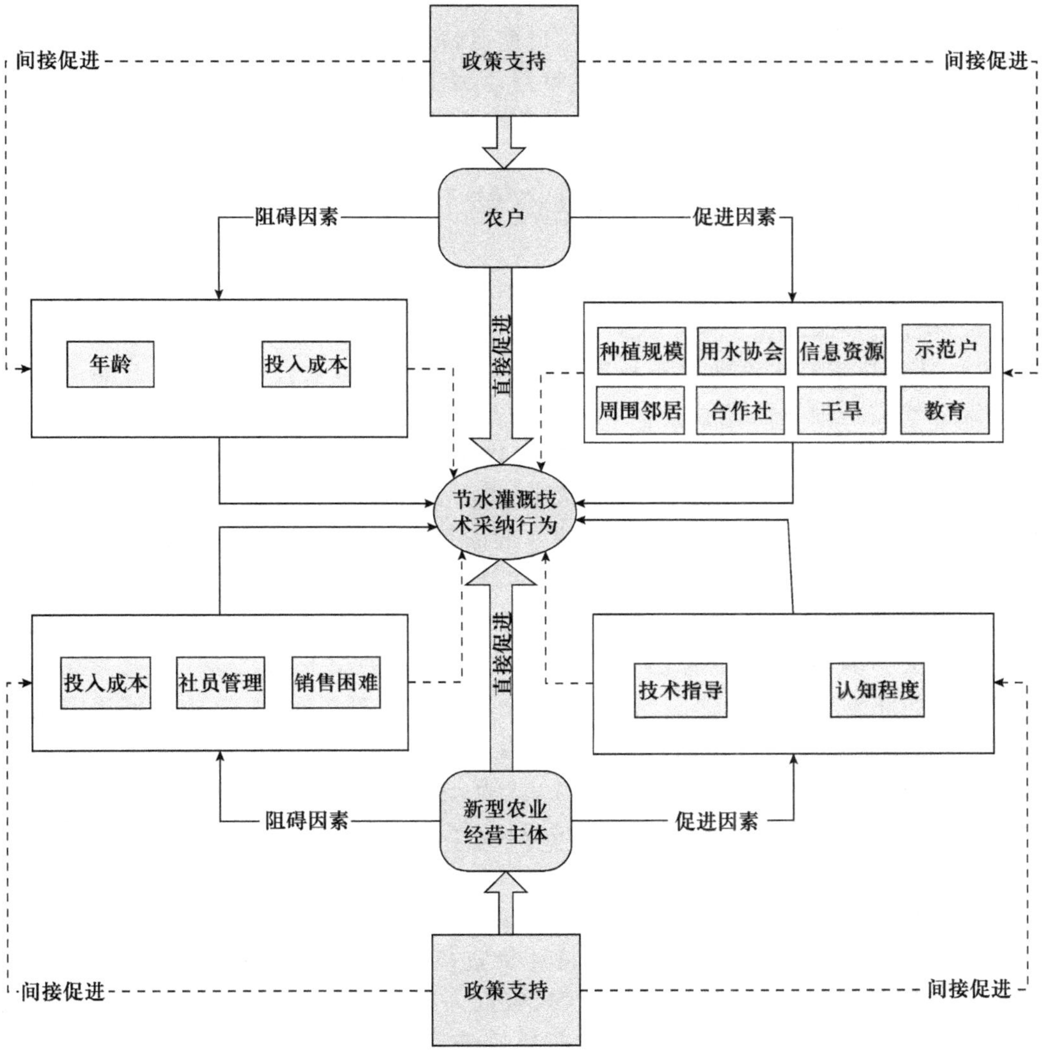

图 7-38 基于政策支持的节水灌溉技术采纳推广影响因素路径

第8章　基于政策效率提升的农业支持政策路径优化

本章以政策满意度为切入点，利用最优尺度回归分析方法，从农户和新型农业经营主体视角优化基于政策效率提升的我国支持政策路径，以现代农业产业技术体系为例，探索面向农业技术采纳推广的农业支持政策路径。

8.1　基于农户视角的农业支持政策路径优化

农业支持政策在农业技术推广扩散中发挥着重要作用，对生产主体的技术采纳具有显著影响，为此，我国实施了一系列政策，如农资补贴政策、良种补贴政策、信息技术支持政策、农机补贴政策等来推动农业技术的推广。但是，实施农业技术推广政策并不等于农业政策能够完全促进农业技术的有效采纳推广，其还要取决于政策的实施效果，实施效果较好的农业技术推广政策才能充分发挥作用。这种现象也引起了我国部分学者的重视，王良健(2010)研究了我国一系列农村惠农支农政策的实施绩效，研究结论表明，从整体而言，我国现阶段惠农政策实施绩效的农民满意度处于中等偏低水平；就单项政策而言，农技培训、农村小额贷款等政策的实施绩效较低。张东平(2011)发现，对现金补贴的农户而言，教育程度和对良种补贴政策的认识这2项对良种补贴政策的满意度有明显的正相关影响；而对于补贴券的农户，对供种公司的服务满意这1项直接影响对良种补贴政策的满意程度。粮食面积变动、对良种补贴政策了解、补贴政策能否调动积极性、对政府新型农业经营主体的行为满意程度、良种补贴的作用效果等变量与农户对良种补贴政策的满意度正相关。李平(2011)认为，农户有无技术培训对技术部门的推广绩效满意度评价有一定影响。刘倩(2010)研究了农户对农业补贴政策的满意度，认为农户对该政策的满意度不高，原因在于大家普遍担心政策是否会长期实施，而且认为补贴金额和标准有些不太合理。杨宜婷等(2012)发现，农业部门技术指导服务评价、农机补贴评价、种稻大户应用技术奖励和扶持评价直接影响农业技术推广政策满意度；初始变量中，除农户身体状况、是否科技示范户、家庭人口数、是否丘陵地区、所在地农业基础设施条件等变量会直接影响农业技术推广政策满意度之外，年龄、教育水平、生产规模、是否为村干部、外出务工人数、是否平原地区等因素都是通过影响中间变量来影响满意度的。但是从以往研究文献来看，关于农业技术推广政策实施效果与满意度的研究较少，且多数研究只是针对某项农业技术推广政策或小范围区域研究数据，缺乏基于全国视角的农业技术推广政策定量分析。因此，本研究基于全国调查数据，使用路径分析法，分析农户对农业支持政策满意度的影响因素及各个因素作用机理与传导机制，以期能够为政府管理和政策制度部门提供理论参考与借鉴。

8.1.1 理论分析与研究框架

根据朱红根(2011)、王延中(2010)和杨宜婷(2012)等的相关研究,研究变量分为初始变量、中间变量和因变量3种类型。根据相关政策理论分析与实际调研,初始变量选取个体特征、家庭特征和环境特征,中间变量选取技术指导服务评价、技术补贴方式评价、技术支持力度评价、技术信贷服务评价、农资市场调控评价和农资补贴方式评价,农业支持政策满意度则作为因变量(图8-1)。

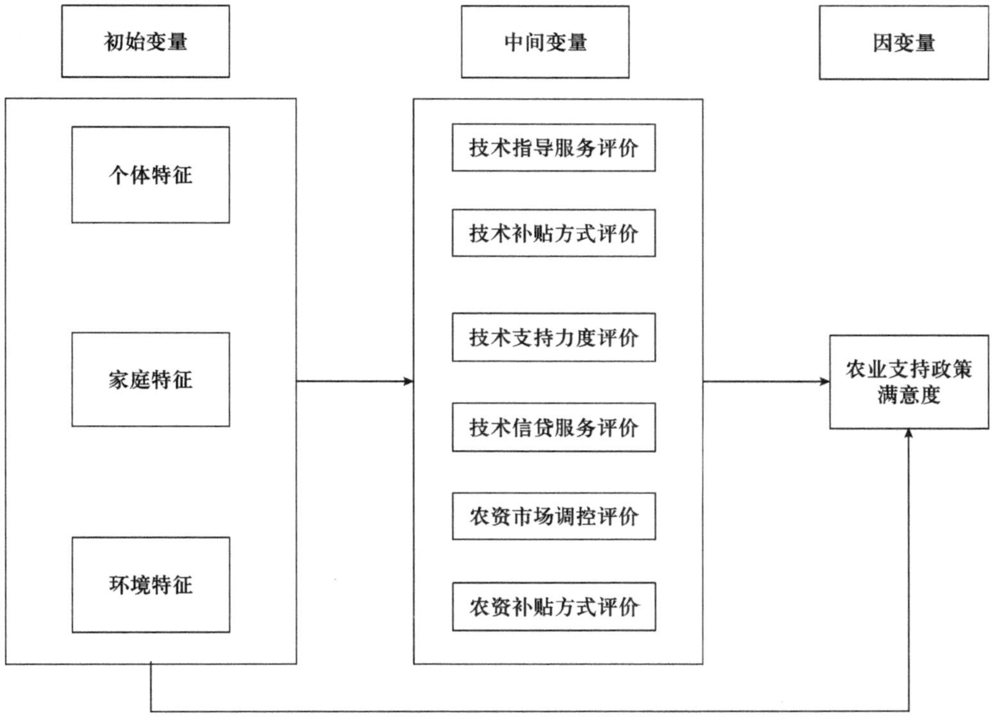

图8-1 基于农户视角的农业支持政策路径优化研究框架

基于研究框架分析,本研究提出如下3个假设。假设1:初始变量会直接影响因变量,即个体特征、家庭特征和环境特征能够直接影响农户对农业支持政策的满意度。假设2:中间变量会对农业支持政策产生影响。假设3:初始变量通过影响中间变量来间接影响因变量。本研究通过路径分析,揭示初始变量和中间变量对农业支持政策满意度的影响机理与传导机制。

8.1.2 数据来源与政策效果

1.数据来源

本研究数据来源于国家社科基金重点项目课题组对全国农户的实地调研。由于调研对象农户的文化水平有限,问卷所涉及内容具有一定的抽象性,因此调查采用访谈形式,通过调查人员与农户面对面交流,以聊天形式获取实际数据,避免因农户文化水平对调查产生干扰,保证数据的真实有效性。本次调研利用大学生寒暑假返乡及社会实践期间进行,调查人员为在读本科生和研究生,调查人员分布全国大部分省(区、市),经挑选后于2016年寒假和暑假放假前统一进行培训,包括问卷内容讲解培训、调查方法以及调查注意事项等内容。此外,为了充分调动调查员的积极性与责任意识,本次调查给予了调查者一定的物资奖励、报酬费用和社会实践证明,使得调查数据更具有可靠性。

调研总共发放农户问卷1 350份,实际回收问卷1 182份,问卷收回率为87.56%。问卷回收以后,逐个进行问卷检查与筛选,剔除无效问卷160份,最终获得数据完成且有效问卷1 022份。样本涉及安徽、福建、甘肃、广西、贵州、河北、河南、湖北、湖南、吉林、江苏、江西、山东、山西、陕西、四川、云南、浙江等25个省(区、市)的176个县(区),分260个乡(镇)的405个村。样本总体分布广泛均匀,具有很好的代表性且满足数据分析要求。

2.变量统计描述

(1)农业支持政策总体满意度的基本描述　从调查结果来看,农户对当前农业技术推广政策总体满意度并不很高,平均为3.04分,表明农户对农业技术推广政策满意度一般。其中,表示"一般"的占50.1%,表示"比较满意"的占17.6%,表示"不满意"(即打分在3分以下)的达27.8%,仅有4.5%的被调查者表示"非常满意"。

(2)中间变量的统计描述　从表8-1可以看出,农户对农业技术部门提供的技术指导服务评价的平均分为2.81,和农户对政府在农业技术支持力度上的评价得分一样,在所有中间变量中评价最低;农户对当前采用新技术补贴对象、标准和实施方式等补贴方式评价得分为2.93;农户对信用金融提供的信贷服务评价得分在所有中间变量中最高,高达2.95分;农户对政府在农资市场调控和农资补贴方式上的评价得分平均为2.84和2.89。总体来看,农户对技术指导服务评价的差异最大,而对技术补贴方式和技术信贷服务评价差异最小。

表8-1　中间变量的统计描述

中间变量	均值	最小值	最大值	标准差
技术指导服务评价	2.81	1	5	0.89
技术补贴方式评价	2.93	1	5	0.81
技术支持力度评价	2.81	1	5	0.84
技术信贷服务评价	2.95	1	5	0.81
农资市场调控评价	2.84	1	5	0.83
农资补贴方式评价	2.89	1	5	0.82

(3)初始变量的统计描述　根据理论分析与以往研究,在个体特征方面选取性别、年龄、受教育程度和种植年限4个变量,在家庭特征方面选取耕地规模、村干部、农业收入比、合作社、技术培训和示范户6个变量,而在环境特征方面选取村庄位置、集镇距离、购买农资方式、地形地貌、自然灾害和所在区域6个变量。各个变量定义与赋值如表8-2所示,所选取变量的统计描述如表8-3所示。

表 8-2　初始变量选取与赋值

初始变量	变量选取	变量定义与赋值
个体特征	性别	男性＝1，女性＝0
	年龄	小于或等于 30 岁＝1，31～40 岁＝2，41～50 岁＝3，51～60 岁＝4，大于 60 岁＝5
	受教育程度	未接受教育＝1，小学＝2，初中＝3，高中＝4，大专及以上＝5
	种植年限	低于 10 年＝1，11～20 年＝2，21～30 年＝3，31～40 年＝4，超过 40 年＝5
家庭特征	耕地规模	少于 1.0 亩＝1，1.1～3.0 亩＝2，3.1～5.0 亩＝3，5.1～10.0＝4，10.1～20.0＝5，大于 20.0 亩＝6
	村干部	家庭成员中是否有人担任村及以上领导职务：是＝1，否＝0
	农业收入比	低于 10％＝1，11％～25％＝2，26％～50％＝3，51％～75％＝4，75％～99％＝5，100％＝6
	合作社	是否参加合作社：是＝1，否＝0
	技术培训	是否接受过农业技术培训：是＝1，否＝0
	示范户	是否是农业生产示范户：是＝1，否＝0
环境特征	村庄位置	城市郊区＝1，乡镇周边＝2，偏远农村＝3
	集镇距离	少于或等于 2.5 千米＝1，2.6～5.0 千米＝2，5.1～10.0 千米＝3，10.1～20.0 千米＝4，超过 20.0 千米＝5
	购买农资方式	村里组织统一购买生产资料：是＝1，否＝0
	地形地貌	是＝1，否＝0
	自然灾害①	近 5 年是否遇到严重灾害：是＝1，否＝0
	所在区域②	所处我国位置：东部＝1，中部＝2，西部＝3

注：①严重自然灾害包括水灾、虫灾、旱灾、天气异常等。

②西部地区包括的省级行政区共 12 个，分别是四川、重庆、贵州、云南、西藏、陕西、甘肃、青海、宁夏、新疆、广西、内蒙古；中部地区有 8 个省级行政区，分别是山西、吉林、黑龙江、安徽、江西、河南、湖北、湖南；东部地区包括的 11 个省级行政区没变，包括北京、天津、河北、辽宁、上海、江苏、浙江、福建、山东、广东和海南。

表 8-3　初始变量的统计描述

初始变量	变量	均值	最小值	最大值	标准差
个体特征	性别	0.90	0	1	0.30
	年龄	3.51	1	5	1.00
	受教育程度	2.75	1	5	0.92
	种植年限	3.13	1	5	1.20
家庭特征	耕地规模	3.71	1	6	1.34
	村干部	0.14	0	1	0.35
	农业收入比	3.08	1	6	1.71
	合作社	0.09	0	1	0.29
	技术培训	0.17	0	1	0.37
	示范户	0.09	0	1	0.28

续表 8-3

初始变量	变量	均值	最小值	最大值	标准差
环境特征	村庄位置	2.83	1	3	0.51
	集镇距离	2.28	1	5	1.12
	购买农资方式	0.25	0	1	0.43
	地形地貌	0.44	0	1	0.50
	自然灾害	0.39	0	1	0.49
	所在区域	2.03	1	3	0.86

8.1.3 多元回归结果与作用机理分析

1. 中间变量对农业支持政策满意度的多元回归分析

按照分析框架，本研究首先用中间变量对农业支持政策满意度进行多元回归分析，模型的解释程度为45.5%，具有良好的拟合优度。表8-4分析结果表明，除技术信贷服务评价外，技术指导服务评价、技术补贴方式评价、技术支持力度评价、农资市场调控评价和农资补贴方式评价都通过了显著性检验。其中，影响最大的是技术指导服务评价，其标准化回归系数为0.357；其次是技术补贴方式评价，标准化回归系数为0.152。因此，在后面的路径分析中，不再将技术信贷服务评价纳入回归模型中。

表8-4 中间变量对因变量的多元回归结果

中间变量	非标准化系数	标准化系数	t 值
技术指导服务评价	0.339	0.357***	7.609
技术补贴方式评价	0.158	0.152***	10.917
技术支持力度评价	0.088	0.089***	4.266
技术信贷服务评价	−0.024	−0.023	2.652
农资市场调控评价	0.146	0.144***	−0.815
农资补贴方式评价	0.103	0.101***	4.877
常数项		0.725	
F		134.938***	
R^2		0.455	

注：*，**，*** 分别表示在10%，5%，1%水平上显著。

2. 初始变量对中间变量和因变量影响的多元回归分析

本研究所采用的最优尺度回归分析方法允许自变量为分类变量，能够分析自变量对农业政策支持满意度的影响权重。初始变量对中间变量和因变量的多元回归结果如表8-5所示。从初始变量对因变量的回归结果来看，模型通过了1%的显著性检验，解释程度为8.1 %，虽然具有一定的解释能力，但明显低于中间变量对因变量的45.59%的解释能力。这说明初始变量可能是通过影响中间变量来影响因变量的，与假设2相吻合。从初始变量对中间变量的回归结果来看，5个模型总体上拟合效果良好，都通过了显著性检验。初始变量对5个中间变量的解释程度除了对农资市场调控评价为5.7%以外，其余解释程度均大于7%，其中解释程度最强的是初始变量对技术指导服务评价的解释，达到11%。

表 8-5 初始变量对中间变量和因变量影响的多元回归结果(标准化系数)

初始变量		中间变量					因变量
		技术指导服务评价	技术补贴方式评价	技术支持力度评价	农资市场调控评价	农资补贴方式评价	农业支持政策满意度
个	性别	−0.056*	−0.092***	−0.082**	0.007	−0.096***	0.012
体	年龄	−0.067	−0.099*	−0.074	−0.029	−0.109*	0.049
特	教育程度	0.078**	0.074*	0.018	0.061	0.080**	0.090**
征	种植年限	0.041	0.089	0.063	0.022	0.128**	−0.019
	耕地规模	0.001	0.008	0.006	−0.026	0.024	0.076**
家	村干部	0.046	0.035	0.022	0.067*	0.046	0.114***
庭	农业收入比	−0.051	−0.033	−0.076**	−0.052	−0.077**	−0.081**
特	合作社	0.028	0.055	−0.002	0.021	0.047	0.017
征	技术培训	0.029	−0.041	−0.019	0.021	−0.039	0.015
	示范户	0.104***	0.063	0.103***	0.015	0.053	−0.006
	村庄位置	−0.002	0.018	0.040	−0.034	0.008	0.008
环	集镇距离	0.068*	−0.065**	−0.065**	0.104***	−0.033	0.080**
境	购买农资	0.054	0.029	0.081**	0.048	0.033	0.102***
特	地形地貌	0.223***	0.178***	0.175***	0.152***	0.161***	0.146****
征	自然灾害	−0.009	−0.002	−0.047	−0.099***	−0.057	−0.028
	所在区域	−0.092**	0.009	−0.062*	−0.035	0.008	−0.061*
	常数项	2.726	2.979	3.000	2.764	2.412	2.362
	F	6.667***	4.063***	4.487***	3.273***	4.157***	4.761***
	R^2	0.110	0.070	0.077	0.057	0.071	0.081

注：*，**，*** 分别表示在 10%，5%，1%水平上显著。

从回归结果来看，教育程度、耕地规模、村干部、农业收入比、集镇距离、购买农资、地形地貌和所在区域这 8 个初始变量显著直接影响农业支持政策满意度；而显著影响技术指导服务评价的初始变量为性别、教育程度、示范户、集镇距离、地形地貌和所在区域；显著影响技术补贴方式评价的初始变量为性别、年龄、教育程度、集镇距离和地形地貌；显著影响技术支持力度评价的初始变量为性别、农业收入比、示范户、集镇距离、购买农资、地形地貌和所在区域；显著影响农资市场调控评价的初始变量为村干部、集镇距离、地形地貌和自然灾害；显著影响农资补贴方式评价的初始变量为性别、年龄、教育程度、种植年限、农业收入比和地形地貌。

3. 影响农业支持政策满意度的作用机理分析

表 8-6 显示了初始变量对于因变量的影响机理。其中，间接影响＝初始变量对各个中间变量的标准化回归系数×该中间变量对因变量的标准化回归系数；总影响＝间接影响＋直接影响。表 8-6 中只给出通过显著性检验的标准化回归系数。

路径分析结果表明，性别、年龄、教育程度、种植年限、耕地规模、村干部、农业收入比、示范户、集镇距离、购买农资、地形地貌、自然灾害和所在区域 13 个初始变量对农业支持政策满意度具有影响，而合作社、技术培训和村庄位置 3 个初始变量对农业支持政策满意度没有任何影响。在所有这些影响因素中，地形地貌对农业支持政策满意度影响最大(总路径系数绝对值)，系数达到 0.306；其次是村干部，路径系数为 0.154；再次为教育程度，路径系数为

0.137;集镇距离和购买农资路径系数略大于0.1,其余路径系数均小于0.1。

表8-6 初始变量对农业支持政策满意度的路径分析

初始变量		总影响	间接影响					直接影响
			技术指导服务评价	技术补贴方式评价	技术支持力度评价	农资市场调控评价	农资补贴方式评价	
个体特征	性别	−0.051	−0.020	−0.014	−0.007	—	−0.010	—
	年龄	−0.026	—	−0.015	—	—	−0.011	—
	教育程度	0.137	0.028	0.011	—	—	0.008	0.090
	种植年限	0.013	—	—	—	—	0.013	—
家庭特征	耕地规模	0.076	—	—	—	—	—	0.076
	村干部	0.154	—	—	—	0.010	—	0.144
	农业收入比	−0.096	—	—	−0.007	—	−0.008	−0.081
	合作社	—	—	—	—	—	—	—
	技术培训	—	—	—	—	—	—	—
	示范户	0.046	0.037	—	0.009	—	—	—
环境特征	村庄位置	—	—	—	—	—	—	—
	集镇距离	0.104	0.024	−0.010	−0.006	0.015	—	0.080
	购买农资	0.109	—	—	0.007	—	—	0.102
	地形地貌	0.306	0.080	0.027	0.016	0.022	0.016	0.146
	自然灾害	−0.014	—	—	—	−0.014	—	—
	所在区域	−0.099	−0.033	—	−0.006	—	—	−0.061

(1)性别　性别对农业支持政策满意度具有负向影响,即女性对目前农业支持政策的满意度较低。产生这种现象的原因可能是相对于男性而言,由于女性需要照顾孩子和家庭,在从事农业生产时很难有富余时间去从事非农工作,收入来源较为单一,故希望能够从农业生产中得到更多收益,从而导致对农业支持政策有一定不满意。女性对农业支持政策不满意主要来源于技术指导服务、技术补贴方式、技术支持力度和农资补贴方式4个方面,而没有直接对当前农业支持政策表达不满,其中对技术指导服务最为不满意,这可能是由于女性在农业生产采用技术和应用技能方面缺乏一定知识,所以需要相关农业部门为女性生产者提供更合理的技术指导服务。

(2)年龄　年龄对农业支持政策满意度具有负向影响,即年龄越大的农户对农业支持政策满意度较低。年龄较大农户对农业支持政策不满意主要来自技术补贴方式和农资补贴方式2个方面,而没有直接对当前农业支持政策表达不满,其中技术补贴方式比农资补贴方式影响更大。年龄较大的农户往往资金能力有限,在采纳技术与购买农资时投入成本壁垒更高,故在没有考虑到农户自身能力条件下按照某种方式进行技术和农资补贴时,会导致年龄较大的农户认为政策没有给予他们更好的照顾,就会使他们对农业支持政策产生不满意态度。

(3)教育程度　教育程度对农业支持政策满意度有正向影响,即受教育程度越高的农户对农业支持政策满意度越高。在教育程度对农业支持政策满意度影响中,有65.7%来自教育程度的直接影响,而间接影响中技术指导服务影响最大,其次是技术补贴方式,农资补贴方式间接影响最小。受教育程度越高的农户，对我国农业支持政策了解程度越深，越能够做出客观判断。此外，在农业支持政策实施时，受教育程度高的农户越早了解相关知识，越能够从相关政策中获取更大帮助。

(4)种植年限 种植年限对农业支持政策满意度有正向影响，即从事农业生产时间越长的农户对农业支持政策满意度越高，这种满意度是通过农资补贴方式反映出来的。从事农业生产时间较长的农户，经历我国农资市场变化的阶段更多，随着我国农业支持政策不断完善，特别是在农资购买补贴政策之后，使农户在农资购买方面从相关政策中得到的帮助也越来越大。

(5)耕地规模 耕地规模对农业支持政策满意度有正向影响，即耕地面积越大的农户对农业支持政策满意度越高，这种满意度全部来自直接影响。随着我国土地流转政策与农业支持政策的不断完善，鼓励农户通过土地流转从事规模化农业生产，使耕地面积较大的农户从这些政策中得到更大帮助，如土地流转政策、农业生产补贴等。

(6)村干部 村干部对农业支持政策满意度有正向影响，即有村干部的家庭对农业支持政策满意度更高。政策满意度中，只有6.5%是来自农资市场调控政策影响，而其余93.5%则是直接影响。村干部在农业生产中发挥着引导和帮助普通农户的作用，也是解读和实施农业政策的基层单元，因此，具有村干部的农户家庭对农业政策更加熟悉，更能充分认识到农业支持政策的优势及在农业生产中的作用。

(7)农业收入比 农业收入比对农业支持政策满意度有负向影响，即家庭收入对农业收入依赖性越大，对农业支持政策满意度则越低。农业收入比主要是直接影响农业支持政策满意度，占到84.4%，而其余的则是由技术支持力度和农资补贴方式间接影响。对于农业收入依赖性较大的农户家庭来说，农业生产情况直接影响到整个家庭的经济状况与生活水平，农户需要把更多的资金用于非农消费，这会让农户想获得更多农业政策补助来保障农业正常生产，在农业政策无法达到农户预期效果时就会降低其对农业支持政策的满意度。

(8)示范户 示范户对农业支持政策满意度有正向影响，即示范户对农业支持政策会更加满意。示范户属性不会直接影响农户对农业支持政策满意度，而是通过技术指导服务和技术支持力度间接影响，其中有80.4%是由技术指导服务间接影响。示范户在农业技术推广体系中具有引领示范和带动周围农户等重要作用，为了更好地推广农业技术，往往会将技术在示范户进行试验示范，并给予一定技术指导服务或资金补贴，甚至免费。相对于非示范户而言，示范户在采用农业技术时获得了更好的政策支持，从而提高了他们对农业支持政策的满意度。

(9)集镇距离 集镇距离对农业支持政策满意度有正向影响，即距离最近集镇距离越远的农户对农业支持政策会更满意。集镇距离对农业支持政策的影响中有76.9%是来自直接影响，其余23.1%是来自技术指导服务、技术补贴方式、技术支持力度和农资市场调控4个方面的间接影响，其中技术指导服务和农资市场调控是正向间接影响，而技术补贴方式和技术支持力度是负向间接影响。

(10)购买农资 购买农资对农业支持政策满意度有正向影响，即如果农户所在村集体会统一购买农资，那么农户对农业支持政策会更满意。购买农资对农业支持政策影响主要来自直接影响，而只有技术支持力度具有间接影响，且只占到6.5%。村集体为农户统一购买农业生产资料，因购买数量多会获得来自农业政策的价格优势和质量保障，农户就更能感受到农业支持政策的实惠与效果，从而提高了农户对农业支持政策的满意度。

(11)地形地貌　地形地貌对农业支持政策满意度有正向影响，即平原地区的农户对农业支持政策满意度会更高。地形地貌对农业支持政策影响中有47.7%是直接影响，其余52.3%是来自技术指导服务、技术补贴方式、技术支持力度、农资市场调控和农资补贴方式的5个间接路径影响，其中技术指导服务的间接影响最大。相对于高原、山区、盆地等非平原地区，平原地区更适合农业生产，也会得到更多的农业政策支持与帮助，从而对农业支持政策的实施效果也会更满意。

(12)自然灾害　自然灾害对农业支持政策满意度有负向影响，即近5年内遇到较为严重自然灾害的农户对农业支持政策满意度会降低，而这主要来自农资市场调控的间接影响。农户在遇到较为严重的自然灾害时，会导致农业生产损失较高，降低农户的农业收益。虽然我国有针对农业灾害的政策，但是政策补助难以弥补由灾害造成的巨大损失，从而降低了农户对农业支持政策的满意度。

(13)所在区域　所在区域对农业支持政策满意度有负向影响，即处在我国西部的农户对农业支持政策满意度会更低。所在区域对农业支持政策影响中有61.6%是直接影响，其余38.4%是来自技术指导服务和技术支持力度的2个间接路径影响。相对于东部地区，在西部地区从事农业生产所面临的自然环境更加恶劣，在同样政策支持条件下，东部地区农户比西部地区农户更能有效发挥政策支持的作用，产生较为明显的帮助与效益。此外，西部地区人口稀少且地理位置分散，导致农业政策实施过程较为困难，提高了政策实施成本，降低了政策效果，使农户获得的农业政策帮助进一步较少，从而降低了农户对农业支持政策的满意度。

8.2　基于新型农业经营主体视角的农业支持政策路径优化

从文献来看，关于农业技术推广政策实施效果与满意度的研究较少，且多数研究只是针对某项农业技术推广政策或小范围区域研究数据，缺乏基于全国视角的农业技术推广政策定量分析，并且目前几乎没有从新型农业经营主体视角来研究农业技术推广政策实施效果与满意度的文献。因此，本研究基于全国新型农业经营主体调查数据，使用路径分析法，分析新型农业经营主体对农业支持政策满意度的影响因素及各个因素作用机理与传导机制，以期能够为政府管理和政策制度部门提供理论参考与借鉴。

8.2.1　理论分析与研究框架

根据朱红根(2011)、王延中(2010)和杨宜婷(2012)等相关研究，研究变量分为初始变量、中间变量和因变量3种类型。根据相关政策理论分析与实际调研，初始变量选取成立时间、耕地规模、年销售额、吸纳农户、技术需求、是否滞销、土壤类型、干旱级别、“三项”补贴和所在区域共10个变量，中间变量选取技术指导服务评价、技术补贴方式评价、技术支持力度评价、技术信贷服务评价、农资市场调控评价和农资补贴方式评价，农业支持政策满意度则作为因变量(图8-2)。

基于研究框架分析，本研究提出如下3个假设。假设1：初始变量会直接影响因变量，即上述10个变量能够直接影响农户对农业支持政策的满意度。假设2：中间变量会对农业支持政策产生影响。假设3：初始变量通过影响中间变量来间接影响因变量。本研究通过路径分析，揭示初始变量和中间变量对农业支持政策满意度的影响机理与传导机制。

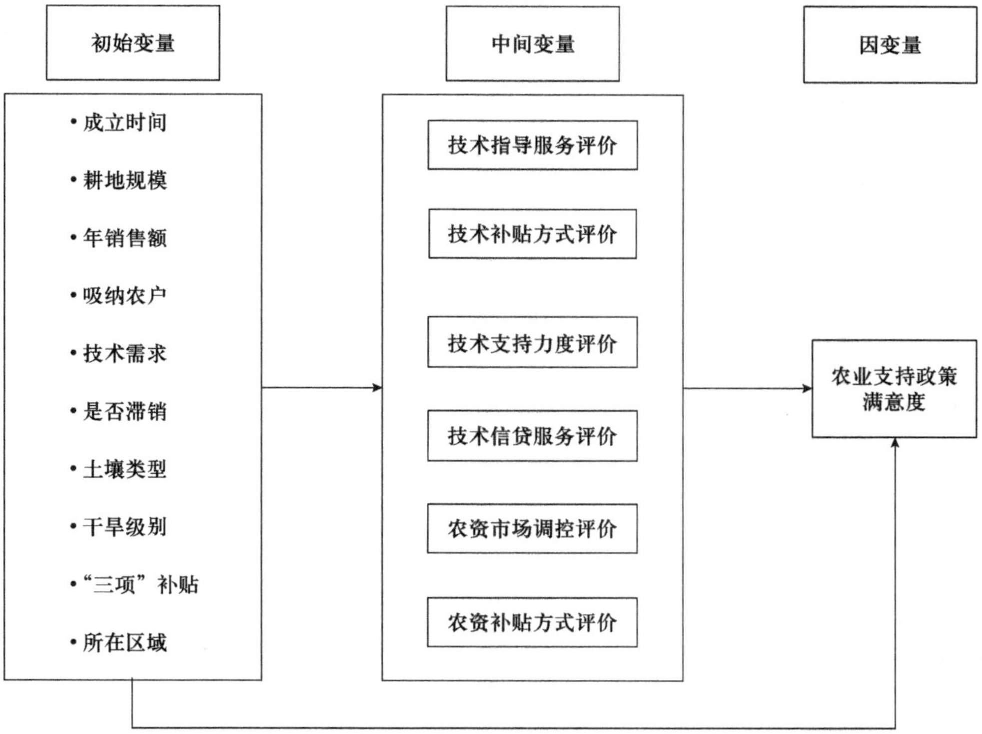

图 8-2　基于新型农业经营主体视角的农业支持政策路径优化研究框架

8.2.2　数据来源与政策效果

1.数据来源

本研究采用问卷调查法收集实际数据，在理论分析、咨询领域专家和预调研基础上，形成最终调查问卷。问卷的核心内容是围绕农业技术需求与认知、病虫害综合防控技术认知与采纳、测土配方施肥技术认知与采纳、秸秆还田技术认知与采纳、农业技术支持政策及其效果等内容。

本次调研利用大学生寒暑假返乡及社会实践期间进行，调查人员为在读本科生和研究生，经挑选后统一进行培训，包括问卷内容讲解培训、调查方法以及调查注意事项等内容。调研总共发放新型农业经营主体问卷 150 份，逐个进行问卷检查与筛选，剔除数据缺失、异常值等无效问卷后，最终获得有效问卷 98 份，问卷有效收回率为 65%。样本涉及安徽、浙江、内蒙古、山东、河北、河南、黑龙江等 19 个省(区、市)，覆盖了我国主要农业生产区域。样本总体分布广泛均匀，具有很好的代表性，能够很好地支持本研究的分析。

2.变量统计描述

(1)农业支持政策总体满意度的基本描述　从调查结果来看，新型农业经营主体对当前农业技术推广政策总体满意度并不很高，平均为 3.31 分，表明新型农业经营主体对农业技术推广政策满意度介于“一般”和“比较满意”之间。其中，表示“一般”的占 45.7%，表示“比较满意”的占 37.2%，表示“不满意”即打分在 3 分以下的占到 11.8%，仅有 5.3%的新型农业经营主体表示“非常满意”。

(2)中间变量的统计描述　从表8-7可以看出,新型农业经营主体对农业技术部门提供的技术指导服务评价的得分在所有中间变量中最高,达到3.40;其次是技术支持力度评价,得分为3.28;而技术补贴方式评价和技术信贷服务评价得分均为3.26。新型农业经营主体对农资政策评价均低于技术政策评价,其中农资市场调控评价得分为3.23分,而农资补贴方式评价得分在所有中间变量中最低,仅为3.18分。总体来看,新型农业经营主体对技术信贷服务评价的差异最大,而对技术补贴方式和农资补贴方式评价差异最小。

表8-7　中间变量的统计描述

中间变量	均值	最小值	最大值	标准差
技术指导服务评价	3.40	1	5	0.81
技术补贴方式评价	3.26	1	5	0.78
技术支持力度评价	3.28	1	5	0.88
技术信贷服务评价	3.26	1	5	0.97
农资市场调控评价	3.23	1	5	0.80
农资补贴方式评价	3.18	1	5	0.78

(3)初始变量的统计描述　根据理论分析与以往研究,选取新型农业经营主体成立时间、耕地规模、年销售额等10个变量作为初始变量,初始变量赋值和统计描述如表8-8所示。

表8-8　初始变量选取与赋值

初始变量	定义与赋值	均值	标准差
成立时间	2000年及以前=1,2001—2004年=2,2005—2008年=3,2009—2012年=4,2013—2016年=5	4.22	0.95
耕地规模	小于或等于50亩=1,51～100亩=2,101～200亩=3,201～500亩=4,501～1 000亩=5,大于1 000亩=6	2.92	1.84
年销售额	小于或等于50万=1,51万～100万=2,101万～500万=3,501万～2 000万=4,大于2 000万=5	2.53	1.37
吸纳农户	小于或等于10户=1,11～50户=2,51～100户=3,101～200户=4,大于200户=5	2.24	1.33
技术需求①	所需要技术种类数	2.22	1.82
是否滞销	新型农业经营主体是否存在滞销农产品情况:是=1,否=0	0.28	0.45
土壤类型	壤土=1,其他=0	0.48	0.50
干旱级别	正常=1,轻旱=2,中旱=3,重旱=4,特旱=5	1.55	0.80
"三项"补贴②	对我国新启动的农业"三项"补贴政策改革了解程度:不了解=1,一般=2,了解=3,非常了解=4	2.91	0.98
所在区域③	所处我国位置:东部=1,中部=2,西部=3	1.71	0.83

注:①在调研时,此题为多项选择,总计有8个备选项(新品种、测土配方施肥、节水灌溉技术、病虫害防治技术、土壤改良技术、秸秆还田技术、新型高效种植模式和新型农机具),这里指新型农业经营主体在这8项技术中所需要的种类数量。

②"三项"补贴改革,即将种粮直补、农资综合补贴、良种补贴合并为"农业支持保护补贴"。

③西部地区包括的省级行政区共12个,分别是四川、重庆、贵州、云南、西藏、陕西、甘肃、青海、宁夏、新疆、广西、内蒙古;中部地区有8个省级行政区,分别是山西、吉林、黑龙江、安徽、江西、河南、湖北、湖南;东部地区包括的11个省级行政区没变,包括北京、天津、河北、辽宁、上海、江苏、浙江、福建、山东、广东和海南。

8.2.3　多元回归结果与作用机理分析

1.中间变量对农业支持政策满意度的多元回归分析

按照分析框架,本研究首先用中间变量对农业支持政策满意度进行多元回归分析,模型的解释程度为56.9%,具有比较良好的拟合优度。表8-9分析结果表明,技术补贴方式评价、技术信贷服务评价和农资补贴方式评价没有通过显著性检验,即这3个中间变量对因变量没有影响。技术指导服务评价、技术支持力度评价和农资市场调控评价都通过了显著性检验,其中,影响最大的是技术支持力度评价,其标准化回归系数为0.353;其次是农资市场调控评价,标准化回归系数为0.345;而技术指导服务评价的影响最小,标准化回归系数为0.202。因此,在后面的路径分析中,不再将技术补贴方式评价、技术信贷服务评价和农资补贴方式评价纳入回归模型中。

表8-9　中间变量对因变量的多元回归结果

中间变量	非标准化系数	标准化系数	t 值
技术指导服务评价	0.403	0.202*	1.920
技术补贴方式评价	0.210	−0.108	−0.738
技术支持力度评价	−0.117	0.353***	3.085
技术信贷服务评价	0.338	0.033	0.346
农资市场调控评价	0.029	0.345**	2.528
农资补贴方式评价	0.365	0.066	0.663
常数项		0.403	
F		18.710***	
R^2		0.569	

注:*,**,***分别表示在10%,5%,1%水平上显著。

2.初始变量对中间变量和因变量影响的多元回归分析

本研究所采用的最优尺度回归分析方法允许自变量为分类变量,能够分析自变量对农业政策支持满意度的影响权重。

初始变量对中间变量和因变量的多元回归结果如表8-10所示。从初始变量对因变量的回归结果来看,模型通过了1%的显著性检验,解释程度为18.6%,虽然具有一定的解释能力,但明显低于中间变量对因变量的56.9%的解释能力。这说明初始变量可能是通过影响中间变量来影响因变量的,与假设2相吻合。从初始变量对中间变量的回归结果来看,3个模型总体上拟合效果良好,都通过了显著性检验。初始变量对3个中间变量的解释程度均在30%左右,其中解释程度最强的是初始变量对技术指导服务评价的解释,达到31.8%。

表 8-10　初始变量对中间变量和因变量影响的多元回归结果(标准化系数)

初始变量	中间变量			因变量
	技术指导服务评价	技术支持力度评价	农资市场调控评价	农业支持政策满意度
成立时间	−0.253	−0.373**	−0.219	−0.352*
耕地规模	0.079***	0.288	0.059**	0.163**
年销售额	−0.107	0.014***	−0.174	−0.107
吸纳农户	0.121	−0.176	0.255	−0.071
技术需求	0.274*	0.006*	0.033	−0.043***
是否滞销	−0.239	−0.177	−0.026	0.022
土壤类型	0.238	−0.112	0.396**	0.152***
干旱级别	−0.157	−0.014***	−0.354**	−0.086
“三项”补贴	0.074	0.220	0.094***	0.044***
所在区域	−0.108***	−0.168	−0.070	0.105
常数项	4.770	5.899	4.061	3.454
F	2.094**	3.739***	3.391***	4.727***
R^2	0.318	0.286	0.296	0.186

注：*，**，*** 分别表示在 10%，5%，1%水平上显著。

从回归结果来看，成立时间、耕地规模、技术需求、土壤类型和“三项”补贴 5 个初始变量显著直接影响农业支持政策满意度；而显著影响技术指导服务评价的初始变量为耕地规模、技术需求和所在区域；显著影响技术支持力度评价的初始变量为成立时间、年销售额、技术需求和干旱级别；显著影响农资市场调控评价的初始变量为耕地规模、土壤类型、干旱级别和“三项”补贴。

3. 影响农业支持政策满意度的作用机理分析

表 8-11 显示了初始变量对于因变量的影响机理。其中，间接影响＝初始变量对各个中间变量的标准化回归系数×该中间变量对因变量的标准化回归系数；总影响＝间接影响＋直接影响。表 8-11 中只给出通过显著性检验的标准化回归系数。

路径分析结果表明，成立时间、耕地规模、年销售额、技术需求、土壤类型、干旱级别、“三项”补贴和所在区域 8 个初始变量对农业支持政策满意度具有影响，而吸纳农户和是否滞销 2 个初始变量对农业支持政策满意度没有任何影响。在所有这些影响因素中，土壤类型对农业支持政策满意度影响最大(总路径系数绝对值)，系数达到 0.289；其次是耕地规模，路径系数为 0.199；再次是成立时间和干旱级别，路径系数分别为−0.132 和−0.127；其余路径系数均小于 0.1。

表 8-11 初始变量对农业支持政策满意度的路径分析

初始变量	总影响	间接影响			直接影响
		技术指导服务评价	技术补贴方式评价	农资市场调控评价	
成立时间	−0.132	—	−0.132	—	—
耕地规模	0.199	0.016	—	0.020	0.163
年销售额	0.005	—	0.005	—	—
吸纳农户	—	—	—	—	—
技术需求	0.014	0.055	0.002	—	−0.043
是否滞销	—	—	—	—	—
土壤类型	0.289	—	—	0.137	0.152
干旱级别	−0.127	—	−0.005	−0.122	—
“三项”补贴	0.076	—	—	0.032	0.044
所在区域	−0.022	−0.022	—	—	—

(1)成立时间　成立时间对农业支持政策满意度具有负向影响，即较早成立的新型农业经营主体对目前农业支持政策的满意度较低，且全部来自对技术补贴方式的评价，而不会直接对农业支持政策满意度产生影响。随着农业现代化进程的推广，我国逐渐重视新型农业经营主体且不断加大政策支持，晚成立的新型农业经营主体会直接采用新型农业技术，这些新型农业技术符合农业未来发展方向，因此国家会给予大力补贴与技术支持，而相对早成立的新型农业经营主体就会较少获得相关农业技术补贴与指导服务，从而导致他们对农业支持政策的认可度降低。

(2)耕地规模　耕地规模对农业支持政策满意度有正向影响，即耕地规模越大的新型农业经营主体对农业支持政策满意度越高。在耕地规模对农业支持政策满意度影响路径中，有81.9%是来自直接影响路径，而通过技术指导服务评价和农资市场调控评价间接影响的路径系数分别为0.016和0.02。随着我国土地流转政策与农业支持政策的不断完善，鼓励通过土地流转从事规模化农业生产，耕地规模较大的新型农业经营主体从这些政策中得到更大帮助，如土地流转政策、农业生产补贴等。

(3)年销售额　年销售额对农业支持政策满意度有正向影响，即年销售额越大的新型农业经营主体对农业支持政策满意度越高，且这种满意度全部是通过技术补贴方式评价反映出来的。年销售额较大的新型农业经营主体，生产规模和影响力相应就大，他们会受到政府部门的关注与重点支持，从而满意度就会相对高，但是其路径系数只有0.005，说明这种影响不大。

(4)技术需求　技术需求对农业支持政策满意度有正向影响，即技术需求越强烈的新型农业经营主体对农业支持政策满意度会更高，但是技术需求对农业支持政策满意度有直接负向影响，而通过技术指导服务评价和技术补贴方式评价有间接正向影响，总路径系数为0.014。对农业技术需求较为强烈的新型农业经营主体，说明目前农业支持政策不能够很好地解决农业生产问题，这就使得新型农业经营主体对农业支持政策有负向态度，但是技术需求较为强烈的新型农业经营主体会积极地通过农技推广部门主动地获取技术指导服务和寻求补贴，这就使得新型农业经营主体持有正面态度。

(5)土壤类型　土壤类型对农业支持政策满意度有正向影响,即耕地为壤土的新型农业经营主体对农业支持政策满意度会更高,总路径系数为0.289,其中由52.9%的是属于直接影响,其他的是通过农资市场调控评价间接影响。相对于沙土和黏土,壤土更适合农业生产,会得到更多的农业政策支持与帮助,从而对农业支持政策的实施效果也会更满意。

(6)干旱级别　干旱级别对农业支持政策满意度有负向影响,即当地干旱越严重,新型农业经营主体对农业支持政策满意度就越低,且全部来自间接影响,其中农资市场调控评价间接影响占96.1%,而技术补贴方式评价间接影响只占3.9%。水资源对农业生产具有重要影响,而在干旱缺水地区农业生产条件更困难,生产成本会更高,新型农业经营主体对相关农资市场价格和供给就会更加敏感,相应地农资市场波动不稳定就严重影响当地农业生产。因此,新型农业经营主体会通过农资市场调控评价间接影响农业支持政策的满意度。

(7)"三项"补贴　"三项"补贴对农业支持政策满意度有正向影响,即对"三项"补贴越了解的新型农业经营主体对农业支持政策满意度越高。在0.076的总路径系数中,有57.9%的为直接路径影响,其余则是通过农资市场调控评价而间接影响。"三项"补贴政策包括农作物良种补贴、种粮农民直接补贴和农资综合补贴,主要是针对以前农业补贴政策实施过程中出现的突出问题而进行政策改革措施。对"三项"补贴政策较为了解的新型农业经营主体,说明在农业生产中积极主动获取相关生产信息和最新政策动向,能够深入认识到农业政策对促进农业生产和解决"三农"问题的积极作用,从而就会提高对农业支持政策的满意度。

(8)所在区域　所在区域对农业支持政策满意度有负向影响,即处在我国西部的新型农业经营主体对农业支持政策满意度会更低,且所在区域对农业支持政策满意度的影响全部来自技术指导服务评价的间接路径影响。相对于东部地区,在西部地区从事农业生产所面临的自然环境更加恶劣,在同样政策支持条件下,东部地区新型农业经营主体比西部地区新型农业经营主体更能有效发挥政策支持的作用,产生较为明显的帮助与效益。此外,西部地区人口稀少且地理位置分散,导致农业政策实施过程较为困难,提高了政策实施成本,降低了政策效果,使新型农业经营主体得到的农业政策帮助进一步较少,从而降低了新型农业经营主体对农业支持政策的满意度。

8.3　面向农业技术采纳推广的农业支持政策路径优化

农业技术采纳行为就是农户和农业生产组织对某项农业新技术认知、选择和应用的过程,且在生产实践中处于动态变化的整个过程(李孟华,2012;张标,2014)。生产者采纳新技术行为具有多样性、动态性、风险性和周期性特征(满明俊,2010)。农业技术种类丰富,不同生产者差异大、采纳应用方式多样等,因而展现出生产者采纳新技术行为的多样性;采纳行为是处于不断认知、选择、应用、反馈和修正的动态过程中,因此采纳行为会表现出动态性。但是,新技术的采纳预期结果不可预知,故在生产者采纳农业技术时,就会承担一定的风险。当然,农业新技术的采纳过程也像其他产品一样,具有研发、推广扩散、成熟和衰退等全生命周期,新技术的出现代替之前的老技术,交替进行,表现为具有一定的周期性。生产者在不同驱动因素的综合影响下,会获取农业新技术的信息,对其进行了解且具有一定的认知;然后在综合判断采纳新技术的利弊情况下,会对农业技术进行接受,再进行尝试使用。因此,从理论层次系统研究农业技术的采纳驱动力、采纳经济机理、采纳行为和推广扩散机制,有利于构建生产者农业技术采纳的理论框架和找出影响生产者采纳农业技术的潜在关键因素，为实证分析提供理论依据和指导。

8.3.1　农业技术采纳推广基本理论分析

8.3.1.1　农业技术采纳动机理论分析

1.理性行为理论

Fishbein 和 Ajzen(1975,1980)提出了源于社会心理学的理性行为理论(the theory of reasoned action,TRA)。该理论被认为是研究认知行为最基础和最具影响力的理论之一。农业技术采纳的理性行为理论框架如图 8-3 所示，采纳行为(adoption behavior,AB)的发生依赖于其行为意向，而决定行为意向的是态度(attitude,A)和主观规范(subjective norm,SN)，行为性信任(behavioral beliefs,BB)决定生产者的态度，规范性信任(normative beliefs,NB)决定主观规范。

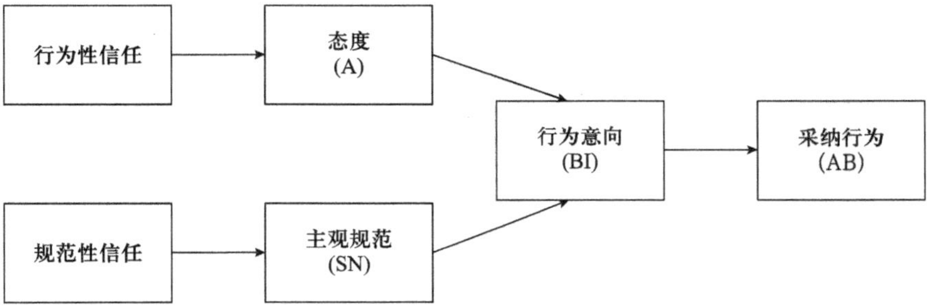

图 8-3　理性行为理论

行为态度是指生产者对采纳农业技术行为所带来的优劣评价，而主观规范分为生产者对他人赞成或不赞成采纳农业技术行为感知的指令性规范和生产者对其他人行为感知的描述性规范(Cialdini 等,1990;1991)。理性行为理论中的其他变量对行为意向产生影响指社会经济、政策法规等外部宏观环境对生产者采纳行为的影响，当生产者是否采纳农业技术时都会有来自外部的综合压力(张辉等,2011)。理性行为理论综合考虑了影响生产者采纳行为不受控制的外部因素和能够进行控制的内在因素(鲁耀斌和徐红梅,2006)，同时该理论也充分地说明了动机和信息对行为的影响，生产者采纳行为的实施是按照能够使自己获得有利的结果并且也能够符合他人期望的方式进行的(于丹等,2008)。

2. 计划行为理论

理性行为理论是在基于个体的意志力能够控制的假设下进行行为预测解释，但在实际情况中，个人对行为的意志控制程度往往会受到时间、金钱、信息和能力等诸多因素的影响，因此，理性行为理论对不完全由个人意志所能控制的行为，往往无法给予合理的解释(鲁耀斌和徐红梅,2006)。为了解决该理论的不完善，于是 Ajzen (1985,1991) 提出了计划行为理论(theory of planed behavior reasoned action,TPB)。该理论是由理性行为理论延伸而来的，期望能够很准确合理地预测和解释实际个体行为。计划行为理论是在理性行为理论框架上引入第三个决定因素，即知觉行为控制(perceived behavior control,PBC)，指个人感觉到的采取某个行为困难或容易的程度。行为控制变量常用自我效能感(self-efficacy)来衡量，是个人对自己是否能够成功进行某一行为的主观判断,也被称为个人执行某项行为的自我控制信念(于丹等,2008;边鹏,2012;冯建英,2013)。感知的行为控制是由控制信念(control beliefs)与感知的便利性(perceived facilitation)共同决定的。控制信念是指个体对自己所拥有执行行为所需的资源机会或阻碍多少的认知,而感知的便利性是指这些资源、机会或阻碍对行为的影响程度(鲁耀斌和徐红梅,2006)。计划行为理论与理性行为理论的不同之处就在于对行为意向的预测上,Drummond 等(1992)发现了知觉行为控制的影响显著,表明计划行为理论比理性行为理论更加有效(图 8-4)。

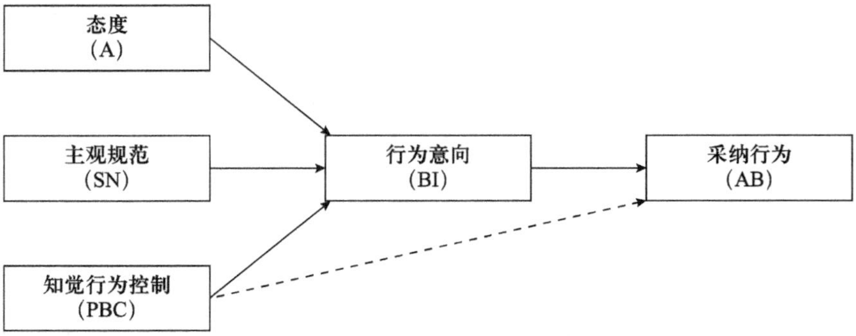

图 8-4　计划行为理论

3.技术接受模型

Davis(1989)为了解释信息系统使用率较低的问题,提出了技术接受模型(technology acceptance model,TAM)理论模型,理性行为理论是该模型的基础。自从技术接受模型被提出后,就受到研究者的充分关注并被用于各种信息技术采纳的研究(颜端武和刘国晓,2012)。由于该模型结构简单且在实证研究应用中具有重要价值,众多学者开始在不同领域应用该模型,并根据不同应用领域不断对模型进行扩展和修正,从而形成了 ERP 应用系统接受模型、Internet 应用接受模型、Online Shopping 接受模型和基于无经验和有经验消费者的 Online Stores 接受模型 4 种典型的技术接受模型扩展形式(鲁耀斌和徐红梅,2006;张志敏,2009)。随着该模型应用领域的不断扩大,有一些学者开始应用此模型研究农业技术接受和新技术采纳行为(Ross 等,2004;Anne 等,2005;李后建,2012;冯建英,2013)。技术接受模型如图 8-5 所示,其对于农业技术接受的核心思想是生产者对农业技术采纳行为取决于生产者的行为意向,行为意向则受使用态度和农业技术有用性认知影响,而影响技术使用态度的两个重要变量是技术采纳者对技术有用性(perceived usefulness,PU)和易用性(perceived ease of use,PEU)的感知。其中,有用性感知是指技术采纳者认为新技术的采用会增加其收益,而易用性感知是指技术采纳者认为使用新技术的难易程度。该模型还认为易用性感知也会影响对有用性的认知,从而间接影响对技术的采纳意向。生产者对农业技术的有用性认知和易用性认知均来源于社会经济环境、自然环境、政策环境、生产者特征等外部因素的综合影响。

4.基于农业踏板理论的技术采纳推广内在驱动机制分析

农业踏板理论反映了技术采纳者对农业技术采纳的内在动因与驱动机制,该理论将技术采用者分为技术率先采用者、技术跟进采用者和技术被迫采用者 3 种类型。农业踏板理论认为在某项农业技术推广初期,技术率先采用者最先采纳技术并取得了较好的效益;通过多种

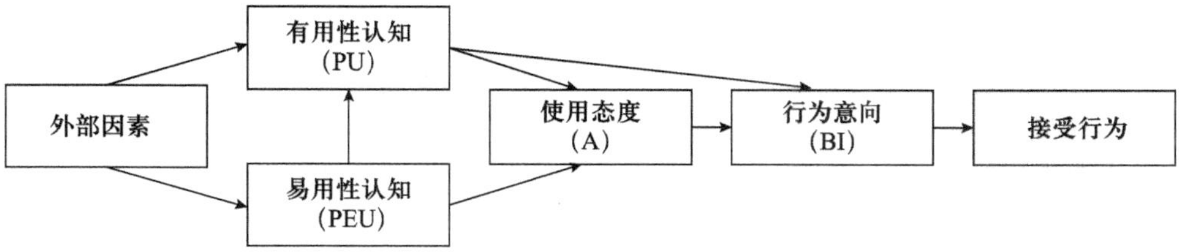

图 8-5 技术接受模型(TAM)

渠道的传播,其他生产者也会跟着采纳该技术,从而实现该技术的推广扩散;最后采纳技术的属于技术被迫采纳者。这个过程是循环往复的,实现了农业技术的阶梯式递进(黄天柱,2007;夏刊,2011)。基于农业踏板理论的农业新技术递进式采纳推广过程如图 8-6 所示。

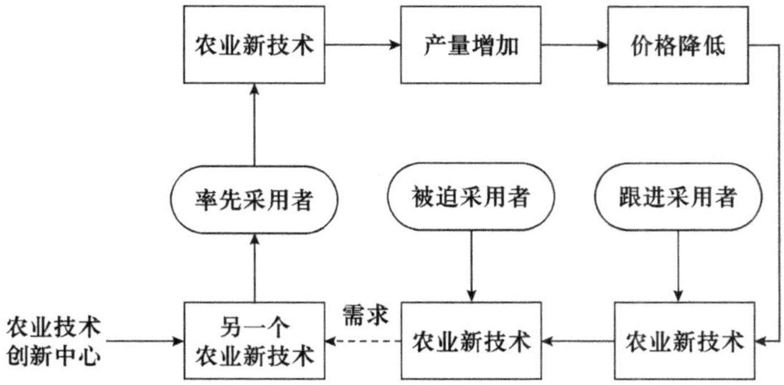

图 8-6 农业新技术递进式采纳推广过程

不同类型的农业新技术采纳者在采纳新技术的内在驱动机制不同,农业新技术递进式采纳推广内在驱动机制如图 8-7 所示。在某项农业技术采纳推广前的初始均衡点,生产者的平均产量为 q_1,农产品市场供给曲线为 S_1,农产品市场需求曲线为 D,市场均衡数量为 Q_1,均衡价格为 P_1,AC_1 和 MC_1 分别是生产者采纳新技术前的生产平均成本线和边际成本线。当技术率先采用者采纳农业新技术后,会增加农产品产量,导致农产品生产平均成本曲线 AC_1 下移到 AC_2,边际成本线由 MC_1 下移到 MC_2(有的农业新技术并不能直接增加农产品产量,

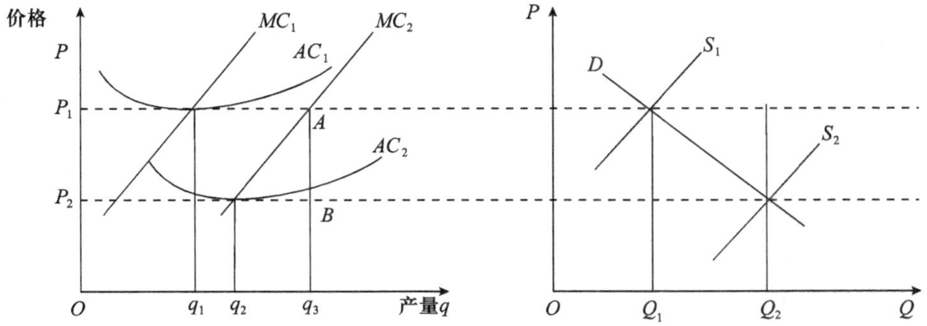

图 8-7 农业新技术递进式采纳推广内在驱动机制

但是会提高农产品品质、提高劳动效率、提高资源利用率等，相当于间接增加产量，同样会降低平均生产成本和边际成本）。技术率先采用者采纳农业新技术后，会使其农产品产量从 q_1 增加到 q_3，从而这些率先采用者获得 P_1ABP_2 的超额利润。由于技术率先采纳者获得超额利润，在利润的驱使下，其他一些生产者开始跟随采纳该项农业新技术。随着技术跟随采纳者的不断增加，农产品数量也随之增加，导致市场需求量不断减少，从而市场供给曲线从 S_1 移动到 S_2。在该阶段市场供需会出现一个新的均衡点，均衡数量为 Q_2，但是那些没有采用农业新技术生产者的平均成本线仍然处于 AC_1，而此时市场价格则已下跌至 P_2，因此，未采用农业新技术的生产者将处于亏损境地。这些处于亏损状态的生产者大部分将会被迫采纳农业新技术，从而完成新技术采用推广的一个周期循环；但是，对于另外一部分生产者，如果在现有条件下很难采纳该项农业新技术，他们或许会转而生产其他农产品。

由农业新技术递进式采纳推广内在驱动机制可知，在利润的驱使下，技术跟随采纳者和技术被迫采纳者也会采纳新技术，从而消除了技术率先采纳者使用新技术所带来的超额利润的现象，称为“农业踏板”。在市场自由竞争中，生产者只有不断地采用农业新技术，提高生产率，降低成本，才能使其利润最大化。农业踏板原理反映了在市场经济竞争条件下农业新技术的采纳推广递进式内在驱动机制，这一机制的不断形成更新来源于 3 个方面：首先，生产者在动力和压力双重因素作用下采用新技术，生产者会自动采用能够获取超额利润的新技术；其次，农业新技术采纳推广会受到新技术效果、新技术风险等多种因素影响；最后，新农业技术的采纳推广能够促进土地流转，形成规模经营（周衍平和陈会英，1998；夏刊，2011）。

5.农业技术采纳动机分析

生产者对农业技术的采纳行为是由多方面因素综合作用的最终结果，但是生产者的技术需求是产生农业技术采纳行为的基础。生产者的技术需求能够产生技术需求动机，技术需求动机引导生产者的技术需求行为，技术需求行为就会指引生产者采纳农业技术。在采纳某项农业技术后，随着环境、生产水平、自身特征等因素的影响，又会诱导产生新的需求（李艳芬，2010）。农业技术采纳动机的整个过程如图 8-8 所示。

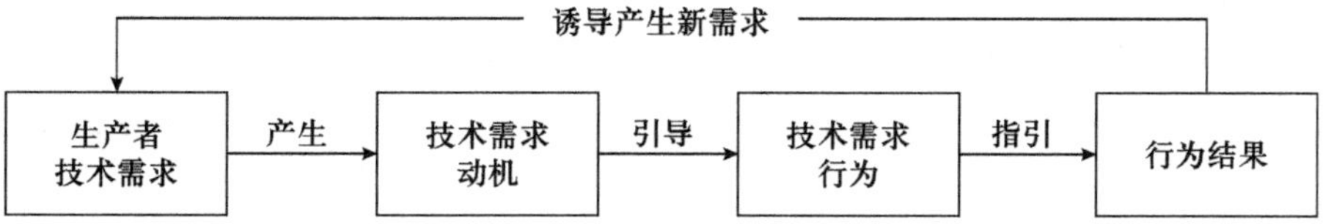

图 8-8　农业技术采纳动机流程

生产者的技术需求、行为动机和期望的行为目标是推动生产者采纳农业技术的 3 种基本驱动因素。技术需求是推动生产者采纳农业技术的原始动力，行为动机是推动生产者采纳农业技术的直接力量，期望的行为目标是生产者采纳农业技术后所要达到的预期效果（吴敬学等，2008）。生产者采纳农业技术具有双面性，在获取较大收益的同时也存在着较大风险。如果农户认为采纳某项农业新技术后会有很好的经济效益，则一般来说其对该技术就具有很强烈的采纳意愿，就很可能会直接导致采纳行为的发生（张标，2014）。

生产者采纳农业新技术的 3 大核心驱动力是推动力、诱导力和牵引力，具体农业技术采纳驱动机制作用关系可用图 8-9 表示。

辅助推动诱导力、推动力、诱导力、牵引力和辅助牵引力共同促使生产者采纳农业新技

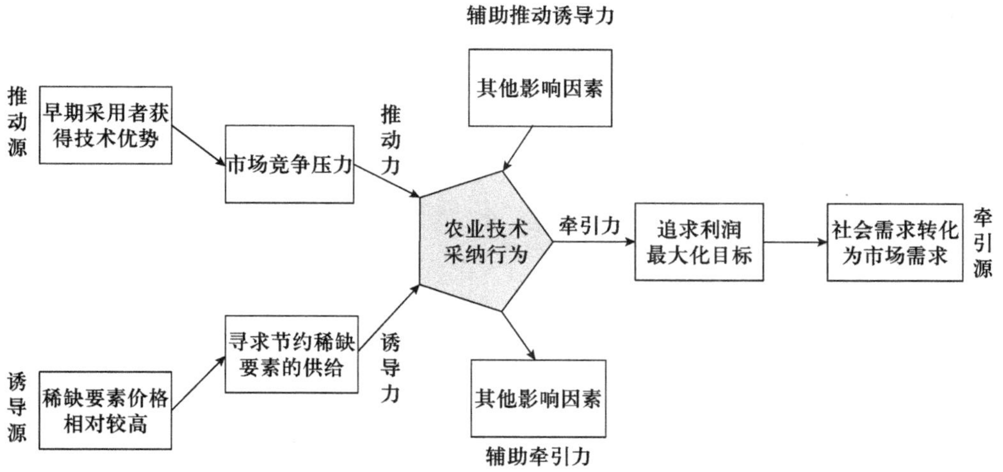

图 8-9 农业技术采纳驱动机制分析

术,当这 5 大驱动力总和大于阻碍力时,生产者就会发生采纳行为,反之,就会拒绝采纳。推动力是早期采纳者使用农业新技术所获取超额利润而带来的市场竞争力,诱导力是生产者面对稀缺要素的价格过高而寻求节约该要素的压力,牵引力是生产者为追求利益最大化而产生的内在驱动力,其中推动力和诱导力是由外部环境变化所产生的一种客观动力,而牵引力是由意志力控制所产生的一种主观能动性的表现(孙联辉,2003)。

8.3.1.2 农业技术采纳经济机理分析

1. 技术收益性对农业技术采纳影响经济机理分析

在市场经济条件下,生产者供给的农产品数量和消费者购买的农产品数量由市场的供求状况决定。对于生产者而言,由于农业技术进步的作用,使得农产品的成本下降,供给增加;对于消费者而言,由于农业技术进步的作用,农产品的成本下降使得市场价格下跌,消费量增加。这两种剩余反映的是技术进步带来的收益在生产者和消费者之间的分配,取决于供给曲线和需求曲线的相对斜率(弹性)(孙联辉,2003)。在采纳农业新技术时,对于生产者来说会出现农业增产不增收现象。这种现象是由农产品非弹性需求决定的,即生产者采纳农业新技术所带来的超额利润并不是完全由生产者所获得,而是由消费者和生产者共同分享,农产品的自身需求弹性和供给弹性是决定份额分配的决定因素(吴敬学等,2008)。

由图 8-10 采纳农业新技术带来的经济剩余分析可知,消费者剩余为需求曲线 D 和均衡价格线 P_1 间的面积$\triangle faP_1$,生产者剩余为供给曲线 S_1 与均衡价格线 P_1 之间的面积$\triangle aOP_1$。$\triangle faP_1$ 和$\triangle aOP_1$ 的面积变化决定着消费者和生产者对新技术带来超额利润的分配机制。在农产品需求稳定的情况下,新技术的采纳必然会带来农产品供给的增加,从而表现为供给曲线从 S_1 变为 S_2。无论弹性需求还是非弹性需求,消费者剩余均由$\triangle faP_1$ 增加到$\triangle fbP_2$,生产者剩余均由$\triangle aOP_1$ 增加到$\triangle bOP_2$。对于小麦、水稻等粮食农产品而言,属于人们日常生活的必需品,其需求属于非弹性需求情况,即需求的价格弹性小,故供给量的增加必然会导致其价格大幅度的下降,致使生产者剩余增加很少甚至为减少,新技术所带来的大部分超额利润被消费者所获得,从而出现“增产不增收”的现象,这种现象会降低生产者对农业新技术的采用。相反,对于水果、蔬菜等经济农产品而言,这些农产品的市场需求弹性大，属于弹性需求范畴，农业新技术采纳应用后会使质量和数量都有所提高，生产者剩余和消费者剩余都会增加，这就会促使生产者更愿意采用农业新技术（孙联辉，2003）。

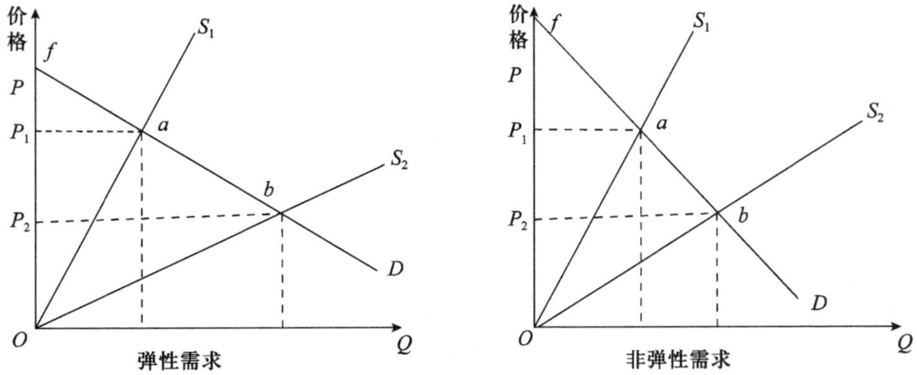

图 8-10　采纳农业新技术带来的经济剩余分析

2. 技术进步对农业技术采纳影响经济机理分析

在劳动力、资源禀赋、生产资料等固定的条件下，农业技术进步会改变农业生产函数，即先进的农业技术会影响农业生产的成本收益（孙联辉，2003）。如图 8-11 中左图所示，S_1 和 S_2 分别为使用普通农业技术和先进农业技术时产量随生产要素投入而变动的曲线，当生产者采用先进农业技术时，总产量曲线从 S_1 移动到 S_2。当生产者投入相同的生产要素 X_1 时，先进的农业技术能够使产量从 a 上升至 b；在得到固定产量 Y_1 时，所需投入生产要素能够从 X_1 减少至 X_2。因此，先进的农业技术提高了生产要素的边际效益。如图 8-11 中右图所示，MR_1 和 MR_2 分别是采用普通农业技术和先进农业技术时投入要素的边际收益曲线，MC 为边际成本线，由边际收益线与边际成本线的交点表示生产要素的最佳投入量可知，当生产者采用先进农业技术时，最佳生产要素投入量由 X_3 增加到 X_4，从而提高了农业总产量，这表明技术进步能够使生产者提高农业产量。

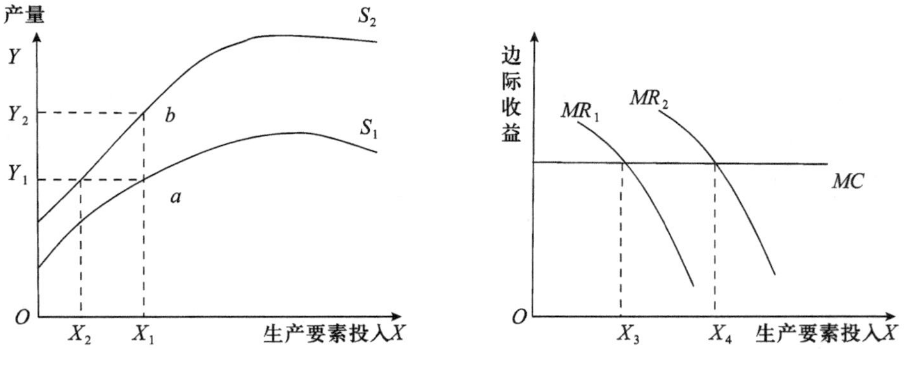

图 8-11　技术进步对成本收益影响

虽然技术进步能够提高农产品产量，但是生产者在采用新技术时会受到价格因素和资源稀缺状况的影响。价格因素主要包括农产品价格、生产要素价格和技术价格 3 个方面。当农产品价格上升，生产要素价格和技术价格下降时，边际成本就会降低，边际收入增加，生产者就会积极采用先进农业技术。

在市场经济条件下，生产者对农业技术的选择依赖于农业资源的稀缺性。资本和劳动力是农业生产的两个稀缺资源，而采用技术可以替代资本或劳动力。根据所替代的资源要素不同，可以把技术进步划分劳动节约型、资本节约型和中性技术进步。

$$\begin{cases} \dfrac{MR_C(0)}{MR_L(0)} < \dfrac{MR_C(t)}{MR_L(t)} \text{劳动节约型技术进步} \\ \dfrac{MR_C(0)}{MR_L(0)} > \dfrac{MR_C(t)}{MR_L(t)} \text{资本节约型技术进步} \\ \dfrac{MR_C(0)}{MR_L(0)} = \dfrac{MR_C(t)}{MR_L(t)} \text{中性技术进步} \end{cases} \qquad \text{公式(8-1)}$$

上述公式(8-1)中，$MR_C(0)$和$MR_L(0)$分别为技术进步之前资本和劳动的边际产量，$MR_C(t)$和$MR_L(t)$分别为技术进步之后资本和劳动的边际产量。劳动节约型技术进步使得农业生产资源组合中的资本所占比例增大、劳动比例减少，实现资本要素替代了劳动要素，从而影响农产品价值的构成，使单位农产品的劳动容量动态减少，而资本容量动态增加。资本节约型技术进步能够减少农业生产对生产要素投入的占有量，在资本有限的情况下，可以通过提高生产率实现农业的持续增长。中性技术进步使资本边际产量和劳动边际产量同等变化，要素生产力提高所体现的技术进步既不偏于资本也不偏于劳动。

3.技术成本对农业技术采纳的影响经济机理

生产者采用农业新技术在获取超额利润的同时，还需要承担技术采用成本。技术采用成本由技术交易成本、技术购买成本、技术学习成本、技术使用成本和其他成本5部分构成(图8-12)。

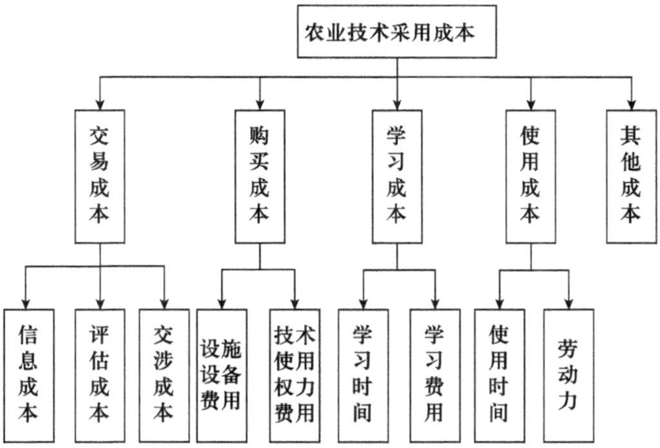

图8-12　农业技术采用成本构成

技术购买成本是生产者为了得到农业技术而支付的费用，一般包括购买设施设备费用，购买技术使用权利费用等(刘彩华和周艳波，2000)。在技术交易成本中，包括生产者在购买农业技术之前所投入的人财物时间去了解技术相关内容的信息成本、生产者对所获取的信息进行判断农业技术优劣的评估成本和交易双方在确定农业技术购买费用的交涉成本。在生产者得到农业技术后，需要花费一定时间和资金去学习新农业技术如何使用，这就是技术学习成本。而技术使用成本是指生产者在使用农业技术从事生产时，需要支付的时间、劳动力等成本。技术成本的高低能够影响生产者采纳农业技术的决策行为，当技术成本超过生产者所能接受的范围时，他们更倾向于不采纳该农业技术；反之，则他们更愿意采纳农业技术。在我国以小规模农户经营为主的农业生产者中，具有文化程度低、资本有限、组织化程度较低等特征，加上我国农业技术交易市场管理不完善等原因，使生产者在购买农业技术之前的交易成本提高、购买价格较高、学习难度加大和掌握使用付出更多的代价，采用农业新技术的总成本偏高，这就导致生产者采用新技术动力不足。

4.外部性强的制约对农业技术采纳影响经济机理分析

根据经济学中权属关系与应用效应可将农业技术划分为私人农业技术、半公共农业技术及公共农业技术 3 大类。私人农业技术在技术消费上具有排他性和竞争性的特征，半公共农业技术在技术消费上具有排他性和非独立性特征，而公共农业技术在技术消费上具有非排他性与非竞争性的特征。

私人农业技术的排他性决定了技术采纳者需要对技术支付相应的费用才能够使用，而竞争性决定了一旦某项农业技术被采用，其余的生产者就不能够采用，这就决定了私人农业技术必须通过市场机制来确保农业技术市场有序运行（高鸿业，2011）。私人农业技术的差异性特点能够促进技术被积极采纳，但是由于农业技术研发投入很大，对于资本不雄厚的农业生产者来说，几乎不可能实现对某项农业技术的买断，导致大部分农业技术很难实现技术私有化，采用的积极性极低。

半公共农业技术应用过程中给生产者带来外部正效应经济影响，而技术本身的这种外部性往往会导致生产者对技术需求的不足（张改清和张建杰，2002）。如图 8-13 所示，MSB 为边际社会收益曲线，MPB 为边际个人收益曲线，MEB 为边际外在收益曲线 MSB 与 MPB 的差额，MC 为技术采用的边际成本，随着技术采用量的增加而需要增加成本。当 MC 与 MPB 交叉时，即边际个人收益和边际成本相等时，生产者的技术采用量为 Q_1，但是技术的采用会产生外部效应，而有效的 Q^* 处于 MSB 与 MC 曲线的相交处，即边际社会收益曲线和技术采用的边际成本相等。因此，生产者并没有完全获得采用技术的所有收益，就导致对农业技术的需求不足，即 $Q_1<Q^*$。为了使农业技术需求量达到 Q^*，需要通过对农业技术给予一定补贴来使 P_1 降低到 P^*（吴敬学等，2008）。

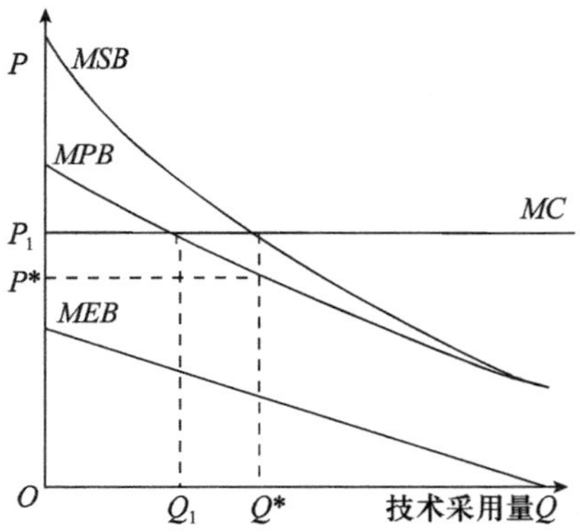

图 8-13　半公共农业技术供给分析

相对于私人农业技术和半公共农业技术而言，公共农业技术被采用的动力最足。公共农业技术的非排他性是指在农业技术的采用中所出现的“搭便车”现象，而技术消费的非竞争性则意味着该产品的市场供给不足，其效益无法得到充分发挥，也就是说，技术创新的收益很难内部化，即私人的边际成本大于社会边际成本。如图 8-14 所示，S_1 为私人边际成本线，S_2 为社会边际成本线，农业技术供给方如果要使利

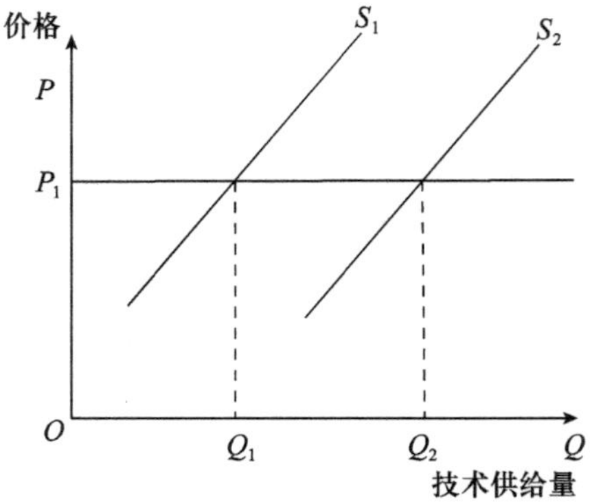

图 8-14　公共农业技术供给分析

益最大化，必须做到农业技术的市场交易价格等于农业技术的边际社会成本，农业技术的价格等于私人边际成本。但农业科研成果具有特殊的外在性，私人的边际成本大于社会边际成本，导致农业技术很难实现社会的最优水平。为了更好地解决这一问题，政府应该加大农业科技研究的投入，引导多方资金支持农业科技研发与推广（孙联辉，2003）。

5.风险因素对农业技术采纳影响经济机理分析

风险因素分为主观风险和客观风险，其中主观风险表现为农户对待风险的态度对技术采用量的影响，而客观风险主要表现为农业生产的不确定性造成了农业技术采用的风险。

从主观因素来看，按照农户对风险承受力和态度的不同，可将农户分为风险偏好型、风险中立型和风险躲避型3种类型。不同风险态度生产者对技术采纳行为如图8-15所示，其中VP_1表示好年景的边际收益曲线，VP_2表示坏年景的边际收益曲线，$E(VP)$表示长期稳定的边际收益曲线，MC表示农业技术采纳边际成本曲线。农业技术的最佳采纳量为MC曲线与$E(VP)$曲线的交叉点X_e，此时能够获取最大的收益。但是由于不同生产者对于农业技术采纳的风险态度差异，导致生产者生产决策所依据的边际收益曲线不一样。风险偏好型的生产者往往对采用农业技术持有乐观态度，会高估期望收益，采纳技术决策时是以VP_1曲线为依据，技术采用量为X_1。当风险偏好型生产者采纳农业技术后，如果遇到好的年景就会获得超额利润$\triangle abf$；相反，如果遇到坏的年景，就会损失$\triangle bif$。而风险躲避型的生产者对采用农业技术后会有很多顾虑和担心，往往都是以坏的年景为参考，技术采用量为X_1。当风险躲避型生产者采纳农业技术后，如果遇到好的年景就会失去获得超额利润的机会；但是如果遇到坏的年景，就会获得稳定的收益$\triangle cdf$。风险中立型的生产者往往对采用农业技术持有客观态度，能够对采用技术后的期望收益作较为客观的评价，技术采用量为X_e。因此，不同风险类型的生产者对农业技术的采纳具有重要影响（吴敬学等，2008）。

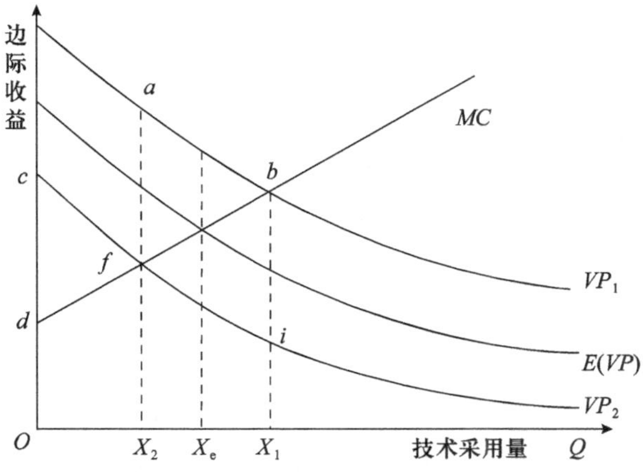

图8-15 不同风险态度农户的生产决策

在农业生产中不仅存在自然环境变化的风险，还存在社会、经济、政策等宏观环境的变化风险，这些风险统称为客观风险。农业生产对自然环境依赖性特别大，当自然环境符合农作物生长时，就会有很好的收成；相反，则会导致大量损失。因此，自然环境对农业生产来说存在巨大风险，从而影响生产者对农业技术的采纳。除此之外，客观风险还包括生产者采纳农业技术时存在追加生产要素的风险，采用农业技术后存在市场不确定性的风险，以及采用农业技术时存在技术应用风险。

6.信息制约对农业技术采纳影响经济机理分析

信息的不完备性和不对称性是信息制约的主要表现形式(陈会英,2001;孙联辉,2003;吴敬学等,2008)。在生产者获取的农业技术信息不完备的情况下,其对农业新技术了解和认知不够充分,故不能够客观正确地评估新技术对生产的影响,这就会导致低估新技术带来的效益或高估投入成本,最终都会阻碍生产者采纳农业新技术。信息不完备对农业技术采纳的具体影响机理如图 8-16 所示。

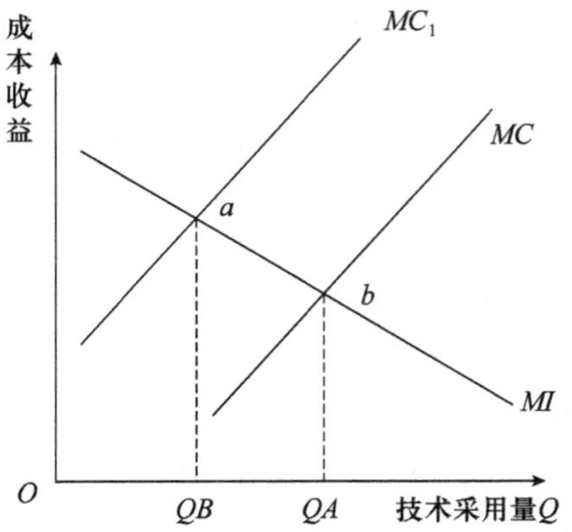

图 8-16 信息不完备对农业技术采纳的影响

图 8-16 中,信息不完备的情况下,生产者认为的边际成本线为 MC_1,但是实际边际成本线为 MC,MI 为边际收益线。如果生产者能够获取较为完备的信息,那么在边际成本线和边际效益线的交叉处,即边际效益等于边际成本时,技术采纳量为最佳值。由于生产者高估了成本曲线,从而使原来技术采用量由 QA 点减少为 QB 点,这就影响了农业技术的采纳推广。

信息不对称是指在农业技术市场交易中,买卖双方对农业技术信息掌握情况不一样。如果卖方比买方掌握更多农业技术的质量信息时,就会出现“柠檬市场”,也称次品市场或阿克洛夫模型(图 8-17)。“柠檬市场”效应在农业技术市场中表现为科技含量低的技术排挤科技含量高的技术,即低质量农业技术逐渐代替高质量的农业技术,于是就会发生农业技术发展逆向选择的情况(高鸿业,2011)。

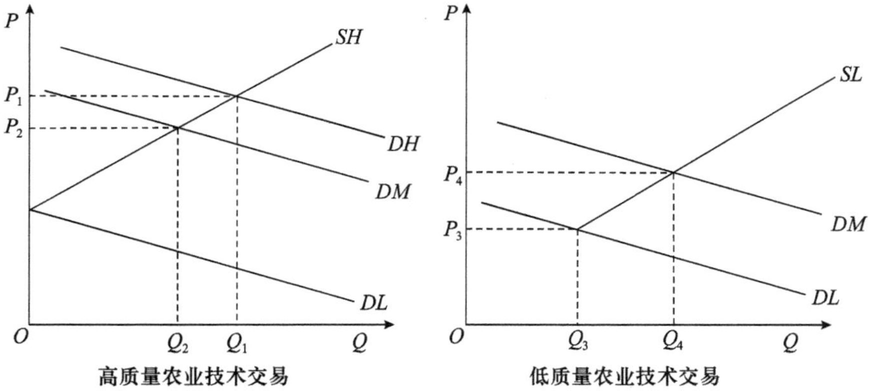

图 8-17 农业技术交易中的“柠檬市场”问题

由于买方不了解农业技术的真正价值,很难区分农业技术质量的高低,只能通过市场上的平均价格来判断农业技术的好坏,相应地也就愿意用市场平均价格来购买农业技术。这种现象会降低高质量农业技术的价格,生产者对高质量农业技术的预期会从 DH 下降为 DM,支付价格也从 P_1 降低到 P_2(图 8-17 左图);而对于低质量的农业技术来说,生产者的预期会从 DL 上移为 DM,支付价格也从 P_3 提高到 P_4(图 8-17 右图)。由于高质量农业技术出现亏损,而低质量农业技术获取较大利益,导致高质量农业技术逐步退出市场,低质量农业技术扩大市场占有量，具体表现为高质量农业技术交易量由 Q_1 减少至 Q_2，而低质量农业技术交易量则由 Q_3 增加至 Q_4。低质量农业技术交易比例的增加会使买方的预期进一步降低，平均价格也会相应降低，最后出现市场上全是低质量的农业技术，即使市场中出现高质量的农业技术，生产者也会对其持有怀疑态度，不愿购买。农业农村交易市场管理不规范使假冒伪劣农业技术出现在交易市场中，同时农业生产者的资本能力有限导致其愿意购买价格较低的农业技术，这些因素助长了“柠檬市场”现象。

8.3.1.3　农业技术采纳行为理论分析

1.技术采纳过程作用机理

罗杰斯在创新扩散理论方面有着深入研究，他认为农业技术被生产者采纳的过程分为5个环节，依次为认知、说服、决定、实施和确认(图 8-18)。

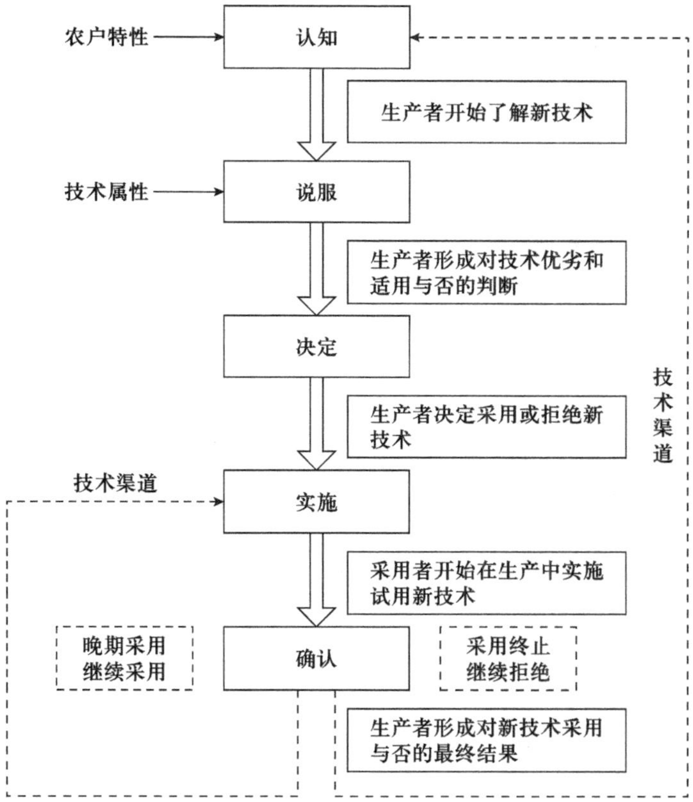

图 8-18　生产者的技术采纳过程

根据技术采纳过程作用示意图，可以详细分析生产者在每个阶段所做决策过程及影响因素(冯建英，2013)。第一阶段，农业新技术刚刚被农户得知，有了感性认知；第二阶段，感兴趣的农户开始尝试通过不同的信息渠道，获取技术相关属性，通过对技术的分析和比较，得出技术相关优势和劣势；第三阶段，农户根据分析结果判断是采用新技术还是不采纳该技术；第四阶段，对于决定采纳技术的农户来说，首先通过小规模或小范围试用新技术，验证其在生产实际的效果，判断该技术是否符合自己生产的实际需要；第五阶段，农户根据小规模试验效果，进行下一步决策，是继续使用并扩大规模还是拒绝继续使用。在这期间对周围的农户影响很大，如果试验效果好，会起到带头示范作用，周围农户积极采纳；如果试验效果不好，其他农户也就不会再进行尝试，直接拒绝该技术。

2. 农业技术供求关系与采纳决策机理

农业技术本身作为一种特殊“商品”，同样包含了供给与需求两个方面，但由于农业技术内在属性和农业生产的特殊性，使得农业技术创新的供给与需求表现出与普通商品不同的特点，其除了受到价格、生产成本、使用偏好等多重因素影响外，还受到其他有别于普通商品供求影响的因素（赵玉姝等，2015）。农业技术创新供求协同机制，是指农业技术创新的供给方和需求方通过市场上的技术商品交换，产生农业技术创新的供给推动力和需求拉动力，并通过二者的相互作用和相互约束所形成的一个动态的有机整体（黄天柱，2007；来敏，2008）。根据契合理论（Edwards，1991；Kristofbrown 等，2015；全云峰，2007），当农业技术创新供给与生产者实际期望相一致时，农业技术创新供给与需求相吻合，在交易市场上达到对等均衡，这会促进农业技术创新的良性发展。农业技术供求关系中主要包括技术创新、技术载体和生产者三个主体，三者之间相互促进又相互制约，形成农业技术供求协同三角关系（图 8-19）。

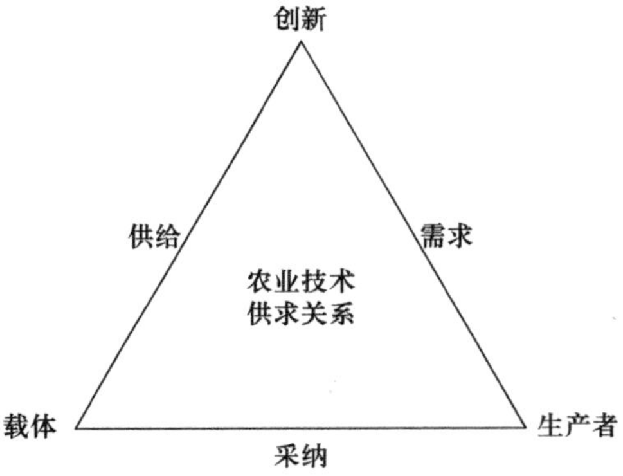

图 8-19　农业技术供求协同三角形

农业技术创新与技术载体之间表现为供给关系，即在一定时期内和特定生产条件下，农业技术创新主体（科研院所、高等院校等）愿意且有能力提供的农业技术数量。在农业技术供给关系中，农业技术创新主体必须要有供给的意愿，这样才能驱动农业技术创新；同时，农业技术创新主体还必须有农业技术创新的能力，这样才能够提供必要的农业技术数量；最后，还需要将农业技术创新成果进行推广扩散，完成农业技术的技术供给过程。农业技术创新与生产者之间表现为需求关系，即在一定时期内和特定生产条件下，生产者（农户、合作社等）愿意且有能力采用的农业技术创新数量。在农业技术需求关系中，生产者首先要有主动采纳技术的动力，以形成技术创新需求意愿；同时其对技术创新成果还要有实际采纳能力，这样才能完成农业技术需求过程。当完成农业技术供给和需求过程后，在技术载体和生产者之间的采纳关系就显得尤为重要，这也是农业技术创新供给与需求之间的桥梁。只有通过农业技术采纳，才能实现农业技术创新的有效供给和满足生产者的技术需求，从而达到农业技术供求协同系统的平衡。

3. 基于收益最大化的技术采纳模型

基于收益最大化的技术采纳模型理论认为，农户作为生产者，符合有限理性经济人的假设，而技术选择和采用的过程其实是追求和实现经济效益的过程。即生产者对新技术的选择和采用主要受利益驱使，是在成本与收益之间权衡以追求效用的最大化，生产者选择采纳新技术的经济学基础是他对采用新技术的预期净收益大于现有技术的净收益。该理论可以用图 8-20 来表示（陈继宁，1997；孔祥智等，2004；崔宁波，2008）。

图 8-20 中，曲线 L 代表生产函数 $y=f(x)$，如果对于某项假定的农业新技术，需要农户增加的边际成本和会带给农户的边际收益分别为 Δx 和 Δy，则农户是否采用该新技术取决

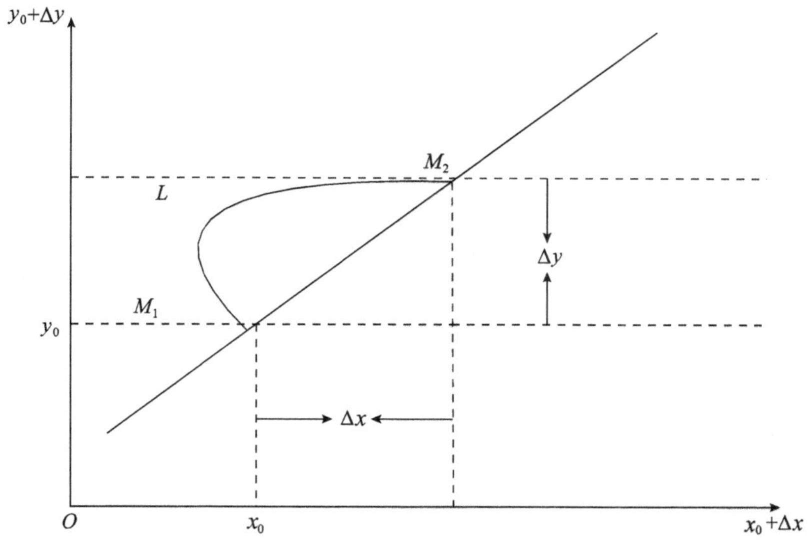

图 8-20　基于收益最大化的农户技术选择边际分析

于对边际成本和边际收益之间的权衡：

若 $\Delta x<\Delta y$，表示新技术带来的边际收益率大于 1，新技术的采用会给农户带来新的经济收益，因此农户选择采用该技术；

若 $\Delta x>\Delta y$，表示新技术带来的边际收益率小于 1，新技术的采用给农户带来的额外成本投入大于新增加的经济收益，因此农户选择不采用该技术；

若 $\Delta x=\Delta y$，表示边际成本等于边际收益，额外增加的成本的边际收益率等于 1，此时经济效益最大，农户在此时采用新技术最为有利(崔宁波，2008)。

4. 农业生产者行为改变分析

农民在农业生产中的行为在有计划和组织的条件下是能够改变的，但是在改变行为期间会有一定的难度，并且这个过程需要一段时间采纳有效(图 8-21)(刘宏，2012)。

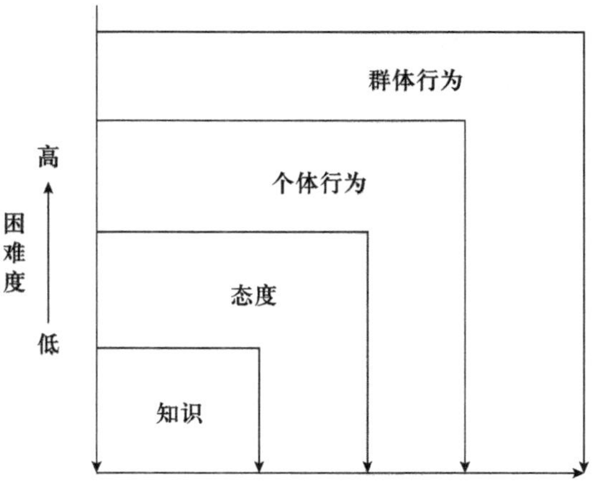

图 8-21　农户行为改变理论分析

由图 8-21 可知，最难改变的农户行为是群体行为，而知识是最容易改变的。一般农户通过各种渠道很容易获取知识，同时对知识的认可也比较快；但是在认可知识后，受多种因素以及固有思想的影响，态度转变需要充分的信息并且能够使农户相信理由，相对较为困难；在改变态度后，农户的行为不一定改变，这需要提供相应满足条件；当个体行为改变形成一定规模时，就会形成群体行为的改变。总之，行为改变是循序渐进的过程，难易程度各不相同。农户农业技术采纳行为受多种因素影响，可以分为两大类，即促进采纳的驱动力和抑制采纳的阻碍力。

社会学家文莱认为，人的行为是可以改变的，这种改变过程及其影响因素可以用公式(8-2)来表示：

$$B=f(P,E) \quad \text{公式(8-2)}$$

公式(8-2)中，B代表行为；P代表个体特征，即内部因素；E代表环境特征，即外部因素。

由公式(8-2)可知，在内部因素和外部因素共同作用下，人的行为会发生改变。因此，要改变农户采纳农业新技术行为，首先要找出能够影响其行为改变的内部因素和外部因素，然后根据需要改变内部因素和外部因素中的一个，或者同时改变，从而实现对农户技术采纳行为的特定改变。

8.3.1.4 农业技术推广扩散理论分析

1.农业技术推广需求机制

农业技术推广实际上就是将农业新技术从理论研发经过不同载体传递最终应用到生产经营的过程。从主体来看，该过程主要包括理论创新与技术研发主体、农业技术传递主体和农业技术应用主体；从技术转移过程来看，该过程主要包括技术创新、技术推广和技术应用；从技术价值角度来看，该过程包括价值创造、价值转移和价值实现。技术需求是由实际农业生产中资源禀赋的稀缺所产生的，目的是通过技术创新来弥补资源的不足，这是农业技术推广的根本基础。技术需求是技术创新与研发的根本依据，只有结合实际生产，解决生产中资源禀赋稀缺性问题，才能对技术具有根本性的创新与改变，所研发的技术才能够很好地推广应用。技术研发主体如果只是从纯理论方面进行技术研发，则所研发的技术往往不能够很好地推广应用，脱离实际生产，这就不是技术创新，更不是价值创造过程。在农业技术传递主体转移农业技术价值时，农业技术需求是技术推广的必要条件。如果某项农业技术在实际生产中没有强烈的需求，该项技术就缺乏技术接受者，从而无法进一步推广。农业生产者是技术推广的最终用户，也是技术的最终接受者，属于农业技术应用主体，更是技术价值实现者。农业新技术价值的实现除了取决于技术本身特征外，更重要的是依赖于技术最终用户对技术的实际应用情况。只有把技术真正应用到生产，解决实际生产问题，产生实际价值，才能算真正完成了农业技术推广工作(图8-22)。

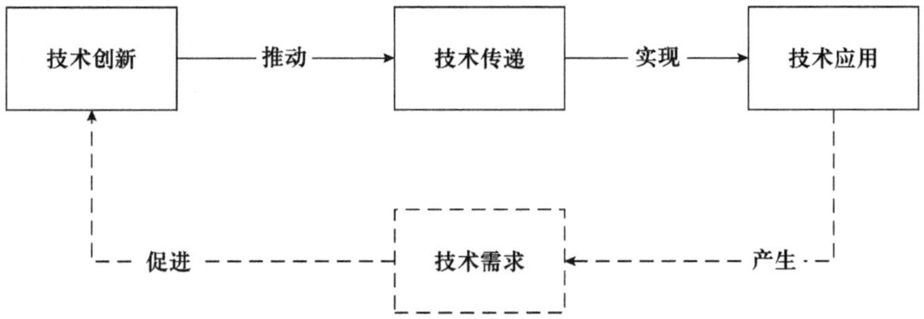

图8-22 农业技术推广需求机制

农业技术推广的驱动力来源于实际生产需求，而实际生产需求反过来又依赖于农业技术推广来解决实际问题，这就是理论来源于实践并指导实践，如此往复逐渐实现技术创新与进步。根据诱致性技术创新理论，如何根据目前拥有的资源选择所需要的技术来满足农业生产需求是农业技术推广的根本目的，促使农业技术发生变革的决定因素不是科学技术，而是技术需求(姜鑫,2007)。因为随着资源要素的稀缺性逐渐提高,生产者在追求利益最大化的诱因驱使下,为了提高要素的相对边际生产率而去寻求更能替代稀缺要素的农业技术,这种要素相对稀缺性对生产者农业技术需求行为的影响显著(陈曦,2012)。因此,在技术研发、传递和应用三者所形成的农业技术推广系统中,技术需求是链接各个主体之间的纽带和桥梁,更是系统运行的根本驱动力(焦源,2014)。

2.农业技术推广扩散过程

农业技术推广扩散过程主要包括农业技术推广对象、农业技术推广扩散主体、农业技术推广扩散模式与农业技术推广扩散规律。

(1)农业技术推广对象　农业技术推广对象是农业技术推广服务的工作对象,也是农业技术最终采用的接受主体,在农业技术推广扩散中具有决定性的作用。因此,研究农业技术推广对象对于理解农业技术推广扩散过程和系统具有关键重要作用。农业技术推广对象多种多样,在我国仍然是以家庭为主的小规模经营农户为主要推广对象,但是在发达国家,农业技术推广的主要渠道和主要对象是农民专业合作组织(高启杰,2014)。然而随着我国城镇化进程的持续推进,土地流转政策的不断完善,农民专业合作社、家庭农场、专业大户、生产基地、龙头企业等新型农业生产经营主体逐渐增加,在我国农业生产中占有重要地位,是我国未来农业生产的主要经营主体。相对于传统小规模农户生产经营,这些经营主体是土地经营规模大、集约化程度高、市场竞争力强的农业经营组织和有文化、懂技术、会经营的职业农民。在我国从传统农业向现代农业转型升级的关键时期,农业生产经营方式也进入了由传统小农生产向社会化大生产加快转变的新阶段,新型农业生产经营主体的日趋成熟很好地回答了“谁来种地”和“谁能种好地”的重要问题(崔宁波等,2014)。因此,本书所研究的农业技术推广对象和技术接受主体均从传统农户和新型农业经营主体两个视角考虑,在改善农户采纳农业新型技术行为的同时,也促进新型农业生产技术在新型农业经营主体中的大规模应用,从而有利于农业生产技术的改进升级,提高劳动生产率,保障农产品质量安全。此外,研究新型农业经营主体对农业生产技术的采纳接受行为,也有利于从组织视角探索农户对技术采纳的潜在障碍因素,为提出政策建议与改进措施提供强有力的支持。

(2)农业技术推广扩散主体　农业技术推广扩散是指一项新型农业技术由最初采用者或采用地区向外扩散,扩散到更多的采用者或采用地区,使新型农业技术得以普及应用的过程。新的农业技术通过推广扩散,会被更大范围、更多的人群所采用,从而促进了相关地区和人群经济、社会或生态收益的提高,这就实现了农业技术创新的价值,最终完成科技成果的转化应用(张淑云等,2010)。技术采纳是个体行为,而技术推广扩散反映的是群体对技术采纳的行为总和(高启杰,2013)。

由图8-23可知,农业技术推广扩散主体主要分为农业技术推广扩散源、农业技术推广扩散渠道和载体、农业技术推广扩散对象。农业技术推广扩散源就是技术供给者,是农业技术创新和研发主体,一般是指农业院校、研究所和农业企业等单位;农业技术推广扩散渠道是新型农业技术信息传播的主要途径和农业技术推广对象接受采纳技术的信息基础,主要包括电视、网络、推广人员等;农业技术推广扩散载体是农业技术的具体表现形式,是农业技术推广对象所接受采纳的具体技术内容,常以设施设备、管理措施、生产步骤等形式展现;农业技术推广扩散对象就是农业技术最终的接受采纳者。当技术接受者在采纳技术后,在使用过程中发现技术需要改进完善或产生新的技术需求,就会通过一定渠道反馈给技术供给者,从而促进农业技术的创新。信息资源是农业技术推广扩散的主要内容，而技术载体是农业技术推广扩散的主要形式，二者也是技术供给者和技术接受者之间的纽带和桥梁。

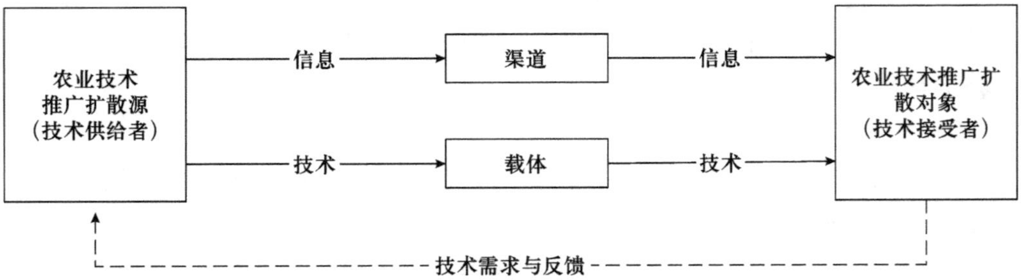

图 8-23　农业技术推广扩散链接机制

(3)农业技术推广扩散模式　根据高启杰(2013)在农业推广中信息沟通网络分类，可将农业技术推广扩散方式按照农业技术信息传播形式分为链式推广扩散模式、树形推广扩散模式、波浪式推广扩散模式和跳跃式推广扩散模式。

①链式推广扩散模式也称为接力式扩散模式，一般是以农业科技创新中心为技术扩散源，一对一进行接力扩散，经过中间若干个传递过程或者直接将信息传播到技术采纳者(图 8-24)。

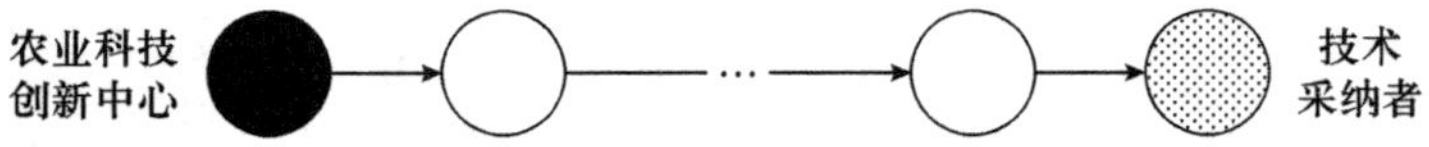

图 8-24　链式推广扩散模式

②树形推广扩散模式也称为世袭制扩散模式，一般是以农业科技创新中心为技术扩散源，通过推广人员首先指导若干个中介组织或采纳者，再由这些人员传递给其他若干采纳者，经过中间若干个传递过程将信息传播到技术采纳者(图 8-25)。这种技术扩散形式的特点是前期扩散速率较慢，后期是越来越快。

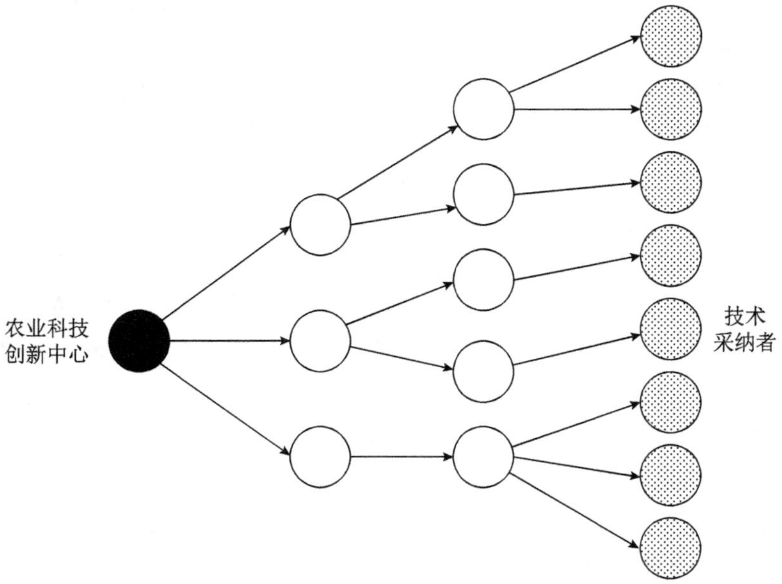

图 8-25　树形推广扩散模式

③波浪式推广扩散模式也称为辐射式推广扩散模式，是以农业科技创新中心为技术扩散源，向周围呈现波浪式扩散(图 8-26)。这种推广扩散模式的集中化程度较高，但是随着扩散距离和面积的增加，推广扩散效果依次递减。

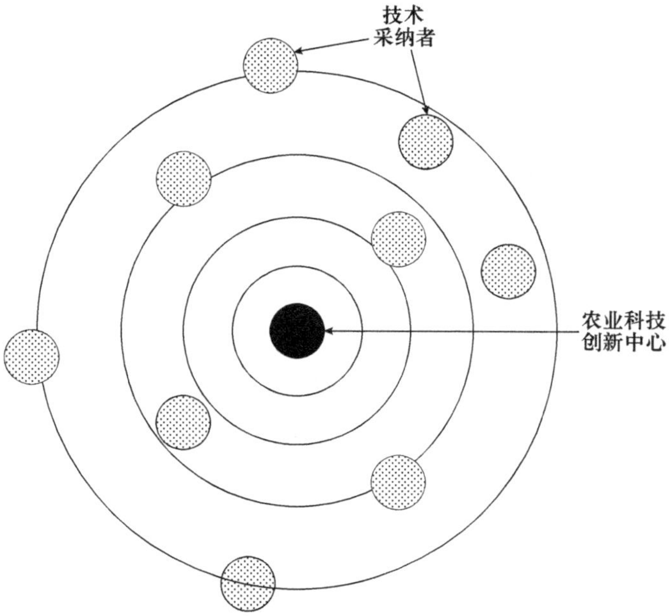

图 8-26　波浪式推广扩散模式

④跳跃式推广扩散模式也称为飞跃式推广扩散模式，是在波浪式推广扩散模式的基础上，在适当的若干地方同时引进农业技术，因而会有多个技术扩散源，同时以波浪式推广扩散模式向四周扩散(图 8-27)，这也是目前我国农业技术推广的主要模式。

随着科学发展与技术进步，农业技术相关的信息资源获取渠道多元化、速度快速化和内容精准化，信息沟通渠道已经形成全通道网络型模式，能够从不同方向、来源和渠道获取不同质量的技术信息。特别是“互联网＋”的快速发展，使信息沟通具有交互式、资源共享、高效、廉价、有序快速流动等特性。跳跃式推广扩散模式是我国农业技术推广扩散的主要形式，以示范户、合作社、农业企业等新型农业经营主体为农业技术引进点，向周围农户或其他经营主体辐射式扩散，使农业技术快速有效地大面积推广。在实际农业技术推广扩散中，往往以多种推广扩散模式组合形式出现，针对不同阶段采用不同推广模式能够使推广效率提高。当农业科技创新中心需要将某项新型农业技术推广时，会先对一部分农业技术推广人员进行培训，这些农技推广人员再回到各个地方对当地的示范户、合作社等进行技术宣传培训；示范户、合作社等新型农业经营主体采纳技术后，会向周围的农户或其他经营主体示范推广；最后实现技术的大力推广。在整个农业技术推广扩散过程中，从整体角度来看，是以跳跃式推广扩散模式为主；由农业科技创新中心培训农技推广人员时，是以树形推广扩散模式为主；当示范户、合作社等新型农业经营主体采纳技术后向周围扩散时，是以波浪式推广扩散为主；从农业科技创新中心到最终某个技术采纳者，是以链式推广扩散模式为主。因此，对于不同农业技术或者不同推广阶段有着不同的推广扩散模式。

(4)农业技术推广扩散规律　在农业技术推广扩散的整个周期内，如果将某项技术的累

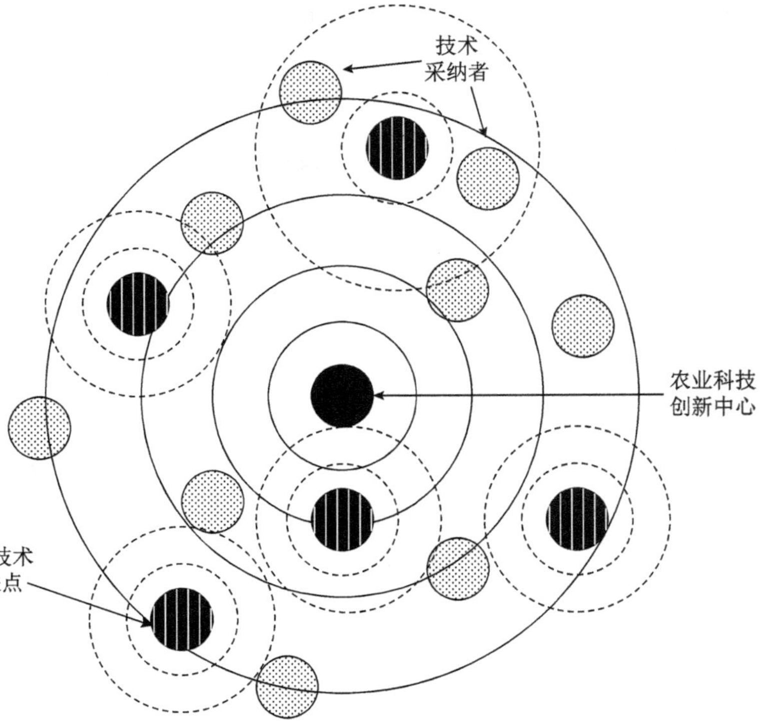

图 8-27 跳跃式推广扩散模式

计采纳者数量作为推广扩散规模，以推广扩散周期为时间段，那么在一般情况下，农业技术推广会呈现S形扩散曲线(图8-28)(徐玖平和廖志高，2004；刘辉等，2006；高启杰，2013；张标，2014)。S形曲线是建立在潜在采用者总体扩散率宏观统计行为分析基础上的，反映了技术创新扩散速度的时间过程，更直观地展示了技术从推广示范到成熟的整个过程(任晋阳，1998)。由S形扩散曲线的斜率可以得出技术在单位时间内的扩散速率曲线呈现铃形分布趋势，能够很好地表示技术扩散速率与时间的关系(图8-29)。S形扩散曲线和铃形扩散速率曲线说明新型农业技术在扩散的初期由于信息传播刚开始，很少被采纳，采纳率一直很低；后来随着信息的广泛传播，采纳率逐渐提高；一旦农业技术被很多人采纳之后，采纳率会再度下降直至终结，从而完成整个技术的推广扩散周期。此后会出现另一个新型农业技术进行替代，往复进行。

根据S形扩散曲线和铃形扩散速率曲线，可将农业技术推广扩散过程划分为4个阶段：突破阶段、关键阶段(紧要阶段、关键点)、自我推动阶段(跟随阶段)和浪峰减退阶段(从众阶段)(图8-30)(孙联辉，2003；靳淑平，2009；高启杰，2013)。突破阶段是技术推广扩散的起点时期，是由农业科技创新中心将创新技术进行实验示范，并鼓励少数专业大户、合作社、示范户等采用，以实现农业创新技术由理论创新转化为实践应用的突破。关键阶段是农业技术推广扩散的转折点，也是农业技术能否进一步推广扩散的重要时期。当突破阶段的采纳者在使用农业新技术后，会产生一定的应用效果，周围的农户会根据前期采纳者的应用效果判断是否会采用，对于潜在采纳者来说采纳风险已经很小，这就消除了潜在采纳者的顾虑与担心。有关研究表明，当关键阶段有10%～20%的潜在采纳者采用了技术，那么即使没有推广服务

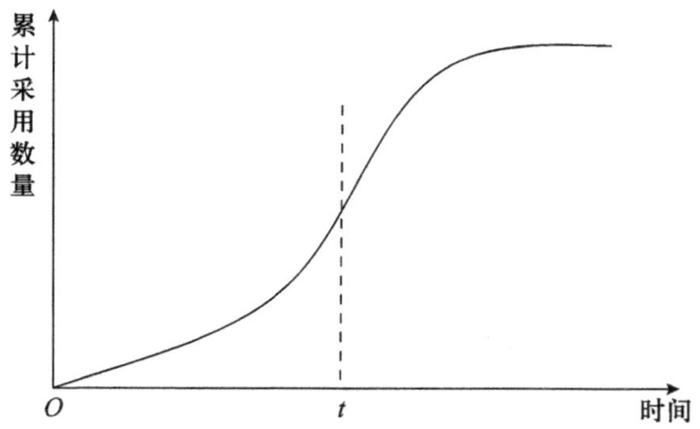

图 8-28　S 形扩散曲线

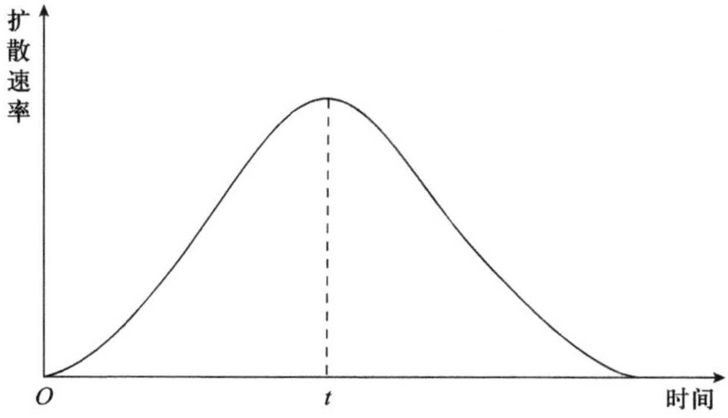

图 8-29　铃形扩散速率曲线

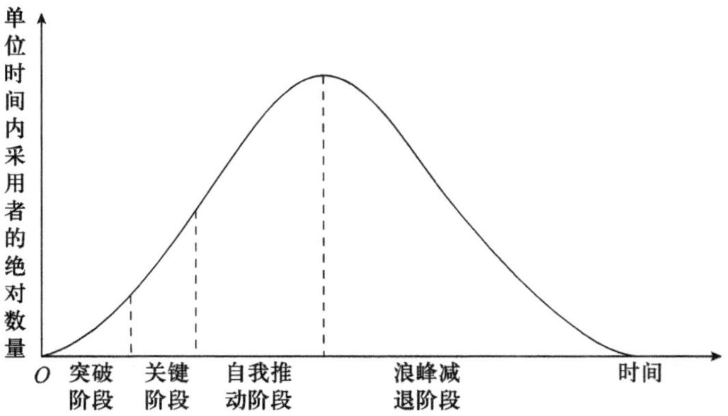

图 8-30　扩散过程不同阶段

或发展措施的进一步支持，推广扩散过程也会持续进行（孙联辉，2003；高启杰，2013）。自我推动阶段也称跟随阶段，就是由前两个阶段采纳者应用技术后，带来了一定的经济、社会和生态效益，良好的技术效果在生产者中迅速传播，之前观望或潜在采纳者也跟随趋势采纳技术，实现技术的快速扩散，从而产生推广扩散的内在自我驱动力，能够使技术推广扩散趋势持续进行。浪峰减退阶段是农业新技术推广扩散的又一次转折点，经过技术快速扩散阶段后，单位时间内采纳者的绝对数量呈现下降趋势，这时也是农业技术采纳者总数量趋于最大值。

由 S 形扩散曲线和扩散过程可画出图 8-31，从中可以看出农业技术推广扩散呈现相似的规律，即阶段性、时效性、周期性和交替性（孙联辉，2003；靳淑平，2009）。农业技术推广扩散会经过 4 个不同阶段，每个阶段都具有明显特征，在不同阶段农业技术扩散速率和扩散效果均不同，即表现为阶段性规律；时效性规律主要反映农业新技术在特定时期内优势较为明显，超过期限就会失去竞争力；周期性规律表现为每种农业新技术都会经过技术研发、实验示范、推广扩散、成熟应用的过程，不同的农业技术生命周期长短不同，但是都会经过技术的整个生命周期，如杂交玉米在艾奥瓦州的平均扩散周期为 9 年，而除草剂的扩散周期则要 2.2 年；交替性规律表现为农业新技术的推广扩散将会取代旧技术，且经过一段时间后，随着环境变化和科技的进步，又会有符合当下需求的新技术出现，周而复始，交替前进，故推广工作者要在一项科技创新尚未出现衰退时就积极地引进新项目，以保证创新的连续性。

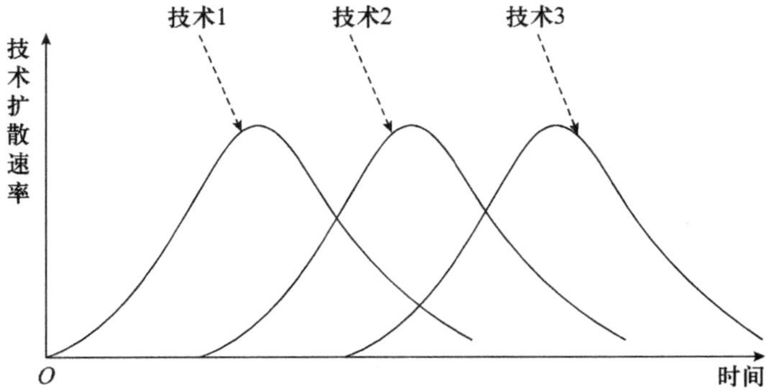

图 8-31　技术扩散的周期阶段性交替规律

3. 农业技术推广扩散系统及潜在影响因素分析

农业技术推广扩散的前提基础是技术信息的传播，信息传播的及时性、准确性和全面性等特征决定了潜在采纳者对技术的认知，进一步影响潜在采纳者的决策行为。但是，信息传播与沟通是一个很复杂的个体与社会综合行为，在由原始信息源传播到接收者的过程中会经过信息编码和译码环节，同时又会经过媒体渠道传递，信息在这个传播过程中会受到噪声影响，影响信息的质量；反过来在由接收者反馈给传送者时，虽然增加了理解互动内容，但是同样也会受到噪声的影响，从而导致信息沟通不畅和信息失真，阻碍了技术的推广扩散（图 8-32）（高启杰，2008）。

农业技术推广扩散系统是一个多元主体参与、多个发展阶段、多重交叉关系和多种呈现模式，同时受内部因素和外部环境影响的复杂农业工程系统（张领先等，2015）。对于不同的研究者，农业技术推广扩散系统有着不同的定义和理解。董景荣（2009）认为扩散系统由技术创新源、技术创新接受者和技术创新通道三个子系统组成，是具有一定层次、结构和功能并与客观环境要素或子系统发生关系的整体。刘书艺（2011）构建了产业集群技术创新扩散系统的框架模型，认为扩散系统是动力机制、渠道机制和保障机制共同构成的相互作用的动态系统。柴茂（2011）构建了基于技术创新扩散初级阶段和次级阶段的两阶段技术创新扩散系统，该系统定义技术创新由创新源到扩散源然后从扩散源到其他潜在的技术创新采用者是不可分割但又有所区分的两个子过程。夏刊（2011）认为一个完整的农业技术推广扩散系统包括推广服务系统和目标团体系统两个基本的子系统，推广服务系统是由农业技术推广人员、农

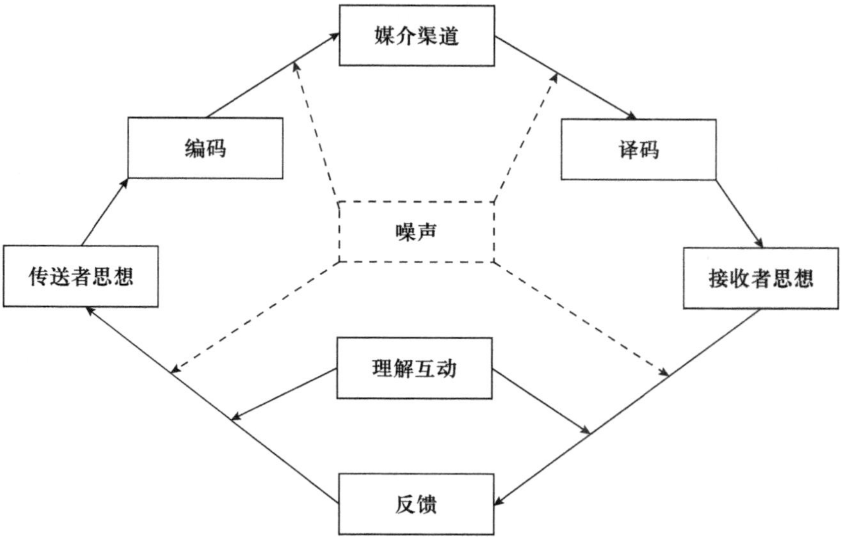

图 8-32 信息传播与沟通模型

业技术推广组织机构及他们所处的外部环境组成的，而目标团体系统是由农户、农户家庭、农业生产专业组织及其所处外部环境组成的。基于前人研究基础，结合研究内容，本研究将农业技术推广扩散系统分为技术供给系统和技术接受系统(图 8-33)。

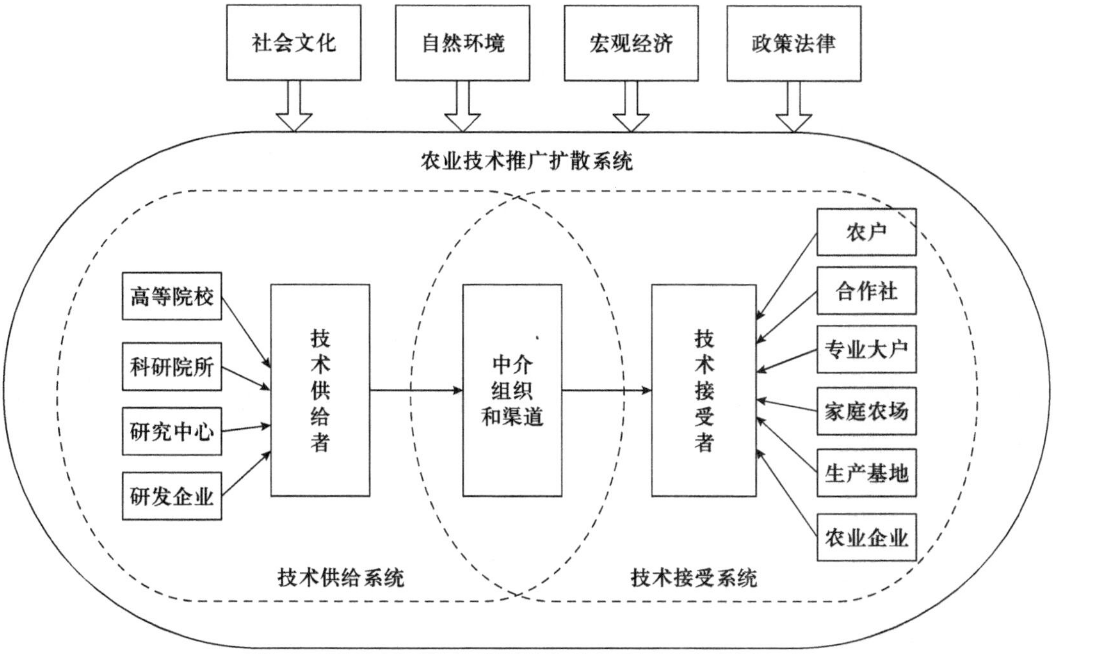

图 8-33 农业技术推广扩散系统框架

在技术供给系统中，高等院校、科研院所等技术供给者在将创新农业技术成果传递给中介组织和渠道时，除了受限于技术特征、技术供给者特征、中介组织和渠道特征等内部因素影响外，社会文化、自然环境、宏观经济和政策法律等外部环境也会对技术供给系统的运行产生重要影响。同样，在技术接受系统运行时，除了受到来自技术接受者特征、中介组织和渠道等内部因素的影响外，也会受到来自外部环境的影响。总之，农业技术推广扩散系统的运行是受系统自身属性特征和外部环境的综合影响，这些来自不同方面的因素共同决定了系统运行是否顺畅。这些阻碍农业技术推广扩散的外部环境噪声和主体内在属性特征统称为农业技术推广扩散的障碍因素。根据农业技术推广扩散过程涉及的要素，可以将农业技术创新扩散过程中的障碍因素分为技术扩散源的障碍因素、农业技术扩散源和采用者之间的关系障碍因素、被扩散农业技术本身特性的障碍因素、农业技术采用者的障碍因素、农业技术扩散环境障碍因素 5 类(张淑云等，2010)。因此，在分析农业推广扩散主体、过程、运行机理及机制的同时，从系统内部和外部同时对各种潜在影响因素进行深入分析，重点找出农业技术推广扩散的关键障碍因素，对进一步提出改进农业技术推广扩散措施和政策建议具有重要的理论和实践意义。

8.3.2 基于现代农业产业技术体系的农业支持政策创新路径

1. 现代农业产业技术体系发展现状

受知识不足、信息和资源缺乏、服务支撑不够、土地产权制约、抗风险能力差等一系列问题困扰，科技进步难以转化为农户的生产力和农民收益，这不仅是我国农业发展面临的巨大挑战，也是全球农业生产转型的最大难题。为了破解各种技术应用的制约因素，结合实际情况开展了大量的参与式技术创新，进行技术创新与产业有效融合是提高技术适用性和综合效益的关键举措。

为了促进现代科技创新成果更好地服务农业产业发展，切实通过科技创新提升农业综合效益和增加农民收入，2007 年农业部和财政部联合发起成立国家现代农业产业技术体系(表 8-12)。现代农业产业体系是集食物保障、原料供给、资源开发、生态保护、经济发展、文化传承、市场服务等产业于一体的综合系统，是多层次、复合型的产业体系。现代农业产业技术体系主要有 3 个方面的核心功能：一是农产品产业体系，包括粮食、棉花、油料、畜牧、水产、蔬菜、水果等各个产业，以确保国家粮食安全和主要农产品供给；二是多功能产业体系，包括生态保护、休闲观光、文化传承、生物能源等密切相关的循环农业、特色产业、生物能源产业、乡村

表 8-12 国家现代农业产业技术体系创新团队名录(2007 年)

编号	产业	编号	产业	编号	产业	编号	产业
CARS-01	水稻	CARS-13	油菜	CARS-25	大宗蔬菜	CARS-37	奶牛
CARS-02	玉米	CARS-14	花生	CARS-26	西甜瓜	CARS-39	肉羊
CARS-03	小麦	CARS-15	芝麻	CARS-27	柑橘	CARS-41	蛋鸡
CARS-04	大豆	CARS-16	向日葵	CARS-28	苹果	CARS-42	肉鸡
CARS-05	大麦青稞	CARS-17	胡麻	CARS-29	梨	CARS-43	水禽
CARS-06	高粱	CARS-18	棉花	CARS-30	葡萄	CARS-44	兔
CARS-07	谷子糜子	CARS-19	麻类	CARS-31	桃	CARS-45	蜂
CARS-08	燕麦荞麦	CARS-20	甘蔗	CARS-32	香蕉	CARS-46	大宗淡水鱼
CARS-09	食用豆	CARS-21	甜菜	CARS-33	荔枝龙眼	CARS-47	虾
CARS-10	马铃薯	CARS-22	蚕桑	CARS-34	天然橡胶	CARS-48	贝类
CARS-11	甘薯	CARS-23	茶叶	CARS-35	牧草	CARS-49	罗非鱼
CARS-12	木薯	CARS-24	食用菌	CARS-36	生猪	CARS-50	鲆鲽类

旅游业和农村二、三产业等，以充分发挥农业多种功能，增进经济社会效益；三是现代农业支撑产业体系，包括农业科技、社会化服务、农产品加工、市场流通、信息咨询等为农服务的相关产业，以提升农业现代化水平，提高农业抗风险能力和国际竞争能力和可持续发展能力。

农业科技创新需要长期深入的系统研究与实验示范(Evenson 等，1979)。现代农业产业技术体系的最大优势就是服务对象、团队组成和资金投入的稳定和可持续。首先，在每个现代农业产业技术体系成立之初，就已经确定了所服务的产业和研究对象，所有研究和实验示范均围绕固定产业进行开展。当然，随着农业发展和社会需求的变化，一些现代农业产业技术体系所服务的产业可能会发展改变。例如，2017 年国家现代农业产业技术体系合并了 7 个体系，新增了 4 个体系，即将谷子糜子、高粱、芝麻、胡麻、向日葵、甘蔗、甜菜 7 个体系合并成谷子高粱、特色油料、糖料 3 个体系，合并后空出的 4 个体系新增为特色蔬菜、中药材、绿肥作物、藻类 4 个体系；同时，还扩充了 5 个水产品体系，将过去单一的罗非鱼、鲆鲽类、虾体系，扩充为特色淡水鱼、海水鱼、虾蟹体系，由单一品种扩充为一大类品种，并在产业链的各个环节配齐了岗位设置，完善了水产产业的技术体系。其次，现代农业产业技术体系长期保证团队成员数量和岗位稳定。如果有某个岗位专家退出，就会立即招募一个专家进行补充。我国经过 5 年的探索与试验，在“十二五”期间增加了农机化、加工、食品营养等方面的专家岗位，2017 年又增加了废弃物综合处理、产地环境治理、质量安全、农业机械化、农产品加工岗位。此外，创新性成果产出和长期提升农业产业发展需要稳定的资金投入与管理，从 2017 年开始，国家每年投入 16 亿元用于支持全国 50 个现代农业产业技术体系发展。

2. 现代农业产业技术体系耦合模式与运行机制

现代农业产业技术体系是根据中国国情探索和农业科技创新规律探索出的科研组织模式，注重长期稳定支持和全链条布局，注重跨部门协作、产学研一体化以及全方位服务，是农业科技领域的一项重大管理创新。在国家现代农业产业技术体系成立之后，各省市也针对各自区域农产品相继成立了地方性现代农业产业技术体系，这是对国家现代农业产业技术的扩展延伸和补充。无论是国家和还是地方性的现代农业产业技术体系，它们都有着相似的组织架构、运行模式和创新机制。因此，本研究以现代农业产业技术北京市叶类蔬菜创新团队(简称“创新团队”)为例(表 8-13)，剖析现代农业产业技术耦合模式与运行机制，并对其运行效果进行系统性评价。

表 8-13 北京市现代农业产业技术体系创新团队(2017 年)

编号	产业	覆盖区域	研究功能室	岗位专家数	总人数	依托单位
BAIC01	果类蔬菜	房山、通州、延庆、大兴、密云、顺义、昌平	育种与繁育、栽培技术、病虫害防控、土肥水调控功、设施设备、加工流通与经济	21	81	北京市农业技术推广站
BAIC02	生猪	顺义、通州、房山、密云、延庆、昌平	遗传改良与繁育技术、疫病控制、营养与饲料、健康养殖与环境控制、加工流通与经济	18	46	北京市畜牧总站
BAIC03	观赏鱼	通州、房山、顺义、大兴、朝阳	苗种培育与养殖、育种与繁殖、营养与病害、产业经济和水族	8	23	北京市水产科学研究所

续表 8-13

编号	产业	覆盖区域	研究功能室	岗位专家数	总人数	依托单位
BAIC04	家禽	平谷、昌平、房山、大兴、密云、延庆	育种与繁育、疫病控制、营养与饲料、健康养殖与环境控制、加工流通与产业经济	19	43	北京市畜牧总站
BAIC05	食用菌	怀柔、密云、顺义、大兴、房山	遗传育种与制种技术、栽培技术与设施开发、产后技术与产业经济	12	36	北京市农业技术推广站
BAIC06	奶牛	大兴、昌平、房山、密云、延庆、顺义	繁育、饲料与营养、疫病防治、健康养殖与环境控制、乳品加工生鲜乳安全和产业经济	29	51	北京市畜牧总站
BAIC07	叶类蔬菜	大兴、昌平、顺义、通州、房山、密云、怀柔、延庆	育种与繁育、栽培与设施设备、病虫害防控与产品安全、加工流通与产业经济	19	59	北京农学院
BAIC08	鲟鱼鲑鳟鱼	怀柔、延庆、房山	育种与繁育、饲料与安全、养殖与病害防控、食品加工流通与产业经济	14	29	北京市水产技术推广站
BAIC09	粮经作物	大兴、顺义、密云、房山、平谷、通州、延庆	栽培功能、育种功能、农机与信息、产业经济、生态安全	14	33	北京市农业技术推广站
BAIC10	西甜瓜	大兴、顺义、延庆、房山、昌平、通州	育种功能、栽培、植保、植保、产业经济	10	30	北京市农业技术推广站

现代农业产业技术北京市叶类蔬菜创新团队成立于 2012 年 4 月，包括 1 位首席专家、19 位岗位专家、7 个综合试验站和 30 个田间学校工作站。该团队主要以生菜、快菜、菠菜、芹菜和油菜 5 种叶类蔬菜为服务产业对象。北京市叶类蔬菜创新团队与产业耦合模式如图 8-34 所示。

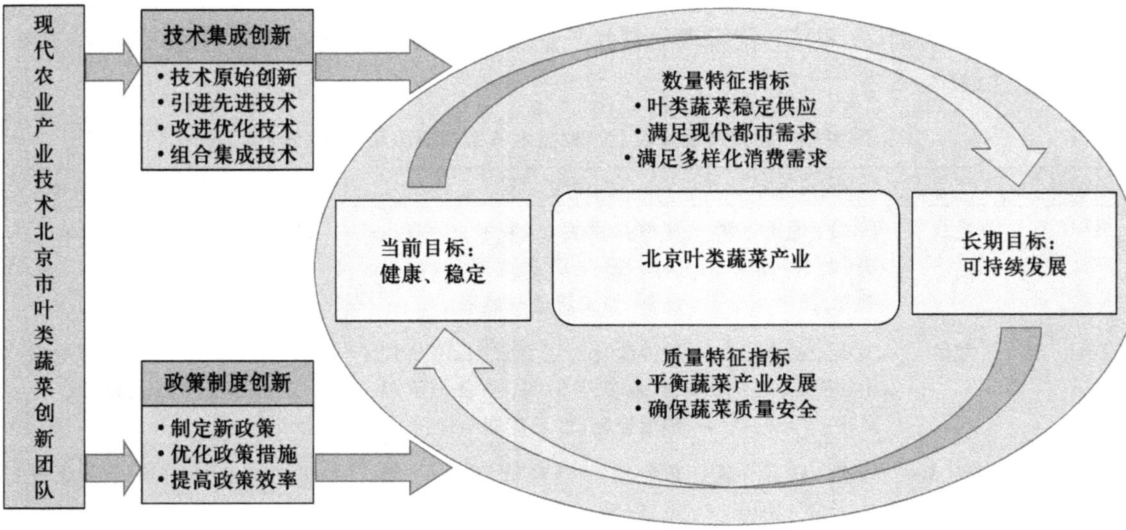

图 8-34　创新团队与产业耦合模式

现代农业产业技术体系通过技术集成创新和政策制度创新手段实现北京叶类蔬菜产业健康、稳定和可持续发展，其中技术集成创新包括技术原始创新、引进先进技术、改进优化技术和组合集成技术，而政策制度创新包括制定新政策、优化政策措施和提高政策效率。通过创新团队与产业的有效耦合实现北京叶类蔬菜产业稳定供应、满足现代都市发展和多样化的消费需求、平衡蔬菜产业发展和确保蔬菜质量安全的现实发展目标。

创新团队与以往的研究团队最大的区别就是针对特定产业，在政府政策资金支持条件下，整合来自高等院校和科研院所的农业科技专家，从播种育苗、栽培管理、收获贮藏、加工流通和市场消费等全产业链角度进行科技创新和服务产业（图 8-35）。创新团队根据叶类蔬菜产业发展需求，将设置育种与繁育、栽培与设施设备、病虫害防控与产品安全、加工流通与产业经济 4 个功能研究室，综合试验站和田间学校工作站可以将科技创新成果向农户、合作社、龙头企业和生产基地等需求者进行推广；同时，创新团队也鼓励相关企业和社会组织积极参与农业技术集成创新和推广应用。

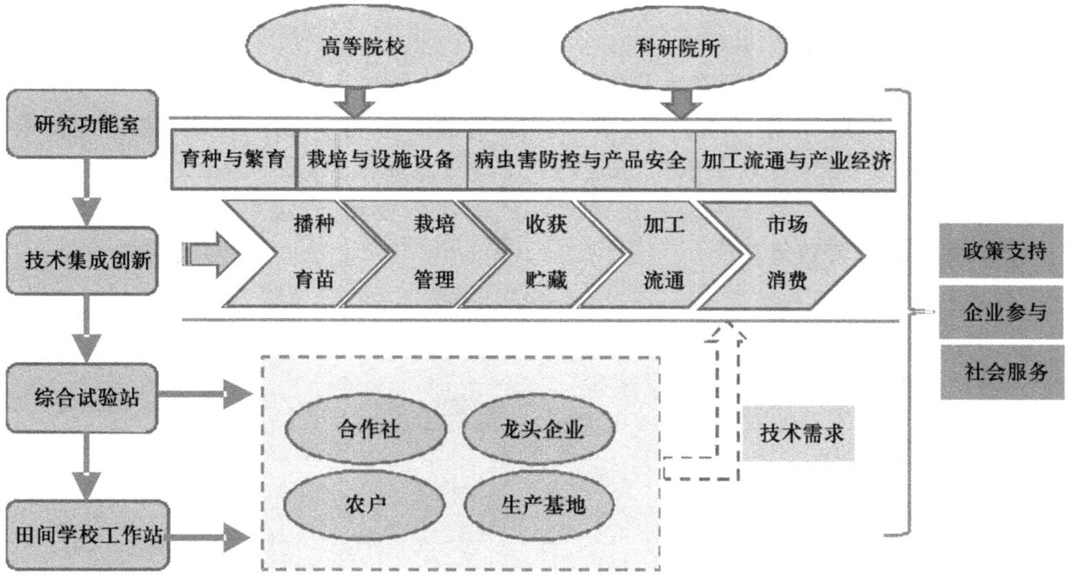

图 8-35　北京市叶类蔬菜创新团队内部运行机制

为了实现北京叶类蔬菜产业发展目标，需要团队所有成员明确各自任务并顺畅交流对接。现代农业产业技术体系创新团队内外对接交流机制如图 8-36 所示。首席专家是创新团队的领导者和管理者，主要负责整个创新团队的产业发展规划、提出重大攻关项目、任务分解分配和管理团队正常运行。依据创新团队目标和任务，岗位专家主要负责技术需求分析、创新集成、实验示范、技术培训和推广扩散。在专家指导下，综合试验站主要承担岗位专家科技创新和集成的实验示范任务，而田间学校工作站主要负责指导农户生产和了解农户的技术需求。创新团队不仅内部之间沟通交流，还与国家创新团队、其他省（区、市）创新团队和北京市其他产业创新团队保持顺畅交流对接，相互学习借鉴，共同促进产业发展。

3.现代农业产业技术体系的科技创新和采纳推广机制

在创新团队成立初期，针对目前北京叶类蔬菜生产和产业发展进行大规模调研，找出叶类蔬菜生产关键技术需求和产业发展瓶颈，为开展技术集成创新提供重点研究方

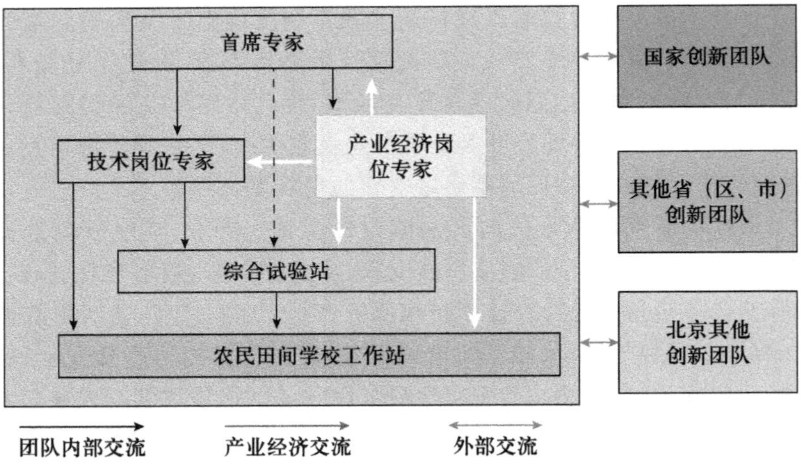

图 8-36 北京市叶类蔬菜创新团队内外对接交流机制

向。在 2012 年 6—8 月，创新团队共调研了 2 105 户农户、23 位政府管理者、54 家龙头企业、41 个合作社和 44 个种植基地（表 8-14），通过分析发现北京叶类蔬菜产业发展存在以下问题：缺乏高产、优质、抗逆、适应性广品种，尚无高产、优质、标准化配套栽培技术，病虫防控技术薄弱，缺乏采后处理规范及贮运保鲜技术，流通渠道不畅且效率低，产业链技术推广工作薄弱等。

表 8-14 创新团队技术需求调研样本分布（2012 年）

地区	农户	政府管理者	新型农业经营主体		
			龙头企业	合作社	生产基地
昌平	136	4	5	0	2
大兴	689	8	7	1	7
房山	203	9	10	15	12
怀柔	209	0	5	4	2
密云	136	0	5	9	2
顺义	677	2	7	2	1
通州	55	0	15	10	18
总计	2 105	23	54	41	44

创新团队通过实地调研、技术创新、技术集成、实验示范和推广应用等措施解决以叶类蔬菜生产和产业发展存在的显著问题（图 8-37）。从生产实际需求出发，岗位专家首先进行理论研究和实验室实验，然后将技术集成之后在综合试验站进行试验示范，通过改进优化之后，将技术集成创新成果通过多种形式进行推广扩散。虽然农户、合作社和龙头企业甚至消费者等不是岗位专家，但是他们熟悉各自领域业务和实际需求，因此，创新团队积极鼓励他们参与到农业科技创新和推广应用中来（MacMillan 等，2014）。

在整个创新团队技术集成创新过程中，技术推广应用是创新团队成果转化和提升产业发

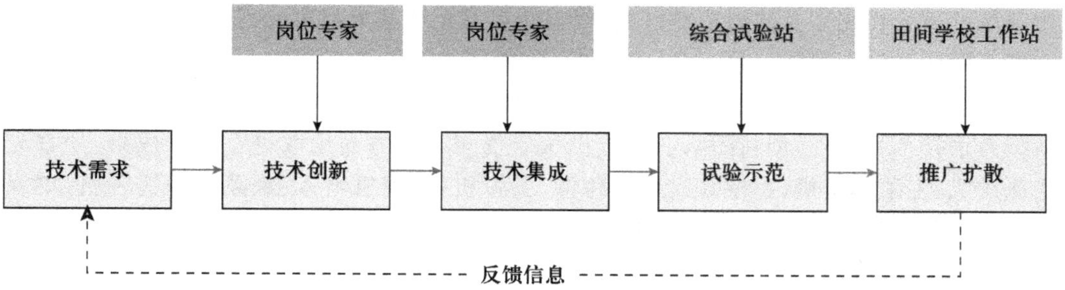

图 8-37 创新团队的技术集成创新流程

展水平的关键环节，为此，创新团队通过多渠道、多层次、多样化的措施促进科技创新成果推广扩散：①宣传技术信息。信息获取是技术采纳的基础和前提，创新团队通过文本介绍、图片展示、视频播放、设施设备展示等多种措施扩大信息宣传。②实验示范展示。创新团队会将新技术在示范户和农业科技园中进行实验示范，为周围农户提供新技术信息、展示应用效果和观摩学习交流场所，以带动周边农户采纳农业科技创新成果。③农户技术培训。在田间学校，通过理论知识讲解和使用经验交流等措施为农户提供新技术相关知识和使用技巧，同时创新团队会通过组织新技术参观观摩，为农户提供直观的应用过程。此外，创新团队还会积极为农户解决在使用新技术时所遇到的问题，降低农户采纳新技术壁垒。④鼓励农户采纳新技术。在新技术推广时，创新团队会为农户免费提供技术指导服务，甚至免费发放部分农资、设施设备等，积极鼓励农户采纳新技术。同时农户在采纳新技术时，还会得到政府的资金支持和享受优惠政策。⑤扩大影响力。首先，创新团队会通过广播电视、网络、报纸等媒体宣传最新农业科技创新成果；其次，创新团队通过举办叶类蔬菜创意种植、节水减肥减药、高产高效等相关竞赛宣传展示农业科技创新成果；最后，创新团队充分利用合作社和龙头企业的宣传示范带动作用，同时也会建议政府部门推广稳定成熟的新技术，这些措施都会提高创新团队科技创新成果的宣传影响力。

经过 5 年努力，创新团队采取了多种措施促进新技术采纳推广并取得了显著效果。首先，创新团队建立和扶持了 247 个生产基地、7 个综合试验站和 30 个田间学校工作站，总计示范推广 116 项新技术和 90 个新品种，总覆盖面积达到 24 万亩。其次，创新团队组织了技术培训和观摩活动 839 次，培训农民 39 000 多人次，指导和支持了 53 个龙头企业和合作社。最后，基于实际生产需求，创新团队提供了 10 000 多人次技术指导服务，并为 738 个农户提供了 29 次实地大规模指导服务。此外，创新团队还通过实地调查、技术指导和农资发放等措施帮助农户解决自然灾害（如水灾、雪灾和冰雹等）和应急服务（如芹菜根线虫病、蛞蝓危害、生菜土传病害等）问题，尽量减少农户损失。

4. 现代农业产业技术体系运行效果及系统性评价

创新团队经过 5 年的运行，取得了一系列显著效果与效益。在新品种方面，选育出了 55 个叶菜新品种，解决了叶类蔬菜耐热、耐寒和耐抽薹等问题，保证了叶类蔬菜周年生产供应。在叶菜新品种选育过程中，不仅考虑到叶类蔬菜生产消费，还考虑到满足都市发展需求，选育出观光休闲和阳台农业叶菜品种，如紫叶生菜和多花色油菜等。所选育出的新品种不仅满足消费者个性化消费需求，而且考虑生产者的利益，具有生产周期短、口味好、品质优良等特点。

这些新品种适合在北京及其周边地区生产种植，也满足北京大都市的消费需求。

创新团队研发完善了一系列高产高效且低成本的栽培管理技术和设施设备。基于经验总结和研究创新，创新团队归纳了 7 种高效栽培模式，研发 7 种高产高效种植技术，创新 11 种新型栽培技术。此外，创新团队在农业机械研发与改进方面也取得了显著成果，如日光温室用深松机、生菜起垄机、手持式穴盘播种器、卷帘机、采摘机器人、蔬菜直播播种机、单双行起垄铺膜（滴灌带）一体机等，率先在生菜生产中实现除采收以外 90%以上机械化作业，并在快菜、菠菜上推广应用。同时，利用“互联网＋”技术，创新团队研发出基于全产业链的叶类蔬菜智能管理平台，实现生产环境实时监测与自动调控、远程病虫害诊断与早期预警、品质安全全程追溯与控制、可视化电子商务等功能。

面对气候变化和环境压力，创新团队研发出一系列提高资源利用率的生态效率提升型“两减一节”农业新技术，包括减肥关键技术、减药关键技术和节水关键技术。在减肥关键技术方面，通过施用基肥、控制时间和肥料用量等措施优化施肥和追肥技术，采用多种最佳组合肥料，研发施用绿色有机肥料（矿物肥料、碳基肥料和有机肥料等）、制订施肥计划及记录施肥过程。在减药关键技术方面，通过农技技术、物理措施和生物化学方法综合防控病虫害，在保证产品和品质的条件下，最低限度地减少农药施用甚至实现零用量。这些技术主要包括：土壤生物熏蒸、生物粉尘剂施药、有机叶菜土壤线虫防控、烟粉虱综合绿色防控、生菜根蛆综合绿色防控、西花蓟马防治和化学农药减施增效技术等。在节水关键技术方面，采用工程节水技术、农技节水技术、生物化学节水技术和管理节水等综合措施来提高水资源利用率，实现节水目标。这些关键技术包括：探明了 5 种叶类蔬菜生长需水规律、基于给水供肥模型驱动的水肥一体机装备、叶菜育苗基质保水剂、微喷灌溉水肥一体化技术、多种类型覆膜＋畦灌组合措施等。

针对叶菜日需求量大、鲜食要求严、不便保藏、难以长途运输等问题，创新团队研发叶菜采后处理技术，开发保鲜包装材料 6 种，使叶菜商品率从 65%提高至 80%以上，货架期延长 2～3 天，大幅度提高了商品率。创新团队与蔬菜加工企业联合研发鲜切菜加工自动化生产线，提高叶菜加工效率的同时，降低了损耗率，并解决了生产厂商用工难的问题，并制定建立行业内蔬菜加工标准规范。针对蔬菜流通效率低下和销售购买困难问题，创新团队基于大规模调研和专题访谈，通过创建优质蔬菜品牌、扩大已有蔬菜品牌、鼓励农户参加合作社等农业生产组织、基于农业信息技术搭建生产者和消费者的对接桥梁、采用蔬菜生产众筹和个性化定制预售模式等措施降低了运输流通成本，提高了流通效率，从而增加农户收入和满足消费者消费需求。

创新团队取得了显著的经济效益、社会效益和生态效益。在经济效益方面，产量提高 10%以上，蔬菜采后贮运损耗降低到 10%以下，平均亩增收益 600 元左右，累计每亩增收 1.5 元。在社会效益方面，劳动力投入减少 10%左右，能够保证北京自产蔬菜供应 30%以上，有效保证蔬菜产品质量达到无公害产品标准，确保消费者吃到“放心菜”，增强叶菜产业抵御自然灾害能力，保证蔬菜供给，保持菜价相对稳定，有利于叶菜周年均衡供应，社会效益显著。在生态效益方面，化肥投入减少 20%以上，农药使用量减少 40%以上，节水 20%～30%，建立了叶菜生态友好型生产技术体系，有力地促进了北京叶菜产业健康可持续发展。

现代农业产业技术紧紧围绕现代农业发展需求，整合人才资源和资本资源，协同合作创新，针对农业发展全产业链中的关键技术问题进行集体攻关和重大突破，重点强化科技创新与产业需求耦合效应，利用基层农业服务组织有效促进科技创新成果转化，对于农业科技创新和推广扩散具有显著正向效应，明显提高了农业政策支持效率，有利于现代农业的发展。

第 9 章　基于政策效率提升的农业支持政策建议

本章系统总结和归纳了基于宏观尺度、中观尺度、微观尺度和政策效率提升不同维度及视角的我国农业支持政策传导机制与路径优化研究的主要结论，并从政策效率提升的视角，提出了科学构建我国农业支持政策体系的政策建议与实施措施。

9.1　基于宏观尺度的我国农业支持政策建议

9.1.1　主要研究结论

(1)在农业总产值方面　从时间的角度来看，随着时间的推移，各国农业总产值均呈现上升趋势，其中中国农业总产值的上升趋势较为明显。从空间角度来看，各个国家(地区)的农业总产值始终呈现空间聚集模式，即整体上各国家(地区)之间的农业总产值这一属性值具有相似性质，且随着时间的推移各个国家(地区)与其周边国家(地区)的局部空间差异逐渐消失。北欧、西亚始终为农业总产值的热点。

(2)在生产者支持估计值方面　农业支持总量占农业总收入的比例(%PSE)较高且各国家(地区)对于生产者支持投入不断增加。从时间角度来看，虽然我国在生产支持方面不断加大投入，但是我国在生产者支持方面的投入力度还有待加深。从空间角度来看，随着各个国家(地区)的不断发展，整体上各国家(地区)之间的生产者支持这一属性值不具有相似性质。各国与其周边国家(地区)没有明显的局部空间差异。生产者支持估计值的热点逐渐从北欧、西亚转移到东欧、东亚。

(3)在消费者支持估计值方面　各国对消费者支持大不相同。从时间角度来看，其中大多数国家(地区)的%CSE 为负值，说明大多数国家(地区)对消费者进行了隐性征税。从空间角度来看，各个国家的消费者支持估计值均呈现空间随机分布模式，即整体上各国家(地区)之间的消费者支持这一属性值不具有相似性质。随着时间的变化，东欧、东亚逐渐由消费者支持估计值的热点转变为冷点。而 2002 年的冷点——北欧、西亚逐渐消退。

(4)在一般服务支持估计值方面　除乌克兰以外，各个国家(地区)的%GSSE 处于相对稳定的下降趋势。从空间角度来看，整体上各国家(地区)之间的一般服务支持这一属性值具有相似性质，且反映出澳大利亚及其周边地区的一般服务方面高于北欧、西亚地区的普遍现象。

(5)在农业支持总量方面　大多数国家(地区)的农业支持总量均处在 2%以下，其中 OECD 支持总量在 1%左右，并处于缓慢下降状态。这主要与 WTO 农业协议要求削减农业支持、避免贸易扭曲的要求有关。从空间的角度来看，整体上各国家(地区)之间的支持总量水平这一属性值具有相似性质。支持总量估计值的热点主要分布在东欧、东亚，且反映出东欧、东亚地区的农业支持投入方面始终处于较高水平。

(6)在农业支持政策结构方面　除美国以使用GSSE政策为主外,包括中国在内的大多数国家(地区)都是以使用PSE所包含的政策措施为主,其中欧盟地区对于PSE政策的使用有所减少,而日本、韩国以及中国使用PSE政策所占比重都还在增加,说明这几个国家实施的农业支持政策对农产品生产者的生产行为影响还在加大。从PSE政策使用结构来看,日本和韩国的PSE政策支出明显以MPS为主,但比重都有下降趋势;我国的PSE政策支出也是以MPS为主。这说明日本、韩国以及我国仍是以实施农业高保护、高补贴政策来保障增加农民的收益和农产品的市场竞争力。而我国在PI方面的支出明显减少,这不利于我国现代农业的发展。从GSSE政策使用结构来看,依据比较的4个发达国家的经验,我国应减少对公共储备的支出,加大对基础设施的支出,待到农业发展到一定程度,农业的重点应逐渐放在农产品的销售环节上。

(7)在绩效方面　除日本、新西兰以外,其他国家(地区)的生产技术效率和规模效率均有待提高;且由于各个国家(地区)的国情不同,纯技术效率与规模效率均有很大的差异,整体上来看,规模效率较低是造成各国绩效值较低的主要原因。75%的国家(地区)处于规模收益不变或递增状态。目前造成我国农业支持政策绩效较低的主要原因在于投入、产出不足。若要提高我国的农业支持政策绩效,则要从提高效率角度着手,而不是单一地加大农业支持投入总量。

9.1.2　政策建议

1.农业支持政策功能定位应重点倾向提升农业生产效率

对农业进行支持是工业化发展进程中的必然选择。但是在不同的发展阶段,不同国家实施农业支持政策的目标不同,其功能定位具有较大差异。一般而言,农业支持政策实施的目标主要有保障粮食安全、调整产业结构以及保障农业从业人员的收入。目前发展中国家主要集中于保障粮食安全和保障农业从业人员的收入。随着工业化、城镇化的不断推进,城乡收入差距逐步扩大,加之前期农业增产乏力、农民增收缓慢以及农村经济发展滞后等原因,目前我国实施的农业支持政策主要为以增加农民收入为主的社会保障功能,侧重于公平性,但缺乏效率。加之当前我国农业资源和生态环境问题的日益凸显,如何促进农业可持续发展、保障粮食安全以及提升农户收入已成为农业支持政策体系应主要解决的问题。因此,我国农业支持政策的功能定位应由以农民增收为主的社会保障转向提高农业生产效率,通过提升农业资源合理配置效率兼顾农业支持政策效率约束,在促进农业可持续发展的同时起到“增产、增收”的效应。要基于农业生产效率与农业支持政策效率提升的视角,调整与优化农业支持政策,积极培育以信息技术为代表的新型生产要素与新型农业经营主体,提高农业生产效率,增加农业市场竞争力;改革和完善我国农业支持政策体系,提高农业支持精准性、指向性、可操作性,发挥财政补贴资金更大效益。

2.加强农业财政支持投入,完善农业支持政策体系

对比国外发达国家,目前我国财政支农资金投入仍相对较少,加之我国实施的农业支持政策普惠性较强,主要倾向于社会的公平性,其支持的投入不能完全真正流入到农业生产经营过程中去,致使农业资金无法完全发挥其作用效益,造成了一定的农业资金流失,对于推进我国农业的可持续发展具有一定的制约性。因此,必须进一步加强我国农业财政支持投入力度,完善农业支持政策体系,提高农业支持政策的实施效果。由于地方政府财政收入有限,所

以在政府财政支农方面应以中央和省级政府为主，以地方县(市)级和乡级为辅。通过结合不同农产品的自身特点，进行有针对性的支持，例如对于玉米生产，应降低其农资补贴力度，将其重点放在基于实际耕地面积补贴上面来，进一步促进其进行规模化生产，进一步提高其农业支持政策效益；在马铃薯方面，应注重其作为粮食作物的社会地位，将其从农户固有的蔬菜类经济作物中划分出来，针对马铃薯生产进行特定支持，并加强其加工产业链的延伸，对进行马铃薯等农作物加工的新型农业经营主体或企业进行专项支持，并帮助建立销售渠道。这样不仅能够提高农业支持政策的精准性、指向性，降低其对于市场的扭曲作用，产生增产、增收的效果，还能引导农业区域布局、作物结构、品种结构的调整，有益于提高农业资源的配置效率，从整体上提高农业生产效率。

3. 采取以一般服务支持为基础，市场价格支持与其他支持有机结合的综合配套措施

我国农业支持政策的实施应按照WTO《农业协定》的约束进行。由于以小型农田水利建设为代表的农业基础设施建设、农业科技研发和推广以及农产品质量安全监测等方面的一般服务类支持主要通过政府服务计划实施，其费用主要源于纳税人负担，不产生贸易扭曲的作用，属于免除削减类的政策，且其对于农业整体可持续高效发展具有长期的作用效益，加之我国目前农业发展水平较为落后等现状，所以积极加大该方面的支持力度具有重要的意义。其次，鉴于市场价格支持政策具有直接提升农民收入、促进农民生产积极性等特点，市场价格支持政策在现阶段的支持政策体系中仍将扮演重要的角色。但由于其属于“黄箱”政策范畴中，所以需要对我国目前实施的“黄箱”政策进行结构调整，将该类政策适当集中于效率较高的支持政策。此外，为调动农业生产积极性以及调整我国农业生产模式等，国家和各级地方政府应积极调整原始支持政策的支持方式，重点对种子、化肥、农机具等实施专项补贴，完善农业保险，增加农业保险补贴额度，切实减少农民自然灾害损失，健全农业生态环境补偿制度，引导农户进行绿色生产、健康生产，发展可持续农业；同时加大对于新兴生产经营主体的支持力度，特别是在微观农业生产领域的金融性支持实施利息补贴的措施，保障新兴生产经营主体的利益。

4. 推进农业支持政策的法制化，完善农业支持政策的监督机制

我国农业支持政策主要以中央或各级地方政府颁发相关政令的方式确立下来，缺乏法律基础；各个部门在制定农业支持政策时也缺乏整体性，易出现农业支持标准参差不齐，支持对象、支持方式以及支持额度随意性较强等问题，造成农业支持效益低下，难以对我国农业支持政策实施统一规划与全面监督，影响了农业支持政策的实施及其实施效果。

因此，应确立我国农业支持政策具体的法律法规，用法律手段保障我国农业支持政策的有效性。同时完善农业支持政策的监督、约束机制，保持政策的稳定性和连续性，实现农业的可持续发展。对于农业支持政策的相关信息，应建立信息公开机制，不仅要让农户了解农业支持政策，更要让农户对于已享受到的农业支持政策有一个查询的补充机制。同时，加大审计的监督力量，及时、有效地对国家农业补贴的政策及资金进行有效的监控(王疏峰，2014)。

9.2 基于中观尺度的我国农业支持政策建议

9.2.1 主要研究结论

(1)利用农产品在流通环节的补贴率来评估农产品的农业支持水平。结果表明，我国对

粮食作物的支持水平最高，其次是畜产品，最后才是经济作物。总体上看，我国对粮食作物和畜产品的支持水平都是呈上升的趋势，对粮食作物的支持水平总体比畜产品的高，但畜产品支持水平的上升速度更快；农作物中有针对性价格支持措施的农产品的农业支持水平都相对较高。中国对农产品的支持水平高于OECD成员国。

(2)在OECD政策分类基础上，采用DEA方法的BCC与CCR模型，选取黑龙江、吉林、河北、湖北、湖南、四川6个粮食主产区和重庆、贵州、云南、新疆、西藏、海南6个粮食非主产区共12个决策单元2008年、2010年、2012年的数据，用DEAP2.1软件分析，得出我国达到DEA有效的省(区、市)在减少的结论，主要原因是由于这些省(区、市)的规模效率由有效变为非有效；非粮食主产区的绩效明显低于粮食主产区的绩效。造成粮食主产区农业支持政策绩效未达到DEA有效的主要原因是规模效率低，非粮食主产区农业支持政策绩效没有达到DEA有效的主要原因是纯技术效率低。

(3)选用我国具有代表性的17种农产品，以市场价格支持为输入指标，农产品价格和农产品产量作为输出指标，并对输入指标进行归一化处理，利用DEAP2.1软件分析得出以下结论：我国粮食作物的绩效值要高于经济作物和畜产品，但各农产品的农业支持政策绩效值普遍不高。这说明我国在流通环节的支持效果不理想，农产品的支持绩效值低主要是由于各农产品的纯技术效率不高。

(4)分析我国主要农业支持政策在经济、社会、生态三方面的作用机理。在经济方面，主要分析了我国主要农业支持政策对农民增收的影响：得出我国主要农业支持政策对增加农民收入有着直接和间接两方面的影响：直接影响体现在如农资综合补贴、粮食直补这类综合性补贴是直接以现金方式下发到农民手中或以转账方式直接打入农民"一卡通"中，直接增加农民收入；间接促进农民增收主要是一方面通过提高农产品价格，并降低农产品成本，以此增加农产品生产利润，另一方面是减轻农民劳动强度，转移剩余劳动力，增加非农农民工资性收入。在社会方面，主要分析了我国主要农业支持政策在保障我国粮食安全方面的影响，得出结论为：我国农业支持政策主要通过调整种植结构等增大种粮面积和引进良种、技术等来增加粮食单产水平两个方面来增加粮食总产量。在生态方面，我国前期农业支持政策的制定忽视了对生态环境的影响，如农资综合补贴的实施刺激农民多购买农资品，多投入生产要素到生产环节，粮食产量相应增加，但也带来了诸如化肥过量、农药滥用、农膜大量残留等环境问题；又如粮食直补和最低收购价这类与种粮面积挂钩的政策间接导致粮食作物连作严重，病虫害频发，农药使用量加大；再如农机购置补贴所带来的以柴油为首的化石燃料使用量增加，导致大气污染，农田污染等问题。近年来，我国农业支持政策所引起的环境问题已经凸显出来，并逐渐得到国家重视，国家探索出台了测土配方施肥补助、秸秆还田补贴、高效缓释肥等减少化学肥料使用的政策，以及低毒生物农药补贴、病虫害专业化统防统治等减少化学农药使用的政策，这些政策在一定程度上减少了化肥、农药的使用量。

9.2.2 政策建议

1.地区间农业支持政策应区别对待

由前文可以看出，各地区的综合技术效率、纯技术效率、规模效率存在较大的差异，特别是粮食主产区与非粮食主产区之间的差异更加明显，归根结底是由于各地区的生产条件、生产技术水平不同。粮食主产区农业支持效率不高主要是由于规模无效率,所以粮食主产区应重点调整其农业支持规模和农业生产规模的匹配度,如可以鼓励农地流转,扩大土地农业生产经营规模,以此提高种粮的规模效益;而非粮食主产区农业支持效率不高主要是由于技术无效率,说明投入的农业政策资金未能有效使用,所以非粮食主产区应重点调整其政策结构。因此,农业支持政策应因地而异,针对各地区实际情况分别实施。

2. 加大粮食主产区的农业支持规模

分析表明,未达到DEA有效的地区的规模效率都是小于1,特别是粮食主产区及全国的规模报酬都处于递增的状态,因此,政府应加大粮食主产区农业支持政策的刺激力度,诱导生产者增加农业生产的要素投入,加大农业支持规模,使农业支持的规模达到最优,使农业支持规模与农业生产规模相匹配,以此提高农业支持的效率。

3. 对农产品的政策支持偏向生产环节

从前文可以看出,我国对农产品流通环节的支持水平较高,但支持的效果并不好。而且在流通环节对农产品进行支持会对农产品市场价格产生扭曲,不利于农产品市场价格的形成。相反,在农业生产环节对其进行支持,特别是对农业生产环节的技术支持,最终对农产品的市场价格扭曲程度要小得多,也能保证最后的受益主体是农民。

4. 政策出台在实现农民增产增收的同时,应兼顾生态环境保护

我国目前主要农业支持政策(农资综合补贴、粮食直补、农机具购置补贴、最低收购价政策、良种补贴)的实施虽然带来了一些生态环境问题,但是我国近年来能够实现粮食增产、农民增收离不开这些政策的实施,所以,这些政策不可能因为实施引起的环境问题而直接废止,但可以改进这些政策,使这些改进的政策在实现农民增产增收的同时,兼顾生态环境保护。例如,农资综合补贴向环境友好型农资品倾斜,也就是将生态农药、生态化肥、生态农膜等环境友好的农资品纳入农资综合补贴范围,并提高这类农资品的补贴标准;农机具购置补贴向新能源农机倾斜;粮食直补和最低收购价这类与面积挂钩的政策改为与粮食质量挂钩,制定粮食质量标准,农民种植粮食只有达到一定标准才能享受补贴,这样不仅有利于农业生态环境,还能提高我国粮食的国际竞争力。

9.3 基于微观尺度的我国农业支持政策建议

9.3.1 主要研究结论

(1)从农户角度来看 目前农户以家庭为农业生产单位,主要从事粮食作物生产。从事农业生产的劳动力较少且劳动力素质较低,农业生产技术较差,主要依靠自身生产经验。由于农户目前普遍仍为小规模生产,其机械化水平相对较低,农产品销售也存在一定的滞销,具有销售价格较低、销售渠道相对单一等特点,导致其农业生产收入较低,单一地依靠农业生产收益无法满足其日常消费支出。目前针对农户实施的以“四项”补贴政策为代表的农业支持政策“普惠度”相对较高,但各地区的经济发展水平以及农业现状不同,致使其补贴额度以及补贴方式不一,各地区农户获得农业补贴差距较大。目前我国实施的农业支持政策在一定程度上起到了鼓励农户从事农业生产的作用,仅有14.67%的农户选择进行土地流转,放弃农业

生产。但由于存在部分地区为使支持资金方便计算及发放，对各项政策尤其是“四项”补贴政策不加以区分，均采取基于计税面积或种植面积予以补贴的方式，从而降低了各项政策的针对性及其目标性，导致其支持效果较差；加之支持力度较弱，致使农户对于目前我国实施的农业支持政策的满意程度相对一般。

(2)从新型农业经营主体角度来看　早期的新型农业经营主体主要为农业企业，随着新型主体的不断推广，目前出现了以专业合作社为主的多种类型的组织方式。新型农业经营主体的经营服务内容由原来的集中于加工、销售环节转向产销一体化建设，且主要以种植蔬菜等经济作物为主。由于新型农业经营主体主要进行规模化生产，其机械程度相对较高；同时，新型农业经营主体的农业生产成本较低，加之销售渠道相对多元化，农产品商品率较高，故其销售价格相对较高，能够获得较高的农业收益。由于新型农业经营主体主要通过签订生产合同的方式来吸纳农户，能够保障农户的农业生产销售渠道以及获利，且通过在生产过程中提供相关的农资服务、技术指导等进一步提升农户的生产效率，所以农户通过参与新型农业经营主体能够有效地提升其农业收益。目前我国针对新型农业经营主体实施的农业支持政策普惠性较差，仅有59.2%的新型农业经营主体表示获得了农业支持；而针对特定的新型农业经营主体的支持政策支持额度相对较高，其均值达到127.09万元。对于一般性补贴——“四项”补贴，新型农业经营主体获得该类政策支持相对较少，其对贷款贴息补贴以及税收减免等资金扶持方面的政策需求较高。此外，目前多数合作社尚未形成自主品牌，故加强品牌扶持政策的实施对于促进合作社、家庭农场等农户自发的新型农业经营主体的进一步发展具有重要的意义。新型农业经营主体对于目前实施的农业支持政策满意度相对较高，但是国家针对新型农业经营主体的农业支持政策相对较少，还有待进一步完善新型农业经营主体在水电使用、设备购置等方面的支持政策。

(3)从不同农作物角度来看　不同粮食作物的农业支持政策绩效水平差距较大。目前所研究的5项农作物中，小麦和大豆的综合绩效水平较高，其余品种的绩效水平均在0.6以下，其中马铃薯的综合绩效水平最低，仅为0.272。从纯技术效率和规模效率角度来看，仅有水稻的纯技术效率小于规模效率，其余农作物的纯技术效率均高于规模效率。可见，除水稻外，其余农作物的农业支持与其生产规模均较为不符，其规模效率偏低是造成支持政策总体绩效水平偏低的主要原因。进一步分析不同农作物的农业支持政策绩效，发现其农业生产内部因素对于农业支持政策绩效水平具有一定的影响，其中作为主要农业生产要素的耕地面积成为影响各农作物农业支持政策绩效的主要因素。

9.3.2　政策建议

首先应明确我国农业支持政策的支持对象与支持目标。由于目前农业生产经营主体主要包括农户与新型农业经营主体两个部分，所以应针对这两种经营主体实施具有针对性的政策支持。

1.针对农户的农业支持政策

针对农户的农业支持政策在保障其具有一定普惠性的同时，应进一步结合目前我国农户生产现状细化支持方式。首先，由于从事农业生产的劳动力相对较少，且年纪普遍较大（这也是导致其生产规模相对较小的主要原因），所以应进一步推广机械化进行来降低劳动力的劳动强度。目前在该方面实施的主要政策为农机购置补贴，然而农户相对于新型农业经营主体来说，其资金投入能力相对较弱，而购买机械的成本较高，致使农户对于农机购置的倾向性较低。因此，应进一步加强农机服务的推广，如国家为各个村镇购买一定量的大型农机具，通过免费使用或低廉的服务费用等方式帮助农户实现机械化生产。其次，劳动力的生产技术相对较差，主要依靠其自身经验进行，缺乏专业的知识与技巧，故在该方面应加强农业技术推广的宽度与深度，加强多方面的农业技术培训，并且将培训进行实例化，使农户充分掌握农业技术的知识。最后，由于农户的农产品销售渠道较为单一，加之市场价格较低，致使农户从事农业生产效益较差，这是导致农户从事农业生产积极性较低、生产规模以及生产性投入较少的核心问题。目前在该方面我国主要以市场价格支持的方式来保障农户生产的最低收益。但由于目前实施的市场价格支持政策所支持的农产品品种有限，仅能保障部分农户的部分最低收益，并不能解决农业生产收益低、农民生产积极性较差的核心问题，所以，需要从农产品整个销售环节对农户进行支持。例如，在销售渠道方面，帮助农户进行拓展，采用以村为单位的形式进行统一收购统一销售，简化销售流程，建立“互联网＋销售”的销售模式，使生产者与消费者、消费市场直接对接。这样不仅降低中间销售成本，同时充分调动市场机制，让生产者结合消费者的需求，进行生产结构的调整，促进“供给侧改革”的有效实施。

2. 针对新型农业经营主体的农业支持政策

针对新型农业经营主体的农业支持政策应提升普惠性，进一步加强农户加入合作社等新型农业经营主体的积极性。目前新型农业经营主体的参与者主要仍为农户，是在参与激烈的市场竞争中作为弱者联合的一种组织形态，仍然需要政府的大力支持。尤其是在其发展之初，为了规避风险、求得生存与谋求发展，政府的支持至为重要(陈红，2011)。目前虽然我国存在一定的专项支持，但获得支持的新型农业经营主体相对较少，普惠程度相对较弱。首先，新型农业经营主体普遍对于贷款贴息补贴以及税收减免等资金扶持方面的政策需求较高，因此，在资金扶持方面应加强政策的普惠程度，让需要的新型农业经营主体均能享受该类政策。其次，应进一步加强加工与销售环节的支持力度，如鼓励新型农业经营主体进行农产品初加工。对于具有加工产业链的新型农业经营主体不仅提供更多贷贴息等资金扶持，而且应进一步提供专业人员指导、加工设备购置支持等方面的支持方式，在销售方面，各地区政府应帮助新型农业经营主体创建品牌，并完善其农产品质量保障机制，以获得“生产者盈利，消费者放心”的产品。

3. 应针对不同品种实施特定的支持政策

结合各个农作物的实际情况来看，按照国家发布的“稳粮、优经、扩饲”的要求，应稳定水稻、小麦的生产来保障我国的粮食安全，重点发展优质稻米与小麦，降低非优势区域籽粒玉米的种植，增加优质大豆及薯类。因此，在接下来应进一步加强水稻、小麦、大豆以及薯类的支持力度，尤其是针对其优质品种进行特定支持，如免费提供优质品种种子等。在水稻、小麦以及大豆方面，农业支持政策应向良种免费发放、农业技术推广、农民培训等方向倾斜。通过提升其农业生产技术水平来进一步提升其生产效率，在一定的支持力度下，达到较好的效益。在马铃薯方面，目前农户并未将其作为粮食作物进行规模化生产，而是作为蔬菜类的经济作物进行生产，在该方面现有的支持政策相对较少，故应进一步提升其粮食作物的重要位置，鼓励农户进行优质马铃薯的种植。在玉米方面，在降低对其支持力度的同时，还应进一步鼓励农民从事其他农作物的生产，针对其农作物的转型予以一定的补偿，如进行粮改饲、粮改豆等补贴。

9.4 基于政策效率提升的农业技术推广政策建议

9.4.1 主要研究结论

1.不同经营主体对新型农业技术呈现差异化认知方式和需求程度

在生产中，农户解决生产中遇到的问题是以经验判断为主；农户认为最重要的农业技术综合排序依次为：新品种＞病虫害防治技术＞新型高效种植模式＞节水灌溉技术＞土壤改良技术＞测土配方施肥和新型高效农机具＞秸秆还田技术。农户对传统农业生产造成的负面环境效应认知程度从高到低依次为：病虫害严重＞健康危害＞水污染＞土壤污染。而新型农业经营主体对新品种的技术需求最为强烈，占总样本的44.8%，其次有43.1%的新型农业经营主体对病虫害防治技术存在需求，对于测土配方施肥技术、新型高效种植模式和新型高效农机具的需求分别为32.8%、32.8%和31.0%。

在经济效率提升型技术方面，我国农业机械化水平在不断提高。目前耕种收综合机械化水平超过60%，说明我国农业机械化发展总体已经跨入中级阶段。农户对农机作业质量最满意，服务态度次之，收费情况最低。农机需求从大到小依次为：耕整机械＞收获加工机械＞施肥机械＞播种栽培机械＞排灌机械＞植保机械＞动力输送机械。新型农业经营主体对他人提供农业机械的作业质量、服务费用和服务态度满意度均未达到一半，分别占到46.5%、43.1%和48.3%。有52%的新型农业经营主体对收获加工机械有较大需求，其次有45%的新型农业经营主体对施肥机械需求较大。

在社会效率提升型技术方面，农户能够充分认识信息技术优势，且推广潜力巨大。信息技术采纳和未采纳的农户之间特征有明显差异，而投入成本是技术采纳前农户考虑的主要因素。农户获取相关信息渠道较为单一，政府推广是技术扩散的主要方式，使用技术后最担心的是技术效果不明显。

在生态效率提升型技术方面，农户认为节水灌溉技术投入成本较高，有65.31%的农户主要信息来源是乡村农业技术人员，农户信息来源较为单一。新型农业经营主体获取信息对农业技术人员依赖性较大，有80.0%的新型农业经营主体认为周围的示范带动能够促进其对节水灌溉技术的采纳应用，还有65.6%的新型农业经营主体认为如果采用节水灌溉技术后能取得较明显的经济效益。农户对生物防治技术认知程度不强。使用农药是新型农业经营主体普遍选择病虫害防治的主要措施，占总样本的58.2%；新型农业经营主体对生物防治技术认知程度不强，只有39.6%的新型农业经营主体了解生化农药。只有46.5%的农户会施用有机肥，农户认为施用有机肥整体效率较低，人工成本较高，施用有机肥的过程又很耗费时间。95.8%的农户是自己单独购买化肥，47%的农户购买化肥时将化肥施用效果作为主要因素，83.9%的农户施肥时主要基于自身经验进行施肥。农户对测土配方施肥技术的认知度较低，说明该技术宣传力度不够。有43.2%的新型农业经营主体反映测土配方施肥技术在当地属于政府推广项目，此外只有27.4%的新型农业经营主体表示曾经得到过测土配方施肥的建议，有66.7%的新型农业经营主体表示他们没有参加过任何与测土配方施肥相关的技术培训；只有29.3%的新型农业经营主体表示他们得到过与测土配方施肥相关的技术指导服务，而其余70.7%则没有。有67.6%的农户认识到焚烧秸秆会造成大气污染；但是部分农户有时为了处理农作物秸秆方便，仍会将农作物秸秆进行焚烧。有近一半农户认为政府对实施秸秆还田技术的补贴较少，不能够引导农户对农作物秸秆进行还田处理；只有12.9%的农户认为政府的补贴对其是否实施秸秆还田技术的影响比较大。

2.新型农业经营主体对新型农业技术采纳率明显高于小规模农户

有39.9%的农户购买农机，有70.8%的农户主要从个体农户获得农机服务。机械化程度从大到小依次为：运输＞翻耕平整＞收获＞播种栽培＞灌溉＞加工贮藏＞植保。购买农机的新型农业经营主体占到46.6%，有55.6%的为其他农户提供农机服务，有62.9%的曾经参加过农机使用或农机服务等相关培训，有65.5%的在农业生产中得到的农机服务来自农户群体。农业生产各环节机械化程度从大到小依次为：运输＞翻耕平整＞植保＞加工贮藏＞灌溉＞播种栽培＞收获。采纳农业信息技术的新型农业经营主体占到30.5%；而采纳农业信息技术的农户却很少，即使采用也是以免费提供应用与指导而进行的政府推广示范，积极主动采用者极少。

农户节水灌溉技术的采纳率为59.9%，而新型农业经营主体节水灌溉技术的采纳率为71.2%，说明采纳推广还有一定空间。51.3%的农户采用工程节水技术，40.1%的农户采用农技节水技术，采用生物节水技术和管理节水技术的农户分别占到23.0%和21.7%。新型农业经营主体采纳的节水灌溉技术以工程节水技术为主，且滴灌技术采纳比例最大。采纳病虫害综合防控技术的农户占到54.4%，但是只有27.4%的农户反映病虫害综合防控技术在当地属于政府推广项目，其中仅有23.2%的农户得到了病虫害防治政策的支持，支持方式包括免费进行病虫害防治、免费进行病虫害防治技术培训、对所采用指定农药进行补贴等。使用农药是农户普遍选择病虫害防治的主要措施，占总样本的85%，远远超过其他防治措施。采纳病虫害综合防控技术的新型农业经营主体占到74.7%，有63.4%的新型农业经营主体反映病虫害综合防控技术在当地属于政府推广项目，但是只有48.8%的新型农业经营主体得到了病虫害防治政策的支持，支持方式包括免费进行病虫害防治、免费进行病虫害防治技术培训、对所采用指定农药进行补贴等。另外有66.7%的新型农业经营主体能够诊断农业生产中遇到的病虫害。

采用测土配方施肥技术的农户较少，只占到总样本的29.1%；有82.3%的农户反映测土配方施肥技术不是政府推广项目，同时获得过与测土配方施肥技术相关培训和指导的农户极少，只占到5%左右。只有32.1%的新型农业经营主体采用测土配方施肥技术，但是有76.5%的新型农业经营主体表示他们愿意采纳测土配方施肥技术，这说明有44.4%的新型农业经营主体属于潜在测土配方施肥技术采纳者。有42.9%的农户采用了秸秆还田技术，秸秆还田技术的采纳率不高；但有近2/3的农户愿意今后对秸秆进行还田处理，其余农户则不愿意在今后对秸秆进行还田处理，这说明秸秆还田技术的采纳比例会提高16.5%。但是只有48.1%的农户反映当地政府推广了秸秆还田技术，并且已获得免费技术支持、提高补贴费用等技术补贴的农户仅仅只有7.3%。有50.8%的新型农业经营主体采用了秸秆还田技术，秸秆还田技术的采纳率不高。通过对新型农业经营主体采纳秸秆还田技术的采纳意愿调查，发现有3/4的新型农业经营主体愿意今后对秸秆进行还田处理，其余新型农业经营主体则不愿意在今后对秸秆进行还田处理，这说明秸秆还田技术的采纳比例会提高24.2%。

3. 不同经营主体采纳新型农业技术受到多种因素综合影响，其中农业支持政策具有显著正向影响

农户购买农机受到家庭年收入、农业收入占比、示范户、农业企业、耕地总面积、距离集镇距离、农机购置补贴7个因素的显著正向影响，而服务态度有显著负向影响；新型农业经营主体购买农业机械行为与耕地面积、土壤类型、作业质量、收费情况、服务态度、政策支持、吸纳农户、扶持新型农业经营主体政策、了解农机购置补贴和获得农机购置补贴10个因素存在相关性。农户采纳农业信息技术受到农户受教育程度、示范户、参加合作社、获得补贴、提高产量、节约劳动力、有机会培训、周围有人用和能力足够等9个因素的正向促进作用，而年龄、信息获取和投入成本则有负向阻碍作用。成立时间、提高产量、信息获取、政府支持、周围有人用、资金储备和能力信心7个因素对新型农业经营主体采纳农业信息技术具有显著促进作用。

农户采纳病虫害综合防控技术受到年龄、受教育程度、示范户、病虫害诊断、土壤污染、病虫害严重、健康危害、可持续农业生产技术、耕地总面积、地块数、农业企业、政府推广项目和政策支持的正向影响，而土地租赁比、距离集镇距离和统一购买生产资料有负向影响。农户对测土配方施肥技术的采纳行为受到教育程度、宣传力度、病虫害严重、低碳农业生产技术、农业企业、村庄位置、政府推广项目和政策支持的正向影响，而复杂度、地块数和统一购买化肥有负向影响。农户对秸秆还田技术的采纳意愿受到还田机械质量和效果、宣传力度、焚烧秸秆污染性、参加合作社、接受技术培训、家庭规模、低碳农业生产技术、耕地总面积、村庄位置、政府推广项目和政策支持的正向影响，而距离集镇距离、地块数、家庭年收入和种植经验有负向影响。农户对秸秆还田技术的采纳行为受到家庭规模、参加合作社、接受技术培训、还田机械、质量和效果、宣传力度、焚烧秸秆污染性、病虫害严重、低碳农业生产技术、耕地总面积和政府推广项目的正向影响，而家庭年收入、农业收入占比、地块数和距离集镇距离有负向影响。农户采纳节水灌溉技术受到参加合作社、示范户、受教育程度、种植规模、政策支持、农业用水协会、周围环境、区域干旱和信息资源的正向影响，而年龄和投入成本有负向影响。新型农业经营主体采纳节水灌溉技术受到技术指导、资金补贴和认知程度的正向影响，而社员管理、销售情况和成本感知有负向影响。

4. 多种因素共同影响农业支持政策实施效果，且对不同经营主体存在多条作用路径

农户对农业支持政策满意度一般，技术指导服务评价、技术补贴方式评价、技术支持力度评价、农资市场调控评价和农资补贴方式评价直接影响农户的农业技术推广政策满意度，性别、年龄、教育程度、种植年限、耕地规模、村干部、农业收入比、示范户、集镇距离、购买农资、地形地貌、自然灾害和所在区域能够影响农户的农业支持政策满意度，其中教育程度、农业收入比、村干部、集镇距离、购买农资、地形地貌和所在区域是通过直接和间接工种方式来影响农户农业技术推广政策满意度，而性别、年龄、种植年限、示范户和自然灾害只有间接影响，耕地规模则只有直接影响。在所有这些影响因素中，地形地貌对农业技术推广政策满意度影响最大(总路径系数绝对值)，系数达到0.306；其次是村干部，路径系数为0.154；再次为教育程

度，路径系数为0.137；集镇距离和购买农资路径系数略大于0.1，其余路径系数均小于0.1。

新型农业经营主体对农业支持政策满意度不太高，技术指导服务评价、技术支持力度评价和农资市场调控评价直接影响新型农业经营主体的农业支持政策满意度，成立时间、耕地规模、年销售额、技术需求、土壤类型、干旱级别、“三项”补贴和所在区域能够影响农业支持政策满意度，其中耕地规模、技术需求、土壤类型、干旱级别和“三项”补贴是通过直接和间接工种方式来共同影响农业支持政策满意度，而成立时间、年销售额和所在区域只有间接影响。在所有这些影响因素中，土壤类型对农业支持政策满意度影响最大(总路径系数绝对值)，系数达到0.289；其次是耕地规模，路径系数为0.199；再次为成立时间和干旱级别，路径系数分别为－0.132和－0.127，其余路径系数均小于0.1。

5.技术支持政策、资金保障政策和农业机械服务能够显著促进农业生产技术采纳推广，而农资调控政策则具有较小的负向影响，户主教育程度和家庭收入对政策支持路径有显著调节效应

技术支持政策和资金保障政策不仅能够直接提升农业机械化水平，还能够通过农业机械服务间接产生效应，而农资调控政策只能通过农业机械服务间接负向影响农业机械化发展，农业机械服务则直接提升农业机械化发展。其中，技术支持政策提升效果最明显，其次是农业机械化服务，资金保障政策和农资调控政策效果相对较小，户主受教育程度和家庭收入对农业机械化水平提升路径有显著调节效应。

6.现代农业产业技术体系农业科技创新和推广扩散具有显著正向促进作用

在面向效率提升型的现代农业产业技术体系组织路径方面，现代农业产业技术紧紧围绕现代农业发展需求，整合人才资源和资本资源，协同合作创新，针对农业发展全产业链中的关键技术问题进行集体攻关和重大突破，通过多渠道、多层次和多样化的措施途径促进农业技术创新成果推广扩散，对于农业科技创新和推广扩散具有显著正向促进作用。

7.生产者对技术支持政策满意度一般，主体特征、生产条件、资源禀赋和环境因素影响农业技术推广政策满意度

在面向效率提升型的农业生产技术采纳推广政策路径方面，强化实用性和适用性技术研发，提高农业技术成果转化率；提高农民综合素质，加快农业技术推广应用；建立完善的基层农业技术推广组织，扩大农业技术推广主体；加大政策支持力度，提高农业技术推广效率；提高农业政策满意度，提高支持政策的实施效率；培养扶持新型农业经营主体，充分发挥其示范带动效应；重点支持效率提升型农业生产技术，提高农业生产效率。

9.4.2 政策建议

根据对我国农业技术推广扩散过程分析可知，农户和新型农业经营主体是农业技术的最终接受者，生产者对农业技术的采纳应用情况直接决定了农业技术推广状况。但是，当前我国还是以自上而下的供给型农技推广机制占主导地位，从而导致农业技术研究和生产需求无法进行对接，大大降低了农业推广的效率和科技成果的转化率。因此，我国应转变传统的“自上而下”策略，建立以需求为导向的农业技术推广体系，强化农业生产需求在农业技术推广体系中的重要地位，重视来自农业生产一线的技术需求信息，具有针对性地进行研发改进与推广应用。

基于需求导向的农业技术推广扩散体系是由生产者、研究单位和推广部门 3 个主体构成的开放式系统(图 9-1)。农户、合作社等生产者在从事农业生产活动时,由于环境、资源、理念等因素的变化产生需要解决这些问题的技术措施,同时也促进相关政策制度的制定与修改;高等院校、研究院所、企业等农业技术研究单位在收到技术需求以后,在增加经费投入等政策支持下进行具有针对性的农业技术创新性研究,最终能够研发出新技术或对先前技术进行改进完善;农业技术推广部门在政策支持与引导下对农业新技术进行推广,由于这些技术是生产者急需的生产技术,加之政策补贴鼓励,生产者就会很快采用并将采用信息及时反馈到农业技术研究单位,这就完成了基于需求导向的农业技术"需求—研究—推广"循环周期。为了让基于需求导向的农业技术推广体系能够快速有效的运转,最大限度地发挥其促进农业生产的作用,就迫切需要建立完善一系列行之有效的政策支持与推进措施。

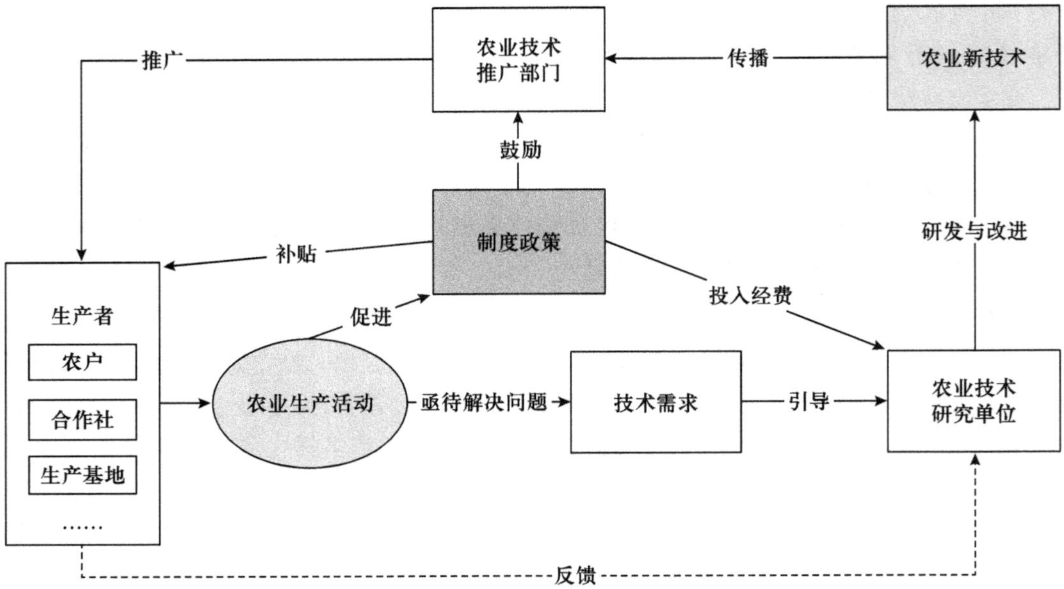

图 9-1　基于需求导向的我国农业技术采纳推广路径

(1)强化实用和适用性技术研发,提高农业技术成果转化率　针对不同的农作物和区域,农业生产技术有所差异,这就要求农业技术研发单位要以应用需求为导向,有差别地进行成果创新。研发成果具有明显的应用品种和范围,从而具有针对性地进行科研成果推广,提高生产者采纳农业技术效率和成果转化率。此外,社会各界应加大对农民自主创新的重视和支持,政府应加大支持和引导,科研人员应加大参与和指导科技示范户并发挥带头作用。转变传统"研发为主"策略,建立以需求为导向的农业技术研发体系,重视来自农业生产一线的技术需求信息,具有针对性地进行研发改进与推广应用。

(2)提高生产者综合素质,加快农业技术推广应用　生产者是农业技术采用的主要群体,但是受文化水平限制导致其对农业技术认知和应用具有很大障碍。首先,针对不同生产者的群体,开展具有差异性的农业技术培训形式,例如针对小规模农户可试行观看视频与实际操作演示为主,而对于新型农业经营主体则以资料学习与讲解为主,同时兼顾技术指导与培训实验。其次,全方位和多角度扩大农业新型技术推广宣传,提高生产者对农业技术的认知,增强农业技术采纳意愿。最后,引导和促进提升生产者文化水平知识,增强其获取农业技术信息能力，以生产者内部激励性和技术外部适应性为原则，提高技术认知能力，明确技术需求，从而具有针对性地进行农业技术推广。

(3)建立完善基层农业技术推广组织，壮大农业技术推广主体 经营主体对农业技术需求具有个性化、多样化和差异化特点，以政府为主导的一维服务模式过于“单一化”，难以满足农业生产需求，应建立“以政府为主导，多元主体参与”的农业技术推广体系。扩大示范推广区域，不仅要通过农技推广部门体系在广度上扩大覆盖面积，更要充分发挥基层推广单元的示范引领效应，增加推广深度，提高新型农业技术采纳率。政府对农业技术资源进行宏观把控和统筹安排，培育形式多样的农业技术推广主体，特别是培育支持基层农业技术推广主体，重视农业示范户、种植大户、家庭农场、合作社和当地组织协会等在基层推广的重要作用。

(4)加大政策支持力度，提高农业技术推广效率 农业技术支持政策不仅可以通过资金补贴直接引导农户采纳农业技术，而且还可以通过增加研发经费和鼓励推广等形式间接促进农业技术的推广扩散。第一，政府应加大对农业技术研发与成果创新的投入，提高财政支农资金额度，针对重点农业技术应建立专项资金。第二，引导和鼓励社会资金对农业技术研发创新的投入，同时对重要研发成果实行奖励机制，形成农业技术研发良性竞争环境。第三，在给予经营主体采纳技术的资金补贴、减少前期投入成本、降低技术采纳壁垒的同时，也应对于采纳技术的经营主体及时给予技术指导与服务，降低技术使用难度，提高技术应用效果。第四，继续加大农业技术资金补贴政策，扩大补贴范围，对于重要农业技术进行专项扶持与补贴，重点对以信息技术为代表的新型农业生产技术进行技术指导与资金补贴，同时注重对秸秆还田、测土配方施肥、绿色病虫害综合防控和节水灌溉等环境友好型技术进行采用引导与资金补贴。

(5)加大农业政策宣传力度，完善政策支持体系和实施措施 从覆盖广度和深度两方面同时宣传农业政策，提供丰富多样的农业政策宣传形式，拓宽政策信息覆盖面，让不同经营主体高效、准确地获取完整信息，使生产者能够充分了解最新农业政策，引导生产者积极主动地进行农业生产结构调整，加快政策执行效果。针对不同农作物品种、生产区域、农业技术等，建立相应的政策补贴标准，完善农业政策支持体系，明确农业政策实施主体与措施，评估政策实施效果与生产者满意度，及时进行政策调整与优化。

(6)实行精准差异化补贴方式，提高补贴资金利用效率和政策效果 在农业技术推广政策支持方面，主要从技术指导服务、技术补贴方式、技术支持力度、农资市场调控和农资补贴方式等方面满足农户对农业政策的需求，其中重点加大对技术指导服务的政策支持。在农业政策实施效果方面，政府采取多样化的农业技术支持政策，满足不同性别、年龄、教育程度、种植年限和耕地规模农户的技术支持政策需求，而对新型农业经营主体按照成立时间、耕地规模、年销售额、技术需求、所在区域等不同标准实施补贴。在经营主体发展方面，加大对新型农业经营主体的培育与扶持，强化新型农业经营主体在我国农业生产中的重要地位。

(7)重点支持效率提升型农业生产技术，提高农业生产效率 首先，应重点对以信息技术为代表的新型农业生产技术进行技术指导与资金补贴，同时注重对秸秆还田、测土配方施肥、绿色病虫害综合防控和节水灌溉等环境友好型技术进行采用引导与资金补贴。其次，继续加大农业技术资金补贴政策，扩大补贴范围，对于重要农业技术进行重点扶持与补贴，如农业信息技术、节水灌溉技术、病虫害绿色防控技术等。

参考文献

[1]边鹏．技术接受模型研究综述[J]．图书馆学研究，2012(1)：2-6.
[2]财政部财政科学研究所课题组．中国的农业补贴：形势分析与政策建议[J]．经济研究参考，2004(75)：1-8.
[3]蔡晶晶，柯毅．农户灌溉合作意愿及其影响因素的地区比较——基于全国15省430户农户的实证分析[J]．中国农村观察，2015(5)：62-72.
[4]蔡书凯．组织IPM技术采纳行为及其效果分析[D]．杭州：浙江大学，2012.
[5]曹芳．农业国内支持政策对农民收入的影响研究[D]．南京：南京农业大学，2005.
[6]柴茂．两阶段技术创新扩散系统研究[D]．长沙：中南大学，2011.
[7]陈波，王雅鹏．湖北省粮食补贴方式改革的调查分析[J]．经济问题，2006(3)：50-52.
[8]陈国卫，金家善，耿俊豹．系统动力学应用研究综述[J]．控制工程，2012(6)：921-928.
[9]陈红．河北省农民专业合作社支持政策实施效果评价[D]．保定：河北农业大学，2011.
[10]陈会英．中国农户科技水平影响因素与对策研究[J]．农业技术经济，2001(2)：21-26.
[11]陈建兰．取消农业税对农村社会阶层影响的实证分析与政策研究[D]．湘潭：湘潭大学，2008.
[12]陈利霞，王杜春．哈尔滨城市居民蔬菜购买行为及其影响因素分析[J]．中国农学通报，2014，30(8)：122-128.
[13]陈璐．黑龙江省农业支持绩效分析及提高对策[D]．哈尔滨：东北农业大学，2013.
[14]陈曦．江西省种稻大户不同类型农业技术需求分析[D]．南昌：江西农业大学，2012.
[15]陈新忠，李芳芳．我国农业技术推广的研究回溯与展望[J]．华中农业大学学报(社会科学版)，2014(5)：24-33.
[16]陈志峰，刘荣章，郑百龙，等．工业化、城镇化和农业现代化“三化同步”发展的内在机制和相互关系研究[J]．农业现代化研究，2012(2)：155-160.
[17]程国强．WTO框架下的农业补贴结构与政策调整——对主要WTO成员国履行农业补贴承诺的分析[J]．中国农业科技导报，2002，4(1)：8-17.
[18]程国强．中国农业补贴制度设计与政策选择[M]．北京：中国发展出版社，2011.
[19]程铁虎．发达国家和地区农业支持政策对湖南现代农业发展的启示[J]．湖南农业科学，2014(2)：88-90.
[20]崔宁波，宋秀娟，于兴业．新型农业生产经营主体的发展约束与建议[J]．江西社会科学，2014(3)：52-57.
[21]代青．新形势下我国农业补贴的国际比较研究[D]．青岛：青岛科技大学，2010.
[22]邓聚龙．灰色系统基本方法[M]．武汉：华中理工大学出版社，1987.
[23]董捷．日本农业支持政策及对中国的启示[J]．日本问题研究，2013，27(1)：41-44.

[24]董景荣．技术创新扩散的理论、方法与实践[M]．北京：科学出版社，2009.
[25]董运来，王大超，任雪颖．国外农业支持政策及其对中国的启示——以美国为例[J]．世界农业，2012(10)：54-60.
[26]杜明奎．国外农业支持保护制度对我国的启示[J]．管理现代化，2011，6(1)：62-64.
[27]范宝学．财政惠农补贴政策效应评价及改进对策[J]．财政研究，2011(4)：18-21.
[28]费振国．国际农业支持政策的比较及其对我国的启示[J]．农机化研究，2007(2)：28-30，80.
[29]冯玲玲．中国农业支持政策研究[D]．曲阜：曲阜师范大学，2005.
[30]弗雷德·C. 潘佩尔．Logistic回归入门[M]．格致(原汉大)出版社，2015.
[31]高峰．农业投入品补贴政策的理论分析[J]．农业经济问题，2004(8)：49-52.
[32]高鸿业．西方经济学微观部分[M]. 5版．北京：中国人民大学出版社，2012.
[33]高启杰．农业推广学[M]. 2版．北京：中国农业大学出版社，2008.
[34]高启杰．农业推广学[M]. 3版．北京：中国农业大学出版社，2013.
[35]高玉强，贺伊琦．基于Malmquist指数的主产区粮食直补效率研究[J]．华南农业大学学报(社会科学版)，2010(3)：49-57.
[36]高玉强．基于DEA模型的粮食直接补贴效率评价[J]．西华大学学报(哲学社会科学版)，2010(3)：92-96，101.
[37]高玉强．农业补贴制度优化研究[D]．大连：东北财经大学，2011.
[38]龚道广，杨耀辉．市场经济条件下的农业保护政策[J]．农业经济问题，1995，16(7)：51-56.
[39]谷征．我国农业支持政策对农民收入影响测评[J]．农村经济，2014(11)：98-101.
[40]郭俊成．我国农业补贴政策的现状、存在的问题及对策[J]．法制与社会，2007(7)：542-543.
[41]国亮，侯军岐，惠荣荣．农业节水灌溉技术扩散机制与模式研究[J]．开发研究，2014(1)：43-45.
[42]韩国文，郑杰夫，陆菊春．我国棉花生产补贴省际分配规模研究[J]．系统工程理论实践，2013，33(1)：41-49.
[43]韩剑锋．我国农机购置补贴政策对农民收入的影响分析[J]．生产力研究，2010(3)：52-53，81.
[44]韩青，谭向勇．农户灌溉技术选择的影响因素分析[J]．中国农村经济，2004(1)：63-69.
[45]韩青．农业节水灌溉技术应用的经济分析[D]．北京：中国农业大学，2004.
[46]何树全．中国农业支持政策效应分析[J]．统计研究，2012，29(1)：43-48.
[47]贺诚．农业节水技术区域效益评价方法研究[D]．乌鲁木齐：新疆农业大学，2015.
[48]贺城，廖娜．我国节水灌溉技术体系概述[J]．农业工程，2014，4(2)：39-44.
[49]侯军岐，李平．OECD与WTO农业支持政策衡量的比较及应用[J]．仲恺农业技术学院学报，2006，19(3)：51-55.
[50]侯明利．中国粮食补贴政策理论与实证研究[D]．无锡：江南大学，2009.
[51]侯石安．粮食安全与财政补贴政策的优化[J]．管理世界，2008(11)：172-173.
[52]侯石安．中国财政对农业投入的社会效益与生态效益评价[J]．中南财经政法大学学报，

2005,153(6):116-121.
[53]胡博.Stata统计分析与应用[M].北京:电子工业出版社,2013.
[54]胡芳.中国农业国内支持政策的演变研究[D].西安:西安建筑科技大学,2007.
[55]胡根华,秦嗣毅."金砖国家"全要素能源效率的比较研究——基于DEA-Tobit模型[J].资源科学,2012(3):533-540.
[56]黄大伟.城乡统筹发展下的农村劳动力转移研究[D].北京:北京林业大学,2013.
[57]黄鸿翔,李书田,李向林,等.我国有机肥的现状与发展前景分析[J].中国土壤与肥料,2006(1):3-8.
[58]黄金辉.WTO框架下中国农业支持政策调整的思考[J].西南民族学院学报(哲学社会科版),2002(12):122-126.
[59]黄泰岩,王检贵.工业化新阶段农业基础性地位的转变[J].中国社会科学,2001(3):47-55.
[60]黄天柱.我国农业科技推广体系创新研究[D].杨凌:西北农林科技大学,2007.
[61]黄武.农户对有偿技术服务的需求意愿及其影响因素分析——以江苏省种植业为例[J].中国农村观察,2010(2):54-62.
[62]吉洁,陈璐.黑龙江省农业支持绩效分析[J].农业经济与管理,2013(2):43-48.
[63]吉洁,李嘉昕,张婷婷.我国农业支持绩效及影响因素分析[J].商业研究,2012(8):102-109.
[64]贾丽娟,刘连环.美国农业政策及其启示[J].商业研究,2003(16):153-155.
[65]江喜林.基于农户模型的粮食补贴作用机理及效应分析——兼论"直补"模式的弊端[J].西北农林科技大学学报(社会科学版),2013,13(1):54-60.
[66]姜少敏.中国农业支持政策的原因及其实施效果分析[J].教学与研究,2007,V(12):21-27.
[67]姜鑫.诱致性农业技术创新模型及中国农业技术变革的实证研究[J].财经论丛,2007(3):1-7.
[68]焦源.山东省农业生产效率评价研究[J].中国人口·资源与环境,2013,23(12):105-110.
[69]焦源.需求导向型农技推广机制研究[D].青岛:中国海洋大学,2014.
[70]靳淑平.北京郊区农民技术采用状况及影响因素研究[D].北京:中国农业科学院,2009.
[71]经济合作与发展组织.中国农业政策回顾与评价[M].北京:中国经济出版社,2005.11:55-64.
[72]康绍忠,杜太生,孙景生,等.基于生命需水信息的作物高效节水调控理论与技术[J].水利学报,2007,38(6):661-667.
[73]柯炳生.WTO农业协议中的国内支持规定解读[J].农村·社会·经济,2001(1):1-7.
[74]孔庆峰,杨亚男.多边贸易体制中农业谈判的政治经济学分析——基于双层互动进化博弈模型[J].国际贸易问题,2011(6):21-34.
[75]雷仲仁.病虫害生物防治是实现蔬菜安全生产的主要途径[J].中国农业科学,2016(15):2932-2934.

[76]李传健．我国农业可持续发展与农业支持政策体系构建[J]．商业研究，2009(12)：159-161.
[77]李道亮，张立伟．农业信息技术与现代农业发展[J]．中国农村科技，2007(12)：30-31.
[78]李芳芳，冷传慧．WTO 规则下农业补贴的焦点和我国的选择[J]．国际商务(对外经济贸易大学学报)，2009(4)：29-35.
[79]李飞．我国农业支持政策的地区比较研究[D]．北京：中国农业科学院，2007.
[80]李凤瑞．建立完善的农业支持保护体系[J]．经济论坛，2004(4)：112-113.
[81]李国祥．美国农业管制与启示[J]．农业经济问题，2004(4)：58-63.
[82]李后建．农户对循环农业技术采纳意愿的影响因素实证分析[J]．中国农村观察，2012(2)：28-36.
[83]李鹏．粮食直接补贴政策对农民种粮净收益的影响分析——以安徽省为例[J]．农业技术经济，2006(1)：44-48.
[84]李平，张俊飚．推广部门对技术推广绩效满意度评价的影响因素——以食用菌产业技术为例[J]．华中农业大学学报(社会科学版)，2011(1)：43-49.
[85]李奇峰，张海林，刘武仁，等．粮食主产区农户采用农业新技术及其影响因素的实证分析——以吉林省榆树县为例[J]．中国农业科学，2008，41(7)：1963-1968.
[86]李瑞锋，肖海峰．欧盟、美国和中国的农民直接补贴政策比较研究[J]．世界经济研究，2006(7)：79-83.
[87]李莎，王炜．粮食直补政策对农户种植意愿激励的影响研究——基于黑龙江省农户调查的问卷分析[J]．经济研究导刊，2012(35)：30-31.
[88]李硕雅．国际金融危机对我国农业农村经济的影响[J]．理论学习，2009(7)：28-30.
[89]李万君，李艳军．美国农业补贴政策演变及对我国的启示[J]．农业现代化研究，2014，35(3)：268-272.
[90]李小军．粮食主产区农民收入问题研究[D]．北京：中国农业科学院，2005.
[91]李艳芬．葡萄种植户技术选择意向研究[D]．重庆：西南大学，2010.
[92]李忠峰．提高农业补贴的精准性和指向性[N]．农民日报，2014-08-23.
[93]廖西元，王志刚，朱述斌，等．基于农户视角的农业技术推广行为和推广绩效的实证分析[J]．中国农村经济，2008(7)：4-13.
[94]林毅夫．“三农”问题与我国农村的未来发展[J]．农业经济问题，2003(1)：19-24.
[95]刘彩华，周艳波．农业技术进步与农民决策行为研究[J]．农业技术经济，2000(4)：34-36.
[96]刘持博，韩晓燕，吕杰．半干旱地区农民采纳节水灌溉技术意愿及其影响因素分析——以阜新蒙古族自治县 134 个农户为例[J]．沈阳农业大学学报(社会科学版)，2014，16(3)：257-261.
[97]刘鸿雁．WTO 背景下中国农业支持政策研究[D]．杨凌：西北农林科技大学，2004.
[98]刘辉，李小芹，李同升，等．农业技术扩散分析——以杨凌农业示范区为例[J]．长安大学学报(社会科学版)，2006，8(2)：52-55.
[99]刘嘉菲．浅析我国农业发展问题及对策[J]．读书文摘，2014(8)：83.
[100]刘洁，阎东星．WTO 规则框架下的我国农业补贴法律制度建设[J]．法学杂志，2004，25

(1):46-49.
[101]刘克春．粮食生产补贴政策对农户粮食种植决策行为的影响与作用机理分析——以江西省为例[J]. 中国农村经济,2010(2):12-21.
[102]刘倩．农业补贴政策调查及农户的满意度研究[D]. 北京:北京林业大学,2010.
[103]刘书艺．产业集群技术创新扩散系统运行机理研究[D]. 泉州:华侨大学,2011.
[104]刘袁瑶．黑龙江省有机农业综合效益评价及提升对策研究[D]. 哈尔滨:东北林业大学,2015.
[105]龙方,彭澧丽．中国粮食生产政策对粮食生产的作用机理分析[J]. 河南工业大学学报(社会科学版),2014,10(2):21-25.
[106]鲁耀斌,徐红梅．技术接受模型的实证研究综述[J]. 研究与发展管理,2006,18(3):93-99.
[107]罗艳芬．加入 WTO 背景下我国农业发展中的问题及对策研究[D]. 重庆:西南农业大学,2002.
[108]吕晓英,李先德．美国农业政策支持水平及改革走向[J]. 农业经济问题,2014,35(2):102-109,112.
[109]马光明．节水灌溉技术现状与发展趋势分析[J]. 农业与技术,2015,35(16):53,88.
[110]马梦晨．农业支持政策促进农民增收的国际经验与启示[J]. 经济研究导刊,2014(5):67-68.
[111]马晓春．中国与主要发达国家农业支持政策比较研究[D]. 北京:中国农业科学院,2010.
[112]马晓河,蓝海涛．加入 WTO 后我国农业补贴政策研究[J]. 管理世界,2002(5):66-75.
[113]马欣．中国农业国内支持水平及典型政策效果研究[D]. 北京:中国农业大学,2015.
[114]潘盛洲．农业保护政策的比较研究[J]. 农业技术经济,1998(5):1-9.
[115]彭慧蓉,钟涨宝．建国六十年我国农业补贴政策演变轨迹及逻辑转换[J]. 经济问题探索,2010(11):39-44.
[116]齐城．我国农业政策支持水平测定及时序分析[J]. 中国农业大学学报(社会科学版),2009(2):130-135.
[117]钱加荣,赵芝俊．现行模式下我国农业补贴政策的作用机制及其对粮食生产的影响[J]. 农业技术经济,2015(10):41-47.
[118]钱克明．中国“绿箱政策”的支持结构与效率[J]. 农业经济问题,2003(1):10-21.
[119]乔海鑫,王艳华．吉林省农业生产综合效益评价——基于主成分分析法的实证分析[J]. 吉林农业大学学报,2014(4):488-493.
[120]秦富,王秀青,辛贤,等．国外农业支持政策[M]. 北京:中国农业出版社,2003.
[121]秦富,张莉琴．从国际看中国农业国内支持体系构想[J]. 科学决策,2003(1):22-24.
[122]仇冬芳．我国农业 R&D 强度宏观影响因素的灰色关联分析[J]. 华东经济管理,2013(3):29-34.
[123]邱天祥．优化我国农业补贴的财政政策研究[D]. 南昌:江西财经大学,2012.
[124]单妙霞．美日欧农业国内支持与 WTO 农业协议[J]. 经济论坛,2003(24):48-49.
[125]邵腾伟,吕秀梅．基于转变农业发展方式的基层农业技术推广路径选择[J]. 系统工程

理论与实践,2013,33(4):942-948.
[126]沈明其.WTO“绿箱”政策与我国农业基础设施建设[J].国际经贸探索,2006,22(5):28-32.
[127]沈淑霞.我国财政农业支持及其效率研究[D].北京:中国农业大学,2004.
[128]施瑾.我国粮食补贴政策的作用路径与完善对策研究[D].合肥:安徽农业大学,2013.
[129]斯科特·梅纳德.应用 logistic 回归分析[M].李俊秀译.2 版.上海:格致出版社:上海人民出版社,2016.
[130]宋斌斌.我国农业问题的出路探析[J].经济研究导刊,2007(2):48-50.
[131]孙东升,吕春生.加入 WTO 对我国粮食安全的影响与对策[J].农业经济问题,2001(4):13-16.
[132]孙芳芳.浅议灰色关联度分析方法及其应用[J].科技信息,2010(17):880-882.
[133]孙景亮.海河流域节水型社会建设与国外节水技术借鉴[J].水利经济,2008,26(4):16-19.
[134]孙联辉.中国农业技术推广运行机制研究[D].杨凌:西北农林科技大学,2003.
[135]孙少茹.财政农业支出及其效益研究[D].杨凌:西北农林科技大学,2007.
[136]谈存峰.技术进步、技术效率与农业生产率增长——基于甘肃省的实证分析[J].中国农业资源与区划,2015,36(6):93-98.
[137]田国成,王钰,孙路,等.秸秆焚烧对土壤有机质和氮磷钾含量的影响[J].生态学报,2016,36(2):387-393.
[138]田维明.中国农产品贸易政策的选择[J].中国农村观察,1999(4):1-22.
[139]王灿.应用可计算一般均衡模型分析中国农业国内支持政策[J].农业经济,2012(9):15-17.
[140]王诚.农业支持政策效果评价:农户认知视角——来自恩施 7 村 426 个农户的微观数据分析[J].经济研究导刊,2014(36):31-33.
[141]王东辉,张然,田志宏.美国农业国内支持政策及其对中国的启示[J].世界农业,2015,12(7):83-86.
[142]王东京.论农业补贴的性质及其补贴方式的转变[J].贵州财经学院学报,2009(1):1-3.
[143]王慧军.农业推广学[M].北京:中国农业出版社,2002.
[144]王济川,郭志刚.Logistic 回归模型[M].北京:高等教育出版社,2001.
[145]王礼力.论农业的外部性与农业政策目标[J].陕西农业科学,1998(3):39-41.
[146]王良健,罗凤.基于农民满意度的我国惠农政策实施绩效评估——以湖南、湖北、江西、四川、河南省为例[J].农业技术经济,2010(1):56-63.
[147]王疏峰.我国农业补贴法律制度存在的问题及完善对策[D].吉林:吉林大学,2014.
[148]王秀清,苏旭霞.农用地细碎化对农业生产的影响——以山东省莱西市为例[J].农业技术经济,2002(2):2-7.
[149]王延中,江翠萍.农村居民医疗服务满意度影响因素分析[J].中国农村经济,2010(8):80-87.
[150]王永刚.OECD 方法测度中国农产品市场价格支持的探讨[J].中国农学通报,2011,27

(6):435-438.
[151]王忠，叶良均．“金砖四国”农业支持水平比较研究[J]．安徽农业大学学报(社会科学版)，2011，20(2)：15-19.
[152]卫明凤．农业技术创新扩散理论的发展综述[J]．中国科技信息，2005(16)：24-37.
[153]魏德功，向滋宜．欧美国家农业支持政策的调整与改革及其启示[J]．广西农业生物科学，2008(4)：483-487.
[154]魏权龄．数据包络分析(DEA)[J]．科学通报，2000，45(17)：1793-1807.
[155]吴敬学，杨巍，张扬．中国农户的技术需求行为分析与政策建议[J]．农业现代化研究，2008，29(4)：421-425.
[156]吴敬学，杨巍，张扬．中国农户技术需求行为的经济机理分析[J]．江西财经大学学报，2008(4)：50-54.
[157]吴立新，吕鑫，秦凯，等．秸秆焚烧期间徐州市空气污染物时空分布特征分析[J]．地理与地理信息科学，2014，30(1)：18-22.
[158]吴文荣，丁培峰，忻龙祚，等．我国节水灌溉技术的现状及发展趋势[J]．节水灌溉，2008(4)：50-51.
[159]吴文韬，王国升，董文，等．华北地区农户对粮食政策的评价及生产粮食意愿分析[J]．中国农业资源与区划，2009，30(6)：7-12.
[160]武拉平，程杰，杨欣．“蓝箱”政策改革对国内支持的潜在影响：中国及WTO其他主要成员国的对比[J]．世界经济，2007(8)：36-45.
[161]武拉平，程杰．多哈回合“蓝箱”政策改革对中国农业国内支持的影响[J]．中国农村经济，2008(6)：4-15.
[162]夏刊．我国农业技术推广运行机制研究[D]．长沙：中南大学，2011.
[163]肖峰，曾文革．中欧农业支持体系战略转型比较研究[J]．长沙：中国软科学，2014(2)：12-21.
[164]肖海峰，李瑞峰，王姣．农民对粮食直接补贴政策的评价与期望——基于河南、辽宁农户问卷调查的分析[J]．中国农村经济，2005，12(3)：18-23，43.
[165]辛毅，林万龙，张莉琴．财政支持农业的绩效评价[J]．宏观经济研究，2003(3)：41-44.
[166]徐玖平，廖志高．技术创新扩散速度模型[J]．管理学报，2004，1(3)：330-340.
[167]徐涛，姚柳杨，乔丹，等．节水灌溉技术社会生态效益评估——以石羊河下游民勤县为例[J]．资源科学，2016，38(10)：1925-1934.
[168]徐文静，王翔翔，施六林，等．中国节水灌溉技术现状与发展趋势研究[J]．中国农学通报，2016，32(11)：184-187.
[169]闫宝生．农作物耕种收综合机械化水平计算[J]．农业工程，2013，3(2)：5-7.
[170]颜端武，刘国晓．近年来国外技术接受模型研究综述[J]．现代情报，2012，32(2)：167-177.
[171]杨斌．提升我国农业国际竞争力问题研究[D]．杨凌：西北农林科技大学，2005.
[172]杨秉珣．美日欧三大经济体农业政策发展研究[J]．世界农业，2014(9)：72-75.
[173]杨波．市场经济与我国农业保护政策[J]．农业技术经济，1994(2)：55-58.
[174]杨春，陆文聪．中国玉米生产率增长、技术进步与效率变化：1990—2004年[J]．农业技

术经济,2007(4):34-40.

[175]杨敏丽.新阶段我国农业机械化发展态势分析[J].中国农机化学报,2008(1):12-17.

[176]杨小静,冷熠,宗义湘.农业补贴政策实施效果的影响因素分析——基于河北省376个农户调查[J].农村经济,2010(1):20-22.

[177]杨小平.二分Logistic模型在分类预测中的应用分析[J].四川师范大学学报(自然科学版),2009,32(3):393-395.

[178]杨宜婷,陈昭玖,钟菁.农业技术推广政策满意度影响因素分析——以江西省种稻大户为例[J].农林经济管理学报,2012,11(3):23-29.

[179]叶慧,王雅鹏.采用数据包络分析法的粮食直接补贴效率分析及政策启示[J].农业现代化研究,2006,27(5):356-359.

[180]叶亲忠,任红妍,程国强.实施符合规则的调整——WTO农业国内支持规则及其执行情况评价[J].国际贸易,2000(2):19-23.

[181]殷勤."三农"问题的国家治理研究[D].吉林:吉林大学,2005.

[182]殷秀萍.我国农业综合生产能力动态评价与相关问题研究[D].哈尔滨:东北农业大学,2013.

[183]于丹,董大海,刘瑞明,等.理性行为理论及其拓展研究的现状与展望[J].心理科学进展,2008,16(5):796-802.

[184]余根坚.节水灌溉条件下水盐运移与用水管理模式研究[D].武汉:武汉大学,2014.

[185]余海鹏,孙娅范.农户科技应用的障碍分析与对策选择[J].农业经济问题,1998(10):23-25.

[186]袁祥州,朱满德.南非农业政策的支持水平与结构特征——基于生产者支持估计(PSE)指标的分析[J].价格理论与实践,2011,12(12):40-41.

[187]翟雪玲,何秀荣.日本农业支持水平与结构[J].调研世界,2004(1):12-14.

[188]翟治芬.应对气候变化的农业节水技术评价研究[D].北京:中国农业科学院,2012.

[189]张波,虞朝晖,孙强,等.系统动力学简介及其相关软件综述[J].环境与可持续发展,2010(2):1-4.

[190]张朝华,陈池波.基于BRICS比较的我国农业支持政策取向[J].中国科技论坛,2014(4):141-147.

[191]张存彦,刘宇鹏.农业支持与保护的国际比较[J].农业经济,2003(1):44-45.

[192]张冬平,郭震,边英涛.农户对良种补贴政策满意度影响因素分析——基于河南省439个农户调查[J].农业技术经济,2011(3):104-111.

[193]张改清,张建杰.我国农户科技需求不足的深层次透析[J].山西农业大学学报(社会科学版),2002,1(4):314-316.

[194]张贺增,张春平.浅析我国节水灌溉发展现状、存在的问题及发展趋势[J].农业装备技术,2015,41(2):11-13.

[195]张红梅,赵凯.基于粮食主产区农户视角的粮食直补政策评价:以四川省乐至县为例[J].贵州农业科学,2012,40(10):204-207.

[196]张红彦.农业生产效率分析方法的研究及应用[D].杨凌:西北农林科技大学,2015.

[197]张红玉,李雪.我国增收型粮食补贴最佳规模——基于DEA超效率模型的分析[J].上

海立信会计学院学报,2009(3):86-90.
[198]张辉,白长虹,李储凤．消费者网络购物意向分析——理性行为理论与计划行为理论的比较[J]. 软科学,2011,25(9):130-135.
[199]张黎．对农业信息技术创新的思考[J]. 安徽农业科学,2006,34(8):1731-1732.
[200]张莉琴,林万龙,辛毅．我国农业国内支持政策中存在的问题及调整对策[J]. 中国农村经济,2003(4):27-33.
[201]张莉琴．我国农业政策对农产品的有效保护效果分析[D]. 北京:中国农业大学,2001.
[202]张淑杰,孙天华．农业补贴政策效率及其影响因素研究——基于河南省360户农户调研数据的实证分析[J]. 农业技术经济,2012(12):68-74.
[203]张淑杰．农业补贴政策效果评价研究[D]. 郑州:河南农业大学,2012.
[204]张淑云,陶佩君,陈曦,等．农业技术创新扩散的实证分析[J]. 河北大学学报(哲学社会科学版),2010,35(3):103-105.
[205]张璇,胡宝贵．中国农业节水灌溉技术推广研究进展[J]. 中国农学通报,2016,32(17):181-186.
[206]张跃强．农业支持政策传导机制运行路径研究[J]. 农村经济与科技,2016(7):18-20.
[207]张哲,和丕禅．农业保护与农业支持辨析[J]. 中国农村经济,2002(1):30-39.
[208]张志敏．基于技术接受模型的RFID企业接受因素分析[D]. 天津:河北工业大学,2009.
[209]张忠根．韩国农业政策的演变及其对我国的启示[J]. 农业经济,2002(4):42-45.
[210]张仲芳．我国农业国内支持水平的测算[J]. 财经科学,1997(3):95-99.
[211]赵德余．中国粮食直接补贴的地区差异及其存在的合理性[J]. 中国农村经济,2004(8):58-64.
[212]赵连阁,蔡书凯．组织IPM技术采纳行为影响因素分析——基于安徽省芜湖市的实证[J]. 农业经济问题,2012(3):50-57.
[213]赵青霞．河北省科技投入与经济增长的灰色关联度分析[J]. 现代物业(中旬刊),2011(4):42-44.
[214]赵文杰,丁凡琳．我国节水灌溉技术推广现状与对策研究综述[J]. 节水灌溉,2015(4):95-98.
[215]周淑景．欧盟农业支持政策及其改革[J]. 中国农垦经济,2003(2):43-47.
[216]周衍平,陈会英．中国家户采用新技术内在需求机制的形成与培育[J]. 农业经济问题,1998(8):9-12.
[217]周应恒．近期中国主要农业国内支持政策评估[J]. 农业经济问题,2009(5):4-11.
[218]朱海洋．入世后我国农业支持政策取向的思考[J]. 财经研究,2002,28(9):69-74.
[219]朱红根,陈昭玖,张月水．农民工返乡创业政策满意度影响因素分析[J]. 商业研究,2011(2):143-148.
[220]朱建平,殷瑞飞．SPSS在统计分析中的应用[M]. 北京:清华大学出版社,2007.
[221]朱满德,程国强．中国农业的黄箱政策支持水平评估:源于WTO规则一致性[J]. 改革,2015,12(5):58-66.

[222]朱满德，程国强．中国农业政策：支持水平、补贴效应与结构特征[J]．管理世界，2011(7)：52-60.

[223]朱萌，齐振宏，邬兰娅，等．新型农业经营主体农业技术需求影响因素的实证分析——以江苏省南部395户种稻大户为例[J]．中国农村观察，2015(1)：30-38.

[224]朱兆良．合理使用化肥、充分利用有机肥、发展环境友的施肥体系[J]．中国科学院院刊，2003，18(2)：89-93.

[225]朱志猛．黑龙江省农机购置补贴政策实施与优化研究[D]．哈尔滨：东北林业大学，2013.

[226]宗义湘，李先德，乔立娟．中国农业政策对农业支持水平演变实证研究[J]．中国农业科学，2007(3)：622-627.

[227]宗义湘，李先德．中国农业政策对农业支持水平的评估[J]．中国软科学，2006(7)：33-41.

[228]宗义湘，闫琰，李先德．巴西农业支持水平及支持政策分析——基于OECD最新农业政策分析框架[J]．财贸研究，2011，22(2)：51-58.

[229]宗义湘．加入WTO前后中国农业支持水平评估及政策效果研究[D]．北京：中国农业科学院，2006.

[230]Abdulai A, Huffman W E. The diffusion of new agricultural technologies: The case of crossbred-cow technology in Tanzania[J]. American Journal of Agricultural Economics, 2005, 87: 645-659.

[231]Abdulai A, Owusu V, Bakang J E A. Adoption of safer irrigation technologies and cropping patterns: Evidence from Southern Ghana[J]. Ecological Economics, 2011, 70: 1415-1423.

[232]Adrian A M, Norwood S H, Mask P L. Producers' perceptions and attitudes toward precision agriculture technologies[J]. Computers&Electronics in Agriculture, 2005, 48(3): 256-271.

[233]Ajzen I, Fishbein M. Understanding attitudes and predicting social behavior[M]. Prentice-Hall, 1980.

[234]Ajzen I. From intentions to actions: A theory of planned behavior[M]. Action Control. Springer Berlin Heidelberg, 1985: 11-39.

[235]Ajzen I. The theory of planned behavior[J]. Research in Nursing&Health, 1991, 14(2): 137-144.

[236]Alam K. Farmers' adaptation to water scarcity in drought-prone environments: A case study of Rajshahi District, Bangladesh[J]. Agricultural Water Management, 2015, 148: 196-206.

[237]Alberto V, Joachim Z. Agricultural protection in OECD countries: Its cost to less-developed countries[M]. Washington, D. C: International Food Policy Research Institute, 1980.

[238]Alcon F, Tapsuwan S, Brouwer R, et al. Adoption of irrigation water policies to guarantee water supply: A choice experiment[J]. Environmental Science&Policy, 2014, 44:

226-236.

[239]Aravindakshan S,Rossi F J,Krupnik T J. What does benchmarking of wheat farmers practicing conservation tillage in the eastern Indo-Gangetic Plains tell us about energy use efficiency? An application of slack-based data envelopment analysis[J]. Energy, 2015,90:483-493.

[240] Ariel D, Jyothsna M. Irrigation water management policies: Allocation and pricing principles and implementation experience [J]. Natural Resources Forum, 2004: 112-122.

[241]Atici K B,Podinovski V V. Using data envelopment analysis for the assessment of technical efficiency of units with different specialisations:An application to agriculture [J]. Omega:International Journal of Management Science,2015,54:72-83.

[242]Banker R D,Charnes A,Cooper W W. Some models for estimating technical and scale in efficiencies in data envelopment analysis [J] . Management Science, 1984, 30: 1078-1092.

[243]Balassa B. Tariff protection in industrial countries:An evaluation[J]. Journal of Political Economy,1965,73:573.

[244]Banker R D,Charnes A,Cooper W W. Some models for estimating technical and scale in efficiencies in data. envelopment analysis[J]. Management Science, 1984, 30(9): 1078-1092.

[245]Bervejillo J E,Alston J M,Tumber K P. The benefits from public agricultural research in Uruguay[J]. Australian Journal of Agricultural and Resource Economics,2012,56: 475-497.

[246]Brunstad R J,Gaasland I,Vardal E. Agriculture as a provider of public goods:A case study for Norway[J]. Agriculturai,economics,1995(13):39-49.

[247]Bjornlund H,Nicol L,Klein K K. The adoption of improved irrigation technology and management practices—A study of two irrigation districts in Alberta,Canada[J]. Agricultural Water Management,2009,96:121-131.

[248]Blake T,Rayner A J,Reed G V. A computable general equilibrium analysis of agricultural liberalisation:The uruguay round and common agricultural policy reform[J]. Journal of Agricultural Economies,1999,50(3):400-424.

[249]Blanke A,Rozelle S,Lohmar B,et al. Water saving technology and saving water in China[J]. Agricultural Water Management,2007,87:139-150.

[250]Cardín-Pedrosa M,Alvarez-López C J. Model for decision-making in agricultural production planning[J]. Computers and Electronics in Agriculture,2012,82:87-95.

[251]Cai X,Rosegrant M W. Irrigation technology choices under hydrologic uncertainty:A case study from Maipo River Basin, Chile[J]. Water Resources Research, 2004, 40: 1149-1155.

[252]Caswell M,Lichtenberg E,Zilberman D. The effects of pricing policies on water conservation and drainage[J]. American Journal of Agricultural Economics, 1990, 72:

883-890.

[253]Caswell M, Zilberman D. The choices of irrigation technologies in California[J]. American Journal of Agricultural Economics, 1985, 67: 224-234.

[254]Caswell M F, Zilberman D. The effects of well depth and land quality on the choice of irrigation technology [J]. American Journal of Agricultural Economics, 1986, 68: 798-811.

[255]Chames A, Cooper W W, Rhodes E. Measuring the efficiency of decision making units [J]. European Journal of Operational Research, 1978, 2: 429-444.

[256]Chen H, Wang J, Huang J. Policy support, social capital, and farmers' adaptation to drought in China[J]. Global Environmental Change, 2014, 24: 193-202.

[257]Cheng F, Beghin J C. Urban demand for edible oils and fats in China: Evidence from household survey data[J]. Journal of Comparative Economics. 2002, 30(4): 732-753.

[258]Cialdini R B, Kallgren C A, Reno R R. A focus theory of normative conduct: A theoretical refinement and reevaluation of the role of norms in human behavior[J]. Advances in Experimental Social Psychology, 1991, 24(1): 201-234.

[259]Cialdini R B, Reno R R, Kallgren C A. A focus theory of normative conduct: Recycling the concept of norms to reduce littering in public places [J]. Journal of Personality & Social Psychology, 1990, 58(6): 1015-1026.

[260]Corden W M. The structure of a tariff system and the effective protective rare[J]. Journal of Political Economy, 1966, 74: 221.

[261]Cook W D, Seiford L M. Data envelopment analysis(DEA)—Thirty years on[J]. European Journal of Operational Research, 2009(192): 1-17.

[262]Cox D R, Snell E J. Analysis of Binary Data[M]. 2nd ed. CRC Press, 1989.

[263]Cremades R, Wang J, Morris J. Policies, economic incentives and the adoption of modern irrigation technology in China[J]. Earth System Dynamics, 2015, 6: 399-410.

[264]Cucchiara A. Applied logistic regression[J]. Technometrics, 1992, 34(3): 358-359.

[265]Davis F D, Bagozzi R P, Warshaw P R. User acceptance of computer technology: a comparison of two theoretical models[J]. Management Science, 1989, 35(8): 982-1003.

[266]Deng X P, Shan L, Zhang H, et al. Improving agricultural water use efficiency in arid and semiarid areas of China[J]. Agricultural Water Management, 2006, 80: 23-40.

[267]Diakosavvas D. The greening of the WTO green box: A quantitative appraisal of agri-environmental policies in OECD countries, contributed paper presented at the International Conference Agricultural policy reform and the WTO: where are we heading? [J]. Capri (Italy), 2003(6), 23-26.

[268]Dinar A, Campbell M B, Zilberman D. Adoption of improved irrigation and drainage reduction technologies under limiting environmental conditions[J]. Environmental & Resource Economics, 1992, 2: 373-398.

[269]Dinar A, Dan Y. Adoption and abandonment of irrigation technologies[J]. Agricultural Economics, 1992, 6: 315-332.

[270]Dridi C,Khanna M. Irrigation technology adoption and gains from water trading under asymmetric information[J]. Others,2004,87:289-301.

[271]Drummond I A,Madden S L,Rohwer-Nutter P,et al. Repression of the insulin-like growth factor II gene by the Wilms tumor suppressor WT1[J]. Science,1992,257(257):674-678.

[272]Douglas Hurt R. American and Chinese agricultural policy since 1949:An overview[A]. 文明的和谐与共同繁荣:文明的普遍价值和发展趋向——北京论坛(2008)论文选集[C],2008.

[273]El Benni N,Finger R. The effect of agricultural policy reforms on income inequality in Swiss agriculture—An analysis for valley,hill and mountain regions[J]. Journal of Policy Modeling,2013,35(4):638-651.

[274]Erokhin V,Ivolga A,Heijman W. Trade liberalization and state support of agriculture: effects for developing countries[J]. Agricultural Economics-Czech,2014,60:524-537.

[275]Fedoroff N V,Battisti D S,Beachy R N,Radically rethinking agriculture for the 21st Century[J]. Science,2010,327:833-834.

[276]Fernandez-Cornejo J,Hendricks C,Mishra A. Technology adoption and off-farm household income:The case of herbicide-tolerant soybeans[J]. Journal of Agricultural & Applied Economics,2005,37(3):549-563.

[277]Fisher M,Kandiwa V. Can agricultural input subsidies reduce the gender gap in modern maize adoption? Evidence from Malawi[J]. Food Policy,2014,45:101-111.

[278]Fishbein M,Ajzen I. Belief,attitude,attention,and behavior. An introduction to theory and research[J]. Philosophy&Rhetoric,1975,41(4):842-844.

[279]Fisher M,Kandiwa V. Can agricultural input subsidies reduce the gender gap in modern maize adoption? Evidence from Malawi[J]. Food Policy,2014,45:101-111.

[280]Flett R,Alpass F,Humphries S,et al. The technology acceptance model and use of technology in New Zealand dairy farming[J]. Agricultural Systems,2004,80(2):199-211.

[281]Green G,Sunding D,Zilberman D,et al. Explaining irrigation technology choices:A microparameter approach[J]. American Journal of Agricultural Economics,1996,78:1064-1072.

[282]Honma M,Hayami Y. Structure of agricultural protection in industrial countries[J]. Journal of International Economics,1986,20(1-2):115-129.

[283]Hosmer D W,Lemeshow S. Applied logistic regression[M]. Wiley,1989.

[284]Hoekman B,Ng F,Olarreaga M. Reducing Agricultural Tariffs versus Domestic Support:What's More Important for Developing Countries? [N]. World Bank Policy Research Working Paper 2918,2002.

[285]Huang J,Wang X,Zhi H,et al. Subsidies and distortions in China's agriculture:evidence from producer-level data[J]. Australian Journal of Agricultural and Resource Economics,2011,55:53-71.

[286]Johnson D G. Agriculture and the wealth of nations[J]. American Economic Review, 1997,87(2):1-12.

[287]Karimi P, Qureshi A S, Bahramloo R, et al. Reducing carbon emissions through improved irrigation and groundwater management: A case study from Iran[J]. Agricultural Water Management, 2012, 108: 52-60.

[288]Keeney R, Beckman J. WTO negotiations on agriculture and the distributional impacts for US rice farm households[J]. Food Policy, 2009, 34(1): 70-80.

[289]Mertz O, Mbow C, Reenberg A, et al. Farmers' perceptions of climate change and agricultural adaptation strategies in rural Sahel[J]. Environmental management, 2009, 43: 804-816.

[290]Molden D. Water for food, water for life: a comprehensive assessment of water management in agriculture: summary[J]. Iwmi Books Reports, 2007: 193.

[291]Mostafa H, Fujimoto N. Water saving scenarios for effective irrigation management in Egyptian rice cultivation[J]. Ecological Engineering, 2014, 70: 11-15.

[292]Nagelkerke N J D. A note on a general definition of the coefficient of determination[J]. Biometrika, 1991, 78(3): 691-692.

[293]Negatu W, Parikh A. The impact of perception and other factors on the adoption of agricultural technology in the Moret and Jiru Woreda (district) of Ethiopia[J]. Agricultural Economics of Agricultural Economists, 1999, 21: 205-216.

[294]Nikouei A, Zibaei M, Ward F A. Incentives to adopt irrigation water saving measures for wetlands preservation: An integrated basin scale analysis[J]. Journal of Hydrology, 2012: 464-465, 216-232.

[295] OECD Statistics. Data extracted on 27 Feb 2016 08: 26 UTC (GMT) from OECD. Stat. http://stats. oecd. org/

[296]OECD. Agricultural policies in OECD countries: at a glance[R]. OECD, 2009: 53-54.

[297] OECD. Agricultural Policy Monitoring and Evaluation 2013: OECD countries and emerging economies[R]. OECD Publishing, 2013.

[298] OECD. Agricultural Policy Monitoring and Evaluation 2015: OECD countries and emerging economies[R]. OECD Publishing, 2015.

[299]OECD. Agricultural support estimates. OECD Agriculture statistics(database). Available at http://stats. oecd. org/viewhtml. aspx? datasetcode=MON2013_REFERENCE _TABLE&lang=en(accessed Nov 27, 2015).

[300] OECD. Decoupling agricultural support from production[EB/OL]. (2006 211202)[2009 209210]. http://www. oecd. org/tad/agricultralpoliciesandsupport/37726496. pdf.

[301]Olga M. The measurment of the level of supported in selected non-OECD countries[R]. Agricultural policies in China after WTO accession, 2002.

[302]Oskam A J, Meester G. How useful is the PSE in determining agricultural support? [J]. Food Policy, 2005, 31 (2): 123-141.

[303]Petrick M, Zier P. Common agricultural policy effects on dynamic labour use in agricul-

ture[J]. Food Policy,2012,37(6):671-678.

[304]Peck D E,McLeod D M,Hewlett J P,et al. Irrigation-dependent wetlands versus in-stream flow enhancement: economics of water transfers from agriculture to wildlife uses [J]. Environmental management,2004,34:842-855.

[305]Perry C. Accounting for water use:Terminology and implications for saving water and increasing production[J]. Agricultural Water Management,2011,98:1840-1846.

[306]Petersen T. A comment on presenting results from logit and probit models[J]. American Sociological Review,1985,50(50):130-131.

[307]Poddar R,Qureshi M E,Syme G. Comparing irrigation management reforms in Australia and India –a special reference to participatory irrigation management[J]. Irrigation&Drainage,2011,60:139-150.

[308]Rae A,Strutt A. The Current Round of Agricultural Trade Negotiations:Why Bother about Domestic Support? Presented at the 5th Annual Conference on Global Economic Analysis[C]. Taipei,2002,5-7.

[309]Rosegrant M W,Cai X. Water scarcity and food security:alternative futures for the 21st century[J]. Water Science&Technology A Journal of the International Association on Water Pollution Research,2001,43:61-70.

[310]Rossi F,Schmit Z A,Schmit Z T G. The multiplicative effect of water subsidies and price support payments:The case of US cotton[J]. Journal of International Agricultural Trade and Development,2005,1(1):55-70.

[311]Rui Z,Yongxiang Z,Shifeng Z. The application of WinSRFR software in the modern system of drought-enduring crop surface irrigation design and water quality evaluation [C]. Electric Information and Control Engineering (ICEICE),2011 International Conference,2011:6231-6233.

[312]Ruttan V W,Hayami Y. Toward a theory of induced institutional innovation[J]. Journal of Development Studies,1984:203-223.

[313] Saha A, Schwart R. Adoption of emerging technologies under output uncertainty [J]. American Journal of Agricultural Economics,1994,76:836-846.

[314]Salas S M A,Wilson P N. A farmer-centered analysis of irrigation management transfer in Mexico[J]. Irrigation&Drainage Systems,2004,18:89-107.

[315]Schuck E C,Frasier W M,Webb R S,et al. Adoption of more technically efficient irrigation systems as a drought response[J]. International Journal of Water Resources Development volume,2005,21:651-662.

[316]Shrestha R B,Gopalakrishnan C. Adoption and diffusion of drip irrigation technology: An econometric analysis [J] . Economic Development&Cultural Change, 1993, 41: 407-418.

[317]Srivastava R C,Verma H C,Mohanty S,et al. Investment decision model for drip irrigation system[J]. Irrigation Science,2003,22:79-85.

[318]Viaggi D,Gomez y Paloma S,Mishra A,et al. The role of the EU common agricultural

policy:Assessing multiple effects in alternative policy scenarios[J]. Land Use Policy, 2013,31:99-101.

[319]Viaggi D,Paloma S G,Mishra A,et al. The role of the EU common agricultural policy: Assessing multiple effects in alternative policy scenarios[J]. Land Use Policy,2013, 31:99-101.

[320]Vicente M J E,Leyva J C. Analysis of the adoption of irrigation technologies under uncertain water availability[J]. general information,2005.

[321]Wallace J S. Increasing agricultural water use efficiency to meet future food production [J]. Agriculture Ecosystems&Environment,2000,82:105-119.

[322]Wang Z. The impact of China's WTO accession on patterns of world trade[J]. Journal of Policy Modeling,2003 (25):1-41.

[323]Wang J,Huang J,Zhang L,et al. Do incentives still matter for the reform of irrigation management in the Yellow River Basin in China? [J]. Journal of Hydrology,2014, 517:584-594.

[324]Wang J, Klein K K, Bjornlund H, et al. Adoption of improved irrigation scheduling methods in Alberta:An empirical analysis[J]. Canadian Water Resources Journal / Revue canadienne des ressources hydriques,2015,40:47-61.

[325]Wheeler S,Zuo A,Bjornlund H. Farmers' climate change beliefs and adaptation strategies for a water scarce future in Australia[J]. Global Environmental Change,2013,23: 537-547.

[326]Wheeler S A,Zuo A,Loch A. Watering the farm:Comparing organic and conventional irrigation water use in the Murray-Darling Basin,Australia[J]. Ecological Economics, 2015,112:78-85.

[327]Yaghi T,Arslan A,Naoum F. Cucumber (*Cucumis sativus*,L.) water use efficiency (WUE) under plastic mulch and drip irrigation[J]. Agricultural Water Management, 2013,128:149-157.

[328]Yang C. Technologies to improve water management for rice cultivation to cope with climate change[J]. Crop,Environment&Bioinformatics,2012,9:193-207.

[329]Yang H,Zhang X,Zehnder A J B. Water scarcity,pricing mechanism and institutional reform in northern China irrigated agriculture[J]. Agricultural Water Management, 2003,61:143-161.

[330]Young C,Gehlhar M,Nelson F,et al. Agricultural Policy Reform-The Road Ahead/ AER 802. U. S:Economic Research Service of U. S Department of Agriculture,2001.

[331]Yoo J,Simonit S,Connors J P,et al. The value of agricultural water rights in agricultural properties in the path of development[J]. Ecological Economics,2013,91:57-68.

[332]Zhang L,Heerink N,Dries L,et al. Water users associations and irrigation water productivity in northern China[J]. Ecological Economics,2013,95:128-136.

[333]Zou X,Li Y E,Cremades R,et al. Cost-effectiveness analysis of water-saving irrigation technologies based on climate change response:A case study of China[J]. Agricultural

Water Management,2013,129:9-20.

[334]Zou X,Li Y E,Gao Q,et al. How water saving irrigation contributes to climate change resilience—A case study of practices in China[J]. Mitigation& Adaptation Strategies for Global Change,2012,17:111-132.

附　　录

附表 1　2002—2012 年各国家和组织生产者支持估计值(%PSE)情况　　%

项目	2002 年	2003 年	2004 年	2005 年	2006 年	2007 年	2008 年	2009 年	2010 年	2011 年	2012 年
巴西	4.69	5.57	4.16	6.70	6.13	4.75	3.72	6.46	4.51	4.81	4.61
中国	7.43	8.99	6.53	7.41	12.11	9.865	2.91	11.51	15.35	12.94	16.81
俄罗斯	7.55	14.98	21.2	14.51	14.62	15.06	20.52	20.74	21.52	15.08	13.47
乌克兰	−0.09	0.01	2.65	10.92	10.97	3.28	3.05	7.94	6.67	−4.37	1.32
南非	10.08	7.08	7.88	6.24	9.00	5.12	3.60	4.06	1.7	2.66	3.18
澳大利亚	4.71	3.67	3.40	3.64	4.42	4.84	4.42	3.09	2.77	2.87	2.72
加拿大	20.47	24.43	20.34	21.3	20.85	16.44	13.25	17.51	16.66	15.09	14.30
智利	9.33	5.48	4.93	4.95	4.22	3.42	2.63	4.73	2.61	3.00	3.29
欧盟	33.77	33.65	33.18	30.85	29.12	22.81	23.51	23.31	19.79	18.00	19.04
冰岛	66.37	64.98	65.86	66.88	64.67	55.4	50.56	49.16	44.27	44.28	47.33
以色列	16.10	11.82	10.27	10.61	7.90	1.82	16.32	13.06	13.21	12.8	11.40
日本	57.19	57.46	55.98	53.82	51.56	46.72	48.24	48.93	54.91	51.4	55.85
韩国	59.75	56.71	61.28	59.72	58.6	57.36	45.48	50.91	40.11	52.38	53.75
墨西哥	26.82	19.09	11.53	12.93	13.13	12.96	12.27	14.02	12.37	12.81	12.33
新西兰	0.29	0.75	0.65	1.32	0.88	0.68	0.58	0.45	0.68	1.00	0.79
挪威	73.71	71.12	66.32	65.83	64.08	54.58	59.37	61.11	60.41	59.10	63.08
瑞士	71.41	69.9	67.00	66.72	65.97	53.01	56.54	60.82	52.38	54.56	56.65
土耳其	26.13	31.19	31.52	33.15	33.37	26.17	26.24	28.43	26.27	22.32	22.43
美国	18.45	15.07	16.37	15.26	11.23	10.01	8.84	10.56	7.78	7.73	7.12
OECD	30.59	29.11	29.30	27.74	25.55	20.81	20.75	21.90	19.23	18.26	18.56

附表 2　2002—2012 年各国家和组织消费者支持估计值(%CSE)情况　　%

项目	2002 年	2003 年	2004 年	2005 年	2006 年	2007 年	2008 年	2009 年	2010 年	2011 年	2012 年
巴西	−0.63	−1.49	−1.32	−3.54	−2.18	−2.05	−1.00	−5.72	−3.10	−2.28	−2.72
中国	−5.94	−7.66	−2.64	−3.62	−7.22	−5.30	1.26	−9.16	−13.27	−8.68	−12.82
俄罗斯	−8.05	14.98	21.2	14.51	14.62	15.06	20.52	20.74	21.52	15.08	13.47
乌克兰	7.94	3.74	3.47	−9.47	−7.92	4.11	−8.78	−13.96	−3.00	8.01	2.71
南非	−8.01	−4.95	−5.48	−3.87	−7.83	−2.87	−1.65	−2.77	−0.48	−1.66	−2.18
澳大利亚	−1.29	−1.41	−1.38	−1.31	−1.12	−0.99	−1.14	−1.26	0	0	0
加拿大	−15.33	−16.09	−15.11	−16.29	−19.12	−10.64	−10.72	−18.75	−16.04	−14.84	−15.17

续附表 2 %

项目	2002 年	2003 年	2004 年	2005 年	2006 年	2007 年	2008 年	2009 年	2010 年	2011 年	2012 年
智利	−9.26	−5.60	−5.35	−4.57	−2.18	−0.465	−0.26	−2.05	−0.24	−0.30	−0.25
欧盟	−20.06	−18.96	−19.11	−15.94	−13.24	−8.63	−8.9	−6.83	−3.32	−2.24	−4.19
冰岛	−53.67	−48.96	−49.21	−54.01	−51.32	−38.77	−31.82	−30.95	−24.64	−26.42	−30.73
以色列	−14.84	−12.5	−11.91	−13.23	−11.46	1.56	−14.88	−16.58	−15.4	−16.09	−13.73
日本	−49.33	−49.45	−48.09	−48.11	−45.59	−38.38	−42.58	−42.7	−45.12	−44.21	−45.84
韩国	−53.23	−49.99	−54.64	−54.32	−53.79	−50.85	−40.3	−46.93	−40.51	−49.25	−50.35
墨西哥	−21.73	−12.41	−5.26	−5.07	−4.60	−4.35	−1.84	−3.41	−2.99	−2.54	−4.52
新西兰	−0.31	−2.14	−1.69	−3.37	−2.74	−2.737	−1.83	−1.44	−2.89	−3.96	−3.05
挪威	−59.06	−55.88	−49.52	−50.29	−48.05	−32.45	−39.09	−43.59	−41.95	−39.23	−45.02
瑞士	−58.83	−56.77	−57.33	−53.45	−51.15	−34.68	−39.93	−43.23	−31.55	−29.36	−32.16
土耳其	−22.07	−29.06	−28.97	−30.99	−29.95	−20.83	−22.14	−26.36	−24.15	−17.33	−7.32
美国	2.41	5.71	4.95	7.76	10.59	4.91	10.94	13.86	13.43	12.63	13.76
OECD	−20.95	−19.44	−19.23	−17.07	−14.67	−11.00	−9.72	−10.17	−8.42	−7.59	−7.71

附表 3　2002—2012 年各国家和组织一般服务支持估计值(%GSSE)情况 %

项目	2002 年	2003 年	2004 年	2005 年	2006 年	2007 年	2008 年	2009 年	2010 年	2011 年	2012 年
巴西	25.8	16.81	35.99	27.26	24.3	22.24	26.09	17.43	21.84	17.66	16.81
中国	33.93	31.22	37.03	30.84	22.93	24.4	47.66	20.83	15.08	17.11	14.37
俄罗斯	26.88	18.81	14.89	19.69	24.26	23.22	19.52	25.48	16.86	21.26	17.39
乌克兰	105.678	99.53	47.15	21.10	17.56	43.14	40.47	20.32	22.67	—	61.48
南非	24.49	39.56	33.99	41.13	28.96	32.49	33.4	28.7	47.62	38.14	34.87
澳大利亚	31.86	39.85	47.35	46.00	44.21	37.89	35.10	46.39	39.36	40.97	41.81
加拿大	23.79	21.94	24.54	27.03	24.68	28.86	27.00	23.52	25.57	25.23	25.90
智利	18.10	24.7	26.54	28.65	32.64	40.31	45.42	42.7	54.84	53.17	47.91
欧盟	8.79	8.48	9.48	10.74	11.06	11.61	12.06	10.74	11.52	12.4	11.19
冰岛	6.55	7.31	7.41	6.62	6.28	6.38	5.96	5.29	5.54	4.56	4.34
以色列	14.53	18.55	19.82	16.51	19.7	57.28	10.43	15.39	16.13	14.37	16.69
日本	20.51	20.86	18.09	17.24	17.38	22.08	20.45	18.8	12.89	17.23	9.43
韩国	14.78	16.45	11.9	12.51	13.10	13.29	14.06	13.13	16.42	10.88	11.91
墨西哥	6.36	11.77	16.05	13.84	12.00	13.13	10.64	10.62	10.23	9.77	10.66
新西兰	84.75	68.85	72.77	58.21	68.58	69.19	74.88	79.43	73.01	68.23	74.25
挪威	6.58	7.85	8.80	8.79	9.48	9.75	8.76	8.91	9.53	8.79	9.26
瑞士	6.31	6.80	6.24	6.53	6.98	7.96	7.27	6.97	8.44	8.04	8.08

续附表 3

%

项目	2002年	2003年	2004年	2005年	2006年	2007年	2008年	2009年	2010年	2011年	2012年
土耳其	24.57	8.30	4.76	9.46	9.33	3.63	5.52	8.09	4.59	7.53	0.48
美国	30.86	34.76	33.15	35.49	40.45	38.91	43.05	45.81	51.41	49.76	52.09
OECD	18.24	18.56	17.61	19.11	20.34	21.22	22.08	24.14	26.35	26.62	26.52

附表 4 2002—2012 年各国家和组织总支持水平估计值(%TSE)情况

%

项目	2002年	2003年	2004年	2005年	2006年	2007年	2008年	2009年	2010年	2011年	2012年
巴西	0.57	0.69	0.64	0.83	0.66	0.51	0.44	0.67	0.47	0.5	0.49
中国	2.25	2.42	2.04	2.00	2.55	2.12	0.90	2.25	2.42	1.96	2.37
俄罗斯	0.88	1.41	1.77	1.04	1.02	1.04	1.49	1.71	1.29	1.08	0.81
乌克兰	0.39	0.56	1.18	3.07	2.69	1.08	0.98	2.04	1.98	−0.64	0.74
南非	0.84	0.67	0.64	0.52	0.62	0.39	0.29	0.32	0.17	0.22	0.27
澳大利亚	0.26	0.23	0.22	0.23	0.24	0.27	0.21	0.15	0.16	0.16	0.15
加拿大	0.85	0.88	0.74	0.76	0.68	0.62	0.52	0.67	0.61	0.59	0.58
智利	0.72	0.45	0.37	0.36	0.29	0.26	0.28	0.45	0.29	0.30	0.28
欧盟	1.19	1.16	1.20	1.07	0.98	0.82	0.89	0.83	0.73	0.70	0.73
冰岛	1.91	1.70	1.62	1.71	1.53	1.23	1.21	1.19	1.09	1.09	1.17
以色列	0.59	0.46	0.41	0.44	0.35	0.15	0.65	0.53	0.52	0.50	0.44
日本	1.38	1.38	1.26	1.17	1.10	1.04	1.10	1.14	1.19	1.24	1.21
韩国	3.29	3.01	3.18	2.99	2.8	2.52	2.11	2.38	1.81	2.08	2.05
墨西哥	1.41	1.08	0.69	0.71	0.69	0.74	0.72	0.82	0.71	0.71	0.69
新西兰	0.19	0.24	0.22	0.27	0.24	0.23	0.21	0.21	0.26	0.32	0.28
挪威	1.5619	1.49	1.29	1.12	0.99	0.86	0.89	1.01	0.97	0.9	0.95
瑞士	1.85	1.76	1.73	1.57	1.39	1.1	1.16	1.21	1.00	1.02	1.02
土耳其	3.59	3.92	3.56	3.77	3.6	2.61	2.60	3.01	3.08	2.45	2.10
美国	0.82	0.80	0.84	0.80	0.71	0.70	0.74	0.89	0.94	0.96	1.00
OECD	1.02	1.06	1.12	1.04	0.95	0.88	0.94	0.95	0.93	0.96	0.94

附表 5　2002—2012 年各国家和组织一般服务支持估计值(PSE)情况

百万美元

项目	2002 年	2003 年	2004 年	2005 年	2006 年	2007 年	2008 年	2009 年	2010 年	2011 年	2012 年
巴西	2 120.09	9 766.72	7 948.9	12 555.17	11 265.3	10 289.36	9 826.99	17 251	12 670.3	16 711.89	17 578.7
中国	21 585.81	226 235.2	205 497.2	255 753.1	425 466	426 004.8	148 270.9	608 059	826 089	765 694.15	1 044 618
俄罗斯	2 215.53	151 075.2	255 953.2	179 691.7	207 191	266 162.8	494 645.5	495 347	485 183	462 070.23	411 299
乌克兰	−9.447 8	6.94	2 153.21	10 682.82	12 072.8	4 436.96	5 534.97	14 842	16 602	−13 833.51	3 878.52
南非	702.83	5 174.16	5 940.03	4 807.02	7 742.51	5 270.87	4 431.99	5 454.8	2 303.37	3 949.32	5 224.60
澳大利亚	893	1 423	1 285.47	1 461.79	1 694.82	2 223.309	1 942.43	1 267.6	1 377.1	1 444.79	1 314.01
加拿大	4 745.95	8 281.75	7 247.84	7 667.38	7 483.66	6 752.163	6 064.88	7 774.1	7 365.79	7 580.73	7 581.04
智利	411.33	176 918.6	165 856.6	178 959.1	157 831	140 263.9	143 875.8	250 361	145 653	169 688.24	188 781
欧盟	92 379.27	98 150	110 781.7	100 996.7	99 266.4	88 290.55	96 253.88	85 542	77 436	76 505.08	83 227.8
冰岛	156.06	12 914.79	13 634.31	15 981.93	16 460.7	14 757.47	16 429.93	16 559	15 480.5	16 504.67	18 947.2
以色列	567.99	2 011.99	1 868.86	2 214.8	1 819.06	430.3455	4 197.2	3 432	3 521.42	3 736.77	3 423.15
日本	43 739.15	5 451.81	5 200.38	4 889.19	4 584.92	4 150.769	4 402.95	4 348.6	4 988.02	4 819.62	5 168.64
韩国	16 047.55	18 992.74	23 065	22 574.21	22 001.3	21 225.05	18 537.61	21 919	17 657.6	22 863.73	23 056.3
墨西哥	9 258.7	70 974.48	47 349.23	54 229.13	60 304.5	67 049.07	72 116.1	82 869	79 228	88 082.92	92 980.2
新西兰	18.18	104.06	92.65	182.84	129.585	131.63	100.16	80.76	139.97	205.63	151.44
挪威	2 728.27	21 387.28	20 049.62	19 552.07	19 189.4	17 360.01	20 377.25	21 412	21 987	22 112.17	24 850.7
瑞士	4 830.54	7 186.58	7 381.54	6 868	6 463.5	5 408.2	6 039.41	6 220.5	5 253.46	5 506.91	5 572.67
土耳其	6 280.31	16 337.74	18 927.79	22 126.48	24 785	21 190.16	23 334.05	26 334	32 327.2	29 356.58	29 903.8
美国	40 332.18	36 161.83	43 335.59	40 629.94	30 500	33 177.9	30 764.84	33 045	27 973.2	31 596.37	30 170.4
OECD	228 369.12	248 589.8	280 560.8	268 595.6	254 754	244 196.4	265 010	248 744	241 778	257 230.4	258 642

附表 6　2002—2012 年各国家和组织消费者支持估计值(CSE)情况

百万美元

项目	2002 年	2003 年	2004 年	2005 年	2006 年	2007 年	2008 年	2009 年	2010 年	2011 年	2012 年
巴西	−218.07	−1 922.03	−1 865.2	−4 694.56	−2 905.35	−3 171.81	−1 935.58	−10 960.95	−6 167.09	−5 579.05	−7 164.19
中国	−18 270.09	−208 705.61	−84 645.39	−124 296.11	−275 187.23	−251 100.83	64 627.62	−495 893.82	−747 164.57	−524 856.85	−805 069.32
俄罗斯	−2 885.19	−164 310.43	−249 139.41	−206 042.96	−256 354.56	−296 878.16	−626 746.76	−575 776.27	−513 128.98	−501 270.02	−300 706.13
乌克兰	543.23	1 640.1	1 823.7	−6 086.1	−5 167.95	3 508.58	−9 954.77	−16 909.14	−4 628.65	14 386.53	5 240.21
南非	−492.2	−3 463.23	−3 862.49	−2 768.27	−6 864.36	−3 085.36	−1 924.31	−3 407.83	−624.92	−2 354.69	−3 184.15
澳大利亚	−116.02	−218.02	−222.99	−226.71	−237.16	−240.68	−245.19	−248.49	0	0	0
加拿大	−2 394.66	−3 929.6	−3 462	−3 733.45	−4 833.95	−3 172.97	−3 061.36	−5 060.3	−4 883.09	−4 900.19	−5 329.425 5
智利	−393.99	−176 775.2	−166 458.27	−146 592.87	−74 081.14	−17 384.07	−13 147.52	−93 305.95	−12 032.46	−15 199.8	−11 888.47
欧盟	−45 122.98	−44 900.48	−50 566.92	−41 382.89	−36 645.12	−27 722.45	−29 786.59	−19 852.38	−10 486.26	−7 770.41	−15 300.17
冰岛	−71.43	−5 189.32	−5 556.11	−7 838.64	−7 873.67	−6 203.54	−6 400.61	−6 423.67	−5 255.56	−5 922.9	−7 644.89
以色列	−348.06	−1 499.01	−1 631.21	−1 927.52	−1 827.88	246.91	−2 841.92	−3 041.59	−3 134.86	−3 523.99	−2 837.78
日本	−51 339.66	−6 704.14	−6 126.38	−5 666.49	−5 447.52	−4 701.84	−4 948.59	−4 997.07	−5 436.89	−5 122.06	−5 486.25
韩国	−17 676.45	−22 017.87	−22 850.43	−23 491.51	−24 269.28	−24 054.42	−18 904.05	−21 826.76	−18 526.87	−28 870.61	−27 130.57
墨西哥	−7 083.55	−43 381.96	−19 621.73	−19 042.52	−19 173.42	−22 768.25	−11 377.71	−20 051.42	−18 492.51	−17 080.87	−35 219.23
新西兰	−4.46	−68.32	−50.83	−102.02	−85.56	−96.86	−69.44	−49.82	−102.82	−156.81	−117.75
挪威	−1 298.72	−10 070.01	−8 968.51	−9 340.52	−9 099.29	−6 871.05	−8 763.79	−10 240.18	−10 109.2	−9 905.38	−12 075.76
瑞士	−3 235.69	−4 718.01	−4 944.91	−4 484.52	−4 110.56	−2 917.3	−3 715.02	−3 623.6	−2 552.38	−2 320.52	−2 511.07
土耳其	−4 508.96	−13 596.027	−15 086.884	−17 733.33	−18 947.533	−14 907.451	−17 108.382	−20 178.234	−24 654.872	−17 236.27	−7 771.39
美国	3 823.18	9 862.6934	9 099.7666	14 474.296	20 371.586	11 977.011	26 635.988	28 586.345	32 796.957	35 693.695	40 958.64
OECD	−133 671.29	−141 778.37	−150 386.25	−133 848.85	−121 206.1	−108 433.56	−101 589.88	−92 252.79	−85 073.267	−86 305.129	−87 904.75

附表 7　2002—2012 年各国家和组织一般服务支持估计值(GSSE)情况

百万美元

项目	2002 年	2003 年	2004 年	2005 年	2006 年	2007 年	2008 年	2009 年	2010 年	2011 年	2012 年
巴西	740.05	1 973.56	4 494.76	4 878	3 807.54	3 011.53	3 517.59	3 805.44	3 838.46	3 644.07	3 588.77
中国	11 094.29	102 754.22	120 929.27	114 090.78	126 618.38	137 521.57	135 097.56	160 004.33	146 663.8	158 027.57	175 267.32
俄罗斯	814.45	34 990.67	44 780.92	44 042.94	66 358.23	80 513.31	119 994.36	169 405.97	98 361.68	124 727.96	86 563.34
乌克兰	176	1 481.3	1 921	2 856.5	2 572.3	3 365.7	3 763	3 784	4 866.8	5 384.1	6 191.2
南非	227.99	3 387.25	3 059.01	3 357.8	3 155.79	2 536.47	2 222.95	2 195.6	2 094.05	2 435.75	2 798.55
澳大利亚	363.36	798.26	955.73	1 052.15	1 155.27	1 209.64	918.1	881.89	893.93	1 002.66	944.09
加拿大	1 481.83	2 351.22	2 357.04	2 840.06	2 451.55	2 739.5	2 242.69	2 390.6	2 531.11	2 558.47	2 650.26
智利	90.92	58 022.41	59 928.96	71 872.83	76 471.91	94 707.1	119 712.44	186 565.18	176 874.17	192 671.93	173 620.9
欧盟	9 260.89	9 444.43	11 998.36	12 560.24	12 557.3	11 830.17	13 400.45	10 465.46	10 303.01	11 045.13	10 619.11
冰岛	11.15	1 043.06	1 115.66	1 162.08	1 121.71	1 026.28	1 063.49	944.33	928.87	807.83	878.55
以色列	96.59	458.12	462.09	437.86	446.2	577	488.75	624.14	677.25	626.96	685.62
日本	11 290.01	1 437.9	1 149.08	1 018.72	964.67	1 176.44	1 132.65	1 007.15	738.41	1 003.81	538.01
韩国	2 798.09	3 797.61	3 128.89	3 240.22	3 331.24	3 260.53	3 043.09	3 323.67	3 477.73	2 796.07	3 123.78
墨西哥	639.78	9 624.31	9 438.5	9 040.3	8 597.16	10 938.86	9 315.7	10 314.8	9 406.32	9 958.08	11 436.62
新西兰	101.07	230.04	247.54	254.71	282.85	295.62	298.53	311.8	378.64	441.57	436.61
挪威	197.34	1 867.58	1 991.46	1 934.95	2 056.24	1 924.64	2 001.2	2 139.47	2 361.6	2 174.4	2 577.25
瑞士	334.63	540.01	503.79	489.81	493.22	475.8	479.2	467.84	484.54	481.84	490.54
土耳其	2 045.26	1 478.57	946.31	2 311.63	2 551.81	798.3	1 364.24	2 317.76	1 556.96	2 390.13	143.86
美国	26 944.09	30 695.5	32 849.75	35 830.26	38 398.75	37 808.98	45 088.29	56 651.16	69 845.73	71 538.88	81 446.42
OECD	56 322.25	62 678.32	65 990.4	70 433.45	72 393.84	73 584.27	83 986.585	90 670.415	101 015.36	108 942.64	110 079.91

附表 8　2002—2012 年各国家和组织总支持水平估计值(TSE)情况

百万美元

项目	2002 年	2003 年	2004 年	2005 年	2006 年	2007 年	2008 年	2009 年	2010 年	2011 年	2012 年
巴西	2 868.08	11 740.28	12 490.44	17 895.28	15 669.69	13 542.72	13 485.02	21 835.69	17 576.7	20 638.25	21 349.28
中国	32 699.43	329 117.4	326 554.44	369 936.89	552 178.55	563 608.03	283 482.43	768 164.96	972 752.85	923 721.72	1 219 884.8
俄罗斯	3 029.98	186 065.9	300 734.14	223 734.63	273 549.72	346 676.13	614 639.84	664 753.25	583 544.45	586 798.19	497 862.15
乌克兰	166.56	1 488.24	4 074.21	13 539.32	14 645.09	7 802.66	9 297.97	18 626.42	21 468.82	−8 449.41	10 069.72
南非	930.82	8 561.41	8 999.04	8 164.82	10 898.3	7 807.34	6 654.93	7 650.4	4 397.42	6 386.07	8 025.15
澳大利亚	1 140.35	2 003.35	2 018.57	2 287.23	2 612.93	3 192.27	2 615.34	1 900.97	2 271.02	2 447.46	2 258.1
加拿大	6 227.78	10 718.37	9 604.88	10 507.44	9 935.22	9 491.66	8 307.56	10 164.67	9 896.9	10 139.2	10 231.3
智利	502.25	234 941.04	225 785.57	250 831.95	234 303.17	234 970.96	263 588.22	436 925.81	322 527.36	362 360.16	362 401.73
欧盟	105 308.74	111 427.95	126 591.4	116 982.32	113 561.76	101 886.1	111 078.12	97 432.23	89 405.77	89 094.23	94 923.35
冰岛	170.15	14 277.53	15 058.65	17 557.33	17 865.368	16 077.17	17 841.21	17 867.24	16 780.4	17 702.49	20 235.75
以色列	664.58	2 470.11	2 330.95	2 652.66	2 265.257	1 007.34	4 685.96	4 056.14	4 198.67	4 363.73	4 108.77
日本	55 057.91	6 893.6	6 353.45	5 910.11	5 551.520 3	5 329.11	5 537.5	5 357.63	5 727.63	5 824.27	5 707.57
韩国	18 934.9	23 091.2	26 290.52	25 893.19	25 426.767	24 531.16	21 637.17	25 307.17	21 182.92	25 706.29	26 232.18
墨西哥	10 052.97	81 751.72	58 817.26	65 319.19	71 636.688	83 327.42	87 554.23	97 157.54	91 990.26	101 945.04	107 272.36
新西兰	119.26	334.09	340.19	437.55	412.432 46	427.24	398.69	392.56	518.6	647.21	588.05
挪威	2 996.98	23 783.88	22 630.37	22 006.98	21 690.852	19 735.58	22 833.95	24 019.74	24 789.97	24 723.72	27 820.9
瑞士	5 306.47	7 937.19	8 069.53	7 504.81	7 062.3198	5 973.8	6 592.61	6 713.02	5 741.1	5 993.75	6 067.51
土耳其	8 325.57	17 816.31	19 874.1	24 438.11	27 336.786	21 988.46	24 698.29	28 652.11	33 884.12	31 746.71	30 047.61
美国	87 310.93	88 297.05	99 101.71	100 954.49	94 918.624	97 172.41	104 733.24	123 662.7	135 868.78	143 778.06	156 355.59
OECD	308 822.14	337 638.71	374 784.06	368 492.06	355 972.48	346 839.28	380 451.17	375 540.29	383 316.71	409 244.41	415 032.26

附表 9　各省(区、市)2008—2014 年粮食直补和农资综合补贴额

亿元

省(区、市)	2014 年			2013 年			2012 年			2011 年			2010 年			2009 年			2008 年		
	粮食直补	农资综合补贴	总种粮补贴	粮食直补	农资综合补贴	总种粮补贴	粮食直补	农资综合补贴	总种粮补贴	粮食直补	农资综合补贴	总种粮补贴	粮食直补	农资综合补贴	总种粮补贴	粮食直补	农资综合补贴	总种粮补贴	粮食直补	农资综合补贴	总种粮补贴
北京																					2.7
天津			4.68			4.76			4.29			3.79			4.16	4.17		4.17			3.51
河北	7.8	60.45	68.25			68.3			58.9	7.8	51.1	58.9	7.8	44.9	52.7	7.8	44.92	52.72	7.7	44.92	52.62
山西			34.5			34.5			32.33	2.8	19.5	22.3	2.87	17.28	20.16			19.95			17.7
内蒙古	5.78	48.76	54.54	5.78	51.77	57.55	5.78	51.77	57.5	5.77	37.43	43.2	5.77	31.78	37.5	5.7	31.8	37.5	5.77	31.83	37.6
辽宁			43.9			43.66			37.7			37.7	5.3		33.98			34			31
吉林																					52.5
黑龙江			125.06			118.37	24.8	80.2	105	23	80.2	103.2	23	69.9	92.9	23	69.9	92.9	23	48.6	71.6
上海																					4.41
江苏	6.81	54.04	60.85	6.76	53.77	60.53	6.1	42.85	48.95	6.1	42.85	48.95	6.8	35.91	42.71	6.81	35.78	42.59			41.42
浙江											9.86	9.86									19.14
安徽	8.2	59.45	67.65	8.01	59.45	67.46	9.08	50.65	59.73	8.98	50.66	59.64	8.89	43.37	52.26	8.85	43.37	52.22	8.89	38.56	47.45
福建								12.04			9.63			8.57			8.57			8.57	8.56
江西	6.14	34.95	41.07	6.16	35.06	41.21	6.16	27.77	33.92	6.19	27.9	34.06	6.1	23.89	29.98	6.24	23.59	29.49	6.1	24	30.1
山东			76.58			78.63			65.89			65.4	9.63	47.08	56.71			56.7			51.38
河南			106.7			106.6	14.52	92.28	106.8	14.5	74.7	89.2	14.55	63.25	77.8			77.75	14.4	63.4	77.8
湖北	7	40.4	47.4	7.07	40.46	47.53	7	32	39	7.07	32	39.07	7.07	27.42	34.49	7.11	27.41	34.52	7.14	27.43	34.57
湖南	5.6	33.3	38.9	5.55	33.15	38.7	5.58	33.33	38.91	5.58	33.33	38.91	5.57	33.26	38.83	5.57	33.26	38.83	5.57	33.26	38.83
广东	2.5	23.91	26.41	2.55	24.12	26.67	2.51	18.63	21.14	2.5	18.35	20.85	2.5	16.13	18.63	1.33	16.23	17.56			16.88

续附表 9

亿元

省(区、市)	2014年			2013年			2012年			2011年			2010年			2009年			2008年		
	粮食直补	农资综合补贴	总种粮补贴	粮食直补	农资综合补贴	总种粮补贴	粮食直补	农资综合补贴	总种粮补贴	粮食直补	农资综合补贴	总种粮补贴	粮食直补	农资综合补贴	总种粮补贴	粮食直补	农资综合补贴	总种粮补贴	粮食直补	农资综合补贴	总种粮补贴
广西	2	29.93	31.93	2	29.93	31.93	2	29.93	31.93	2	21.82	23.82	2	18.89	20.89	2	18.88	20.88	1.6	18.88	20.48
海南	0.22	4.3	4.52	0.22	4.33	4.55			4.33	0.2	3.19	3.39			3			2.89			2.67
重庆			22.8	0.50	22.34	22.84	0.5	22.56	23.07			16.85	0.5	14.2	14.7	0.5	13.77	14.27	0.5	13.67	14.17
四川	6.53	61.81	68.34	6.53	61.81	68.34	6.53	61.81	68.34	6.53	49.69	56.22	6.53	42.8	49.33	6.53	42.8	49.33			49.3
贵州																					17.2
云南	1.56	41.7	43.26					41.69								0.75	22.78	23.53			21.38
西藏																					1.49
陕西			31.93			32.12	2.8	28	30.8	2.87	21.51	24.38	5.3	18.8	21.77	2.8	18.73	21.53	2.8	16.66	19.46
甘肃			27.92			27.92	2.55	25.4	27.95	2.55	16.58	19.13	2.56	14.83	17.39	2.55	14.83	17.38	2.55	12.9	15.45
青海			6.3			5.3	0.27	2.19	2.46	1.01	1.45	2.46		2.17	2.17			2.12			2.13
宁夏	0.82	8.03	8.85	0.84	7.81	8.7	0.86	5.82	6.68	0.86	5.2	6.06	0.87	5.12	5.99	0.87	4.43	5.3	0.87	3.5	4.37
新疆	10.3	18.96	29.26	10	18.9	28.9	7.5	16.74	24.24	7.5	14.92	22.42	7.5	13.02	20.52	6.8	13.02	19.82	3.95	12.1	16.05

附表 10　我国 1999—2010 年通报 WTO 的“绿箱”政策措施使用情况

百万元

项目		1999 年	2000 年	2001 年	2002 年	2003 年	2004 年	2005 年	2006 年	2007 年	2008 年	2009 年	2010 年
一般服务	农业科研	2 561	2 743	3 227	4 692.5	6 658.33	7 318.23	6 014.68	8 023.6	10 339.8	12 624.95	17 810	20 655
	病虫害防治	2 055	2 252	2 409	1 406.58	1 424.53	2 259.28	3 653.07	4 246.37	8 652.34	11 841.67	12 088	12 548
	培训服务	370	410	447	471.12	466.09	466.18	448.88	499.49	3 227.87	3 667.18	3 470	4 243
	推广和咨询服务	14 706	16 459	19 184	25 455.01	16 794.77	21 115.72	25 575.13	31 370.42	24 530.04	30 068.98	33 746	44 299
	检验检测服务	1 598	1 578	2 418	2 457.61	1 999.24	2 477.67	2 857.47	3 491.93	3 055.49	3 754.86	3 664	4 252
	营销和促销服务	0	0	0	0	777.65	713.32	907.15	919.69	1 660.34	1 769.95	2 955	3 359
	基础设施服务	73 566	81 849	97 688	92 865.97	86 239.84	83 674.12	86 271.18	92 473.13	96 431.42	125 370.27	96 162	113 366
	其他一般服务	14 254	15 939	19 673	24 068.07	39 913.84	47 578.15	47 001.46	59 759.43	132 266.29	166 028.21	62 385	47 354
	小计	109 110	121 230	145 046	151 416.86	154 274.29	165 602.67	172 729.02	200 784.06	280 163.59	355 126.07	232 280	250 076
粮食公共安全储备		47 596	53 799	59 685	53 147.62	54 526.44	42 061.05	44 087.43	50 378.31	54 200.77	57 932.23	69 538	77 045
国内粮食援助		2 640	2 360	683	401.13	177.55	132.22	98.51	93.05	49.23	64.08	59	14
脱钩的收入补贴		0	0	0	0	0	11 646.12	13 200	14 200	16 008.5	23 606.7	17 017	16 349
收入保险和收入安全网计划		0	0	0	0	0	0	0	0	0	0	0	0
自然灾害救济支付		5 023	5 317	5 956	5 997.32	10 919.66	9 336.38	11 487.27	13 241.96	20 725.5	55 387.34	29 860	58 384
生产者退休计划		0	0	0	0	0	0	0	0	0	0	0	0
资源休耕计划		0	0	0	0	0	0	0	0	0	0	0	0
投资援助提供的结构调整援助		0	0	0	0	0	0	0	0	0	0	0	0
环境计划下的支付		7 097	12 700	17 475	26 243.2	21 627.03	61 623.91	48 421.34	55 816.04	60 123.28	68 864.1	91 228	90 415
区域援助计划下的支付		12 869	12 493	13 487	14 909.83	16 437.06	18 091.82	19 542.49	22 011.06	26 585.93	32 034.42	37 480	42 349
总计		184 335	207 899	242 332	252 115.96	257 962.03	308 494.17	309 566.06	356 524.48	457 856.8	593 014.94	477 462	534 632

后　记

本书最早源于国家社会科学基金项目《WTO框架下我国国内农业支持水平与结构优化研究》(05BJY071)的研究基础。研究成果"WTO框架下我国国内农业支持水平与结构优化研究"获北京市人民政府颁发的2008年北京市科学技术三等奖。该项目研究成果《中国农业国内支持政策供需的分析、模拟与优化》于2008年7月获得国家科学技术学术著作出版基金资助出版。《中国农业国内支持政策供需的分析、模拟与优化》一书是在充分认识了当时农业国内支持政策的现状以及新农村建设对农业国内支持政策迫切需求的前提下,以"农业增效,农民增收,城乡统筹发展"为原则,结合国外成功经验及URAA的约束,重点对我国农业国内支持水平和结构的优化问题进行研究,探索了我国农业政策支持体系建设的新思路、新方法和新策略。该书详细分析了149个WTO成员方对URAA有关农业国内支持方面的规则的执行情况,重点剖析了韩国、泰国、阿根廷、墨西哥、巴西5个发展中国家,以及美国、欧盟、日本、加拿大、澳大利亚5个发达国家(地区)农业国内支持的水平和结构及其支持的重点敏感农产品。同时,就我国农业国内支持中的"绿箱""黄箱""蓝箱"政策措施的支持水平和结构,以及实施的相关配套措施4个方面提出了我国农业国内支持政策体系的政策建议与实施措施。

由于前期受到农业增产乏力、农民增收缓慢、农村经济发展滞后等"三农"问题困扰,在政策制定与实施过程中,我国农业支持更多地考虑以增加农民收入为主的社会保障功能,实际分配中比较注重公平而缺乏效率。基于农业生产效率与农业支持政策效率提升的视角,开展农业支持政策传导机制与路径优化研究,调整和完善我国农业支持政策体系,这一研究具有重要的意义。在国家社会科学基金重点项目"基于效率提升的农业支持政策传导机制与路径优化研究(14AJY019)"的资助下,作者经过4年辛勤的耕耘,终于完成了这本《中国农业支持政策研究》。本书凝聚了作者多年来对我国"三农"问题的关注、思考及理论探索,从宏观(国家)尺度、中观(省级、作物品种类别)尺度以及微观(不同农业经营主体、作物品种)尺度开展农业支持比较研究;引入ArcGIS空间计量分析模型,从时空维度研究农业支持政策的时间演变规律及其空间变化差异。本书重点从农业生产效率的功能定位,评估当前我国农业支持政策绩效,创新性地探索了面向经济效率、社会效率和生态效率提升的农业支持政策作用机理和传导机制;兼顾政策效率的约束,探讨农业支持政策的优化路径。此研究成果有望为当前农业供给侧结构性改革背景下和"两山理论"指导下我国农业支持政策体系的改革与完善提供新的工作思路、理论依据与方法支撑。

本书在撰写过程中，参阅了国内外大量相关研究文献，在此谨向各篇文献的作者表示衷心的感谢！

衷心地感谢中国农业大学出版社领导，特别是总编辑丛晓红、责任编辑赵艳在专著出版过程中给予的热心指导和帮助！

著者

2021 年 8 月